HUMANITIES AND SOCIETY

社会理论和社会结构

Robert K. Merton

[美国] 罗伯特 · K. 默顿 著 唐少杰 齐心 等译

译林出版社

图书在版编目（CIP）数据

社会理论和社会结构／（美）默顿（Merton, R.K.）著；唐少杰等译．
—南京：译林出版社，2015.2（2023.2 重印）
（人文与社会译丛／刘东主编）
书名原文：Social theory and social structure
ISBN 978-7-5447-5422-4

Ⅰ.①社… Ⅱ.①默… ②唐… Ⅲ.①社会学－研究 Ⅳ.①C91

中国版本图书馆 CIP 数据核字（2015）第 083109 号

著作权合同登记号 图字：10-2010-209 号

社会理论和社会结构［美国］罗伯特·K.默顿／著 唐少杰 齐心／等译

责任编辑 李瑞华 陶泽慧
责任印制 单 莉

原文出版 Free Press, 1968
出版发行 译林出版社
地 址 南京市湖南路 1 号 A 楼
邮 箱 yilin@yilin.com
网 址 www.yilin.com
市场热线 025-86633278
排 版 南京展望文化发展有限公司
印 刷 江苏凤凰通达印刷有限公司
开 本 880 毫米 × 1230 毫米 1/32
印 张 31.875
插 页 2
版 次 2015 年 2 月第 2 版
印 次 2023 年 2 月第 6 次印刷
书 号 ISBN 978-7-5447-5422-4
定 价 128.00 元

主编的话

刘 东

总算不负几年来的苦心——该为这套书写篇短序了。

此项翻译工程的缘起,先要追溯到自己内心的某些变化。虽说越来越惯于乡间的生活,每天只打一两通电话,但这种离群索居并不意味着我已修炼到了出家遁世的地步。毋宁说,坚守沉默少语的状态,倒是为了咬定问题不放,而且在当下的世道中,若还有哪路学说能引我出神,就不能只是玄妙得叫人着魔,还要有助于思入所属的社群。如此嘈嘈切切鼓荡难平的心气,或不免受了世事的恶刺激,不过也恰是这道底线,帮我部分摆脱了中西"精神分裂症"——至少我可以倚仗着中国文化的本根,去参验外缘的社会学说了,既然儒学作为一种本真的心向,正是要从对现世生活的终极肯定出发,把人间问题当成全部灵感的源头。

不宁惟是,这种从人文思入社会的诉求,还同国际学界的发展不期相合。擅长把捉非确定性问题的哲学,看来有点走出自我囿闭的低潮,而这又跟它把焦点对准了社会不无关系。现行通则的加速崩解和相互证伪,使得就算今后仍有普适的基准可言,也要有待于更加透辟的思力,正是在文明的此一根基处,批判的事业又有了用武之地。由此就决定了,尽管同在关注世俗的事务与规则,但跟既定框架内的策论不同,真正体现出人文关怀的社会学说,决不会是医头医脚式的小修小补,而必须以激进亢奋的姿态,去怀疑、颠覆和重估全部的价值预设。有意思的是,也许再没有哪个时代,会有这么多书生想要焕发制度智慧，这既凸显了文明的深层危机，又表达了超越的不竭潜力。

于是自然就想到翻译——把这些制度智慧引进汉语世界来。需要说明的是，尽管此类翻译向称严肃的学业，无论编者、译者还是读者，都会因其理论色彩和语言风格而备尝艰涩，但该工程却绝非寻常意义上的“纯学术”。此中辩谈的话题和学理，将会贴近我们的伦常日用，渗入我们的表象世界，改铸我们的公民文化，根本不容任何学院人垄断。同样，尽管这些选题大多分量厚重，且多为国外学府指定的必读书，也不必将其标榜为“新经典”。此类方生方成的思想实验，仍要应付尖刻的批判围攻，保持着知识创化时的紧张度，尚没有资格被当成享受保护的“老残遗产”。所以说白了：除非来此对话者早已功力尽失，这里就只有激活思想的马刺。

主持此类工程之烦难，足以让任何聪明人望而却步，大约也惟有愚钝如我者，才会在十年苦熬之余再作冯妇。然则晨钟暮鼓黄卷青灯中，毕竟尚有历代的高僧暗中相伴，他们和我声应气求，不甘心被宿命贬低为人类的亚种，遂把迻译工作当成了日常功课，要以艰难的咀嚼咬穿文化的篱笆。师法着这些先烈，当初酝酿这套丛书时，我曾在哈佛费正清中心放胆讲道：“在作者、编者和读者间初步形成的这种‘良性循环’景象，作为整个社会多元分化进程的缩影，偏巧正跟我们的国运连在一起，如果我们至少眼下尚无理由否认，今后中国历史的主要变因之一，仍然在于大陆知识阶层的一念之中，那么我们就总还有权想象，在孔老夫子的故乡，中华民族其实就靠这么写着读着，而默默修持着自己的心念，而默默挑战着自身的极限！”惟愿认同此道者日众，则华夏一族虽历经劫难，终不致因我辈而沦为文化小国。

一九九九年六月于京郊溪翁庄

纪念我的朋友和导师

查尔斯·H.霍普金斯

简明目录

详细目录

第二编　社会结构和文化结构研究

第三编　知识社会学与大众传播

第四编 科学社会学研究

1968年增订版序言

本书这次重新印刷不是新的修订版，而只是增订版。1957年的修订版，除了简短的导论被大大地扩展成了本版的第一章和第二章外，其他基本未变。仅有的变动都是技术性和无关紧要的，诸如校正印刷错误与增补主题索引和人名索引。

最初写作构成本书的诸篇论文时，并未打算写成一部有连贯章节的著作。因此，那种期望这些论文现在的排列会展现出一个由严谨的内部联系所主导的自然演进过程的想法是徒劳的。然而，我还是不愿相信这本书完全没有连贯、统一和重点突出等诸种优点。

为了做到尽可能的连贯，这本书被分为四编。第一编展现了一种理论取向，根据这种取向，随后讨论了三类社会学问题。后三编各有一简短的导论，目的是想使读者不必自己去寻找由前一编到后一编的逻辑路径。

为了全书的统一起见，这些论文是着眼于两种社会学关切的逐渐展开和发展而组合起来的，这两种关切贯穿于全书，是通过各个章节中的观点而不是在考察一个特定主题之中得到充分表述的。这两种关切就是对社会学理论与社会研究之间相互作用的关切和对整理实质性理论与社会学分析——特别是定量分析——程序的关切。

可以认为，这两种目的并没有受到范围过于局限的损害。

事实上，假若我暗示这些论文涉及了那些广大而模糊的领域，那么这一过分的论断只是强调了产出的微不足道。但是，既然理
vii 论与研究的结合、理论与方法的整理是贯穿于本书各章节的关切，那么就理论取向说几句，正如在第一编所提出的，就是适宜的。

第一章阐明这一情况：社会学理论的历史与目前的应用理论的表述之间，虽然它们的功能是互动的，但却是不同的。我们几乎无需指明当前的理论社会学依赖于以往的理论社会学的遗产。然而，我相信，考察对于真正的社会学思想史而不是一系列按年代整理出的社会学学说概要的知识要求，还是有价值的。这就恰如考虑当前社会学理论如何吸取前人理论是有价值的一样。

由于在过去的十年里，人们对社会学中层理论予以很大关注，所以就有理由根据这一时期发展出来的对这种理论的应用和批评来考察一下这种理论的特性和作用。第二章承担的正是这一任务。

第三章为被描述为功能分析的社会理论提出了一个框架。它是以一种范式为中心的，这种范式整理了在社会学、社会心理学和社会人类学诸领域发展出来的功能阐释中一直隐含（偶尔也显见）的那些假设、概念和程序。如果放弃**发现**一词的广泛含义，那么就可以说这个范式的诸因素主要是被发现的，而不是被发明的。它们部分是通过批判性地仔细考察那些把功能取向应用于社会研究的学者们所作的研究和理论讨论而得以认识的，部分地是通过重新检验我自己对社会结构的研究而得以认识的。

第一编的最后两章概括了现今在社会学研究中得到公认的各类相互关系。

第四章区别了那些被**社会学理论**这一常常含糊应用的术语所包括的相关但又不同的研究：方法论或程序逻辑、一般取向、概念分析、事后解释、经验概括和严格意义上的理论。在考察它们之间的内在联系时——它们联系的事实就包含了它们的区别——我要强调在理论中一般取向的局限和功能。社会学从这种一般取向中，要比从一系列由一般理论导出的、被经验证实的、具体的一致性中得到更多的充实。因此，我也要强调和试图描述经验概括的重要性和不完全性。在这一章中，所指出的是这种毫不相同的概括可以通过一个整理过程而得以核实和加强。因而，它们就成为一般规则的例子。 viii

第五章考察了理论与研究之间这种相互关系的另一方面，即对社会学理论发展的经验研究所得出的各种各样的结论。只有那些仅仅是读过而并未从事过经验研究的人，才会一直相信研究的惟一的或更为主要的功能是为了检验先前建立的假设。该研究代表了一种基本的但却狭隘的、远不是惟一的功能。在理论发展中，(经验)研究起着比这种被动的确证作用更为积极主动的作用。正如这一章所详细指出的，经验研究对社会学理论也有引发、重新阐述、重新确立和澄清的作用。因而，经验研究促进了理论的成熟。很显然，那种远离所有经验研究而只凭道听途说的社会学家，会冒着同经验隔绝的危险，而经验研究很容易把他的注意力转到新的、富有成果的方向上去。他的思想里还没有经验准备。他还不会有常常被称为偶然发现的经验，即由对新发现(而不是按图索骥)有准备的头脑偶然作出的发现。由于注意到这一点，我把偶然发现作为经验调查的一个事实而不是一种哲学。

马克斯·韦伯赞成的观点是对的，即一个人不必为了了解恺撒而成为恺撒。但是，对于我们理论社会学家来说，有这么一种诱惑，常常好像为了解恺撒而不必研究恺撒。然而，我们知道，理论和研究的互动既有助于对特殊个案的理解，也有助于一般规则的形成。

我感激芭芭拉·本根精心编辑了前两章；感激哈里特·A.朱克曼博士对这两章初稿的批评；感激玛丽·迈尔斯女士把涂改不清的手稿变成了清晰的打字稿。在准备这些导论性的章节时，我还得到了国家科学基金会的资助。

罗伯特·K.默顿

纽约哈得孙河畔黑斯廷斯

ix 1968 年 3 月

1957 年修订版序言

在这一版中,大约三分之一多的内容是新的。这一主要的变化包括四个新的章节和两个文献附录,这些附录回顾了它们所属那些章节所涉及的问题的近来发展。通过改写那些应该很清楚却并不清楚的段落,我也试图改进书中各处的阐述,并且我已消除了几个绝不应犯的乏味的错误。

在这一版所加的四章中,有两章来自已出版的专题文集,其中一本已脱销了,另一本也同样近于见不到。"影响的模式:有地区性和有世界性影响力的人物"一文首次出现在 1948 年至 1949 年的《传播研究》(P. F. 拉扎斯费尔德和 F. N. 斯坦顿编)中,它是哥伦比亚大学应用社会研究处关于在社会中个人影响之作用的系列研究的一部分。这一章介绍了"影响"这一概念,区分了两类不同的影响,即"地区性"影响和"世界性"影响,而且把这两类影响与地方社区中的影响结构联系起来。"关于参考群体行为理论"是与艾丽斯·S. 罗西夫人合作写成的,最初发表在《社会研究中的连续性》(R. K. 默顿和 P. F. 拉扎斯费尔德编)中。它利用了《美国士兵》所提供的大量证据,来阐明在某些条件下,人们要使自己遵从不同群体的,特别是他们所不隶属的群体的规范。

在这一版中新加的其余两章从前未发表过。第一个是"社会结构与失范理论中的连续性"。这一章试图加强近来对被称

为失范的社会规范解体的经验和理论分析。第二个是“参考群
体和社会结构理论中的连续性”。这一章试图说明当前对参考
xi 群体行为的研究的一些特定社会学含义(不同于社会心理学含
义)。目的则在于考察社会结构的某些理论问题,这些理论问题
在对参考群体的社会学分析能够取得进一步发展之前必须解
决。

文献附录主要涉及到社会学中的功能分析,还相当详细地涉及到近代科学发展中新教的作用。

我特别要感谢埃莉诺·巴伯博士和玛丽·克林克夫人所做的校对;感谢伯尼斯·泽尔迪齐夫人所做的索引准备工作。在修订本书时,我受惠于福特基金会为行为科学计划提供的一小笔资助,这笔资助是没有事先限于某个特定项目的资助表中的一部分。

罗伯特·K. 默顿

纽约哈得孙河畔黑斯廷斯

xii 1956 年感恩节

致　谢

没有人能确切知道是什么形成了自己的思想。对我来说，很难在细节上追溯我在本书中论述的种种观点的起源;很难追究这些伴随我多年的观点不断修正的原因。许多社会科学家对这些观点的发展作出了贡献。并且只要知道了出处，在各个章节的大量注释中都会提及。但是，在这些人中，有六位尤其使我在不同程度和方面受到裨益，对于他们，我谨致谢忱。

最早和最大的帮助来自查尔斯·H.霍普金斯，本书以题献这种微不足道和姗姗来迟的方式来表达对他的谢意。由于他(我的姐夫)的存在，许多人提高了他们的人类尊严。只要我们中间任何领略过他的生活的人还活着，那么他就活着。我是充满爱、尊敬和感激之心将此书题献给霍普——一位深切地知道应当指导他人的人。

至于我的好友、现在在奥伯林学院的乔治·伊顿·辛普森，我非常感谢他曾指导一位鲁莽的大学二年级学生并使他看到研究社会关系系统运转的学术乐趣，使我很容易地就顺利地步入社会学之门。

在皮蒂里姆·A.索罗金全身心投入历史运动研究之前——这一研究在很大程度上体现在其《社会文化动力学》中——他促使我摆脱了认为有效的社会研究仅局限于美国的地方主义思想，也使我摆脱了缺乏上进的、把社会学重要主题局限于诸如离婚和青少年犯罪之类社会生活表面问题的狭隘思想。我乐于感谢这一可敬的指教，但感激之情难以尽言。

对于在科学史家中最令人敬重的乔治·萨顿，我要感谢他的友谊和指导，感谢他使我在两年的大部分时间里获得了在他那著名的哈佛图书馆189号工作室工作的特权。在本书致力于社
xiii 会学理论史之必要条件的第一章和致力于研究科学社会学的第四编中，读者将会看到他对我的激励的细小印记。

那些读了后面篇幅的读者很快就会认识到我从我的导师和朋友塔尔科特·帕森斯那里受益至深。他很早就在他的教学生涯中向许多人表明了他对分析理论的热情。从他善于激发学生的知识热情而不是将他们培养成顺从的信徒方面，可以看到他为人师表的气度。三十年代初期，哈佛大学小小的社会学研究生班所提供的亲密学术气氛中，有可能使像我这样的研究生与像帕森斯博士这样的导师之间保持着密切而持续不断的工作关系。这确实是一个同仁集体，今天在那些由众多研究生和一小群忙碌不堪的教授组成的系里，已经很难找到这样的集体。

近些年来，我们在哥伦比亚大学应用社会研究室共同工作的时候，我从保罗·F. 拉扎斯费尔德那里学到了很多东西。由于他对我从与他的无数次交谈中受惠多少还毫不知情，所以我特别荣幸地借此机会公开地使他注意到这一点。他那怀疑的好奇心对我来说非常珍贵，正是这种好奇心促使我更为详尽地阐述我持下列观点的理由，即我认为功能分析现在对人类社会的广泛问题虽不是惟一的但却是最有前途的理论取向。而最主要的是他以身作则，更加使我确信社会科学与社会学的浅薄涉猎之间的巨大差别就在于系统性和**严肃性**之中，这就是说，以学术上的责任感和严谨探求最初被认为有趣的思想。我认为，这也正是本书第一章开头所引怀特海格言中最后几句话所说的

意思。

还有其他四位我应提及的人：一位是因为所有认识我的人都会知道我对她的感激之情；其他三位会在适当时候发现他们于我助益良多。 xiv

第一编

论理论社会学

第一章
论社会学理论的历史和体系

“一门难以忘怀其创立者的学科是迷途的。”

“科学在其早期阶段的特性……就是既在目标上热望于深远,又在细节处理上不厌其繁。”

“但是,去接近真实的理论和去把握其确切的应用,正像科学史教导我们的那样,是两件非常不同的事情。每一项重要的事情都已经在发现它之前被人谈到了。”

艾尔弗雷德·诺思·怀特海:《思想的组织》

虽然这些论文很大程度上要讨论以前社会学家们的著作,但它们不是要论述社会学理论的历史,而是要论述现今社会学家们所运用的特定理论的体系化实质。这二者的区别不是随意的。然而,在某些教科书出版物中,这两者常常被混淆。确实,除去心理学和经济学越来越不同外,社会科学大都趋于把当代理论与其历史合并起来。在这一点上,它比起生物学、化学或物理学这样的科学来更有过之。①

---

① 这一探讨是根据我早期论述“社会学理论的地位”的一篇文章(‘The position of sociological theory’),载《美国社会学评论》(*American Sociological Review*),1949 年,第 13 卷,第 164—168 页。对社会思想史与当代社会学理论的不同作用所

历史和体系的自然合并

社会学家们易于把理论的历史与体系合并起来这种说法相当贴切。对常常被称为社会学之父的奥古斯特·孔德来说,他也
1 被描述为科学史之父。[①]不管怎样,把当代社会学理论与社会学

作的恰当评论,可见霍华德·贝克尔:"给社会学理论以活力"('Vitalizing sociological theory')一文,出处同上,1954 年,第 19 卷,第 377—388 页,特别是第 379—381 页。近来,在约瑟夫·伯杰、小莫里斯·泽尔迪奇和博·安德森合著的《发展中的社会学理论》(*Sociological Theories in Progress*)(波士顿:霍顿·米弗林出版公司,1966)一书第 ix—xii 页,和威廉·R. 卡顿的《从泛灵论到自然论的社会学》(*From Animistic to Naturalistic Sociology*)(纽约:麦格芬·希尔公司,1966)一书,对此也作了强调和详尽的举例说明。关于社会理论的本质和作用的略有不同的观点,可见西奥多·埃贝尔:"社会理论的现状"('The present status of social theory'),载《美国社会学评论》,1952 年,第 17 卷,第 156—164 页,和肯尼思·E. 博克与斯蒂芬·W. 里德对这一论文的讨论,第 164—167 页;以及赫伯特·布卢默:"社会理论出了什么错?"('What is wrong with social theory?'),出处同上,1954 年,第 19 卷,第 3—10 页。

① 例如,在乔治·萨顿著的《科学史研究》(*The Study of the History of Science*)一书(坎伯里奇:哈佛大学出版社,1936)第 3—4 页。把孔德、马克思、圣西门或其他许多人作为社会学创始人,部分是一个观念问题,部分是关于新学科如何产生并确立的一个未予验证的假设的结果。由于对创立一门科学而言,还没有被普遍承认的标准,所以这仍然是一个观念问题。这个未验证的假设认为——根据生物学的比喻说法——每一门科学都象征性地有**一位**创立者。事实上,科学史表明了多元发生说是一种规律。然而,对于孔德在 1839 年创造出"社会学"这一术语,从此这个丑陋的混合词开始指称关于社会的科学,是没有什么疑问的。那时的和现在的学者们都反对如今所采用的这一不规范的词语。例子之一就是由天才但极受忽视的社会理论家乔治·康沃尔·刘易斯在 1852 年所做的评论:"……对一个部分是由英文词、部分是由希腊词所形成的科学词汇的主要反对理由是,它对于不熟悉我们语言的外国人来说,是不可理解的。孔德提出了**社会学**一词。但是,我们对于使用了 gesellology 和 gesellschaftology 的德国作家会说什么呢?"这一抱怨是出现在刘易斯的《论政治学的观察和推理的方法》(*A Treatise on the Methods of Observation and Reasoning in Politics*)(伦敦:1852)一书第 2 章第 377 页注。关于这个词自身的历史,可见维克托·

思想史这样诱人地而又致命地混淆起来就完全忽视了二者根本不同的功能。

对于社会学的历史和体系化之间差异的恰当认识可以产生一些真正的史著。这些史著会有其他科学更出色的史著所具有的构成和形式特点。它们会涉及这样一些问题：社会学思想的复杂承继关系，这些思想发展所走过的道路，理论与变化的社会根源及其与这些理论阐述者相应的社会地位之间的联系，理论与社会学变化着的社会组织的相互作用，理论从社会学核心思想中的扩展以及在扩展过程中的修正，以及理论受周围文化和社会结构的变化影响的方式。简言之，注意到这种区分就会对撰写一部社会学理论的社会学史有所帮助。

然而，社会学家们对社会学理论史抱着一种极狭隘的、几乎是匹克威克式的观念，即认为这一理论史是一种对以往理论的评论性概述加主要理论家小传的杂集。这就有助于说明为什么几乎所有的社会学家都认为他们自己能胜任教授和撰写社会学理论的“历史”——毕竟，他们都熟悉早期的经典著作。但是，这种关于理论史的观念事实上既不是历史也不是体系，而不过是一种缺乏深思的混杂物。 2

事实上，这一观念是当代学术工作中的一种畸形，它显示出在社会学家与历史学家之间出现越来越严重的角色颠倒。因为，社会学家们对思想史还抱着那种狭隘、肤浅的观念，然而，新一代的专门研究科学的历史学家们却广泛而深刻地从社会学、

布兰福德：“论社会学一词的起源和用法……”（‘On the origin and use of the word sociology’），《社会学文集》（*Sociological Papers*）（伦敦：1905），第一部分，第324页；及L. L. 伯纳德与杰西·伯纳德：《美国社会学的起源》（*Origins of American Sociology*）（纽约：T. Y. 克罗韦尔出版公司，1943），第249页。

心理学和政治科学中汲取他们用以阐释科学发展的理论指导。[1] 科学专门史中包括一些聪明却错误的观念，这些观念最初是很有意义的，但以后被令人信服的经验检验所推翻或被适应性更广的其他概念所代替。它也包括了一些错误的开端、现已陈旧的原理和过去研究中有益或无益的错误。科学史的基本理论是要获得对事物为何如此发展的认识，如同在某一学科或学科群中所做的那样，而不只是按年代顺序来列出科学理论的提要。最重要的是，这类历史不是被用于指导现今的科学家在他的科学领域中有什么流行的操作理论、方法论或技术。必须首先认识到科学理论的历史和体系是不同的，才能准确地把两者联系起来。

社会学理论的公共档案

社会学家和科学史家彼此戏剧性地以另一种紧密相关的方式置换了角色。这些科学史家通过对这一历史时期的主要参与者进行磁带录音和焦点访谈来大力搜集科学近来发展的"口述史"。[2] 社会学家依然把他们的注意力局限在公布的文献上。

---

① 新的科学史更为重要的阐释者包括：查尔斯·吉利斯皮、亨利·格拉克、鲁珀特·霍尔、玛丽·博厄斯·霍尔、托马斯·库恩、埃弗雷特·门德尔松、德里克·普赖斯、罗伯特·斯科菲尔德、L. 皮尔斯·威廉斯和 A. C. 克龙比。

② 作为由历史学家阿伦·内文斯所创造的一种挽救那些很易消失的关于历史现状的资料的方法，口述史一直依赖于采访技巧，这种技巧与其说是产生于历史学家不如说是产生于实地研究的社会学家，传统上是那些收集和检定文献材料的大师。关于口述史的报道，一种传播得远远超出其起源地哥伦比亚大学之外的调查方式，见《哥伦比亚大学口述史文集》(*The Oral History Collection of Columbia University*)(纽约：口述史研究室，1964)，第 1 卷和年度增刊。

在查尔斯·韦纳指导下的美国物理研究所编辑的关于核物理学的口述史和文献史就是一例。韦纳的技巧也许会为关注自己学科近代史的社会学家们所仿效。

这是开拓性的历史学家正在超越安分守己的社会学家的又一实例，而历史学家公开承认他们的访谈技巧得益于这些社会学 3
家。简而言之，自然科学史和生命科学史家们已经开始写出部分是基于科学**社会学**的分析史[①]，而社会学家们却继续把社会学理论史看成是对于一系列前后相继的理论体系的评论性概述。

按照这一狭窄的概念,对社会学家来说很关键的原始材料自然就是描述那些理论体系的已出版著作。例如,马克思、韦伯、涂尔干、齐美尔、帕雷托、萨姆纳、库利和其他不太知名的人的著作。但是,这种对原始材料看起来显而易见的选择却在作为印刷品出现的既成科学著作和研究者所遵循的实际研究路线之间的差别上搁浅了。这种差别有点类似于关于“科学方法”的教科书与科学家们实际思想、感受和从事工作的方法之间的差别。这些关于方法的书籍提出了理想的模式,即科学家们**应该**怎样去思考、感受和行动。但是,正如每个从事探索的人所知的那样,这些整齐划一、标准规范的模式不能重现那种科学家在其探索过程中所做出的绝不整齐的、因势利导的适应性变化。科学论文或专著总是显现出一种完美无瑕的外表,从中很少或根本看不出什么直觉的跳跃、荒谬的开端、错误、不明确的结局和实际上干扰研究的偶然事件。因而,科学的公共档案就不能够提供为重建科学发展的真实过程所需的许多原始材料。

这种把社会学思想史当成对一系列已发表思想的评论性描述的观点，远远落后于已知的现实。甚至在三个世纪之前，在

---

① 关于带有社会学色彩的科学史的实例,见《科学史》(*History of Science*)年刊,由 A.C.克龙比和 M.A.霍斯金斯编辑,于 1962 年首次出版;还可见马歇尔·克拉格特编《科学史中的关键问题》(*Critical Problems in the History of Science*)(麦迪逊:威斯康星大学出版社,1955)。

科学论文渐渐出现之前，众所周知，关于科学的那种不带个人感情色彩的、平淡乏味的和惯例化的语言能够表达出新科学贡献的实质，但是却不能重现研究的实际过程。换言之，甚至在那时，人们都认识到科学理论的历史和体系需要不同类的基本材料。在十七世纪刚开始时，培根很快就已观察到这一点并且抱怨道：

> 任何知识都不是按它被发明时的顺序来表达的，数学也是如此，尽管有时看起来后面的命题确实使用了前面的
> 4 命题或假设来作为它们的证据和证明。[①]

自那时起，有洞察力的人们不断独立地作出类似观察。所以，一个世纪之后，莱布尼茨在一封非正式的信中——这封信因此也成为历史记录中很重要的部分——论述了非常相同的观点：

> 笛卡尔要使我们相信他几乎未读过什么书。这有点夸张。然而，研究别人的发现，在向我们揭示这些发现的根源并使这些发现多少有助于我们自己的发现这一点上，是有益的。我希望创造者们能给我们指出他们发现的历史和他们获得这些发现的步骤。当他们忽视这样做时，我们就应试图推测这种步骤，以便从他们的工作中得益至深。如果评论家们在评论书籍时为我们做到这一点[这里，人们必定

---

① 弗兰西斯·培根：《弗兰西斯·培根文集》(*The Works of Francis Bacon*)，詹姆斯·斯佩丁、罗伯特·L.埃利斯、道格拉斯·D.希恩整理并编辑(英国，剑桥：河畔出版社，1863)，第 6 卷，第 70 页。

要问这位伟大的数学家和哲学家：如何做到？]，那么他们也就给公众提供了很大帮助。①

实际上，培根和莱布尼茨所指出的是，科学历史所需要的原始材料与科学体系所需要的显然不同。但是，由于科学家们发表他们的思想和发现通常并不是要帮助历史学家们再现其方法，而不过是向同时代人以及向后人们表明他们对科学的贡献，所以他们也就总是不断以逻辑证明的方式而不是以历史描述的方式来发表他们的著作。这种实践持续提供培根和莱布尼茨所做的观察。差不多距莱布尼茨两个世纪以后，马赫根据他的精神指出，自从欧几里得几何学出现以来，许多事情几千年来未有好转。科学说明和数学说明仍然不是为了指导探索的实际途径，而是为了逻辑的诡辩：

> 欧几里得的体系是以其逻辑的优美而吸引思想家的；这一体系的缺陷也在对其优美的赞颂中而被忽视了。甚至在近代，一些伟大研究者在表述其研究成果时也错误地追循欧几里得的模式，并因此**实际上掩盖了他们的研究方法**，给科学带来很大损失。②

然而，在某种程度上，马赫的观点又是倒退的。他未能认识到培根在几个世纪之前就已经清楚地认识到的，即由于不管是

① 戈特弗里德·威廉·莱布尼茨：《哲学文集》（*Philosophisichen Schriften*），C. I. 格哈特编辑（柏林，1887），第 3 卷，第 568 页，1714 年 3 月 22 日，莱布尼茨在维也纳致路易斯·伯凯的信。

② 恩斯特·马赫：《空间和几何学》（*Space and Geometry*），第 113 页，T. J. 麦克马克译（芝加哥：开放之庭出版公司，1906），黑体为我所加。

为了当前的系统知识或为了改善对科学工作如何发展的历史理解，科学记载必然会是有所不同的。不过，马赫像培根和莱布尼茨那样，他的意思是我们不能希望通过仅仅重视惯例化的出版物而来再现科学探索的实际历史。

物理学家 A. A. 莫尔斯近来也提出了同样的观点，他说，科学家“受过专业的训练来隐藏他们自己最深刻的思想”，并且对
5 过去所做的工作“无意识地夸大其理性的方面”。[1]这里必须强调的是，这种掩饰探索实际过程的情况在很大程度上是由科学出版物的惯例所产生的。这种惯例要求一种消极的语言和报道形式，而它们意味着不用借助于人脑，思想就可以产生；不用借助于人力，调查就可以进行。

这一观察由植物学家艾格尼斯·阿伯加以概括，他指出“科学著作的表现方式……是由其时代的思想偏见所形成的”。然而，尽管科学报道的文体依当时流行的知识信念而有所不同，但是它们都不是如实地描写实际的探索过程，而是对这一过程程式化的重构。因而，阿伯指出，在欧几里得时代，当演绎法备受赞扬时，探索的实际过程就被“把命题串在任意选择的演绎思路上的人为方法”所遮没，这样就掩盖了这一过程的经验方面。今天，科学家“由于在归纳法的支配下，即使事实上以类比法获得假说，他的本能反应还是要掩盖他的踪迹，把他的**全部**工作——不仅仅是他的论证——以归纳的形式表现出来，好像这就是他

① A. A. 莫尔斯：《科学的创造》(*La création scientifique*)(日内瓦，1957)，根据雅克·巴赞在《科学：光荣的娱乐》(*Science: The Glorious Entertainment*)(纽约：哈珀与罗出版公司，1964)一书第 93 页上所引。

实际得到结论的过程”①。

艾格尼斯·阿伯指出，只有在非科学的文献中，我们才会发现记载思想之错综复杂特点的努力：

> 劳伦斯·斯特恩和某些受他的技巧影响的现代作家[很明显是指像詹姆斯·乔伊斯和弗吉尼亚·伍尔夫这样的印象主义作家]都想像过并试图用语言表达出人类思想复杂的、非线性的活动，尽管这一活动来去匆匆，并且无视时间顺序的束缚。但是，没有什么人[科学家]会敢于冒这种实验的危险。②

然而，并非只有浅薄的乐观主义才认为社会学未能对理论史和理论体系加以区分的问题最终会得到解决。首先，一些社会学家已经认识到通常发表的档案对于探寻社会学理论和调查的实际历史提供的基础不够充分。他们通过求助于其他类型的原始材料而使其完善，如科学笔记和日记(例如库利的)、通信 6
(例如马克思与恩格斯的、罗斯与沃德的)、自传和传记(例如马克思、斯宾塞、韦伯和许多别人的)。近来社会学家开始偶尔也公布他们的社会学探索在实际中如何进行的可信的编年记事，这些探索深受特定的学术和社会影响，经常会遇到与原来的设

① 艾格尼斯·阿伯："科学史上的类比法"(‘Analogy in the history of science’)，载《纪念乔治·萨顿科学史研究文集》(*Studies and Essays in the History of Science and Learning Offered in Homage to Geroge Sarton*)，M.F.阿什利·蒙塔古编辑(纽约：亨利·舒曼出版公司，1944)，第222—233页，299页。

② 艾格尼斯·阿伯：《心和眼：对生物学家观点的研究》(*The Mind and the Eye: A Study of the Biologist's Standpoint*)(剑桥大学出版社，1954)，第46页，第5章："生物学家和书面文字"；真的应该要求包括社会学在内的所有学科史家都来学习一下这本敏锐的、有见地的和知识渊博的著作。

想不相符的数据、观点、错误和疏忽,而所有这些研究过程中出现的插曲是很少在公开出版物中发表的。[①] 在莱斯特·F. 沃德六卷本的《宇宙管窥》[②](*Glimpses of the Cosmos*)中,每一篇论文都是由一个"讲述何时、何地、如何以及为何而写的历史概略而引出的。这虽仅是个开始,但极大扩充了这类记事史的实践"。[③]

另一个给予希望的标志是1965年出现的《行为科学历史杂志》(*Journal of the History of the Behavioral Sciences*),这是第一种完全致力于行为科学历史的杂志(相比之下,二十多种主要杂志以及不下一百种的小杂志都致力于自然科学和生命科学的历史)。第三个标志就是对研究社会调查历史的不断增

---

① 像以下的例子:威廉·富特·怀特的《街角社会:一个意大利贫民窟的社会结构》(*Street Corner Society: The Social Structure of an Italian Slum*)(芝加哥:芝加哥出版社,1955)一书增订版详细的方法论附录;阿尔伯特·科恩、艾尔弗雷德·林茨密斯和卡尔·舒斯勒编的《萨瑟兰文集》(*The Sutherland Papers*)(布卢明顿:印第安纳大学出版社,1956)中,E. H. 萨瑟兰对其差异联结理论之发展的说明;爱德华·A. 希尔斯的"原始的、个人的、神圣的和世俗的联系"('Primordial, personal, sacred and civil ties),载《英国社会学杂志》(*British Journal of Sociology*),1957年7月,第130—145页;玛丽·杰霍达、保罗·F. 拉扎斯费尔德和汉斯·蔡塞尔合著的《马伦塔尔地区的失业者》(*Die Arbeitslosen Von Marienthal*)第二次未修订版(波恩:民意调查出版社,1960),本书有拉扎斯费尔德新写的导言,论述了思想源头、社会学和心理学的思想趋势及其研究的发展过程。1964年,在两本描述性文集中表达了对不同社会学研究中研究如何实际进行的关注,一本是菲利普·E. 哈蒙德编的《社会学家们的工作:社会研究的技业》(*Sociologists at Work: The Craft of Social Research*)(纽约:基础书籍出版公司);一本是阿瑟·J. 维迪齐、约瑟夫·本斯曼和莫里斯·R. 斯坦编的《社群研究的反思》(*Reflections on Community Studies*)(纽约:约翰·威利和桑斯出版公司)。

② 纽约和伦敦:G. P. 普特南出版社,1913—1918年。

③ 另一个关于社会学家著作、生涯和这一领域的社会组织之间相互作用的例子,可见威廉·J. 吉德、拉里·米切尔和弗兰克·弗斯顿伯格在《威拉德·W. 沃勒选集》(*Selected Works of Willard W. Waller*)(出版中)中的传记性论文。

长的兴趣。例如，内森·格拉泽在“欧洲社会研究的产生”这一权威性历史论文中指出了这一方向；同时，保罗·F.拉扎斯费尔德则撰写了一系列专题论文，对德国、法国、英国、意大利、欧洲低地国家*和斯堪的纳维亚国家的经验社会研究早期发展进行论述。[①] 阿尔文·古尔德纳在其近来关于柏拉图社会 7
理论的著作中，为将社会理论的发展与其所在社会结构和社会文化联系起来论述开了先例。[②]这些只是社会学家开始转向对理论发展分别进行历史分析和社会学分析的许多事例中的几个。

社会学理论的连续性和间断

像其他手艺人那样，思想史家要面临各种各样的职业风险。每当历史学家要确定思想在历史上的连续性和间断时，这些激怒人又刺激人的风险就会出现。这种经历有点类似走绳索，因为稍一偏离直立的姿势就很有可能失去平衡。思想史家就冒着这种风险：不是宣称发现了思想的连续性而事实上它并不存在，

---

* 指荷兰、比利时、卢森堡的总称。——译者注

① 内森·格拉泽："欧洲社会研究的产生"（'The rise of social research in Europe'），收在丹尼尔·勒纳编《社会科学的人文意义》（*The Human Meaning of the Social Soiences*）（纽约：梅里迪安书籍出版公司，1959）一书第43—72页。见拉扎斯费尔德项目出版的第一部专著，即安东尼·奥伯沙尔的《德国1848—1914年的社会经验研究》（*Empirical Social Research in Germany 1848—1914*）（巴黎和海牙：莫顿出版公司，1965）。

② 阿尔文·W.古尔德纳：《柏拉图思想入门：古希腊与社会理论的起源》（*Enter Plato: Classical Greece and the Origins of Social Theory*）（纽约：基础书籍出版公司，1965）。

就是未能找出确实存在的连续性。[3] 观察一下思想史家的行为，人们就会得出清晰的印象，即当他们一旦出错时，倾向于犯第一种错误。他们急于宣称在许多事例中存在一系列先驱、预期和先兆，而深究下去会发现这些都是虚构的。

社会学家与科学史家具有相同的倾向是可以理解的，因为二者都普遍地把知识增长的过程作为科学历史发展的模式。在这种观点看来，偶尔的断裂只是由于不能从以往著作中找到完整的资料而产生的。由于不知先前的著作，后来的科学家们所作的发现就成为重新发现（就是在功能相关的每一方面都已被
8 提过的各种观点或发现）。对于掌握前后两次发现的历史学家而言，这种事情的发生表明了知识的——虽非历史的——连续性，只是历来的发现者并未意识到这种连续性罢了。是这一事实作为丰富的证据支持了这种连续性假说，即发现和观念在科

---

③ 恰当的例证是这么一个事实：我通过一系列公众讲座已经很详尽地解决了的区分，几年后在一次公众讲座中又遇到了。参见约瑟夫·T.克拉克在“科学哲学与科学史”（‘The philosophy of science and the history of science’）中关于“先兆性”的讨论，见克拉格特编《科学史中的关键问题》，第103—140页，并参见I.E.德拉布肯对这一论文的评论，尤其见第152页评论。

一段时间以来，由于我提出了这一观点，即观念的历史和关于观念的社会学又是它们要描述和分析的相同历史及思想过程的一些实例，所以这些观念的一致就是双重恰当的。例如，注意这一事实，科学中多次独立发现的理论就被它自己的历史所证实了，因为这一理论曾相隔几代而被几次重新发现。R.K.默顿：“科学发现的单一性和多重性：科学社会学的一章”（‘Singletons and multiples: a chapter in the sociology of science’），载《美国哲学学会会刊》（*Proceeding of the American Philosophical Society*），1961年10月，第105期，第470—486页，尤其第475—477页。关于自我例证的假说和理论的其他例子，见R.K.默顿《在巨人的肩上》（*On the Shoulder of Giants*）（纽约：自由出版社，1965；哈考特、布雷斯和世界出版公司，1967）一书的索引。

学中的多次独立出现。①

当然,由此并不能得出,由于某些科学思想以前曾被充分地预见到,所有的科学思想就都是如此。知识的历史连续性肯定涉及对以前未预见到的知识予以新的增补,同时,在思想的形成和经验一致性的发现中,真正的非连续性也要用量的飞跃形式来度量。确实,发展科学社会学的第一步是准确识别那些造成科学连续性和间断的条件和过程。

这些重构连续性和间断的程度的问题是整个科学史所固有的。但是,它们在这些历史中显现不同的特点,例如社会学的专门史,即主要局限在按年代顺序整理的思想综述。由于在著述中未对思想和社会结构的交互作用进行严肃的研究,因而早期思想和近期思想的所谓联系就被置于中心地位。因此,不管是否认识到这一点,思想史家都必须区分早期思想和近期思想的相似程度,并用重新发现、预见、预示乃至预示主义术语加以区分。

1.重新发现和先前发现　严格说来,科学的多次独立发现涉及到由各自并不知道他人工作的两个或更多的科学家所提出的实质上相同的思想或功能上同等的思想和经验发现。当这些发现在同一时期被发现时,它们就被称为"同时"的独立发现。历史学家并未形成被普遍接受的"同时性"标准,但在实际上,当多次发现出现在几年的间隔内时,它们可以被描述为是同时的。当功能上可互换的发现间隔更长时间时,后期发现就应该被描述为**重新发现**。由于科学家尚未确立对早期发现的指称,我们

---

① 我最近的一些评论,对至少从弗朗西斯·培根时代到威廉·奥格本和多萝西·托马斯时代所搜集的对这一结论的证据进行了核对,并提供了其他系统的证据,见默顿:"科学发现的单一性和多重性",和"对科学中多重发现的系统研究的困难"('Resistance to the systematic study of multiple discoveries in science'),载《欧洲社会学杂志》(*European Journal of Sociology*),1963 年,第 4 期,第 237—282 页。

就采用**先前发现**这一术语。

要确定独立产生的思想之间相似性的程度决不是一种轻易的事。甚至在包括数学在内的许多精确学科中，宣称独立的多
9 重发明都引起激烈的争论。问题在于，有多少重叠的东西才能被认为是“同样的”？例如，对博利奥伊和罗巴切夫斯基创立的非欧几里得几何学仔细比较，就可以发现，罗巴切夫斯基更系统地、更富有成果地和更详尽地创造了他们两人明显重合的思想的九分之五。[①]而且还可以看到，在十二位“掌握了关于能量守恒的概念的实质部分”的科学家中，不会有两个科学家具有完全相同的观点。[②]然而，稍稍放宽这一标准，这些发现就可被描述为多重独立发现。由于许多社会科学中的表述通常更不精确，所以就更难确定独立提出的观点在实际上的同一性或功能上的等价性。

如果不对“同一个”发现的早期和后期版本进行详尽比较，还有其他渠道可以间接证明同一性或对等性的存在，即历来的发现者报告在自己之前有先行者，预先假定这些报告是真实的：既然现代科学很重视创造性（不像早先的古代权威保守地对待新思想），发现者们就不太可能想要否认他们自己工作的创造性。我们发现，在所有学科中都有后来的发现者将自己的发现

---

① B.彼得罗维奇：“N.罗巴切夫斯基与J.博利奥伊：一个同时发现的特殊情况的比较”（‘N. Lobatschewsky et J. Bolyai: étude comparative d'un cas spécial d'inventeurs simultancés’），《哲学评论》（*Revue philosophique*），1929年，第108期，第190—214页；同一作者的一篇早期论文是关于另一情形的同样结论：“查尔斯·达尔文与艾尔弗雷德·拉塞尔·华莱士：对高级心理学和科学史的贡献”（‘Charles Darwin und Alfred Russel Wallace: Beitrag zur höheren Psychologie und zur Wissenschaftgeschichte’），《伊希斯》（*Isis*），1925年，第7期，第25—57页。

② 托马斯·S.库恩：“作为同时发现之例的能量守恒”（‘Energy conservation as an example of simultaneous discovery’），克拉格特前引书，第321—356页。

报告为最早的发现。例如,具有高度创造性的物理学家托马斯·扬声称:“有一些事实英国人还不知道,我就认为我是第一个发现的,但是后来我发现外国数学家已经发现并阐述过它们。”扬反过来接到了弗雷斯内尔所致的歉意,弗雷斯内尔认识到在光的波动理论方面他无意地重复了扬的工作。[①]与此相似,贝特兰·罗素在评论他对怀特海及其《数学原理》(*Principia Mathematica*)一书所做的贡献时指出:“这一工作的许多方面已由弗雷格完成了,然而,我们起初并不知道这一情况。”[②]

社会科学和人文科学的每一领域都有它自己的一些补充个 10
案;在这些个案中,后来的著作家宣布他们的贡献曾被预见过,因而为这些学科中多重发现的事实提供了雄辩的证明。仅考虑与此相关的少数事例就可明白。巴甫洛夫不寻常地致谢道:“沿着这条道路[巴甫洛夫的新的调查方法]迈出第一步的荣誉应归于E.L.桑戴克。”[③]弗洛伊德曾经一百五十次之多地给出了他的发现优先权的书面证据,他说:“我后来在一位熟悉哲学但不熟悉医学的作家那里找到了我的释梦理论的基本特点和最主要的部分——减少内在冲突,即一种自我欺骗的释梦曲解。这位作家就是工程师J.波珀,他以林柯斯的名字出版了他的《现实

---

① 亚历山大·伍德:《托马斯·扬:自然哲学家,1773—1829)(*Thomas Young: Natural Philosopher, 1773—1829*)(剑桥:大学出版社,1954),第65页,第188—189页。弗雷斯内尔写给扬的信中说:“当我向研究所提交它[他的光学理论的研究报告]时,我并不知道你的实验和你从实验中得出的推论,所以我现在所作的新阐述不过是很久以前已作过的。”

② 贝特兰·罗素:“我的思想发展”(‘My mental development’),载詹姆斯·R.纽曼编《数学的世界》(*The World of Mathematics*)(纽约:西蒙和舒斯特出版公司,1956),第1卷,第388页。

③ I.P.巴甫洛夫:《条件反射演讲集》(*Lectures on Conditioned Reflects*),第39—40页,W.H.甘特弗译(纽约:国际出版商出版公司,1928)。

的梦》(*Phantasein eines Realisten*)一书。"[①]R.G.D.艾伦和J.R.希克斯各自独立地于1934年把现代经济学的价值理论推到了它的鼎盛地位。他们特别提请公众注意他们的发现先前已由俄国经济学家尤金·斯卢茨基于1915年在一份意大利杂志上发表过了,当时的战争妨碍了思想的快捷交流。艾伦专门写了关于斯卢茨基早期理论的一篇论文,希克斯把价值论的基本等式以斯卢茨基的名字来命名为"斯卢茨基等式"。[②]

同一种情况也可在哲学家中找到。穆尔的《伦理学原理》(*Principia Ethica*)一书很可能是二十世纪伦理学理论中最有影响的书,它包括那种现今已为人们熟悉的陈述:"本书完成之后,我发现布伦塔诺'正确知识与错误知识的来源'一文中的见解,比我所熟知的任何其他伦理学作家的见解更加与我的相似。"穆尔进而含蓄地总结他四个主要观点:"布伦塔诺看来是……与我完全一致。"[③]

关于先前表述的报告甚至扩展到了最新创造的比喻这样微

---

① 西格蒙特·弗洛伊德的《论文选集》,第1卷,第30页,琼·里维埃泽拉译(伦敦:霍格恩出版社,1949)。关于弗洛伊德受预见、重新发现、先前发现和优先权等概念的困扰,见默顿:"对科学中多重发现的系统研究的困难",前引书,第252—258页。

② R.G.D.艾伦:"斯卢茨基教授的消费者选择理论"('Professor Slutsky's theory of cosumer choice'),载《经济研究评论》(*Review of Economic Studies*),1936年2月,第3卷,第2期,第120页;T.R.希克斯:《价值和资本》(*Value and Capital*)(牛津:克拉伦登出版社,1946)。

③ G.E.穆尔:《伦理学》(北京:商务印书馆,1983),第3—4页(作者所引为英文版,译者据已有中文本注明出处,下面类似情况皆同此。——编者)。作为一个细心的学者,穆尔还谈到他的思想与布伦塔诺思想的基本区别。因而,他举例说明逐步开展的观点的一个主要方面:在两个或更多个独立产生的理论中,某些思想的一致性并不要求意味着作为整体的理论之间的完全一致。社会理论和人文科学理论,有时还有物理理论和生物理论,都不具有部分的一致性等价于整体的一致性的这种严谨的逻辑连贯性。

小的细节。所以，戴维·里斯曼提出了“心理陀螺仪”的喻像，并 11
进而陈述道：“由于论述了以上方面，我已经发现加德纳·墨菲在其《个性》（*Personality*）一书中运用了同样的隐喻。”[1]

遇到自己思想的先前发现，一个人必然会像在人群中无意地遇到了与自己相同的人那样难堪。经济学家伊迪丝·彭罗斯讲到“艰苦地创立了我自己的重要的和‘首创的’思想之后，我常常有着难堪的经历，即我随后觉得其他著作家对同一思想作了更好的表述”[2]，她无疑讲出了无数科学家和学者的想法。

还有另一类检验真正的重新发现的证据来自那些当他们发现其工作已被别人抢先做了从而停止这种工作路线的科学家和学者。后来者需要更善于觉察其他人的早期工作与他们自己工作之间甚至很细小的差别。放弃自己的探索路线表明，在他们看来，这项研究在他之前已经有人作出了有着重要意义的结论。例如，卡尔·斯皮尔曼谈到他对他提出的衡量相关程度的“相关系数”（correlation coefficients）理论的阐述时说，人们可以看到“我的相关理论的很多方面已经为而且更清楚地为其他著作家所获得，尤其是高尔顿和尤迪尼·尤尔。所以，这里又一次浪费大量的劳动，照此，大多数人都认为最初的发现就这样令人遗憾地被废弃了。”[3]捷足先登的探索也出现在学术研究的细节中。例如历史学家J.H.赫克斯特以认真老练而坦率的方式谈到，当他快要完成一篇附录，谈及“莫尔在其《乌托邦》中的主旨思想使

---

① 戴维·里斯曼、鲁尔·丹尼和内森·格拉泽合著：《孤独的人群》（*The Lonely Crowd*）（纽黑文：耶鲁大学出版社，1950），第16页，第6页注。

② 伊迪丝·彭罗斯：《公司增长的理论》（*The Theory of the Growth of the Firm*）（纽约：约翰·威利出版公司，1959），第2页。

③ 卡尔·斯皮尔曼，见卡尔·默奇逊编《自传中的心理学史》（*A History of Psychology in Autobiography*）（纽约：拉塞尔和拉塞尔出版公司，1961），第322页。

他与希思罗迪提出的私有财产观点相决裂时，我的同事乔治·帕克斯教授提醒我注意有一篇爱德华·L.瑟茨关于同一问题的优秀文章。……这篇文章就使我的附录多余了。”[①]这种公开记载
12 的捷足先登的发现的事例当然不会穷尽大量未记载的事例。很多科学家和学者由于别人捷足先登而无法正式发表他们的成果，因而这类情况仅仅局限于在很小的圈子里为人所知。[②]

2.预见和预示　在其新近的书[③]中，科学史家托马斯·S.库恩区分了科学发展中的“规范科学”阶段和“科学革命”阶段。大多数发表的对此书的反应，正如库恩自己那样，都是以这些标志着科学革命的偶然飞跃为中心的。但是，尽管这些革命是科学发展中最富有戏剧性的时刻，绝大多数科学家在绝大多数时间里却都是从事着“规范科学”的工作，这个工作是通过积累性地增加基于共同范式（或多或少的几组相关的假设和形象化描述）之上的知识来进行的。所以，库恩并未否定这种长期流行的观点，即科学的发展主要是通过积累来实现的，虽然他主要想表明的是这一观点远不符合科学发展的全过程。但是，任何读了他的著作的人都会得出这一推论，即科学家共同体所证明过的知识的积累简直就是一个公然与历史记载不符的神话世界。

---

① J.H.赫克斯特:《莫尔的乌托邦:一种观念的传记》(*More's Utopia: The Biography of an Idea*)(普林斯顿大学出版社,1952),第34页注。赫克斯特认为他的著作中的另一部分被别人占先了:“我完全不同意昂肯对莫尔《乌托邦》一书中意图的解释,并且我很不赞成他对此文的分析,这两点使我对于被他在某点上抢先感到懊悔。我对于是我第一个注意到了《乌托邦》第一卷中思想断裂的说明……被后来读到的昂肯为里特尔德语译本所作的序而破坏。”同上,第13—14页注。

② 对此更充分的论证,见默顿的“科学发现的单一性和多重性”,前引书,第479页及以下。

③ 托马斯·S.库恩:《科学革命的结构》(*The Structure of Scientific Revolutions*)(芝加哥:芝加哥大学出版社,1962)。

虽然充满着错误的侵扰、迷失的歧路或暂时的退却，科学的大部分还是通过知识的积累而发展着，这种观点意味着绝大多数新思想和新发现都已被预见或被预示到了。在任何时候，事物都有可能发展得更为完善。需要有一个适当的词汇来表示科学思想和发现的早期与晚期表述的相似程度。我们来考虑一个极端的事例，即涉及到实质性的一致或功能上的等同的先前发现和重新发现。预见表示多少稍差一些的一种相似性，在这种相似性中，早期的论述和后期的论述部分地重合，但却不是着眼于和引申出同样一组含义。预示涉及到一种更小的相似性，在这种相似性中，毫不夸张地说，早期的论述仅仅预兆着后期的论述，也即只是模糊不清地近似于后来的思想，实际上，后来思想的具体含义没有一个是从前者引申和追寻出来的。

重新发现与预见或预示之间的基本区别已在本章之首所引的怀特海的格言中得到阐明：“但是，去接近真实的理论和去把握其确切的应用，正像科学史告知我们的，是两件非常不同的事情。每一个重要的想法都已经在发现它之前被人谈到了。”要不 13
是在得出这种观点时，怀特海仅是预见而非实际提出，他就可能是第一个意识到这种历史讽刺的人。又如，数学家、逻辑学家和思想史家奥古斯塔斯·德·摩根注意到在某一代人之前，“科学上几乎从来没有过重大发现，但科学发现的萌芽已出现于实际做出发现的几个同时代人和前辈的著作中”。[①]这就要求另一位运

① 奥古斯塔斯·德·摩根：《牛顿的生活和工作论集》(*Essays on the Life and Work of Newton*)(芝加哥和伦敦：开放之庭出版公司，1914)，第18页。稍后的一个例子，见当今美国心理学泰斗埃德温·G. 博林在《实验心理学史》(*A History of Experimental Psychology*)(纽约：阿普尔顿—世纪—克罗夫茨出版公司，1950年第2版)一书第4页上给出的观点：“几乎所有伟大的发现都有历史学家事后所挖掘的预见。”

用近于弗洛伊德论述风格的大理论家，来确定先前发现和预见之间的决定性差别，即是某一个而不是别的构成了对某种思想的追求或足以使这种思想的含义变得明显的发现。①

但是，思想史家常常忽视了这些基本的区别。真正的重新发现的很高出现率，有时导致他们放宽实质性同一或功能上等同的标准，并把那些过去仅仅是模糊感觉到的东西称为"重新发现"。极端情况下，一些历史学家完全省略了这样的标准，全凭运气来玩寻找"预见"和"先前发现"的游戏。这种夸大相似性而忽视早期与晚期表述之间的差别的倾向是一种折磨着许多思想史家的职业病。

新近的科学史家彻底地从他们的先驱们在更为精确的科学中变出预见和预示的癖性中觉悟过来，他们也许愤然否定这种比较诊断，但是，事实上，这种职业病看来在社会科学的史学家中流传得更为广泛和更为严重。其原因不难找到。以社会学史为例，可能能引起我们的兴趣。经过数代人的努力，绝大多数社会学文章（包括这篇导论）已经以科学论文的文体来写了。不同于物理科学和生物科学长期确立的论文模式，社会学论文只是
14 近来才确立了这种体例，即对问题的简洁陈述、调查的程序和工具、经验发现、关于这些方面的讨论和所得到的理论意义都要作

① 把这个问题用这样的词语来表达是典型的弗洛伊德的说法："我很清楚，用言词一次两次甚至多次地表达以转眼即逝的灵感形式出现的思想是一回事，而要想认真地、实实在在地对待这种思想，不管有什么困难都要寻求它的各种细节并为它在被认可的真理中争得一席之地就完全是另一回事了。这是偶尔的调情与承担所有义务与艰辛的严肃婚姻之间的差别。'与一种思想结婚'并非是一种不寻常的形象化比喻。"西格蒙特·弗洛伊德的文章："论精神分析运动的历史"，1914 年初次发表，后收入《选集》第 287—359 页，这段话在第 296 页上。这篇致力于一种观念的历史的独具个性的文章充满了与我们这里的主题密切相关的观点。

出严谨的论述。[①] 以往的社会学论文特别是书籍都是以另一种方法写成的，即基本概念几乎未被严格定义，同时程序的逻辑和变量间的关系以及推出的具体理论大部分都仍然是很含混的，这与长期确立的人文学科的规范有关。这种体例产生了两种后果：第一，既然潜在的基本概念和思想未被明确地标名与定义，它们很容易被人们忽视，因而它们中的一部分事实上后来又被重新发现；第二，早期表述的不明确性诱导思想史家轻易地认定为先前发现，而实际上，进一步分析就会看到这些先前发现与新发现之间只有模糊不清、无意义的相似之处。

这些含糊性使思想史家背上了区别真正预见和虚假预见的沉重负担。在预见中，相似性典型地局限于对后来观点中一些相同词汇的偶然使用，并被史学家注入了从后来知识中得出的意思。这种对真假预见的区分决不是明确的，即如果历史学家不够勤勉，并且让旧表述与新表述之间的任何程度的相似都成为预见，那么他事实上是在写思想的神话，而不是思想史。

正如先前发现的情况那样，真正预见的假定证据是当后来的科学家自己承认在他之前其他人已经提出过他的思想的某些方面时所提供的。因此，戈登·奥尔波特明确地论述了功能自主性的原则：在特定条件下，行为方式成为自身的目的或目标，尽管它们一开始是为了其他的理由。它的核心思想在于行为能够维持其自身，尽管它不再由最初的动力或动机来推动。当奥尔

---

① 为了不偏离主题，我们**不是**说或暗示这种社会学论文模式的应用就能保证它们的重要性。有些采用这种模式的论文只是清楚地表明它们是无意义的，这一点正如其他保持着科学文体的论文有时却能表达对于我们理解社会中的人更为重要的东西。在这里，问题不是社会学著述中不同方式的科学价值，而是那些鼓动社会学史家在社会学的发展中来理解预见和预示的社会学论文所具有的特征。

波特首次提出了这一有影响的并在某些方面引起争论的观点时①,他很快指出了这一观点的先期提示,即伍德沃斯关于心理机制可以转化为动力的观点;斯特恩关于表面动机(phenomotive)可以转化为生成动机(genomotive)的观点;托尔曼关于“手段—目的”可以“确立它们自己的权利”的观点。因早期的看法只是与后来的看法部分重合,更为重要的是,它们并未引申出由奥尔波特明确陈述的逻辑含义和经验表述形式,这些观点应算是预见,而不是先前发现。这就是为什么奥尔波特的论述改变了功能自主性的历史进程而预见则无法做到这一点。而这些区别在主要关心为贡献确定“荣誉”的思想史中消失了,因为这种思想史倾向于把先前发现和预见混合为无形的模糊物。相比之下,主要关注再现科学实际发展过程的思想史却注意到这种关键性的区别,即早期对某一思想的近似表述和后来的表述之间的区别,为了标明早期近似表述对该思想发展的影响,后来的表述归纳了这些近似表述的作者以便能系统地追寻这一思想的脉络。

当一个科学家遇到早期的和被人忘记的表述时,思考并发现了它的指导意义,**然后自己继承了这一思想**,尽管有许多年的间隔,我们就有了一个思想的历史连续性的可靠事例。但是,与关于科学探索的故事书式的描写相反,这种模式似乎是罕见的。更为常见的是,一个思想若是被充分确定和充分强调地表述,它就不可能为同代人所忽视,并因而很容易找到关于它的预见或预示。但是,对于思想史的某一理论而言决定性的一点是:这些早期的

---

① 戈登·W.奥尔波特:“动机的功能自主性”(‘The functional autonomy of motives’),载《美国心理学杂志》(*American Journal of Psychology*),1937年,第50期,第141—156页。奥尔波特对预见的引证为卡尔文·S.霍尔和加德纳·林德茨所特别提到,见《人格理论》(*Theories of Personality*)(纽约:约翰·威利父子出版公司,1957),第270—271页。

表述,在没有得到新的和暂时确定的表述使它们重新为人们所注意之前,是湮没无闻的,也没有人对其进行系统的探究。

对先前发现、预见和预示的认同也许很迅速,也许很滞后。在科学家和学者的社会系统中,发现的迅速认同仅取决于有心人的多少。当一个新表述的思想或经验发现公布于世时,很容易就会有一帮科学家已经是偶然地遇到过这种思想的早期观点,尽管他们并未在工作中运用这种观点。当由新的观点使他们记起早期的看法时,这些科学家就向这一系统中的其他人报道这种新发现、预见或预示。[《科学》(*Science*)杂志就是照此模式登载科学同行的来稿的典型。]

滞后的认同出现在早期看法迅速被遗忘之时。也许,它发表在某个不出名的杂志上,或者被隐藏在另一类主题的论文中,或者出现在未发表的实验室笔记、文章和信件里。一种发现会暂时被同代人认为是崭新的。但是,一旦科学家或者学者们完全熟悉了这一新思想,他们就会在**后来**重读早期著作时认识到 16
与新思想相似的论述。正是在这一意义上,过去的科学历史不断地被随后的历史所重新改写。

奥尔波特对作为心理学原则的功能自主性的论述说明了发现的第二种模式。既然奥尔波特使我们现在对这一原则留下了印象,我们也就在读早期著作时会留神对这一原则的任何看法。所以,感谢奥尔波特,使我们能在重读 J. S. 穆勒的著作时发现穆勒 1865 年就已表述过的同一原则:“只有当我们的目的变得独立于最初使其产生的痛苦情感或愉悦情感时,我们才会被说成具有坚定的性格。”[1]不管怎样,关键就在于,当我第一次读到

---

① 约翰·斯图亚特·穆勒:《逻辑体系》(*A System of Logic*)(伦敦:朗曼斯和格林出版公司,1865),第 423 页。

穆勒的论述时，由于我当时还未熟悉奥尔波特的论述，所以没停下来仔细思考穆勒的观点。或者，可以说，1908 年齐美尔已经预见到了奥尔波特的基本原理，不过他是用社会学的术语来表达的：

> 一个具有最重大社会学意义的事实，是无数的关系保持它们的社会学结构不变，甚至最初产生它们的情感或者实际的场合已经不复存在时也是如此。……确切地说，一个关系的产生必然要求一定数量的正面条件和反面条件，仅仅缺少其中之一也会立即阻碍这一关系的发展。然而，这一关系一旦开始，它就绝不会被某个条件的随后消失所破坏，如果这个条件提前消失则不然。关于[政治]国家的说法——国家仅靠它赖以建立的手段而得到维持——只是一个残缺不全的真理，而决不是一个普遍适用的社会原理。社会学的联系不管其起源如何，都会发展出其形式的自我维持和自主存在，而它们是独立于其最初相关动机的。①

穆勒和齐美尔的论述都代表了对奥尔波特原则的真正预见。他们清楚地论述了同一思想的部分方面，他们并未使得这一思想给他们的同代人留下充分印象(在此，尽管齐美尔把这一思想概括为“一个具有最重大社会学意义的事实”)。尤其是，他们的早期论述在奥尔波特关于功能自主性的陈述之前一直没有得到重视和发展。确实，假若在这期间继续深入研究下去，那么奥尔波特就

---

① 格奥尔格·齐美尔：《社会学》(*Soziologie*)(莱比锡：登克尔和洪堡出版社，1908)，第 582—583 页；由库特·H. 沃尔夫翻译的可靠的英文本收在《格奥尔格·齐美尔的社会学》(*The Sociology of Georg Simmel*)(纽约：自由出版社，1950)，第 380—381 页。

不会有机会来论述这一原则了，至多，他会简单地予以发挥。

以上事例表明了应该怎样适当地对待思想史上的预见。真正的思想史家由于奥尔波特的论述而变得警觉起来才发现了穆勒和齐美尔的种种预见，他立刻就会认识到这一关键的重大问 17
题：为什么早期的提示被这些作者、他们的同代人和直接后继者忽视了呢？他就会注意到这一思想并没有直接和平稳地发展，也会注意到它最终是以经验研究的一个焦点而重新出现。该历史学家就会力图来确定这种思想以早期形式出现的学术与社会背景，以及这些背景的变化对于这一思想后期的和更高级的形式的影响。简言之，他会注意到以下三方面的异同：(1)这一思想的几种表述；(2)适合当时其他理论建构的程度；(3)影响这一思想历史命运的背景。

但是，据我们所知，社会学史家一般都远远没有达到分析预见和预示应具有的这些严格要求。他们常常显得很乐于——有时，凭良心讲，就是幸灾乐祸——去发掘新近论述的观点的各种或真或假的预见。从事这种孤立的任务并不困难，就像一些实例表明的那样：

> **首属群体**众所周知，库利在1909年关于首属群体的论述给社会学对群体生活的分析留下了直接的、持久的影响。几年后，一位社会学史家提请人们注意在同年发表的海伦·博桑克的一本书，此书论述了家庭成员的相互作用是一种影响每一成员人格的社会过程。这位社会学史家进而指出，斯莫尔和文森特于1894年所著的《社会研究导论》(*Introduction to the Study of Society*)一书中一章的题目就是："首属社会群体：家庭"。然而，后来库利的传记作者回顾了整个过程，并得出一个重要结论："名称是一回事，而普遍地

接受名称的内容则是另一回事。库利赋予这一概念有意义的内容；这才是很重要的事情。”不仅如此，他进而说正是库利的论述，而不是其他人的论述，激发了人们对首属群体的大量探讨和研究。在库利重要论述的启发下，我们现在才注意到，“首属群体”(Primäre Masse)这一**术语**由弗洛伊德于 1921 年独自而简要地提及过。而所有迹象表明，他不知
18 道库利观点的存在。①但是，库利的概念比起弗洛伊德的“首属群体”这一术语来是一个更为重要的社会学研究和探索的出发点。

镜中自我(The looking-glass self)：库利对这一概念的

---

① 从库利自己的申辩中可以清楚地知道，他的《社会组织》(*Social Organization*)一书中对首属群体的讨论只是作为一个后来的思想而加入的，并且在最初的草稿中根本未有出现。注意到这一思想同时存在着的独立表述和这一术语之征兆的这位社会学史家是弗罗伊德·N. 豪斯，见他的《社会理论的范围》(*The Range of Social Theory*)(纽约：霍尔特出版公司，1929)，第 140—141 页。那位库利的传记作者是爱德华·C. 詹迪，他在其辩护过程中触及了关于思想史预见的重要方面，见他的《查尔斯·霍顿·库利：他的生活和他的社会理论》(*Charles Horton Cooley: His Life and His Social Theory*)(纽约：德莱登出版社，1942)，第 171—181 页。弗洛伊德对这一术语的使用和与库利概念的部分重合，见他的《大众心理学和自我分析》(*Massenpsychologie und Ich-Analyse*)(莱比锡、维也纳、苏黎世：国际精神分析出版社，1921)，第 76 页：“Eine solche primäre Masse ist eine Anzahl von Individuen, die ein und dasselbe Objekt and die Stelle ihres Ichideals gesetzt und sich inflogedessem in ihrem Ich miteinander identifiziert haben. ”(所有已发行的书中都没有强调这一点)。由于詹姆斯·斯特霍奇的英译本在全书中都用“群体”(group)这一词来代替“更易于理解的德语‘大众’(Masse)一词”，因此，没有任何要模仿库利的意思，译文就是：“A primary group of this kind is a number of individuals who have substituted one and the same object for their ego and have consequently identified themselves with one another in their ego.”(“这一类的首属群体是一些个人，这些个人用一个相同样的对象代替他们的自我，并且因而使他们自己彼此的自我相一致。”)“首属群体”这一术语是库利的术语，但是对这一术语作出明确无误的理论表述的是弗洛伊德。

经典表述指出了一个社会过程,通过这一过程,我们的自我形象是由其他人对我们形象的感知所形成的。众所周知,库利本人告诉我们,这种表述把由心理学家詹姆斯·马克·鲍德温和威廉·詹姆斯提出的这一早期观点加以发挥。在此,我们看到持续至今的理论积累性增长的一个清晰例子。正如还不为人们所熟知的,苏联对自我发展和社会化的新近研究来源于马克思的一段论述,即在认识某个人的自我时,每一个人都是把别人作为一面镜子。当这种观点尚未传到基辅和安阿伯时,亚当·斯密就采用了别人对我们的看法形成镜子的比喻使我们成为我们自己行为的观察者。用斯密的话来说:"这是我们能在某种程度上以别人的眼光检查我们自己行为正当性的惟一镜子。"莱斯利·斯蒂芬差不多用威廉·詹姆斯的说法延伸了这一比喻,他在上一世纪末写道:"我们必须考虑的不仅仅是初步的反映,而且还必须考虑更进一步的反映。确实,我们必须设想两面相对的镜子,反映无限连续的形象。"从表面来看,这里列出的是对于这一思想的许多独立的表述。但是,这些片断只是分析一个思想进展的原始材料,而不是这一思想的多重的、部分重合的诸表述仅仅碰巧达到的终点。[①]

① 库利的经典论述见他的《人类本性和社会秩序》(*Human Nature and the Social Order*)(纽约:斯克里布纳出版公司,1902),第183—184页。在前引书的第108—126页中,詹尼重现了先是库利后是乔治·米德对这一思想的扩展。关于这一思想在马克思那里的独立来源已由基辅心理学研究所的社会心理学家们所证明,他们非常熟悉马克思,但从未听说过库利和米德(这是根据亨利·里肯与我本人在1961年的访问)。莱斯利·斯蒂芬在其《十八世纪英国思想史》(*History of Englsih Thought in the Eighteenth Century*)(纽约:G.P.普特南子孙出版公司,1902,第3版)中继承了亚当·斯密的比喻,见该书第1卷,第74—75页。

我提出社会学和心理学中对先前发现、预见、预示和虚假预见的一些匆匆收集的、未加引申的参考例子，是为了指出下面两点：(1)这些例子很容易得到；(2)它们很容易退化为厚古薄今，即完全不能推动社会学理论**历史**，只不过是重复古代人的拥护者与现代人的拥护者之间的论战，而这些论战耗掉了十七世纪和十八世纪如此之多的智能：

> 莎士比亚在《亨利四世》中就在表面上预见到弗洛伊德关于痴心妄想与合理化的思想："哈里，你过去想当父亲，现在你再想想。"
>
> 爱比克泰德，更不用说叔本华和其他人，都多少对我所
> 19 描述的托马斯定理，即人们对情境的定义会影响他们的推论，有所洞察："惊扰人们的不是事情，而是人们对事情的观念和想像。"①
>
> 当萨姆纳在《社会习俗》(*The Folkways*)一书中把习俗说成"是陈规旧套"时，就明显地预见到李普曼的定型(stereotype)概念。
>
> 当斯宾塞写到："城市的吸引力与其质量成正比而与距离成反比"时，他也明确地预见了斯托福的介入机会理论，这是另一个完全是词句上而不是实质上相似的例子。

---

① W.I.托马斯和乔治·H.米德出生在同一年，他们身处本世纪头三十年芝加哥大学适宜社会学研究的活跃氛围中，几乎用同样的语言论述了这一原理。托马斯是以一般的术语来论述的，而米德是以更为严谨的方式来论述的。托马斯说："如果人们把情境定义为现实的，那么就其结果而言它就是现实的。"米德说："如果一件事情不被认为是真实的，那么它在共同体中的功能就不是真实的。"《十九世纪的思想运动》(*Movements of Thought in the Nineteenth Century*)(芝加哥大学出版社，1936)，第29页。

维布伦的“养成性无能”（trained incapacity）概念（为后来的社会学家所继承、发展和应用）显然已在菲利浦·哈默顿 1873 年出版但长期被人们遗忘的书中有所述及了。他写道：“心智受阻”［抑制］表明了“没有先天的无能，而［只］不过是心智因后天习惯和日常工作而变得无能”，因此产生了“习得性不适应”［《精神生活》（*The Entellectual Life*）］。

约翰·斯图亚特·穆勒预见到作为普遍规律的霍桑效应的特例，并在一个世纪之后被证实：在实验中，“效应可能不是通过变化而产生的，而是因产生变化的手段而产生的。无论如何，这一最终推测的可能性一般都允许由其他实验来最后确证”。

当亚里士多德在《修辞学》中写道：“在其面前使我们感到惭愧的人就是他们的意见对我们很重要的人，……等等。”这句话就预示了 G.H. 米德的“重要他人”概念。

一个自证预言的具体例子是法国哲学家和科学家皮埃尔·伽桑狄在十七世纪提出的，他论证了占星学对个人命运的预言以其对这些个人的振奋或压抑的影响来促成预言自身的实现。

屡见不鲜的例子表明：格言充分反映了广为接受的社会学思想，一个越轨者接受了他人所反映的自我形象，结果就会产生越轨行为，例如：“管一个人叫贼，他就会去偷。”

以上这些信手拈来的例子，任何爱读书写作的社会学家都能随意地添加其他例子。它们不过表明，理论观点和经验发现只要一提出就能很容易找出真实的或表面的预见和预示。这类归因对于理解思想的历史发展并无帮助。像在物理科学和生物科学中对多重发现的调查那样，富有成果的历史探索要求对早期和后期观点的理论实质进行详细分析，并对有利于观察到思想的连续性或间断的各种条件进行详细分析。这种探索的一个卓越例子就是J.J.施宾格勒对洛夫乔伊论断的细致检验。洛夫
20 乔伊声称曼德维尔在《蜜蜂的预言》(*Fable of the Bees*，1714)一书中充分包含了维布伦在《有闲阶级论》(*The Theory of the Leisure Class*)一书中提出的全部主要思想。[1]施宾格勒不是把表面上的相似当作充分的论据，而是把这两组思想作了彻底的分析，因此揭示了这两组思想之间的深刻不同和偶然相似。在这样做时，他表明了起初很小但却在功能上会有重大不同的观点表述最终会归结为不同的理论含义，进而为后来者们所继承和发展。

3. 预示　在前面部分讨论的对先前发现、预见或预示的确认被置于科学和学术的社会系统的信息渠道中，但并未得到彻底挖掘。然而，**预示论**(Adumbrationism)却涉及了对科学思想或学术思想早期各种各样表述的全力的、有目的的探寻。在极端的情况下，预示论者把早期思想与后期思想之间最模糊不清的相似也说成是实质上的一致。

这种有目的探寻的原因是非常不同的。有时候，这种原因似乎是从这一信念而来的，即要证明天底下实际上没有任何新东西。然后，这一探寻就提供了这样一幅意义深远的人类图景：学者们和科学家们论证说每一个重大的事情以前都必然被发现过，而他们每个人都在孜孜不倦地为发展他的学科而试图做出

① J.J. 施宾格勒："维布伦和曼德维尔之比较"('Veblen and Mandeville Contrasted')，载《世界经济文集：基尔大学世界经济研究所杂志》(*Weltwirtschaftliches Archiv: Zeitschrift des Instituts für Weltwirschaft an der Universität Kiel*)，1959年，第82期，第3—67页。

新的发现。[1]在其他一些情况中，这种探寻由对本民族的忠诚所激发。当一种新的看法为一位外籍科学家或一位其他学派的科学家，或者更一般地说，为**任何**外部群体的成员做出时，为了恢复这一体系内荣耀的适当归属促使预示论者去寻找知识上的本族前辈的某些似是而非的预见和预示。还有些时候，这种探寻似乎是由对同时代发现者的敌意促成的，这些发现者很可能由于他们所宣称的新贡献已被预见而极为沮丧。在厚古薄今和抑今扬古的言行得以制度化时，预示论就变得最为明显了。[2]

无论预示论者的动机是什么，这些动机最多只能从其著述 21
中勉为其难地推出，而其遵循的模式却是非常一样的。实际上，预示论能以下述信条的形式来表达：

> 发现不是真的；
> 如果是真的，则不是新的；
> 如果既新又真，则是没有意义的。

预示论的受害者和对其行为的公正观察者都识别出了这套准则的各种变化。常常由于预示论者连珠炮似的攻讦而受创伤的威廉·詹姆斯，就这样来描述“一个理论历程的各个典型阶段”，一个新理论开始“先被人斥为荒谬，后来被认为是真的，但又是浅显而不重要的；最后才被认为是如此重要以致它的反对

---

① 像其他人一样，学者们和科学家们常常陷于这种行为，而这种行为又否定他们试图确证的那一假设。怀特海谈到二十世纪二十年代一位行为主义者，声称他的目的就是要表明在人类行为中，目的没有任何意义。

② 古今之争声名狼藉地持续了很久。对这种我极为熟悉的、无意义的论战转变成无休止的斗争的报道，见默顿《在巨人的肩上》。

者这时竟声称新理论是他们发现的”。[①] 又一次,由于他对真理的实用主义的论述遭到“误解者们”的挑衅,詹姆斯悲哀地抗议对手们的虚伪:“这种虚伪在这种陈腐的废话‘新的东西不是真的,而真的不是新的’中已经表现出来了……如果我们没有任何新东西的话,那么为什么我们的意思却如此令人失望地难以把握呢? [那么,以一种专横的、不充分的描述]这种谴责就不可能完全归咎于我们的言词模糊不清,因为在其他方面,我们能够让别人充分理解我们。”[②]

在受害者们满腔热血地抗议预示论的同时,科学史家却冷静地观察着预示论。最近已成为世界科学史泰斗的乔治·萨顿,说:

> 对一个发现的激烈反对,尤其是对伟大而又(对旧观点)具有颠覆性的发现的反对,一般经历两个阶段。第一个阶段是否定的阶段,最具代表性的例子是巴黎的反循环论者,他们说:哈维的理论是错的,它是明显的胡说,等等。当这种说法变得站不住脚时,第二个阶段开始了:这一发现完全是对的,不过哈维并未作出这一发现,而是由他之前的另外一些人作出的。……作为其时代最重要的希波克拉底派,范德·林登的创造性使他得出,……“对于希波克拉底是知道血液循环这一点,不能容忍丝毫怀疑!”这是语言学思

---

① 威廉·詹姆斯:《实用主义:旧思想的新名称》(*Pragmatism: A New Name for Some Old Ways of Thinking*)(北京,商务印书馆,1979,陈羽纶、孙瑞乐译),第101页。

② 威廉·詹姆斯:《真理的意义:“实用主义”续编》(*The Meaning of Truth: A Sequel to “Pragmatism”*)(纽约:朗曼斯和格林出版公司,1909),第181页。

维在起作用的极好例子，赋予现实的是错误的用词。[①]

预示论者也在人文科学中起作用，在这里，它被授予探源者 22
(Quellenforscher)这一刺耳的称号。塞恩斯伯里找出了一位这类人的代表，杰拉德·兰格贝恩，“这是一位因《论英国戏剧诗人》(*Account of the English Dramatic Poets*)一书多少有点名气的作者”。一位英国批评家直言不讳地将其描绘为法国的预示论者：

> 由于读了一些诗并有良好的记忆，他发现这些诗人通常不是创造了他们的诗的内容。指出他们从哪儿抄袭来的，对他而言似乎是超越他们的一种胜利。仅仅从历史来看，当然无所谓，有时这是有趣的，而且无伤大雅。但是，实际上却经常是有伤大雅的，兰格贝恩就总是做这种事……“假若W先生戴上他的眼镜，他就发现这早已被公开发表了”，等等，等等……我担心但丁如果早知道兰格贝恩的话，就会为他安排一层特别的地狱，并且那里不会缺乏接踵而至的居民。[②]

---

① 乔治·萨顿：“约翰尼斯·安东尼德斯·范德·林登(1609—1664)：医学作家和文献学者”(‘Jonannes Antonides Vander Linden (1609—1664): medical writer and bibliographer’)，载《科学、医学和历史：科学思想和医学实践发展论文集，向查尔斯·辛格致敬》(*Science, Medicine and History: Essays on the Evolution of Scientific Thought and Medicine Practice, Written in Honor of Charles Singer*)，E.阿什沃思·安德伍德整理编辑(伦敦：牛津大学出版社，1953)，第2卷，第15页。由一位历史学家所描绘的另一个这种模式的例子，见A. R. 霍尔：《科学革命：1500至1800年》(*The Scientific Revolution, 1500—1800*)(伦敦：朗曼斯出版公司和格林出版公司，1954)，第255页及以下，其中概括了在接受牛顿的光学理论中差不多经历的同样一系列阶段。

② 乔治·塞恩斯伯里：《从最早的文本至现今的欧洲批评与文学趣味史》(*A History of Criticism and Literary Taste in Europe from the Earliest Texts to the Present Day*)(爱丁堡和伦敦：威廉·布莱克伍德和桑斯出版公司，1909)，第2卷，第400—401页。

人文科学和自然科学中的预示论在社会科学中也有明显的表现。例如,社会学中的预示论有着它自己的根源。虽然我们缺乏比较性专题研究,但是现代早期社会学的发展事实上看起来不像当代自然科学和生命科学那样是积累性的。[1] 十九世纪的社会学家以及在某些方面许多现今的社会学家对于创造自己的“社会学体系”的偏爱,意味着这些体系更多是作为思想的竞争体系而不是为了统一到积累性产物中去所提出的。这一倾向把注意力从理论发展的历史分析转移到揭示所谓的新体系完全不新的努力上了。因而,思想史就成为一个宣称和反驳某种创造性的竞争场所。而这一点恰恰不是科学增长的特性。积累的程度越不显著,探寻过去思想和现今思想之间相似性的倾向就愈强烈,从而极易导致预示论。

社会学历史徘徊于这片模糊的领域里。从不同程度上而
23 言[2],这种历史摇摆于我们描述社会学如何发展的两种基本的

---

① 我们并未提出自然科学和生命科学的发展模式是一个稳定的、绝对连续的和累积性的模式。这些学科的历史当然也是充满了许多重新发现,而这些重新发现是在先前发现未被重视数年甚至是数代之后作出的。但是,这种连续性的间断比起社会科学中的间断来是很少发生并且没有那么大的重要性。而且这种间断随即就为独立的重新发现所弥补,并让观察者们注意到早期的、被人遗忘了的观点。

② 对下列当代社会学理论史在方法上所作的分析显示出这一方面的很大变化性:N.S.季马谢夫:《社会学理论:它的本质和发展》(*Sociological Theory: Its Nature and Growth*)(纽约:道布尔戴出版公司,1955);唐·马丁代尔:《社会学理论的性质和类型》(*The Nature and Types of Sociological Theory*)(波士顿:霍顿·米夫林出版公司,1960);哈里·E.巴恩斯和霍华德·贝克尔:《从传说到科学的社会思想》(*Social Thought from Lore to Science*)(华盛顿:哈兰出版社,1952,第2版);查尔斯·P.卢米斯:《现代社会理论家》(*Modern Social Theorists*)(纽约:D.范·诺斯特兰德出版公司,1961);哈里·E.巴恩斯编《社会学史入门》(*An Introduction to the History of Sociology*)(芝加哥:芝加哥大学出版社,1948);刘易斯·W.科塞和伯纳德·罗森堡:《社会学理论》(*Sociological Theory*)(纽约:麦克米兰出版公司,1964,第2版)。

假设之间:一方面是预示论;另一方面是这种主张,即社会学是通过偶然出现的新取向以及由这些取向——有时还涉及到**文献记载**的先前发现、预见和预示——所指导的探索而实现的知识增长来发展的。

也许,没有任何其他社会学理论史家像皮蒂里姆·A.索罗金在其大部头著作《当代社会学理论》(*Contemporary Sociological Theories*)[①]中那样完全致力于先前发现、预见和预示的问题。这部著作在其第一版之后的四十年里仍然存在着积极的影响。该书按照社会学思想流派加以组织,把当今的社会学与其过去联系起来,并以每一学派的一组先驱人物展开论述。也许正因为以不同的详略程度涉及到数以千计的著作家,这部著作在鉴别早期和后期的思想时运用了各种不同的标准。

一个极端则是断言古代著作——《东方圣典》,孔子、道教等等——包含了当代社会学派或当代心理学派所发现的思想的"全部实质",当代这些学派被描述为"只是重复"或者"只不过"是重复而已(例如,第5页注、第26页注、第309页和第436—437页)[*]。部分地,相似性是指由早期经典中提到也为后来的著作所描述的某些社会生活"因素":例如,《东方圣典》"强调了种族、选择和遗传因素"所发挥的"作用"(第219页);强调了"这一事实,即自无法追忆的时候起,思想家们就注意到人的行为、社会组织、社会过程中经济因素所发挥的重要作用……"(第514页),等等。在某种程度上,某一思想流派非常古老的事实成为令人厌恶的。所以,那种声称为新的正统学派(齐美尔、滕尼斯、冯·维泽等)却被描述为"非常古老的学派,甚至可能比社

① 纽约和伦敦:哈珀兄弟出版公司,1928年。

* 以下正文括号内的页码皆指索罗金《当代社会学理论》一书。——译者

会学其他学派还要古老”(第 495 页)。经济学派——主要是指有争议的马克思和恩格斯的思想——被描述为“像人类思想自身一样古老”(第 523 页)。同时,这一社会心理学“理论,即信念,特别是神话的或宗教的信念,是人类命运中最有效的因素,也许是社会理论最古老的形式”(第 662 页)。

另一方面,在索罗金著作中还有另外一种观点:后来的著作明显地发展了这些古代的思想,而并不“只是重复”。这一点表现在下列这类有矛盾心理的论述中:“……既不是孔德也不是维
24 涅斯基,更不是十九世纪末社会学家中的任何一位,能够宣称拥有创造上述理论或者**实际中任何其他理论的特权**,他们**仅仅**是在一直**发展着**为许多世纪甚至为几千年之前人们所知的理论”(第 368 页注,黑体为我所加)。或则:这种社会学派“差不多像当代所有社会学体系那样,起源于遥远的过去。因而虽然时代**在变**,但学派的基本原理却贯穿整个社会思想史”(第 437 页,黑体为我所加)。

这种演变的观点允许在社会学思想史中出现新的重要分支。所以,E. 德·罗伯蒂被描述为“社会学最早的先驱之一”(第438页);科瓦列维斯基“比洛里亚还早三年就独立地阐述了他的[人口统计]理论”(第390页注);出类拔萃的塔尔德“留下了许多**原创**的计划、思想和理论”(第637页);近来对舆论的研究“已阐明我们关于舆论这一现象的知识已达到相当程度”(第706页);吉丁斯是“一位美国和世界社会学的先驱”(第727页注);作为积累性发展的最后一个例子,“社会生理学……沿着这条道路逐步地……拓展开来,而在当前,我们正处在第一次尝试性地建立关于社会流动性之普遍却真实的理论的起点”(第748页)。

这种区别古老和新近理论之间相似程度的倾向,在索罗金三十年之后出版的姐妹篇《今日社会学理论》(*Sociological The-*

ories*of Today*)[1]中变得更为引人注目了。在早期著作里被称为先前发现的现在实际上已被当作预见,先前认定的预见现在被当作预示来对待了。这部著作还保留了前一著作那种强硬的批判精神;尽管偶尔有一致,它仍然使人感觉到理论在成长和发展。下面两个例子(加了黑体以示强调)就确切地说明了这一转变。

施宾格勒和丹尼洛夫斯基:从先前发现到预见

> O.施宾格勒的理论半个世纪之前就被人们预见到了。确实,施宾格勒著作的**全部实质性特点**是对利奥蒂夫和丹尼洛夫斯基的社会思考的**单纯重复**[由于丹尼洛夫斯基先于利奥蒂夫四年,可以假定,利奥蒂夫的著作也属“单纯重复”]。(《当代社会学理论》,第26页注,黑体为我所加)

作为一个“单纯重复”,施宾格勒的著作就好像是多余的,就好像它没有什么特色使自己与前辈们的著作区别开来。但是,索罗金稍后以更具辨别力的判断表明了相反的看法:

> 施宾格勒于1918年发表的《西方的没落》已经证明该书是二十世纪前半叶在文化社会学、历史哲学和德国哲学诸领域内最有影响、最有争议、最为持久的杰作之一。虽然《西方的没落》的整个特点非常不**同**于丹尼洛夫斯基的研究成果,然而它的基本概念框架在所有重要方面都类似于丹尼洛夫斯基的结论……施宾格勒对这些转换(在社会形式 25

[1] 纽约:哈珀和罗出版公司,1966年。

和社会系统的循环中)予以详细分析的很多篇章是**新颖**、深刻和经典的……尽管有种种缺点,《西方的没落》可能作为二十世纪前半叶最重要的著作而长存于世(《当代社会学理论》,第 187 页,第 196—197 页)。

马克思、恩格斯与他们的前辈:从预示到预见

> 在现阶段只要涉及马克思唯物主义历史观点的创造性和理论内容(但不是马克思的实际影响的那些方面)……似乎就**没有宣称这一点的可能性,即马克思在这一领域中增加了独特的新思想或者是对这些思想作出了新的、更加科学的综合,这些思想在他以前就已存在了**。(《当代社会学理论》,第 520 页注,黑体为我所加)

在索罗金的这部早期著作中,他继续重申不管马克思和恩格斯的具体思想还是综合思想都没有一点创造性。然后,他以预示论的经典信条得出结论:

> 首先,从纯科学的观点来看,就其基本原理而言,他们的理论中没有任何东西不为先前的著作家说过。其次,真正创造性的东西与科学的东西还相距甚远。再则,这种理论的惟一优点是它以多少有些强烈的、夸大的形式概括了在马克思时代之前就已经提出了的这些思想。……甚至没有理由认为他们的科学贡献超出了一般水平。(《当代社会学理论》,第 545 页)

在索罗金后来的著作中,虽然仍尖锐地批判马克思理论并坚持

认为这一理论不是**凭空**发展起来的①，他却准备承认这一理论有杰出的理知[并非仅是政治]作用。

> 卡尔·马克思和弗里德里希·恩格斯通过把社会文化关系划分为两大层次，即构成社会经济结构的“生产关系”和“意识形态上层建筑”……使得这种关于经济变化的二元理论有了**新的生命和充分的发展**。差不多近代所有诸如此类 26
> 的理论都是对马克思和恩格斯这种划分所作的**调整和阐述**。……马克思的理论事实上是所有被考察的其他后来理论的原型。(《今日社会学理论》，第 289 页，第 296 页，黑体为我所加)

如果索罗金后来的著作是一种原型，我们就会亲眼看到一种对社会学思想发展进行更明确区分的观点的转变。这只会有好处。如果摈弃了预示论，社会学家们就可以集中精力于确认依赖过去思想而得以发展的新思想的**特定**方面，以便分析社会

---

① 马克思关于科学和思想的历史发展理论就假定任何现象都不是凭空产生的(ex nihilo nihil fit)。正如他在区分早期思想的资料与自己的贡献时所说的那样：“……无论是发现现代社会中有阶级存在或发现各阶级之间的斗争，都不是我的功劳。在我以前很久，资产阶级的历史学家就已叙述过阶级斗争的历史发展，资产阶级的经济学家也已对各个阶级做过经济上的分析。我的新贡献就是证明了下列几点：(1)**阶级的存在仅仅同生产发展的一定历史阶段**相联系；(2)阶级斗争必然要导致**无产阶级专政**；(3)这个专政不过是达到**消灭一切阶级**和进入**无阶级社会**的过渡……”马克思 1852 年 3 月 5 日致约瑟夫·魏德迈耶的信，载《马克思恩格斯选集》，第 4 卷 332—333 页(北京：人民出版社，1972)。我们并不需要以表面价值接受马克思的自我评价。这三点贡献中有两点对未来作出了可疑的推测，并正像索罗金后来证明的那样，马克思贡献更多的是关于社会阶级的理论。问题就在于不管是马克思的这封信还是后来的索罗金都努力要将纯粹的重新发现与推进了知识的分析性或综合性增长相区分。

学知识连续性的特点和条件。

社会学的人文方面和科学方面

科学和人文科学对于经典作品的定位之间的反差经常引起关注。这是由于在文明(包括科学和技术)和文化(包括艺术和价值结构)之中的那种选择性积累的深刻差别。[①]在更为精确的科学中,知识的这种选择性积累意味着过去由天才的人们或有伟大才能的人们所做的经典性贡献在很大程度上是由后来常常是明显地没有那么大才能的人们所写的著作所发展起来的。

今天才智平庸的人就能解决的问题,过去却是伟大人物也不能解决的问题,这一点就是对真正积累性知识的最严格检验。

---

① 在社会、文化和文明的过程之间作出区分已为艾尔弗雷德·韦伯所强调:"文化社会学理论:社会进程、文明进程和文化运动"('Prinzipielles zur Kultursoziologie: Gesellschaftsprozess, Zivilisationsprozess und Kulturbewegung'),载《社会科学和社会政治文集》(*Archiv für Sozialwissenschaft und Sozialpolitik*),1920 年,第 47 期,第 1—49 页;与此相似的分析还可见 R. M. 麦基弗:《社会:结构和变化》(*Society: Its Structure and Changes*)(纽约:朗和史密斯出版公司,1931),第 225—236 页;稍后的讨论见 R. K. 默顿"文明和文化"('Civilization and culture')一文,载《社会学和社会研究》(*Sociology and Social Research*),1936 年 11 月至 12 月,第 21 期,第 103—113 页。混淆理论史和理论分类这一倾向的例证,见对下列人士所用的"文化"和"文明"概念的简评,他们是赫尔德、洪堡、吉佐特、E. 杜·博伊斯—雷蒙德、文特、弗格森、摩根、泰勒、巴克尔、戈泰因等等,这些简评在下列著作中:保罗·巴特,《作为社会学的历史哲学》(*Die philosophie der Geschichte als Soziologie*)(莱比锡:莱茵兰出版社,1922),第 597—613 页;H. S. 施托尔滕伯格,"心灵、精神和群体"('Seele, Geist und Gruppe')一文,载《施莫勒斯年鉴》(*Schmollers Jahrbuch*),1929 年,第 55 卷,第 105 页及以下;R. 尤卡肯,《现代基本概念的历史和评论》(*Geschichte und Kritik der Grundbegriffe der Gegenwart*)(莱比锡,1878),第 187 页及以下。索罗金在他的《今日社会学理论》第 10 章中提出了对这种分析框架的一个关键性的看法。

"一位学数学的大学生知道如何认识和解决那些莱布尼茨、牛顿或高斯都奈何不得的问题。"[1]

在更为精确的科学中，由于相当遥远的过去的理论和发现 27
在很大程度上被结合到现今的积累性知识中，所以对过去伟大贡献者的纪念实质上被保留在这一学科的历史之中；科学家们在他们的工作台旁和他们的论文中使用的主要是更为新近的贡献，这些贡献发展了那些早期的发现。这样做的结果就是早期的并常常是有分量的科学贡献由于结合到后来的著作中而渐渐被忘却（虽然不是没有偶尔的、有时是显著的例外）。

在人文学科中，通过直接的比较，每一经典著作——每首诗、每出戏剧、每部小说、每篇论文或每册史籍——都有利于保留前代人文主义者的部分直接经验。正如德里克·普赖斯以启发性的比喻所指出的那样："科学的积累结构是有一个充满了像纽结那样短小连接点的组织结构；而人文学科的学术领域的组织结构却更多地是一种任意的网络，其上的任何一点都好像能与任何其他点连接起来。"[2]简单地说，对经典著作的第一手了解在自然科学家和生命科学家的工作中发挥着很小的作用，而在人文学科学者的工作中发挥着很大的作用。

另一位科学信息系统的学者凯斯勒，如果不是以激怒的语言，也是以挑衅的语言指出了这一点：

---

① 查尔斯·C. 吉利斯皮：《客观性的界线：关于科学思想史的论文》（*The Edge of Objectivity: An Essay in the History of Scientific Ideas*）（普林斯顿大学出版社，1960），第 8 页："……每一个大学一年级学生知道的物理学知识都比伽利略与牛顿多，但伽利略却独享创立近代科学的荣誉，牛顿则是自然研究者中最杰出的。"

② 德里克·J. 德·索拉·普赖斯：《科学政策的科学基础》（'The scientific foundations of science policy'），载《自然》（*Nature*），1965 年 4 月 17 日，第 206 卷，第 498 期，第 233—238 页。

> 甚至科学文献中的杰作，除了历史原因，终有一天都要变得没有价值。这是科学作品和纯文学作品之间的一个基本差别。例如，对一位认真学习英国文学的学生来说，没有读过莎士比亚、弥尔顿和司各特的作品，简直是不可思议的。而另一方面，一位认真的物理学的学生可以心安理得地忽略牛顿、法拉第和麦克斯韦尔的独创性著述。①

凯斯勒的语言是故意要激起读者为之不平。确实，从人文主义和科学史的观点来看，这一陈述看来是晚近野蛮主义的一种表述。对我们中的许多人来说，很难把我们对科学开拓性著作的历史和纪念的兴趣与我们推进当代科学的兴趣区别开来，因为当代科学很少要求直接了解牛顿的《原理》和拉瓦锡的《教程》。然而，与凯斯勒同样的论述还为一位现代社会学创始者雄辩地提出。以对科学合并和扩展的重大过程的个人化描述语言，马克斯·韦伯说：

> 在科学中，我们每个人都知道，一个人所完成的东西在十年、二十年、五十年内就会过时。这就是科学的宿命，这也正是科学工作的真正意义所在。比起其他有着基本不变主题的文化领域来，科学工作具有不同的特点。每一个科
> 28 学的“成就”都提出新的“问题”，它**要求**被“超越”和变得过时。无论谁希望效力于科学，他都必须承认这一事实。科学著作当然能够作为“令人高兴之事”而存留下来，因为它

① M.M.凯斯勒：“技术信息流动模式”（‘Technical information flow patterns’），西部计算机联席会议的《会议文集》（*Proceedings*），1961年5月9日，第247—257页。

们有艺术的特性;或者,它们也许还保留着作为训练手段的重要性。但是,在科学上它们终将被超越。让我们重复这点,因为这是我们共同的命运,也更是我们共同的目标。如果不希望青出于蓝而胜于蓝,我们就无法工作。原则上讲,这种进步会**无限地持续下去**。[①]

居于自然和生命科学家与人文科学家之间的社会学家在他们对经典性贡献的态度中承受着多重压力,并不那么轻易地抱有韦伯所论述的那种信念。只有少数社会学家完全以韦伯提出的科学角色或人文科学角色而行动来适应这些压力。大多数人也许摇摆于这两种压力之间,少数人则试图要统一它们。这些在科学取向与人文取向之间摇摆的做法往往导致把社会学理论的分类与其历史混同起来。

社会科学在其知识积累上居于自然科学和人文科学之间这一点被所谓引用研究戏剧性地证实了。这种研究是比较在几个不同领域中被**引用**出版物的日期分布。这些结论显然是一致的。在物理科学中——以《物理学评论》(*The physical Review*)和《天体物理学杂志》(*The Astrophysical Journal*)这样的刊物为代表——大约60%至70%的引文来自五年内的出版物。在人文科学中——以《美国历史评论》(*The American Historical Review*)、《艺术论坛》(*Art Bulletin*)和《美学与艺术批评杂志》(*The Journal of Aesthetics and Art Criticism*)为代表——相应的比例从10%至20%。在这二者中间的是社会科学——以《美

① 马克斯·韦伯:《马克斯·韦伯:社会学文集》(*From Max Weber: Essays in Sociology*),由H.H.格思和G.赖特·米尔斯翻译、编辑(纽约:牛津大学出版社,1946),第138页。当然,这段引文出自他那不朽而雄辩的申言:"科学作为一种志业"。

国社会学评论》、《美国社会学杂志》和《英国心理学杂志》为代表——30%至50%的引文来自近五年的出版物。①另外一些对引文模式的研究也证明这些研究的主要结论是很典型的。

29 一方面，社会学采用了自然科学的取向和做法。研究是从过去数代人的积累性工作所推进到的前沿开始的。在这种确切的意义上，社会学是历史短视的、地域性的和讲究实效的。但是，在另一方面，社会学保持着它与人文科学的亲缘关系。放弃对社会学和前社会学经典著作的第一手了解是很不情愿的，这一了解是社会学作为社会学家之经历的一个整体部分。每一个宣称有社会学著述能力的当代社会学家都会直接地和反复地与学科创始人的著作打交道，这些创始人包括孔德、马克思、斯宾塞、涂尔干、韦伯、齐美尔、帕累托、萨姆纳、库利、维布伦和那些已在现今社会学上留下他们不可磨灭印记的天才之士中的其他人。既然我长期不愿意丧失与经典著作的接触——甚至是在为此找到一个理论基础之前——既然我仍然有这种意愿，那么这也许就是推究它的特征和根源的充分理由。

---

① 我要感激德里克·J.德·索拉·普赖斯让我接触他基于154种不同领域杂志而收集的尚未发表的资料。丰富的引文研究还包括：P.E.伯顿和R.W.基布勒："某些科学技术文献的'半衰期'"（'"Half-life" of some scientific and technical literature'），载《美国文献》(*American Documentation*)，1960年，第11期，第18—22页；R.N.布罗德斯："美国社会学评论中引用文献的分析"（'Analysis of literature cited in the American sociological review'）一文，载《美国社会学评论》1952年7月，第17期，第355—356页，和"社会学的引用研究"（'A citation study for sociology'）一文，载《美国社会学家》(*The American Sociologist*)，1967年2月，第19—22页；查尔斯·E.奥斯古德和路易斯·V.齐格尼斯："1950年和1960年出版的心理学杂志上的文献范围的特点"（'Characteristics of bibliographical coverage in psychological journals published in 1950 and 1960'），伊利诺伊大学传播研究所，1963年3月。区别引文研究当然必须对调查研究的引用与"原始资料"的引用加以区分，后者即是人文主义者要批判性地重新考察的很久以前的历史文献、诗歌和其他文学作品。

博学与原创

社会学家与他们的前辈著作的密切亲缘关系并没有什么很神秘的色彩。由某一学派的新近成员所创造的社会学理论大部分都有一定的直接关系，而且目前的理论也是对许多早期先驱者提出的未决问题的某种反响。

然而，对以往经典性著作的兴趣也带来了思想史中学术退化的种种倾向。第一种倾向就是对著名前辈学者提出的差不多所有陈述都持有一种非批判的崇敬。这常常表现在评论者题献性的，就科学来说，大都是无创造性的评注之中。怀特海在本章前引格言中所指的就是这种情况："一门无法忘怀其创立者的科学是迷途的。"第二种退化的形式是庸俗化。能使真理变成陈腐的并越来越可怀疑的平庸话语的一种方法，就是由不懂得这真理的人来重复地表达乃至笨拙地模仿这一真理。（一个例子就是有人一再断言涂尔干通过形成他的作为社会事实特征之一的"强制"概念而指出了高压统治在社会生活中的巨大作用。）庸俗化是令真理枯竭的极妙手段。

简言之，对经典著作的研究既可能是可悲而无用的，也可能是精彩有益的。这完全取决于研究的形式。在继承发展伟大前辈的理论遗产的积极活动与仅仅是诠释和平庸化的消极活动之间是存在巨大差别的，正是这一差别构成了科学家们在广泛阅读过去著作时的矛盾心理的基础。 30

科学家们这种矛盾心理有着历史的根源和心理的根源。自近代科学之始，人们就在争辩说科学家们应该了解他们前辈的著作以便在以前已发展的基础上开始工作，并将该属于谁的荣誉赋予谁。甚至最有名的反对繁琐哲学的预言家弗朗西斯·培根都认为这是理所当然的:“当人们从事于发现什么事物时,他首先要了解别人以前就此事物发表过的一切说法,然后自己再开始思考……”①在科学论文中这已成为一种惯例,要求对所研究问题的有关理论与调查予以概括。这种做法的理论基础很清楚:对过去工作的忽视常常导致科学家去发现已为人们所知的东西。正如索罗金指出的在本领域的这种情况:

> 若不了解某种理论从前的长期发展,或者不了解某个问题已为众多的前辈所细心地研究过,那么一位社会学家就会轻易地付出他的时间和精力去发现很久以前已被发现了的社会学的新大陆。不是花很少的时间研究前人已完成的工作,从而便捷地跨越科学的大西洋,而是经历哥伦布发现新大陆的所有艰辛,耗费自己大量的时间和精力之后,才发现他的工作别人早已做过了,并且他的艰辛努力全白费了。发生这样的事情对学者们而言是一出悲剧,对社会和社会学而言是宝贵能力的浪费。②

同一种情况也常为科学的其他领域所证明。物理学的天才克拉克·麦克斯韦尔(他对他那时的社会科学有着深厚的业余兴趣)就在他科学生涯的早期说过:“我一直在阅读古老的光学书籍,发现其中的许多东西远比新的光学书籍好。外国数学家们自己发现的方法早在 1720 年的剑桥就已为人所知了,但是现在

---

① 弗朗西斯·培根:《新工具》(*Novum Organum*)(北京:商务印书馆,1984,许宝骙译),第 59 页。

② 索罗金:《当代社会学理论》,第 18—19 页。

却被人忘记了。”①

既然在科学中，搜集先前文献的方针和部分做法早已成为惯例，因此无需再进一步提供证据。反之，若是我们要了解科学家对于博学的矛盾心理的话，就需要对相反的策略——尽管不那么制度化却经常付诸实施——做出更多的说明。

至少最近四个世纪以来，科学上的杰出人物都提醒博学的危险。这一态度的历史根源就在于对评论者和注释者的繁琐哲学的反感之中。所以，伽利略发出了响亮的号角：

> 一个人总是为其他人的著作焦虑不已，而从不在认识已知的真理和探索无数有待发现的事物时抬起自己的眼睛
> 来读自然界这部大书，他就永远不能成为一个哲学家。我 31
> 要说，这决不能使一个人成为一位哲学家，而只能使这个人成为其他哲学家的学生和哲学家著作的熟知者。②

威廉·哈维重复了这一思想（以深深影响了克拉克·麦克斯韦尔的语言，令后者也陷入了对博学的矛盾心理中）：

> 无论是谁读书，如果不开动自己的脑筋抽取事物本身的真正意义（从作者的表述中所理解到的），他们就没有得到真正的思想，而只是得到一些欺人的谬论和幻想。这样讲的意思是：他们为自己生造了某种阴影和怪想，并且他们的所有理论和冥想（他们称之为科学）不过就是白日梦话与

---

① 刘易斯·坎贝尔和威廉·加内特：《詹姆斯·克拉克·麦克斯韦尔的生平》（*The Life of James Clerk Maxwell*）（伦敦：麦克米兰出版公司，1884），第 162 页。

② 《国家版伽利略选集》（*Le Opere di Galileo Galilei, Edizione Nazione*）（费伦策：G. 巴巴拉印刷厂），第 3 卷，第 1 册，第 395 页。

病患者的狂乱。[①]

有时候,某些人就会把对于博学的这种矛盾心理变成对学习与创造性科学工作之间的一种选择。十七世纪末,一位仅凭道听途说来了解科学的复古主义者坦普尔如此讽刺挖苦现代人:

> 如果这些看法是真实的,那么我就不知道现代知识有什么优越性,我们的一切都承自古人。不仅如此,现代知识对人们可能是有害无益的。囿于前人的才智只会削弱自身才智的形成和发展;人们也许满足于他们之前那些人的知识而很少有他们自己的知识。……除此之外,谁能告知学问是否会削弱一个天赋颇高的人的创造;谁能告知是否众多其他人的思想和观点的数量和分量会压制那个人自己的思想和观点,或者阻碍带来创造的动机和动力。[②]

坦普尔对科学家完全无知,他认为可笑的东西,后来被伟大科学家们加以认真地对待。这些科学家对于博学的矛盾心理在许多词句里有所表现。例如,一位名叫克劳德·伯纳德的人认为从事科学的人必须了解他的前辈们的著作。但是,他继续说道,甚至阅读这种"有用的科学文献……也绝不能读得太多,免得它枯竭了智力和窒息了发明与科学创造性。发掘那些过时的理论或者没有恰当的调查手段而作出的观察,对我们有什么用处呢?"一句话,"不当的博学已是并且还会是实验科学发展的最大

---

① 坎贝尔和加内特前引书,第277页。

② 威廉·坦普尔爵士:《古代学问和现代学问论文集》(*Essays on Ancient and Mordern Learning*),第18页,J.E.斯平加雷编辑(牛津:克拉伦登出版社,1909)。

障碍之一”。① 32

通过选择性地阅读一些直接与本人的实验工作和理论工作有关的著作,伯纳德能够比较容易地解决这种矛盾心理。与伯纳德一样,数学家利特尔伍德也有自己的一套做法,他先形成自己的思想,再去检查已有的文献,然后才发表自己的成果。②如此一来,伯纳德和利特尔伍德绕了一圈又回到了博学家和早期科学所提倡的做法。③

---

① 克劳德·伯纳德:《实验医学研究导言》(*An Introduction to the Study of Experimental Medicine*)(纽约:亨利·舒曼公司出版,1949;1865 年初版),第 145 页,第 141 页。

② J. E. 利特尔伍德:《一个数学家的杂录》(*A Mathematician's Miscellany*)(伦敦:梅休因出版公司,1953),第 82—83 页。“这当然是有效的策略,并且我常常按此行事,**开始时**,不要过多地阅读现有的文献。”(黑体为我所加)查尔斯·里谢特:《一位博学者的自然史》(*The Natural History of a Savant*),奥利弗·洛奇爵士译(纽约:乔治·H. 多兰出版公司,1927),第43—44页;里谢特以这样的词句论述了这一策略:“消息灵通的工作者……可能对别人已出版的东西知道得太多以致对他来说没有真正新颖的东西了。也许,除非在对适当的文献进行深刻研究之后,不然就最好永远不公布一项实验,然而在进行实验之前,不能用太多的知识妨碍工作者本人。”

③ E. 伯纳德博士在 1671 年 4 月 3 日致约翰·柯林斯的信中写道:“书籍和实验结合在一起,就可以很好地发挥作用;但是,分开它们就会暴露出缺陷,因为古人往往不自觉地忽略书本知识,而学者易为奇闻而非科学所蒙蔽。”载斯蒂芬·彼得·里加德编:《十七世纪科学家们的通信》(*Correspondence of Scientific Men of the 17th Century*)(牛津大学出版社,1841),第 1 卷,第 158 页。谈到博学和个人观察的相互作用,可见十七至十八世纪物理学家约翰·弗赖恩德所指出的:“每一物理学家要作出并且应该作出来自他自己经验的观察。但是,通过把所读的和所见的东西相互比较,他就能够作出更好的判断和更确切的观察。某种看法或另一种看法都可以得到有效的利用,并恰当地在研究与检验中被改进成为在他之前那些人的观点和方法,特别是考虑到不会有人因要自己评判而束缚了自己,或在他看到其他人的观点符合理性并能还原成实践之前有什么义务去接受它。这么说既不是对个人的理解能力的侮辱,也不是对个人的天才的束缚。因此,没有人需要害怕他的天生才智,无论怎样它不会为阅读所困惑或误导。”《物理学史》(*History of Physics*)(伦敦:1725—1726),第 1 卷,第 292 页。

另一些人在进行研究工作时不花很大的气力去钻研以前的文献，以此来解决他们的矛盾心理。很多社会科学学科都有它们自己的适应性措施。很久以前，维科常常乐于引用霍布斯的观点，即若是他读的同别人一样多，他所知道的也就一样少。[①]赫伯特·斯宾塞——可以说，以前从未有人像他这样对前人就相同主题范围所写的论著知之甚少却写出了许多东西——把他对权威的敌视和他的毛病（他一读书就头晕）[②] 提升为一种研究的哲学，这种哲学不需要熟悉先驱者们。弗洛伊德也是不断地和非常自觉地坚持不求助于前人工作地整理其临床资料和理论
33 的策略。正如他有一次所指出的："我确实对我的前辈们了解甚少。如果我们在天堂邂逅，他们肯定会把我当成剽窃者。但是研究一件事物自身而不是阅读有关它的著作是非常愉快的。"进而，"在后来的几年里，我戒绝了阅读尼采著作的那种巨大快乐，在获取精神分析中得到的印象时不受任何来自外界的干扰。因此，我必须准备——我也已高兴地这样做——在许多情况下放弃对优先权的要求；在这种情况下，艰苦的精神分析研究仅仅是证明了这位哲学家本能地认识到的真理"[③]。

社会学奠基人孔德是极端地处理博学与原创之间关系的人

---

① 《吉安巴蒂斯塔·维科自传》（*The Autobiography of Giambattista Vico*），马克斯·哈罗德·菲谢和托马斯·戈达德·伯金译（纽约，伊萨卡：格雷特西尔图书公司，1963）。

② 《赫伯特·斯宾塞自传》（*Autobiography of Herbert Spencer*）（纽约：D. 阿普尔顿出版公司，1904）。

③ 第一段论述来自弗洛伊德 1909 年 7 月 12 日致菲斯特的信；第二段论述来自他的"精神分析运动史"（'History of the psychoanalytic movement'）一文，载《选集》，第 1 卷，第 297 页。弗洛伊德在想到对他的著作的各种各样的预见后来都会被挖掘出来这点上是很有先见之明的。对此问题从远到近的资料汇编，见兰斯洛特·劳·怀特的《弗洛伊德之前的无意识》（*The Unconscious Before Freud*）（纽约：基础书籍有限公司，1960）。

之一。在致力于《实证哲学教程》的十多年间，孔德遵循了“大脑卫生原则”——除了他自己的思想外，洗刷掉其他一切东西，方法很简单，不读任何东西，甚至与自己的主题多少有些相关的也不读。正如他在致 A. B. 约翰逊的一封信中傲慢地指出：“就我而言，除了古代的和现代的伟大诗作，我不读任何东西。大脑卫生对我来说，特别是为了保持我那特有冥想的创造性来说，是非常有益的。”[①]这样，我们就看到孔德在社会学史与社会学分类之间做了极端但荒谬的区分。作为科学史家，他试图通过相对广泛地阅读经典著作而再现科学的发展；同时，作为社会学理论实证主义**体系**的创始人，他却不理睬与他直接相关的先前思想——至少是他从前老师圣西门的那些思想——以获得独特的创见。

正如我们所知，历史上不断重现的博学与原创之间的紧张关系依然是一个有待解决的问题。自从十七世纪以来，科学家们就告诫说博学常常鼓励对早期著作的纯粹学究性的评注，而不鼓励进行新的经验研究；并告诫说对早期思想陷得过深会产生一系列僵化观点而阻碍创造。但是，尽管有这些危险，伟大科学家们还是能够为了科学的进步而把博学与原创性探索结合起来，即通过只阅读新近致力于他们的问题的研究成果，这些成果被认为集合了过去积累的有关知识；或在他们的研究居于前茅 34
之后再探寻那些更为久远的渊源。无论如何，完全脱离前人思想的极端做法——如孔德所做的那样——都会退化为对以往所有相关理论的有意忽视和对理论史与理论分类的虚假区分。

---

① 此信写给亚历山大·布赖恩·约翰逊并收在他著名的《论语言》(*Treatise on Language*)一书新版第 5—6 页，戴维·赖尼恩编辑(伯克利：加利福尼亚大学出版社，1959)。

经典理论的功能

即使是创立者也不允许混淆我们一直在研究的社会学真正历史和社会学分类之间的根本差别。因为,我们一直在强调的这种差别与孔德所说的差别很少相同或完全不同。一部真正的社会学理论**史**必定要超出按年代排列的一堆评述性学说概括,它必须论及理论与代表人物的社会出身和地位、社会学中变化着的社会组织、传播带来的思想变化以及它们与外部社会结构和文化结构的关系等之间的相互作用。现在,我们尝试着为完全建立在社会学理论经典表述之上的系统理论概括出某些显著功能。

自然科学和生命科学的情况仍然显著地不同于社会科学的情况,特别是社会学的情况。虽然物理学家作为物理学家并不需要对牛顿的《原理》造诣颇深,或者生物学家作为生物学家并不要一读再读达尔文的《物种起源》,但是社会学家作为社会学家,而非社会史学家,就有充分的理由要研究诸如韦伯、涂尔干、齐美尔的著作,并且必要时还要追溯到诸如霍布斯、卢梭、孔多塞或圣西门等人的著作。

这一差别的原因在这里已经仔细地考察过了。历史记载表明,自然科学和生命科学一般在纠正过去有关的积累知识并把它结合到后来的论述中要比社会科学更为成功。这种由结合而消失的过程在社会学中依然是微乎其微。所以,先前未挽救的知识就依然要作为新的出发点而被加以利用。引用经典理论所发挥的作用表明把过去的社会学理论应用于现在仍然十分复杂。

引用的类型之一是既不只是对经典著作的单纯评注,也不是运用权威性来为当代思想确立地位。这种引用的形式代表我们自己的思想与我们前辈的那些思想之间的亲合之处。不止一

个社会学家经历过这种令人懊丧的经验，即发现他自己的独立发现无意之中是一个**重新发现**，而且更为难堪的是，长久失传的
先前经典发现表述是如此清新、如此雄辩并如此蕴含深远，以致 35
使得他自己的思想仅仅是二流货色。在被前人捷足先登的痛苦与对前人表述之优美的喜悦这种矛盾的心理状态下，他就引用了经典的观点。

当具备自己思想的读者发现早期著作恰恰就有他所想到的东西时，就会出现引文与经典著述的细微差别。仍未被其他读者所认识的思想，完全是因为它与这位读者得出的思想相合才被他注意到的。人们常常认为，引用一个早期思想资料就**必然**意味着这个引文中的思想或结论是靠阅读它才第一次得到的。然而，实例常常表明早期著作的段落只是因为它与读者自己得出的思想相一致才被注意到的。我们在这里发现的似乎是不可能的事情，即死者与生者之间的对话。这与当代科学家之间的对话并没有多大不同。在当代科学家的对话中，每个人都会由于发现其他人同意一个直到当时还很孤立甚至受怀疑的思想而感到高兴。当其他人不管是在出版物或是在谈话中独立地表述了某些思想时，这些思想就获得新的确证。在出版物中遇见它的惟一优点是一个人知道在这本书或这篇文章与他本人先前对同一思想的表述之间不存在无意的扩散。

社会学家们还以另一方式与经典表述“对话”。一个当代社会学家常常遇到经典著作中的讨论，所质疑的观点正是他准备证明是正确的观点。由此带来的反思使人清醒。后来的理论家被迫要考虑他也许是错的，他要重新考察他的观点，并且如果他发现它事实上是有缺陷的，他就会得益于这种未公开的对话，从而有机会来重新表述它。

经典著作的第四个功能就是为学术活动提供典范。了解像

涂尔干和韦伯那样透彻的社会学思想有助于我们在确认一个**好**的社会学问题——一个对理论有重要意义的问题——时形成鉴赏和判断标准，以及了解什么是这一问题适宜的理论解决方法。萨尔维米尼喜欢把经典著作称为自由性交(Libri fecondatori)，这类书籍能使对它专心致志的精明读者的才能更加敏锐。大概正是这种作用使伟大而年轻的挪威数学家尼耳斯·艾贝尔在他的笔记本上写下："在我来说，如果有人想要在数学上取得成就，他就应该研究大师之作，而非平庸之作。"①

36 最后，一部值得阅读的社会学经典著作或论文完全值得定期地重新阅读，因为印在纸页上被传播交流的大部分东西都随着已故作者与在世读者之间相互作用的结果而变化。正像在十七岁时读《雅歌》(*Song of Songs*)和在七十岁时读它是非常不同的那样，在不同的时期阅读韦伯的《经济与社会》或涂尔干的《自杀论》或齐美尔的《社会学》也会感受不同。因为，正如新知识在帮助我们认识早期著作里的预见和预示时有反作用的效果一样，当前社会学知识、问题和注意中心的变化同样能使我们在从前所读过的著作中找到**新**的思想。在我们自己的学术生活中或在这一学科本身中，近来发展所带来的新背景会使某些在早期阅读中未引起注意的思想线索凸现出来。当然，这一过程要求细致地阅读经典著作——这种专心致志是真正有献身精神的学者所具备的，(埃德蒙·威尔逊所描述的)当他为敲门声中断他的工作时，他去开门，并把站在那里的陌生人扼死，然后重新开始他的工作。

---

① 艾贝尔笔记本的摘录刊于奥斯坦·艾贝尔：《尼耳斯·亨里克·艾贝尔：卓越的数学家》(*Niels Henrik Abel: Mathematician Extraordinary*)(明尼阿波利斯：明尼苏达大学出版社，1957)，第138页。

作为对经典著作的重新阅读所具有的潜在创造性功能进行的一种非正式检审,我们只需要考察我们在已阅读过并且过些年重新阅读的经典著作上所做的旁注和札记。如果这部书读第二遍时所告诉我们的仍然是同样东西,我们或者是智力驽钝,或者是该经典著作比人们原来认为的学术深度要低,或者是这两种不幸的情况兼而有之。

单个的社会学家学术生活中所熟悉的经验能够在几代社会学家中都很流行。因为每一代新的社会学家都要积累他自己这一代的全部知识并因此变得对于新的理论问题很敏感,从而无论早期著作以前被考察过了多少次,他们总会在这些著作中看到“新”的东西。对前人著作的重新阅读有很多东西可以说——特别是在像社会学这样残缺不全的学科之中——只要这种研究不只是不动脑筋的模仿,平庸之辈就是以这种模仿来向大师顶礼膜拜的。以新的眼光来重新阅读前人著作使得当代社会学家能发现新的、在初步研究阶段很模糊的观点,并从而以新近发展的研究加强原有的、未完全形成的见解。

除了为撰写社会学理论史的目的而阅读大师们的著作,对经典著作的学习和再学习还有不少其他功能。这些功能包括:读到对自己思想赏心悦目的和更有说服力的表达而产生的直接快感,因自己强健的头脑独立证明了这些思想而得到的满足,培养对社会学著作的高水平鉴赏力的教育功能,以及在现代知识背景下通过旧的著作发展新思想的互动效应。每一功能都是由 37
于对过去社会学理论的回溯不完整所致,过去的社会学理论尚未被完全吸收进后来的思想。而由于这一原因,我们时代的社会学家就必然继续与自然科学和生命科学中的同代人有所不同,要更多地致力于去熟谙距他们并不遥远的前辈们的经典著作。但是,如果他们是很扎实的而不是纯粹虚伪的,如果是运用早期的理论论述而不是简单地评价它们,他们就必须区分开评注性的学究活动与扩展先前理论的科学活动之间的不同。最重要的是,社会学家必须区分开发展社会学理论史与发展社会学

38 当前的分类之间的不同任务。

第二章
论社会学的中层理论

如果是随意玩弄词句，理论这个词有可能变得毫无意义。因为它所指的对象是如此多种多样——包括从小的工作假设，到综合的但含糊不清和未经整理的思索，直至思想的公理体系——使这个词的运用常常不是导致而是阻碍理解。

贯穿本书的**社会学理论**这一术语是指逻辑上相互联系的一组命题，从这些命题中可推导出经验的一致性。自始至终，我们集中注意的是我称为**中层理论**的东西[①]。中层理论既非日常研究中广泛涉及的微观但必要的工作假设，也不是尽一切系统化努力而发展出来的用以解释所能观察到的社会行为、社会组织和社会变迁的一致性的统一理论，而是指介于这两者之间的理论。[②]

---

① “一个‘工作假设’几乎和我们大家平日所用的常识程序差不多。遇到一定事实，一定的选择性阐释就会出现在我们头脑中，然后我们就要着手检验这些阐释。”詹姆斯·B. 科南特：《论理解科学》(*On Understanding Science*)(纽黑文：耶鲁大学出版社，1947)，第 137 页，注 4。

② 这一论述是依据对帕森斯在 1947 年美国社会学学会大会上提交的一篇论文的批评并将其扩展而成的。这篇关于社会学理论地位的论文摘要发表在《美国社会学评论》1949 年第 13 卷第 164—168 页上。它也引起了随后的一些讨论：R.K. 默顿：“角色丛：社会学理论的诸问题”(‘The role-set: problems in sociological theory’)，载《英国社会学杂志》，1957 年 7 月，第 8 期，第106—120页，尤其是第108—110

中层理论原则上应用于社会学中对经验研究的指导。中层理论介于社会系统的一般理论和对细节的详尽描述之间。社会系统的一般理论由于远离特定类型的社会行为、社会组织和社会变迁而难以解释所观察到的事物，而对细节的详尽描述则完全缺乏一般性的概括。当然，中层理论也涉及到抽象，但是这些抽象是与观察到的资料密切相关的，是结合在允许进行经验检
39 验的命题之中的。中层理论涉及的是范围有限的社会现象，正像它的名称所表明的一样。一个人谈论参考群体理论、社会流动理论、角色冲突理论和社会规范形成理论，就好像一个人谈起价格理论、病菌理论或气体动力理论一样。

在这样一些理论中的创新思想具有简单的特色，例如：吉尔伯特对磁学的论述、波义耳对大气压的论述或者达尔文对珊瑚环礁形成的论述。吉尔伯特是从把地球看成一个磁体的比较简单的思想开始研究的；波义耳把大气层看成是“空气之海”；达尔文则认为环礁是珊瑚从很早就沉没海中的岛屿周围向上向外生长出来的。每一个这样的理论都为进一步的推论提供了某些线索。仅举一例，如果大气层可以被认为是空气之海，那么正如帕斯卡所推论的，山顶的空气压力要比山脚的空气压力小得多。因而从最初的思想可以导出具体的假设，这些假设可以通过考察从中得出的推论是否为经验所证实而得到检验，该思想本身的有效性可以通过考察其理论问题和假设的范围是否有助于人们认识大气压的新特性而得到检验。

差不多以同一方式，参考群体和相对剥夺理论也是从由詹姆斯、鲍德温、米德创立，后由海曼和斯托弗予以发展的简单思

页；R.K.默顿为艾伦·巴顿《压力下的社会组织：灾难研究的社会学回顾》(*Social Organization Under Stress*: *A Sociological Review of Disaster Studies*)一书写的“序言”(华盛顿特区：美国科学院—国家研究委员会，1963)，第17—36页，尤其是第29—36页。

想出发的，即人们把重要他人的标准作为自我评价和评价的基础。由这种思想得出的某些推论是与常识期望相悖的，而这些期望是基于一组未经检验的“自明”假设之上的。例如，在常识看来，一个家庭在一次大灾难中所经历的实际损失愈大，它实际感到的剥夺则愈多。这种信念是基于未经检验的假设，即客观损失的大小与对这一损失的主观评价有着线性关系，并且这一评价是由人们自己的经验所限定的。但是，相对剥夺理论提出了一个非常不同的假设，即自我评价依赖于人们把自己的状况与其他被认为可与他们比较的人们的状况所作的比较。因此，这种理论提出，在特定的情况下，受到严重损失的家庭如果把自身的处境与遭受更为严重损失的家庭相比，他们的剥夺感可能比损失较小的家庭还要小。例如，正是处在受灾难影响最大地区的人们，尽管实质上他们已被剥夺了，但是他们却最易于找出在他们周围的其他被剥夺得更为惨重的人们。经验研究证实了相对剥夺的理论，而不是常识性的假设：“这种感到处境比其他人相对**较好**的感觉**随着客观损失**的增长而增长，直到达到某一
限度”，从那时起才开始下降。由于大众传播强调“把受害最深 40
者确定为其他受害者可以与之相比的参考群体”，因而强化了这种模式。随着研究的进展，还发现这些自我评价的模式转而影响幸存者所在社区的精神状态和他们帮助其他人的动机。[①]因此，在特定行为中，相对剥夺的理论给我们指出了一套能为经验所验证的假说。那么就可以简洁地得出确定结论：当几个人差不多是在同一程度上受到侵害时，每一个人的痛苦和损失似乎都很大；而当许多人在很不相同的程度上受到侵害时，与更大的

---

① 巴顿，前引书，第62—63页，第70—72页，第140页，及该书“导言”的第24—25页。

损失相比较，即使是比较大的损失似乎也是小的。进行比较的可能性取决于损失大小的可见度。

这种例子的特殊性不应模糊中层理论更为普遍的特性。显然，人们面临巨大灾难时的行为只是参考群体理论能够合理应用的众多情境之一，这就像社会分层变迁理论、权威理论、制度相互依赖理论与失范理论一样。但是，同样很清楚，这些中层理论并不是从一个包罗万象的关于社会系统的单一理论中逻辑地**推导**出来的，虽然它们一旦发展起来可能会与其中的一个系统相一致。进而，每一理论都不只是一个纯粹的经验概括，即概括观察到的两个或更多变量之间关系一致性的孤立命题。一个理论包含了一组能推导出经验概括自身的假设。

社会学中层理论的另一个案有助于我们确认它的特性和运用。角色丛理论[①]是从关于社会地位是如何在社会结构中形成这一思想入手的。这一思想就像波义耳关于大气层是空气之海的思想或者像吉尔伯特关于地球是一个磁体的思想那样简单。然而，与所有中层理论一样，只能通过应用去证实它，而不能通过直接判断该创新思想是显而易见的还是稀奇古怪的，是源自一般理论还是只涉及特定问题。

尽管**社会地位**的概念有许多非常不同的含义，社会学传统上一直用它来指代社会系统中具有特定权力和义务的地位。在此，正如拉尔夫·林顿所举的例子，**社会角色**这一相关的概念就是指地位占有者的行为，这一行为要适应其他人（给予各种权力
41 和强求各种义务的人）那种模式化了的期望。像具有这种思想的其他人那样，林顿进而陈述了这种早已被承认的基本现象，即社会上的每一个人必然占有多重地位，而这些地位的每一个都

① 下文引用的是默顿“角色丛”一文，见其前引书。

有其相关的角色。

正是在这一点上,对角色丛理论的形象化描述超越了这种长期确定的规范。这种差异最初是一种小的差异,某些人会说如此之小的差异没有什么意义,但是,观察角度的变化导致了更为重要的理论差异。角色丛理论是从这一观念开始的,即每一社会地位包含的并不是一个单一相关的角色,而是一个角色序列。社会结构的这种特征产生了角色丛的概念:社会关系相互交叉,人们只要占有一定的社会地位就必然承担各种角色。例如,一个处在医科学生地位的人不仅相对于他的教师的地位扮演着学生角色,而且还扮演着一系列其他角色,使他不同于这一系统中的其他人,如其他的学生、医生、护士、社会工作者、医疗技术人员和诸如此类的人。再如,学校教师的地位是有其特点的角色丛,使教师不仅与相应地位的学生有关,而且也与同事、校长、校监、教育委员会、职业协会有关,在美国还与地方的爱国组织的成员有关。

应注意,角色丛不同于社会学家们长期描述的"多重角色"。后一术语从规范上来讲不是指与单一的社会地位相关的诸角色的联结体,而是指不同的社会地位(常常是在不同制度领域中),人们发现他们自己处于这些不同的社会地位中,例如,一个人也许会有医生、丈夫、父亲、教授、教会长老、保守党成员和陆军上尉的不同地位。(不同地位的相互交叉构成地位丛,其中每一个地位都有它自己的角色丛。这一概念带来的一系列分析性问题将在第十一章讨论。)

到现在为止,角色丛的概念**仅仅**是关于社会结构组成部分的一个设想。但是,设想还是一个开端,而不是一个终结,因为它直接导致了特定的分析问题。从角色丛的概念很快就能推论出社会结构的存在使人们面临着一个把这些角色丛联接起来的任务,即怎样安排众多的角色丛以获得适度的社会秩序,让多数人在多数时间忙于自己的事情,而不致因角色之间的强烈冲突而无所适从。

如果角色丛这种相对简单的思想有理论价值,它就应产生可供社会学探索的各种问题。事实就是如此。[①] 它提出了确定
42 社会机制的普遍而又具体的问题,即社会过程对既定的社会结构部分产生既定的结果,社会机制协调了角色丛中的不同期望,从而减少了地位占有者的冲突。它又引起了揭示这些机制是如何产生的这一更进一步的问题,这样我们就可以解释为什么在某些社会系统中这些机制并不是有效地运行或是根本就没能出现。最后,类似于大气压理论,角色丛理论直接指导了相应的经验研究。有关各种正式组织运行的专著都发展了基于经验的理论,以说明角色丛的实际情形。[②]

---

① 对这种发展着的思想的早期描述,见默顿:"社会文化环境与失范"('The social-cultural environment and anomie'),载海伦·L. 威特默和鲁思·科廷斯基编《青少年犯罪研究的新视角》(*New Perspective for Reseacch on Juvenile Delinquency*)第24—50页。这是一次有关青少年犯罪社会学和心理学某些观点的相关性和相互影响的会议的报告,此次会议于1955年5月6日至7日举行(华盛顿特区:美国卫生、教育和福利部,1956),在第47—48页上。

② 如果我们依据从这个导言前面部分概括出来的科学发展动力学来进行判断,与科学研究前沿密切相关的中层理论就特别易于成为多重发现和近乎同时发现的产物。角色丛的核心思想在下面这部重要的经验性专著中得到独立发展:尼尔·格罗斯、沃德·S. 梅森和A. W. 麦凯克伦:《角色分析的探索:学校校监角色的研究》(*Explorations in the Role Analysis*:*Studies of the School Superintendency Role*)(纽约:约翰·威利和桑斯有限出版公司,1958)。结合经验调查而对这一理论的重要延伸,可见下列专著:罗伯特·L. 卡恩等,《组织的压力:角色冲突和角色模糊的研究》(*Organizational Stress*:*Studies in Role Conflict and Ambiguity*)(纽约:约翰·威利父子出版公司,1964),第13—17页及各处;丹尼尔·卡茨和罗伯特·L. 卡恩,《组织的社会心理学》(*The Social Psychology of Organizations*)(纽约:约翰·威利父子出版公司,1966),第172页以下及各处。

角色丛的理论说明了中层社会学理论的另一方面。这些理论常常与种种所谓社会学理论体系相一致。正如人们所说，角色丛理论不会与诸如马克思主义理论、功能分析、社会行为论、索罗金的整合社会学或帕森斯的行为理论这些大的理论取向不一致。这对于我们这些受到训练相信社会学思想体系具有严谨的逻辑联系和相互独立的学说基础的人来说，也许是一个可怕的观点。但是，事实上，正如我们在这篇导论中稍后所表明的那样，综合的社会学理论是结构松散、内容各异并部分重叠的，因而某种可以接受经验验证的中层理论可以归属于自身还存在差异的不同综合理论中。

这种合理的、非正统的观点可以由把角色丛理论当成一个中层理论来重新检验所证明。与传统概念不同，我们设想社会中的某一地位不是包含单一角色而是包含相关联的角色序列，从而把地位占有者与各种不同的人联系起来。其次，我们注意到角色丛这一概念引发了一系列理论问题、假说和由此而来的 43
经验探索。一个基本的问题就是确定协调角色丛、减少角色冲突的社会机制。第三，角色丛这一概念使我们的注意力集中于识别那些将角色丛中不同成员的期望整合与对立起来的社会安排的结构问题。另一方面，多重角色这一概念限制了我们对一个不同但无疑是重要的问题的注意，即地位的**个体**占有者如何应付这些地位所提出的许多常常相互冲突的要求呢？第四，角色丛这一概念指导我们进一步提出这个问题，即这些社会机制是如何产生的。对这一问题的回答能使人们对许多角色丛不能有效运行的具体事例加以说明。（这并没有假设所有社会机制都是功能性的，就像生物进化论没有假定不存在负功能的发展。）最后，在中层社会学理论中展现的分析逻辑完全是按照社会结构的因素，而不是按照对特定社会系统的具体**历史描述**发展起来的。所以,中层理论能够使我们超越那种在普遍性(nomothetic)与特殊性(idliothetic)之间、在一般与完全特殊之间、在概括性社会学理论与历史主义之间的理论冲突的虚假问题。

由此看来,根据角色丛理论,在角色丛中总是存在着区分不同的期望以找出适当行为的**可能性**。冲突之所以产生,是由于社会结构中人所扮演的各种角色都期望维护各种不同的社会地位。再一次注意到这一点是很重要的,即我们在这方面与各种一般理论,如马克思、斯宾塞、齐美尔、索罗金和帕森斯的理论是一致的。就角色丛的成员们在社会结构中被置于不同地位而言,这些成员很容易具有不同于地位占有者本人的利益和情感、价值观和道德期望。这毕竟是马克思主义理论的基本假设之一,也是大多数其他社会学理论的基本假设:社会差别产生了置于社会结构之中不同位置的人们的不同利益。例如,学校董事会的成员们常常处在非常不同于学校教师们的社会地位和经济地位。董事会成员的利益、价值观和希望很容易与教师的区别开来。因而,这些教师不容易感受到来自其角色丛中的这些成员和其他成员的冲突性期望;例如学校同僚、学校董事会负责人或者美国退伍军人协会爱国委员会成员。对一个人来说是必需
44 的教育很容易被另一个人判断为虚饰的教育,或者被第三个人认为是彻头彻尾的颠倒黑白。占有这个地位的资本,在很大程度上也是占有其他地位的资本,人们就是通过角色丛在社会结构中与占有不同地位的人发生联系的。

所以,作为一种中层理论,角色丛理论是从一个概念及其有关的形象化描述开始的,并且产生了一系列理论问题。因而,假定角色丛冲突是社会结构造成的就会引起一个双重的问题(这一问题因缺乏理论阐述一直没人提出),即社会机制假若起作用的话,哪种机制能够消除理论上设想的角色丛非稳定性?相应

地，在哪一种情况下，这些社会机制不能运行并导致失效、混乱和冲突？像其他源于功能分析一般取向的问题那样，这些理论同样不认为角色丛一成不变地、实质有效地运行。因为，这种中层理论并不涉及对社会中盛行的某种社会秩序或社会冲突所作的历史概括，而是分析如何确定在更大程度上维护社会秩序、减少社会冲突的社会机制。

社会学理论的总体系

比起对无所不包的统一理论的探索，对中层理论的探索要求社会学家信奉完全不同的东西。以下论述认为对一种社会学理论总体系的研究与那些已经遭遗弃的、无所不包的哲学体系一样具有同样令人兴奋的挑战和同样渺茫的前途。在这种研究中，对社会行为、组织和变迁每一方面的观察都会迅速地找到它们预先注定的位置。这一问题必须摆在一个恰当的地位。有些社会学家似乎仍然是抱着这种希望在著述，即**这种**社会学一般理论足以囊括观察到的社会行为、组织和变迁的所有细节，并且足以指导研究者注意经验研究的一系列问题。我认为这是一个不成熟的和有害的信条。我们还未准备好，还没有作出充分的准备工作。

回顾社会学发展的知识背景足以降低乐观主义者的过高希望。一方面，历史的某些方面对我们仍有强大的影响，我们必须记住，早期社会学是在创立高度综合的科学体系的学术气氛之中成长起来的。[①] 十八世纪和十九世纪初期任何一位有些声望 45

① 见约翰·西奥多·默茨的经典性著作：《十九世纪欧洲思想史》（*A History of European Thought in the Nineteenth Century*）（爱丁堡和伦敦：威廉·布莱克伍德出版公司，1904），四卷本。

的哲学家都必须提出他自己的哲学体系——仅仅是最为人熟知的就有康德、费希特、谢林和黑格尔的那些体系。每一个体系都是对事物、自然和人之全部的整体认识的个人探索。

哲学家创造总体系的这些企图成为早期社会学家的一个榜样，所以十九世纪是社会学体系的世纪。一些社会学创立者们，像孔德和斯宾塞，都富有**体系精神**(esprit de système)，这种精神表现在社会学是他们范围广大的哲学之一部分。其他像贡普洛维奇、沃德和吉丁斯后来都试图为这种"主题非常古老的新科学"提供学术上的合法性。这就要求建立起社会学思想的普遍的、最终的框架，而不是在一个演化的、暂时的框架内建立指导特定社会学问题的研究的专门理论。

在这种背景下，几乎所有社会学先驱者都试图建立他自己的体系。每一个体系都宣称是真正的社会学，而这些体系的多样性十分自然地导致了各种学派的形成，每一学派都有其一大群大师、门徒和后继者。社会学不仅与其他学科区别开来，而且也从内部区别开来。这种分化不同于科学中的专门化而是像哲学那样，是整个体系的分化，彼此对立和背道而驰。正像罗素对哲学所作的评论那样，这种整体社会学不能把握"这种优势，即与创造体系者们的[社会学]* 相比不必要一举就发明关于[社会学]整体的一整套理论"②。

社会学家在为他们的学科确立学术上的合法性所进行的探索中还走了另一条路：他们把科学理论作为他们的原型体系而不是哲学体系。这条道路有时也导致创立社会学总体系的尝试，即

---

* 默顿把原文的"哲学"一词变换成"社会学"。——译者注

② 伯特兰·罗素：《西方哲学史》(下)(北京：商务印书馆，1976，马德元译)，第395页。

一个常常是基于对科学三种基本误解之一或全部所产生的目标。

第一种误解认为在积累大量的基本观察之前就能有效地创立思想体系。按照这种观点，爱因斯坦可以跨越几个世纪以来在这个领域所做的探索和对探索结果的系统研究，而直接跟上开普勒的足迹。源于这种暗含假定的社会学体系非常类似于那 46
些距今一百五十年之久的医学体系创造者，如斯塔尔、博伊斯尔·德·索瓦热（Boissier de Souvages）、布鲁赛、约翰·布朗和本杰明·拉什所提出的体系。直到十九世纪，医学界的卓越人物还认为有必要早在先前的经验研究已经充分发展之前就创立一套疾病理论体系。[①]后来这条路在医学中走不通，但这一类的努力却还在社会学中出现。正是这种趋势，使得生物化学家和业余的社会学家 L.J. 亨德森做出了这样的评论：

> 应该以发展的眼光来看待社会科学中大多数理论体系的建立与自然科学中学说和同类体系建立的不同。在自然科学中，理论和描述体系都是随着科学家增长着的知识和经验而完善的。**在社会科学中，体系常常脱颖于一个人的心智。**如果这些体系引起人们注意，那么它们就得到更多的讨论。但是，**让多方合作共同努力使其不断完善的情况则很罕见。**[②]

---

① 威尔弗雷德·特罗特：《论文选集》（*Collected Papers*）（牛津大学出版社，1941），第 150 页。这些体系制造者的经历可以在各种医学史中找到。例如，菲尔丁·H. 加里森：《医学史导言》（*An Introduction to the History of Medicine*）（费城：桑德斯出版公司，1929），和拉尔夫·H. 梅杰：《医学史》（*A History of Medicine*）（牛津：布莱克韦尔科学出版社，1954），两卷本。

② 劳伦斯·J. 亨德森：《人的研究》（*The Study of Man*）（费城：宾夕法尼亚大学出版社，1941），第 19—20 页，黑体为我所加。就此主题而言，阅读全书会使大多数社会学学者获益匪浅。

第二种对自然科学的误解源自一种对历史同时性的错误假设，**即认为所有存在于历史同一时期的文化产品都具有同等程度的成熟性**。事实上，认识到学科之间的差别则会发现它们的发展并不同步。物理学科和社会学学科在二十世纪中期都得到认同的事实并不意味着可以用一个学科的成就来度量另一个学科。确实，今天的社会科学家生活在这样一个时代，此时的物理学已取得了大量精确的理论和实验，获得了很多研究工具和丰富的技术性副产品。因而，许多社会学家把物理学的成熟当成自我评价的标准。他们想要与兄长决一雌雄，同享殊荣。当他们明显意识到自己既没有强健的体格也不具备兄长那势不可挡的冲击力，一些社会学家绝望了。他们开始问道：是不是一门关于社会的科学只有在我们创立了一个社会学总体系后才有可能？但是，这一观点忽视了在二十世纪自然科学与二十世纪社会科学之间差着数十亿个人时（man-hours）的坚持不懈、训练有素的累积研究这一事实。也许，社会学还没有为它的爱因斯坦准备好条件，因为它还未找到自己的开普勒，更不要说它的牛顿、拉普拉斯、吉布斯、麦克斯韦尔和普朗克了。

47 第三种误解是社会学家往往错误估计自然科学理论的实际情况。这种错误具有讽刺意味，因为物理学家承认他们还未取得一种包罗万象的理论体系，而且绝大多数人认为在不远的将来也没有这种可能。物理学科的特点是先建立起一批大大小小的专门理论，随之将它们并入理论体系。正如一位评论家所指出的：“虽然，我们绝大多数人确实希望未来有一个无所不包的理论体系把物理学不同的假设统一起来，但是在取得重大科学进展之前,我们不能坐等。”[①]最近,理论物理学家理查德·费因曼没有任何沮丧地指出:“今天,我们的物理学理论、物理学定理还是很多不能很好地结合在一起的不同部分和不同方面。”[②]也许最能说明问题的是大多数试图建立综合性理论的学者的观察,他们将自己的有生之年不屈不挠地投身于并无成功希望的研究,“即要寻找一个关于所有这些学科的统一的理论基础,它由最少数的概念和基本关系所组成,从它那里,可用逻辑方法推导出各个分科的一切概念和一切关系。”[③] 爱因斯坦尽管自己执著而孤独地献身于这一追求,然而他承认:

> 物理研究的大部分工作,是致力于发展物理学的各个分科,每一分科的目的都是要对那些有限的经验作理论上的解释,而且每一分科中的定律和概念都要同经验保持尽可能密切的联系。[④]

那些希望在我们时代或不久之后能有一个坚实的、普遍的社会学体系的社会学家应该好好想想这些论述。如果自然科学经过几个世纪积累的理论概括都未能产生出一个包罗万象的理论体系,那么更有说服力的是,社会学这门科学只是刚开始在有限范围内积累依赖经验而获得的理论概括,它似乎最好节制一

---

① 亨利·马根诺:《物理学理论的基础》(*The Basis of Theory in Physics*),未发表的手稿,1949年,第5—6页。

② 理查德·费因曼:《物理学定理的特性》(*The Character of Physical Law*)(伦敦:考克斯和怀曼有限出版公司,1965),第30页。

③ 爱因斯坦:《爱因斯坦文集》中文版第1卷(北京:商务印书馆,1983,许良英等译),第384—385页,尤其是第385页。

④ 同上,第384—385页。

下它对这种体系的渴望。

对社会学总体系的功利主义压力

一些社会学家之所以坚持我们现在就必须建立庞大理论体系,不仅是由于与自然科学的错误比较,也是社会学在当代社会
48 中所处的含混地位的反映。对于社会学已积累的知识能否满足决策者、改革者与反对者、企业家和政府、大学校长和大学生等许多人的需求现在还是个未知数。这就使一些社会学家产生了过于强烈的自卫信念,尽管社会学知识可能还不成熟和肤浅,它们都一定要满足这些需求。

这种信念错误地假设科学必须要充分满足对它提出的所有或明智或愚蠢的要求。这当中其实暗含着一种自虐狂的假定,即认为一门学科必须是无所不知、无所不能的,承认知识中还有空白就等于承认全然无知。因而,常常发生这样的事情,一门新学科的代表人物会夸大地宣称总的理论体系足以应付这一学科所包含的全部范围的问题。正是针对这种态度,怀特海在本书开篇的引语中指出:“科学在其早期阶段的特性……就是既在目标上热望于深远,又在细节处理上不厌其繁。”

像那些由于都生活在同一时代而愚蠢地把自己与当代自然科学家相比较的社会学家那样,大众和战略决策者也常常错误地根据社会科学解决社会现今迫切问题的能力对社会科学作出确定的评价。这种社会科学家错位的受虐狂和这种大众无意间的施虐狂都是由这一点引起的,即忘记了社会科学,像所有科学那样,是不断发展的;没有什么幸运之神能保证某一天社会科学就会适用于人类面临的所有问题。历史地看,这种期望就如同

十七世纪根据医学治疗乃至预防心脏病的能力来判断其地位和前景。如果广泛承认这点的话——考虑一下冠状动脉血栓造成死亡的增长率吧！——其重要性将会导致忽视一个完全独立的问题，即 1650 年(或 1850 或 1950 年)的医学知识是否能够解决大量其他健康问题。然而，恰恰是这种不合逻辑的功利主义对社会科学提出许多实际要求。由于战争、剥削、贫穷、种族歧视和心理紊乱之类烦扰着现代社会，社会科学就必须证实自己能提供解决所有这些问题的途径。但是，比起哈维或希德纳姆这样的医学家在 1655 年对冠状动脉血栓形成的确诊、研究和治疗来，社会科学家还未更多地准备好来解决今天的那些迫切问题。然而，正如历史证明的那样，医学对付这种特殊问题的欠缺并不意味着医学没有发展能力。如果每个人都只关注确定的事物， 49
那么谁来支持现在的新事物以使它将来得到发展呢？

我对于社会学家面临的实际问题与他所积累的知识和技艺之间这条鸿沟的强调，当然不是说社会学家不应寻求去发展日益综合的理论或者不应从事研究直接相关的迫切的实际问题。更不是说社会学家应该刻意去研究琐碎的实际问题。各种基础研究和理论概括都相应地与特定的实际问题密切相关。至少也有着潜在的相关。[①]但是，重新确定相应的历史意义是很重要的。社会实际问题的紧迫或重大并不保证这一问题就能得到及

① 这一概念基于我早期的讨论："应用社会科学在政策形成中的作用"（'The role of applied social science in the formation of policy'），载《科学哲学》，1949 年，第 16 期，第 161—181 页；而在我的另一篇文章"基础研究和相关潜力"（'Basic research and potentials of relevance'）中得到发展，载《美国行为科学家》，1963 年 5 月，第 6 期，第 86—90 页。

时解决。①在任何特定的时候，科学工作者都只能解决某些问题，而对其他问题一筹莫展。应该切记，需要只不过是发明之母，社会积累的知识才是其父。除非二者结合在一起，否则，需要永远产生不了发明。当然，在未来的某个时候，需要会与知识结合在一起，但是这种结合需要时间，以便知识具有足够的数量和能力去满足对它提出的需求。

本书对于当前社会学与社会实际问题的关系的态度，与本书对于社会学和一般社会学理论的关系的态度是非常相同的。它是一个发展的态度，而不是依赖某位社会学家的顿悟去解决重大社会问题来建立综合理论。尽管这一看法没有任何惊人之语，却公正而实事求是地评估了社会学目前的状况，并指出了社会学发展的实际模式。

理论总体系和中层理论

由此看来，有理由认为：到目前为止，社会学把主要关注点
50 （但不是惟一关注点）放在发展中层理论上，它就能够取得进步；
如果它的主要精力集中于发展大而全的社会学体系，则它就会停滞。正因如此，T. H. 马歇尔在其伦敦经济学院的就职演说中

① 正如在下列这些著作能够详细见到的：保罗·F. 拉扎斯费尔德、威廉·休厄尔和哈罗德·威伦斯基编，《社会学的运用》（*The Uses of Sociology*）（纽约：基础书籍出版公司，在印）；阿尔文·W. 古尔德纳和 S. M. 米勒，《应用社会学：机会与问题》（*Applied Sociology: Opportunities and Problems*）（纽约：自由出版社，1965）；伯纳德·罗森堡、伊斯雷尔·杰弗和 F. 威廉·霍顿著，《危机中的大众社会：社会问题和社会病理学》（*Mass Society in Crisis: Social Problems and Social Pathology*）（纽约：麦克米兰出版公司，1964）；芭芭拉·伍顿，《社会科学和社会病理学》（*Social Science and Social Pathology*）（纽约：麦克米兰出版公司，1959）。

提出社会学要有“发展中途的垫脚石”的呼吁。[①]我们今天的主要任务就是要创立能适用于有限概念范围的特殊理论——例如，像越轨行为、目的性活动的非预想结果、社会知觉、参考群体、社会控制、社会制度的相互依存等等理论，而不是直接寻求可以推出这些或其他中层理论的总概念结构。

社会学理论要想获得有意义的进步，就必须在这两个相互联系的层次上发展：(1)创立可以推导出能够接受经验研究的假设的特殊理论；(2)逐步地而非一蹴而就地发展概括化的概念体系，即能够综合各种具体理论的概念体系。

完全专心于特殊理论就会冒这种风险：提出一些解释社会行为、组织和变迁的有限方面而又自相矛盾的特定假设。

完全专心于能从中推导出所有局部理论的权威概念体系就要冒把二十世纪的社会学引向过去庞大的哲学体系的风险，后者花样繁多，体系壮观，但灼见贫乏。那种**完全**局限于对极度抽象的总体系进行探索的社会学理论家，其思想就如同时髦装饰品，空洞无物而令人生厌。

如果像社会学早期那样，每一魅力超凡的社会学家都试图创立自己的总理论体系，那么通往真正的综合社会学理论的道路就会被阻塞。坚持这种做法只能使社会学以每一理论体系统治一块领地而分裂割据。虽然这一过程常常标志着其他科学的发展，令人注目的有化学、地质学和医学；但是，假若我们从科学史学到了东西，这一过程就不必在社会学中重复。反之，社会学应该逐步发展综合性的理论，这种理论不是脱颖于某个人大脑的思想，而是中层理论不断综合的结果，由此中层理论也就可以

---

① 1946年2月21日发表的就职演说，收在T.H.马歇尔：《处在十字路口的社会学》(*Sociology at the Crossroads*)(伦敦：海涅曼出版公司，1963)，第3—24页。

成为高度概括化的系统阐述的特例。

社会学的理论发展表明,强调中层理论的方向是必要的。请注意由综合概念体系**推出**的社会学特殊假说是如何之少,如
51 何之散,如何之平淡。不对表面上分散的理论进行整合,脱离已经得到确证的具体理论去建立综合理论的想法是不现实的。当然,正如塔尔科特·帕森斯和皮蒂里姆·索罗金(在他的《今日社会学理论》中)指出的,最近已取得了重大进步。社会学、社会心理学和人类学的理论细流的汇聚获得了大量理论成就,并预示着光明的前景。① 然而,现在所谓的社会学理论,**很大一部分只是对于数据的一般定向,它们提供理论必须说明的各类变量,而**

---

① 我很重视在我论述了这一观点之后,塔尔科特·帕森斯在就任美国社会学学会主席的演讲中所说的话。例如:"在增加理论知识之岛的数量和特异性这条道路的**顶端**,有一个理想国;科学地来讲,在这里**大多数**经验研究的实际操作性假说都是从一个理论的基本体系中推出的。从更宽泛的意义来讲,……只有物理学在**所有**科学中达到了这种状态。**我们**不能期望在任何地方都处于它的视野以内。但这并不意味着,由于我们距离目标甚远,沿着这一**方向**前进的每一步也是无益的了。恰恰相反,在这一方向上的**任何**真正步骤都是前进。只有在终点才能使这些岛屿合并成为一个大陆。

所以,总理论至少能提供一个广泛定位的框架。[注意]……它也可以用来对大量现存的经验知识加以整理、相互联结并使之可以运用。它也可以引起对我们知识中缺陷的注意并提供理论批判和经验概括的准则。最后,即使它们不能被系统地推导出[**注意**],那么对问题的系统分类和对假说的富有成果的论述也是必不可少的。"(黑体为我所加)

帕森斯:《社会学理论的展望》(*The Prospects of Sociological Theory*),载《美国社会学评论》,1950 年 2 月,第 15 期,第 3—16 页,在第 7 页上。像帕森斯这样一个基础理论家承认了下列几点是很重要的:(1)事实上,社会学总理论几乎未提供什么来源于它的具体假说;(2)与物理学这样的领域相比较,社会学中这样推导出它的大部分假说还是很遥远的目标;(3)总理论只提供一般倾向和(4)用作整理经验概括与特殊理论的基础。一旦这些被完全承认,那么致力于创立总理论的社会学家在原则上就与那些认为当今社会学的最大前途在于创立中层理论和不断地将这些理论整合的社会学家就没有太大的不同。

不是对具体变量之间的关系做清晰的表述和可验证的判断。我们有许多概念，但很少有已被证实的理论；有许多观点，但很少有定理，有许多“方法”，但很少能实现。也许，在重心上的进一步变化是非常有益的。

人们自觉地或不自觉地在社会学理论的生产上与在管道设备的生产上分派了同等数量的有限精力。这种分配反映了他们的根本假设。我们对社会学中层理论的讨论就是打算澄清所有社会学理论都面临的一个决策问题：哪一个研究方向应该更多地使用我们的集体能力和精力：是对可验证的中层理论的研究还是对无所不包的概念体系的研究？我相信——尽管信念是容易遭到误解的——只要人们在从事中层理论研究时能普遍注意 52
将专门理论整合为较少抽象的概念和相互吻合的命题，中层理论就将是最有前途的。即使如此，我们还必须接受我们的兄长们和丁尼生的暂时性看法：

> 小体系也能成事；
> 它们同样生灭有时。

对中层理论的两极反应

自从注重社会学中层理论的策略得到书面提倡以来，社会学家们的反应自然地分为两极。总的说来，这些反应在很大程度上取决于社会学家们自己的工作方式。绝大多数从事理论取向的经验研究的社会学家对于这一已经在实践中践行的原则表示赞同。相反，绝大多数对社会思想史进行人文研究的人或者那些试图创立一个总的社会学理论的人则把这一主张视为缺乏远大抱负。第三种反应是一种折中反应。它认识到对中层理论的强调并不意味着就完全注重于这种类型的理论建构。反之，他们明白更为综合性的理论的发展是通过对中层理论的整合来进行的，而不是突然大规模地从个别理论家们的工作中出现的。

两极分化的过程

像科学上绝大多数的论战那样，这场关于如何在不同类型的社会学工作中分派才智精力的争论不仅仅涉及到学术批评，还涉及到社会冲突。[①] 也即这一争论与其说是社会学根本思想之间的矛盾的问题，不如说是关于怎样评判社会学家在当今时代最有效地发挥作用的争论。

这场争论体现了典型的社会冲突过程。在攻击与反攻击中，两派的矛盾不断加深。由于这一冲突是公开的，因此它就变成一种地位之争，而不是对真理的寻求。看法分成了两极，每一派社会学家在很大程度上只是根据对其他派别言词的刻板印象
53 做出反应。中层理论家被当成人口调查员、纯粹的事实发现者或纯粹描述性的社会记录者。而试图建立综合理论的理论家则被当成顽固不化的思辨家，完全不关注有争议的经验事实或必然信奉无法验证的教条。

这些陈规定见并不能从现实中完全抹去。像绝大多数的陈规定见一样，它们是对实际倾向或特征的难以改变的夸张。但是，在社会冲突的过程中，当社会学家脱离可以使他们改变成见

---

① 下列篇幅引用默顿的《在社会学著作各种风格中的社会冲突》（*Social Conflict in Styles of Sociological Work*），载第四届国际社会学大会会报，1961 年，第 3 期，第 21—46 页。

的实际经验的时候，这些陈规定见就成为自我确认的陈规成见。每一阵营的社会学家都是有选择性地观察其他阵营实际的所作所为。每一阵营都主要以敌意的陈规定见来看待对方的工作，这样很快就把偶然的议论当成恪守的哲学，把强调一点当成全部的信条。在这一过程中，每一社会学家派别变得愈来愈无兴趣研究其他派别的工作，因为对方的工作显然不是真理。他们浏览别派的著作仅仅为了发现可供猛烈批判的目标。

这种相互疏远和形成陈规定见的过程为大量急增的社会学出版物所加强。像许多其他科学家和学者那样，社会学家再也不能“跟上”这一领域的所有出版物了。他们必然变得愈来愈有选择性地进行阅读。这种加剧的选择性就很容易导致那些对某一类社会学著作一开始就有敌意的人们拒绝研究那些著作，而这些著作本可令他们改变成见。

这些状况势必加剧观点的两极化。实质上并**不**矛盾的社会学诸倾向被认为好像是矛盾的。根据这些非此即彼(all-or-none)的看法，社会学探索必然是统计的**或者**是历史的；要么是必须把重大课题和当前问题作为研究的惟一对象，**要么**必须完全回避这些难解的问题，因为它们不能靠科学调查来解决，如此等等。

只有去掉相互蔑视，社会冲突的过程才会转变为学术批判。但是，社会学家之间的论战常常不是出现在那种无相互感情作用而以规则进行操作的社会背景之中。这种背景涉及各方之间公认的地位差别，至少就眼前的这一问题而言是如此。当这一地位差别出现时，如律师和他的当事人，或者精神病医生和他的病人，附属于这一关系中权威地位的专业规范就会阻碍相互感情的表达。但是，科学的论战一般都发生在地位平等的人之间(尽管参加各方的地位可能有很大不同)。再者，它们公开发生， 54
处于众目睽睽之下。所以，诡辩对诡辩，轻蔑对轻蔑，学术上的问题就降格为地位之争。

另外，在两极化的论战中，没有独立的第三方的余地，而它们才有可能把社会冲突转为学术争论。确实，一些社会学家并不采取那种在社会冲突中非此即彼的看法。但是，这些所谓的非参战者们却往往陷于敌对阵营的交叉火力之中。他们或者被称为“彻头彻尾的折中主义者”，因而对这两个阵营来说，断定这第三种看法是什么或是否有效，都成为没有必要的了；或者，他们被打上放弃真理的“变节者”的标签；或者，也许最糟糕的是，他们只是中间派或骑墙派，由于羞怯或私利，逃避纯粹社会学意义上的善恶之争。

但是，科学上的争论既有正功能又有负功能。在社会冲突过程中，认识的问题因为攻击对方而被歪曲。然而，当冲突能为公众所左右时，甚至耗尽了论战者精力的、充满了曲解的学术争论，也可能有助于纠正科学中积累的不平衡。在科学领域，没有什么捷径来决定资源的最佳利用，部分原因是最佳标准的根本不一致。[①] 只要一种特定的研究路线——可以是小团体的，也可以是世界性社团的；或一组特定的思想，例如功能分析或马克思主义；或者一种特定的研究模式，例如社会统计或历史社会学——吸引了不断增加的社会学家的注意力和精力，社会冲突就会出现。这种发展路线也许变得很普遍，因为它证明处理某些学术问题或某些社会问题是有效的，或者因为它在意识形态上是适宜的。近来那些不流行的领域或著作类型由于高水平研究者的缺少而落后了。由于成果越来越少，这类工作就更缺乏

---

① 物理学家和科学政策学者阿尔文·M. 温伯格很有启发性地提出了这个问题。见他的《对大科学的反思》(*Reflections on Big Science*)(马萨诸塞州，坎伯里奇：麻省理工学院出版社，1967)，第 3 章：“大科学的选择”。

吸引力。假若不是因为这样的冲突，理论正统派观点的统治和不平衡就会在社会学著作中占据更大的比例。因而，人们纷纷主张，被忽略的问题、方法和理论倾向更应受到公众的关注，即使这些主张对以往的发展模式给予了过激的抨击，它们也促使社会学克服过于关注某些小范围问题的趋向，从而有助于社会学研究的多样化。更大的异端反过来又会增强在科学上具有生 55
产力的风险的前景，直到这些发展新的正统。

对中层理论策略的赞同

正如我们前面指出的，在那些自己从事理论取向的经验研究的社会学家中，中层理论是最能引起共鸣的。这就是为什么社会学中层理论的策略在今天为人们所知，而早期则不然。用一句更准确的俗语来说就是："时机不到。"这就是说，直到最近的二十年或三十年，除了明显的例外，社会学家都倾向于要不就是完全专心于对包罗万象的统一理论的研究，要不就是从事几乎没有理论取向的描述性经验研究。结果，对中层理论策略的吁求在很大程度上被忽视了。

然而，正如我在别处指出的①，这一策略既不是新的也不是外来的，它深深扎根于历史之中。培根比所有前辈都更加强调科学上"中级原理"(middle axioms)的重要性。

> 无论如何，认识都不能从具体事物一下子跃升到公理与极为抽象的公理(如所谓艺术和事物的第一原理)，并把

① 默顿："角色丛"('The Role-Set')，载《英国社会学杂志》，1957 年 6 月，第 108 页。

> 它们当作颠扑不破的真理而立足其上，进而以它们为依据去证明和建构中级原理。这是过去一向的做法，认识不仅是自然而然得出的，也是运用三段论式的推理做出的。但我们可能希望科学遵循一个适当的上升阶梯，不间断、不中止，一步一步，由特殊的东西进到较低的原理，然后再进到中级原理，一个比一个高，最后上升到最普遍的原理。因为最低的原理与单纯的经验相差无几，最高的、最普遍的原理（指我们现在所有的）则又是概念的、抽象的、没有坚实基础的。唯有中级原理才是真正的、坚实的和富有活力的，人们的事务和前程正是依靠着它们，也只有由它们而上，最后才能达到真正最普遍的原理，并且不再是那种抽象的，而是与中级原理相关的最普遍的原理。①

培根进而引用了一个很古老的观点：

> 柏拉图在他的《泰阿泰德篇》* 里说得好："细节是无穷
> 56 的，而较高的概括不能给予明确的指导。"使得专家不同于
> 普通人的全部科学的精髓则在于中级命题，在特殊知识里，
> 这种中级命题源自传统和经验。②

---

① 培根：《新工具》，第 81 页（北京：商务印书馆，1984，许宝骙译）（此处译文作了个别改动）；还可见该书第 29 页上的"56"篇和第 89 页上的"116"篇。赫伯特·巴特菲尔德提出，培根因而看来是"以难以理解但很有意义的方式……预见到为未来所接受的科学结构"。《现代科学的起源：1300 年至 1800 年》（*The Origins of Modern Science*: *1300—1800*）（伦敦：G. 贝尔父子出版公司，1949），第 91—92 页。

* 泰阿泰德（约公元前 414—约前 369）：古希腊数学家。——译者注

② 弗朗西斯·培根：《广学集》（*The Advancement of Learning*），载巴兹尔·蒙塔古编：《培根选集》（伦敦：威廉·皮克林出版公司，1825），第 2 卷，第 177 页，还可见第 181 页。

正像培根把柏拉图推举为自己的先驱那样，约翰·斯图亚特·穆勒和乔治·康沃尔·刘易斯也把培根推举为他们的先驱。尽管穆勒在联结“最普遍的规律”与“中级原理”的逻辑方式上与培根有异，然而，穆勒以下列这些话附和了培根：

> 培根明察到每一学科的价值主要体现在其中级原理上。最低层次的概括，除非被作为其原因的中层理论所解释或吸纳，就只能是对经验规律的不准确概括。同时，由于最一般的规律太一般，能包含的事实太少，而不能对个别情况下出现的事例予以充分的说明，也不能对这些数量上巨大的事实予以充分的说明。因此，培根赋予每一学科中中级原理的重要性是不容置疑的。但是，我认为他关于获取这些中级原理的方式上的说法从根本上来说是错误的。……[即培根长期形成的对一般归纳的嗜好，使他完全没有给演绎法留有任何地位。][①]

历史记载表明，虽然与穆勒差不多是同时在写作，刘易斯引用培根来说明政治科学的“有限理论”却没有对同代人产生同样的影响。他进一步提出只有把观察限制在社群的指定类型才能获得大量的有效命题：

> ……我们能够形成有限的理论，能够预测一般趋势和

① 约翰·斯图亚特·穆勒：《逻辑体系》(*A System of Logic*)(伦敦：朗曼斯和格林出版公司，1865)，第454—455页。穆勒特别把同一观点应用于作为中级原理的社会变迁规律。同上，第520页。

> 普通的因果律;如果它们扩大到全人类,在很大程度上可能就不真实了。但是,如果把它们限于一定的国家,它们就具有某种真实性……
>
> ……通过缩小观察范围,通过把自己限定在某些类型的社群上,并且如实地表述事实,就有可能扩大政治理论的范围。通过采取这种方法,我们能够增加从事实中得出的真正政治公理的数量,同时,使这些公理更加充实、生动和牢固。与仅仅是空洞无物的概括相反,它们类似于培根的中级原理;这种原理是对事实的概括表述,但非常接近实际,可作为生活事务的指南。①

虽然这些早期的论述在细节上有所不同——培根和穆勒之
57 间的差异就特别明显——但是他们都强调建立不同层次的可经验证实的中层理论的重要性。

在早期的这些论述之后,卡尔·曼海姆在他的**中级原理**概念中、阿道夫·勒弗在他提出把经济过程与社会过程联系起来的“社会学中级原理”的论文中、莫里斯·金斯伯格在他关于穆勒对社会科学中级原理的论述的考察中②,都进一步发展了与这种

① 乔治·康沃尔·刘易斯:《论政治学的观察和推理的方法》(*A Treatise on the Methods of Observation and Reasoning in Politics*),前引书,第2卷,第112页,第127页;还可见第200页,第204—205页。

② 西摩·马丁·利普塞特最近在其为T. H. 马歇尔《阶级、公民权和社会发展》(*Class, Citizenship and Social Development*)一书的美国版所写的导言中表明了这些论述(纽约:道布尔戴出版公司,1964)。卡尔·曼海姆的论述引自其《变革时代的人和社会》(*Mensch und Gesellschaft in Zeitaler des Umbaus*)(莱登:1935年德文版;纽约:哈考特和布雷斯出版公司,1950年英文版),第173—190页。阿道夫·勒弗:《经济学和社会学》(*Economics and Sociology*)(伦敦:艾伦和昂温出版公司,1935)和莫里斯·金斯伯格:《社会学》(*Sociology*)(伦敦:桑顿·巴特沃思出版有限公司,1934)。正当本书要付印时,我注意到对同一历史时期先辈观点的详尽说明及严格

观点相似但并不一致的表述。所以，现在有充分的证据表明社会学中层理论是我们众多的思想前辈们所提倡的。但就修正预示论者的信条而言，这一取向中的实际哲学即便不是全新的，至少也是真实的。

无疑培根广为人知的论述未被社会学家所接受，因为没有什么社会学家考察培根的观点是否正确。二百四十年之后，穆勒和刘易斯的论述只在社会学家中产生了微弱反响，这同样不会令人费解。当时，诸学科还处在初创阶段。但是，为什么曼海姆、勒弗和金斯伯格的在二十世纪三十年代的论述未在随后的社会学著作中激起多大的反应呢？只是在四十年代末马歇尔和我自己的相似的论述后，我们才看到社会学对这一理论倾向的广泛讨论和应用。虽然我还未下工夫去调查这一现象，可我怀疑最近十年对中层理论的广泛反响部分地是由大量涌现的社会学调查者引起的，他们进行着既以经验为基础又与理论相关的研究。

举一个赞同中层理论研究的小例子，就可以说明其原因。回顾以往四十年社会学的发展，弗兰克·霍金斯得出这样的结论：

> 中层理论看来很可能……具有更大的阐释意义[比起
> 综合社会学理论]。现在关于大众传播、阶级分层、科层制、 58
> 不同类型的小群体和社会整体的其他重要方面已经做了许
> 多工作。[然后，以非此即彼的两极化方式，霍金斯得出结

批评：C. A. O. 冯·纽文胡伊杰：《社会科学中可理解的领域》(*Intelligible Fields in the Social Sciences*)(海牙：穆顿出版公司，1967)，第 1 章："对可管理社会单位的探索——有中层吗？"这部著作对中层理论提出了一些严肃的问题，在我看来，所有这些问题都很清楚，没有一个问题是不能同样严肃地予以回答的。但是，因为这本书已在制版中，这种观点就利用不上十分值得详细分析的纽文胡伊杰的论述了。

论]我们将会发现只有这些研究才有现实和实际价值。①

在那些具有综合理论取向,但关心理论与经验的相关的社会学家中,也会对中层理论产生共鸣。所以,倾向于马克思主义理论的阿瑟·K.戴维斯提出如下观点:

> “中层理论”比帕森斯更为综合的研究更可信。……中层的视角——即在有限概念范围里的经验分析——更能保证与经验变量的必要接触。②

十年前,一位沉醉于经验研究和近代社会学史的人士彼得·H.罗西注意到,对中层理论立场的明确表述会产生复杂的结果:

> “中层理论”的概念在主要倾向于研究理论的社会学家中间都获得了广泛的接受。现在来估计这一思想对美国社会学的理论和研究之间关系的影响程度还为时过早。到目前为止,对它的接受带来不同后果。在消极的一面,易被指责为“纯粹经验主义”的研究者,以这种理论观点就可以在不改变研究工作形式的情况下很容易地提高其地位。在积极的一面,它势必提高受一定理论指导的研究的地位,例如,对小群体的研究。在持有这种观点的评论者看来,将理

---

① 弗兰克·H.汉金斯:“四十年观感”(‘A forty-year perspective’),载《社会学和社会研究》(*Sociology and Social Reseacch*),1956年,第40期,第391—398页,在第398页。

② 阿瑟·K.戴维斯:“社会理论和社会问题”(‘Social theory and social problems’),载《哲学和现象学研究》(*Philosophy and Phenomenological Reseasch*),1957年12月,第18期,第190—208页,在第194页。

论活动从宏大的理论系统转到与我们现有的研究技术相适应的层次上是有益的。[①]

在这类论述中最令人感兴趣的是罗西避开了极端的主张。中层理论这一概念有时被滥用来为根本不反映理论倾向的描述性探索辩护。但是,滥用一个概念并不能证明它的价值。最终,作为一个在系统经验研究中探寻理论意义的社会学家,罗西拥护这一策略是认为它同时注意到了经验探索和相关理论。

涂尔干的专著《自杀论》(*Suicide*)也许是运用和发展中层理论的经典实例。因此,具有涂尔干传统的社会学家阿曼德·居 59
维叶[②]会赞同这种理论转向就不足为怪了。居维叶的讨论提醒我们,中层理论既与微观的也与宏观的社会学研究有关,对小群体的经验研究与对社会结构特定方面的比较分析同样有用。客观的社会学调查并不预先假定一个社会学理论综合体系,这也是戴维·里斯曼所主张的观点,他坚信最好是多在"中层理论层面进行工作,而少谈'突破性'或'基础性'研究,少下断言"[③]。

---

① 彼得·H.罗西:"社会研究方法:1945 年至 1955 年"('Methods of social reseacch,1945—1955'),载汉斯·L.泽特伯格编:《美国社会学:动态报道》(*Sociology in the United States of American: A Trend Report*)(巴黎:联合国教科文组织,1956),第 21—34 页,在第 23—24 页上。

② 阿曼德·居维叶:《法国的社会学在哪里?》(*Où va la Soliologie française?*)(巴黎:马赛河图书出版公司,1953)和《社会学与当前问题》(*Sociologie et problèmes actuels*)(巴黎:J.里恩哲学图书,1958)。

③ 戴维·里斯曼:"对'较旧'与'较新'社会科学的一些思考"('Some observations on the "older" and the "newer" social sciences'),载 L.D.怀特编:《社会科学状况》(芝加哥:芝加哥大学出版社),第 319—339 页,在第 339 页上。里斯曼声称的倾向要借助莫里斯.R.斯坦的评论来理解(后面很快就要讨论他的评论),斯坦认为中层理论"贬低"了由"像 C.赖特·米尔斯和戴维·里斯曼……这样的人所做的阐释现代社会的深刻努力"。

也许有人会设想,长久以来为建立综合社会学理论而努力的欧洲学派会拒绝中层理论的取向。事实完全不是这样。在考察社会学思想近期历史和推测未来的发展时,有位评论家表达了这种希望:**中层理论**将会减少"社会学思想诸流派"之间的争论而有助于它们趋于一致。①还有人对这类理论的逻辑结构进行了缜密分析,著名的有菲利普·巴尔巴诺,他发表了一系列有关"中层理论"的专著和文章。②

也许,对中层理论逻辑结构最为透彻和细致的分析是由汉斯·L.泽特伯格在其专著《论社会学的理论及证明》(*On Theory and Verification in Sociology*)③和安德烈·马列夫斯基在其《行

---

① 萨卢斯蒂亚诺·德·坎波在《政治学研究评论》(*Revista de Estudios Politicos*)上的文章,1957 年 1—2 月号,第 208—213 页。

② 巴尔巴诺所列这类著作的长篇目录包括:《当代社会学的理论及研究》(*Teoria e ricerca nella sociologia contemporanea*)(米兰:A. 吉夫雷出版公司,1955),特别是在第 100—108 页;"在确立理论方面的研究的方法论"('La metodologia della ricerce nella sua impostazione teorica'),载《社会学》(*Sociologia*),1958 年,第 3 期,第 282—295 页;"关于社会学研究难题的工作和计划"('Attività e programmi di gurppi ricerca sociologia'),载《政治学》(*Il Politico*),1957 年,第 2 期,第 371—392 页;"结构与社会功能:社会结构的解放"('Strutture e funzioni sociali: l'emancipazione strutturale in sociologia'),载《社会科学手册》(*Quaderni di Scienze Sociali*),1966 年 4 月,第 5 期,第 1—38 页。沿着同一路线,还可见吉安弗兰科·波吉:"重要方法和重要方法论探索"('Momento tecnico e momento motodologica nella ricerca'),载《社会研究公报》(*Bollettino delle Ricerche Sociale*),1961 年 9 月,第 1 期,第 363—369 页。

③ 新泽西,托托瓦:贝德明斯特出版社,1965 年,扩充第三版。也见泽特伯格:"社会学中的理论、研究与实践"('Theorie, Forschung und Praxis in der Soziologie'),载《经验社会学研究手册》(*Handbuch der empirischen Sozialforschung*)(斯图加特,弗迪纳德出版社,1961),第 1 卷,第 64—104 页。

为和互动》(*Verhalten und Interaktion*)①一书中所给出的。至 60
关重要的是,泽特伯格和马列夫斯基都超越了那种认为中层理论是一系列互不联系的特殊理论的极端倾向。他们以富有启发性的详细实例表明特殊理论如何被统一为不断扩大的理论集。伯杰、泽尔迪奇、安德森和他们的合作者都表达过类似的理论倾向,他们认为中层理论适用于表现社会现象诸方面的各种情况,并进而展示了这一理论的各种应用。②

最近几十年发展出的中层理论远远在这些篇幅所能说清的范围之外。但是,随便举一个小例子,就可以说明它们所讨论的问题和主题的多样性。根本的一点在于这些理论是有经验根据的理论,它们包含了一套被证实了的假说,而不仅仅是整理过的描述性资料或经验概括或在逻辑上依然分离的假说。在科层制研究中涌现出一批中层理论,著名的有塞尔兹尼克、古尔德纳、布劳、利普塞特—特罗—科尔曼、克罗泽、卡恩、卡茨及许多其他研究者所进行的研究。③ 雷蒙德·麦克创立了职业亚系统(the oc-

---

① 沃尔夫冈·威尔斯泰德根据波兰文所译。图宾根:J. C. B. 莫尔(保罗·西贝克),1967 年。他的书列出了马列夫斯基那见解非凡并严厉细密的著作的完整书目。马列夫斯基是波兰最有才能的社会学家之一,去世时年仅三十四岁。我们时代只有很少一些人以同样清晰、严密的著述确立马克思主义理论和决定性的中层理论之间的联系。见马列夫斯基的一篇重要文章:"历史唯物主义理论的经验含义"('Der empirische Gehalt der Theorie des historischen Materialismus'),载《科隆社会学和社会心理学杂志》(*Kolner Zeitschrift für Soziologie und Sozialpsychologie*),1959 年,第 11 期,第 281—305 页。

② 伯杰、泽尔迪奇和安德森:《发展中的社会学理论》(*Sociological Theories in Progress*),前引书,第 29 页及各处。

③ 菲利普·塞尔兹尼克:《田纳西流域管理局和草根》*(*TVA and the Grass Roots*)(伯克利:加利福尼亚大学出版社,1949);A. W. 古尔德纳:《工业科层制模式》(*Patterns of Industrial Bureaucracy*)(格伦科:自由出版社,1954);P. M. 布劳:《科层制的动力学》(*The Dynamics of Bureaucracy*)(芝加哥:芝加哥大学出版社,1963,第 2

cupational subsystem)的中层理论;佩尔格林创立了向群体最高地位迁移的理论;扬基奇·阿贝创立了基于宏观和微观社会学资料的将越轨行为模式与社群结构联系在一起的中层理论。海曼把舆论中的经验一致性统一为一种综合理论;希勒里统一了人口学的一致性。①

61 可是,当今社会学家的中层理论取向有更重要的基础,远不是这几个例子就可以说明的。虽然索罗金发展了宏观社会学理论,但是他一再强调中层理论的重要地位,这一点就很有代表意义。在他最近的著作中,他常常根据对"中层一致性"的说明能力来评价当前理论的发展。例如,他考察了一系列社会学统计研究,发现了这些研究的缺陷,因为它们都"不能给我们适用于

版);S. M. 利普塞特、马丁·特罗和詹姆斯·科尔曼:《联盟民主》(*Union Democracy*)(纽约:自由出版社,1956)。对这些专著理论结论的统一由詹姆斯·G. 马奇和赫伯特·A. 西蒙作出:《组织》(*Organizations*)(纽约:约翰·威利父子出版公司,1958),第36—52页。作为在这一领域的中层理论的更重要例子,见米歇尔·克罗泽:《科层制现象》(*The Bureaucratic Phenomenon*)(芝加哥:芝加哥大学出版社,1964);前引卡恩和卡茨著作。

* 田纳西流域管理局(Tennessee Vally Authorty,略写为 TNA)的成立是富兰克林·罗斯福施政措施之一,解决了美国南方田纳西河流域的水力发电和灌溉问题。——译者注

① 雷蒙德·麦克:"职业的确定:角色理论中的问题和假说"('Occupational determi natedness:a problem and hypotheses in role theory'),载《社会力量》(*Social Forces*),1956年10月,第35期,第20—25页;R. J. 佩尔格林:"高地位的取得"('The achievement of high statuses'),载《社会力量》,1953年10月,第32期,第10—16页;扬基奇·阿贝:"青少年犯罪分析中的生存空间与历史性问题"('Some problems of life space and historicity through the analysis of delinquency'),载《日本社会学评论》(*Japanese Sociological Review*),1957年7月,第7期,第3—8页;赫伯特·H. 海曼:"论舆论理论"('Toward a theory of public opinion'),载《舆论季刊》(*Public Opinion Quarterly*),1957年春季,第21期,第54—60页;乔治·希勒里:"使人口学概念化"('Toward a conceptualization of demography'),载《社会力量》,1958年10月,第37期,第45—51页。

一切时代和社会的普遍的或‘中层的’一致性、因果规律或准则。”在别处，索罗金用这一标准来评价当代的研究。如果这一研究“发现了一类可适应于许多人、许多群体和许多文化的普遍的，或者至少……是‘中层的’一致性”，研究才有价值。他还在另一处认为那些文化系统类型描述为只有“像……‘中层概括’……没有过于夸张，没有过于概括”才是可接受的。在其对近来社会学研究的总结中，索罗金着重区分了“事实发现”与“‘中层’概念一致性”的不同。前者产生了“纯粹地域的、暂时的、‘信息的’材料而没有普遍的认识价值”。后者则使

> 一堆本来难以理解的混乱的历史事件可理解了。没有这些概括，我们就会完全陷于这一混乱之中，无法说清无穷无尽的事实是怎么回事、又是为什么。运用几个主要规则来指导我们，我们就能在这一片混沌的黑暗中指引我们自己。这就是这些有限的、近似的、流行的规则和一致性的认识作用。①

所以，索罗金反对热中于混淆而不是阐明社会学意义的事实。他建议以中层理论作为研究的指导；而他自己仍然偏爱对一般社会学体系的探讨。

---

① 索罗金：《今日社会学理论》，第106，127，645，375页。以他特有的充满活力和直截了当的方式，索罗金指责我对“社会学总体系”和“中层理论”的矛盾心理以及其他的矛盾心理。尽管反驳可以维护自尊，但还是与这里的主题无关。最为重要的仍然是，尽管索罗金继续作为个人投身于创立一种社会学理论完备体系的探索，他还是走到了这里论述中所持的观点。

对中层理论的拒绝

既然社会学界在中层理论的争论上花费了这么多笔墨，考察一下对它们的批判也许是很有益的。不同于社会学理论的单一体系，据说中层理论只要求很低的学术志向。没有人比罗伯特·比尔施泰特更雄辩地表述了这一观点。他写道：

> 我们甚至被要求放弃那些使我们的先辈在社会思想史
> 62 中大有作为的人类社会的重大问题，而去寻求 T.H. 马歇尔在伦敦大学就职演说中所说的"中途垫脚石"和之后其他社会学家所说的"中层理论"。但是，这是一个多么渺小的志向呵！难道我们半途而废吗？最先引诱我们进入知识世界的想像力在哪呢？我总是认为社会学家太懂得如何梦想，他们像布朗宁一样相信一个人所触及的范围应该超出他的理解。①

有人会从这一引述中作出推论，比尔施泰特宁愿坚持创立无所不包的普遍理论的宏大志向，而不愿接受中层理论那"苍白的志向"。或者说，他认为社会学对重大的和迫切的"人类社会问题"之解决是社会学理论是否具有重大意义的检验标准。但是，这两种推论显然都是错误的。因为，中层理论常常为那些公开驳斥它的人所接受。所以，比尔施泰特继续说道："在我看来，有史以来最伟大的社会学研究著作之一就是马克斯·韦伯的《新

---

① 罗伯特·比尔施泰特："社会学和人类的学问"（'Sociology and humane learning'），《美国社会学评论》，1960 年，第 25 期，第 3—9 页，在第 6 页上。

教伦理与资本主义精神》。”虽然我认为涂尔干的《自杀论》也是杰作，但我毫不怀疑对韦伯著作的这一评价。就像许多熟悉围绕韦伯著作所积累的批评的其他社会学家一样，我依然把这部著作当作一个重要的贡献。①但是，我觉得很难使比尔施泰特对韦伯学术著作的评价与痛斥中层理论苍白无力、极为浅陋的观点相吻合，因为这部学术著作正是中层方面理论的一个主要代表，它论述的就是一个严格限定的问题，正好可以用来说明一个特定历史时期对其他社会和其他时期所具有的意义。宗教责任感与经济行为相互联系的方式所展现的就是一种有限的理论，并且它为各种社会制度之间相互依存的方式提出了多个更为一般的理论。韦伯是只有苍白的志向，还是努力发展以经验为基础的范围适中的理论的楷模呢？

我猜想比尔施泰特拒绝中层理论有两个原因。第一个原因 63
是他关于中层理论脱离了我们学术先辈的抱负的观点不仅仅暗示这一概念相对是新的，因而对我们很陌生。不过，正如我在这一章前面和其他地方②所提到的，中层理论的策略一再被前人

① 我甚至在研究与韦伯著作所研究的差不多同一时期的一部专著中，也将韦伯关于各种社会制度相互依存的具体理论的意义贯彻到底了。在这部著作中，我考察了科学作为一种社会制度与当时经济制度、宗教制度之间的那种功能上的相互依存。见《十七世纪英国的科学、技术和社会》(*Science*, *Technology and Society in Seventeeth-Century England*)(中文本由范岱年等译；成都：四川人民出版社，走向未来丛书，1986)，载乔治·萨顿编：《奥西里斯：科学史和科学哲学、知识史和文化研究》(*Osiris*: *Studies On the History and Philosophy of Science*, *and on the History of Learning and Culture*)(比利时，布鲁日：圣凯瑟琳出版有限公司，1938)；该书再版时用了一个新导言(纽约：霍华德·费尔特格出版公司，1970；哈珀和罗出版公司，1970)。虽然韦伯对于新教和科学之间相互依存只写了几句，但当我开始我的考察时，这些话就有了特别中肯的意义。这正是中层理论中积累性工作的那一方面。人们从前人的理论和探索中获取益处，并且试图把这一理论扩大到新的经验领域。

② 默顿：“角色丛”，《英国社会学杂志》，1957 年 6 月，第 108 页。

预见过了。

第二个原因是，看来比尔施泰特假设中层理论完全排斥了宏观社会学的探索；在这种探索中，一种特殊理论产生出要根据系统的资料检验的具体假说。正如我们所看到的，这种假设是不能成立的。事实上，当今宏观社会学的主要工作在很大程度上基于社会结构组成部分之间相互关联的特殊但有限的理论，这些理论也能够在微观社会学研究中采用相同逻辑和指标而加以系统的经验检验。①

把理论问题极端化到非此即彼程度的倾向是由另一位批评家所表达的。他把中层理论家的观点歪曲为宣称找到了解决当代社会学理论的万灵妙药。在承认了“马歇尔和默顿的绝大多数著作确实表达了对我提出的问题的关注”之后，达伦多夫继续说道：

> 因此我反对他们的论述，并不是直接针对这些著作，而是针对他们显而易见的假设[原文如此]，即[原文如此]近来理论的所有错误都是由于它的概括性过强，只要简单地[原文如此]降低概括性的水平，我们就能解决由此造成的所有[原文如此]问题。②

然而，我们讲得已经很清楚了，中层理论家并不主张社会学理论的缺陷仅仅在于概括过度。与此相反，真正的中层理论，如

① 关于这些发展的广泛概要，见罗伯特·M. 马什：《比较社会学：交叉社会分析的汇编》（*Comparative Sociology: Toward a Codification of Cross-Societal Analysis*）（纽约：哈考特、布雷斯和世界出版公司，1967）。

② 拉尔夫·达伦多夫：“走出乌托邦：社会学分析的重新定向”（‘Out of utopia: toward a reorientation of sociological analysis’），载《美国社会学杂志》，1958 年，第 64 卷，第 115—127 页，在第 122—123 页上。

失调理论、社会分化理论或参考群体理论，都具有很高的概括性，远远超出特定的历史时代或文化。①但是，这些理论不是来源于一个惟一的综合理论体系。在一定范围里，它们与许多不同的理论取向是相协调的。它们为许多不同的经验资料所证实。如果任何一般理论在实际上断言这种资料不可能，那么这种理论也同样不可能。

另一种批评认为中层理论使社会学领域分裂成各不相关的 64
特殊理论。②社会学支离破碎的趋势确实已有了发展。但是，这不是走向中层理论的**结果**。恰恰相反，中层理论**统一**了而不是割裂了经验发现。例如，我曾努力用参考群体理论来表明这一点，这一理论把来自人类行为如此分离的领域，如军事生活，民族和种族关系，社会流动，青少年犯罪，政治、教育和革命活动的种种发现结合起来。③

这些批评非常明显地代表着把中层理论置于当代社会学框架中的种种努力。但是，两极化过程促使批评超出了这一点而成为对现有信息的歪曲。否则，人们就不可能注意到里斯曼既声称支持中层理论的立场又认为“排他的中层理论策略”包括：

> 对当代那些试图解决古典规范问题的社会学学匠的系统攻击。这种攻击通常采用将社会学研究工作划分为“思辨的”、“印象主义的”甚至是纯粹“新闻式的”等形式。所

---

① 威廉·L.科尔布非常清楚地看到了这一点，他简洁地表明中层理论并不限于特定的历史社会。《美国社会学杂志》，1958年3月，第63卷，第544—545页。

② E.K.弗朗西斯：《科学基础上的社会学思想》(*Wissenschaftliche Grundlagen Soziologischen Denkens*)(伯尔尼：法兰克出版社，1957)，第13页。

③ 《社会理论和社会结构》，第278—280页，第97—98页，第131—194页(见本书边码，以下皆同。——译者注)

> 以，由像 C. 赖特·米尔斯和戴维·里斯曼这样的人所做的阐释现代社会的深刻努力——正因为他们敢于处理古典规范的核心问题，所以他们与规范保持着有机的联系——在同行学术圈子里遭到了极大的蔑视。①

根据这一论断，里斯曼恰恰是遭到了他自己所鼓吹的这类理论的拥护者们的“极大的蔑视”。与此相似，虽然这一论断认为中层“排他策略”“贬低”了 C. 赖特·米尔斯的著作，但是有案可查的是，一位中层理论家极为赞同米尔斯著作中对社会结构
65 和社会心理所作的系统分析。②

近来，苏联社会学家还在把“臭名昭著的‘中层理论’”解释为一种实证主义的观点。根据 G. M. 安德烈耶娃的观点，这样

---

① 莫里斯·R. 斯坦：“精神分析思想与社会学探索”（‘Psychoanalytic thought and sociological inquiry’），载《精神分析学和精神分析评论》（*Psychoanalysis and the Psychoanalytic Review*），1962 年夏，第 49 期，第 21—29 页，在第 23—24 页上。该刊这期的编辑本杰明·纳尔森接着说道：“每一希望成为科学的主题都产生了它的‘中层’方法。那种反对这一发展的敌意对我来说似乎在很大程度上是走错了方向。”“尝试中的社会学和精神分析学：后记”（‘Sociology and psychoanalysis on tiral: an epilogue’），同上，第 144—160 页，在第 153 页上。

② 这里，我要提及米尔斯与有创见的作者汉斯·格斯合写的具有重要理论意义的著作：《性格和社会结构：各种社会制度的心理学》（*Character and Soical Structure: The Psychology of Social Institutions*）（纽约：哈考特和布雷斯公司，1953）。在该书序言中，我对这一非凡的著作描述如下：“作者们并未宣称已取得了一个完全圆满的综合，这种综合将把与在社会结构联系中个性和人格之形成有联系的心理学和社会学的全部主要见解结合起来。他们所澄清的是这一目标依然还是一个遥远的目标，而不是一个现在就可能取得的成就。然而，他们已使这一领域的实质部分系统化，并且提供了考察其他大部分观点的出发点。”这部与格斯合作的学术著作比起米尔斯其他那些著作有很不同的特色，例如米尔斯的《听着美国佬：古巴革命和第三次世界大战的起因》（*Listen Yankee: The Revolution in Cuba and The Causes of World War Three*）。这些著作并未因为被称为纯粹的“新闻报道”而贬值。它们就是新闻报道。但是，这种判断很少是从中层理论的取向中导出的。

的理论被认为：

> 基于相对低的抽象层次的水平，基本上并未超出经验资料。“理论”知识在这一水平上还是处在经验知识的类型内，因为理论自身在本质上就被归为经验概括的层次。……①

这种对中层理论的错误观点在这里不需要太多讨论。收入本书的“社会学理论对经验研究的影响”这一章毕竟已在书店销售了近四分之一世纪。早在那时，我就区分了理论（即从中可推导出可经验验证的假说的一组逻辑上相关的假定）与经验概括（即总结观察到的两个或更多个变量之间的关系一致性的独立命题）的不同。但是，马克思主义学者以不属于中层理论的措词来解释中层理论。

这种错误观点也许是基于对综合社会学理论的信奉和对这种理论会受到中层理论的威胁的恐惧。不过，应该注意到的是，要使马克思主义提供的一般理论取向能够指导系统经验研究，就必须发展中层专门理论。否则，正如斯维尔德洛夫对工人态度和行为的调查中出现的情况那样，最多只是一系列的经验概括（诸如工人的教育水平与他们成为某组织成员的人数、阅读书

① 这些观点是由 A. G. 兹德拉沃米斯洛夫和 V. A. 雅多夫在“论具体社会调查的计划”（‘On the programming of concrete social investigations’）一文中表述的，载《哲学科学》（*Voprosy Filosofi*），1963 年，第 17 期，第 81 页；也由 G. M. 安德烈耶娃在“资产阶级经验主义社会学寻求摆脱危机”（‘Bourgeois empirical sociology seeks a way out of its crisis’）一文中所表述，载《哲学研究》（*Filosofskie Nawki*），1962 年，第 5 期，第 39 页；两篇文章的引文均出自乔治·费舍的翻译：《科学和政治学：苏联的新社会学》（*Science and Politics: The New Sociology in the Soviet Union*）（纽约，艾萨克：康奈尔大学出版社，1964）。

刊的数量以及诸如此类的指标)。

前面一章已指出,相信存在一种包罗社会学知识所有方面的总理论的社会学家,也相信社会学足以胜任实践对它提出的全部要求。这种观点可以用来反对中层理论,如奥西波夫和尤夫丘克就认为:

> 众所周知,默顿认为社会学还未成熟为一个综合的整
> 66 体理论,而且只是在中间层次的抽象上有一些理论可用,它
> 们的意义只是相对和暂时的。我们认为这种观念不适用于马克思主义的科学社会学。马克思在大约一百二十五年以前建立的历史唯物主义观已受到时间的检验和为整个历史发展的过程所证实。历史唯物主义观是建立在对社会生活的具体研究之上。马克思主义在十九世纪四十年代的出现和进一步发展都与具体社会问题的研究有着有机联系并为它们所证实。①

这种对特定社会问题的研究——苏联社会学家称之为“具体社会学调查”——并不是从历史唯物主义的一般理论取向中逻辑地导出的。当中层理论未形成时,这些调查就倾向于“实用的经验主义”,即系统积累实际决策所需的充分信息。例如,有许多关于工人活动之时间预算的研究,这种研究与本世纪三十年代初索罗金所做的那种研究并无不同。要求工人们记下他们

---

① G.奥西波夫和 M.尤夫丘克:“苏联社会学研究的理论、问题和方法的某些原则:苏联人的观点”(‘Some principles of theory, problems and methods of research in sociology in the USSR: a Soviet view’),重印于阿列克谢·西米伦科编:《苏联社会学:历史前辈和现今评价》(*Soviet Sociology: Historical Antecedents and Current Appraisals*)(芝加哥:四角丛书出版公司,1966),第 299 页。

是如何分配他们的时间，如工作时间、家务事、生理需要、休息、与孩子在一起和“社会公益活动”（包括参加公民委员会、工人法庭、出席讲演会或从事“大众文化工作”）。这种时间预算分析有两个主要目的。第一个目的是找出并进而解决高效安排时间的各种问题。例如，调查发现工人参加夜校教育的一个主要障碍是考试时间安排不合理，大多数工人必须放下工作而不是抽空去参加考试。时间预算的第二个目的是去指导工人改变活动的计划。例如，当时间预算资料与对工人动机的研究联系在一起时，就可以得出结论，年轻工人更愿意学习和“更加积极地提高劳动效率”。这些事例表明了正是实用的经验主义而不是理论论述渗透在这种研究里。它的结论与其他领域中的市场调研差不多在同样低的抽象层次上。如果马克思主义思想的总取向与经验概括之间的鸿沟能被填平，那么这些结论就必然被结合进更为抽象的中层理论之中。[①] 67

概要和回顾

前面对中层理论的两极化**赞同和否定**所做的评述足以让我们得出一个结论：我们每一个人都永远易于被形式所拘泥。无论如何，我们都不喜欢只会空谈不会观察，或者只会观察不会思考，或者只会思考而不能使自己的思想接受系统经验调查检验。

---

① 这一段是基于 R.K.默顿和亨利·M.里肯“苏联社会学评述”（‘Notes on sociology in the USSR’）一文，载《社会行为研究的当前问题》（*Current Problems in Social-Behavioral Research*）（华盛顿特区：美国社会科学和行为科学研究院，1962），第 7—14 页。对这种具体社会学调查的概述，见 A.G.兹德拉沃米斯洛夫和 V.A.雅多夫：“苏联工人的工作态度：一个经验研究”（‘Soviet workers attitude toward work：an empirical study’），西米伦科前引书，第 347—366 页。

指出对社会学中层理论的这些两极化的解释，可能会有助于重申这一理论的特性：

1. 中层理论是由某些有限的假定构成的，可以逻辑地从这些假定推导出可为经验调查所验证的具体假设。

2. 这些理论不再是分离的，而是被结合为更加广泛的理论网络，如志向水平、参考群体和机会结构等理论。

3. 这些理论对于处理社会行为和社会结构的不同方面有足够的抽象程度，所以它们胜过纯粹的描述或经验概括。例如，社会冲突的理论就已被用于人种和种族冲突、阶级冲突和国际冲突。

4. 这一理论划清了微观社会学问题(如小群体研究)与宏观社会学问题(如社会流动、正规组织和社会机构相互依存性的比较研究)之间的界限。

5. 社会学理论总体系，例如，马克思的历史唯物主义、帕森斯的社会系统理论和索罗金的整合社会学，代表了综合理论取向，而不是物理学在寻求“统一理论”时所设想的那种严谨的密切相联的体系。

6. 因此，许多中层理论与各种社会学思想体系是协调的。

7. 中层理论经常是传统理论研究的直接继续。我们都是涂尔干和韦伯遗产的继承人，他们的著作提出了后人要继承的思想，树立了理论化策略的榜样，为如何选择问题提供了典范，并指导我们在他们的理论之外提出理论问题。

8. 中层取向涉及对无知的思考。不是对未知的事物假装知道，而是公开承认为了积累更多的知识还有许多方面有待研究，
68 它不认为自己可以为当今一切紧迫的现实问题提供理论解决之道，而是只去解决现有知识可以解决的问题。

范式:社会学理论的整理

正如前面所指出的,本书主要关注的是社会学中大量的定性分析理论和程序。如同这里所理解的,整理是对有成效的研究程序以及运用这些程序得到的实质性结果加以有序而严谨的安排。这一过程需要的是对过去研究中隐含的内容加以辨别和组织,而不是提出新的研究策略。

下面论述功能分析的一章将提出一种范式作为在这一领域整理先前著作的基础。①我相信这样的范式具有重大的基础性价值。首先,它们将社会学分析可使用的一系列假设、概念和基本命题予以明确。因此,它们避免了人们无意中把分析核心隐藏在尽管富有启发但散乱的评论和观点之中。尽管出现了一些命题,但社会学仍然缺少系统的阐述,亦即对社会学变量之间关系的高度简明的模式化说明。因而,社会学的解释就总是那么东拉西扯的。程序逻辑、关键概念以及它们之间的关系就常常迷失于滔滔不绝的言词中。当这一情况出现时,智慧的读者就必须自己费力地去发现作者含蓄的假设。范式则削弱了理论家

---

① 我在其他地方也是从其他范式出发的,如本书第六章对越轨社会行为的论述;还有本书第十四章对知识社会学的论述也是如此;还有在《精神病学》(*Psychiatry*)1941 年第 4 期第 361—374 页上发表的"通婚和社会结构"('Intermarriage and the social structure')一文中关于种族通婚的论述。在 R. M. 麦基弗编《歧视和国家福利》(*Discrimination and National Welfare*)(纽约:哈珀和布鲁斯出版公司,1948)一书发表的"歧视和美国人的信条"('Discrimination and the American creed')一文中对种族偏见和歧视的论述。应该注意的是,T. S. 库恩在其新近论科学史和科学的著作中所使用的**范式**这一术语要广泛得到,涉及到在特定历史阶段一门科学学科所采用的基本假设系列,见《科学革命的结构》(*The Structuse of Scientific Revolution*)一书。

运用模糊不清的概念和假设的趋势。

促使社会学的著述变得冗长啰嗦而不简洁易懂的原因，在于社会学企图生动且细腻地描写人类生活全部细节的传统。这一传统少部分继承自哲学，相当部分继承自历史，大部分则继承自文学。这表明继承这笔丰厚的外来遗产的社会学家竭力寻求言词的别出心裁，以使他们能最好地表达现有社会学个案的**特**
69 **殊性**，而不是寻求它所展现的客观的概括性概念和关系——这是与艺术不同的科学之核心。而这种对纯粹艺术技巧的误用也常常为不懂行大众的赞扬所鼓励，他们很乐于让社会学家确信应该像一个小说家那样，而不是像一位循规蹈距的、受学术约束的哲学博士那样写作。他常常也为这种大众的称赞付出了代价，因为他愈是雄辩就愈没有了条理。无论怎样，必须承认的是，像圣奥古斯丁很久以前委婉地驳斥的那样，“……一件事情不因表达得太差而必然是真理，也不因词藻华丽而必然是谬误。”

不过，自称为科学的报告常常因不切题而很含混。在极端情况下，事实、推理和理论结论的骨架覆盖着技巧修饰的皮肉。然而，其他的科学学科，如物理学、化学，还有生物学、地质学和统计学，不再滥用优美的文笔。紧紧把握科学的目的，这些学科更喜欢简练、精确和客观，而不是优雅的语言修辞形式、涵义丰富和词汇动人的比喻。但是，即使有人不同意社会学必须遵循化学、物理学成生物学那样的表述方式，也不应要求社会学必须仿效历史、话语哲学或文学。社会学者的最终目的是清晰表述关于社会结构及其变迁以及在这一结构内人的行为及其结果的、逻辑上相互关联并为经验所证实的命题。社会学分析的范式旨在帮助社会学家从事专业工作。

既然好的社会学解释必然包含某些理论范式，那么将之公开化是英明之举。如果真正的艺术在于将所有艺术符号隐蔽起来，那么真正的科学则需要揭示它建立和最后完成的结构。

我并不是说这就是范式的全部内容，我只是指出社会学定性分析的范式至少有五个紧密相关的功能。[①]

第一，范式具有标志功能。它们把中心概念和用于描述与分析的这些概念的相互关系集成在一起。范式提供在小范围内可以同时检验的概念，有助于人们修正自己以后的解释。而概念分散在零乱的论述中就很难做到这一点。（正如卡乔里的著 70
作所表明的，这看来像是一些重要的数学符号的功能：它们可对所有用于分析的术语同时进行检查。）

第二，范式减少了无意间使用模糊假设和概念的可能性，因为每一新的假设和概念必须源自以前的范式的组成部分，或是直接能纳入到这一范式。因而，范式可以避免**提出随意的**（即逻辑上不可靠的）假说。

第三，范式推进了理论解释的积累。实际上，范式是解释大厦的基础。如果新的解释不能直接建立在这一基础上，那么它必然是整体结构新的一翼，而概念和假设就必然被扩展去支撑这一翼。而且，能在原有地基上加盖新楼层会极大地加强我们的自信，因为如果每一次加盖都要求新的地基，就会使我们怀疑原有地基的稳固性。一个可靠的范式能支撑起一个摩天大楼般的解释结构，随后加盖的每一层都证明原有地基的坚固；而有缺陷的地基只能支撑摇摇欲坠的单层建筑。在这种结构中，因为原地基不能承受另外解释的重压，每一类新的一致性都要求打

---

① 对这一讨论的批评性评价见唐·马丁代尔："社会学理论和理想型"（'Sociological theory and the ideal type'），载卢埃林·格罗斯编：《社会学理论专题讨论会》（*Symposium On Sociological Theory*）（埃文森顿：罗与彼得森出版公司，1959），第57—91页，在第77—80页。

下新的地基。

第四,范式通过自身的条理化给出了重要概念的完整交叉表,从而能使分析者对可能会忽视的经验问题和理论问题保持敏感。[①]范式促进了分析,而不只是对具体细节的描述。例如,它们指导我们注意到社会行为的组成部分,注意到这些组成部分中可能的应力和张力,由此找到越轨行为的原因。

第五,范式以近似定量分析的严密性来开展定性分析。计算统计指标的程序及其数学原理也应该被纳入进去。它们的假设和程序要接受所有人的批判性检查。相比之下,社会学对定性资料的分析常常是在充满透彻却又深奥的见解和不可言喻的领悟的隐密世界中进行的。确实,并非基于范式的那些随意的
71 陈述常常包括某些真知灼见。正如人们常说的,它们富有“启发性的洞察”。但是,在这些洞察之中运用了哪些分析概念却并不总是很清楚的。如果要想把强烈的个人体验结合到社会科学中,那它们就必须重新组合为公众认可的程序。在某些地方,上述提议被当作是一种盲目不敬的表现。然而,即使最有洞察力的社会学家,其概念和程序也应该是可再现的,其思想成果也应该是可由他人检验的科学;包括社会学,都是公开的,而不是隐秘的。不能像一般社会学家希望的那样把全部智慧限于我们自己这个小圈子,只要能推进社会学发展,则无论贡献大小都应该汇集起来。

如果超过了限度,优点就会成为缺点。这也适用于社会学范式。它可能诱发精神上的懒惰。有了范式,社会学家就可以

---

① 虽然约瑟夫·本斯曼和阿瑟·维迪奇表明他们对运用系统理论的怀疑,但他们在指导性的论文中赞扬性地展现了范式的这一启发功能:“实际研究中的社会理论”(‘Social theory in field research’),载《美国社会学杂志》,1960 年 5 月,第 65 期,第 577—584 页。

对这种范式没有明确要求的重要资料视而不见。由此范式就从社会学的望远镜成为社会学的障眼物。把范式绝对化而不是把范式作为一个暂时的出发点就会导致误用。如果认识到这些范式是暂时的、可变的和需要在不远的将来不断地加以修正的，那么这些范式就比那些含混的假设更为可取。 72

第三章
显功能与潜功能

整理社会学功能分析的尝试

功能分析是当今对社会学解释问题的诸多取向中最有希望却最少被整理过的一种。这种方法是从很多知识领域里同时发展出来的，所以它更多是零零碎碎的而没有获得深度发展。功能分析所取得的成就充分表明它的潜力将不断实现，而它的各种缺陷，也显示它需要不断超越过去以创造未来。至少，必要的重新评价，可将许多潜在的困难诉诸公开的讨论。

像所有解释体系一样，功能分析依赖于理论、方法和资料之间的结合。在这三方中，方法相比之下是最薄弱的。功能分析的许多主要开创者致力于理论的系统阐述和概念的澄清；一些人陷入直接与功能参考框架相关的资料中；但很少有人能打破对于如何从事功能分析的普遍沉默。然而，从功能分析的丰富多样性中就不得不承认**某些**方法已在使用，检视这些方法一定能使人获益匪浅。

虽然不涉及理论或实质性资料也能对方法进行有益的检验——当然，作为自己的任务，方法论或程序的逻辑恰恰要涉及理论或实质性资料——以经验为取向的学科若能在考察其程序的同时考察其理论问题与实际发现则更为有益。“方法”之应用不仅包含逻辑，而且很不幸，对于那些必须克服研究困难的人来讲，还涉及到将资料与理论要求结合起来的实际问题。起码，这是我们的前提。因此，我们的论述将交织着对功能理论一些主要概念的系统详述。 73

功能分析的词汇

从最初开始，社会学中的功能方法就陷入术语的混乱之中。**常常，一个术语用来表示不同的概念，正如同一个概念用不同的术语来表示一样**。对术语的随意使用断送了分析的明晰和交流的恰切。常常是，因一给定术语的概念内容不知不觉地变换而使分析无法进行，并且当相同的内容为一组多变的术语弄得难以理解时，与其他人的交流也归于失败。只要我们对“功能”这一概念的变化无常稍做考察就能发现，由于功能分析的不同词汇，概念的明晰性是如何被严重破坏的，交流是如何被阻碍的。

一个术语，多种概念

“功能”一词已为一些学科和日常用语使用过了，并带来了某种出人意料的结果，即使得它的内涵在真正的社会学中常常变得含糊不清。我们只讨论这个词常用的五种含义，而不计其他。有一种最流行的用法，根据这种用法，功能代表着一些通常具有仪式意义的公共集会或节日活动。正是在这种意义上，一家报纸的标题写道：“托宾市长不支持社会活动”*。这条消息进一步解释说“托宾市长今天宣称他对社会活动没有兴趣，他也

* 原文为“Mayor Tobin Not Backing Social Function”。——译者注

不允许任何人为任何活动出售票券或刊登广告”。这种用法是很常见的,学术著作中很少这么用,因此不是目前术语混乱的主要原因。显然,**这一**涵义是与社会学的功能分析毫不相干的。

第二种用法把功能这一术语实质上等同于职业(occupation)这一术语了。例如,马克斯·韦伯把职业定义为“就构成一个人收入或利润持续机会的基础来说,是个人功能的专业化的方式和组合”。[1] 对那些涉及到“群体功能分析”的经济学家,当他们谈到这一群体的职业分布时,这种涵义就是常见的、典型的用法。既然如此,按萨金特·弗洛伦斯[2]的建议,这样的研究采
74 用更确切的词组“职业分析”可能更为方便。

第三种用法代表了前面这种用法的一个特殊例子,常见于日常语言和政治科学中。功能常被用来指那些有一定社会地位的要员的活动,更为具体地说,是某一官职或政治地位的占据者。这样就产生了职员或官员的术语。虽然在此意义上的功能与社会学和人类学的功能在意义上有着部分的一致,但是,这种用法对这一事实视而不见,即功能不仅为特定位置的占有者所履行,而且为社会中各种标准化活动、社会过程、文化模式以及信仰体系所履行,所以它最好被弃而不用。

自从莱布尼茨首次引进函数[*]这一词,它在数学中就有了最准确的意义。在数学里,它指所考察的一个变量与另一变量或其他众多变量有关,即该变量可由其他变量表达,或者其取值依赖其他变量的取值。在更广泛的(常常是含糊不清的)意义

---

① 马克斯·韦伯:《社会和经济组织理论》(*Theory of Social and Economical Organization*)(T.帕森斯编,伦敦:威廉姆·霍奇出版公司,1947),第230页。

② P.萨金特·弗洛伦斯:《经济学的统计方法》(*Statistical Method in Economics*)(纽约:哈考特和布雷斯出版公司,1929),第357—358页。

* 在英语中,功能还有函数之意。——译者注

上，这一概念是由诸如“函数的相互依存”和“函数关系”这样的短语来表达的，社会科学家们常常也这么用。[1]当曼海姆论述说，“每一社会事实都是其出现的时间和地点的函数”时，或者当人口统计学家指出“出生率是经济地位的函数”时，他们都明显地在使用这种数学上的涵义，尽管前者并未用等式的形式而后者用了。这种背景通常能够使这一点很清楚：虽然功能这一术语是在数学意义上的使用，但是社会学家常常在这一涵义与另一相关但又有差别的涵义之间摇摆不定。这种涵义也包含着“相互依存”、“相互关系”或“相互依赖的变化”的意思。

正是这第五种涵义对功能分析是最重要的，它也是在社会学和社会人类学中一直被使用的。这种用法部分地来源于这一术语原来的数学意义，而更多地是由生物科学引申来的。在生物科学中，功能这一术语被理解为“有助于维持有机体的生命过程或有机过程”[2]。做了适当修正后，这一概念的涵义就与纯粹 75
的或温和的人类学功能主义者所采用的那种关于功能的核心概

---

① 所以，亚历山大·莱塞指出：“就其逻辑实质而言，什么是功能关系？在其他科学领域，函数关系的类型有所不同吗？我认为不是。一种真正的函数关系是在两个或更多的术语或变量之间建立起来的关系，所以可以断言，在某些特定条件下（这些条件构成关于这种关系的一个方面），这些条件的某种确定表述（这种关系的另一方面）就能给出来。这种函数关系或文化任一确定方面所维系的关系须能够在特定的条件下解释这确定方面的本质和特征。”“社会人类学中的功能主义”（‘Functionalism in social anthropology’），载《美国人类学家》（*American Anthropologist*）（自然科学版），第 37 期（1935），第 386—393 页，在第 392 页上。

② 例如，可见路德维希·冯·贝塔朗菲：《关于发展的现代理论》（*Modern Theories of Development*）（纽约：牛津大学出版社，1933），第 9 页及以下，第 184 页及以下；W. M. 贝利斯：《普通生理学原理》（*Principle of General Physiology*）（伦敦：1915），第 706 页；在此书中，他报道了他对由斯塔林和他本人所发现的激素功能所做的研究；W. B. 坎农：《痛苦、饥饿、恐惧和愤怒时的身体变化》（*Bodily Changes in Pain, Hunger, Fear and Rage*）（纽约：阿普尔顿出版公司，1929），第 222 页，书中描述了“交感神经—肾上腺系统的应变功能”。

念更加一致。①

拉德克利夫—布朗经常明确地把他所使用的社会功能概念追溯到生物科学中的类似概念。仿照涂尔干，他断言："重复发生的生理过程之功能就是该过程和有机体的需要(即存在的必要条件)之间的协调"。而在社会领域中，单个的人"这种基本单位"是靠社会关系网而结成为一个整体。"所有重复发生活动的功能，诸如惩治罪犯或丧礼仪式的功能，都是功能在作为整体的社会生活中所发挥的作用，并且因此是功能对维持这种结构持续下去所作的贡献。"②

虽然马林诺夫斯基与拉德克利夫—布朗的论述有差别，但是都把功能分析的核心当作对"那些[社会方面或文化方面]在社会中所起作用的研究"。"这种理论，"马林诺夫斯基在其早期一篇关于目的文章中解释道，"旨在**按其功能、按其在文化整体系统中所发挥的作用、按其在这种系统内相关的方式**来解释所有发展阶段的人类学事实……"③

---

① 洛伊区别了马林诺夫斯基式的"纯粹功能主义"与瑟恩沃尔德式的"温和功能主义"。这种区别是合理的，但很快就会清楚的是，它与我们的目的不太相关。R.H.洛伊：《文化人类学理论史》(*The History of Ethnological Theory*)(纽约：法勒和莱茵哈特出版公司，1937)，第13章。

② A.R.拉德克利夫—布朗："论社会科学中的功能概念"('On the concept of function in social science')，载《美国人类学家》，1935年，第37期，第395—396页；还可见他后来在皇家人类学研究会主席就职典礼上的演说，他宣称："……我要把标准化的社会活动方式或思想方式的社会功能定义为它与它为其存在和延续做出贡献的社会结构的关系。类似地，在一生命有机体中，心脏跳动或胃液分泌的生理功能就是其与有机体结构的关系。……"《论社会结构》('On social structure')，载《大不列颠及北爱尔兰皇家人类学研究会杂志》(*The Journal of the Royal Anthropological Institute of Great Britain and Ireland*)，1940年，第70期，第1部分，第9—10页。

③ B.马林诺夫斯基："人类学"('Anthropology')，《不列颠百科全书》(*Encyclopaedia Britannica*)增补第1卷上(伦敦和纽约：1926)，第132—133页[黑体为我所加]。

稍后我们就能更清楚地看出，诸如“在社会系统或文化系统中发挥的作用”这种经常出现的短语不利于澄清作为“相互依存”的功能概念与作为“过程”的功能概念之间的重要差别。我们在这里也没有必要停下来论述这种假设，即认为文化的每一方面都与其他方面具有**某种**持久关系，在总文化体系中具有**某种**独特的地位；它几乎没有为实地研究者或分析家提供程序的具体指导。所有这些最好先等一等。现在，我们只需要知道最近的论述是通过不断的专门化来澄清和扩展功能概念的。所以，克拉克洪说：“……一种特定的文化，只是在它被定义为一种反应模式的意义上，才是‘功能性’的。这种反应模式从社会观 76
点看是适应性的，从个人观点看是调节性的。”[①]

我们只提到“功能”这一术语非常多的涵义中的几个，可以很明显地看出许多概念都采用了同一个词。这就引起混淆。当许多不同的词用来表达同一概念时，就会产生更加严重的混淆。

一个概念，多种术语

这种与“功能”这一术语使用起来没有差别和意思几乎相同的大杂烩现在包括应用、效用、意图、动机、意向、目的、结果。若是这些相似的术语用来指一种严格限定的概念，那么当然就不会引起人们对它们多重含义的注意了。但是，事实是对这些术语不严格的使用，加上看起来相似的概念所指，导致了与严谨、准确的功能分析愈来愈大的分离。每一个术语的涵义不是相同

---

① 克莱德·克拉克洪：“纳瓦霍人的巫术”（‘Navaho Witchcraft’），载《哈佛大学皮博迪美国考古学和人种学博物馆论文集》（*Papers of the Peabody Museum of American Archaeology and Ethnology, Harvard University*）（坎伯里奇：皮博迪博物馆，1944），第22卷，第2期，第47页。

而是不同于它们共有的涵义，这些共有涵义构成了推论的基础，这些推论越远离功能的核心概念就越不可靠。我们可以举一两个词语的变换导致误解的例子。

下面的一段话引自一篇犯罪社会学最有分量的论文之一。从中人们可以察觉，表面上同义的术语，其意义暗中转移了，导致由此做出的推论非常有问题（为了帮助理解论证过程，关键词汇加了黑体）。

> 惩罚的**目的**。人们已经做出了许多努力来确定在不同时间不同集体中惩罚的**目的**或**功能**。许多研究者一直认为，有些人主张惩罚的**动机**在于**为了**惩罚而**惩罚**。另一方面，则强调惩罚的**功能**在于恢复由于犯罪所削弱的集体团结。托马斯和兹纳涅茨基指出，在波兰农民中，对犯罪的惩罚**主要**是**为了**恢复犯罪之前的状况和重建集体的团结，复仇是次要的考虑。根据这一观点，惩罚**主要是**与集体**有关**，而与罪犯只有**次要**关系。另一方面，赎罪、威慑、报复、改造、增加国家收入或其他事情都被视为惩罚的**功能**。人们始终不清楚其中到底哪一个是动机；惩罚似乎是由**许多动机**激发并且履行了**许多功能**。这一点对于犯罪的个人受害
> 77 者和国家都是对的。确实现今的法律在各种**目标**或**动机**中是不一致的。同样的情况很可能也存在于早期社会中。[①]

我们应先来注意一下明显地指同一概念的那些术语：目的、功能、动机、计划、次要考虑、主要关切、目标。通过考察，很显

① 埃德温·H.萨瑟兰：《犯罪学原理》（*Principles of Criminology*），第3版（费城：J.B.利平科特出版公司，1939），第349—350页。

然，**这些术语实际上分属相当不同的概念参考框架**。其中有些术语，动机、计划、目的和目标，常常明显地是指**代表国家者所持的立场**(ends-in-view)。另一些术语，动机、次要考虑，是指**犯罪受害者的立场**。这两组术语都表示**对惩罚结果的主观期望**。但是，功能这一概念包含了**观察者**的观点，而不一定是当事人的观点。社会功能是指**可观察的客观结果**，而不是指**主观意向**(目的、动机、目标)。对客观的社会学结果与主观意向之间不能作出区分就不可避免地导致功能分析的混乱，正如从下列引文中所看到的(主要术语也同样加了黑体)：

> 所谓家庭"功能"的讨论就极端荒诞。我们常常听到说，家庭在社会中履行着重要的**功能**；它保证人类的延续和对青年的培养，它履行着经济的、宗教的功能，等等。我们差不多都受到鼓励去相信，**人们要结婚和养育子女**是因为他们急于要履行这些所需要的社会功能。事实上，人们结婚是**因为**他们相爱，或者因为不那么浪漫的但仍然是个人的原因。**从个人的观点来看**，家庭的**功能**是要满足他们的愿望。家庭或其他一切社会制度的**功能纯粹在于人们把它用于什么**。社会"**功能**"大多都具有**约定俗成的合理化**。**我们**先是行动，然后才是解释。**我们**为**个人的理由**而行动，然后才按照社会的和伦理的**原则**来为我们的行为辩护。就这些制度的**功能**具有真实基础而言，它也必须是根据人们为满足其愿望而进行努力所涉及的社会过程来进行描述。**功能**是由具体人和具体**目的**的相互作用而产生的。①

① 威拉德·沃勒：《家庭》(*The Family*)(纽约：科登出版公司，1938)，第26页。

这段话是巨大混乱迷雾中一些清晰之岛的有趣混合。无论何时，错误地把（主观的）动机等同于（客观的）功能，也就放弃了清晰的功能方法。因为不必假定，正如我们现在将看到的，婚姻（“爱”、“个人理由”）的**动机**与家庭（孩子的社会化）的**功能**是一致的；也不必假定，人们为其行为所提出的**理由**（“**我们**为个人的
78 理由而行动”）完全与这些行为模式的可见后果是相同的。主观意向会与客观结果相一致，但是，也会不一致。这两方面各自独立变化。然而，当人们被激发起来去从事能产生（不一定是特意的）某种功能的行为时，就找到了脱离迷途的出路。①

对于各种对立术语和它们不良后果的这种简短评述也许对后来整理功能分析概念的努力会有某种指导作用。显然，应该有限制地使用社会学的功能概念，要明确区别主观的意向和客观类型的观察结果。否则，功能取向的实质会消失在模糊定义的云雾之中。

功能分析中流行的假设

主要是但不限于在人类学中，功能分析家大都采用三个相互联系的假设。现在要指出的是，这三个假设一直是有争论的，而且对功能取向也是不必要的。

---

① 这两个动机与功能相混淆的例子引自同一类很容易找到的附加材料库中。通常避免这种用法的拉德克利夫—布朗偶尔也不能搞清这种区别。例如，“……交换礼物不是起着在更发达社会中的贸易和物物交换的**目的**。它所满足的**目的**是一个道德目的。交换的**目标**是要在两个相关的人之间产生友情。如果不是这样，那它也就没有实现其**目的**。”这种交易的“目标”是从观察者、当事人或是二者的角度来看的吗？见 A.R. 拉德克利夫—布朗：《安德曼岛居民》（*The Andaman Islanders*）（伊利诺伊，格伦科：自由出版社，1948），第 84 页［黑体为我所加］。

实际上,这些假设认为,首先,标准化的社会活动或文化事项对于**整个**社会系统或文化系统都是有功能;其次,**所有**这样的社会事项和文化事项都实现着社会学的功能;第三,这些事项因而是**必不可少的**。虽然这三条约定通常只有结合起来才可以理解,但是最好分别考察它们,因为每一条都带来独特的难题。

社会功能一体的假设

拉德克利夫—布朗明确地提出了这一假设:

> 一个特定社会习俗的功能就是它对作为整个社会系统运行的**整个社会生活**的贡献。此种观点意指社会系统(即某一社会的**整个社会结构**与种种社会习俗总体的结合,结构在其之中得以表现并赖以持续存在)具有某种统一性,即 79
> 我们可以称之为一种功能统一。我们可以把它界定为社会系统所有方面充分和谐或内在一致地运用的一种状况,它不会产生既无法解决又无法控制的持续冲突。[①]

然而,值得注意的是,他进而把这种功能统一的观点描述为一个需要进一步检验的假说。

可能初看起来,当马林诺夫斯基说"社会学学派"(他硬把拉德克利夫—布朗归为这一学派)"夸大了原始人的社会团结"并且"忽视了个人"时[②],他在怀疑这种假设在经验上的可接受性。

---

① 拉德克利夫—布朗:"论功能概念"('On the concept of function'),见前引书,第 397 页[黑体为我所加]。

② 见马林诺夫斯基:"人类学",见前引书,第 132 页;和"功能分析中的群体和个人"('The group and the individual in function analysis'),《美国社会学杂志》,1939 年,第 44 期,第 938—964 页,在第 939 页上。

但是，很快就清楚了，马林诺夫斯基并未抛弃这一可疑的假设，而是加上了另外一个假设。他继续谈到标准化的行为和信念对“作为整体的文化”是有功能的，并且进而认为它们对社会每一成员**也**都是有功能的。所以，谈到超自然的原始信仰时，他写道：

> 功能观点在这里要接受严峻的考验……，它必须表明观念和仪式作为一个文化整体如何有助于社会整合、技术和经济效益——从而间接有利于**每一个体成员**的生理和精神需要。①

如果一个不适当的假设是有疑问的，那么其孪生的假设也同样值得怀疑。文化事项可否被看作对整个社会系统和全体社会成员都履行各种功能，更应该是一个经验事实的问题而不是一个公理的问题。

克拉克洪显然察觉到这个问题，因为他把选择的范围扩大到包括文化形式“对社会成员**或**对被认为是一个持久单位的社会……是可调节的或可适应的”②这样一种可能性。这是允许功能单位留有变异余地的首要一步。迫于经验观察的力量，我们将有机会进一步拓展在这种单位中变异的范围。

这一点看来是相当清楚的，功能一体这一观点**不**是超出经

---

① 马林诺夫斯基：《人类学》，前引书，第135页，在其后来的著作中，马林诺夫斯基坚持这一观点而没有根本改变。例如在这些文章中可参考“功能分析中的群体和个人”，前引杂志，第962—963页：“……我们认为每一制度一方面有助于**整个共同体**的整合工作，而且这还能满足个人派生的和基本的需要。……刚才列出的每一种利益都为**每一个体**成员所享有。”[黑体为我所加]

② 克拉克洪：《纳瓦霍人的巫术》，第46页[黑体为我所加]。

验检验范围的假设，而是恰恰相反。整合的程度是一个经验变 80
量[1]，在同一社会中时常变化并在不同社会中有所不同。所有人类社会必然有**某种**程度的整合只是一个定义的问题，并且是以假定为论据的狡辩。但是，不是所有社会都有这种**高度**的整合，即**每一**标准化的文化活动或信念对作为整体的社会都是有功能的，对生活于其中的人都是有同样功能的。拉德克利夫—布朗事实上只需要在他们类比的领域里观察一下就会怀疑他设想的那种功能一体的确切性。因为我们发现甚至是个体生物有机体的整合程度也有很大的差异，尽管常识性的假想已告诉我们：有机体的所有部分肯定都为一个“统一的”目的而工作。仅仅考虑这一点就行了：

> 人们可以轻易地看到在神经系统或激素密切控制下有着**高度整合的有机体**，其任何主要部分的损失都会强烈地影响整个系统，并且经常引起死亡；但是，在另一方面，还有低级的、**非常松散相联的有机体**，在这种有机体中，甚至机体一个主要部分的损失也只在替代组织再生期间引起暂时的困扰。许多组织非常松散的动物**整合是如此之低，以致不同的部分会处于积极的对立之中**。所以，当普通的海星被弄得腹部朝天时，它的部分手臂就会试图使整个身子翻向一方，而其余手臂则要使它翻向相反一方。……由于海葵的**松散整合**，离开时把紧附在岩石上的脚遗留了一部分

① 正是索罗金关于社会整合理论的早期观点的功劳使他没有忽视这一重要事实。参看 P. A. 索罗金：“文化整合的形式和问题”（‘Forms and problems of culture-integration’），载《乡村社会学》(*Rural Sociology*)，1936 年，第 1 期，第 121—141 页，第 344—374 页。

下来，以致使这种动物遭受严重的伤害。[①]

如果单一有机体是如此的话，那么看来复杂的社会系统更是如此。[②]

任何人不需要在迷途中走得很远就可显示出关于人类社会完全的功能一体这一假设不断地与事实相悖。社会习俗或情感也许对某些群体是有功能的，而对同一社会的其他群体则是有负功能的。人类学家常常引用"共同体增进了团结"和"增进了家族荣誉"作为功能顺应的例子。然而，贝特森等人指出，个别家族之荣誉的增进常常会引起对地方小社区团结的破坏。不仅功能一体这一假设常与事实相悖，而且它也几乎没有启发价值，
81 因为它把分析者的注意力从一定的社会事项或文化事项（习俗、信念、行为模式、制度）对于不同社会群体和这些群体的个体成员具有的可能根本不同的结果上转移开。

如果否定功能一体这种假设的观察与事实就像我们指出的那样是大量的和容易找到的，那么了解一下拉德克利夫—布朗和其他追随他的人是怎样墨守这一假设的将很有趣。一条可能的线索是由这一事实提供的，即这种观点近来的代表是社会**人类学家**，即那些主要从事研究无文字社会的学者。从雷丁描述的"大多数原始文明的高度整合特性"来看，这一假设也许还多少适合于某些（如果不是全部的）无文字社会。但是，如果把这种可能有用的假设从比较小的无文字社会领域移到庞大的、复杂的、大分化的文字社会领域，就会付出过多的知识代价。没有

---

① G.H.帕克："初级神经系统"（'The elementary nervous system'），引自W.C.阿利：《动物聚集》（*Animal Aggregation*）（芝加哥大学出版社，1931），第81—82页。

② 格雷戈里·贝特森：《内文》（*Naven*）（剑桥大学出版社，1936），第31—32页。

哪一个领域比在宗教的功能分析中更能看清这种转换假设的危险。如果贸然采用这一假设必然带来谬误，那就值得略加评论了。

宗教的功能解释　在考察将功能一体这一未言明的假设从相对较小和相对严密的无文字群体之领域，转到更为高度分化的、也许是松散地整合的社会之领域所付出的代价时，思考一下社会学家们，尤其是那些对他们工作所基于的假设一向很敏感的社会学家的工作，是很有益的。这一点是有现实意义的。不经过适当的修正就把在无文字社会研究中形成并成熟的概念应用到文字社会的研究，因为涉及更具普遍性的问题，已引不起人们的兴趣。（对于研究程序和技巧的转移，也有同样的问题，但不是这里所要谈论的。）

那种大规模的、无边无际的关于“宗教整合功能”的概括，尽管不是全部但在很大程度上来源于对无文字社会所作的观察。社会科学家经常含蓄地采用源自这种社会的结论，并且进而**一般性地**详述宗教的整合功能。由此，它距离下列陈述只是一步之遥：

> **宗教为什么必要的原因**显然在于这样一个事实，即人类社会主要通过其成员对某种终极价值和共同目的的共享而**实现它的统一**。虽然这些价值和目的是主观的，但是它们会影响行为，它们的整合则能够使这一社会作为一个系统而运行。[1] 82

---

① 金斯利·戴维斯和威尔伯特·E. 穆尔：“分层的某些原则”（‘Some principles of stratification’），载《美国社会学评论》，1945 年 4 月，第 10 期，第 242—249 页，在第 244 页[黑体为我所加]。

> 在一个建立于科学技术之上的极为发达的社会中，神职人员势必要失去地位，因为神圣的规范和超自然主义跌到不引人注意的位置。……[但是]**没有一个社会**已变得彻底世俗化以致**完全**消灭了那种对先验目标和超自然实在的信念。甚至在世俗化社会中，也需要**某些体系**去整合终极价值及这些价值的仪式化表达，和弥合由于失望、死亡、灾难而需要的情感调节。①

涂尔干的研究取向很大程度上是基于对无文字社会的研究。由他这种取向，这些学者倾向于只关注宗教整合的后果，而忽视宗教**在某种社会结构中**可能有的解体后果。再考虑考虑下列这些非常为人熟知的事实和疑问：(1)当不同的宗教在同一社会中并存时，在不同宗教团体之间常常有着深刻的冲突(只要考虑一下大量关于欧洲社会宗教间冲突的文献就够了)。那么，在什么意义上，多种宗教并存的社会中宗教对“这个”社会的整合有益呢？(2)显然，“人类社会主要通过其成员对某种终极价值和目标的共享而实现它的统一性”[至少它展现出这样的统一性]。但是，有什么证据表明“非宗教”的人，例如我们自己社会中的人，比那些虔信宗教信条的人更少赞同某种共同的“价值和目标”呢？(3)如果宗教教义和价值的内容与同一社会中许多人奉行的其他的非宗教价值的内容不一致的话，宗教在什么意义上对更大社会的整合有益呢？(例如，考虑一下，在天主教会反对童工法案与防止“剥削年轻的受抚养者”的世俗价值之间的冲突。或者，在我们社会中不同宗教团体对节制生育的截然相反的态度。)

---

① 戴维斯和穆尔前引文章，第246页[黑体为我所加]。

宗教在当代文字社会中之作用的事实还可以列举更多。而且，这些事实一定为那些功能主义人类学家和社会学家所熟知。他们把宗教描述为整合的，而没有限定确实适用的社会结构范围。至少可以相信的是，从无文字社会研究中得出的理论取向，模糊了本应清晰的宗教在多宗教社会中的功能角色的事实。也许，正是功能一体假设的转移，导致了对宗教战争、宗教法庭（破坏一个又一个社会）、宗教团体自相残杀的全部历史的抹杀。因为，这一事实依然存在，即所有这种广为人知的事实都为迎合对无文字社会宗教研究的成果而被忽视。更惊人的是，上面那篇 83
文章还谈到“宗教根据情感、信念和仪式而提供了整合”，而对宗教可能的分裂作用只字未提。

当然，这种功能分析也许指的是宗教提供对那些相信**同一**宗教价值的人而言的整合，但这应该不是其本意，因为那样的话等于说对任何一种价值的共识都提供整合。

进而，这再次表明把功能一体假设并入功能分析的模型（不过，它**也许**对某些无文字社会是一种合理近似）是很危险的。特别是，在无文字社会中，只有一个盛行的宗教体系，除个别越轨者外，整个社会的成员资格实质上是相同的。显然，在这种社会结构中，一组共同的宗教价值也许有**某一种**增强共同情感和社会整合的作用。但是，这并不是适用于其他社会的普遍概括。

我们有机会回到关于当代宗教功能分析的其他理论含义上来。上文的分析仅说明不加限制地采用功能一体假设的危险。整个社会的统一性不能在观察之前被有效地断定。这是一个事实的问题而不是观点的问题，功能分析的理论框架明确地要求对那种一定社会事项或文化事项在其中有功能的**单位**予以**具体说明**。这个理论框架必须考虑到特定事项对于个人、对于亚群体、对于更为广泛的社会结构和文化的不同后果、功能和负功能。

普遍功能主义假设

最简明地讲，这一假设以为所有标准化的社会形式或文化形式都具有正功能。正如功能观点的其他方面一样，马林诺夫斯基以其最极端的方式提出了这一假设：

> 关于文化的功能观点**强调**按原则来讲，在**每一类文明中，每一习俗、物质对象、思想和信仰都实现了某种至关重要的功能**。……①

正如我们所看到的，虽然克拉克洪考虑到对某一文化形式具有作用的单位会有变异，但他仍和马林诺夫斯基一样假设：所
84 有现存文化形式都有功能价值。（"我的基本假设是……除非文化形式在某种意义上是调节性的或适应性的反应，否则文化形式**不**可能存在。……"②）这种泛功能主义也许是也许不是一个启发性的假设，这还要再看。但是，人们应该注意到，即它把批判性注意力从现存文化形式的一系列非功能后果上转移开来。

事实上，当克拉克洪将"功能"归之于无功能的事项时，就等于承认所有现存文化事项都履行了某种功能，所以这种功能出于"定义"而非出于"研究"。所以，他提出：

> 欧洲人衣袖上的纽扣现在并无实际用途，但有助于保

① 马林诺夫斯基：《人类学》，前引书，第132页［黑体为我所加，但从原著那强有力的语言来看可能是多余的］。

② 克拉克洪：《纳瓦霍人的巫术》，第46页［黑体为我所加］。

> 护熟悉事物和维护传统的“功能”。如果人们感觉到行为上的连续性,感觉到他们自己是遵循着正统的、社会许可的行为方式,那么一般来讲,他们会更为舒适。[①]

这似乎表明功能归因对文化模式和行为方式的直接描述分析作用不大。我们很可以假设,所有既存的文化要素(可以不严格地描述为“传统”)都有最低限度的“保护熟悉的东西、维护规范”的功能。这也就等于说,顺从任何既定行为方式的功能的遵从者免受制裁。这无疑是对的,却很少有启发性。不管怎样,它可以用来提醒我们,我们将要去探索社会学家所归因的**那些功能形式**。现在,且提出这种暂时假定,即虽然任何文化结构或社会结构事项都**可能**具有种种功能,但是断言每一事项都**必然**是有功能的,尚为时过早。

当然,普遍功能主义假设是本世纪初期人类学家盛行的关于“遗存”的激烈、长期、无结果争论的历史产物。社会遗存这一概念,用里弗斯的话来说,是“按其现今效用无法解释,只能通过其以往历史才可理解的……一种习俗”[②],这一历史可以追溯到修昔底德时代。但是,当文化进化理论变得很得势时,遗存的概念似乎对再现文化“发展阶段”来说,特别是对再现没有文字记录的无文字社会来说,特别具有战略的重要性。对于那些希望 85

① 克拉克洪:《纳瓦霍人的巫术》,第 47 页。

② W. H. R. 里弗斯:“社会学里的遗存”(‘Survival is socialogy’),载《社会学评论》,1913 年,第 6 期,第 293—305 页。还可见 E. B. 泰勒:《原始文化》(*Primitive Culture*)(纽约;1874),特别在第 1 卷,第 70—159 页;对此方面更近的评论见洛伊:《文化人类学理论史》(*The History of Ethnological Theory*),第 44 页及以下,第 81 页及下页;对这一问题敏锐而严谨的论述,见埃米尔·涂尔干:《社会学方法规则》(*Rules of Socialogical Method*),第 5 章,特别是第 91 页。

避开他们认为是无文字社会的通常零碎且常常是猜测性的“历史”的功能主义者们来讲，对遗存概念的抨击也就具有抨击令人生厌的进化论体系的象征意义。结果，也许是对进化论这一重要概念的反动，提出同样言过其实的关于“每一习俗[每一地区的]……都实现某种至关重要的功能”的假设。

由于人类学先辈们的争论造成了眼前这种极度的夸张，这是令人遗憾的。一旦被发现、被认可、被研究，社会遗存就不可能被某一假设所驱除。如果不能找出这些遗存的实例的话，那么这种争吵就会自然地消失。另外，我们能够指出，甚至在当代文明社会中能够识别这种遗存时，它们似乎也不能增加多少我们对人类行为或社会变迁动力的认识。遗存是历史记录的可疑替代品，研究文明社会的社会学家忽略它也没有多大损失。但是，他不必被陈旧的和无关紧要的争论驱使去接受这种未经检验的假设，即所有文化事项都能实现至关重要的功能。同样，这是一个要研究的问题，而不是一个先于研究的结论。指导研究的方针是暂时的假设，即现存的文化形式对于社会整体与亚群体而言都有功能后果的净差额。这一论述立即避免了那种集中于正功能的功能分析倾向，并把研究者的注意力同样对准其他类型的后果。

必要性的假设

在功能派社会科学家中常见的三种假设中的最后一种，在某些方面，是最模糊不清的。这种模糊不清在马林诺夫斯基的下列引文中十分明显：

> 在每一种文明中，每一习俗、物质对象、思想和信仰都实现了某种**至关重要**的功能，都是有某种要完成的任务，都

> 表现为是一种活动整体中**必不可少的方面。**[①]

根据这一段话,我们完全不清楚他是强调**功能**的必然性还是强调实现着功能的**事项**(习俗、对象、思想、信仰)的必然性或是**二者**皆有。

这种模糊不清在文献中非常普遍。所以,前面引用的戴维斯和穆尔对宗教作用的说明初看起来是在坚持认为**制度**是必不 86
可少的:"为什么宗教是必须的原因……","……宗教……在社会中发挥着独特的和必不可少的作用"[②]。但是,很快就能看出来被看作是必不可少的宗教制度并不是那么必不可少,倒是宗教所执行的功能更不可少。因为戴维斯和穆尔仅在宗教使社会成员接受"特定的共同的终极价值与目的"的功能上,才把它看成是必不可少的。据说这些价值和目的

> 必须……对社会成员看来具有某种实在性,而正是宗教信念和仪式支持并加强这种实在性的表象。通过仪式和信念,这些共同的目的和价值就与以具体的神圣物为象征的虚幻世界相联系,这一世界进而以一种有意义的方式与个人生活的现实和苦难相关联。通过对神圣物和它们所象征的存在物的崇拜,通过对**超自然法则**同时又是行为规范的接受,一种对人类行为强有力的控制就运行起来了,引导行为沿着维护这一制度的结构并与这些终极目的与价值相

---

① 马林诺夫斯基:《人类学》,前引书,第 132 页[黑体为我所加]。

② 戴维斯和穆尔前引文章,第 244 页,第 246 页;戴维斯对此事的最近评论,可见他为 W.J.古德《原始宗教》(*Religion Among the Primitives*)(伊利诺伊,格伦科:自由出版社,1951)一书所作的序言,以及那本书中对于宗教所作的有启发性的功能解释。

一致的路线进行。[①]

所以，宗教之必要性是基于对这样一个事实的假定，即**仅**通过"崇拜"和"超自然法则"，"控制人类行为"的最低需要与"根据情感和信念而实现的整合"才能达到。

简言之，必要性的假设，通常包含两个相关的但相区别的主张。首先，它假设确有一些**功能**，除非这些功能实现了，不然社会（或群体或个人）就不会存在下去，在这种意义上，这些功能是不可或缺的。所以，这就提出了**功能先决条件**，或者社会的**功能必要前提**的概念。我们会有机会细致地考察这一概念的。其次，这多少是另一回事，即认为**某种文化形式或社会形式**对实现任何这种功能都是必不可少的。这涉及到专门的和不可替代的结构的概念，并且导致各种各样的理论困难。因为，这不仅与事实有明显矛盾，而且还引出了几个次要的假设，这些设想自一开始就烦扰着功能分析。它转移了对下面这一事实的注意，即可选择的社会结构（和文化形式）已经发挥了——所处的条件还需考察——使群体存在下去所必需的功能。进一步说，我们必须提出功能分析的一个主要公理：**正如同样的事项具有多重功能，**
87 **同样的功能可由不同的事项以各种方式来实现**。功能上的需求在这里被看作为特殊的社会结构所允许，而不是这一结构的决定因素。或者，换言之，在实现着所谈论的功能的结构中留有变异的范围（此变异范围的限定包括更新近的结构制约这一概念）。

相对于这种必可不少的文化形式（制度、标准化的活动、信仰体系等等）的概念，还有**功能选择**、**功能对等**或者**功能替代**的

---

① 戴维斯和穆尔前引文章，第244—245页［黑体为我所加］。

概念。虽然这种概念被广泛地认识到和运用着，但是应该注意到，若是一个理论体系接受特定文化形式不可或缺的假设，上述概念就无法与该理论体系和谐共处。所以，在评述马林诺夫斯基关于"巫术这类机制的功能必然性"的理论之后，帕森斯谨慎地作出了下面的论述：

> ……每当这种不确定的因素进入对情感上重要的目标的追求时，如果不是巫术，至少会出现**功能**上**对等**的现象。[①]

这与马林诺夫斯基自己的主张相去甚远：

> 所以，巫术实现了文化中一种**必不可少的功能**。它满足了**原始文明的其他任何要素所不能满足**的特定需要。[②]

必不可少的功能和不可替代的信仰—行为模式这对孪生概念断然排斥了功能选择的概念。

事实上，功能选择或功能对等的概念一再出现在采用了功能分析框架的每一学科中。例如，就像英格利希在一篇论文中令人称道地表明的[③]，这种概念在心理科学中得到了广泛的应用。在神经病学中，以实验证据和临床证据为基础，拉什利指出

---

① 塔尔科特·帕森斯：《社会学纯理论和应用理论论文集》(*Essays in Sociological Theory, Pure and Applied*)(伊利诺伊，格伦科：自由出版社，1949)，第58页。

② 马林诺夫斯基："人类学"，前引书，第136页[黑体为我所加]。

③ 霍勒斯·B. 英格利希：《在丧失性神经病中的符号与功能对等》('Symbolic versus functional equivalents in the neuroses of deprivation')，载《变态心理学和社会心理学杂志》(*Journal of Abnormal and Social Psychology*)，1937年，第32期，第392—394页。

了那种"个体的神经细胞是为了特定的功能而分化的假设"的错误,代之以强调特定的功能可由若干可能的结构来实现。①

社会学和社会人类学完全有更多的机会避免这种关于特定结构之必要性的假设,并系统地运用功能选择和功能替代的概
88 念。正如外行长期以来错误地认为其他社会"奇怪"的习俗和信仰都是"纯粹的迷信",功能派社会科学家也冒着犯另一极端错误的风险。首先,他们急于要发现这些实践和信仰的功能价值或适应价值;其次,拘泥于这些具有表面功能的行为方式,因而无法察觉其他可能的行为方式被忽略了。因而,在某些功能主义者中间,往往就容易得出这一结论,即由于其对信仰者的心态自信有影响,巫术或某些宗教仪式和信仰就是有功能的。然而,也很可能有这样的情况,这些巫术行为遮掩并且代替更加世俗和更为可行的活动。正如F.L.韦尔斯指出的:

> 流行天花时,把马蹄钉在门上也许增强了该户人家的信心,但它却不能祛除天花。这样的信念和活动经不住世俗的检验,而且它们所带来的安全感只有当躲避了真正的检验时才起作用。②

---

① K.S.拉什利:《行为中的基本神经机理》('Basic Neural mechanisms in behavior'),载《心理学评论》,1930年,第37期,第1—24页。

② F.L.韦尔斯:"社会失调:适应性退化"('Social maladjustments: adaptive regression'),载卡尔·A.默奇森编:《社会心理学手册》(*Handbook of Social Psychology*)(克拉克大学出版社,1935),第880页。韦尔斯的观察远不是古物收藏家式的。二十世纪三十年代稍后,在衣阿华、怀俄明和蒙大拿这些没有强迫接种疫苗的法律的州里都不能"消除"天花,尽管这些州在五年时间里大约有4300例天花。与此同时,人口更为稠密的、有强迫接种疫苗法律的马萨诸塞、宾夕法尼亚和罗得岛等州却完全没有一例天花。论这种事情上"常识"的缺点,见休·卡伯特:《患者的困境》(*The Patient's Dilemma*)(纽约:霍纳尔和希契科克出版公司,1946),第166—167页。

一些功能主义者为其理论所限，仅注意到这种象征性行为对个人心理状态的影响，进而得出巫术行为具有功能的结论。这些功能主义者忽视了这些行为有时取代了更为有效的途径。[①] 那些因为观察到标准化行为或现行制度在加强共同情感中的功能而相信它们必不可少的理论家们，在得出不成熟的结论之前，首 89
先要探寻功能替代。

在评述这三项功能假设时，几种在我们整理这种分析方式的工作中必然会遇到的基本考虑就会出现。首先，在细察**功能一体的假设**时，我们不能假定所有社会都是完全整合的，而是一个要在其中找出整合程度的事实的经验问题。而在考察宗教的功能解释的个案时，我们注意到这种可能性，即虽然人的本质也许是一贯不变的，但并不能得出无文字社会的结构与有高度分化的"文明"社会的结构是完全相同的。这二者程度上的不同——比如说，几种完全不同的宗教在此一社会而不在彼一社会中存在——就会使它们之间的转用充满了危险。从对该假设的批判性考察中可得出：一种功能分析理论必须明确一定社会功能依托的社会单位，并且我们必须承认文化事项有多重后果，

① 也许，应该注意的是，这一陈述是充分认识到马林诺夫斯基对特罗布里恩德人的观察而作出的，特罗布里恩德人并未以他们的巫术信念和行为来**代替**理性技术的应用。这个问题依然还是评价技术发展被半依赖于巫术解决"不确定问题"所延迟的程度。这种不确定的范围大概是不确定的，但它自身却与可用技术相关。例如，被设计来呼风唤雨的仪式也许很容易汲取人们的精力，不然的话他们会通过注意气象知识的发展而减小"不确定的范围"。每一个案都必须按其价值来判断。我们在这里只是提请注意在社会人类学家和社会学家中那种不断增长的倾向，即他们把自己限于观察没有理性和经验基础之行为的"情绪"(morale)作用，并摒弃对一定情况下很有可能的其他选择的分析，而不是要把对"超验"和"象征"的研究取向转移到其他事物上去。最后，我所期望的是，所有这些不会被误认为是对启蒙时代有时是天真的理性主义进行重述。

有些是正功能的，有些也许是负功能的。

对第二种**普遍功能主义假设**(认为所有现存的文化形式都不可避免地是功能性的)的考察，引发了整理功能解释方法时必然遇到的其他问题。看起来，不仅我们应准备找到这些形式的正功能后果和负功能后果，而且理论家最终还会面临这么一个问题：如果他的研究对社会工艺学有影响的话，那么就要研究出评价这些后果的净差额的一种方法原则。如果专家意见是基于对有计划行动的部分也许是随意选取的后果，所做的评估则会经常发生错误，因而也是没什么价值的。

我们发现，**必然性的假设**需要两个不同的命题：一是断言某些功能的必不可少，而这就产生了**功能必然性**或者**功能先决条件**的概念；另一个断言现存社会制度、文化形式或者类似的东西必不可少，而适当地探究这一命题时，就产生了**功能选择**、**功能对等**或者**功能替代**的概念。

再者，这三个假设的流行，不管单独地还是一齐地，都是普遍指责功能分析不可避免地包含某些意识形态观念的根源。由
90 于这个问题在我们进一步考察功能分析的概念时将会一再出现，如果我们的注意力不想被受意识形态毒化的社会科学干扰的话，那么，最好现在就对它加以研究。

作为意识形态的功能分析

作为保守意识形态的功能分析

在许多方面功能分析都受到越来越多的指责：无论功能分析的知识价值如何，它都不可避免地去信奉“保守的”(甚至是“反动的”)观点。对于某些这样的批评家来讲，功能分析就是十八世纪关于公共利益和个人利益之间存在着对等关系这种学说

的新近翻版而已。它被看作是亚当·斯密提出的这一学说的世俗化版本。例如，在《道德情操论》一书中，斯密写道，“在神的指导下，自然的和谐秩序通过个人才能的发挥而促进人类的福祉。”① 所以，就这些评论家来说，功能理论纯粹是那些保守的社会科学家的思想取向，他们要维护事物的现存秩序一如既往，并且对不管怎样温和的变革都要攻击其可行性。根据这种观点，功能分析家有意地忽视托克维尔关于不要把熟悉的东西与必然混淆起来的告诫：“……我们称为必要的制度常常不过是我们习惯的制度……”功能分析是否必然会陷入这种谬误尚未可知，但在我们考察了必要性假设后，我们就能充分认识到，一旦采用这种假设，就容易招致意识形态的指责。米德尔是那些指责功能分析不可避免地有保守偏见的评论家中最新的但不是最典型的一位：

> ……如果某一事物具有“功能”，那它就是有益的或者至少是必要的。*“功能”这一术语**只能**根据一种既定的**目的**而具有某一意义；** 如果这一目的没有明确定义或者意味着“社会利益”而又没有对其进一步定义的话，*** 那么就为功能一词实际含义中的任意性留有相当的余地，不过主要方向已定：**根据其功能描述社会制度必然导致保守的目**

① 雅各布·维纳：“亚当·斯密和自由放任主义”（‘Adam Smith and Laissez Faire’），载《政治经济杂志》（*Journal of Political Economy*），1937年，第35期，第206页。

* 这里应该注意，米德尔无缘无故地把必然性原则作为任何功能分析内在的东西来接受了。

** 正如我们已知的，这不仅是没有理由的，而且是错误的。

*** 这里，米德尔也许是注意到关于功能一体的那种可疑的、模糊不清的假设。

的论。[①]

米德尔的结论不如其前提有启发意义。因为，正如我们已
91 注意到的，他是依据功能分析家常常采用的两个假设不恰当地指责，谁根据功能来描述制度谁就不可避免地信奉"保守的目的论"。但是，米德尔却从没有对这些假设本身提出异议。当必须背离这些前提时，问一下这种信念如何不可避免，将是很有意思的。

事实上，假若社会学中的功能分析信奉目的论，更不用说信奉一种保守目的论的话，那它很快就会受到也确实该受到更为严厉的指责。正像人类思想史上目的论常常发生那样，它还会受一种**归谬法**的侵扰。所以，功能分析家也许也会遇上苏格拉底的那种命运（虽然不是由于同一个原因），他声称上帝把我们的嘴恰好安在我们的鼻子之下，是为了使我们能享受食物散发的香味。[②] 或者像沉迷于神造论的基督教神学家，功能分析家也会被本·富兰克林所欺骗，富兰克林证明了上帝显然"想让我们呷酒，因为上帝创造的手臂关节的长度恰好可以把杯子端向嘴边，既不过短也不过长：'那么，让我们崇拜手中之杯吧，这种仁慈的圣明。让我们颂扬和畅饮吧。'"[③]或者，这些神学家可能发现自己喜欢更为严肃的说法，就像米歇利特所说的那样："大

---

① 冈纳·米德尔：《美国人的困境》(*An American Dilemma*)(纽约：哈珀与兄弟出版公司，1944)，第2卷，第1056页[黑体和所插入的注释为我所加]。

② 法林顿在其《古代科学》(*Science in Antiquity*)(伦敦：T. 巴特沃斯出版公司，1936)第160页上对伪目的论做了进一步的有趣论述。

③ 见于富兰克林致阿贝·莫雷特的一封信，引自后者的《回忆录》，载狄克逊·韦克特著：《美国英雄》(*The Hero in America*)(纽约：斯克里布纳出版公司，1941)，第53—54页。

自然把所有事物都安排得这么美好。一旦儿童看到这个世界。他就会发现一位母亲已经准备好照料他了。"① 像其他任何近似于目的论的思想体系那样，虽然社会学中的功能分析力求避免超越界限而进入那种异己的、无创造力的领域，但是一旦采用了关于现存全部社会结构是实现重要功能需要所必不可少的这一假设，那它就会受到归谬法的威胁。

作为激进意识形态的功能分析

非常有趣的是，另一些人却得出了与下述指责正相反的结论，即功能分析必然导致认为无论什么事物都是合理的或者是一切可能的世界中最好的。例如，像拉皮雷这样的评论者就指出，作为一种方法，功能分析在观点上是批判性的，而在判断上是实用主义的：

> 在社会科学中，从结构描述到功能分析的转变，要比初看起来有着……更深刻的意义。这种转变体现了社会绝对论和基督教神学道德论的决裂。如果任何社会结构的重要 92
> 方面就是其功能的话，那就应该说任何结构都不能只根据结构自身而被判定。例如，这实际上意味着家长制家庭体系**只有当**并且也**只是在**功能上满足集体目的时，它才对集体生活具有价值。作为一个社会结构，既然它的功能价值因时因地而异，**那它就没有什么固有的价值**。
>
> 这种对集体行为的功能观点毫无疑问地会冒犯**所有那些相信特殊的社会心理结构具有固有价值的人**。因而，对

① 正是西格蒙特·弗洛伊德重弹米歇利特在《妇女》(*The Women*)一书中的这种论调。

那些相信教堂礼拜之所以好就是因为它是教堂礼拜的人来说，说某些教堂礼拜是没有宗教意义的表面形式，或者说某些教堂礼拜在功能上可与戏院的表演相当，还有一些教堂礼拜与狂欢宴会差不多——就是对常识的有意冒犯，是对正派人们的诚实的非难，或者至少是一个可怜蠢材的胡言乱语。①

功能分析会被某些人认为生来就是保守的，而被另一些人认为生来就是激进的，这一事实表明了功能分析也许**生来**就不是此也不是彼。这表明尽管像其他形式的社会学分析那样，功能分析也可以被注入许许多多意识形态价值中的一种，但是功能分析也许并不**内在地**包括意识形态信念。在社会科学或社会哲学的理论取向中一种理论取向被赋予针锋相对的意识形态意义，这已经不是第一次了。因此，考察先前事例中最著名的一个——在这个例子中，社会学和方法论概念被赋予形形色色的意识形态色彩——并把这一事例尽可能地与功能分析的个案进行比较，可能会有所帮助。这种可比较的个案就是辩证唯物主义。辩证唯物主义的代言人就是十九世纪经济史学家、社会哲学家和职业革命家卡尔·马克思和他的亲密助手与合作者弗里德里希·恩格斯。

辩证唯物主义的 意识形态取向	功能分析相应的 意识形态取向

① 理查德·拉皮雷：《集体行为》（*Collective Behavior*）（纽约：麦格劳—希尔出版公司，1938），第55—56页［黑体为我所加］。

1.“辩证法在黑格尔手中被神秘化了，但这决不妨碍他第一个全面地有意识地叙述了辩证法的**一般运动形式**。在他那里，辩证法是倒立着的。必须把它倒过来，以便发现**神秘外壳**中的**合理内核**。”

2.“辩证法，**在其神秘形式上**，成了德国时髦的东西，**因而它似乎使现存事物显得光彩**。”

3.“辩证法，**就其理性形式而言**，引起资产阶级及其夸夸其谈的代言人的恼怒和恐怖，因为**辩证法在对现存事物的肯定的理解中同时包含对现存事物的否定的理解**，即对现存事物必然走向灭亡的理解。”

1. **某些**功能分析家毫无根据地**设想所有**现存的社会结构都能实现必不可少的社会功能。若是你愿意那样说的话，这是十足的信条和神秘主义，而不是持久而系统的探索的最后结果。如果这一假设要得到社会科学人士的接受，那么这一假设必然是被赢得的，而不是被继承的。

2. 功能一体、普遍功能主义和必然性这三种假设构成了一套必然美化现存事物的系统前提。 93

3. 功能分析，尤其是经验取向更强和更为精密的功能分析，常常受到那些认为现存社会结构永远稳固、不可变动的人的怀疑。功能分析这种更加精确的形式不仅包括对现存社会结构之**正功能**的研究，而且包括对这些结构对于处在不同境地的个人、亚群体或社会阶层以及更为广泛的社会所具有的**负功能**的研究。正如我们将看到的，功能分析暂时假定：当现存社会结构总**后果**的**净差额**显然是负功能时，就会产生一种强烈的、明显的要求变迁的压力。虽然这还有待于确定，但是，很有可能，尚待验证的是，超过某个点这种压力就会或多或少导致社会向预定的方向变迁。

4. “辩证法对**每一种历史发展形式**都是从不断的运动中，因而也是**从它的暂时性方面**去理解；辩证法不崇拜任何东西，**按其本质来说**，它是批判的和革命的。”①

4. 虽然功能分析常常注重的是社会结构的**静态**而不是社会变迁的**动态**，但这不是这种分析体系所固有的。通过注重功能的同时也注重负功能，这种分析方式就不仅可以评价社会稳定的基础，而且可以评价社会变迁的潜在根源。“历史发展的形式”这一用语对于社会结构一定要经历显著的变迁

① 关于这一点所引用的这段论述，未有删节或增补，不过为了适当强调用了黑体。本段是引自辩证唯物主义的源泉——卡尔·马克思的《资本论》。

[默顿在上面四小段的引用皆出自马克思的“《资本论》第1卷第2版跋”一文，见《马克思恩格斯选集》，第2卷，第218页(北京：人民出版社，1972)。黑体全是默顿本人所加。默顿引用的是芝加哥C. H. 克尔出版公司1906年版的《资本论》，第1卷，第25—26页。——译者注]

这一点也许是有用的提示。还有待于发现推动不同形式之变迁的压力。当功能分析完全注重于功能后果时，它就倾向于一种极为保守的意识形态；而当功能分析完全注重于负功能后果时，它就倾向一种极为激进的乌托邦。“按其本质来说”，它既非此亦非彼。

5.“……历史上依次更替的一切社会制度都**只是**人类社会由低级到高级的无穷发展进程中的一些**暂时阶段**。**每一个**阶段都是必然的，**因此，对它所由发生的时代和条件说来，都有它存在的理由。**”

5. 承认社会结构如其所必然的永远处在变迁之中，功能分析家就必然仍会探索社会结构中相互依存并常常彼此支持 94
的因素。一般说来，似乎大多数社会都整合到这种程度：即使不是全部，也是大多数社会因素都彼此协调。社会结构没有对属性的任意分类，而是有多种内在联系且常常彼此维护。要承认这一点，不是对每一现状采取非批判的肯定。而不承认这一点，却是对激进乌托邦派主义诱惑的屈服。

6.“但是对它**自己内部逐渐发展**起来的新的、更高的条

6. 在社会结构中作为现存因素的负功能后果累积的紧张

件来说，**它就变得过时和没有存在的理由了**；它不得不让位于更高的阶段，而这个阶段也同样是要走向衰落和灭亡的。……"

和压力不能被恰当的社会规划所约束、禁闭和限制，就会在适当时候导致制度的崩溃和社会的根本变迁。当这种变迁超出一定的但不容易确定的限度时，通常就要说新的社会系统已经出现了。

7."它[辩证唯物主义]指出一切事物的暂时性；在它面前，除了发生和消灭、无止境地由低级上升到高级的不间断过程，什么都不存在。……**诚然，它也有保守的方面：它承认知识和社会的每一个阶段相对于它们的时间和条件来说都有存在的理由，但也不过如此而已。这种看法的保守性是相对的，它的革命性是绝对的——这就是辩证哲学所承认的惟一绝对的东西。"**①

7. 但是，必须再次申明的是：功能分析所研究的真正对象既不能仅仅是变迁也不能仅仅是稳定。当我们审视历史过程时，这一点看来是相当清楚的：所有主要的社会结构都及时地被不断地改进或者被突然地终止。在每一种情况中，它们都不是永远固定的、难以变化的。但是，在观察的某一时刻，任何这种社会结构都可能既符合绝大多数人的主观价值，又适应这一结构面临的客

① 同样，后面引用的这一段仅删节了无关紧要的话，并且加了黑体。

[自第4段至第7段，默顿引用的是恩格斯《路德维希·费尔巴哈和德国古典哲学的终结》，见《马克思恩格斯选集》，第4卷，第212—213页（北京：人民出版社，1972）。——译者注]

> 观条件。承认这一点就是忠实于事实，而不是忠实于某种已确立的意识形态。由此看来，当观察到结构与人民的需要或者实际活动条件相脱节时，这一点也必须被承认。谁敢于做到这一切，他就可能成为一位功能分析者，谁不敢做就不可能成为功能分析者。[①] 95

这种系统的对比也许足以表明功能分析不比辩证法更**必然地带**有某种特殊的意识形态信念。这不是说，这种信念并不经常暗含在功能分析家的著作中。但是，看起来它对于功能理论来讲是外来的而不是固有的。这里，如同知识活动的其他方面一样，滥用不能否定运用的可能性。进行了**批判**的修正后，功能分析对主要的意识形态体系来说就是中性的。达到这种程度，并且只有在这种有限的意义上[②]，它就如同自然科学的理论和工具，无好恶地让对立的科学群体用于常常与科学家的意图无关的目的。

---

① 所要承认的是，这一释义篡改了作者的最初意图，但是，希望这种场合证明这一冒犯是有理的。

② 这不应用来否认这一重要事实，即社会科学家含蓄地或公开地承认的价值会促使他确定选择所调查的问题、对这些问题的论述和随后把他的发现用于某些目的——而不是其他目的。这段陈述旨在证明：功能分析对于任何意识形态阵营都没有**固有**的信奉，至少就像前面讨论中所表明的那样。

意识形态与宗教的功能分析

另外，哪怕是简短地讨论宗教的功能也是很有益的，以便揭示功能分析的**逻辑**是怎样被意识形态立场相对立的人们所采纳的。

当然，宗教的社会角色已被人们长达几个世纪地不断观察和解释过了。这些观察不变的核心是强调宗教是社会控制的一种制度化手段，不管是柏拉图所说的宗教是“高贵的谎言”，还是亚里士多德关于宗教是“为了教化大众”的看法，或者是波利比奥斯[*]的“群众……只能由神秘的、恐怖的、悲惨的畏惧来统治”的断语，都是这种意思。孟德斯鸠指出，罗马立法者们寻求的是“使得不畏惧任何东西的人们畏惧神，并利用这种畏惧把人们引导向他们希望的地方”。贾瓦哈拉尔·尼赫鲁根据自己的经历指出，“英国官员热中于向[印度政治囚犯]推荐的书籍就是宗教书籍或小说。令人惊奇的是，宗教主题对于英国政府来说是如此的宝贵，它又是如此一视同仁地鼓励着各种各样的宗教”。[②]这表明，有一种古老的并一直被恪守的传统，认为宗教是以这种或那种方式用于控制群众的。这也表明，表达这种主张的语言通常就给出了识别作者的意识形态观念的一条线索。

那么，这对于现在对宗教的功能分析有什么意义呢？在对
96 宗教社会学几个主要理论的批判性结合之中，帕森斯概述了关于“宗教之功能意义”的几个基本结论：

* 波利比奥斯（约公元前200年—约前118年）：又译波里比阿，希腊人，古代世界最伟大的科学家之一。——译者注

② 贾瓦哈拉尔·尼赫鲁：《走向自由》（*Toward Freedom*）（纽约：约翰节出版公司，1941），第7页。

>……如果支撑它们的道德规范和情感是如此至关重要,那么**除了外在的强制过程**,什么是它们得以维持的机制呢?在涂尔干看来,宗教仪式的主要意义是它作为**表达和加强**对社会制度**整合**来说最基本的**情感**的一种机制。很容易看出,这种观点与马林诺夫斯基的观点有着明显的联系,即关于葬礼之意义在于它是严重情感压抑时**重申该群体团结的机制**。所以,比起马林诺夫斯基,涂尔干更加深刻地指出了**宗教与社会结构**之间特殊关系的某些方面。除此之外,他还把问题置于不同的功能观点之下,把它从个人紧张和压抑的特殊情景应用至作为抽象的整个社会。①

再者,在总结宗教社会学主要比较研究的一个基本结论时,帕森斯指出:“韦伯的分析最突出的特点,也许是揭示了在世俗生活中社会所认可的价值与目标的变化与在各大文明中占主导地位的宗教哲学的变化之间的对应程度。”②

与此相似,在探讨美国种族和少数民族亚群体中宗教的作用时,唐纳德·扬实际上谈到了“世俗生活中社会认可的价值和目标”与其“占主导地位的宗教哲学”之间紧密的对应性:

>少数民族的宗教所具有的一项功能是使人安于**低下地位与歧视性后果**。宗教服务的这一功能的证据在美国所有少数民族中都能看得到。另一方面,宗教制度也可能激励和支持**对低下地位进行的反抗**。所以,皈依基督教的印第

---

① 塔尔科特·帕森斯:《社会学理论文集》(*Essays in Sociological Theory*),第61页[黑体为我所加]。

② 同上,第63页。

> 安人(应承认也有例外),比起异教徒倾向于**更加顺从**。像那些与使用培欧蒂*有关的特殊信仰、印第安人的震颤派教会和鬼神舞教,所有这三个教派都既保持基督教的因素又保持本土的因素,它们注定要试图产生**适应于个人环境和群体环境的宗教表现方式**。由于后者强调从白人的压迫下解放出来,它就鼓动进行坚决的反抗。黑人基督教尽管也在一定程度上鼓励对现存秩序进行批评,**但是却强调接受现世的苦难,期待来世的幸福**。由欧洲和墨西哥的移民所带来的基督教和犹太教,尽管有着共同的民族因素,但也
> 97 是**重视来世的报应而不是眼下的直接行动**。②

这些多样的、零散的观察,虽然各有明显不同的意识形态根源,却展现了某些基本的相似点。第一,它们都把现行的情感、情境定义和行为归结为特殊宗教体系的后果。这些后果都是加强现行规范、顺从这些规范、延缓实现雄心和满足(如果宗教教义是这样要求的话)以及与之类似的后果。不管怎样,正如扬所说的,在特定的条件下,宗教也会引起叛乱;或者如韦伯所指出的,宗教可用于激发或引导大多数男女从事变革社会结构的行为。因而,得出那种所有地方的任何宗教都只能使群众冷淡漠然的后果的结论,看来尚为过早。

第二,马克思主义观点含蓄地而功能主义观点明确地肯定

---

* Peyote,用生长于美国西南部和墨西哥北部的无刺仙人掌根制成的酒,被用于某些印第安人的宗教仪式上。——译者注

② 唐纳德·扬:《美国少数民族》(*American Minority Peoples*)(纽约:哈珀出版公司,1937),第 204 页[黑体为我所加]。对美国黑人教会的功能分析,见乔治·伊顿·辛普森和丁·米尔顿·英格尔:《种族上和文化上的少数》(*Racial and Cultural Minority*)(纽约:哈珀与兄弟出版公司,1953),第 522—530 页。

了重要的一点：宗教体系**确实影响行为**，这些体系**不仅仅**是次要现象，而是行为的一个部分独立的决定因素。因为，可以推断，正如一个人用或不用鸦片会大不相同一样，"群众"接受或不接受某个特定的宗教，也会大不相同。

第三，这种很古老的理论和马克思主义的理论都论及社会中的不同亚群体和阶层（即"群众"）的宗教信仰和仪式的**不同**后果。如非马克思主义者唐纳德·扬就是如此。正如我们所看到的，功能主义者并不只限于探讨宗教对"整个社会"的后果。

第四，在下面这个问题上可能有怀疑，即功能主义者强调宗教是"加强对社会制度整合最为基本的情感"的一种**社会机制**。功能主义者在其**分析框架**上与马克思主义者没有什么实质性的不同。如果马克思主义者的"人民的鸦片"* 这一比喻说法转变为对社会事实的一种中性陈述，那他们也是在断言宗教是作为一种加强宗教信仰者中某种世俗情感以及神圣情感的社会机制而运行的。

只是在对这种共同接受的事实开始进行**评价**时不同点才显示出来。功能主义者只是提出"制度整合"而未探讨关于不同类型的价值和利益之整合的各种后果，就此而言，他们只是以纯粹**形式上**的解释为限。因为，整合是一个十足的形式上的概念。某一社会可以围绕着严格的等级、严密的组织和低等社会阶层的顺从等规范而加以整合，也可以围绕着开放性的流动、低等阶层中广泛的自我表现和独立判断等规范而加以整合。就马克思主义者无条件地断定在任何地方的任何宗教，无论其教义内容 98
和组织形式如何，都含有毒害人民的"鸦片剂"而言，他们也转到

---

* 见《马克思恩格斯选集》，第 1 卷，第 2 页（北京：人民出版社，1972）。——译者注

了纯粹形式上的解释，而没有为特定社会结构中的特定宗教有助于活跃而不是窒息群众的活动——像前面扬所揭示的这种情况——留有余地。所以，正是在对宗教这些功能的**评价**上，而不是在分析的逻辑上，功能主义者和马克思主义者分道扬镳了。
99 正是这种**评价**使得意识形态的内容倒进了**功能主义**的瓶子里。[①]这些瓶子本身对其内容来说是中性的，并且能同样很好地既用作意识形态毒药的容器又用作意识形态美酒的容器。

---

① 这种彼此谈论过去（talking-past-each-other）的方式也许比一个人惯于怀疑更为常见。常常是，在**分析**一种情况时的根本一致更多地被**评价**这种情况时的根本分歧所模糊。结果，就错误地认为争执者在其认识过程和发现中有所不同。但是，他们的不同只是在于他们的价值基础的不同。例如，想想不久前在温斯顿·丘吉尔和哈罗德·拉斯基之间公开争辩和论战的著名情形吧。丘吉尔本人和其他一些人，都把这一争论看作他们两人对于社会变迁在战时比在和平时期更易接受这一实质性的前提上认识不同。然而，还是对下列著述摘录来作一番比较吧。

"先前和平时期的社会结构已被取代四年多了，生活被战争之咒搞得非常紧张。在那种神秘的影响下，男人和女人们已显然超然于死亡、痛苦和艰难之上。人与人之间、阶级之间、国家之间的**团结和互助关系已成为可能**，并且**当经受敌对威胁和共同危险时**不断增强。但是，现在，这个符咒被打破：它对某些目的来说来得太迟，对另一些目的来说来得太快，对所有的人类来说来得太突然！**每一个战胜国都沉湎于它旧有的水平和原先的安排中**。但是，我们又发现这些安排已经年久失修，它们的结构已被削弱和拆散，它们看来太狭窄并且过时了。"

"战争环境容许甚至强迫那些当重归和平时就不可能了的变革和实验。我们惯常的生活习惯对我们的侵害使我们习惯于威廉·詹姆斯称为打破习惯的新生习惯。……**我们发现我们自己被激起去奋斗，甚至去牺牲**。我们不知道我们还能做到这一点。**共同的危险建立了新的伙伴关系的基础**，这一关系的未来完全取决于它的基础是暂时的还是永久的。如果这些基础是暂时的，那么战争的结局就让我们所有先前的差异由战争遗留的严重问题而十倍地恶化了。""因此，我要论证我们所需要的变迁是我们能在某一时期通过一致协商而实现的，这一时期就像现在，环境使人们去存同，而不是求异。"

“正如新的困难堆积如山一样，**随着战争时期的消逝，许多指导和控制的特殊权力也消逝了**。……对于虔诚的、苦难沉重的人民来说，胜利已经全面实现，看来不再需求有什么新的努力了。……**极度的疲劳支配着集体行为**。虽然每一破坏因素尽力表现自己，但是，**革命的狂热与其他形式的精神能源一样，火力很弱**。”

“因为环境为接受那些变迁作好了准备，我们现在可以开始进行那些变迁。非常令人**怀疑的是，当没有这种环境时，我们能否通过一致协商来实现这些变迁**。因为战争需要的努力将使许多人，首先是那些同意中止特权的人产生一种难以抗拒的疲惫，一种对以往方式的渴望。所以就使上面一点更为可疑了。”

“由国家危险引起的努力强度远远超出人们的通常能力。所有这些都被增强到一种反常的高度。**一旦这种极端的刺激消失，每个人都意识到这种紧张的强度。一种巨大的、普遍的松弛和对日常生活准则的回归就很急迫**。没有什么共同体能以这种速度来继续耗用财富和生活资源。**在高等阶层脑力劳动者中这种明显的紧张是最沉重的**。他们过于因心理刺激而保持着高度精神兴奋，现在这种刺激不存在了。在大炮轰鸣、大军前进的时候，‘鞠躬尽瘁，死而后已’是很奏效的。但是，**现在和平了**，神经的和肉体的，以前未感受到的和未注意到的，**每一方面的耗竭**都变得昭然醒目。”

“在所有的革命中，**当艰难尝试的劳累迫使变革的过程停顿时**，一个惰性的时期就会来临。随着敌对的停止，这个时期一定**在极点的生活过去之后，人的体质看来就要求镇静和放松**。在停顿时期，要坚持主张，为了新的、艰难的历程，尤其是向未知领域的历程，我们要准备行动，就是要求不可能的事情。……当反对纳粹的战争行动停止时，**人们想要的只不过是思想和习惯的常规生活，这种常规并不强迫人们的精神去痛苦地适应狂热的兴奋。**”

在左边一栏，丘吉尔所写的吉本风格的一段文字是写于两次世界大战期间，回顾了第一次世界大战的后果，载《世界危机》(*The World Crisis*)第4卷：《后果》(*The Aftermath*)(伦敦：桑顿·巴特沃斯出版公司，1928)，第30页，第31页，第33页。右边一栏是哈罗德·拉斯基在第二次世界大战期间谈到丘吉尔先生的政策时所作的论述。他指出正是这种政策，“使任何被认为‘有争议的’问题都有意地拖延到直至赢得胜利，[并且]这意味着……直到和平来临之际，生产关系不能有所改变，相应地，任何大规模的社会变革的手段都没有为一致的目的被国家所批准”。《我们时代的革命》(*Revolution of Our Time*)(纽约：瓦伊金出版社，1943)，第185，第187页，第

程序逻辑

功能取向的流行

当然,功能取向既不是新的也不限于社会科学之内。如果根据功能取向在其他许多学科中早期的和广泛的用法来进行判断,那么,事实上,功能取向在社会学界相对出现得较晚。[①]功能
100 主义的中心取向表现在下述方面:通过确定资料给所属更大的结构带来的后果解释资料。这种中心取向,实际上已在所有人类科学中被发现了,如生物学、哲学、心理学、经济学、法学、人类

193页,第227—228页,第309页。除非丘吉尔忘记了他对第一次世界大战后果的分析,很显然,丘吉尔和拉斯基都同意这一判断,即重大的和有目的进行的社会变迁不可能在紧接战后的时代中发生。分歧显然就在于对开始确定变迁的迫切性的评价上[黑体为我所加]。

顺便应注意的是,那种对丘吉尔和拉斯基两人在这一点上的一致的期望——即英国战后是一个人民对有计划的制度变革冷淡漠视的时期——并没有完全为事物发展的实际过程所证实。第二次世界大战后的英国没有完全否定有计划的变革这一观点。

① 这种功能主义观点的流行反复为人们注意到。例如,"在所有思想领域里同样的倾向都是显而易见的这一事实,证明现今有一种根据运作的相互联系,而不是根据分散的实体单元来解释世界的普通倾向。物理学中的阿尔伯特·爱因斯坦、生理学中的克劳德·伯纳德、生物学中的亚历克西斯·卡雷尔、建筑学中的弗兰克·劳埃德·赖特、哲学中的A.N.怀特海、心理学中的W.凯勒、社会学中的西奥多·利特、政治学中的赫尔曼·赫勒、法学中的B.卡多佐,他们这些人体现的是不同文化、不同国家、人类生活和人类精神的不同方面,并且他们还以一种'现实'感探讨了他们的问题。这种'现实'感不是考察物质的实体,而是为了理解现象考察功能互动。"G.尼迈耶:《没有强迫的法律》(*Law without Force*)(普林斯顿大学出版社,1941),第300页。这些人聚在一起又一次显示出功能观点不需要暗含有政治哲学或社会哲学的一致。

学和社会学。[①] 功能观点的流行本身并不能保证它的科学价值， 101

① 评论功能主义倾向的文献比起表现出这种倾向的多种多样的科学文献来，几乎同样多并且更为散乱。有限的篇幅和对直接相关物的关注限制了这种引证的数量，它们必须包括那些在科学思想中并行发展的更广泛观点和讨论。

对**生物学**来说，一个普遍的、现今成为经典的源泉是 T.H. 伍杰的《生物学原理：一种批评性的研究》(*Biological Principles: A Critical Study*)(纽约：哈考特和布雷斯出版公司，1929)，特别是第 327 页及以下。就相关资料来说，至少要指出下列这些：贝塔朗菲：《现代发展理论》(*Modern Theories of Development*)，特别是第 1—46 页，第 64 页及以下，第 179 页及以下；E.S. 拉塞尔：《进化与遗传的解释：生物学方法研究》(*The Interpretation of Development and Heredity: A Study in Biological Method*)(牛津：克拉伦登出版社，1930)，特别是第 166—280 页。预测性的论述还可在 W.E. 里特尔、E.B. 威尔逊、E. 昂格尔、J. 沙克塞尔、J. 冯·于克斯屈尔等人缺乏启发性的著作中看到。李约瑟的论文——"关于生物组织问题的若干思考"('Thoughts on the problem of biological organization')，载《科学》(*Scientia*)，1932 年 8 月，第 84—94 页—可说是很有教益的。

对**生理学**来说，考虑一下 C.S. 谢灵顿、W.B. 坎农、G.E. 科格希尔、约瑟夫·巴克罗夫特的著述，特别是下列著述：C.S. 谢灵顿，《神经系统的整合活动》(*The Integrative Action of the Nervous System*)(纽黑文：耶鲁大学出版社，1923)；W.B. 坎农，《痛苦、饥饿、恐惧和狂怒中的身体变化》(*Bodily Changes in Pain, Hunger, Fear and Rage*)第 12 章和《身体的智慧》(*The Wisdom of the Body*)(纽约：W.W. 诺顿出版公司，1932)，几乎与关于"社会自动平衡"的不幸的跋一样；G.E. 科格希尔，《反常与行为问题》(*Anatomy and the Problem of Behavior*)(剑桥大学出版社，1929)；约瑟夫·巴克罗夫特，《生理功能建筑学的特征》(*Features in the Architecture of Physiological Function*)(剑桥大学出版社，1934)。

对**心理学**来说，实际上，任何对动力心理学的基本贡献都是适当的。这么说不仅无需多少智慧而且完全是真实的，即弗洛伊德的概念充满了功能主义，因为他的概念总是依据一种功能(或负功能)框架。关于概念的不同层次，见哈维·卡尔的"功能主义"('Functionalism')，载卡尔·默奇逊编：《1930 年的心理学》(克拉克大学出版社，1930)；作为实质上论述这套概念的许多文章之一，见 J.W. 弗莱彻："作为心理学中解释原则的自动平衡"('Homeostasis as an explanatory principle in psychology')，载《心理学评论》，1942 年，第 49 期，第 80—87 页。关于功能方法应用于人格的论述，见克莱德·克拉克洪和亨利·A. 默里编《自然、社会和文化中的人格》(*Personality in Nature, Society and Culture*)(纽约：A.A. 诺夫出版公司，1948)，第 1 章，第 3—32 页。关于卢因小组定向于功能主义的重要方面已得到广泛承认。

但它确实指出积累的经验迫使训练有素的观察者接受这一取向，例如，他们从不同的角度把人视为生物机体、心理活动者、社会成员和文化传播者。

其他学科中先前的经验可否为社会学中的功能分析提供有用的方法论模型，是更直接有关的。从这些常常是非常精确的学科中去学习分析程序的准则，并不是要采用这些学科特殊的概念和方法及其他一切。例如，要从成功地应用于生物科学的逻辑程序中获益，不是要倒退到接受大量无关的类比和同源分析，至今这些方法还令社会学有机学派的信徒着迷。考察生物学研究的**方法论**框架并不是要采用它们的**实质性**概念。

例如，物理学、化学或者心理学的实验的**逻辑结构**没有什么不同，尽管在实质性的假设、方法工具、基本概念和实际困难上也许有很大的不同。受控观察、比较研究和“辨别”方法这些实验的近似替代物也与它们在人类学、社会学或生物学中的**逻辑结构**没什么不同。

所以，在下面简介坎农的生理学程序逻辑时，我们要寻求能够为社会学所用的一种方法论模型，而不要采用坎农关于生物

对**法学**来说，见弗利克斯·S. 科恩的评论文章：“超验胡说与功能方法”（‘Transcendental nonsense and the functional approach’），载《哥伦比亚法学评论》（*Columbia Law Review*），1935 年，第 35 期，第 809—849 页，以及该文中的许多注释引证。

对**社会学和人类学**来说，见贯穿本章的引文中的一些简洁例子。罗伯特·雷德菲尔德编辑的书提供了跨越常常分离生物科学和社会科学的裂痕的有用桥梁。关于生物系统和社会系统的整合的层次，见《生物学论丛》（*Biological Symposia*），1943 年，第 8 期。对于确立功能分析概念框架的一项重要努力，见塔尔科特·帕森斯：《社会系统》（*The Social System*）（伊利诺伊，格伦科：自由出版社，1951）。

有机体结构与社会结构之间不成功的同源分析。[①]他的程序多少以如下方式而成形：由于采用了克劳德·伯纳德的取向，坎农第一次指出了有机体**需要**有一种相对持久和稳定的状态。所以，生理学家的任务之一就是要提供"对于确保稳定状态的方式的具体而详细的说明"。在回顾坎农所提供的许多"具体而详细的"说明时，我们发现不管眼前具体问题是什么，**这种阐述的一般方式**都是一律不变的。下面就是一个典型的表述："**为了**使血液……成为循环的媒质——实现输送营养与废物的**功能**……，每当有失血危险的时候就必须有预防措施。"或者，引用另一陈述："**如果**细胞生命要持续下去……，血液……就**必须**有足够的速度来输送活细胞(所必需)的氧气。" 102

确定了有机体体系的**需求**，坎农就开始**详细**描述满足这些需求的不同**机制**(即导致血凝的复杂变化；为减少严重出血而使受伤血管局部挛缩；通过肾上腺分泌或肾上腺对肝的作用而加速血液的形成；等等)。他描述了不同的生物化学结构，由此保证向正常的机体供氧，并且当其中的某些结构不能适当地运行时，就会出现补偿性的变化。

如果这种方法的逻辑以更一般的术语来陈述，那么下列相互关联的一系列步骤就变得很明显。首先，明确有机体的某些功能需求。如果有机体要生存或者相当有效地运行，就必须满足这些需求。其次，要有对安排(结构和过程)具体而详细的描

---

① 正如前面所表明的，坎农在其《身体的智慧》一书的跋中不失为杰出学者趋于毫无成效之极端的例子——当他开始在生物机体与社会系统之间进行**实质性的**类比与同源分析时。例如，考虑一下他对人体的体液流通与运河、河流和铁路之间所作的比较，基于后者，"农场、工厂、煤矿、森林的产品才能运进运出"。这种比较较早是由雷纳·沃姆斯、谢弗尔、文森特、斯莫尔、斯宾塞以及其他人在那些冗长的著作中提出的，它并**不**代表坎农的著作对于社会学家的非凡价值。

述。在“正常”情况下,需求就是通过这种安排得到满足的。第三,如果某些满足这些需求的典型机制被损害或者被发现不能正常运转,观察者就应该能很快找出实现这种必要功能的补偿性机制(若有的话)。最后,隐含在前面所有这些步骤中的是,要有对功能需求特有的结构的详细说明,以及对实现功能的安排的详细说明。

生物科学中的功能分析逻辑如此完备,理所当然地能够满足分析之需。社会学却不是如此。我们能够发现在功能分析中对适当的研究设计非常不同的观点。有些在很大程度上(或者仅仅)是为了建立社会系统“各方面”之间的经验相关关系。有些则为了表明一种社会标准化的行为或一种社会组织的“社会价值”。另有一些则在于对正式社会组织的目标的详尽说明。

当我们考察社会学功能分析的不同阵营时,这一点就变得很明显:相比于生理学家,社会学家没有把使用可理解的程序贯彻到底,没有系统地收集所需要的各种资料,没有采用同一套概念,没有使用相同的有效性标准。换言之,我们在生理学中发现一大批标准概念、分析程序和设计;而在社会学中,对概念、程序和设计有多样化的选择,依赖于每个社会学家的兴趣和爱好。无疑,这两个学科之间的差别在**某种程度**上——也许是在很大程度上——与生理学家和社会学家所考察的资料的特征的差别
103 有关系。在生理学中有很多机会从事实验工作,而在社会学中却很少,这一点经常被人们提及。但是,这很难解释为什么,生理学的程序与概念井然有序,而功能社会学的程序与概念却纷乱无序、漏洞百出。

社会学功能分析的范式

作为整理社会学功能分析方向上最初的和尝试的步骤，我们要提出对此方法至关重要的概念和问题的范式。随着我们批判性地考察现今这一领域的词汇、假设、概念和意识形态非难，这一范式的主要组成部分就逐渐浮现出来了。这一范式以简洁的形式把这些东西结合在一起，从而允许对功能分析的主要需求进行同时的考察，还可对暂时性解释进行自我修正提供帮助；这种修正当概念分散并隐藏在漫无边际的论述中时是难以实现的。[①] 范式显现了功能分析中概念、方法和推论的核心。

首先，应注意的是，这种范式并非重新引入的一套范畴，而是相反，要**整理**由对功能分析目前的研究和理论进行批判性审查而迫使我们注意到的那些概念和问题。(这一章先前部分表明，范式中所包含的每一个范畴都已经具备了基础。)

1. 功能被归因的事项

全部的社会学资料都能与并且大部分已经与功能分析有关。一个基本要求是，分析的对象必须是某一**标准化**的(即模式化的和重复的)事项，诸如社会角色、制度模式、社会过程、文化模式、文化上模式化的情绪、社会规范、群体组织、社会结构、社会控制手段，等等。

基本疑问：为了开展对某一事项系统的功能分析，必须包括哪些观察步骤？

---

① 关于这种分析范式之目的的简短陈述，见本书其他地方对范式的解释。

2. 主观意向(动机、目的)的概念

在某些方面,功能分析总是要假设或者公然使用一个社会系统所涉及的某些个人动机的概念。正如前面分析已表明的,这些主观意向的概念常常被错误地混同于那种与
104 之相关却不同的关于态度、信念和行为的客观后果的概念。

基本疑问:哪种类型的分析能够把观察到的动机作为已知**资料**?或者应被恰当地视为可以从资料推导出的问题所在呢?

3. 关于客观效果(功能、负功能)的概念

我们已观察到围绕几种现有“功能”概念的两种常见误解:

(1)一种倾向是把社会学观察限于某一社会学事项对其所在的社会系统或文化系统的**正面**贡献;

(2)一种倾向是混淆**动机**这一主观范畴与**功能**这一客观范畴。

需要适当的概念划分以消除这些混淆。

第一个问题要求建立**多重后果**和**总后果**的**净差额的概念**。

功能就是观察到的那些有助于一定系统之调适的后果。**负功能**就是观察到的那些削弱系统之调适的后果。还有那种**非功能**后果的实际可能性,即后果与所考察的系统完全不相关。

在任一既定事例中,某一事项也许既有正功能后果也有负功能后果,这就带来建立评价总后果之净差额的准则这一困难而又重要的问题。(当然,这在应用功能分析去指导政策的形成和实施中是最为重要的。)

第二个问题(来源于把动机与功能混淆起来)要求区分主观目的(aim-in-view)与客观后果一致的情况和不一致的情况。

显功能是有助于系统调适、为系统参与方期望和认可的客观后果。

潜功能是无助于系统调适、系统参与方不期望也不认可的客观后果。*

基本疑问:先前的潜功能转变为显功能的结果是什么呢(涉及到人类行为中知识的角色问题和人类行为的“操纵”问题)? 105

4.功能所促进的单元的概念

我们已经指出了**局限于**对“整个社会”所实现的功能的分析所产生的困难,因为事项会对某些个人和亚群体具有功能而对其他个人和其他亚群体具有负功能。因此,有必要考察一下事项对各种单元的后果:不同地位的个人、亚群体、较大的社会系统和文化系统。(从术语上来说,这包含了心理功能、群体功能、社会功能、文化功能等等概念。)

---

* 行动的“未预期到的后果”与“潜功能”的种种关系可以清楚地进行界定,因为这些关系都隐含在这一范式的前面部分了。行动的未预期到的后果有三种类型:

(1)对所指定的系统具有功能的那些后果;这些后果构成潜正功能;

(2)对所指定的系统具有负功能的那些后果;这些后果构成潜负功能;

(3)那些与系统无关的后果,它们既不在功能上也不在负功能上影响这一系统,即非功能后果中那些实际上很不重要的后果。

关于初步的陈述,见 R. K. 默顿:“在有目的的社会活动中未预期到的后果”(‘The unanticipated consequences of purposive social action’),载《美国社会学评论》,1936 年,第 1 卷,第 894—904 页。关于这些后果类型的列表,见古德:《原始人中的宗教》(*Religion Among the Primitives*),第 32—33 页。

5. 功能需求(需要、先决条件)的概念

任何功能分析都或明或暗地包含对所观察的系统的功能需求的若干概念。正如别处已指出过的[①],这依然是功能理论中最模糊的、经验上争论最大的概念。由于社会学家的使用,功能需求概念有着同义反复或者事后解释的倾向;它倾向于被限定为一定系统的"生存"条件;正如在马林诺夫斯基著作中表现的那样,既包括生物的"需要"也包括社会的"需要"。

这涉及到确定功能需求之**类型**(普遍的与特殊的)和证实关于这些需求的假设的程序等难题。

基本疑问:在不可能进行严格实验的情况下,确定像"功能需求"这种变量的有效性所需要的是什么?

6. 关于功能赖以实现的机制的概念

如同在生理学和心理学等其他学科中一样,社会学中的功能分析也要求对实现指定功能的那些机制予以"具体而详细"的说明。这不是指心理学的机制,而是指社会的机制(例如,角色分裂、制度性要求的隔绝、价值的高低、社会分工、仪式和典礼的规范,等等)。

基本疑问:相对于心理机制庞大的资料目录来说,社会机制都有哪些呢?在辨别这些社会机制的运行时所产生的方法论问题是什么呢?

---

① R.K.默顿:"论帕森斯'社会学理论的地位'"('Discussion of Parsons' "Position of Socialogical theory"'),载《美国社会学评论》,1949年,第13卷,第164—168页。

7. 关于功能选择(功能等同或功能替代)的概念

正如我们已知的，一旦我们摈弃对特殊社会结构之功能必然性的武断假设，我们就立即需要某种功能选择、功能等同或功能替代的概念。这就把我们的注意力集中于实现某一功能需求之事项**可能的变异范围**上。它解除了存在与必然的同一性。

基本疑问：因为科学上证明功能等价物的存在理想地说需要严格的实验，而这在大规模的社会学背景中常常是不可行的，那么，哪些探索的可行程序非常近似于这种实验的逻辑？

8. 关于结构语境(或结构制约)的概念

能够在某一社会结构中实现所指定功能的事项，其变异范围不是无限的(并且我们在前面的讨论中一再指出了这一点)。一个社会结构中诸因素的相互依存限制着变异
的实际可能性或功能选择。在社会结构领域中，结构制约 106
的概念对应于戈登威泽范围更广泛的“有限的可能性原理”。认识不到互相依存和伴随而来的结构制约的重要性就会导致乌托邦思想，这种思想暗自假设社会系统的某些因素可被消除而不影响该系统的其他因素。这种想法既为马克思主义的社会科学家(如卡尔·马克思)所承认，也为非马克思主义者(如马林诺夫斯基)所承认。①

---

① 前面摘引的马克思文献中的这种陈述，当然只不过是马克思实际上多次强调说明这种结构语境之重要性中的很少几段。例如在《〈政治经济学批判〉导言》[发表于1859年，中文版是《马克思恩格斯选集》(北京：人民出版社，1972)，第2卷，第

基本疑问：一定的结构语境是怎样严密地限定着能有效地满足功能需求之事项的变异范围呢？在尚未确定的条件下，我们能发现一个无差别领域吗？在此领域中任一选择都能实现其功能吗？

9. 关于动态和变迁的概念

我们已注意到了功能分析家**倾向于**注重社会结构的静态研究，而忽视对结构变迁的研究。

这种对静态的重视绝不是功能分析理论所**固有的**。相反，它源于早期人类学功能主义者对抗当时从无文字社会推测现代社会的倾向。这种做法在其最初被引进到人类学时还是有用的，但在某些功能社会学家的著作中还坚持它就有弊端了。

负功能概念在结构层次上包含着紧张、压力和张力的

83页]中，马克思谈到："无论哪一个社会形态，在它们所能容纳的全部生产力发挥出来以前，是决不会灭亡的；而新的更高的生产关系，在它存在的物质条件在旧社会的胎胞里成熟以前，是决不会出现的。所以，人类始终只提出自己能够解决的任务，因为只要仔细考察就可以发现，任务本身，只有在解决它的物质条件已经存在或者至少是在形成过程中的时候，才会产生。"也许，在他关于一定社会结构的制约性影响的许多言论中最著名的，可以在《路易·波拿巴的雾月十八日》一文的第二段中看到："人们自己创造自己的历史，但是他们并不是随心所欲地创造，而是在直接碰到的、既定的、从过去承继下来的条件下创造的。"[《马克思恩格斯选集》(北京：人民出版社，1972)，第1卷，第603页]就我所知，A.D.林赛是那些注意到这些陈述之理论含义的评论者中最有洞察力的人。见他的小册子：《卡尔·马克思的〈资本论〉引论》(*Karl Marx's Capital: An Introductory Essay*)(牛津大学出版社，1931)，特别是第27—52页。

关于有非常不同的意识形态意味而实质上却有相似理论含义的另一种语言，见马林诺夫斯基："若有某一确定的文化需要，那么满足它的手段在数量上就很少，并因此为响应这种需要而出现的文化布局，就是在狭小限度内被决定的。""文化"，《社会科学百科全书》，见前引书，第626页。

概念，为研究动态和变迁提供了分析方法。观察到的负功能如何能被包含在一个特殊结构中，以不使它们产生不稳定性呢？压力和紧张的积累是否产生迫使其减弱的变迁压力呢？

基本疑问：功能分析家当前普遍关注社会均衡这一概 107
念，这是否转移了对**社会非均衡**现象的注意呢？哪一种可行的程序能使社会学家最确切地测定社会系统中紧张和压力的积累呢？对结构语境的认识在什么程度上能够使社会学家预见到社会变迁最可能的方向呢？

10.关于功能分析有效性的问题

贯穿这种范式，一再提醒要注意那些使假设、归因和观察必然有效的**特殊**方面。[①]首先，这要求对社会学分析程序进行严格的陈述，这种分析最近似于实验的**逻辑**。它要求对**比较**（跨文化和跨群体）**分析**的可能性和局限性具有系统的观点。

基本疑问：由于确定适当的**社会系统样本**的困难——这种样本能适合于比较研究（准实验性的）——功能分析被

① 至此，很显然，我们把功能分析当作为**解释**社会学资料的一种方法。这并不是否定功能取向在敏锐的社会学家去**收集**很可能被忽视的资料中的重要作用。也许，不必重申一个人具有的概念**能**决定资料的取舍这一自明之理，尽管从资料这一术语的词源来看，**资料**不是“给予”的，而是借概念的必然帮助“造出”的。在不断发展的功能解释过程中，社会学分析家总是能发现有必要获得除那些最初受到注视的资料之外的资料。所以资料的解释和收集无法摆脱这些概念及与这些概念相关的命题。对这些评论的扩展，见第四章。

限制到何种程度？[①]

11. 功能分析的意识形态含义问题

在前面部分一直强调的是，功能分析并非内在地坚持某一意识形态立场。这不是否定由功能主义者所推进的**特殊**功能分析和**特殊**假设可能具有非常明确的意识形态作用。所以，这对知识社会学就成为一个特殊的问题：功能派社会学家的社会地位（例如，**相对于**授权某一既定研究的特定“客户”）在什么程度上影响其对问题的表达，影响他的假设和概念，并限制他根据资料做出推论的范围？

基本疑问：人们怎样检验功能分析的意识形态色彩和在什么程度上某一特殊的意识形态来源于社会学家采用的基本假设呢？这些假设与社会学家的地位和研究角色是否相关呢？

在对这种范式的某些方面进行更加透彻的研究之前，让我们先搞清范式的用途。总之，概念的分类可以无穷尽地进行下去，但对社会学分析没有任何实质的推进。那么，范式的目的是
108 什么？它又如何被加以使用呢？

范式的目的

首先，范式最重要的目的是为恰当而有成效的功能分析提

---

① 乔治·P. 默多克：《社会结构》（*Social Structure*）（纽约：麦克米兰出版公司，1949）足以表明这些包含在跨文化调查中的程序大有希望解决功能分析的某些方法论问题。还可见乔治·C. 霍曼斯和戴维·M. 施奈德在《婚姻、权威和最终原因》（*Marriage, Authority, and Final Causes*）（格伦科：自由出版社，1955）中的功能分析程序。

供某种暂时性的指导。这一目标显然是指范式包括社会学家为了开展功能分析必须运用的一套最少的概念,并且作为必然的结果,范式此时此地是作为对现存分析的批判性研究的一种指导而被应用的。因此,我们要以这个范式作为功能分析的引导,并帮助我们评估以往研究的优劣。篇幅的限制只允许我们应用范式中有限的部分来对当前有选择的个案进行批判性的评价。

其次,范式旨在直接导向支持功能分析的假设和(常常是不言而喻的)假定。正如我们在这一章前面部分所发现的,有些假定是至关重要的,而另一些是无关紧要和可有可无的,还有一些是可疑甚至是使人误解的。

第三个目的,范式使社会学家不仅对各种类型的功能分析的狭隘的科学含义敏感,而且对它们的政治含义、有时是意识形态含义敏感。功能分析中暗含的政治观点及与"社会工程学"相关的方面,均在范式中得到整合。

详细探讨范式涉及的大量而且广泛的问题显然已超出这一章的范围,这在一本专著中才能做更充分的揭示。因此,我们将把眼下讨论的剩余部分限定在将这一范式的前几部分应用于社会学中功能分析的非常有限的几个个案,并且这几个个案还将不断用作对具体问题的讨论的出发点,不过这些问题靠现有的个案说明是很不清楚的。

功能分析的事项

初看起来,好像人们对功能分析的事项加以纯粹**描述**只带来很少的问题(如果有的话)。大抵来讲,人们应该把事项描述得尽可能"充分和准确"。然而,仔细想想,就很明显了:这种准则简直没给观察者提供什么指导。想一想一个功能分析的新手所处的困境吧，这一范式只在下面几个问题上提供了帮助：我要观察的是**什么**？我要把**什么**东西记到我的现场笔录中？我能可靠地省略的是**什么**？

109 我们现在对这类问题还没有详细完备的答案，然而我们能注意到问题本身是适当的，并且已经有了部分不明确的答案。要想抽取这些隐含的答案并加以整理，就必须以下面这些提问来探索功能分析的个案：**无论分析何种事项，什么样的资料是一定要收集到的？而且为什么要收集这些而不是其他资料？**

很快就能看出功能主义取向在很大程度上决定着在解释所描述的事项时应包括的方面。所以，对巫术表演或仪式的描述不仅限于对符咒或俗语、仪式或表演者的说明，还包括对参与活动的人和旁观者的系统说明，对表演者和观众之间互动的形式和频率的系统说明，对仪式过程中互动模式变化的系统说明。所以，对霍皮人*祈雨仪式的描述就不仅包括对那些祈雨活动的描述，还包括对介入到这种仪式中的各种各样的**人**的描述。并且对参与者（和旁观者）的描述是以**结构化的术语**进行的，即把这些人置于内在联系着的社会地位中去。

几段简短的摘录将会显示出，功能分析是如何系统地描述介入我们所研究之行为中的人们的地位和社会关系的：

> **奇里卡华地区**的女子成年仪式：庞大的家族**负担这种为期四天的仪式的费用（父母亲和亲戚们在钱财上予以帮助）。父母亲选择举行仪式的时间和地点。**“与该少女有**

---

* 霍皮人（Hopi）系美国印第安人波威普罗（Pueblo）部落的一支。——译者注

** 奇里卡华（Chiricahua）：位于美国亚利桑那州东南及毗邻的新墨西哥州和墨西哥奇瓦瓦州的哥里卡山区及德拉贡山区。——译者注

> **关**的所有成员和**当地群体**的几乎所有**成员**都要出席。还能看到一些当地其他群体的访客和外来的游客，随着仪式的一天天进行，客人的人数还会增加。”少女家庭所属的**当地群体的首领**说，欢迎所有的来访者。简言之，这种说明显然要引起分别介入仪式的下列地位和群体的注意：少女、父母亲和她的直系家族，特别是由其首领代表的当地群体，当地群体外部的成员所代表的族群和“其他族群成员所代表的部落”。①

正如我们后面将会看到的，根据不同介入者的地位和群体归属而做出的**纯粹描述提供**了发现这一仪式行使的**功能的主要线索**。一句话，我们认为对活动参加者的结构描述为后来的功能解释提供了前提。 110

再举另一个例子来说明根据角色、地位、群体成员和它们之间的相互关系所做的描述的性质。

> 澳大利亚墨金人(Murngin)，对“美里里”(mirriri)(姐妹被他人辱骂)**的模式化反应**。这种标准化的模式简单来说是这样的：当一位丈夫当着其妻的兄弟咒骂妻子时，这位兄弟就会有异乎寻常的行为：把矛枪投向这位妻子(不是丈夫)和她的姐妹。关于这种模式的描述还包括对其参加者地位的描述。**姐妹**是兄弟所在**氏族**的成员，而丈夫来自另一氏族。

---

① 莫里斯·E.奥普勒：《奇里卡华地区阿帕切人的社会组织概要》(*An Outline of Chiricahua Apoche Social Organization*)，载弗雷德·埃根编：《关于北美部落的社会人类学》(*Social Anthropology of North American Tribes*)(芝加哥大学出版社，1937)，第173—239页，特别是第226—230页[黑体为我所加]。

还应注意,这些参加者是**位于**社会结构中某一位置的,这种位置对于随后对此行为的功能分析是基本的。①

既然这些个案来自无文字社会,也许有人就认为对描述的这些要求只适用于无文字社会。然而转到对现代西方社会模式功能分析的其他例子,我们都能发现同样的要求以及对"描述所需资料"的额外要求。

美国社会中"浪漫爱情情结":虽然所有社会都认可"偶尔强烈的情感依恋",但是当代美国社会是为数不多利用浪漫爱情(至少在大众信念中)作为择偶基础的。这种特殊的择偶模式极大减少或是消除由某人父母或亲戚代为择偶的情况。②

---

① W.L.沃纳:《黑色文明:一个澳大利亚部落的社会研究》(*A Black Civilization—A Social Study of An Australian Tribe*)(纽约:哈珀与兄弟出版公司,1937),第112—113页。

② 对"浪漫爱情情结"进行功能分析的不同探讨,见拉尔夫·林顿:《人的研究》(*Study of Man*)(纽约:D.阿普尔顿—世纪出版公司,1936),第174—175页;T.帕森斯:"美国社会结构中的年龄和性别"('Age and sex in the social structure of the United States'),载《美国社会学评论》,1942年10月,第7期,第604—616页,特别是第614—615页;T.帕森斯:"当代美国的亲属关系系统"('The kinship system of the contemporary United States'),载《美国人类学家》,1943年,第45期,第22—38页,特别是第31—32页,第36—37页;这两篇文章皆收集在他的《社会学理论文集》一书中,见前引书。T.帕森斯:"家庭的社会结构"('The social structure of the family'),载鲁斯·N.安申编:《家庭:它的功能和命运》(*The Family: Its Function and Desitiny*)(纽约:哈珀出版公司,1949),第173—201页;R.K.默顿:"通婚和社会结构"('Intermarriage and the social structure'),载《精神病学》(*Psychiatry*),1941年,第4期,第361—374页,特别是第367—368页;伊西多·索纳:"感情障碍的社会学各方面"('Sociological aspects of affectional frustration'),载《精神病学》,1943年,第6期,第157—173页,特别是第169—172页。

在此请注意，对某种择偶方式的强调，排斥了其他可能的择偶方式。

这一个案提示了对功能分析在解释事项时应该包括的资料类型的第二项要求。在描述处理某一标准化问题（配偶的选择）的特定（形态）模式时，只要有可能，观察者都要指明由此所排除的其他可能模式。正如我们将要看到的，这提供了建立模式结构语境的直接线索，并且通过指出有关的比较材料而达到功能分析的有效。

在开展实际的功能分析前，除上述两种描述资料外，还需要关于某一活动模式对群体成员的"意义"（认知与情感的意义）的第三种资料。事实上，对于事项之意义充分详细的说明会大大 111
有助于表明功能分析的确切路线，这一点会变得越来越明显。用维布伦许多功能分析中的一个为例可以说明这一点：

> **炫耀消费的文化模式**：对相对昂贵的商品进行炫耀消费"意味着"（象征着）拥有"担负"这种花费的充裕财富。进而，财富就是令人尊敬的。从事炫耀消费的人不仅从直接的消费中得以满足，而且从观察他们消费的别人的态度和看法所反映出的提高了的地位中得以满足。这种模式在有闲阶级即那些能够并且在很大程度上不从事生产劳动[这是描述中的地位和角色成分]的人中是最显著的。并且，这也扩散到那些寻求仿效这种模式和那些也体验到"挥霍"花费之骄傲的其他阶层。最后，以炫耀为目的的消费势必要排挤其他的消费标准（例如，资金的"有效"花费）。[这就是一个明显的例子，由于文化强调炫耀消费模式而使其他可

能的消费模式受到忽略。][1]

众所周知,维布伦进而把许多功能都归于这种炫耀消费的模式,即地位提高的功能、地位效用的功能、"名誉优越"的功能、金钱实力显示的功能(第 84 页)。这些后果作为参与者在这种模式化活动中所有的经历,它们满足并且有助于解释这种模式的持久存在。**功能的线索几乎完全是由对模式自身的描述提供的**,这一描述包括:(1)那些介入这种模式的人的地位;(2)以炫耀和"挥霍"而非个人和"内在"享受为目的消费模式的替代选项;(3)由此模式的当事人与观察者赋予炫耀消费行为的几种文化意义。

对这三个部分的描述仍然是不充分的。适合后继功能分析的一种全面的描述规程必然涉及这种行为的一系列直接的心理后果和社会后果。与功能概念结合起来考察这些后果,可能会更有收获。这里,惟一必须重申的是,对事项的描述不是依据幻想或直觉来进行的,但是若想这种描述规程对于功能分析能够具有最佳价值,那么这种描述就必须至少包括事项的这三种特
112 性。虽然,对整个分析之描述阶段的有关要求,还有许多需要了解,但是这种对描述内容之模式的简单呈现可以用来表明功能分析**能够**被整理的程序,即最终达到社会学实地工作者用以指导观察的水平。

另一个案说明对描述分析事项所提出的进一步的要求。

外婚的禁忌:群体团结的程度愈大,对与群体外的人结

① 托尔斯坦·维布伦:《有闲阶级论》(*The Theory of the Leisure Class*)(纽约:前卫出版社,1928),特别是第 2—4 章。

> 婚的敌视情绪就愈显著。“这与希望群体团结的原因没有任何关系。……”外婚**意味着**或者失去了一位群体成员（加入另一群体），或者结合到自己的群体中来的这些人还未与本群体内的价值、情感和实践彻底同化。[①]

这提出了在功能分析之前，对社会或文化样本的描述所要包括的**第四种**类型的资料。必然地，参与活动的人们有遵从或违背的**许多种**动机。**这种描述性的说明应尽可能包括这些动机的说明，但是这些动机不应该与我们要看到的下面这些方面相混淆，即(a)行为的客观模式，或者(b)这种模式的社会功能**。在描述性说明中，动机的内涵会有助于解释该模式所完成的**心理**功能，并且常常对发现社会功能有启发性。

迄今为止，我们一直考虑的是明显模式化了的行动或信念等事项，是被社会中的参与者所承认的模式。所以，一定社会的成员能在不同程度上描述奇里卡华人青春期仪式的情形、墨金人的美里里仪式、基于浪漫爱恋的配偶选择、对炫耀消费的注重和外婚禁忌。这些是显性文化的方方面面，因而，被分享这种文化的人们所多多少少了解。社会科学家不能把自己限定在这些显性模式之中。他时常要揭示某一潜在文化模式，一类与显性文化一样被统一模式化了的行动和信念，但是行动参与者并不认为这种模式是社会规范所规定的。这样的例子非常多。例如，统计表明，在主导这个国家黑人与白人关系的准种姓情形中，种族间婚姻（当其出现时）所流行的模式是白人女性与黑人

① 罗曼佐·亚当斯：《夏威夷种族通婚》（*Interracial Marriage in Hawaii*），特别是第197—204页；默顿：“通婚……”（‘Intermarriage’），见前引书，特别是第368—369页；K.戴维斯：“种姓社会中的通婚”（‘Intermarriage in caste societies’），载《美国人类学家》，1941年，第43期，第376—395页。

男性(而不是黑人女性与白人男性)的通婚。虽然这种模式我们会称其为下嫁婚配(hypogamy)的模式,不是制度化的,但是它
113 持续而显著地保持稳定。①

或者,考虑一下另一个稳定但显然未获承认的模式。马林诺夫斯基报道特罗布里恩德人合作从事建造独木舟的技术任务,他们不仅从事明确的技术任务,并且在这一过程中建立和加强他们自己之间的人际关系。关于那些被称为"非正式组织"的原始群体的许多近期资料都涉及到这些关系模式,这些模式是社会科学家所观察到的,但未被参与者认识到,至少是其全部含义未被认识到。②

这一点完全指出了描述规程的**第五个**迫切要求:与名义上的中心活动**相联系**的行为规则性(虽然不是明确的文化模式的方面)应包括在实地工作者的记述中,因为这些未被**知觉的规则性**常常提供总体模式特有功能的基本线索。正如我们将要看到的,描述规程中"未被知觉"的规则性的内涵在于指引调查者差不多立即转到我们所说的潜功能模式分析。

总而言之,到现在为止可能的描述规程应包括:

1)在社会结构内在模式中给参与者定位——有差异的参与;

2)考虑替代性的行为模式,它们为被我们观察到的模

① 参见默顿:"通婚……",见前引书;奥托·克兰伯格编:《美国黑人的特征》(*Characteristics of the American Negro*)(纽约:哈珀出版公司,1943)。

② 由那些从事关于工业的社会学研究的人对首属群体的重新发现已是最近社会学研究中对功能方法的主要刺激之一。这里必须参考的是埃尔顿·梅奥、罗特利斯伯格和迪克森、威廉·怀特、伯利·加德纳以及其他人的著作。当然,这些资料所促成的**解释**中,还是存在着有趣的差别。

式所排除(即不仅注意所出现的东西,而且还要注意因现存模式而忽视的东西);

3)参与者赋予这一模式的情感意义和认知意义;

4)在参与模式的动机与涉及这一模式的客观行为之间作出区别;

5)不为参与者认识但仍与行为中心模式相联系的行为规则性。

很可能,这些对观察程序的要求还远不完全。但是,至少提供了一个尝试性的参考,以确定有助于进一步的功能分析的观察要点。它们比一般笼统的原则(诸如告诫观察者要注意"情境语境")更具体些。

显功能和潜功能

如同前面部分已隐含的,显功能和潜功能之间的区分是为了要避免社会学著作中常常出现的对社会行为的自觉**动机**与其**客观效果**的粗心混淆。我们对功能分析流行词汇的考察已表明 114
社会学家是多么轻易、多么不幸地使**动机**与**功能**等同起来。这就进一步表明,动机和功能是非常不同的,如果不承认这一事实,社会学家就会把主观的动机范畴与客观的功能范畴相混淆。所以,这是我们不得不把新术语引进到社会学迅速发展的专门词汇中的主要原因。尽管这种做法在许多门外汉看来是对他们智力的侮辱和对普通常识的违反。

读者很容易认识到,我是根据弗洛伊德在另一个语境中对"显"和"潜"的运用而采用这两个词的。(虽然弗兰西斯·培根很久以前就用"潜过程"和"潜构造"指称在表面观察之下的过程。)

这种区别自身是由人类行为之观察者们在跨越许多世纪不规则间隔中一再作出的。[1]确实,发现这一点使人很窘迫,即我们现在才认识到的对功能分析至为关键的划分,却不是那些事实上接受功能取向的人中的任何人作出的。我们只需提及近十年来他们中的几个人,他们发现有必要在具体解释行为时区分行动的主观目的与行动的功能后果。

> 乔治·H. 米德[2]:“……对犯法者的敌视态度具有促进社群全体成员团结的作用[可称为潜功能]。而最可赞扬的人道主义者必然不是与社群中大多数人的个人利益背道而驰,就是未能触及群众的兴趣和想象力而使社群保持分化或无动于衷,这时窃贼或杀人犯的呼喊是与深刻的心理变态相协调的,这种心理变态潜伏在相互矛盾的个人努力的表面之下,而由歧异的利益所分离的公民们会一起反对共同的敌人。”

> 埃米尔·涂尔干[3]对于刑罚的社会功能所作的相似分析也是注重其潜功能(对社群的后果)而不是限定于显功能
115 (对犯人的后果)。

---

① 对早期出现的这种区别中更有意义的某些特征,可参见默顿:“未预料到的效果……”,见前引书。

② 乔治·H. 米德:“刑罚审判心理学”(‘The psychology of punitive justice’),载《美国社会学杂志》,1918 年,第 23 期,第 577—602 页,特别是第 591 页。

③ 如同这一章前面所提出的,涂尔干在其全部工作中都采取了功能取向,尽管常常没有明确的意识,但他还是在其全部研究中使用了等同于潜功能的概念,有关这方面的论文可参考他的“刑事审判的两种法则”(‘Deux lois de l’évolution penale’),载《社会学年鉴》(*L’année sociologique*),1899—1900 年,第 4 期,第 55—95 页,和他的《社会分工》(*Division of Labor in Society*)(伊利诺伊,格伦科:自由出版社,1947)。

W.G.萨姆纳[1]:“……从人们试图满足需要的第一个行为起,每一行为都只管自己,都是为了获得直接的满足。从一再出现的需要中产生了个人的习惯和群体的习俗,但是这些结果从未被意识到,也从来不是预见到的或设想到的结果。它们是在存在了很久之后才被注意到的。要了解它们就需要更长的时间。”虽然并未在既定的社会结构中找出标准化社会行动的潜功能,但是它清楚地划分了主观目的与客观后果之间的基本区别。

R.M.麦基弗[2]:除了诸种制度的直接效果,“还有通过控制产生的间接效果,……这种控制的反作用……虽然不是预期的,却对社会有深刻的益处。”

W.I.托马斯和F.兹纳涅茨基[3]:“虽然所有新的[波兰

---

① 当然,这是W.G.萨姆纳的《社会习俗》(*Folkways*)(波士顿:吉恩出版公司,1906)第3卷中许多这类论述中的一个。他的合作者阿尔伯特.G.凯勒在其著作中保留了这种划分,例如他的《社会进化》(*Social Evolution*)(纽约:麦克米兰出版公司,1927),第93—95页。

② 这是从麦基弗的一部早期著作《共同体》(*Community*)(伦敦:麦克米兰出版公司,1915)中摘录的。这种划分在其后期著作中显得更为至关重要,成为他的《社会因果关系》(*Social Causation*)(波士顿:吉恩出版公司,1942)的主要内容,特别是该书第314—321页,并且使他的《更加完美的联盟》(*The More Perfect Union*)(纽约:麦克米兰出版公司,1948)一书赋有了活力。

③ 文中所用的这一摘录正是使《身处欧美的波兰农民》(*The Polish Peasant in Europe and America*)一书被理所当然地描述为一部“社会学经典”的许多论述之一,见第1426—1427页和第1523页及以下。正如在这一章后面会看到的,包含在这一段中的富有内容的其他段落,都为近来提出关于工业“正式组织”概念的工业社会学家所忘记或者从来不曾注意到。

> 农民合作]制度完全是为满足某种具体需要的特定目的而形成的，但是，它们的社会功能决不限于它们明确的、有意识的目的。……每一个这样的制度——公社或农业集团，借贷和储蓄银行，或剧院——都不仅仅是管理一定价值的机制，而且还是其每一个成员被期望作为一个活生生的、具体的个人来参加共同活动的人民社团。无论这种制度建立时所基于的支配性的、正式的共同利益是什么，这种社团作为人类个体的某一具体组织非正式地包含许多其他利益，而其成员之间的社会联系不会局限于他们的共同追求，尽管这种追求理所当然地是使这种社团形成的主要原因和使其结合在一起的最持久纽带。由于满足具体需要的抽象政治、经济或者说理性机制与某一社会群体的牢固团结相结合，这种新制度也就是农民的初级群体与次级国家系统之间最佳的中介联系。”

由此，上述和许多其他的社会学观察家们经常不断地将主观意向的类型（“需要、利益、目的”）与未被普遍认识但有客观功能后果的类型（“惟一的长处”、“从未意识到的”后果、“非预期的……对社
116 会的益处”、“不限于有意识的、明确的目的功能”）作出划分。

既然经常要用到这种划分，既然概念图式的目的是把观察导向某一情境的突出因素和防止对这些因素的疏忽，那么根据一套适当的术语指出这种划分看来就是无可非议的。这就是显功能与潜功能之间划分的基本理由。前者是指某一具体单元（人、亚群体、社会系统和文化系统）的那些有助于其调适并且是有意安排的客观后果；后者是指同一层次上的无意图的、未认识到的后果。

有一些迹象表明这一划分可以通过纳入到一个明确的概念图式中而起到一种启发的作用，这样就有助于系统的观察和后

来的分析。例如,这些年来,显功能和潜功能之间的这种划分已被用于分析种族通婚[①]、社会分层[②]、情感障碍[③]、维布伦的社会学理论[④]、美国人对俄国的态度[⑤]、作为社会控制手段之一的宣传[⑥]、马林诺夫斯基的人类学理论[⑦]、纳瓦霍人的巫术[⑧]、知识社会学诸问题[⑨]、时尚[⑩]、人格动力学[⑪]、国家安全措施[⑫]、科层制的

---

① 默顿:"通婚和社会结构",见前引书。

② 金斯利·戴维斯:"分层的概念分析"('A conceptual analysis of stratification'),载《美国社会学评论》,1942年,第7期,第309—321页。

③ 索纳,见前引书,特别是第165页。

④ A.K.戴维斯:《托尔斯坦·维布伦的社会理论》(*Theostein Veblen's Social Theory*),哈佛大学博士论文,1941年;和"维布伦论新教伦理的衰落"('Veblen on the decline of the Protestant Ethic'),载《社会力量》,1944年,第22期,第282—286页;路易斯·施奈德:《弗洛伊德心理学与维布伦的社会理论》(*The Freudian Psychology and Veblen's Social Theory*)(纽约:王冠出版社,1948),特别见第2章。

⑤ A.K.戴维斯:"美国人敌视俄国的某些原因"(*Some Sources of American Hostility to Russia*),载《美国社会学杂志》,1947年,第53期,第174—183页。

⑥ 塔尔科特·帕森斯:"宣传和社会控制"('Propaganda and social control'),载他的《社会学理论文集》。

⑦ 克莱德·克拉克洪:"布罗尼斯拉夫·马林诺夫斯基:1884—1942"('Bronislav Malinowski,1884—1942'),载《美国民俗学杂志》(*Journal of America Folklore*),1943年,第56期,第208—219页。

⑧ 克莱德·克拉克洪:《纳瓦霍人的巫术》,特别是第46—47页及以下。

⑨ 默顿:本书第十四章。

⑩ 伯纳德·巴伯和L.S.洛贝尔:"妇女服装中的'时尚'与美国社会系统"('"Fashion" in women's clothes and the American social system'),载《社会力量》,1952年,第31期,第124—131页。

⑪ O.H.莫勒和C.克拉克洪:"人格动力理论"('Dynamic theory of personality'),载J.M.亨特编:《人格与行为失调》(*Personality and the Behavior Disorder*)(纽约:罗纳德出版社,1944),第1卷,第69—135页,特别是第72页。

⑫ 玛丽·杰霍达和S.W.库克:"安全措施和思想自由:对忠诚和安全计划之影响的探索研究"('Security measures and freedom of thought: an exploratory study of the impact of loyalty and security programs'),载《耶鲁法学杂志》(*Yale Law Journal*),1952年,第61期,第296—333页。

内在社会动力①,以及社会学其他多种多样的问题。

117 这些题材的多样性表明显功能和潜功能之间的理论划分并不局限在人类行为的有限而特定的方面。但是,我们依然面临深入发掘这种划分的特殊用法的重任,这就是我们在本章剩下的篇幅所要致力的重任。

划分的启发目的

澄清对似乎不合理的社会模式所作的分析。首先,这种区分有助于对许多社会活动进行社会学的解释,人们在这些活动的显在目的明显达不到时仍坚持它们。长久以来观察者把这类活动称为“迷信”、“非理性”、“纯粹的传统惰性”等等。换言之,当群体行为没有——实际上,常常是不可能——达到其所宣称之目的时,就会有一种把这种情况的出现归因于缺乏智慧、愚昧无知、遗存或所谓惰性的倾向。所以,霍皮人的祈雨仪式就会被列为原始人的迷信活动并据此给这件事下了结论。应该注意的是,这对说明这种群体行为毫无意义。它只是一个名称而已。它用“迷信”这个名称替代了对该群体生活中这种行为实际作用的分析。然而,有了潜功能的概念,就能提醒我们这种行为**也许**对该群体有某种功能,虽然这种功能与此行为公开宣称的目的相差甚远。

潜功能概念使观察者不只注意这一行为是否达到了它公开

---

① 菲利普·塞尔兹尼克:《田纳西流域管理局和草根》(*TVA and the Grass Roots*)(加利福尼亚大学出版社,1949);A. W. 古尔德纳:《工业科层制模式》(*Patterns of Industrial Bureaucracy*)(伊利诺伊,格伦科:自由出版社,1954);P. M. 布劳:《科层制的动力学》(*The Dynamics of Bureaucracy*)(芝加哥大学出版社,1955);A. K. 戴维斯:《海军军官团的官僚模式》(*Bureaucratic Patterns in Navy Officer Corps*),《社会力量》,1948 年,第 27 期,142—153 页。

宣称的目的。暂时忽略这些明确的目的，就会使观察者的注意力**朝向**另一方面的后果，例如，那些影响参与这一仪式的霍皮人的个人人格的后果和那些影响更大的维系群体存续的后果。一个人如果把他自己限定在显（目的的）功能是否出现这一问题上，那祈雨仪式就不是社会家的问题，而是气象学家的问题了。无疑，我们的气象学家同意祈雨仪式不能产生降雨，但这是不切题的。这只是说这种仪式没有技术上的用途，这种仪式的目的和实际后果不相符合。但是，运用潜功能概念，我们就能继续探索这种仪式对于该群体（而不是雨神或天气）的功能。这里可以发现，也正如许多观察者所指出的，这种仪式确实具有许多功能，但是这些功能都是未预期的或潜在的。

通过提供一个定期的机会，使分散的群体成员集合起来从事某一共同活动，仪式就会实现加强群体团结这种潜功能。按 118
照涂尔干以及其他许多人很早指出的，这样的仪式为集体表达情感提供了一种途径，经过进一步的分析，可以看出，这些情感是群体团结的一种基本来源。所以，通过系统使用潜功能概念，**明显**非理性的行为就时常可以发现它们对群体具有的正面功能。运用潜功能概念，我们就不会太匆忙地得出结论：如果群体某一活动达不到其指定的目的，那么它的持续存在就只会被描述为“惰性”、“遗存”或“受社会中强大亚群体操纵”的情形。

事实上，类似潜功能概念的某种概念常常被社会科学家用来观察**指定达到某一目标的标准化活动，而这一目标在自然科学看来是不可能达到的**。例如，普埃布洛人祈雨或丰产仪式就显然如此。**但是，当行为不是对准一种明确不可达到的目标时，社会学观察者就不太可能考察这种行为的间接功能或潜功能。**

把注意力指向富有理论成果的探索领域。对显功能和潜功能的划分进一步促使社会学家的注意力指向那些他能最有成效地发挥其特长的领域(行为、态度、信念的领域)。如果他把自己限于对显功能的研究,那么他的工作是什么呢?若这样,他就主要致力于确定为了特殊目的而设定的活动事实上是否达到了这种目的。例如,他会这样探讨一种新的工资发放体系是否能达到它所公开宣称的减少劳工周转或增加产量的目的。他会问道,一场宣传运动是否能确实达到它增强“战斗愿望”或“购买战时债券愿望”或“容忍其他少数民族群体”的目标。这些都是重要而复杂的问题。但是,只要社会学家们把他们自己**限于**研究显功能,他们的探索就由从事事务性工作的人们(不管是工业首领、工会领袖还是纳瓦霍人首领,在此都是无关紧要的)所左右,而不是由处在这门学科核心的那些理论问题所引导的。由于主要涉及的是显功能的领域,涉及的关键问题是有意地设立的活动和组织在达到其目标时是否能成功,所以社会学家就转变成了对纯粹的日常行为模式的勤奋而又熟练的记录者。**由事务性的、非理论性的人们向社会学家提出这种问题,固定并限制了评价的范围,例如,**那种新的工资发放计划达到了这样那样的目的
119 了吗?

然而,由于具备了潜功能概念,社会学家就可以把他的研究扩大到这门学科中那些最有理论发展前途的方向上去。他考察熟悉的(或计划的)社会活动来确定其潜在的、并且因此还未被普遍认识的功能(当然,同显功能一起)。例如,他要考虑新的工资计划将对工人所属的工会产生的后果;或对某一宣传计划的后果,该计划不仅是增强它公开宣称的激励爱国热情的目的,还要使大多数人在其不同意官方政策时不愿说出他们的意见,等等。简言之,人们指出,社会学家突出的知识贡献主要在于对社会活动未预料后果(潜功能就在其中)的研究以及对预期到的后

果(其中包括显功能)的研究。①

有某种证据表明,正是在社会学家将研究的注意力从显功能转移到潜功能时,他们做出了**独特**而重要的贡献。这可以广泛地由文献来证明,但给出几个例子就够了。

*关于霍桑西方电气公司的研究*②*:众所周知,这种探索早期阶段所关注的是工人的"照明与效率"的关系问题。大约在两年半中,研究的注意力只集中于诸如这样的问题:光照强度的不同是否影响生产?起初的结果表明,在很大的范围里,照明与产量之间没有一致的关系。生产产量**既**在照明增加(或**减弱**)的实验小组中增加,**又**在照明未有改变的受控小组中增加。简言之,调查者把他们自己完全限于显功能的研究。由于没有潜社会功能概念,一开始根本没有注意到这种**实验**对于实验小组与受控小组成员之间的关系,或者工人与实验室领导之间的关系会有什么样的社会影响。换言之,调查者缺乏社会学参考框 120
架而只是像"工程师"那样工作(恰如一组气象学家会探索霍皮

---

① 对这种一般命题的简洁说明,见罗伯特.K.默顿、马乔里·费斯克和艾伯塔·柯蒂斯合著:《大众见解》(*Mass Persuasion*)(纽约:哈珀出版公司,1946),第185—189页;见前引杰霍达和库克的著作。

② 这是作为一个个案研究而引证的,即一种详尽研究如何通过引进近似于潜功能概念的概念,而使它的理论取向和它的研究发现的特征被完全改变。为了这种目的而选择此个案当然并不意味着要完全接受作者为给出他们的结果而运用的**解释**。在几部报告西方电气公司的研究的书中,应特别看看F.J.罗特利斯伯格和W.J.迪克森的《管理与工人》(*The Management and the Worker*)(哈佛大学出版社,1939)。

* 霍桑研究(Hawthorne Research):1927年在美国伊利诺伊州西塞罗市西方电气公司所属霍桑工厂的工人中进行的社会经济实验。主要做法是约以一年为期将一组女工的工资、工时、休息期、组织、监控程度和咨询等加以变化,以确定这些因素对她们的表现和工作效率的影响。主要结论是:社会和心理上的影响较工时和工资的变化有更显著的后果。长久以来,工时和工资的变化是大部分经理人员和经济学家关心的内容,他们认为,劳动只是可供买卖的商品。——译者注

人的仪式对降雨的“影响”)。

只是在连续不断的调查之后,研究组才想到要研究这种新的“实验情境”对参与实验的工作人员的自我形象和自我意识的后果,对这一试验组成员之间人际关系的后果,以及对这一小组的内聚力和整合的后果。正如埃尔顿·梅奥对此所报道的:“研究照明因素的失败,使得他们注意到应该仔细地记下除了明显的工程设备和工业设备之外厂房内所发生的每一件事。所以,他们的观察不仅包括工业和工程变化的记录,而且包括心理或医疗变化的记录,**在某种意义上**,是社会变化及人类学变化的记录。这种观察采取了对每一实际发生的事情给予尽可能充分记录的‘日志”形式。……”[①] 简言之,只是在完全忽视了这种实验(作为一种非自然的社会情境)之潜社会功能的许多次实验之后,这种独特的社会学框架才被引了进来。研究者们写道:“由于这种认识,研究才改变了其特征。调查者不再对检验单个变量的作用有兴趣。在受控实验这一方面,他们引进社会情境观念,即社会情境应作为诸组成部分相互依存的系统来加以描述和理解。”此后,如现今众所周知的,研究在很大程度上是指向揭示出工人中标准化活动的潜功能、工人中非正式组织之发展的潜功能、“精明的管理者”所实行的工人策略的潜功能、与工人协商对话的大型计划的潜功能,等等。这种新的概念图式完全改变了在随后研究中搜集资料的范围和类型。

人们只需回到前面从托马斯和兹纳涅茨基大约三十年前写的经典著作中所引的那段摘录,就可以认识希尔斯之观点的正确性:

---

① 埃尔顿·梅奥:《工业文明的社会问题》(*The Social Problems of an Industrial Civilization*)(哈佛大学出版社,1945),第 70 页。

……确实,美国社会学中首属群体研究的历史是**这门学科发展的非连续性**的绝妙例子:一个由该学科所公认的创造者所强调的问题,然而,这个问题却被搁置未予研究。若干年后,人们又充满热情地重新提出这个问题,好像在此之前从未有人想到过它。[①]

由于托马斯和兹纳涅茨基一再强调这一社会学观点,即无论其主要目的是什么,"社团作为许多人的一个具体的群体,必然涉及许多其他的利益;其成员之间的社会联系并不限于他们的共 121
同追求……",所以,实际上,经过许多年的实验才使西方电气公司的研究小组将其注意力转到工业组织中出现的首属群体的潜社会功能。应该搞清楚的是,这一个案在这里不是作为一个有缺陷的实验设计的例子而引用的,这不是我们直接关注的。我们仅考虑把它作为对潜功能概念、对功能分析的关联概念进行**社会学**研究的恰当说明。它揭示了这种概念之内涵(不管此概念名词是否在逻辑上前后一致地使用)能使社会学调查者敏感于一系列有重要意义的社会变量,不然这些变量很容易被忽视。明确提出这一概念也许会减少未来社会学研究中出现这种非连续性情形的频次。

潜功能的发现体现着社会学知识的重要增长。这是进行潜功能研究对社会科学之独特贡献的另一方面。某一活动或信念的潜功能恰恰**不是**常识,因为它们是未被意料到和未被广泛认识的社会后果和心理后果。所以,关注潜功能的结果要比关注

① 爱德华·希尔斯:《美国社会学现状》(*The Present of American Sociology*)(伊利诺伊,格伦科:自由出版社,1948),第 42 页[黑体为我所加]。

显功能的结果体现着更大的知识增长。它们也体现出与关于社会生活的“常识性”知识的更大分离。因为潜功能或多或少地与公开宣称的显功能相分离，所以，揭示潜功能的研究就常常产生“自相矛盾”的结果。因为一般人总是从显功能的角度来看待某一做法或信念的，如果指出其从属的或间接的潜功能，就会修正一般人的观念。在社会研究中，引进这种潜功能概念就导致断定“社会生活不像它初看上去那样简单”的结论。由于人们只要把他们自己限于**某种**后果（例如，显后果），那么对他们而言，对有疑问的活动或信念做出道德判断就相对很简单。一般地基于这些显后果之上的道德评价就会倾向于黑白两极化。但是，对进一步的（潜在的）效果的认识常常使这幅图景复杂起来。道德评价的问题（这不是我们所直接关注的）和社会工程学的问题（这是我们所关注的[1]）在负责的社会决定中都常常呈现这种额
122 外的复杂性。

明确使用了潜功能概念的一个研究例子将说明这种意义，即“自相矛盾”势必会作为包括这一概念在内的结果而出现，而这种自相矛盾是明显的、纯粹显在的功能与实际的（包括潜在的）功能之间的矛盾。所以，回到维布伦对炫耀消费的著名分析，就不会因他被看作是富有自相矛盾的、冷嘲的、讽刺的目光的社会分析家而感到意外。因为这是使用潜功能（或者其对等）概念时即使不是在所难免但也屡见不鲜的结果。

炫耀消费的模式　购买消费品的显在目的当然是满足这些物品被明确指定的需要。所以，汽车显然是为运输；蜡烛为

① 这不是否定社会工程具有直接的道德含义或者技术与道德必然不可避免地缠结在一起。但是，我不打算在这一章中论述这一系列问题。因为，关于这些问题的讨论见本书第八章、第十七章和第十九章；还可见默顿、费斯克和柯蒂斯合著《大众见解》，第7章。

照明;食品提供营养;珍贵的艺术品提供美的愉悦。既然这些产品都具有这些用途,那么人们就在很大程度上认为这些用途完全包括了有社会意义的各种功能。维布伦确实指出,这通常是流行的观点(当然是在前维布伦时代):“获取和积累商品的目的一般都被认为是为了消费。……这种至少被认为是在经济上合理的目的,在理论上还有许多有待说明之处。”[①]

不管怎样,维布伦实际上是说,作为社会学家,我们必须继续思考获取、积累和消费的潜功能,而这些潜功能确实远不同于显功能。“但是,只有在远不同于它的朴素意义[即显功能]上,才能说明商品消费和商品积累的诱因。”在那些有助于解释炫耀消费模式的持续性和社会位置的潜功能中,是它那“以金钱的力量并因此而得到或保持一个好名声”的象征作用。在“食物、饮料、住宅、服务设施、装饰品、衣着、娱乐”的优越中,“鄙视拘泥小节”的行为不仅仅导致由对“高档”而不是“低档”商品的消费所带来的直接满足,而且如维布伦论证的,更为重要的是,它导致了**社会地位的提高或再确认**。

维布伦的自相矛盾在于:人们购买贵重物品不完全是因为它们是高档的,而是因为它们是昂贵的。因为,这是他在其功能分析中找出的潜等式(“昂贵=较高社会地位的标志”),而不是显等式(“昂贵=物品的优越”)。他并不否定显功能可以在**所有**方面支持炫耀消费模式。这些功能还是起作用的。“刚刚所说的决不能被认 123
为是指除了希望提高社会地位并因此受人尊重和嫉妒之外,就没有其他的诱因。对超出需要的舒适和安全的欲望是一直存在的动机。……”再如:“无论这一功用的首要目的和主要因素多么明显地是炫耀性浪费”和取得社会尊重,“断定任何商品和任何服务的

① 维布伦:《有闲阶级论》,第25页。

用途中都没有实用的目的是很危险的”。[①]只是**这些直接的、显在的功能没能充分说明流行的浪费模式。换一种说法，若是把地位加强或地位再确认的潜功能从炫耀消费模式中取消的话，这些模式就会让“常规”经济学家完全不能预见。**

在这些方面，维布伦对潜功能的分析背离了这种常识性的观点，即消费的最终结果“当然是它所能提供的直接满足”：“人们吃鱼子酱是因为他们饥饿，购买凯迪拉克轿车是因为他们想要得到最好的轿车，在烛光下晚餐是因为他们喜欢静谧的气氛。”在维布伦的分析中，根据外在动机的常识性解释让位给间接潜功能，这种间接潜功能也同样并且更为显著地是由这些做法所实现的。无疑，在过去的数十年里，维布伦的分析由于完全成为流行思想，以致现今这些潜功能已被广泛地认识到。[这产生一个有趣的问题，即当其潜功能被普遍地认识到(并因而不再是潜在的)时，流行的行为模式就要出现变化。在现今的出版物中，还未有机会来讨论这一重要问题。]

潜功能的发现不仅使得某些社会模式所运用的功能概念更为精确(正如也有显功能研究的例子)，而且还在**知识原有状况中引进了有本质不同的增长**。

124 **防止以素朴的道德判断替代社会学的分析**。既然社会道德

---

① 维布伦：《有闲阶级论》，第 32 页，第 101 页。应始终注意的是，维布伦所给出的是不严格的术语。在这一段落中(在别处不断重复)，他交替地使用“刺激”、“希望”、“目的”和“功能”。因为语境常常使这些术语的内涵很明确，所以不会带来多大的害处。但是，很清楚，与某一文化模式相一致的表达出来的目的决不是与这种一致的潜功能完全相同的。维布伦偶尔也认识到这一点。例如，“在严格准确的意义上，除了像在令人厌恶的金钱比较的基础上所带来的花费之外，没有任何东西应列于炫耀浪费的名下。但是，为了使这种名目下具有一定的事项或因素，**就没有必要在一个人承受这种花费的意义上把它看作是浪费**。”(同上，第 99 页，黑体为我所加)。参见 A.K. 戴维斯：“维布伦论新教伦理的衰落”，见前引书。

评价很大程度上倾向于从显在的行为或者规范的后果出发，我们就应准备看到根据潜功能而进行的分析常常与流行的道德评价相对立。因为，显功能通常是道德判断的基础，而潜功能发挥作用的方式与显功能不同。所以，占美国人口很大部分的人们，把政治机器或“政治职业”判断为毫不含糊的“坏”和“讨厌”。尽管这种道德判断的理由多少有点不同，但是它们实质上在于表明政治机器践踏着道德准则：政治赞助人践踏了选任人员应基于非个人资格而非基于对党派的忠诚和贡献的准则。领袖对政治机构的控制践踏着这一准则，即选举应基于对候选人资格的个人评价和对政治问题的个人评价来进行，而不是基于对领袖的愚忠。贿赂和“正当的贪污”显然违反财产的正当所有。犯罪“保护”明显地践踏法律和习俗，等等。

显而易见，在这些方面政治机器以不同的程度与习俗对立，时常也与法律对立，研究它如何还能继续起作用就是很重要的。对于政治机器连续性所作的这种熟悉的“解释”在这里毫不切题。当然，假若“可尊敬的公民”能履行他们的政治义务；假若选民能警惕和觉醒；假若选举官员的人数能几十甚至几百人地大幅度减少，大部分选民只能通过在镇、县、州和国家的工作中对他们加以评价；假若选民们能够追随“富裕而受过教育的阶级”——按布赖斯所言：“没有这个阶级的参入，组织再好的政府也必然很快腐化”；如果这些假若和政治结构中一大堆相似的变化确能出现的话，政治机器中的“邪恶”也许真的就被消除了。[①]

① 这些“解释”在设计上是“因果性的”。它们声称指明了政治机器得以实现的社会环境。就它们在经验上被证实而言，这些解释当然增加了我们所关注的这一问题的知识，即政治机器为何在某些领域而不在其他领域中运行？它们是如何设法持续下去的？**但是，这些因果性的说明还不充分。这种机器的功能效果，正如我们将看到的，大大有助于补充这种因果性的解释。**

但是，应该注意的是，这些变化并不常发生，政治机器具有凤凰浴火重生的本领。简言之，应注意到这种结构在美国的政治生活的许多领域中展示出其非凡的生命力。

125 因此，从这种功能观点出发，我们**通常**(不是一成不变地)希望现存的社会模式和社会结构完成正功能，**这些功能现时是不能由其他既存的模式和结构所适当地实现的**。因此产生出这种思想：那种公开有害的组织也许**在目前条件**下能满足基本的潜功能。[①]简要考察对这类结构目前所作的分析也许还会有助于说明功能分析的其他问题。

政治机器的某些功能。在此不考虑各种政治机器之间的细微差别——特威德、瓦里、克伦普、弗林、黑格绝非同一类型的领袖，我们只能简要地考察作为一般类型社会组织的政治机器或多或少相同的那些功能。我们既不试图逐条列出政治机器所有的不同功能，也不是意指每一或者任一政党都能履行所有这些功能。

领袖(the Boss)的重要结构功能是把现今分散在政治机构中的“分散的权力”加以组织、集中和维护，使其处于运行良好的状态。通过政治权力这种集中化的组织，政治机构首领和其机关可以满足更大的共同体中不同亚群体的需要，这些需要不能借由法律上多样的和文化上赞许的社会结构而得到适当的

---

① 我相信，所加的这种不“支持政治机器”的假设是多余的。关于这一机器的负功能是否超过它的正功能的问题，关于没有什么选择结构可以不带来必然的社会负功能而实现其正功能的问题，却仍然需要在适当时候予以考虑。我们在此所关注的是文献中证明的这种陈述，即**完全**基于社会结构显功能评价的道德判断在严格意义上是“不真实的”，亦即这些道德判断没有考虑这一结构的其他实际后果，这些后果也许给这一结构提供了基本的社会支持。正如后面所指明的，忽视潜功能的“社会改革”或“社会工程”就会因此而遭受严重的失望和回飞镖效应。

满足。

因此,要理解领袖对政治机构的控制作用和政治机器的作用,我们必须考察两种类型的社会学变量:(1)**结构语境**,这一语境使道德上赞许的结构如果不是不可能的话,也很难实现基本的社会功能,因而为政治机器(或它们的结构等价物)实现这些功能提供了机会;(2)亚群体,如果没有政治机器的潜功能,这些亚群体的需求将得不到满足。[①]

结构语境:美国的宪法框架特别排斥权力高度集中,并且已被人们注意到的是,由此"阻碍有效的、负责的领导体制的成长。 126
如同伍德罗·威尔逊所言,宪法的制订者们建立了制衡制度,以'使政府依靠在其几个结构部门之间不断的温和竞争而处于一种机械均衡'。这些制订者怀疑权力对自由有危险,因此他们削弱权力并设置重重障碍防止权力集中。"这种权力分散不仅出现于国家,也出现在地方。塞特继续论述道:"当**人民**或人民中的**特殊群体**要求积极行动时,没有任何人能适当地支配行动。此时政治机器提供了一剂解毒药。"[②]

权力在宪制上的分散不仅给有效的决定和行动带来困难,而且在行动时,行动被墨守法规的考虑所限制和包围。结果,这就产生了"一种较有**人情味的**政党政府制度,它的主要目标很快就成为使政府受法律的限制。……非官方民主政治的不合法性纯粹是对官方民主政治墨守法规所作的平衡。律师可以使民主

① 同样,正如前面的个案,我们将不考虑这种政治机器可能具有的负功能。

② 爱德华·N.塞特:"机器,政治机器"('Machine, political'),载《社会科学百科全书》,第9卷,第658页b[黑体为我所加]。参见A.F.本特利:《政府过程》(*The Process of Government*)(芝加哥,1908),第2章。

服从法律,政治领袖则以某种方式和考虑来消除弊端。”①

从官方来讲,政治权力是分散的。各种各样众所周知的措施都是为了这一明显的目标而设计的。不仅在政府几个部门中有熟悉的权力分立,而且在某种程度上,每一官职的任期都受到限制,官职的交替受到赞许。每一官职所固有的权限都被严格地约束着。然而,塞特以严格的功能术语论述道:“领导力是必需的。**既然**领导力在这种宪法框架内部还不能轻易地产生出来,领袖就以粗暴的、不负责任的方式从外部来提供它。”②

用更为概括的术语来说,**官方结构的功能缺陷产生一种多少比较有效地满足现存需要的替代(非官方)结构**。无论其特殊的历史起源是什么,政治机器作为一种满足全体居民中不同群体否则就不能得到满足的需要的机构而持续下去。通过转向这些亚群体中的几个群体和其特有的需要,我们将立即被导向一系列政治机器的潜功能。

127 **政治机器对多种亚群体的功能**。众所周知,政治机器力量源泉之一是它根植于当地社区和邻里。政治机器不是把全体选民看作一群无组织的、一致的选民,而是出于敏锐的社会学意义上的直觉,认为选民是生活在特定地区、具有特定个人问题和个人需要的人。公共的问题是抽象的和遥远的,私人的问题则是极为具体的和直接的。不是通过普遍地呼吁广大公众的关注,而是通过选民和其地区的地方代表之间直接的、半封建的关系,政治机器才得以运行。选举是在选区内获胜的。

政治机器通过复杂的个人关系网而与普通男女保持联系。

---

① 赫伯特·克罗利:《进步的民主》(*Progressive Democracy*)(纽约:1914),第254页,塞特的引用见前引书第658页b。

② 塞特,前引书,第659页a[黑体为我所加]。

政治转变为私人联系。选区负责人“必须是每个人的朋友,必须同情患难者,妥善地利用领袖赋予他的资源”[①]。区域负责人永远是一位患难中的朋友。在我们非个人占优势的社会中,政治机器通过其地方代理人,对那些需要的人实现**从各个方面来提供人性化和个人化**帮助这种重要社会**功能**。生活和工作,法律的和法律之外的忠告,争取某些略微超越法律的权力,帮助聪明的贫苦孩子获得地方学府的政治奖学金,照顾遗孤——总之,当人们遇到困难需要帮助时,选区负责人都能像朋友一样给予帮助。

要确切地评价政治机器的这种功能,很重要的是不仅要注意所给予的帮助,而且要注意**给予这种帮助的方式**。毕竟,其他机构也提供这样的帮助。福利机构、贫民安置所、法律顾问所、免费医院、公共救济部门、移民当局——这些和更多的其他机构都可以提供多种类型的帮助。但是,福利工作者使用专业技术,他们的态度冷淡、官气十足,即使有限的援助也要求详细审核申请条件。相反,选区负责人使用非专业技术,不问任何问题,也不强求依从什么合适的法律准则,不“窥探”私人的事务。[②] 128

对许多人来说,为了得到法律上认可的帮助而丧失“自尊”代价太高。贫民安置所的工作人员与贫民之间有距离,因为这

---

① 塞特,前引书,第659页a。

② 与官方福利政策差不多同样的反差还可以在哈里·霍普金斯关于失业救济金的那种慷慨的、非政治性的分配中看出。这种分配是在富兰克林·德拉诺·罗斯福担任纽约州州长期间实行的。如同舍伍德所说的:“霍普金斯由于那些已成立的福利机构进行的不正当活动而受到尖锐的批评。这些机构宣称,没有通过对每个申请者自己的或其家庭的财源甚或他的宗教身份进行调查就发放工作许可证是‘非职业的指导’。雅各布·A.戈德堡博士[霍普金斯的同事]谈到:‘哈里说让这种机构见鬼去吧。’”罗伯特·E.舍伍德:《罗斯福与霍普金斯:一部亲密的历史》(*Roosevelt and Hopkins, An Intimate History*)(纽约:哈珀出版公司,1948),第30页。

些工作人员常常来自不同社会阶级、教育环境和少数民族群体，而选区工作者是“我们其中的一员”，他理解所有的情况。带有恩赐意味的慷慨很难与危难之中的知心朋友相比。向那些需要的人提供帮助和支持，为**实现这种名义上同样的功能而在可供选择的结构之间进行斗争**时，很显然，这种机器政治家，比起那种非个人的、专业化的、社会上疏远的和法律上受限制的福利工作者来，他会更好地与其所服务的群体整合。并且因为这种政治家常常影响和操纵发放配给物的官方组织，而福利工作者却在实际上对政治机器没有什么影响，所以这将增大政治家的作用。更通俗地、也许是更尖锐地说，正是波士顿的领袖马丁·洛马斯尼引用林肯·斯蒂芬斯的话描述了这种本质性功能。洛马斯尼说道：“我认为，在每一病房中都会遇到某些人，不管他干过什么——都要得到帮助。**帮助，你明白。不是你们的法律和正义，只是帮助。**”①

因此，“被剥夺的阶级”构成一个亚群体，政治机器满足这一亚群体不能以合法的社会结构满足的需要。

对第二个亚群体——企业亚群体（主要是“大”企业，也包括“小”企业）——来说，政治首领起着提供那些带来直接经济收益之政治特权的功能。商业公司都寻求那些能使它们稳固其地位并实现它们最大利润目标的特殊的政治体制。在这方面，那些公用性的商业公司（铁路、地方运输、电灯公司、通信公司）表现得最为显著。非常有趣的是，公司常常想要避免无法控制的竞争混乱。它们想要那种控制、调节和组织竞争的经济特权人物

---

① 《林肯·斯蒂芬斯自传》（*The Autobiography of Licoln Steffens*）（纽约，尚托夸：尚托夸出版社，1931），第618页。这在很大程度上来自斯蒂芬斯，正如他所说的，F.斯图尔特·蔡平极清楚地陈述了政治机器的这些功能。见他的《当代美国制度》（*Contemporary American Institutions*）（纽约：哈珀出版公司，1934），第40—54页。

的更大保证，只要这种特权人物不是从属于公共监督和公共控制而做决定的公共官员。（后者会是“政府的控制”，因而要忌讳）。政治首领令人称赞地满足这些要求。

撇开道德考虑而进行一番考察，由领袖所操纵的政治机构被有效地设计为以最佳的效率来履行这些功能。把不同的政府部门、单位和机构的联系纽带握在其有力的手中，领袖就会使公 129
共企业与私人企业之间的关系合理化。他是作为这种企业共同体驻政府这一相异（有时是不友好的）领地的大使。在严格的商业意义上，他由于对他的可尊敬的商业客户的经济服务而得到优厚报酬。在一篇题为“向不义之财致歉”的文章中，林肯·斯蒂芬斯提出，“我们的经济体系出了毛病，它让胆大妄为的人利用贿赂购得木材、矿山、油田及各种特权，而这些不但不会受到法律的制裁，还享受财富、权势与声望。”[①]在一次一百多人参加的洛杉矶商业领袖会议上，斯蒂芬斯描述了一个对他们所有人都很清楚的事实，即政治机构首领和他的机构是经济组织的一个**整体部分**。“不行贿或不参与行贿收买政府，你不可能建立或经营一条铁路或一条有轨电车道，煤气、自来水或电力公司，你不可能开发或经营一处矿井，或者你不可能大规模地占有森林并砍伐木材，或者不可能经营特权公司。你私下告诉我，你必须这么干。这里，我要半公开地告诉你，你必须这么干。这种情况遍及整个国家。这就是说，我们有一种社会组织，**由于某种原因**，在这种组织里，你和你这一类的人——最有能力、最聪明、最有想像力、勇敢机智的社会领导人——就是并且必然是社会、法律

① 《林肯·斯蒂芬斯自传》，第570页。

及社会各方面的发展的对立面。”①

既然对特权服务的要求是建立在社会结构中，首领为了追求商业特权的这种次要亚群体而完成着各种功能。商业上的这些“需要”，正如现今所形成的那样，不是由常规的、文化上赞许的社会结构所适当地满足的；必然地，政治机器这种超出法律的但或多或少有效的组织就来提供这些服务。对“腐败的政治机器”采取**完全的**道德态度就是无视产生这种被严厉攻击之“邪恶”的结构条件。采取功能的观点就不是为政治机器提供辩解，而是提供一个修正或消除这一机器的更为牢固的基础，只要引进具体的结构安排要么是为了消除商业社会的这些实际需求，要么是为了(如果这些需求是目的的话)通过别的方式满足这些需求。

由政治机器为某一特殊亚群体实现的第三类不同的功能是为社会流动提供其他的渠道，不然的话，这些渠道就被一些个人
130 “升迁”的更为常规的途径排斥在外。这种特殊需要(社会流动)的根源和政治机器能够帮助满足这种需要的方面皆可以通过考察更大的文化和社会结构来解释。众所周知，美国文化非常强调金钱和权力作为衡量社会所有成员“成功”的标准。这个文化目标也带有很浓厚的正面感情与价值。不管怎样，一定的亚群体和一定的地区因其相对缺少取得这些形式的成功(金钱和权力)的机会而很值得注意。简言之，它们构成了这类亚群体，“在其中已经吸收了文化上对金钱成就的强调，但在这一亚群体中，几乎**没有通向取得这种成功的规范的、合法的**手段。(在此类领

① 《林肯·斯蒂芬斯自传》，第 572—573 页[黑体为我所加]。如同斯蒂芬斯在警察总长西奥多·罗斯福之后注意到的，这有助于解释“那些为窃贼说情的男女们的声望和尊贵”，尤其在“清理政治机器”的周期性努力中来理解这些时。参见斯蒂芬斯的著作，第 371 页及各处。

域中)人们规范的职业机会差不多完全局限于体力劳动。我们从文化上对体力劳动的轻蔑①,及相应地对白领劳动的赞誉,很显然,导致的结果是一种**不择手段**地达到这些文化上认可的目标的倾向。这些人一方面"被要求让他们的行动以积累财富[和权力]为奋斗目标,另一方面他们在很大程度上被剥夺了循正当途径实现这一目标的机会"。

正是在社会结构的这种语境之中,政治机器实现着这种基本功能:为原本就社会地位低下者提供社会流动的途径。在这种语境之中,"**在一个其所有成员对经济富裕、**[权力]**和社会升迁表现出很大兴趣的社会里**,当垂直流动的途径被关闭或收小时",腐败的政治机器及其所作所为都"体现着非道德的才智对道德上界定的'失败'的胜利"。②如同一位社会学家根据对贫民窟所作的几年密切观察而评述的: 131

> 那些忘掉了黑社会和政治组织是对所追求目标之背离的社会学家,也就忽视了贫民窟生活的某些主要因素。……**他没有发现这些因素对**[贫民窟中各集团之]**成员**

---

① 见美国民意研究中心对职业评价所作的调查。这一调查有力地证明了体力劳动职业在社会的价值尺度中,**甚至在从事体力劳动的人们自己中间**,确实很低下这种普遍的印象。思考一下这后一方面的充分含义吧。实际上,文化结构和社会结构强求的就是这种达到金钱和权力成就的价值,即使对那些发现自己被限制在遭到诬蔑的体力劳动职业的人也是如此。以此为背景,思考一下不择手段而要达到这类"成功"的强大动机吧。一位垃圾收集者与其他美国人一样认为,垃圾收集者是"低下"职业中"最低下的",这种职业很难有使他愉悦的自我形象。他处在社会的"低贱"职业中,在该社会中,他确信,"所有具有真正价值的人都能发迹"。不仅如此,他的职业认识是"无论别人说什么,他没有与别人同样的机会"。因而他有极大的心理压力要通过不管是不是合法的手段来"获得公平"和得以发迹。所有这些都为**某些**要找到社会流动之可行途径的群体提供了结构的和派生的心理背景。

② 默顿:"社会结构和失范",本书第六章。

> **具有的功能**。爱尔兰人和后来的移民在我们的城市社会和经济结构中最难找到他们自己的地位。有什么人相信移民及其子女未得到我们最大城市的某些政治组织的控制就可达到他们目前的社会流动程度吗？对于黑社会也是如此。**政治组织和黑社会给个人提供了社会流动的重要手段，这些个人因处在种族的背景下和低下阶层的地位**，在"令人尊敬"的升迁途径中是受阻的。①

所以，这体现出特殊亚群体所实现的第三类功能。人们也许附带地注意到，这类功能是由政治机器的**绝对**存在和运行而实现的，因为正是在这一机器本身中，这些个人和亚群体发现他们由文化引发的需要才或多或少地得到满足。这涉及到政治机构为自己的成员所提供的服务。但是，在我们所设定的更广泛的社会语境中已经看到，这类功能不再**纯粹**表现为贪求利润和贪求权力之个人进行自我扩张的一种手段，而是表现为**亚群体**有组织地提供出路，否则这些亚群体将被排除在"出人头地"的竞争之外。

---

① 威廉·F.怀特："贫民窟的社会组织"（'Social organization in the slams'），载《美国社会学评论》，1943年2月，第8期，第34—39页[黑体为我所加]。所以，政治机器和黑社会代表了那类对第六章所描述的情况进行有组织的调节的特殊个案。注意，这代表的是**有组织的**调节，即一定的结构产生并且运作以缓和那些个人的严重紧张的问题。这些个人陷于"文化上强调都可以成功"与"社会结构对于成功形成的不平等机会的事实"之间的那种已描述过的冲突之中。如同第六章指出的，其他类型的**个人**"调节"也是可能的，如孤独者的犯罪、心理变态的状态、反抗、弃绝文化上认可的目标的逃避，等等。同样地，其他类型的**有组织调节**有时也发生。黑社会或政治机器不是惟一满足这种社会引起的问题的组织手段。例如，参加革命组织可以在这种背景中看成对有组织的调节的一种选择方式。这完全值得理论上的注意，因为我们也许在其他方面忽视关于功能替代和功能对等这种基本功能概念，而这些概念应该在以后的出版物中得到详尽的讨论。

正如政治机器在为“合法”事业提供服务一样,它也为“非法”事业提供没什么区别的服务,如恶行、犯罪和黑社会。再则,只有当有人暂时放弃道德义愤的态度而完全非道德地考察一个组织的实际工作时,这一机器在这一方面的社会学基本角色才能得到更加充分的理解。以这种角度来看,就显示出职业犯罪者、黑社会或赌徒的亚群体与那种实业家、商人或投机者的亚群体有组织上、需求上和运行上的基本相似性。如果有木材大王或石油大王,也就有恶行大王或黑社会大王。如果广大的合法企业组织行 132
政与财政的辛迪加来使生产企业和商务企业的不同领域“合理化”与“整合化”,那么广大黑社会和犯罪活动就组织着辛迪加,使生产非法物品和服务的领域变得井然有序,否则这些领域就会混乱。如果合法企业认为小商业企业的增长是浪费的和低效的,例如,以巨大的、连锁的百货商店代替数百家街角杂货店,那么非法事业也采取同样的经营态度并把犯法和罪恶联合成辛迪加。

最后也是最重要的是,“合法”事业与“非法”事业的经济角色如果不是几乎一致,在许多方面也是基本相似。**二者在某种程度上都涉及为这种经济需要提供商品和服务**。撇开道德不谈,它们都是商业、工业和专业化的企业,它们都提供某些人想要的物品和服务,只有如此才有使物品和服务转变为商品的市场。在现行的市场社会中,每当市场需要某些物品或服务时,我们都会期望有相应的企业出现。

众所周知,卖淫、犯罪和非法买卖是“大企业”(big business)。美国1950年大约有五十万名职业妓女,而只有接近二十万名医生和三十五万名职业注册护士。很难估计到底医生还有卖淫者哪一个有更多的从业者。当然,也很难估计这个国家的非法赌博的经济资产、收入、利润和股息,并且很难把这一行业与例如制鞋业的经济资产、收入、利润和股息进行比较。但是,这两种行业在这些方面很可能是大约相当的。每年在非法麻醉品上的花费没有确切的数字，在这方面的花费很可能比在糖果上的花费要少，但也很可能的是，这些花费大于在书籍上的花费。

只需想一想就能认识到，**按照严格的经济术语**，在合法的与违法的物品和服务的供应之间不存在明显差别。酒类的买卖就很好地说明了这一点。特别能证明这一点的是 1920 年（当第十八修正案生效时）之前，酒类的供应构成一种经济服务项目。从 1920 年至 1933 年，酒的生产和销售不再是通过市场分配的经济服务项目。而从 1934 年至现今，酒再次成了可服务的项目。或者，下面这种说法**在经济上**（不是在道德上）是荒谬的，即在禁酒的堪萨斯州销售非法酿造的酒，与在相邻的不禁酒的密苏里州销售公开生产的酒相比，不是为了适应市场的需要。这类例
133 子当然可以成倍地增加。在欧洲一些国家里，由于有注册的和合法的卖淫，妓女就成为一种经济服务，而在我们这个国家，没有法律承认，难道就能认为妓女没有提供同样的服务吗？或者，能认为专门为人堕胎者因为他有认可的法律地位就是处于经济市场之中，而他在法律上受到禁止时他就不处于经济市场之中了吗？或者，赌博在内华达州满足着一种特殊的娱乐需要，使它成为该州大城市的最大商业企业，但能认为在这一方面它本质上与邻州加利福尼亚的电影业有什么不同吗？[①]

---

① 也许对这一观点最具洞察力的陈述是由霍金斯和沃勒作出的。“妓女、为妓女拉客者、毒品兜售者、赌博厅营业者、诲淫图片贩卖者、非法酿酒者、为人堕胎者，所有这些人都是从事生产的，都是生产人们所希望的并且他们本人愿意给予的服务或物品。碰巧的是，尽管社会使这些物品和服务受到禁止，但是人们继续生产它们并且人们继续消费它们。立法机关的法令不能使它们不成为经济系统的一部分。”“关于犯罪成本的批判性评论”（‘Critical notes on the cost of crime’），载《刑法和犯罪学杂志》（*Journal of Criminal Law and Criminology*），1936 年，第 26 卷，第 679—694 页，在第 684 页上。

认识不到非法事业与"合法"事业的区别仅仅是**道德上的**而不是**经济上的**,已导致了非常混乱的分析。一旦二者在经济上的一致性被认识到,我们就可以预见到,如果政治机器对"合法的大企业"履行着功能,那么它也就很容易对"非法的大企业"履行着没什么不同的功能。当然,事实常常是如此。

政治机器对犯罪、卖淫者和有组织的非法活动当事人的特殊功能是使这些人在完全没有政府的干预下从事于满足大市场经济需要的活动。正如大企业能为政治党派竞选捐助而确保政府干预达到最低限度那样,大的有组织的非法活动和大的犯罪也可以这样做。在两种情况中,政治机器能够以不同的程度提供"保护"。在两种情况中,结构语境的许多特征都是相同的:(1)市场需要的物品和服务;(2)经营者对为企业获取最大收益的关注;(3)对政府公平控制的需要,不然政府的控制会干预商人的活动;(4)对提供"企业"与政府进行有效沟通之渠道的有效的、强有力的和中心化的代理者的需要。

无需假定前面的篇幅详尽无遗地论述了政治机器的功能范围以及它所服务的亚群体的范围,我们至少可以看到它现时为**这些不同亚群体所履行的功能,而这些功能是不能由文化上认可的或更为规范的结构所适当地予以实现的**。

对政治机器之功能分析的另外一些含义,这里只能附带地 134
提到,尽管这些含义显然是需要详细地展开论述的。首先,前面的分析对**社会工程**有直接含义。它有助于解释为什么"政治改革"、"清除恶棍"和"清理政治机构"的一次次努力都总是(尽管并不必然是)短命的和徒劳的。它以实例揭示了一个基本的原理:**任何消除现存社会结构,而不能提供适当的替换结构来实现由所废除的组织原来实现的功能的尝试是注定要失败的**。(不用说,这一原理比政治机器的一个实例有更为广泛的意义)。当

“政治改革”把自己限于“逐去恶棍”这一明显的任务时，它从事的几乎是与社会学上的巫术一样的任务。这种改革也许一时把一些新人物带到政治舞台上；它也可以起到向全体选民重申道德价值不受侵犯并将最终取得胜利的临时社会功能；它还可以实际上推翻政治机器中某个个人的作用；它甚至可以暂时为了控制这种机器的诸种活动而不去满足它先前所满足的许多需要。但是，不可避免的是，除非这种改革也包括“重整”社会结构和政治结构以致现存的需要能够由替换的结构来满足，或者，除非这种改革包括完全消除了这些需要的变革，否则，政治机器将恢复原位。**没有对经历变迁的社会组织所履行的显功能和潜功能的确切认识，寻求社会变迁就是沉迷于社会仪式而不是社会工程**。显功能和潜功能（或它们的等价物）的概念是社会工程师全部理论技能的必要因素。在这种决定性的意义上，这些概念不是“纯粹”理论的（在术语滥用的意义上来说），而显然是实用的。在社会变迁的慎重实施中，忽略这些概念只能更大地加剧失败的风险。

对政治机器这种分析的第二个含义也与比我们所考察过的领域更广泛的领域有联系。我们常常可以看到这种相矛盾的现象，即政治机器的支持者既包括“体面”的企业阶层成员，这些成员当然是与罪犯或黑社会成员相对立的，也包括显然“不体面”的下层社会的成员。初看起来，这是作为奇怪伙伴的事例而引证的。这种现象并不少见，精通法律的法官被要求判决一个地道的黑社会分子，而前一天晚上在某政治要人的私宴上法官还与此人共餐。地区检察官在去政治首脑召集会议的密室的路上碰见释放的罪犯。大财阀几乎会像黑社会成员一样抱怨政治首脑所要求的对党派基金“敲诈性的”捐赠。社会对立势力相遇在
135 成功政客们那进行密商的小房间里。

根据功能的分析，这一点看来理所当然地不再是自相矛盾的了。既然这种政治机器既服务于商人，也服务于罪犯，那么这两个表面上恰恰相反的群体就交织在一起。这指出了一个更为普遍的原理：**某一组织的社会功能有助于确定结构（包括这种结构中涉及的人事招募），正如这种结构有助于确定实现这些功能的有效性一样**。按社会地位来说，企业群体和犯罪群体确实是截然相反的。但是，地位不能完全决定群体间行为的相互关系。功能改变着这些关系。只要各个亚群体有不同的需要，无论其个别的希望和意图是什么，这些群体都会由服务于这几种需要的集中化结构"整合"进这个大社会中。用一句有多种含义并且这些含义还需进一步研究的话来说，**结构影响功能，功能影响结构**。

结束语

本文对结构和功能分析主要想法的评论只是指出了这种社会学解释方式的一些主要问题和潜力。依范式而整理的每一事项都需要持续不断的理论澄清与日积月累的经验研究。但是显然，功能分析只有摆脱种种传统假设——这些假设桎梏着它，并常常使它不过是一种替现有行为方式合理性辩护的学说——社会学才能初步成为系统的、与经验研究相关的分析模式。我所期望的是，这里指出的这种方向将提出进一步整理功能分析的可行性和满意标准。将来在功能分析史上，这个范式的每一部分都将发展成为详尽的、分析性的和有条理的章节。

文献附录

当我 1948 年首次写作此文时，是要努力使那些渐渐发展起来的社会学功能分析理论的主要设想和概念得以系统化。从那以后，这种社会学理论的发展就得到了显著的动力。在准备这一修订版时，我把对理论的某些引申和校正部分结合起来。但是，也把某些进一步的论述留给正在准备的另一部书。因此，在这个时候，列举对社会学功能分析近来所做的一些贡献，虽然远不是全部理论贡献，也可能是很有用的。

当然，近些年来的主要贡献是塔尔科特·帕森斯写的《社会系统》（伊利诺伊，格伦科：自由出版社，1951）一书；对此书的进一步补充是帕森斯和他的合作者的著作：T·帕森斯、R. F. 贝尔
136 斯和 E. A. 希尔斯：《行动理论初论》（*Working Papers in the Theory of Action*）（伊利诺伊，格伦科：自由出版社，1953）；T. 帕森斯和 E. A. 希尔斯（编）：《关于行动的一般理论》（*Toward a General Theory of Action*）（坎伯里奇：哈佛大学出版社，1951）。《社会系统》这类有洞察力和逻辑复杂的著作的突出贡献不可能轻易地与它那更加暂时的并经常引起争论的概念发展区别开来，社会学家们现今所从事的只是作出所需要的区分。但是，源于帕森斯论述的研究证据，以及批判性理论评论的证据，都显然表明，这代表了走向对当前社会学理论从方法上进行陈述的决定性一步。

小 N. J. 利维的《社会结构》（*The Structure of Society*）（普林斯顿大学出版社，1953）一书，如作者所说的，在很大程度上来自帕森斯的概念图式，并且这部书提出了许多范畴和概念的逻辑引申。还有待于考察这种概念分类在社会学问题的分析中是否是恰当的和有用的。

许多来自社会学理论不同“文化领域”的论文已提供了对于功能分析的某些理论问题的不很广泛却很深刻的分析。就像在下列短短的文献目录里可看到的那样。在这些论著中，也许最透彻和最有创造力的是两篇相关的论文，即拉尔夫·达伦多夫的“结构和功能”（‘Structure and function’），载《科隆社会学和社会心理学杂志》（*Kölner Zeitschrift für Soziologie und Sozialpsychologie*），1955 年，第 7 期，第 492—519 页；和戴维·洛克伍德的“关于〈社会系统〉的某些评论”（‘Some remarks on “The Social System”’），载《英国社会学杂志》，1956 年，第 7 期，第 134—146 页。这两篇论文都是**系统**理论化的范例，目的是指出功能分析现状中的具体缺陷。对功能理论的地位和功能理论尚未解决的某些重要问题作出深思熟虑和无可争议论述的是伯纳德·巴伯的“结构—功能分析：某些问题和误解”（‘Structural-functional analysis: some problems and misunderstandings’）一文，载《美国社会学评论》，1956 年，第 21 期，第 129—135 页。为解释社会中所观察到的结构模式，澄清功能社会学相关分析逻辑中重要问题的努力，是由哈里·C. 布雷德迈尔在“功能主义方法论”（‘The methodology of functionalism’）一文中作出的，载《美国社会学评论》，1955 年，第 20 期，第 173—180 页；虽然这篇论文令人怀疑地把某些设想归于所考察的某些功能分析，但它的杰出功绩就在于提出了功能分析之适当逻辑的重要问题。

关于人类学家如何使功能分析在当代社会学中（不仅仅是在人类学中）条理化，见梅尔福德·E. 斯皮罗写的富有启发性的论文：“功能分析的类型”（‘A typology of functional analysis’），载《探索》（*Explorations*），1953 年，第 1 期，第 84—95 页；雷蒙德·弗思“功能”（‘Function’）一文所作的透彻的、批判性的考察，载《当代人类学》（小威廉·L. 托马斯编，芝加哥大学出版社，

1956)，第 237—258 页。

在比利时、法国、意大利和巴西对功能理论所作的一系列批
137 判性考察表明功能理论在这些国家也像在美国一样传播开来。在其中，最重要的是亨利·詹恩的"社会学的功能和合目的性"（'Fonction et finalité en sociologie'），载《国际社会学备忘录》（*Cahiers Internationaux de Sociologie*），1954 年，第 16 期，第 50—67 页，这一论文试图把当前的功能理论和法国、比利时社会学家先前的和当代的理论联系起来。对社会学功能分析作出透彻评价的是乔治·格维奇的"社会结构的概念"（'Le concept de structure socile'），载《国际社会学备忘录》，1955 年，第 19 期，第 3—44 页。对社会学研究有代表性问题产生了影响的对功能理论的全面考察，是由菲利浦·巴尔巴诺在其《当代社会学的理论和研究》（*Teoria e Ricerca nella Sociologia Contemporanea*）（米兰：多特·A. 吉夫里出版公司，1955）一书中做出的；弗洛里斯坦·费尔南德斯的《论非社会学功能主义解释方法》（*Ensaio sôbre o Método de Interpretação Funcionalista na Sociologia*）（圣保罗：圣保罗大学学报，第 170 期，1953）是一部资料丰富和系统的学术专著，读此书甚至与读我的书一样枯燥乏味和容易出错。

在前面的章节中提出的范式是按照一套抽象的表示法而形成的，这套表示法旨在清楚地表明这一范式的各个方面是如何与生物学的功能方法的要素相关的。见"功能主义的形式化，特别关于它在社会科学中的应用"（'A formalization of functionism, with special reference to its application in the social sciences'）一文，载于欧内斯特·内格尔的文选《没有形而上学的逻辑》（*Logic Without Metaphysics*）（格伦科：自由出版社，1957）。对这一范式的详细应用，见沃伦·布里德："新闻编辑室的社会控制：一项功能分析"（'Social control in the newsroom: a functional analysis'),载《社会力量》,1953 年,第 33 期,第 326—335 页;A.H.莱顿和 C. C. 休斯:“关于爱斯基摩人自杀形式的评论”('Notes on Eskimo patterns of suicide'),载《西南部人类学杂志》(*Southwestern Journal of Anthropology*),1955 年,第 11 期,第 327—338 页;琼·查普曼和米切尔·埃克斯坦:“关于盛传的圣母玛丽亚降临波多黎各的社会心理研究”('A socialpsychological study of the alleged visitation of the Virgirn Mary in Puerto Rico'),载《美国哲学学会年度报告》(*Year Book of the American Philosophical Society*),1954 年,第 203—206 页;丹尼斯·查普曼:《家庭和社会地位》(*The Home and Social Status*)(伦敦:劳特里奇和克根·保罗出版公司,1955);克里斯蒂·贝:《表达的自由:对政治理想和社会心理现实的研究》(*The Freedom of Expression: A Study in Political Ideals and Socio-Psychological Realities*)(即出);米切尔·埃克斯坦:“对犯罪的不同行为与反应”('Diverse action and response to Crime')(即出);Y. B. 达姆雷:《印度村落中现代观念与知识的传播》(*Commumication of Modern Ideas and Knowledge in Indian Villages*)(坎伯里奇:马萨诸塞理工学院国际研究中心,1955)。

对于与自我肯定和自我否定形象有关的行为的显后果与潜后果的有趣讨论,见肯尼思·博尔丁:《形象》(*The Image*)(安阿伯:密歇根大学出版社,1956)一书第 8 章。 138

第四章
社会学理论对经验研究的影响

社会学理论的晚近历史在很大程度上可以根据两个大不相同的重心的交替出现来书写。一方面，某些社会学家最关注的是概括，以便尽快地阐释社会学的规律。他们倾向于以概括的范围而不是以概括的可能性来评价社会学著作的重要性；他们回避了细节的、小范围的观察的“繁琐”而寻求普遍概述的壮观。在另一极端，则有一批能吃苦耐劳的社会学家，他们不细究其研究的含义，但他们很自信他们所报道的都是真实的。固然，他们对事实的报道是可证实的并且常常被证实，但是他们多少有点不知如何把这些事实彼此联系起来，甚至不知如何解释为什么所作的是这些观察而不是其他观察。对于第一类社会学家，他们共同的座右铭可能有时是这样的：“我们不知道我们所说的是否为真，但这至少是有意义的。”而对偏激的经验主义者来说，其座右铭应为：“事实如此，但我们不能指出其意义。”

无论支持这两个阵营的一方或另一方的基础是什么，心理学家、知识社会学家和科学史家会对这个基础作出不同但并不一定对立的说明，这一点很明显，没有任何逻辑基础可把它们列为相互**对立**的。只要不是出于侥幸，训练有素的观察至少可以约束抽象概括；缜密细致的观察不应因缺乏理论针对性和意义而被视为琐屑。

如果对上述观点确实达成共识，则其无疑会广泛流传。无论怎样，如果理论的功能之一是揭示看起来自明的公理的含义，那么就应该考察关于社会学理论和经验研究的关系这样的纲领性陈述会引发什么。在进行这种考察时，应避免从“更加成熟” 139
的科学，如物理学和生物学中引申出的解释。这不是因为这些解释未显示出所涉及到的逻辑问题，而是因为这些学科的成熟使得它们可以**很有成效地**运用高度的抽象，而其抽象程度社会学还远未达到。关于科学方法不计其数的讨论提出了科学理论的逻辑前提，不过，似乎它们常常是在很高的抽象水平上提出这些前提，以至于将这些规律转移到社会学研究之中的期望成为空想。最终，社会学研究必须满足科学方法的准则；而眼下的任务是要体现这些要求以使它们对目前可行的分析工作产生更直接的影响。

“社会学理论”这一术语被广泛地用来指称社会学家作为一个职业团体之成员所从事的几种相关但又有区别的活动的产物。但是，既然这一活动的几种类型对于经验性社会研究有着显著的不同影响——它们有着不同的科学功能——那么就应该为讨论的目的而将它们加以区别。再则，这样的辨别提供了一种评价所有下列六类工作的长处和短处的基础，这些工作常常被归并起来构成社会学理论：(1)方法论；(2)社会学的一般取向；(3)社会学概念分析；(4)社会学事后解释；(5)社会学中的经验概括；(6)社会学理论。

方法论

在开始时，我们应明确地将社会学理论与方法论区分开，社会学理论有其研究主题，即人们之间互动的某些方面和结果，因而是实质性的；方法论则是科学程序的逻辑。方法论的问题超越任何一门学科的问题之上，方法论的问题既处理众多学科的共同问题，也以更一般的形式处理所有科学研究的共同课题。[①]方法论并不与社会学问题有着特别密切的联系，虽然社会学书籍和报刊中有大量关于方法论的讨论，但是这些问题并不因此就完全是社会学性质的。社会学家与其他所有从事科学工作的
140 人一样，必须具有方法论素养，他们必须了解调查的设计、推论的性质、理论体系的要求。但是，这样的知识并不包括或表明社会学理论的特殊**内容**。简单地说，在**知道怎样检验**一组假说与**知道**怎样得出受检验之假说的**理论**之间还有着明显的、决定性的区别。[②]我的印象是当前社会学的教育在很大程度上是为了使学生们理解前者而不是后者。

正如彭加勒在半个世纪之前观察到的，社会学家长期充当解释方法论的圣师，也许，就因此才不能把他们的才智和精力完全用于建立实质性的理论。对程序逻辑的关注具有独特的科学功能，因为这种逻辑是指导和评估理论和经验研究的主要标准。

---

① 考虑一下几本论述不同于社会学程序的社会学方法论的著作：弗洛里安·兹纳涅茨基：《社会学方法》（*The Method of Sociology*）（纽约：法勒和莱因哈特出版公司，1934）；R. M. 麦基弗：《社会因果关系》（*Social Causation*）（波士顿：吉恩出版公司，1942）；G. A. 伦德伯格：《社会学基础》（*Foundations of Sociology*）（纽约：麦克米兰出版公司，1939）；费利克斯·考夫曼：《社会科学方法论》（*Methodology of the Social Sciences*）（纽约：牛津大学出版社，1944）；P. F. 拉扎斯费尔德和 M. 罗森伯格（编）：《社会研究的语言》（*The Language of Social Research*）（格伦科：自由出版社，1955），特别是导言部分。

② 不过，应该注意到，不仅社会学（或其他科学）探索所运用的工具和程序应满足方法论的标准，而且它们也在逻辑上以实质性的理论为前提。根据皮埃尔·迪昂在这种联系中所观察到的，工具与科学中所获得的实验结果都应该具备具体的假说和实质性的理论。《物理学理论》（*La thèorie physique*）（巴黎：骑士与大河出版公司，1906），第 278 页。

这也反映出不成熟科学发展中所遇的困难。正如学习新技艺的学徒自觉地对照师傅检查这些技艺的每一部分,而师傅则胸有成竹地按习惯行事,同样,一个还未达到科学地位的学科的解释者也同样要费力地说明其程序的逻辑基础。充斥社会学、经济学、心理学领域的关于方法论的低劣书籍在早已成熟的自然科学领域中很少见到。无论它们的学术功能是什么,这些方法论的著述包含了尚未成熟的学科的前景:急于表现它在科学界具有完全地位的资格。但是,非常明显,社会学家为了说明或讲解其目的所运用的适当科学方法的事例通常都引自社会学自身之外的诸学科。二十世纪而不是十九世纪的物理学或化学被当作二十世纪社会学的方法论标准或楷模,因为很少有人明确认识到社会学和这些学科之间有几世纪科学研究积累的差距。这些比较难免是纲领性的而不是现实性的。更适当的方法论要求会使得方法论上的期望与社会学实际成就间的差距既不引人注目也不令人反感。

一般社会学的取向

许多教科书所描述的社会学理论大部分是由着眼于实质性
材料的一般取向构成的。这种取向包含广泛的假设,这些假设 141
指出变量的类型,这些变量本身成为研究的主要内容,而非确定某些变量之间的关系。尽管这些取向是必不可少的,但是它们仅仅为经验探索提供着最宽泛的框架。涂尔干的一般假说就是这样的例子。这一假说认为“某一社会事件的决定性原因应从先于这一事件的那些社会事实中去寻找”,并且认定“社会”因素是指导行为的制度性规范。[1] 或者，也有人说，"在某种程度上，把社会当成其各部分彼此相互联系和功能上相互依存的整合系统是很有用的"。[2] 所以，兹纳涅茨基和索罗金比别人更为突出地详述的在文化资料中"人文主义系数"的重要性也属于这一类型。这种一般的取向可以被解释为实际上是说：调查者实际上危险地无视**事实的秩序**。他们不能提出具体的假说。

这些取向的主要功能是要为探索提供一般的语境，它们推进达到确定假说的过程。举一个这方面的例子：这种一般的社会学取向，即把情绪的形成看作是由社会结构造成的，引导马林诺夫斯基重新检验了弗洛伊德关于恋母情结的观点。这种普遍观点显然支撑了马林诺夫斯基对一种具体的"心理"情结根据它在某一社会中与地位关系系统的联系所作的解释，而这一社会在结构上是不同于西欧社会的。他在这一研究中所运用的**具体**假说是与上述一般取向协调的，但并不是由一般取向所决定的。换句话说，一般取向表明了**某种**结构变量的关联，但是找出所包含的特定变量的任务依然有待我们去完成。

虽然这种普遍的理论观点比起具体假说对科学探索的发展具有更加广泛和深刻的影响，用莫里斯·阿图斯的话来说，这些假说构成了一个发源地，"新的假说从中接连不断地产生，事实的大量收集也紧随着这些假说而出现"。即使如此，它们也仅仅是理论家的起点。理论家的任务则是：根据这些一般取向，通过重新进行经验概括，创立具体的、相互联系的假说。

---

① 涂尔干：《社会学方法规则》(*The Rules of Sociological Method*)，第110条；《教育道德》(*L'Education morale*)（巴黎：费利克斯·艾尔坎出版公司，1925），第9—45页及各处。

② 康德拉·M.阿伦斯伯格和索伦·金博尔：《爱尔兰的家庭和社群》(*Family and Community in Ireland*)（坎伯里奇：哈佛大学出版社，1940），第26章。

进而，应该注意到，社会学理论对其邻近学科的不断贡献，更多地是在一般社会学取向的领域内，而不是在具体证实了的假说领域。社会史的发展、制度经济学的发展和社会学视角引 142
入精神分析理论都主要是涉及到对资料的社会学维度的认识，而不是对具体证实了的理论的合并。社会科学家们已被引导去发现在把他们的理论应用于具体的社会行为中的社会学意义上的差距。他们在其阐释中很少表现出社会学的无知。经济学家、政治学家和心理学家越来越认识到他们一向系统地作为已知事实的东西，也许在社会学看来就是有疑问的。但是，这种对社会学观点的理解力常常由于缺乏适当**检验的具体理论**而被削弱，也就是说，缺乏对于人类需要之决定因素或包含在社会权力分配和实施过程中的社会过程之决定因素的阐明。源于一些社会科学各种理论差距的压力早晚可以促成对适合这些差距所含问题的具体的、系统的社会学理论不断增加的阐述。只有一般取向还不够。大概这一点就是一位经济学家发出抱怨的背景：

> [经济学家总是寻求将他对问题的分析追溯]到某些"基本事实"，就是说，追溯到某些超出经济学的东西。这种东西可能很显然距起初提出的问题相差甚远，因为经济的因果关系的链条常常是很长的。但是，他总是想最终把这一问题交给某个社会学家或其他人，**假若有社会学家在等待他的话。但常常没有。**[①]

① J.K.希克斯："经济理论和社会科学"('Economic theory and the social sciences')，载《社会科学：在理论及教学中的关系》(*The Social Sciences: Their Relations in Theory and in Teaching*)(伦敦：勒普雷出版社，1936)，第135页[黑体为我所加]。

社会学概念的分析

人们常常认为理论是由概念构成的，这是一个不完全的论断，非真非假，模糊不清。固然，对重要概念进行详述和阐明的概念分析是理论工作所必需的。但是，一个概念系列——地位、角色、社群(Gemeinschaft)、社会互动、社会差距、**越轨**——并不能形成理论，尽管它也许参与了一个理论体系。就社会学家中的一种反理论的偏见而言，可以推想出是为了反对那些把理论等同于阐明定义的社会学家，他们错误地把理论分析的部分当作其整体。只是当这类概念以系统的形式相互关联时，理论才会出现。所以，概念构成了所观察对象的定义(或规定)，概念是所要寻求的经验关系中的变量。当诸命题在逻辑上相互关联
143 时，一个理论也就形成了。

对指导资料收集和分析的概念所作的选择当然对经验探索来说是决定性的。这里要指出一个重要的起码常识，如果被选择的概念找不到它们之间的关系，那么不管随之而来的观察和推论是多么细致，这种研究都是没有成果的。这一常识的重要性就在于：经验探索中真正的试错(trial-and-error)程序很可能是相对无成果的，因为无意义地联系着的变量，其数目是无限大的。

所以，概念阐明的功能之一是要澄清某一概念名下所含事实的特性。[①]因而，它用来减小用已知概念来表述虚假经验发现

---

① 正如熊彼特关于“分析工具”的作用所指出的：“如果我们谈起价格水平并设计衡量它们的方法，那么我们必须知道什么是价格水平。如果我们要观察需求，那么我们就必须对它的伸缩性有确切的概念。如果我们谈起劳动生产率，那么我们就必须知道适于每人时的总产量的工作指标是多少以及有关每人时总产量的偏差

的可能性。萨瑟兰对已被人们接受的“犯罪”概念的重新考察就提供了一个有启发性的例证，说明这种澄清是如何导致对那些与按这种概念组织的事实有关的假说进行修正的。[①]他证明犯罪学理论中隐含着模棱两可的东西，根据“官方的标准”，这些理论寻求说明犯罪率在低等社会阶层远远高于在高等社会阶层。这些犯罪“资料”(是根据特定的操作概念或犯罪度量而组织的)导致了一系列假说，这些假说以为贫穷、贫民窟环境、薄弱意识和其他与下层阶级地位密切相关的特征都是犯罪行为的“原因”。一旦犯罪概念被澄清与违反刑法有关，它也就扩展到包括商业和脑力劳动职业在内的“白领犯罪”——这些违法比起下层阶级的违法来，在官方犯罪统计那里经常是较少得到反映的——那么在下层社会地位与犯罪之间假想的密切联系也就找不到了。我们不需要深入探讨萨瑟兰的这个例子以揭示概念澄清的功能。通过更准确地指出资料中包括什么和不包括什么，它规定了一种对**资料的重建**。这样一来，通过质疑建立在原始统计资料上的假设，引导 144
人们清理以前建立的说明虚假资料的假设。通过给犯罪的研究定义中所隐含的假设打上一个疑问标记——这个假设认为许多社会阶级成员对刑法条款的违反都有代表性地记录在官方统计中——这种概念澄清就对理论的核心有直接的意义。

以相同的方式，概念分析也常常可以通过指出一些矛盾比实际上更为明显，解决经验发现中明显的自相矛盾。这句话部分地指出这一事实：最初粗略限定的概念不言而喻地已包括明

系数是多少。在这种概念中不能有假说，它仅包含着描述与测量的方法，在定义它们关系的命题(所谓定理)中也不能有假说，虽然在经济学中如同在别处一样，假说的形成依然是理论的主要任务。这就是我们所说的**分析工具**的意思。”约瑟夫·A.熊彼特：《商业循环》(*Business Cycles*)(纽约：麦格劳—希尔图书公司，1939)，第1卷，第31页。

① 埃德温·H.萨瑟兰：“白领犯罪”(‘White-collar criminality’)，载《美国社会学评论》，1940年，第5期，第1—12页。

显不同的成分，以致按这些概念组织起来的资料实质上是不同的，因而明显表现出矛盾的倾向。[①]在这一例子中概念分析的功能是要最大限度地提高研究资料在重要方面的可比性。

引自萨瑟兰的例子仅仅是说明这种更为普遍的事实，即在研究中，就像在不那么严格的活动中一样，我们的概念语言倾向于确定我们的感觉，进而确定我们的思想和行为。概念定义情境，而研究工作者相应地作出反应。明确的概念分析有助于研究工作者认识到他所反映的东西和他所忽视的（可能是很重要的）因素。沃夫在这方面的发现经过适当的修正就适用于经验研究。[②]他发现行为是指向运用于一个情境的词汇所指称的语言学或概念意义的。所以，被概念描述为“汽油桶”的对象一出现，行为就典型地趋向一个特殊的形式：谨小慎微。但是，当人们遇到“空汽油桶”时，行为就不同了：就不在乎吸烟和乱扔烟蒂了。然而，因为“空”桶包含着爆炸性气体，所以它们是更危险的。反应不是针对物体的情况而是针对概念化的情况所作出的。“空”的概念在此用于多种含义，与“不存在的和空虚的、否定的、惰性的”同义，并作为一个词语应用于实际情景，而没有考虑到容器里残存的气体和液体这种“枝节问题”。情境是在第二

---

① 对于这类分析的详尽论述可见科拉多·吉尼：《经济病理学的主要途径》（*Prime linee di patologia economica*）（米兰：吉夫里出版公司，1935），还可见C.吉尼的一篇简短论文：“协调社会现象领域的不同理论和矛盾观察的一次尝试”（‘Un tentativo di armonizarre teorie disparate e osservazioni contrastanti nel campo dei fenomeni sociali’），载《政治经济学研究》（*Rivista di politica economica*），1935年，第12期，第1—24页。

② B.L.沃夫：“习惯思维和行为与语言的关系”（‘Relation of habitual thought and behavior to language’），载L.施皮尔、A.I.哈洛韦尔和S.S.纽曼（编）：《语言、文化和个性》（*Language, Culture and Personality*）（梅纳尔：萨丕尔纪念基金出版社，1941），第75—93页。

种意义上被概念化的；而反应得出的是在第一种意义上的概念，结果导致了“空”汽油桶成为起火的根源。澄清“空”在话语世界里的确切含义会对行为具有深切的影响。这一个案可用来作为概念澄清对研究行为之功能的影响的一个范式：它澄清了当研 145
究工作者处理概念化了的资料时，他所做的到底是什么。随着概念工具的变化，他能在经验研究中得出不同的结果。

无论如何，这并不是说概念的词汇一成不变地确定了感觉、思维和与之相关的行为。甚至，这也不是说这种误用词语的例子就根植在这种或那种语言中（就像沃夫势必在这种语言行为主义理论中所指的那样）。人们并不是永久地束缚于他们所使用的（常常是继承下来的）概念框架。他们不仅能打破这一框架，而且还能创造新的框架来更好地适应工作的需要。然而，人们应该随时找出经常是落后于个案的行为要求的调整性概念。在那些经常漫长的落后期间，误用的概念会带来损害。不管怎样，这种概念与情境的不吻合——人们通过痛苦的经历才认识到这一点——常常会引发自我更正和更为确切的论述。任务是找出概念的落后并把我们自己从有可能产生认知错误的行为模式中解放出来。[①]

---

① 广泛的讨论参见 B. L. 沃夫身后出版的选集：《语言、思想和实在》（*Language, Thought and Reality*）（坎伯里奇：麻省理工学院出版社，1956）。乔舒亚·沃特莫在其《语言：现代综合》（*Language: A Modern Synthesis*）（纽约：圣马丁出版社，1956）中攻击了沃夫的极端主张，见该书第 85 页，第 186—187 页，第 227—234 页。沃特莫精心找出的论据并未完全驳倒沃夫的观点，而只是迫使它退却为一个更有限的和可辩护的观点。社会所牢固树立的概念影响到感觉、思想和行为，然而语言结构为以更确切的概念代替不确切的概念提供了足够的余地。对沃夫观点有鉴赏力的评论可见富兰克林·费林：“根据感知和认知理论考察本杰明·沃夫的观点”（‘An examination of the conceptions of Benjamin Whorf in the light of theories of perception and cognition’），载哈里·霍耶尔编：《文化的语言》（*Language of Culture*）（芝加哥：芝加哥大学出版社，1954），第 47—81 页。

概念分析的进一步任务是要确立经验研究所关注的社会资料的可观察指标。在这方面所作的早期努力表现在涂尔干的著作中(并且构成了他对社会学的一个最重要贡献)。虽然他沿着这些路线阐述的概念没有达到最近的阐述所达到的精致程度,但是,就像后来的托尔曼和赫尔所描述的那样,他明确地使用了
146 "中介变量"并且寻求确定这些变量的指标。[①]就我们的直接目的需要而言,就在于为不能观察之物或符号式的建构物(如社会内聚力)设计指标,这些指标是得到理论上支持的。所以,概念分析作为一个基础参与对下面这一点的初始的和周期性的批判评价,即设定的记号和符号在多大程度上是社会基础的适当指标。这样的分析指出了确定指标(或是衡量工具)事实上能否证明其适合此情形的线索。[②]

---

① 涂尔干在其每一专著中都以不同形式重复的基本论述如下:"有必要……用标志内在事实的外在事实来代替我们所观察不到的内在事实,并通过外在事实来研究内在事实。"见他的《社会学方法论》第 2 章;《论自杀》(*Le Suicide*)(巴黎:F.艾尔坎出版公司,1930),第 22 页及以下。哈里·阿尔伯特提供了对涂尔干关于社会指标的观点最详细的思考:《埃米尔·涂尔干和他的社会学》(*Emile Durkheim and His Sociology*)(纽约:哥伦比亚大学出版社,1939),第 120 页及以下;关于这个普遍的问题,见 C.L.赫尔:"磨牙行为理论的介入变量问题"('The problem of interevening variables in molar behavior theory'),载《心理学评论》,1943 年,第 50 期,第 273—291 页。

② 概念分析的许多功能之中,在这里有关的就是对指标是否对其环境"中立"这一问题的探讨。对作为指标(如宗教归属这样一个态度尺度)的可观察量要有所选择(对特定人口有效),通过指出构成这种选择之基础的假设,概念分析就导致对这种可能性进行适当的检验,即这一指标是否已与其基础相分离。对这一点的清晰论述见路易斯·格特曼:"标定定性资料的基础"('A basis for scaling qualitative data'),载《美国社会学评论》,1944 年,第 9 卷,第 139—150 页,特别是第 149—150 页。

事后的社会学解释

在经验主义社会研究中常有这种情况：资料收集后才能得到解释性的评论。这种程序——先有观察然后才把解释应用于所观察到的资料——有着临床研究的逻辑结构。这样的观察可能有个案历史或统计的特性。这种程序的确定性特征是在作出观察**之后得出解释**，而不是对预先设定的假说进行经验检验。潜在的含义是一组假设命题已经充分建立起来，几乎可以适用于手头的任何资料。

这种事后(post factam)说明旨在“解释”观察，在逻辑功能上不同于那些外表上相似的程序。在这些程序里，运用观察材料是为了**取得**新假说，以待新的观察加以证实。

这种程序有一个使人消除怀疑的特点就是解释确实与一组已有的观察相一致。正是那些与这些观察相一致的事后假说才被选出来，这没有什么可奇怪的。如果事后解释确实运用了充分证明了的理论，那么这种解释就确实“把笔直的光亮照射到材料的黑暗混乱中”。但是，正如在社会学解释中不乏其例的那样，如果事后的假说也是特别做出的(ad hoc)或者至少只有某种程度的事先确定，那么正如H.S.沙利文所称的，如此“早熟的解释”就以牺牲激发进一步探索而产生一种虚假的适用性。

事后的解释停留在**貌似有理**的水平上(具有很低的证明价值)，而不是导向“使人非信不可的证据”(达到很高的证实程度)。当某一解释与一组资料相一致时(确实，这组资料典型地 147
引出这种决定：使用这一解释而不是另一解释)，就能看到区别于使人非信不可的证据的貌似有理。它还包含有这个意思，即与这些资料同样一致的其他解释还未系统地被考察，并且从这种解释引出的推论还未被新的观察所检验。

事后解释中的逻辑谬误就在于存在着各种各样粗糙的假说可用，而且每一种假说都能得到某种程度的证明，却被用于解释种种非常矛盾的事物。这种事后解释的方法之所以不会失效(nullifiability)，是因为它是如此彻底地灵活。例如，据报道，“失业者势必要比他们失业前读的书少。”这一点是被这种假说所“解释”的，即忧虑的增加是失业的结果，因为像阅读这样需要专心的活动都变得很困难了。这种解释就是貌似有理的，因为有证据表明在这种情形下是可能产生更多的忧虑，也因为病态的偏执状态确实妨碍有组织的活动。然而，如果现在报道说原始资料是错误的并且事实是“失业者比他们失业前读的书多”，那么一种新的事后解释就会立即产生。现在的解释认为失业者有更多的空暇或者他们从事着旨在增长他们个人技艺的活动。结果，他们的阅读比以前更多了。所以，无论观察到的是什么，一种新的解释都能被找出来“适应事实”。[①]这种例子也许足以表明如此概括只能用于说明而不能用于检验。正是这种事后解释的逻辑缺陷使皮尔斯注意到：

> 归纳的实质在于理论的结果应在有关的未知或事实上未知的实验结果之前得出，并且事实上只能在之后被确定。因为，如果我们从现象中寻找同理论的一致性，那么这纯粹是一个我们能靠机智与勤勉找到多少的问题。[②]

---

① 有关的资料还未汇集。不过，论及第二种解释的可行性，可见道格拉斯·韦普勒斯：《民众和出版物：萧条时期的阅读的社会诸方面》(*People and Print*: *Social Aspects of Reading in the Depression*)(芝加哥：芝加哥大学出版社，1937)，第198页。

② 查尔斯·桑德斯·皮尔斯：《皮尔斯文选》(*Collect Papers*)，查尔斯·哈茨霍恩和保罗·韦斯编(坎伯里奇：哈佛大学出版社，1932)，第2卷，第496页。

这些重建明显地回避了对假说被证明为真所需条件的明确论述。为了满足这种逻辑要求,这样的解释就必须是预言性的而不是追溯性的。

作为一个恰当的例子,我们可援引布卢默,他频频断言托马斯-兹纳涅茨基对文献的分析纯粹是“貌似有理”。[①]貌似有理的 148
基础在于解释与资料的一致。缺乏使人确信的证据则源于不能提供除与初始观察相一致之外对解释的不同检验。这种分析适应于事实,但没有告诉我们哪些资料可以拿来反驳这种解释。结果,文献性的证据只是说明理论而不是检验理论。[②]

社会学中的经验概括

常常有人这么说,社会学理论的目标是要达到对社会一致性的陈述。这是一个省略的论断,因而需要澄清。因为,有两类社会学意义上的对一致性的陈述,这两类陈述对理论的影响有着显著的不同。其中,第一类陈述是经验概括,即一个孤立命题所概述的是两个或更多变量之间关系的可观察到的一致性。[③]

---

① 赫伯特·布卢默:《评托马斯和兹纳涅茨基的〈身处欧美的波兰农民〉》(*An Appraisal of Thomas and Znaniecki's The Polish Peasant in Europe and America*)(纽约:社会科学研究委员会,1939),第38页;还可见前引书的第39,44,46,49,50,75各页。

② 很难明白,布卢默断言这些解释不可能证明某个理论的纯粹个案的理由是什么。他关于材料“获得了它们以前所没有的意义和认识”的评论可以普遍地应用到事后的解释。

③ 正如杜威所指出的,“经验”一词的这种用法是很普通的。在这种背景下,“经验意指某一具有存在性推论的既定命题的主题,这一主题仅表现出人们反复观察到的一组特性一致结合的存在,而没有任何对这种结合**为什么**会发生的认识;也没有一个理论表述这种结合的基本原理。”约翰·杜威:《逻辑:探索的理论》(*Logic: Theory of Inquiry*)(纽约:亨利·霍尔特出版公司,1938),第 305 页。

社会学著作中充满了这种未被社会学理论所吸收的概括。例如,恩格尔的消费“定律”。同样,哈尔布瓦赫斯的发现也可以作为一个例子,即雇佣工人在食物上的人均花费多于同一收入阶层的白领雇员。[①]这种概括的准确程度或高或低,然而这并不影响它们在探索的结构中的逻辑地位。作为美国城市的一个样本,格罗夫斯—奥格本发现“制造业占有很大百分比的城市,已婚青年也占较大百分比”。他的这一发现是以指明这种关系程度的等式来表述的。虽然这一层次上的命题是经验研究中的基础,但是这类命题的混合物只能为作为一门学科的社会学提供原始资料。理论研究以及理论取向的经验研究的首要任务在于
149 弄清楚各种一致性对相互关联的命题的影响。定向研究的概念部分地[②]意指经验的探讨是这样组织的:当经验一致性被发现时,它们对理论体系有着直接的结果。就这种研究被定向而言,发现的理论基础是在获得这种发现之前就提出的。

---

① 见C.C.齐默尔曼概述这类一致性的集大成之作:《消费与生活标准》(*Consumption and Standards of Living*)(纽约:D.冯·诺斯特兰特出版公司,1936),第51页及以下。

② “部分地”,仅仅是因为它把研究**完全**限定于检验设定的假说,从而失去获得有成效的新发现的可能性。有些探索可能对庞大理论体系没有直接明显的意义。产生于这种探索中的预感可能会导致经验一致性的发现,而这种一致性后来能够结合到一个理论之中。例如,在关于政治行动的社会学中,近来就已确定了这一点,即选民受到的社会各方压力愈多,他们对总统选举所表现出的兴趣就愈小。[P.F.拉扎斯费尔德、伯纳德·贝雷尔森和黑兹尔·高德特:《人民的选择》(*The People's Choice*)(纽约:迪尤尔、斯隆和皮尔斯出版公司,1944,第56—64页。)]这一发现是在第一次论述这一研究时所完全没有预料的,它很有可能开辟出系统探索政治行为的新路线,即使这种发现还未结合到一个概括性的理论之中。富有成果的经验研究不仅检验理论上推导出的假说,还创立新的假说。这可称为研究的“理论偶发”成分,即由于机遇和敏锐而发现的,并没有刻意寻求的正确结果。

社会学理论

第二类社会学概括被称为科学定律，它是对从理论中可推导出的不变性的陈述，而不同于前一类概括。社会学领域缺乏这种定律也许反映出理论与经验研究的那种显著的分离。尽管有许多论述社会学理论历史的著作，尽管有大量的经验调查，但是社会学家(包括本书作者)仍可在不引用一个充分符合这些准则的例子的情况下，讨论社会学定律的逻辑准则。[1]

接近这些准则并非完全不行。要展现经验概括同理论的关系和陈述理论的功能，考察一个熟悉的个案也许是很有用的，在这一个案中，这类概括被结合到一组实质性的理论中。例如，长期以来在不同的人口中就确立了一种统计的一致性：天主教徒的自杀率低于新教徒。[2]这种一致性以此形式提出了一个理论问题。这种一致性仅仅构成一种经验规律，只有当它能够从一组其他命题中推出时，它才会对理论有重要性。这就是涂尔干 150
给自己提出的任务。因而，如果我们以正规的方式重述涂尔干的理论设想，那么他的理论分析范式就变得清楚了：

1. 社会内聚力为经受严重紧张和忧虑的群体成员提供

---

① 例如，见乔治·A.伦德伯格在："社会科学中的定律概念"('The concept of law in the social sciences')中的论述，载《科学哲学》(*Philosophy of Science*)，1938年第5期，第189—203页，他断言这种定律的可能性不包括任何恰当的个案。K.D.哈尔所著的《社会定律》(*Social Laws*)一书(查佩希尔：北科罗来纳大学出版社，1930)没有兑现这一题目所包含的许诺。社会学家对获得社会定律之可能性所进行的小组讨论发现很难有什么个案为例(布卢默，前引书，第142—150页)。

② 几乎不用说，这一陈述假定：教育、收入、国籍、城乡居民以及其他会使这一发现为虚假的因素都一直被认为是恒定的。

精神支持。

2. 自杀率是人们所经受的**无法解除**的忧虑和紧张的函数。

3. 天主教徒比起新教徒有更大的社会内聚力。

4. 因此，可以预料，在天主教徒中比在新教徒中有较低的自杀率。①

这一个案可用来确定经验概括与理论的关系，并有助于说明理论的几项功能。

1. 它表明理论适用性不是天生在经验概括中有或没有的，它只有当概括在更高抽象层次上被概念化时才出现（天主教——社会内聚力——解除的忧虑——自杀率），这些更高层次的概念被包括在更普遍的关系陈述中。②最初当成一种孤立的一致性的东西被重申为一种关系，不是宗教皈依与行为之间的一种关系，而是具有某种概念化特性（社会内聚力）的群体与行为之间的一种关系。最初经验发现的**范围**被大大拓宽，几种表面看来分离的一致性被认为是相互联系的（例如，结婚者与独身者之间自杀率的差别可以从同一理论中推导出）。

---

① 我们不需要考察这种说明的其他方面，例如：(1)我们确切论述的那些蕴含在涂尔干解释中的前提的范围；(2)会把这些前提当成未知的而不是已知的辅助性理论分析；(3)理论解释的潜在无限退化之所以停滞在此一点而不是另一点的原因；(4)无法直接测量的社会内聚力这种介入变量的引入所带来的问题；(5)前提为经验所证实的程度；(6)由这种说明表现出的比较低的抽象层次；(7)涂尔干从这同一组假设中推导出几个经验概括的事实。

② 索尔斯坦·维布伦就很中肯地指出了这点："所有这些看来像是为琐碎事情所苦恼。但是，任何科学探索必然要处理的资料除了它们所要说明之外的在其他方面都是琐碎的。"《科学在现代文明中的地位》（*The Place of Science in Modern Civilization*）（纽约：维京出版社，1932），第42页。

2. 一旦从一套相互联系的命题推导出并确立一种一致性的理论适用性，我们既积累了理论又积累了研究发现。自杀率差别的一致性加强了对推导出这些一致性和其他一致性的一组命题的证明。这是**系统理论**的一个主要功能。

3. 有鉴于经验一致性不适宜得出不同的结果，重新阐释就导致在非常不同于自杀行为的行为领域中的各种不同结果。例
如，对偏执行为、病态偏见和其他适应不良行为的研究就已发现 151
它们也与群体内聚力不适当有关。[①]经验一致性转变成理论陈述就这样通过不断揭示含义而增强研究的**有效性**。

4. 由于提出基本原理，理论引入了**预言的基础**，这一基础比由先前观察到的倾向所做的纯粹经验推断要更为可靠。因此，若是无关联的量度表明了天主教徒之间的内聚力的减小，那么理论家就会预言这一群体的自杀率有增加的趋势。然而，非理论的经验主义者除了靠推断为基础进行预言外没有其他方法。

5. 先前列出的诸功能是以理论的一个更深入的属性为前提的，这一属性在涂尔干的论述中并不完全是真实的，这就带来了一个至少到现在都特别困扰着社会学理论的普遍问题。如果理论要有成效，那就必然是非常**精确地被确定的**。精确是**可验证性**标准的一个整体因素。当我们考虑精确性在学科研究中的逻辑地位时，那种只要可能就要使用社会学统计资料来控制和检验理论推论的普遍压力就有一个无可非议的基础。

那种能从理论中得出的推论（预言）愈精确，存在**替代性**假说的可能性就愈小。换言之，精确的预言和资料有助于减少从

① 例如，可见埃尔顿·梅奥的《工业文明的人类问题》（*Human Problems of an Industrial Civilization*）（纽约：麦克米兰出版公司，1933）第113页及各处。正如作者们所证实的，怀特海、罗特利斯伯格和迪克森进行的工业道德研究中所用的理论框架显然是从涂尔干的论述中发展而来的。

经验联系中得出**逻辑**谬误的结果。[①]众所周知,从理论推导出的并被证实的预言并不能证明或论证这一理论:这些预言只能提出一种证实的尺度,因为总是有可能来自不同理论体系的其他
152 假说也会说明所预言到的现象。[②]但是,由于提供了在竞争性的假说之间进行选择的初始基础,这些容许由观察来证实其精确预言的理论就具备对全局都有意义的重要性。换言之,精确性增加了接近"决定性"观察或实验的可能性。

理论的内在连贯具有差不多同样的功能,因为若是从一个理论体系中得出许多不同的被经验所证实的结果,那么这就会减少相竞争的理论适当地解释同一种资料的可能性。那种整合了的理论比起一堆不同也不相关的假说具有更大的证实尺度,因此积累了更加重要的证据。

达到精确和逻辑连贯的双重压力会导致没有成效的活动,特别是在社会科学中。任何程序能被使用也能被滥用。不惜一切地坚持精确很可能扼杀掉富有想像力的假说。它也可能导致对科学问题的重述,这常常是为了允许以下面这种结果对其进

---

① 这种"通过预言来证明"的范式在逻辑上当然是谬误的:

如果 A(假说),那么 B(预言)

B 被观察到,

所以 A 为真。

就它所牵涉到的非正式的标准而言,它对科学研究完全是一种干扰。

② 作为一个恰当的个案,可考虑一下不同理论家预言过本世纪中期要发生很大规模的战争和自相残杀的冲突。例如,索罗金和某些马克思主义者基于不同的理论体系提出了这种预言。如果正因为观察到的事实与这两种预言相符合,那么这种很大规模冲突的实际爆发本身并不能使我们在这些分析方案之间进行选择。只有当这些预言是非常具体的、非常精确的,以致实际发生的情况与此预言而不是与彼预言相符,才能开始决定性的检验。

行度量,即后来的材料对手头的初始问题没有影响。①在寻求精确中,必须注意不要无心地让重要问题就这样从我们眼皮底下溜掉。同样,对逻辑一致性的压力也常常引起咬文嚼字和无意义的推理,就如包含在分析体系中的种种假定完全隔离了经验对象或者涉及非常高的抽象以致无法进行经验的探索。② 但是,这些探索标准的根据是不会因这种滥用而无效的。

正规推导与整理

不论怎样,上述有限的说明指出了在理论与经验研究之间更加密切地联系的必要。这二者的普遍分离,一方面表现为经验研究的显著的**残缺破碎**,另一方面表现在不能经受经验检验的系统理论化中。③很少有连续研究的例子,在这种研究中持续研究了从某一已知理论中导出的一系列假说。相反,更多的是高度散乱的经验研究,这些研究都是关于某个具体的人类行为领域,但缺乏关键的理论取向。分离的经验概括与过多的事后 153
解释反映了这种研究模式。绝大部分的一般取向和概念分析,由于不同于一组组相互联系的假说,又转过来反映出使理论活动从经验研究中分离出来的趋势。这是一句老话了:只有当经

---

① 斯图尔特·A.赖斯关于舆论研究中这种倾向的评论,见《1126:社会科学研究十年》(*Eleven Twenty-six: A Decade of Social Science Research*),刘易斯·沃斯编(芝加哥:芝加哥大学出版社,1940),第167页。

② 正是这种实践,被E.罗纳德·沃克在经济学领域中称为"理论的毁损"。《从经济理论到经济政策》(*From Economic Theory to Policy*)(芝加哥:芝加哥大学出版社,1943),第4章。

③ 关于这一点,可见本书第三章引用的这种**间断性**的戏剧性例子(即在托马斯和兹纳涅茨基精心论述这一点数十年之后,对正式社团内首属群体近来的重新发现)。

验研究是理论导向的并且当理论是由经验证实的，才能获得连贯性而不是分散。然而，这一点是可能的，即超出这些确证之外而提出能使社会学研究有益地推进的常规。这种常规可称为“正规推导”与“整理”。①

在经验研究的构思和报告中都应该明确一条常规，即要明确地提出假说和尽可能地提出这些假说的理论根据（设想和假设）。资料的报告应根据它们与假说及作为其来源的理论基础的贴切性而作出。应特别注意解释变量的引进，而不是注意在假说的最初表述中包含的变量；还应指明解释变量对理论的影响。当发现新的和未料到的关系时，就不可避免地要产生事后解释，对这些事后解释要予以陈述以使进一步的探索性研究能够明确方向。这种研究的结论很可能不仅包括对与最初假说相关的发现的陈述，而且当这陈述切题时，还包括指出重新检验这种调查的深层含义所需的观察次序。这种特征的正规推导对心理学和经济学已有有益的影响，在某种情况下会导致后续的实验②，而在另一种情况下，会导致一系列缜密严谨的调查。这种正规化的结果之一就是它限制了无关的、杂乱的和支离破碎的解释的使用。它不向读者增加这种任务：去探寻包含在某一文

① 固然，这些常规分别是演绎的和归纳的。我们在这方面的惟一兴趣是要把这些逻辑程序转换成适合于当前社会学理论和研究的术语。

② 克拉克·赫尔与同事们在这方面的工作是杰出的。例如，见赫尔的《行为原理》(*Principles of Behavior*)（纽约：D.阿普尔顿—世纪出版公司，1943）一书；以及在库尔特·卢因著述中为达到正规化所做的相同努力。例如，库尔特·卢因、罗纳德·利皮特和S.K.埃斯卡洛纳：《拓扑和矢量心理学研究》(*Studies in Topological and Vector Psychology*)，第1册[《衣阿华大学儿童福利研究》，第16卷（衣阿华城，1940）]，第9—42页。

本中种种解释之间的关系。①总之,它为继续的和累积的研究而不是为一堆分散无关的调查指出了方向。 154

所需的相关过程就是拉扎斯费尔德所谓的"整理"。正规推导使我们的注意力集中于理论的含义,整理则寻求在**明显不同**的行为领域里把有效的经验概括系统化。与其让这种分散的经验发现闲置着或者只在不同的行为领域里被提及,不如审慎地尝试建立相对暂时的假设,这样倒有可能扩大现有的理论并提出进一步的经验探索。例如,在宣传和公众舆论,对失业的反应,以及家庭对危机的反应这些领域中的丰富经验发现表明:当人们遇到一个"客观的刺激模式"时,人们虽预料到这一刺激会引起与"初衷"相反的反应,人们的实际行为能够在初衷的基础上,而不是依刺激模式,来被很好地预见到。宣传中的"回飞镖效应"含有这种意思②,对失业适应性反应与失调性反应的研究发现中含有这种意思③,对面临收入严重削减的家庭的稳定性的研究中也含有这种意思。④ 整理过的论述,即使像上面这样

---

① 像约翰·多拉德《一个南方城镇的种姓制度和阶级》(*Caste and Class in a Southern Town*)这样的书充满了启发意义,但清楚地解决容易受到抨击的理论问题、解释性的变量和解释所含的设想对读者来说是一个巨大的任务。然而,如果计划进行一系列建立在多拉德著作之上的研究,那么上述任务就需要完成。

② 保罗·F.拉扎斯费尔德和罗伯特·K.默顿:"广播与电影宣传研究"('Studies in radio and film propaganda'),载《纽约科学学会公报》,第2辑,1943年,第6期,第58—79页。

③ O.M.霍尔:"态度与失业"('Attitudes and unemployed'),载《心理学文献》(*Archives of Psychology*),第165期(1934年3月);E.W.巴基:《失业工人》(*The Unemployed Worker*)(纽黑文:耶鲁大学出版社,1940)。

④ 米拉·科马罗夫斯基:《失业者及其家庭》(*The Unemployed Man and His Family*)(纽约:德赖登出版社,1940);R.C.安杰尔:《遭遇大萧条的家庭》(*The Family Encounters the Depression*)(纽约:查尔斯·斯克里布纳子孙出版公司,1936),E.W.伯吉斯、R.K.默顿等编:《对安吉尔在〈遭遇大萧条的家庭〉一书中所分析文献的再研究》。

粗糙,也会引起理论问题。如果不是将几种经验的发现在某种同样的语境中重新检验的话,这些理论问题就很容易被忽视了。据认为,作为补充被检验假说之正规推导的一种程序,整理将促
155 进生机勃勃的社会学理论和确切的经验研究的共同发展。

第五章
经验研究对社会学理论的影响

历史具有使那些陈规老套过时的某种天赋才能。例如,这一点在社会学的历史发展中就可以看到。社会理论家那些高居在未被世俗事实玷污的纯粹思想天国里的僵化思想很快就会过时,而那些用问卷和铅笔装备起来并热中于追求孤立的、无意义的统计数字的社会研究者的僵化方法也已不合时宜。最近十年间,为了建起社会学大厦,理论家和经验主义者已学会一同工作。进而,他们在这一过程中学会了彼此交流。这常常意味着一个社会学家学会了同他自己交流,因为这同一个人已经吸收了大量的理论和具体的研究。专业化和整体化已是携手并进。这一切不仅带来了对于理论与经验研究**应该**相互作用的认识,而且带来了它们二者**确实**相互作用的结果。

结果,对于理论和研究的关系完全是提纲挈领的说明就不那么急需了。一大批新生的、由理论指导的研究使得卓有成效地讨论这两者之间的实际关系进一步有了可能。并且,正如我们所知的,这样的讨论已不乏其数。杂志上连篇累牍地登载这类文章。这些讨论一般集中于研究中理论的作用,常常极为清晰地说明理论在开启、设计和实施经验研究中的功能。但是,既然这不是单方面的关系,既然这二者是**相互作用**,因此考察这一关系的另一方面,即社会理论发展中经验研究的作用,就可能是有益的。这就是本章的目的。

研究的理论功能

虽然有几个显著的例外,近来的社会学讨论赋予经验研究
156 的主要功能只有一个:检验或证实假说。完成这一功能的模式既为人们熟知又是很清晰的。调查者从预感或假说开始,由此作出许多不同的推论并进而使它们经受证明或反驳这些假说的经验检验。[①]但是,这是一个逻辑模型,当然不可能描述出富有成果的调查中实际会出现的许多东西。它提出的是一套逻辑规范,不是对研究经验的一种描述。正如逻辑学家清楚地意识到的,在提炼经验时,逻辑模型也可能曲解它。如同其他的模型,逻辑模型也是从事件的时间序列中抽象出来的。它夸大了清晰理论的创造作用,而贬低观察的创造作用。因为,经验研究不是仅在逻辑上与观察相融合,经验研究具有逻辑上的作用,也具有心理上的作用,尽管人们很难从经验研究逻辑严谨的报告中认识到这一点。[②]我们所要探寻的正是经验研究对于社会理论所具有的心理压力和逻辑压力。

我的中心论题在于,经验研究远远超出了证实和检验理论

---

① 例如,见G.A.伦德伯格在"什么是社会学问题?"('What are sociological problems?')一文中对斯托弗"介入机会理论"('Theory of intervening opportunities')一文的方法性评论,载《美国社会学评论》,1941年,第6期,第357—369页。

② 见R.K.默顿:"科学、人口和社会"('Science, population and society'),载《科学月刊》(*The Scientific Monthly*),1937年,第44期,第170—171页;让·皮亚杰的恰切讨论:《儿童的判断和推理》(*Judgment and Reasoning in the Child*)(伦敦,1929),第5章、第9章;以及威廉·H.乔治的评论:《行动中的科学家》(*The Scientists in Action*)(伦敦:1936),第153页:"一种研究仅以'写出来'发表的方式是不会得到进步的。"

的被动作用,即它做的比证实或者反驳假说要多。经验研究发挥着积极的作用,在塑造理论的发展上,它至少执行着四个主要功能:**创立**理论、**修订**理论、**转变**理论和**澄清**理论。[①]

1.理论偶发模式

(未曾预料的、反常的和事关全局的资料对创立理论具有推动作用)

在某种条件下,某一研究发现会产生社会理论。在一篇早先的论文里,这种情况被极为简洁地表述为:“富有成效的经验研究不仅检验由理论推出的假说,而且它还创立新的假说。这可以被称为研究的‘偶发’(serendipity)成分,即靠机遇或睿智,
发现了原先并未寻求的正确结论。”[②] 157

偶发模式是指观察到**未曾预料的**[③]、**反常的和事关全局的**

① 第四种功能,即澄清的功能,已由保罗·F.拉扎斯费尔德在一些出版物中详述过了。

② R.K.默顿:“社会学理论”(‘Sociological theory’),载《美国社会学杂志》,1945年,第50期,469页注。非常有趣的是,“偶发”这个怪僻术语,自从霍勒斯·沃波尔于1754年创造出来后就不怎么流行。这一奇怪的词还被生理学家瓦尔特·B.坎农用来表示类似的含义。见坎农:《一位调查者的道路》(*The Way of an Investigator*)(纽约:W.W.诺顿出版公司,1945),第6章,其中,他举了几个科学领域中的偶发性发现的大量例子。

③ 自从1946年写下上面的那一注释以来,serendipity这一术语完全由于其词源学上的奇异而远远扩散出学术界之外。它扩散的迅速可以以它在《纽约时报》版面上的频繁出现来证实。1949年5月22日,该报的科学编辑沃尔德马·肯普弗特在概述研究科学家爱里斯·麦克唐纳的一篇文章时有机会谈到了这一术语。这篇文章是在最内行的版面上论述现代科学的发展。大约三个星期之后,7月14日,该报的日常书籍评论员奥维尔·普雷斯科特明显地被这个词迷住了,因为,在所评论的书

资料这种非常普通的经验，而这些资料成为创立新理论或者拓展已有理论的动因。这一模式的每一因素都易于被描述。首先，资料是未预期到的。旨在检验某一假说的研究产生了意外的副产品，即与研究开始时所讨论的理论没有关系的、未料想到的观察。

其次，或是由于看来与先前理论不相符，或者由于与其他确定的事实不相符，这种观察是反常的、出人意外的。[①]在每一情况下，这种表面的不相符都会激发好奇心。它会刺激研究者去

中，主人公对奇怪的词有着爱好，普雷斯科特想知道主人公是否晓得 serendipity 这一词。1949 年独立节那一天，偶发这一词赢得社会充分的接受。删去限定的引号并且不再需要适当的限制性短语，没有注解或说明，偶发这一词出现在该报的头版上。在一条发自俄克拉何马城的消息中，它一举成名。该消息报道了青霉素的发现者亚历山大·弗莱明在俄克拉何马医学研究基金会上所做的献辞演说。（这条署名为罗伯特·K.普卢姆的电讯说："亚历山大先生的实验带来了现代治疗药物的发展，它常常被引为科学中偶发之重要性的著名事例。虽然他是靠机遇发现了青霉素，但是他已经练出了在科学的偶然事件中捕捉其重要意义的本领。"）从科学专栏的奥秘版面，到较少限制的书评栏目，再到时髦的头版的经历，使得 serendipity 一词逐渐被采纳了。也许不久，它就会被选进美国的编辑词典中去。

其次，这也是另一方面的例子，即一个很少在普通用法中出现的术语被复活，并且得以非常频繁地使用。（比较一下本书第 189 页注中指出的**失范**这一术语的相似历史）。再则，有人会问：这个艰难深奥的、反响不凡和有用的词近些年的发展中所获得的文化共鸣说明了什么呢？

这一层次的问题将由埃利诺·G.巴伯和我本人在一部研究社会学意义上的语义学的专著中探讨，这部专著涉及到 serendipity 这一词在文化上的扩散。这一研究考察了十八世纪创造这一词时的社会和文化背景；考察了它最初出现于十九世纪出版物中时相关观点的情形；考察了最初见到这一新词时的典型反应；考察了它扩散到的文学家、自然科学家和社会科学家、工程师、词汇学家和历史学家的不同社会圈子；考察了它在扩散过程中所经历的意义演变以及它被赋予的不同的意识形态用法。

① 查尔斯·桑德斯·皮尔斯很早就注意到"出人意外的事实"在他说明他所说的"外展"作用中的事关全局的功能，也就是作为推论之一步的假说的创立与接受。见其《选集》(*Collected Papers*)，第 6 卷，第 522—528 页。

"找出资料的意义",使资料适应于更广泛的知识框架。研究者 158
深入探索。他作出新的观察,从观察中作出推理,当然,推理在很大程度上依赖他的一般理论取向。他愈是埋头于这些资料之中,找到富有成果的研究方向的可能性就愈大。在他的新预感被证实的幸运情况下,这种反常的资料最终带来新的或扩展了的理论。被反常的资料所激起的好奇心也就暂时满足了。

再则,未曾预期的事实必须是事关全局的,即它必须对普遍理论有意义,当然我们指的是观察者赋予资料的意义而不是资料自身的意义。因为,察觉寓于特殊中的普遍明显地需要理论上敏感的观察者。总之,人们几个世纪来已经注意到口误、笔误、印刷错误和记忆误差这类的"零碎"事件,但却需要一位有理论敏感性的弗洛伊德把它们看成为事关全局的资料,并通过这些资料扩展了他的压抑和症状行为理论。

所以,偶发模式包括这种未预期到的、反常的和事关全局的资料,这种资料将研究者推向扩展理论的新研究方向。虽然有关偶发的例子在许多学科中出现,但是我愿意引用某一近来的社会学研究例子作为说明。在我们对克拉夫镇(这是一个大约有 700 户的市郊住宅社区,大多数人处在工人阶级地位)的社会组织进行研究的过程中①,我们观察到占很大比例的居民比起在他们先前的居住地来参与了更多的市民性的、政治性的和其他自愿的组织。很偶然的是,我们进一步注意到这种群体参与的增加也出现在有婴儿和儿童的父母中间。这一发现与常识远不相符。因为,众所周知,尤其在低经济水平上,小孩子们通常连累父母并阻碍父母积极参与家庭以外的有组织的群体生活。但是,克拉夫镇的父母们自己很容易地解释他们的行为:"噢,晚

① 引自拉文伯格基金会赞助的住宅社会学和社会心理学研究。

上出去不会有什么问题。”一位属于好几个组织的母亲说道，“在这里很容易找到少年们来照料小孩。比起我曾住过的地方，这里有更多少年。”

这种解释显得非常贴切并且会平息调查者的好奇心，假若没有下面令人困惑的事实：像绝大多数的新住宅社区一样，克拉夫镇实际上少年的比例很小，例如，十五岁至十九岁年龄组的人
159 数只占3.7%。更有甚者，大多数成年人，即63%的人年龄在三十四岁以下，所以婴儿和幼儿在孩子中占了很大比例。因而，在克拉夫镇并没有许多少年可以照料儿童，相反，少年与十岁以下儿童的比例却是1∶10，而在原住地的社区里，这一比例大约在1∶1.5。①

所以，我们立刻遇到一种反常的事实，它肯定不是我们最初观察计划的任何一个部分。我们显然不能也确实不能以有许多少年可以照管儿童这样一个虚假的假设来开始在克拉夫镇的研究。这里，观察既是未预期到的也是反常的。它是事关全局的吗？我们并未预先判断它的“内在”重要性。这看来与弗洛伊德的观察一样不起眼，在上次战争中*，（弗洛伊德有两个儿子在前线）他把一份报纸的标题“戈茨面前的敌人”（‘Die Feinde Vor Görz’）错读成“戈茨的和平”（‘Der Friede Vou Görz’）。弗洛伊德抓住这个不起眼的事件并把它变成一个事关全局的事实。除非克拉夫镇的居民的主观印象与客观事实之间的这种可观察到的差异能经过某种多少相似的转变，否则最好就不管它，因为它

① 实质上，如果我们比较一下十岁以下孩子与十岁至十九岁之间孩子的比例，就会发现克拉夫镇与原住地社区在年龄分布上有同样的差异。如果我们以五岁以下的儿童为比较的基础，这种不均衡甚至更为显著。

* 原文如此，应为第一次世界大战，弗洛伊德（1856—1938）本人未经历第二次世界大战。——译者注

简直就没有什么“社会意义”。

这种错觉之所以成为一般理论问题的一个特别有启发的例子，其原因在于：难于将其解释为故意散布不实信息的既得利益者的故弄玄虚。一般说来，当运用源于功利主义理论的概念图式的社会学家观察一个明显虚假的社会信念时，他会寻找因为利益而虚构和传播这种信念的特殊群体。“宣传！”的鼓噪常常被错当成理论上有力的分析。[①]但是，很清楚，眼前的这个例子是完全没有这一问题的，显然没有什么特殊的利益群体寻求错误地表示克拉夫镇的年龄分布。那么，什么是这一社会错觉的根源呢？

其他多种不同的理论可作为出发点。有马克思关于“人们
的社会存在决定他们的意识”的主张；有涂尔干关于社会形象 160
（“集体表象”）以某种方式反映社会现实的原理，尽管“不能由此得出作为现象之基础的现实在客观上与信仰者们所有的思想相一致”；有谢里夫关于“社会因素”为在相对无结构的情况中有选择的感知与判断提供了框架的论点；有在知识社会学中流行的关于社会地位决定哪些方面形成知觉、信仰和思想的论点。但是，由于这些一般取向[②]是提示性的，它们没有直接指出社会存在的**哪些**特征、社会现实的**哪些**方面、**哪些**社会因素、**哪些**社会地位能够决定这一看来是错误的观念。

与居民的进一步交流无意之中提供了线索。以一个克拉夫

---

① 无疑，既得利益常常传播虚假的宣传并且这会大大加强大众的错觉。但是，既得利益或者关于人民谬见的牧师谎言般的理论并不总是构成最有成效的出发点，它们也没有在解释信念之被接受或拒斥的基础上取得多大进展。这里这个恰当的例子虽然在实际意义上不那么重要，却在重新表明功利主义分析图式之局限性方面有着理论上的重要性。

② 正如在本书第四章已考虑过的理论与一般取向之间的种种差别。

镇事务的积极参与者(她本人是两个六岁以下孩子的母亲)的话来说:

> 我丈夫和我经常一起外出。你看,周围有许多人可以照料孩子。**当你熟悉绝大多数人时,就会对请个十三岁至十四岁的孩子更放心。如果你在大城市里,你就不会对让陌生人到你家里感到那么放心了。**

这清楚地指出了“错觉”的社会学根源可在克拉夫镇居民所处的社区关系结构中找到。这种信念是不知不觉的反映,但不是统计现实的反映,而是社区的内聚力的反映。不是克拉夫镇客观上有许多少年,而是有许多人们熟悉的、因而可以在照看孩子上提供帮助的少年存在。大多数新近来自城市环境的克拉夫镇居民现在发现他们自己处在一个关系亲密的社区里。这种错觉表现了人们的这一感觉:对他们来说,只有在少年们为他们所熟知并且因此值得信赖时,少年们才是作为潜在的照料儿童的助手“存在着”。简言之,知觉是信任的一种功能,而信任则是社会内聚力的一种功能。①

161 所以,根据这种社会学观点,这种未预期到的发现适应于并

---

① 来自这一研究的详细资料提供了确定的证明。鉴于幼儿的这种不寻常的高比例,非常令人吃惊的是,幼儿父母中有54%的人宣称“在克拉夫镇,当我们想要外出时,比较容易找到照料我们孩子的人”。只有21%的父母说比较难找到,还有25%的父母感到没有什么不同。那些来自较大城市社区的人们更会认为在克拉夫镇得到帮助更为容易。此外,正如我们根据这种假说所预料的那样,那些更加紧密地适应克拉夫镇的人们,那些把他们自己更充分地与该镇相认同的人们,都更会相信能比较容易地找到这种助手。他们当中61%的人确实这样认为,而那些与其他社区相认同的人中只有50%;他们中只有12%的人发现很难找到助手,相比较后一组中却有26%的人。

且扩充了这种理论:社会知觉是社会结构的产物。它进一步发展了“关于社会规范的心理学”[①],因为,这不仅仅是个人从社区其他成员吸收特殊的规范、判断和准则的例子。更确切地说,社会知觉是人类关系结构的一个副产品、一个衍生物。

这也许足以说明理论偶发模式的运作:一个未预期到的、反常的发现引起调查者的好奇心,并且引导他沿着一条未经事先考虑的、导致新假说的僻径行进。

2.理论的修订

（新资料对建立概念图式的推动作用）

不过,经验研究不只是通过反常的事实引起理论的扩充,而且通过对迄今为止被忽视的事实进行重复观察做到这一点。当通常应用于某个论题的现有概念图式不能恰当说明这些事实时,研究就不断推动其重新修订。这导致了引进一些还没有系统地包含在分析方案中的变量。这里要注意,不是资料反常或未预料到或者与现有理论不一致,而完全是这些资料一直没被认为与论题有关。理论的偶发模式集中于要求解答的明显不一致之处,重新修订的模式则致力于迄今为止被忽视的却相关的事实,这些事实要求扩展概念图式。

社会科学历史上的这种例子不胜枚举。所以,正是一系列新的经验事实使得马林诺夫斯基为他的巫术理论增加了新的内容。当然,正是他所调查的特罗布里恩德人为他理论的独具一

---

① 马扎弗·谢里夫以此为标题的书应作为这一领域的基础书籍,尽管它倾向于对“社会因素”有比较窄的概念。《关于社会规范的心理学》(*The Psychology of Social Norms*)(纽约,1936)。

格提供了线索。当这些岛上居民通过可靠的毒饵方法在内环礁湖里捕鱼时，既能保证丰厚的捕获量又没有什么危险。既没有什么不确定性也不会有什么不可防范的危险。在这方面，马林诺夫斯基注意到人们没有使用巫术。但是，在公海捕鱼时，由于不确定的捕获量并常常有生命危险，巫术仪式就非常兴盛。他的理论就是来源于这些创造性的观察。这一理论认为巫术信念产生于要超越人们实际追求中的不确定性、产生于坚定信心、产
162 生于减少忧虑、产生于开辟绝处逢生的途径。巫术被解释为实际目标的辅助性方法。正是这些经验事实指出了新的方面与巫术早期理论的结合，特别是与巫术的偶然性，与危险和不可控制物的关系。不是这些事实与先前的理论**不相符合**，而只是先前的概念图式不能适当说明这些事实。马林诺夫斯基也不是在检验预想的假说，他是在启发性的经验资料基础上创立一个扩大了的和改进了的理论。

我们转回国内来举另一个经验资料推动具体理论修订的例子。这是关于大众说服的一个戏剧性事例的调查：广播明星凯特·史密斯在一天十八个小时播音中间的许多次间隔里，就销售了大量的战时债券。我的目的不是要评论这一大众说服事例的动机；[①]对眼前的目的而言，我们只关心出现于这一研究中的两个事实的含义。

首先，在我们的深入访谈过程中，许多我们的被访者，即向史密斯申购买了债券的纽约人，表达了对广告、商业和宣传界不再抱有任何幻想。他们感到自己是被操纵的对象，他们不愿成为广告哄骗、强求和胁迫的目标，而且忿恨这一事实。他们不愿淹没于宣传所强加的观点和并非对自己最有意义的行动的浪潮

① 默顿、费斯克和柯蒂斯：《大众劝说》。

中。他们对实际上是**虚伪关系**(pseudo-Gemeinschaft)的模式表示沮丧。这种做法就是巧妙的销售方法,在这种方法中为了更好操纵顾客而假装对顾客亲切关心。正如一位小商人指出的:“在我自己的业务中,可以看到许多人怎样在他们的商业买卖中作出某些友善、诚实的姿态,而其中绝大部分都是虚假的。”我们的被访者来自高度竞争的、分裂的大都市社会,他们描绘了一个互不信任的环境,**失范**的环境,其中共同的价值已淹没在私人利益的混乱之中。社会被当成竞争者欺诈的实验场所。不大相信无私行为的存在。

与之完全形成对照的是第二个事实:我们发现史密斯的债券促销对这些相同被访者的说服力在很大程度上是出于他们对史密斯正直、诚实的坚定信念。在对几乎一千名各个阶层的纽约人的抽样问卷调查中,也发现同样的结果。80%以上的人认为史密斯在全天的马拉松式推销中,**完全**关心的是推动战时债券的销售,而只有17%的人感到她**还**兼顾自己扬名,微不足道的3%认为她**主要**是关心自己出人头地。 163

这种对她诚实的强调对于声誉形成研究而言是一个更加重要的问题,因为她本人每周至少六次出现在商业性电台主办的节目里。然而,虽然她从事的显然是与其他人同样的推销活动,但是我们的被访者中绝大多数人却把她看成是与其他播音员和明星完全不同的。用一位仰慕者的话来说:“她是诚实的,她**真正的意思**就是她所说的。那不仅仅是坐在那里说一说然后得到报酬。她与其他人是不相同的。”

为什么对史密斯的诚实有如此坚定的看法呢?无疑,产生异化意识和疏远意识的社会,也会引起对确信的更多渴望,对信任的迫切愿望和对诚意的追求。但是,为什么史密斯会为许多原来不信任人的人所信赖呢?为什么她被那些希冀从虚假中解脱出来的人看成是真实的呢？为什么她的动机被认为超出了贪婪、野心和骄傲呢？什么是把史密斯当成诚实的化身这种形象的社会心理原因呢？

在几个原因中，我们在这里愿意考察一下最直接地影响大众劝说理论的原因。线索是由这一事实提供的，即在听过史密斯对战时债券的马拉松式推销的人中，相信她的无私爱国精神的人比不相信的人多。看来这种马拉松式推销债券的演讲提高了公众对她诚实的信任。但是，我们必须认识到这种可能性，她的虔诚爱慕者更可能收听过这次马拉松式的广播。对这些爱慕者而言，她的诚实是毫无疑问的。因此，要决定这种马拉松式广播是否在实际上扩大了信任，我们还必须把有规律地收听她节目的听众与那些不是她的爱慕者的人进行比较。在每一组内，听过这种马拉松式广播的人中明显有很大比例的人都相信史密斯惟一关心的就是爱国。[①]这对她的热心爱慕者来说与对完全不收听她的固定节目的人来说都是一样真实的。换言之，就像用一架趁人不备时拍照的袖珍照相机捕捉到的，我们片刻捕捉到的是史密斯的诚实信誉在进一步提高过程中的快照。我们已经把这个建立信誉的过程在中途加以定格。

然而，如果这种马拉松式的广播增强了对史密斯诚实的信任，那么这是怎样产生的呢？正是在这一方面，我们对被访者开诚布公的深度访问，使得我们能够解释这次问卷调查的统计结果。这种马拉松式的广播在巨大的困难下完全充满着有决心的、毅力坚定的气氛。一些人会看到竭尽全力但坚持不懈的迹象。“她的声音后来并不那么有力，但是她像一个优秀的战士那
164 样坚持到底。”一位敏锐的主妇说道。其他一些人设想自己也处

① 其统计数据可见前引书第 87—88 页。

于那种疲劳不堪但坚持不懈的境地。她的助手特德·柯林斯的令人忧虑的报道加强了听众对史密斯让自己所承受的劳累的揪心关注。一位被访者回忆道:“我感到我不能再忍受这一点了。柯林斯先生关于她精疲力竭的报道对我影响之大使我简直不能忍受了。”这种马拉松式的广播具有献祭仪式的特征。

简言之,史密斯**所说**的还不如她**所做**的更可以证实她的诚实。正是大家认为十八个小时系列播音所具有的紧张和劳累,正是行动而不是语言提供了不容置疑的证明。听众也许会问她是否过分地演戏作假,但是他们都不能回避这一无可辩驳的事实,即她全天都在致力于这一任务。在评价对史密斯行为的直接证明时,另一位被访者解释道:“她整天都在忙着而别人却没有。所以,看来她牺牲的更多,因而更诚实。”由于被看作是一种说服的过程,这一马拉松式的广播把听众中最初具有的怀疑和不信任的感觉先是转变成勉强的,后来转变成完全发自内心的对史密斯诚实的接受。这种连续不断的广播做到了言必行、行必果、果必信。她实际上的所作所为加强了这些言词。这种谈话的货币之所以被接受是因为它以行为的黄金为后盾。并且,这种黄金储备量甚至不需要接近于它能支付的货币量。

上述经验研究指出,行为宣传(propaganda-of-the-deed)在那些不相信言词宣传(propaganda-of-the-word)的人们中间会奏效。哪里有社会混乱、**越轨**、相互冲突的价值,哪里我们就会发现宣传达到了泛滥成灾的地步。任何对价值的论述都很容易被怀疑为“纯粹的宣传”。规劝是可疑的。但是,行为宣传得到更多的信任。许多受众在很大程度上可能从行动中得出他们的结论,他们几乎不会感觉到被操纵。当宣传者的行为与其言词象征性达到一致时,就会激发人们对其诚实的信任。进一步的研究必须确定这种宣传模式在失范的社会中是否比在充分整合的社会中更为有效。与马林诺夫斯基的相关个案没什么不同，这个例证也许说明了经验研究在提出可结合到具体理论中的新变量上的作用。

3. 理论兴趣的重新聚焦

(经验研究的新方法推动理论兴趣的重新聚焦)

对于这一点，我们已考虑到经验研究对特殊理论发展的影
165 响。但是，经验研究也影响到理论发展中更为普遍的趋势。这主要是通过研究程序的创新而出现的，这种程序很容易使理论兴趣的焦点转移到研究的增长点上。

其原因是非常明显的。有力的理论终究只能在相关事实的丰富素材上成长起来，而新发明的程序有助于为这种素材提供各种成分。新的、常常是以前得不到的资料激发了新的假说。进而，理论家们发现他们的假说能够在那些适当的研究方法已经设计好的领域中加以直接检验。对理论家来讲，就不再需要等候偶然要出现的资料了——旨在检验假说的研究立刻就能够开始了。相关资料的涌出因而增加了理论在某一领域的前进速度；而在其他领域，理论却因缺乏适当的观察而停滞不前。注意力因而转移。

在注意到理论兴趣新的中心紧随着研究程序的创新而出现时，我们不是说这些程序独自起了决定性的作用。①例如，对认为宣传是社会控制的一种手段的理论的增长的兴趣一般地是对不断变化的历史情况的反应，它是随着主要意识形态体系间的

① 也许不必指出这些程序、手段和工具转而又依赖于先前的理论。但是，这并不能改变它们对理论进一步发展的刺激作用。

冲突、开辟宣传新途径的大众传播新技术及由商人与政府公开和不公开的对这种新斗争武器的兴趣所提供的丰富研究宝库而来的。但是，这种转变也是积累起来的事实的副产品，而这种事实是通过新形成的、显然粗糙的方法，诸如内容分析法、小组研究技术和焦点访谈，才可得到的。

社会理论晚近历史上这种有影响的例子尽管很多，但是我们这里只能提及几个。例如，对个性和人格形成与社会结构之关系的理论不断增长的关注在引进新的投射方法之后而变得显著。其中，墨滴心理测验(the Rorschach test)*、主题统觉测验(the thematic apperception test)、游戏技巧和填充故事是最为熟悉的几种方法。同样，莫雷诺和其他人的社会群体计量技术和"被动访谈"技术的新发展已复兴了对人际关系理论的兴趣。这些技术还带来一种可称为"首属群体再发现"的潮流，对于正式社会结构在个人和大型正式组织之间的中介作用给予了特别的理论关注。这种兴趣表现在论述非正式群体的作用和结构的全部文献之中，例如，关于工厂社会系统、科层制和政治组织的文献。与此相似，我们可以预期：近来对小组研究技术(即对同一 166
组被访者重复访谈)的引入，将会更快地把社会心理学的注意力集中于这几个理论问题上：态度形成理论、多种选择中的决策、政治参与中的因素和在角色要求冲突的情况下行为的决定因素。这里只提这种方法特别适用的几类问题。

也许，研究程序对理论最为直接的影响来自于按照理论上相关的类型而组织的社会学统计的**产生**。塔尔科特·帕森斯论

* 墨滴心理测验为瑞士精神病学家赫尔曼·罗沙赫(Hermann Rorschach，1884—1922)发明，用含糊混乱的墨滴图形让病人来辨认是什么形状，以此来判断他的心理和个性。——译者注

述过数字资料只有当它们适应于分析类型时，它们才有科学上的重要性，并且“目前的许多研究正在创造着还不能为目前概括性分析图式所利用的事实”。[①]这些不久前一点也不冤枉的责难正在被证明愈来愈不适当了。以往，社会学家在很大程度上不得不处理**一系列以前收集**的统计资料，这些统计资料通常是为非社会学的目的收集的，因此，没法在与任何理论体系直接相关的类型中排列。结果，至少就有关的定量事实而言，理论家被迫只能用与他的问题仅有微弱关系的牵强的资料来工作。这不仅为错误留下了很大的余地——考虑一下涂尔干所用的关于社会内聚力的粗糙指数——而且也意味着理论只得等待偶尔的并且常常几乎是极其偶然的有关资料。理论不能迅速地发展。这幅景象现在开始改变。

理论家不再几乎完全依靠行政机构或社会福利机构的一致意见来作为他的定量资料。塔德的纲领性草案[②]半个世纪之前提出的对社会心理学统计的需要，特别是那些涉及态度、观点和情绪的统计资料，已经多半得到了实现。同样，社区组织的调查者也创造了关于阶级结构、社团行为和派系形成的统计学，这种统计学对理论兴趣产生了影响。种族研究开始提供使理论家重新定向的定量资料。完全可以预料，第二次世界大战期间社会学资料的大量积累，特别是由战争部情报与教育处下属的一个研究组所积累的、部分是新研究方法之结果的资料将会加强对

① 塔尔科特·帕森斯：“在理论社会研究中的作用”（‘The role of theory in social research’），载《美国社会学评论》，1938 年，第 3 期，第 19 页；参见他的《社会行动的结构》（*The Structure of Social Action*）（纽约：1937），第 328—329 页注：“……在社会领域，最容易得到的统计信息处在那种不能被直接用来适应分析理论类型的水平。”

② 加布里埃尔·塔德：《社会学论文集》（*Essais et mélanges sociologiques*）（巴黎，1895），第 230—270 页。

群体士气、宣传和领导等理论的兴趣。[1]但是,也许没必要再提更多的例子了。 167

我们所说的并不意味着统计的堆积自身推进了理论;而是意味着理论兴趣都趋向于转到那些有丰富相关统计资料的领域。[2]况且我们只是唤起对这种重心转移的注意,而不是评价它。很可能的是,这种转移常常把注意力转到以理论的或人文主义的意义来看"不重要的"问题上;它可能把注意力从有较大意义的问题转移到那些有直接解决希望的问题上。如果没有详尽的研究,就很难达到对这一点的全面评价。但是,这种模式自身看来在社会学中就像在其他学科中那样是足够清楚的;通过运用新的方法获得新的、以前没有的资料,理论家就会把他们的分析目光转向这些资料的含义并且指出探索的新方向。

4.概念的澄清

(经验研究推动概念明晰)

很大一部分"理论化"的工作是澄清概念,而且也应该如此。正是在清楚地界定概念上,社会科学研究常常是有缺陷的。主要兴趣在于方法论的研究也许是集中于建立因果关系的**设计**而没有考虑分析一下包含在研究中的变量。由于研究的设计完全与实质性变量的整理没有相互关系而被称为方法论上的经验主义。这种经验主义代表了目前大部分研究的特点。例如,在一

---

① 表明这种情况的读物已出版:S.A.斯托弗等著《美国士兵》(*The American Soldier*)。

② 为了使理论经受决定性的检验,这种统计资料也推进了研究中的足够**精确**;关于精确的功能的讨论,见本书第四章。

系列有效设计的实验中,蔡平发现"在公共住宅工程中,重新给贫民窟的家庭安排住房导致了这些家庭的居住环境和社会生活的改善"。[①]或者,通过有控制的实验,心理学家找到寄养家庭的地位对儿童在智力测验中成绩的影响。[②]或者,通过实验性的探索,研究者们寻求决定一部宣传影片是否达到了改进人们对英国的态度的目的。这几个例子,以及它们所代表的促进了社会
168 科学方法的大量研究,都有这么一个事实,即经验变量不是根据它们的概念成分来加以分析的。[③]正如丽贝卡·韦斯特以她特有的洞察力指出了方法论经验主义的这种普遍问题:人们可能"知道A,B,C由某种因果关系而连结在一起,但是他决不可能以任何精确性来理解A或者B或者C的实质"。结果,这些研究虽然推动了探索的进程,但是它们的发现却没有进入日益增长的社会科学理论的知识宝库。

但是,一般说来,概念澄清通常被认为是为理论家特有的领域,这种整理是经验研究常见的结果。即使只注意自身需要的经验研究也不可避免地要澄清概念。**研究的基本要求就是概念,亦即变量,必须被充分明确地加以定义才使研究能够进行;**这种要求在那种常被误称为社会学理论的话语解释中很难轻易而自然地得到满足。

---

① F.S.蔡平:"贫民窟清理和重新安排住宅对明尼阿波利斯城的家庭与社区关系的影响"('The effects of slum clearance and rehousing on family and community relationships in Mnneapolis),载《美国社会学杂志》,1938年,第43期,第744—763页。

② R.R.西尔斯:"儿童心理学"('Child psychology'),载韦恩·丹尼斯编:《当前心理学的趋向》(*Current Trends in Psychology*)(匹兹堡大学出版社,1947),第55—56页。西尔斯对这类研究的评价令人赞赏地论述了这一普遍问题。

③ 不管它们如何粗糙,诸如焦点访谈这类方法明显是作为检测在起初没有区分的情境中可能相关的变量的辅助而设计的。见R.K.默顿、M.费斯克和P.L.肯德尔:《焦点访谈》(*The Focused Interview*)(伊利诺伊,格伦科:自由出版社,1956)。

在经验研究中，概念澄清的形式通常是确定变量的**指标**。在非研究的思考中，很可能对"士气"或"社会内聚力"这些术语没有明晰的概念就随便谈论它们，但是，如果研究者要去从事系统地观察士气、社会内聚力或社会分裂程度高低的活动，那么这些术语就**必须**澄清。如果他一开始就不想陷入困境，那他就必须设计可观察的、非常准确的和细致清晰的指标。以"操作主义"命名的全部思想运动不过是研究者要求概念限定清晰以便开展工作的一个明显实例。

这已为那些把理论取向与系统的经验研究结合起来的社会学家突出地认识到了。例如，尽管在事实上涂尔干的术语和指标现在显得粗糙和有争议，但是他清楚地认识到为他的概念设计指标的必要。他多次主张"有必要……用表象内在事实的外在事实来替换我们难以捕捉的内在事实，并且通过外在事实研究内在事实"。①这种指标或者概念化事项的标记在观念上代表着与它所表示事物的一对一(one-to-one)关系(而且确定这种关系的困难当然是这种研究的决定性问题之一)。既然指标和其 169
对象是这样相联系的，有人会问确定某东西为指标而另外的东西为指标代表的变量的基础是什么。正如涂尔干所指出并为苏珊娜·兰格重新指出的，在对应关系中，指标是可感知的一方，而

① 埃米尔·涂尔干:《社会分工》(*Division of Labor in Society*)(纽约:麦克米兰出版公司，1933)，第 66 页；还可见他的《社会学方法的规则》(*Les règles de la méthode sociologique*)(巴黎，1895)，第 55—58 页；《自杀论》(巴黎，1930)，第 356 页及各处。参见 R.K.默顿:"涂尔干论社会分工"('Durkheim's *Division of Labor in Society*)，载《美国社会学杂志》，1934 年，第 40 期，特别是第 326—327 页涉及到这种指标问题；更进一步的分析，见拉扎斯费尔德和罗森伯格编:《社会研究的语言》(*The Language of Social Research*)导言到第一部分。

变量是很难或不可能感知的，二者在理论上却是相关的。[①] 例如，态度标尺使得原本不能区别的态度成为可用的指标，就像社会生态学统计为不同地区的多种社会结构提供指标。

通过提出标尺寻求定量化的趋势常常出现，因此可以看成是努力澄清概念以使经验调查能够进行的一个例子。有效和可观察的指标之发展对于研究时的概念运用是很重要的。最后再用一个例子说明经验研究是如何推动澄清古典社会学概念的，而这些概念在不着边际的解释阶段仍然是被错误地定义和未加整理的。

社会学的一个基本观点认为个人有多重社会角色并且按照赋予每个角色的由结构上限定的期望来组织个人的行动。进而，可以说，社会整合得愈差，个人就越是常常经受不可调和的社会角色的紧张。典型事例很多并且也为大家所熟悉：天主教共产主义者经受来自政党和教会的对立压力，社会边缘人遭受着相互冲突的牵制，而职业妇女在家庭需求和职业需求之间疲于奔命。每一本社会学教科书都充满了个人的多重自我造成的互不相容要求的例子。

也许因为一直在很大程度上被限于话语解释并很少成为系统研究的重点，这种角色冲突的重要问题还应在实质上加以澄清，并超出数十年前达到的水平。托马斯和兹纳涅茨基很早就指出了社会角色之间的冲突**可以**由惯例化和角色分离（通过把各组角色要求设定给不同的情形）来削弱。[②]其他人已注意到角色之间的经常冲突对社会如同对个人一样都是负功能性的。但

---

① 苏珊娜·K.兰格：《新关键中的哲学》（*Philosophy in a New Key*）（纽约：企鹅出版社，1948），第46—47页。

② W.I.托马斯和F.兹纳涅茨基：《波兰农民》（纽约：克诺夫出版社，1927），第1866—1870页，第1888页，第1899页及以下。

是，仍未触及许多显著的问题：人们是根据什么基础预言经受着角色冲突的个人之行为的？当一个决定必须作出时，哪一种角色（或哪一种群体团结）是优先的？在什么条件下某一角色或另一角色就成为主导角色？在话语思想的层面上，已有人指出，与 170
个人最充分一致的角色将成为主导的，这样就通过同义反复的虚假解答排除了这个问题。或者，寻求预言角色不协调引起的行为后果的问题，即一个要求对团结、冲突、角色需求和情境这些概念进行有效整理的研究问题，就由于观察到角色冲突总是导致挫折而被回避了。

最近，经验研究已经迫切要求清理这个问题中涉及的重要概念。冲突群体压力指标已制定出来，同时也观察到了在特定情境中发生的行为。例如，作为这方面研究的开端，已表明在具体的决策情况中，比如选举中，承受多重压力的个人就以拖延他们的选举决定来回应。而且，在有待决策时，他们寻求通过逃避冲突的领域而减少冲突：他们对政治竞选运动失去了兴趣。最后，这些资料提示，当多重压力施加于选举者身上时，是社会经济地位起着主导作用。①

无论怎样，这一例子如同其他例子一样，其关键就在于：正是经验研究的需求在澄清公认概念时一直在起作用。经验探索的过程提出了在理论探索中长期未予注意的概念问题。

这里还有几点结束语。我的论述完全致力于经验研究对社会理论发展的四种影响，即理论的开创、理论的修订、理论的重新聚焦和理论的澄清。无疑，还有其他方面。同样无疑的是本

① 拉扎斯费尔德、贝雷尔森和高德特：《人民的选择》，第 6 章；由 B. 贝雷尔森、P. F. 拉扎斯费尔德和 W. N. 麦克菲所做的后续研究：《选举》（*Voting*）（芝加哥大学出版社，1954）。

章的强调也会带来误解。可能会被认为贬低了理论和理论家的作用,这并不是我的意图。我只是指出明确表述的理论不是永远居于经验探索之先;由于显而易见的事实,理论家不是必然地成为照亮新的观察道路的明灯。次序常常是倒过来的。经验研究与理论相结合,社会学才能结出丰硕的果实。仅仅结合在一起还不够,还要做出进一步的努力才行。它们彼此的角色必须
171 清楚地定义。本章就是关于这种定义的一篇短文。

第二编
社会结构和文化结构研究

导　　论

第二编由八章组成，从功能分析的理论观点有选择地探讨了社会结构的问题。

第六章“社会结构与社会失范”最初发表于1938年，但是直到最近还进行了补充和修改。这一章阐明了功能分析学家的理论取向。他们认为，正如同**遵从行为**一样，**社会越轨行为**也是社会结构的产物。这种取向同一种荒谬的前提是针锋相对的，即认为社会结构极大地限制了人类固有的自然冲动的自由宣泄；因此，人类为了获得自由就要同这些束缚周期性地公开对抗。而这种前提是深深扎根于弗洛伊德理论中，在像弗罗姆这样的弗洛伊德修正派的著作中也处处可见。有时，这种自由并不是社会的传统代表十分推崇的特性，它会立即被指责为是罪恶的、丧失理智的、对社会有危害的。这种学说所隐含的政治哲学当然是原始的无政府主义；而在弗罗姆看来，有时弗洛伊德和霍布斯也一样，仁慈的无政府主义乃是一种恶毒的无政府主义概念。在这种概念中，人被看作是参加了旨在保护自己以免遭这种恶意伤害的社会契约。无论在哪种理论中，社会结构都被看成是一种罪恶的必需之物，起初是来源于、后来是束缚了敌意冲动的自由宣泄。

与这些无政府主义学说相反，功能分析认为社会结构是积极的，因为它产生了在人类自然冲动的认知基础上无法预见的新动因。如果社会结构限制了某些意愿付诸行动,它也一定诱发了另外一些意愿。因此功能方法舍弃了各种个人主义理论所持的观点,即不同群体和社会阶层中的越轨行为的不同比率,是这些群体和阶层中发现的病态人格的不同比率的偶然结果。它
175 试图确定社会结构和文化结构是如何对处于结构之中不同部位的人们产生着使他们产生越轨行为的压力。

在第六章里,这种总的取向引出了关于越轨行为的结构根源的一些具体假设。对制度性要求的高偏离率被看作是受文化诱导的,由那些机会有限的社会阶层得不到满足的深刻动因所造成的。文化和社会结构带着彼此相反的目的起着作用。

谈到对制度性要求的偏离,我曾经试图说明**有些**越轨也可以看作是一种**新的**行为方式,可能出现在同其他群体和法律所支持的**那些**制度性模式发生冲突的次群体中。把"制度"说成是为社会上所有群体和阶层一致支持的是不那么确切的。除非在系统考虑中给定**具体**群体对特定"制度"的支持**程度**,我们才能忽略权力在社会中的重要地位。说到"合法权力"或权威,这常常是一个省略而又容易使人误解的词。对社会中**某些**群体来说,权力可能是合法化的,对**所有**群体来说则不然。因此,仅仅用**特定的**社会制度把非遵从行为描绘成越轨行为可能会引起误解;它可能代表了一种对道德的合法性有着自己独特见解的新的可选择模式的发端。

接着,我在这章里主要谈了把功能分析理论延伸至处理社会和文化的**变迁**问题。正如我在别处曾经指出的那样,功能社会学家和人类学家对"社会秩序"问题和社会系统之"维持"的极大关切,使他们一般把科学的注意力集中在对程序的研究,社会系统靠此方法大致上原封不动地保存下来。总的来说,他们并不太注意可用于社会结构中确定的根本变化的程序。如果第六

章的分析没有在实质上帮助解决这个问题，最起码它认识到这是一个颇具意义的问题。它致力于社会动态和社会变迁问题的研究。

功能理论中连接静态和动态的关键概念是社会结构和文化结构要素之间的张力、紧张、矛盾或偏离的概念。这种张力对社会系统的现存形式来说可能是负功能的；也可能对该系统的变化是工具性的。总之，它们产生的压力促使变化发生。当控制这些压力的社会机制有效运行时，这些张力被保持在限制社会结构变化的束缚内（在某些政治理论体系和思想意识形态中，这些控制机制的运行被称为抑制基本结构变迁过程的“让步”和“妥协”）。 176

当然，所有这些并不是说，仅仅这些张力就导致了社会结构的变化；但它们的确在理论上代表着变化的重要根源，而这种根源仍是大量、长期、累积的社会学研究的对象。需要做进一步研究的问题如下：不同社会阶层的美国人被**同一**文化所导引的目标和价值实际同化的程度如何；* 社会机制的运行，如社会分化，减轻了由文化目标与实现这些目标的受社会限制的途径之间的表面矛盾所引起的张力；心理学机制的运行，使文化诱导的志向和可能的社会成就之间的不一致变得可以容忍；社会体系稳定性的功能意义——这种社会体系拥有各种提供了不同非金钱报酬的职业——可能还抑制了不然则难以承受的张力；抑制这些张力对文化（把“安全”作为基本的价值观念来代替“雄心”）和社会结构（改变竞争的规则，为以前遭到剥夺的人提供更多的

* 赫伯特·H. 海曼已开始了这方面的研究，“不同阶级的价值体系”（‘The value systems of different classes’），见莱因哈德·本迪克斯和西摩·马丁·利普塞特编：《阶级、地位和权力：社会分层读本》（*Class, Status and Power: A Reader in Social Stratification*）（格伦科：自由出版社，1953），第 426—442 页。

经济和政治机会)施加压力使之变化的程度。

自从本书首版以后,人们对上述某些问题已经进行了系统的研究。为体现出连续研究的本质重要性以及诸如社会学这样学科的发展概念,我已经在最近完成的一章(第七章)里以一定的篇幅考察了这些研究,而没有将它们的结果编入原来论文的修订版中。我相信,这样才能恰如其分地体现出调查研究中理论和经验连续的重要性。因为调查研究本身就是对以前的阐述的不断扩充、修改和订正,也只有这样才能体现系统调查研究的特点。

正如前两章中分析越轨行为那样,功能理论在第八章中被用来分析科层结构和人格。我还是认为结构限制了处于其中不同位置的个体去发展某些文化重点、社会行为模式以及心理能力。我还认为,就像适用于社会遵从和社会功能的情况一样,这点对于社会偏离和负功能的情形也同样适用。正如我们所看到的,对一个社会系统来说,遵从并不一定意味着功能正常,而偏离也并不一定意味着负功能。

通过对科层结构的功能分析,可以清楚地看出,在确定条件下无论是对结构目标的实现,还是对社会中科层制度所要服务
177 的各种群体来说,遵从规章都会导致功能失调。在规章有用又有效的初始环境发生了实质性变化的情况下,还要实施这些规章,就使遵从规则反而达不到原来的目的。要注意《圣经》的文字和意义的区别显然绝对不是新观点。许多世纪以来,人们一直注意到,规则一旦为文化价值观神圣化,那么即使是变化了的情况已经反映出它们陈旧过时,常常仍然具有约束作用。的确,这又是一个反复提到的旧观点,它变得那么熟知、那么陈腐,以至于人们错误地把这种熟悉当成了深入了解。结果,这一重要常见现象的重大社会学含义就从未被**认真地**研究过,也就是说

没有系统地运用技巧去研究过。那么在科层组织中，这种僵化是如何产生的呢？是因为规则在科层人员的头脑中根深蒂固，还是因为规则已被赋予了太多的情绪和情感，以至于在同其功能不相适应时，还仍然顽固不变和不可动摇？责任、荣誉、忠诚、体面——这不过是虚伪地描写遵从某些社会规范行为的几个颂扬之词。是否这些规范都绝对化了，因而比那些只具有工具性质的规范更难以改变？第八章要解决的正是这类问题。

在这一章里，科层制的负功能被认为不只是由于对一系列已不再通行的情况的过分封闭和静态的调适所造成的，而且是由于正常的社会自我调节机制的崩溃所造成的（例如，官员对按步就班的前途的向往，在一定时候就会导致过分谨慎，而不仅仅是从技术上讲最有效的遵从规章的措施）。考虑到近来对社会体系中自我调节机制的兴趣日益浓厚——社会自动平衡、社会均衡、反馈机制等术语显示了这种兴趣——就更需要进行经验性研究，以便弄清这些机制一旦得到确认后，在什么情况下停止自我调节而成为社会系统的负功能。正如最近菲利普·塞尔兹尼克在他的研究报告《田纳西流域管理局和草根》（*TVA and the Grass Roots*）中证明的那样，这一理论问题可以在科层组织中得到有效的经验性探讨，因为结构和机制之间的相互关系在科层组织中要比在不那么高度组织的社会系统中更容易被观察到。

第八章阐述了科层制结构对职业人格发展的影响，第九章将谈谈专门研究公共科层制的社会科学专家的风险、限制以及潜能。这两章都一方面探讨了科层制总的结构上的问题，另一 178
方面探讨了职业社会学中的问题。显然，这两个领域都需要给予比以前更多的累积性的经验研究。

为了给理解公共管理和私人管理提供一个更为宽广和坚实

的基础，对科层制进行社会学研究显然是必要的。到目前为止，社会学的讨论一直有纯思辨、空洞和抽象的倾向，或者即使给出具体材料，一般也都是整体印象主义式的。这个明显的缺陷直到很迟才引起注意，哥伦比亚大学社会学系便着手搞了一系列经验性的专题文章。这些文章都是关于科层制的社会学问题的。其中有些研究是在社会科学研究委员会（the Social Science Research Council）提供的研究基金资助下进行的。前面提到过的塞尔兹尼克的那份研究报告（1949），主要分析了组织行动对科层政策的意外后果；西摩·马丁·利普塞特的《农业社会主义》（*Agrarian Socialism*）（1950）考察了科层和决策者之间的相互影响；阿尔文·W. 古尔德纳的两篇文章——《工业科层制的种种模式》（*Patterns of Industrial Bureaucracy*）（1954）和《擅自罢工》（*Wildcat Strike*）（1954）——描绘了工厂内部科层制规章所包括的各种潜在的和显露的功能和负功能；彼得·M. 布劳的《科层制的动力学》（*The Dynamics of Bureaucracy*）（1955）分析了两种政府科层制中结构发生变化的条件。唐纳德·D. 斯图尔特尚未发表的关于地方征兵局的研究报告（1950）考察了科层组织中自愿参与的作用。这些研究都提供了关于科层制运行的观察数据，这种数据单从文献资料上是得不到的；这些研究也开始澄
179 清了科层制研究中的一些主要问题。[①]

---

① 有关科层制的结构和运行的其他材料都收集在下面两个论文集中：R. K. 默顿、A. P. 格雷、B. 霍凯以及 H. C. 塞尔文共同编辑的《科层制读本》（*Reader in Bureaucracy*）（伊利诺伊，格伦科：自由出版社，1952），罗伯特·杜宾的《管理中的人际关系》（*Human Relations in Administration*）（纽约：普伦蒂斯·霍尔有限公司，1951）。哈罗德·L. 威伦斯基为我们阅读和研究科层结构提供了一本优秀的入门书，即《工业关系纲要》（*Syllabus of Industrial Relations*）（芝加哥：芝加哥大学出版社，1954）。彼得·M. 布劳在《现代社会的科层制》（*Bureaucracy in Modern Society*）（纽约：兰多

第九章所涉及的另一个主要研究领域是对职业的社会学分析，在这里，主要是指社会科学专家的职业。因而，累积研究就更显得必要了。在近三十年里，已经出版了许多零散的职业研究报告，其中典型的著作可以在本书有关章节后的注释中查到(其中埃丝特·布朗关于职业和半职业的一系列著作对于实际目的极为有用)。但直到最近，这些研究一般还未着眼于一套系统的社会学理论。尽管它们很有趣，也很有实际应用意义，但在社会学理论的发展和运用理论去理解人类这一重要活动领域中都没有取得多大进展。

根据最广泛的标准，在最广泛的群体中，职业无疑被普遍地认为是社会组织的一个重要核心。多数人的工作时间大部分都花在他们的职业活动上；群体赖以生存的经济支柱就是由社会上相互联系的职业的集体劳动提供的；个人的志向、兴趣和情感在很大程度上是由他们的职业观组成的，并带有职业观的印记。所以，凭着印象和一些偶尔可以相信的研究，我们知道，各种行业的人倾向于在社会里扮演不同的角色，在行使权力中(不管是得到承认的还是未得到承认的)分担不同的份额；而且不同地看

姆出版社，1956)一书中纵观了近来的理论发展。

最近出现了一本对科层制进行独立研究的著作，作者将其描述为大致与古尔德纳和布劳的研究相并行，得出的结论也大致相同——罗伊·G.弗朗西斯和罗伯特·C.斯通合著的《科层制中的服务与程序》(*Service and Procedure in Bureaucracy*)(明尼阿波利斯：明尼苏达大学出版社，1956)。正如作者所述，“这种研究的趋同性特别有意思，因为就我们所知，各种研究都是相当独立地进行的。科层制理论似乎引出了共同的问题，也导致进行共同的经验性调查。”第5页。哥伦比亚大学的研究和杜兰(Tulane)的研究确实得出了类似的结论。将这些结论的理论力量集中于一点的那一天可能为期不远了。这里只能说，但不是证明，这些研究是科层制社会学研究的扩展和具体化，而不是对以前所做研究的摒弃。

待这个世界。所有这些都被普遍地感觉到了,但并没有做过多少调查研究。例如,W. H. 奥登已经看出了受职业决定观点的可能性是如何演变成知识社会学中的问题的。他试图用诗歌的形式来表现流行的思想:

马林诺夫斯基,里弗斯,
本尼迪克特还有其他人
揭示了共同文化是如何塑造
不同的众生:
母系种族
杀死了沉睡中的舅舅
并和姨妈们
结婚。

有谁,当他打量着
地铁中的各色面孔,
每张都有自己的特征
不想,或是不敢
探问何种形式能准确地
弥补他们的缺陷
爱情和绝望
180 开始掌管那儿。

有谁不想知道
职业对人类
如何看待自我的命运
究竟有何影响:

譬如，难道所有的职员
都是鸽子笼里的生物？
掮客们都把自在之物
　　看成是不动产？

当一个政客
梦到他的情人，
他会看到她的面孔
　　越来越多，成为一群姑娘吗？
她多情的反应
是全反应，还是无反应？
他试图买下过她吗？
　　接吻时大声吗？

或许诗人的确道出了真实情况；或许并非如此。无论如何，这很值得调查研究。在一定程度上作为第七、第八章讨论中所做的初步努力的结果，我对系统的、**累积性的**系列经验研究的潜在价值印象很深。这些对工作和职业的研究是由一整套社会学理论来指导并反过来进一步完善了这套理论。目前，这种关于职业社会学的统一研究计划已经起步。在社会学研究[①]的这一巨大而意义深远的领域内，无疑可以这样认为，过去的一切只不过是序曲。

本书第一版以后写成的第十、第十一章试图运用功能分析

---

① 威廉·J. 古德、罗伯特·K. 默顿和玛丽·琼·亨廷顿合著：《美国社会的职业：社会学分析及个案汇编》（*The Professions in American Society: A Sociological Analysis and Casebook*）细致地探讨了这一领域，为进一步研究这个问题提供了理论框架。

法去研究社会结构的一个重要组成部分:参考群体。第十章是与艾丽斯·S. 罗西合写的,探讨和总结了《美国士兵》(*The American Soldier*)对于参考群体行为理论的贡献,并且把此贡献同以往流行的类似概念联系了起来。对于参考群体,我们自始至终既从社会心理学的角度,又从它们由以产生的社会结构对它们的塑造模式的角度来予以考虑。有关参考群体理论的进一步研究可在这里首次发表的第十一章中找到。其目的在于根据近来的研究成果澄清该理论的一些基本概念,找出其**症结点**,即为发展这种中层理论而必须解决的主要问题(概念性的、实质性的和程序性的)。

181 也是这一版中新收的第十二章介绍了"有影响人物"这一概念;确认和描绘了两种"有影响人物"的特征——地区性的和全球性的——并且考察了他们在社群影响结构中的行为模式。我们发现,个人对其他人施加影响的程度并非完全取决于其社会阶级地位,因此,在阶级结构的每个阶层中都可以发现为数众多的有影响人物。从这方面讲,第十二章所报告的研究是对地区性社群中影响的实施所进行的社会学研究正在发展的传统的一部分。[1]

尽管第十三章"自证预言"原是为一般读者写的,我还是将它收入了本书当中。因为它研究了社会学中被严重忽略了的功能分析的一部分,即动态社会机制的研究。

读者很快就会注意到,自证社会信念的机制(在此机制中,由于自信的错误而产生虚假的证明)与潜功能这一概念有密切

---

① 有关社会学调查研究中这一延续性的来龙去脉是如何受环境影响的,请参见伊莱休·卡茨和P.F.拉扎斯费尔德合著:《个人影响》(*Personal Influence*)(伊利诺伊,格伦科:自由出版社,1955),导言及第一部分。

的理论联系。两者都是行动、决定或信念的意外后果，一个产生出被错误地认为存在着的环境，另一个产生出完全出乎意料的后果。我在早期关于“有目的的社会行动的意外后果”的文章中，曾经含蓄地谈过这两种机制。它们是社会学模式的另一种范例，虽然被经常注意到，却并未充分加以研究（在这里它同个体心理学形成强烈对照，后者一直把自我证实的信念看作是心理恶性循环的一种类型，历来就被给予了很大而且越来越大的重视）。

在这一章中，第三种意外后果即自我毁坏的信念只是简单地提了一下，而没有做任何深入的讨论。十九世纪逻辑学家约翰·维恩形象地称这个机制为“自杀预言”，它涉及那些防止那种否则可能会成为现实的情况的信念。这类例子很多并且也很常见。因为自信能使人们赢得一场比赛、一场战争或一项向往的奖励，会让群体变得自满起来，这种自满之心便导致懒散，而懒散又最终导致失败。许多人，特别是有公共管理经验的人，当然很早就注意到了，并时常也考虑到自杀信念这种模式。譬如，林肯就敏锐地感觉到了这一形式。在1862年那些黑暗的日子里，当麦克莱伦陷入困境，军队在西线阻滞不前时，林肯并没有发布全民动员令来补充前线急需的成千上万的新战士。他解释说：“如果不是怕引起全国恐慌，进而导致全军溃退，我何尝不愿公开向全国招募新部队呢？要想使一件事为人们真正理解真是太
难了。” 182

但是，从研究的角度看，对这些独特而重要的动态机制的研究只不过是刚刚开始。尽管每一种机制都曾多次得到验证，并且随意用来说明其他问题（就像此处一样），但并未做多少研究来揭示其深刻的内涵。正如我在这些文章中提到的那样，人类试图避免陈词滥调的倾向使我们忽视了这些陈词滥调中偶尔也

蕴含着的重要真理。今天,自我毁坏的信念对于我们来说是很熟悉的,就像钟摆为伽利略时代的人所熟悉一样。而且正因为很熟悉,它才为人们心安理得地忽视,而没有系统地探究其隐含之义。结果,它成了孤立的经验性观察,一个同在经验上得到证实的社会学理论疏离了的异化之物。

所以,这是研究社会动态和社会变化基本过程的又一领域:确定导致三种典型意外后果出现的条件。这三种意外后果是:自我证实的信念(预言,预见),自我挫败或自杀信念,以及潜功能或社会意外收获。

自我证实的预言和自杀预言对社会科学家具有双重意义。它们不仅代表了他在别人的行为中所希望研究的模式,而且反映了会给他本人的研究带来尖锐而特殊的方法论问题的模式。这使从经验上验证社会科学预言变得极为困难。因为这些预言能够被预言所指涉的人加以考虑,社会科学家一直面临着这种可能性,即其预言将作为一种**新的动力**因素进入情境,并因此而改变了预言本来适用的环境。预言的这一特征对人类活动来说是很奇特的。这在关于自然界的预言中并未发现(经人类技术改变过的自然现象除外)。[①]就我们所知,气象学家关于连续降

---

① 阿道夫·格伦鲍姆已经对需要的附加条件进行了说明,他说:“……想一想目标导向的伺服机制,如运用反馈并由自动火力装置控制的导行器。很清楚,这种装置的每一运行阶段都证明了一条或几条纯**物理**定律。可是下列情形却得到了这些定律的认可:计算机预测,照目前的轨迹,导弹将不能击中目标。若用一套新的指令形式将这一信息输送给导弹,就会促使它改变轨迹而击中目标,同计算机原来的预测恰好相反。这与政府的经济学家预言小麦将供过于求,使小麦种植者改变原来的种植计划在原则上又有何异?”见格伦鲍姆富有启发意义的文章,“历史决定论、社会行动主义以及社会科学中的预言”(‘Historical determinism, social activism, and predictions in the social sciences’),载《英国科学哲学杂志》(*The British Journal for the Philosophy of Science*)。

雨的预言至今还没有反常地导致干旱的发生。但是,政府的经 183
济学家关于小麦将供过于求的长远预言却可能使小麦生产者缩减他的原定生产计划,结果使预言变得无效。

这一切都表明,大范围的、未被很好确证的社会科学预言类型面临这样一种悖论:如果公开宣布,预言将变得明显无效;如果不公开宣布,预言将不成其为预言,而变成了"马后炮"——被认为是从事实中得出的知识(这代表了社会科学中的一种困难,类似但并不等于我粗浅理解的以海森堡的测不准原理为代表的物理科学某些特定领域中的困难)。无疑,出于愤世嫉俗,或由于过分沉醉于社会科学的价值而不是人类的其他价值,或由于自封的科学武士身份,社会科学家也许会写下、封好并妥善地把对即将来临的失业、战争、内讧的预言收藏起来,直到预言的事件发生过后再让它重见天日。于国于民于己这都是不负责任的。如果你想一想许多人都强烈反对被当作心理分析的对象,就能大致想像到一个民族因为发现自己可笑地变成一个巨大的社会学研究对象而产生的整体愤怒。这种蛊惑人心的实验或许应该三思。

因此,除了对自毁信念一般的兴趣之外,社会科学家还有相当强的动力来系统地、刻苦地研究一下自我毁灭的预言或预见在社会领域里运行的条件。通过这种认真的研究,他也许会发现什么可以用来把潜在的自杀预言转变成对社会来说是有益的、客观上讲有效的预言。

所以,第二编主要探讨了在动态社会机制的语境中社会结构与职业之间的相互影响。其目的在于提供一些理论上相关的、经验上易处理的、对社会来说有用的社会学调查研究方法。无论怎样,这些领域中的巨大空白已使我这样一位社会学家相
信应立即开展对科层制的社会学研究和对职业的功能分析。 184

第六章
社会结构与失范

直到最近,以前更是如此,你可以说心理学和社会学理论中一个明显的倾向就是把社会结构的不良运行归咎于社会未能控制人的急迫的生物冲动。这个理论所隐含的人与社会之间的关系的形象清晰得令人生疑。首先,是要求得到充分宣泄的人的生物冲动。其次是社会秩序,一种管理冲动,对紧张进行社会处理,或者用弗洛伊德的话来说"放弃冲动快感"的基本机制。与社会结构的要求不相符被归因于天性。[①]正是生物冲动常常冲破社会的约束。这意味着遵从是功利主义的精明算计的结果,或者是无理由的条件反射的结果。

随着社会科学的最近发展,这套概念也随之得到了重大修改。其中之一就是人与社会在生物冲动和社会约束之间所进行的这场从未停息过的战争中,不再是那么明显地对抗了。人作为一堆未驯服的生物冲动的形象看起来更像是一幅漫画而不是肖像。另一点是在对偏离规定行为模式的行为的分析中,越来越多地运用了社会学观点。不管生物冲动的作用如何,这里始终存在着这

① 参见弗洛伊德:《文明及其缺憾》(*Civilization and Its Discontents*)(各处,特别在第63页);欧内斯特·琼斯:《心理分析的社会方面》(*Social Aspects of Psychoanalysis*)(伦敦,1924),第28页。如果弗洛伊德的说法是变相的"原罪说",那么本文提出的解释则是一种"社会产生罪"的说法。

样一个问题，即为什么越轨行为的频率因社会结构的不同而不同，为什么越轨行为在不同的社会结构中具有不同的形态和模式。同以前一样，我们今天对社会结构通过何种过程而产生这样的环境，即使得对社会准则的侵犯构成一种“正常的”(也就是预 185
料中的)反应[①]，仍然知之甚少。本章试图澄清这一问题。

本章中所提出的框架是为了给分析越轨行为的社会根源和文化根源提供一个系统方法而设计的。我们的主要目标是发现某些**社会结构是怎样对社会中的某些人产生明确的压力，使其产生非遵从行为而不是遵从行为**。如果我们能找到特别容易屈服于此种压力的群体，我们就会在这些群体中发现比率相当高的越轨行为。这倒不是因为组成这些群体的人是由独特的生物倾向所构成的，而是因为他们对自己所处的社会情境做出正常的反应。我们所持的观点是社会学观点。我们要考虑的是越轨行为**比率**的变化而不是其影响。[②]如果我们的探索真能成功的

① 在心理学上可期待(如果不是文化上可赞同)这一意义上，对确定的社会状况的“正常”反应。当然，这种说法并没有否认确定越轨行为的**影响**时生物差异和人格差异的作用。但此处对**这个问题**不予讨论。我赞同詹姆斯·S.普兰特在同一意义上所说的，“正常人对不正常状况的正常反应”。见其《人格与文化模式》(*Personality and the Cultural Pattern*)(纽约，1937)，第248页。

② 爱德华·萨皮尔曾颇有见解地描述过这里所持的观点，“……社会科学问题在具体程度上而不是在种类上与个体行为问题有所不同。有关行为的每一阐述都明确或是含蓄地强调确定人格或人格类型的实际的、完整的经验，都只是心理学或精神病学的论据，而不是社会科学的论据。关于行为的每一阐述，如果它对一个现实个体或许多个体的行为不求精确，对从体质上和心理上规定了的个体类型的期待行为不求精确，而是对上述行为的抽象，以便用鲜明的形象把人人都有的那些作为人际的或‘社会的’模式的个体行为方面的特定倾向显现出来，那么无论此种阐述如何表达得粗略，都是社会科学的论据。”我这里选择了第二种观点，尽管我偶尔会谈到态度、价值观及功能，那也将从社会结构是如何在指定条件下诱发或抑制它们的出现这一角度出发。见萨皮尔：“文化人类学为什么需要精神病学家”，载《精神病学》(*Psychiatry*)，1938年，第1期，第7—12页。

话，我们将发现某些形式的越轨行为同遵从行为一样在心理上也是正常的。这也就质疑了把越轨等同于心理变态。

文化目标与制度性规范的模式

在社会结构和文化结构的几种成分中，有两种具有直接的重要性。尽管二者在具体情况下是相互融合的，但在分析时还是可以分离的。第一种成分由受文化限定的目标、目的及兴趣组成；是全体成员或广泛分布于社会各界的成员所持的合法目标。这些目标或多或少是整合的——其程度是经验事实的问题——并大致按某种价值等级顺序排列。由于涉及各种程度的
186 情感与意义，流行目标构成了抱负参考框架。它们都是"值得为之奋斗"的东西。它们是林顿所说的"为了群体生活的设计"的基本(如果不是惟一的话)组成部分。尽管某些(而不是全部)文化目标与人的生物冲动有直接关系，却并不是由它决定的。

文化结构的第二个成分规定、适应并控制着实现这些目标的可以接受的方式。每一个社会群体都总是将自己的文化目标同植根于习俗或制度的规则、同实现这些目标所允许的程序的规则联系起来。这些调节性规范不一定同技术和效率规范一样。许多从特定个体的角度看是保证获得所渴求的价值的最有效方法——使用暴力、欺骗及权术——都被排除在为制度所允许的行为之外。有时，即使对于群体本身来说是有效的方法也是不允许的——如历史上的活体解剖禁忌、医学实验禁忌以及对"神圣"规范进行社会学分析的禁忌——因为可接受性的标准不是技术效率，而是负载了价值的情感(为群体中的大部分成员或那些能够将权力和宣传结合起来以促发这些情感的人所支持)。在任何情况下，对于追求文化目标之手段的选择都受到制

度规范的限制。

社会学家往往把这些控制说成是“遵从习俗”或是通过社会制度而运行。这些省略的叙述都很正确，但它们掩盖了这样一个事实，就是文化上标准化了的实践并非是一个整体。它们在广泛的范围内受到控制。它们可以代表明确规定的、选择的、允许的或禁止的行为模式。在评估社会控制的运行情况时，这些变化——大致由这些术语表示：**规定、选择、允许和禁止**——当然必须加以考虑。

还有，说文化目标和制度化的规范共同作用，形成占主导的实践，这并不等于说它们二者之间有持续的关系。从文化上对某些目标的重视的变化与对制度化手段的强调程度无关。对特定目标的价值有可能产生一种着重的、有时甚至是惟一的强调，相对而言，与制度规定了的达到此目标的方法无甚联系。当方法的选择范围只由技术规范而不是由制度规范所决定时，这种限制情况就会出现。一切有助于实现最重要目标的方法在这种假设的极端情况下都会得到允许。这构成了一种整合不当的文化。第二极的类型在这种群体中可以找到：这些群体把原本作 187
为工具性的活动转变成完备自足的实践，而失去了进一步的目标。原来的目标被忘却了，对制度性规定了的行为的紧密固守则成为一种仪式。[①] 绝对遵从成为中心价值。在一定时期内，社会的稳定性得到了保证——以失去灵活性为代价。因为文化所允许的可供选择的行为范围受到了严重限制，适应新条件的基础就很少了。于是便产生了一个恪守传统的、“神圣的”、以恐

① 可以将此种仪式主义同那种使这些行为理性化从而将其作为手段的地位保留下来的神话联系起来。但主要的压力却要求严格的礼仪遵从，而不考虑这种神话。当这种理性并未被唤醒时，礼仪主义则最为彻底。

新症(neophobia)为标志的社会。处于这些极端类型中间的社会则在强调文化目标和制度化实践之间保持大致的平衡，这些构成了整合的、相对稳定的然而是变化的社会。

只要遵从两种文化制约的个体感到满意，即实现目标后的满意和直接对通过制度化管道为达成目标而奋斗的方式感到满意，社会结构这两方面之间的有效平衡就会得到保持。从产品和过程来说，从成果和活动来说，这点已经被认识到了。持续的满足感必须从完全参与到一个竞争的秩序中来获得，以及如果此秩序要继续保留的话，从击败竞争对手中得到。假如变成只关注竞争结果，那么那些总是失败的人便要求修改游戏规则，这一点是很容易理解的。为遵从制度规范而偶尔做出的——并不像弗洛伊德所认为的总要做出的——牺牲，必须由社会化的报酬来补偿。通过竞争而导致的地位分配必须这样来组织，以便向分配秩序里的**每一位置**提供使人牢记职位义务的正面鼓励。否则，就会出现反常行为，这在下面讲得很清楚。我的主要假设是，可以从社会学角度将反常行为看成是文化规定了的追求与社会结构化了的实现该追求的途径间脱节的征兆。

从文化目标和制度化手段的独立变化所产生的各种社会类型中，我们将首先探讨第一种——一个少见的、一味强调具体目标而不相应地强调制度化程序的社会。为了避免引起误解，对这个说法应予严格表述。没有一个社会是没有指导行为的规范的。但在民间习俗、风俗习惯及制度控制与文化价值等级结构
188 最高目标的有效整合程度上，各个社会的确是不同的。这样的文化可以导致个体在情感上坚信在文化上受到赞许的目的复合体，而对实现这些目的的规定手段在感情上的支持要少得多。由于对目标和制度化程序如此不同的强调，对目标的强调使后者遭到严重削弱，以至于许多个体的行为仅仅因为考虑技术上

的便利性才受到了限制。在这一语境下,最重要的问题变为,在编织文化上赞赏的价值网时,哪一种适用的程序效率最高?[①]在技术上最为有效的程序,不管文化上合不合法,都成为典型地偏好制度性规定的行为。随着这一减退过程的继续,社会变得不稳定起来,便产生了涂尔干所谓的“失范”(或无规范状态)。[②]

此过程的运行最终导致“失范”,这一点可以很容易地在一系列常见而又有意义、尽管有时可能是琐碎的文章中找到。因此,在竞争性的体育项目中,当胜利的目标摆脱了制度性装饰时,成功则被解释为“在比赛中获胜”而不是“在比赛规则条件下获胜”,这是对使用不合法但技术上效率高的手段给予的含蓄教唆。敌方足球队的明星暗里遭人伤害;摔跤运动员用巧妙但犯规的技术使对手失去战斗力;大学校友会私下资助体育“特长生”。过分看重目标便减少了纯粹参与竞争活动产生的满足感,以至于只有成功的结果才能提供满足感。通过同样的程序,想在扑克游戏中胜利的欲望所产生的紧张,在设法发给自己四个

---

① 有关这一点,请参见埃尔顿·梅奥对托尼的名著的题目所做的解释。“实际上,问题**不是一个贪婪社会的病态,而是病态社会的贪婪**。”《工业文明中人的问题》(*Human Problems of an Industrial Civilization*),第 153 页。梅奥谈到了财富变成社会成就的基本象征的过程,并认为这是社会失范状态的结果。我这里主要关切的是,视金钱成功为目标会给一个尚未根据这一强调的含义而调整其结构的社会带来何种后果。完整的分析需要对两个过程同时进行研究。

② 涂尔干重新使用了“失范”这一术语。据我所知,它最初在十六世纪末出现时也大致是这个意思,极有可能成为对思想的历史起源感兴趣的学者的研究课题。就像由约瑟夫·格兰维尔发明的、三个世纪以后才由怀特海使之在学术界和政治界人尽皆知的术语“意见气候”一样,“失范”一词(也写作 anomy, anomia)自从涂尔干再次运用后,近来常被使用。当代社会中为何会出现此种复兴?就此问题进行研究的一个重要范例,请参见利奥·施皮策:“社会环境和环境:历史语义学论文”‘Milieu and Ambiance: an essay in historical semantics’,《哲学与现象学研究》(*Philosophy and Phenomenological Research*),1942 年,第 3 期,第 1—42 页,第 169—218 页。

A 后才能消除；或者为了满足成功的渴望，在单人牌戏中洗牌作弊。后一种情形中不自在的隐约心理痛苦以及公开的作弊行为
189 的偷偷摸摸的性质清楚地表明，游戏的制度性规则对犯规者来说是**熟悉的**。但由于对成功目标在文化上的(或特异性的)过分夸张，致使人们在情感上便不再赞同规则。[①]

当然，此过程并不局限于竞技体育领域，它只向我们提供了社会大千世界的缩影。由于把目的抬高而产生了手段的(在字面意义上)非道德化，即手段的非制度化，这种过程在社会结构的这两部分未能有效整合起来的许多[②]群体中经常出现。

当代美国文化似乎接近这种极端类型，即特别地强调某些成功目标而未相应地强调合乎制度的手段。断言财富积累本身就是成功的象征，与否认美国人在价值等级中将积累财富看得很高一样，都是荒唐的。在很大程度上，金钱超越了它的支付费用及增加权力的功能，本身被当作一种价值而神圣化了。"金钱"很奇特地被当作声望的象征。正如齐美尔所强调的那样，金钱是高度抽象化和非人格化的。无论是怎样弄到手的，骗来的也好，靠制度性手段挣来的也好，金钱可以用来购买相同的商品和服务。都市社会的匿名性，再加上金钱的这些奇特之处，容许财富(其来源对这些富豪所处的社区来说可能是不清楚的；或者如果知道的话，也随着时间的推移而变得纯洁了)作为高等地位

① 文化规范一旦内化了，就似乎不太可能再全部消失。任何残存的规范都将给人格带来紧张和冲突，以及一定的矛盾心理。对曾经接纳的制度规范的显明拒斥却又同时伴随着对感情联系的潜在保留。自责感、罪恶感和良心上的痛苦是描述此种未消除的紧张的不同术语。对名义上已经抛弃的价值观象征性地信守或对拒斥这些价值观进行合理化构成了表达这些紧张的一种更为微妙的方式。

② 由于前面所谈及的原因，所以是"许多"而不是全部未整合的群体。在强调重点已移至制度性手段时，其结果通常是一种仪式主义类型而不是失范类型。

的象征。还有,美国梦是绵绵无绝期的。“金钱成功”的程度是根据实用而不确定和相对的。在每一个收入阶层中,正如H.F.克拉克所发现的,美国人想再多得到25%(但这“再多得一点点”在满足之后还将继续进行下去)。在这种标准不断变化的波动中,是没有终点的,或者不如说这是个总要想法“再进一步”的点。有人考察了拿六位数年薪并非稀奇的社区,他报道了一位美国梦受害者痛苦的话:“在这个社区,我因为每星期只拿一千美元而受大家歧视。这太伤人了。”[①]

说金钱成功这一目标牢牢树立在美国文化之中,只是说美 190
国人从各个方面都受到一些确认保留目标之权力或责任的训诫的攻击,即使面临不断的挫折。社会上声名显赫的代表们支持这种文化重点。家庭、学校和工作单位——决定美国人人格结构和目标形成的主要场所——共同提供一种强化训练。如果一个人想要完整地保留一个难以实现的目标,如果他想从尚未得到履行的保证获得满足感这一诺言中得到动力的话,这种强化训练是必需的。我们不久就会看到,父母亲对于他们所属群体——首先是他们的社会阶级或他们认为自己所属的阶级——的价值观和目标来说,起到了一种传送带的作用。学校当然是传承盛行价值观的官方机构,城市学校的大量课本都暗示或明确宣称“教育通向智力发达,从而也就通向工作和金钱的成功”。[②]训练人们去实现其未遂志向这一过程的核心是关于成功的文化原型,它也是证明只要具有必要的能力美国梦就能够实现的活生生例子。关于这一点,请看下面从商业杂志《国家商

---

① 利奥·C.罗斯顿:《好莱坞》(*Hollywood*)(纽约,1940),第40页。

② 马尔科姆·S.麦克莱恩:《学者、工人和绅士》(*Scholars, Workers and Gentlemen*)(哈佛大学出版社,1938),第29页。

业》(*Nation's Business*)中摘录的片段。这是从来自大量可供比较的、提出商业阶层文化价值观的大众传播媒介的材料中选来的。

文　献 (《国家商业》,第27卷,第8期,第7页)	其社会学意义
“除非你生来就是干这些工作的,哥们!不然就加把劲儿。”	这是一种异端见解,可能是在连续挫折后形成的。它拒绝保留显然无法实现的目标的做法,而且还对提供实现这一目标的不同途径的社会结构的合法性提出怀疑。
那是平息雄心的老办法。	这一反击明确表达了完整保留志向不丢失抱负的文化价值。
在倾听其蛊惑之言以前,先问一问这些人:	这是对下列“成功例子”之作用的明确宣告。这些人是这条道理的活证明:社会结构是这样建构的,**如果其志向是有价值的**,社会结构就允许它们得以实现。于是未能实现这些目标就只能归咎于自身缺点。由失败引起的攻击因而应指向内部而不是外部,针对自己,而不是提

埃尔默·R.琼斯是富国银行总裁,小时候很穷,五年级时弃学并首次参加了工作。

富兰克·C.鲍尔,美国梅森水果罐头老板,他乘坐他哥哥乔治的马拉棚车,从布法罗赶往印第安纳的门西,并在那儿开始做起小生意,后来发展成为同行业中最大的。

J.L.贝文,伊利诺伊州中央铁路总裁,十二岁时在新奥尔良的货运部当送信童。

供通向机会的自由和平等途径的社会结构。 191

成功范例I:每人都可能有崇高的志向,因为不管起点多么低,真正的天才是能达到顶峰的。志向必须永存心中。

成功范例II:不管你现在奋斗的结果如何,前途还是大有希望的;因为连一个普通人都能成为国王。似乎总也达不到满意,但当你的企业成为同行业中最大的时候,最后满足会实现的。

成功范例III:如果我们经济的长期趋势似乎是不能向小企业提供多少机会的话,那你可以从私人企业的庞大科层结构中升上去。如果你不能继续在自己创立的王国里称王,那你起码能在某一个经济机构中当一位总裁。无论你目前的地位怎样,信差也好,职员也好,你必须瞄准最高职位。

从各种不同渠道都不断产生出一种要求保留雄心壮志的压

力。劝喻性的文章很多,一个人只能冒着招致中伤的危险去选择。考虑考虑这些吧:拉塞尔·H.康韦尔牧师,他的有成千上万听众或读者的讲演《钻石地产》(*Acres of Diamond*)。其后他又写成了一本《新的日子》(*The New Day*),又名《新机会:写给年轻人的书》(*Fresh Opportunities: A Book for Young Men*);埃尔伯特·哈巴德在查托夸夏季教育野外集会向全国发表了著名的演讲《致加西亚的信》(*Message to Garcia*);奥里森·斯威特·马登在一系列的书中首先提出《成功的秘密》(*The Secret of Achievement*),备受大学校长们的赞扬,接着他又解释了《向前推进》(*Pushing to the Front*)的过程,得到了麦金利总统的称道;最后,为《人人都成为国王》(*Every Man a King*)指出了道路——尽管该书是民主的证明。一个普通人升入经济贵族阶层的象征意义与美国文化的模式深深地交织在一起。其最佳表述由安德鲁·卡耐基道出:"在你的梦中做一个国王吧!对你自己说:'我的位置在最高处。'"①

与正面强调坚持崇高目标的义务相伴随的,还有相应地强调对那些在其抱负上退缩者的惩罚。美国人被告诫"不要做一
192 个半途而废者",因为在美国文化辞典里如同在青年人词汇里一样,"是没有'失败'这个词的"。文化宣言表达得很清楚:你不应放弃,不应停止努力,不应降低目标,因为"目标低下即是犯罪,而失败却不是"。

因此,这种文化告诫要我们接受三个文化公理:第一,既然崇高的目标面向一切人,因而所有的人都应该为之奋斗;第二,

---

① 参看A.W.格里斯沃尔德:《美国对成功的崇拜》(*The American Cult of Success*)(耶鲁大学博士论文,1933);R.O.卡尔森:《"人格学派":社会学分析》(*"Personality Schools": A Sociological Analysis*)(哥伦比亚大学硕士论文,1948)。

目前表面上的失败只不过是通向最后成功的一个小站;第三,真正的失败是降低或放弃自己的雄心壮志。

大体上用心理分析来解释,这些公理表示:首先,对刺激的象征意义的辅助性加强;第二,通过相关的刺激来防止有可能消失的反应;第三,加强动机的强度,以激发连续的反应——尽管一直也得不到报酬。

用社会学方法解释一下,这些公理代表了:第一,把那些因所处的社会地位而不能充分、平等地享有机会的人对社会结构的批判转变为对其自我的批判;第二,通过使社会底层的人与高层的人(他们最终也将加入这些人中)的认同,而不是与他们同阶层的人的认同,来维持社会权力的结构;第三,通过威胁那些不遵从的人不能享有充分的社会成员权,以迫使他们遵从文化指令而毫不松懈对远大抱负的追求。

正是运用这些术语和通过这些步骤,当代美国文化才仍然以大力强调财富是成功的一个基本标志为特征,而没有相应地强调通向这一目标的合法途径。生活在这种文化环境中的人们是如何反应的呢?我们的观察怎样影响了这一信条,即越轨行为典型地源于生物冲动冲破文化束缚?简言之,对占主导地位的成功目标的强调,已经与对实现这些目标而要采取的制度化程序的强调日益分离。处在这样一种文化的社会结构中不同地位的人们,其行为后果会如何呢?

个体适应的类型

先搁下这些文化模式不谈,现在让我们来考察一下个体在文化关联的社会中的适应类型。虽然我们的焦点仍然是越轨行为的不同比率和种类的文化根源和社会根源,我们的视角已经从文化价值模式的层面转到在社会结构中处于不同位置的人对这些价值的适应种类这一层面。

193 我们在这里要讨论五种适应类型，在下面以图表形式列出。(+)表示“接受”，(-)表示“拒斥”，而(±)表示“对流行价值的拒斥及用新价值替换”。

个体适应模式的类型①

适应类型	文化目标	制度化的手段
I. 遵从	+	+
II. 创新	+	-
III. 仪式主义	-	+
IV. 退却主义	-	-

① 并不缺少对挫折环境中其他反应方式的分类。弗洛伊德在他所著的《文明及其缺憾》(*Civilization and Its Discontents*)(第30页及以下)中提供了一个；派生的分类——在基本的细节上常有不同——可在卡伦·霍妮的《我们时代的神经病人格》(*Neurotic Personality of Our Time*)(纽约，1937)中找到；S. 罗森茨韦格的“对挫折反应类型的实验性测定”一文收在H. A. 默里等编《人格探索》(*Explorations in Personality*)(纽约，1938)，第585—599页；在约翰·多拉德、哈罗德·拉斯韦尔、艾布拉姆·卡迪纳、埃瑞克·弗罗姆等人的著作中也可以发现。特别是在弗洛伊德严格的分类学中，所采取的视角是个体反应的类型，与个体在社会结构中的地位很不相干。譬如，尽管霍妮始终关心“文化”，可是她没有探索这种文化对农民、工人和商人的不同影响，对低层、中层和上层阶级中个体的不同影响，对各种族群体成员的不同影响，等等。这样“文化中的非连续性”的作用就并不在于对社会上处于不同地位的群体产生不同影响了。文化成了一种平等地覆盖所有社会成员的毯子，尽管他们在生活史上存在着特质上的差异。这些反应在我们社会中的不同亚群体中以不同的频率出现，其原因就在于这些群体或阶层的成员是以不同程度服从于文化刺激和社会约束，这是我们的类型学的基本假设。这种社会学倾向可在多拉德的文章中见到，在弗罗姆、卡迪纳和拉斯韦尔的著作中也可见到，只是不甚系统。至于总的看法，见本书186页注。

V. 反抗①	±	±

在考察社会结构如何运行并向个体施加压力去选择这种或那种行为模式之前，必须先看到人们或许会因为从事不同领域的社会活动而由这种类型变为另一类型。这些范畴指在具体情境类型中的角色行为，而不是指人格。它们是多多少少持久的反应类型，而不是人格组织类型。要在几个行为领域内讨论这些适应类型将使问题复杂到本章篇幅所无法解决的程度。因此，我们将主要考虑在这个竞争社会里广义的"产品与服务的生产、交换、分配与消费"中的经济活动。在这个社会里，财富具有 194
极大的象征意义。

I. 遵从

当社会稳定时，适应类型 I——对文化目标和制度化的手段都遵从——是最常见的，也是分布最广的。如果不是如此，那么社会的稳定性和连续性就不能维持。构成所有社会秩序的各种期望是通过社会成员的模式行为而得以维持的。这些成员反映出对既定文化模式的遵从，尽管这些模式从长久看或许也在发生着变化。实际上，正是因为行为典型地要以社会的基本价值为取向，我们才可以说人类集合成了社会。除非价值的积淀为互动的个体所共享，否则就没有社会而只有社会关系——如果无序的互动可以这样叫的话。因而在本世纪中期，你可以把民族社会(society of nations)主要当作一种说辞，或者一个臆想

① 第五种类型明显地处于与其他类型不同的平面上。它代表了一种试图将社会其他成员也拥有的新目标和新程序**制度化**的过渡性反应，因而它指的是努力**改变**现存的文化和社会结构，而不是**在**这种结构**之中**努力适应它。

出来的客体,但不是社会学实在。

既然我们的主要兴趣在于探讨**越轨**行为的根源,而且我们也已经简要地考察了使遵从成为美国社会之模式反应的机制,那么有关这种适应类型在这里就不再赘述了。

II. 创新

在文化上对成功目标的极大强调通过使用为制度所禁止的但又常常很有效的手段,来获得至少是成功的幻想——财富和权力,而引发了此种适应形式。当个体接受了对目标的文化强调,却没有同样地将决定达到此目标的途径和方法的制度性规范内化,就会出现这种反应。

从心理学角度看,对一个目标过度地投入感情有可能会产生愿意冒风险的想法,任何社会阶层的人都可能会持这种态度。从社会学角度看,产生了这个问题:社会结构的哪些特点容易导致这种适应类型的倾向发生,从而使一个社会阶层的越轨行为发生的频率高于另一个阶层?

在最高经济阶层中,创新的压力频繁地消除了遵循惯例的事务性努力和超越惯例、极端务实之间的区别。正如维布伦指出的那样,"在任何案例中都不易——许多时候若法庭不裁决的话,简直就是不可能——判断这究竟是一例典型的、值得称赞的推销,还是应该送去教养的犯法行为"。美国巨大财富的历史就交织着犹豫不决地追求在制度上可疑的创新,正如由对"抢钱大
195 亨"的普遍敬意所证实的。这些"精明、机警和成功"的人常在私下里,时常也是公开地,受到有些勉强的尊敬。这是文化结构的产物,在这种文化结构中,神圣的目标实际上将手段也神圣化了。毋庸置疑,查尔斯·狄更斯是美国景象的极准确的观察者,

并完全清楚他并非毫无偏见。我们摘录他关于美国的这段有见地的评论：

> 对“精明”交易的热爱：这掩饰了许多骗局和明显失信，掩饰了许多对公款或私款的盗用；使许多无赖同好人一样昂首挺胸，他们实际上应该上绞架……投机失利和破产倒闭的好处，成功流氓的优点，不是视其是否遵奉了那条金科玉律，即“别人怎样对付你，你就同样对付他”，而是要根据他们的精明来评判的。……下面的对话我已经历过上百次了：“尽管某人已经犯下许多罪过，他这样一个人通过最不名誉和令人憎恶的手段去获取偌大一笔财富，竟然能得到公众的宽容和支持，这岂不是很不光彩的事吗？他是个人人讨厌的家伙，对吗？”“是的，先生。”“是个有罪的骗子？”“是的，先生。”“他是不是一直遭脚踢，挨嘴巴，吃笞杖？”“是的，先生。”“而且他很无耻、很下流、很荒淫？”“是的，先生。”“真怪啊，那么他都有哪些优点呢？”“哦，先生，他可是个精明人啊。”

当然，在这幅文化价值观冲突的漫画里，狄更斯仅是无情地探究了过分强调经济成功之后果的许多文豪之一而已。外国作家离开后，国内的作家却仍在继续揭露。阿蒂默斯·沃德直到在美国人的生活看来很不协调的时候，才停止了讽刺其平庸无味。“高谈阔论的哲学家”，像比尔·阿卜、皮特列姆·伏坎诺（后来的维苏威）·纳斯比，运用聪明才智对偶像进行攻击，毫不掩饰其毁坏知名人士形象的快乐。约西·比陵斯和他的化身，埃塞克大叔，明白地指出了许多人不会随便承认的东西，他说，满足感是相对而言的，因为“世上大多数快乐都在于拥有他人得不到的东西”。人人都忙于展示倾向性智慧的社会功能，正如后来弗洛伊德在其专著《智慧及其与下意识的关系》(*Wit and Its Relation to the Unconscious*)中对此做的分析，把它当作“武器”，“向伟大、高贵和高尚的东西进攻，向那些由于受到内部阻碍和外部环境保护而免遭直接轻视的东西进攻……”但最中肯的莫过于安布罗斯·比尔斯对智慧的阐述了。他的阐述表明**智慧**的发展还没有失去其词源的意义，仍然是指人认识、学习或思考的能力。在他所写的一篇讽刺性强、意义深刻的“犯罪及其惩治”文章里，比尔斯是这样开头的：“社会学家一直在就犯罪冲动是一种疾病的理论进行辩论。赞成疾病论的好像还占多数。”在这段序言后面
196 他先描述了成功的无赖是如何取得社会合法性的，接着又剖析了文化价值观念和社会关系的不一致性。

> 一个优秀的美国人，作为通例，总是严厉对待无赖行为，然而，他对无赖的宽容又抵消了他的严厉。他的惟一要求是他自己必须是和无赖相识的。如果我们没有与之相识的荣幸，我们都会大声“谴责”盗窃犯，如果我们的确与之交往过，那么情形就不同了——除非他们周身散发出贫民窟或监狱的特殊气味。我们也许知道他们是有罪的，但我们要同他们见面，与他们握手，同他们共饮，而且，如果他们偏偏又很富有，或者是很显赫的话，我们还会把他们请到家里，同时又以频频光顾这些人的家而感到荣耀。我们并不“赞成他们的方法”——这也是可以理解的；他们也因此而受到了应有的惩罚。无赖竟会在乎一个对他很客气很友好的人怎么看他，这种想法只能是幽默者的发明罢了。如果把这编入一台关于火星的杂耍表演中，也许会使他发财。
>
> [又：]如果社会拒不承认无赖的话，那就不会有那么多

的无赖了。有些人会更使劲地掩盖他们在邪恶的歧路上所留下的踪迹,但也有些人根本不顾良心,而否认其流氓行径是对正直生活的破坏。卑鄙小人最怕的莫过于一只正直之手的阻止和缓慢而又无法躲避的蔑视眼光的抽打。

我们社会里有很富有的无赖,是因为我们有些"令人尊敬"的人不以和他们握手为耻,不以让别人看到同他们在一起为耻,不以说认识他们为耻。如果指责无赖就是背信弃义的话,遭到他们抢劫时要呼喊就是提供了对同犯不利的证据。

一个人也许会对一个流氓微笑(大多数人每天都多次干过这事),如果他不知道那是一个流氓,也没说过他是的话;但是明明知道他是个流氓,也说过他是一个流氓,还要对着他笑,此人便是一个虚伪的人——一般的伪君子或献媚的伪君子,根据你对之微笑的流氓在生活中所处的地位而定。一般的伪君子要比献媚的伪君子多,因为无足轻重的流氓总是多于富有和尊贵的流氓,尽管他们每人所得到的笑容要少些。只要美国的这种特性保持不变,只要对成功的无赖总是予以容忍,只要美国的机灵还在一个人的公开品质和私下品质——他的商业性和他的个性——之间构想出虚幻的差别,美国人民就会遭到抢劫。简单地说,只要美国人值得抢劫,他们就将遭到抢劫。没有什么人类法律能够阻止,也不应有法律去阻止,因为那样做将会取消另一个更为高等更为有益的法律:"种瓜得瓜,种豆得豆。"① 197

① 狄更斯的话引自他的《美国札记》(*American Notes*)(波士顿:图书有限出版公司,1940),第218页。与弗洛伊德对倾向性智慧的功能和倾向性智慧本身进行的分析相当的正式(虽然不一定那么正式)社会学分析已被期待很久。詹尼特·坦迪的博士学位论文尽管不具有社会学性质,但还是提供了一个出发点:《高谈阔论的哲学

由于比尔斯生活在靠抢劫起家的美国富商很活跃的时代，他不难注意到后来被称为“白领犯罪”的现象。然而，他意识到，在高等经济阶层内，并不是所有对制度规范的大规模的、引人注目的背离都为人所知，而在较低的中产阶级中间，不多的越轨行为可能倒都暴露了。萨瑟兰多次记载了商人中所流行的“白领犯罪”。他还注意到许多案件未经调查，或者即使调查了，又因为“商人的地位不受惩罚的倾向，及公众对白领犯罪之义愤相对的无组织”[①]，许多这样的罪行并没有被起诉。对大约1700名普通中产阶级人士所做的研究发现，在完全是“令人尊敬”的社会成员中，“没有记录在案的犯罪”很普遍。90%受到询问的人都承认违犯过纽约州刑法规定的四十九种罪行的一种或更多种。每种罪都够判上长达一年或更长的徒刑。成年期的犯罪平

家：美国式的幽默与讽刺》(*Crackerbox Philosophers: American Humor and Satire*)(纽约：哥伦比亚大学出版社，1925)。《智慧的美国》(*Intellectual America*)(纽约：麦克米兰出版公司，1941)的第5章被恰当地题为“知识分子”，在该章中，奥斯卡·卡吉尔就十九世纪美国知识大师们的作用有一些简洁的论述。但这点在“美国思想的前进”这部大书里自然只占很小的部分。我所引的这一长段摘自比尔斯的文章，见《安布罗斯·比尔斯作品集》(*The Collected Works of Ambrose Bierce*)(纽约和华盛顿：尼尔出版公司，1912)，第11卷，第187—198页。为了弄清它的真正价值，我不同意卡吉尔对比尔斯所做的苛刻的、一点儿都不公正的评价。这个评价看起来不像是个评价，而像是在发泄偏见。根据比尔斯对“偏见”的理解，“它只是一种游移不定的、没有明显证据的意见”。

① E.H.萨瑟兰：“白领犯罪”，见前引书；“罪行与商业”(‘Crime and business’)，《美国政治与社会学学会年鉴》(*Annal, American Academy of Political and Social Science*)，1941年，第112—118页，第217页；“‘白领犯罪’是犯罪吗?”(‘Is “white collar crime” crime?’)，载《美国社会学评论》(*American Sociological Review*)，1945年，第10页，第132—139页；马歇尔·B.克里纳德：《黑市：对白领犯罪的研究》(*The Black Market: A Study of White Collar Crime*)(纽约：莱因哈特公司，1952)；唐纳德·R.克雷西：《别人的钱：侵吞他人钱财的社会心理学研究》(*Other People's Money: A Study in the Social Psychology of Embezzlement*)(格伦科：自由出版社，1953)。

均数——这不包括十六岁以下所犯的罪——男性为18，女性为11。至少有64%的男子和27%的妇女都承认犯有一种或多种重罪，根据纽约州的法律，这些重罪足够剥夺他们的所有公民权。一位销售部部长道出了这些发现的关键，他谈到了他在出售商品时说过的假话，“起初我试图诚实，但并不总是管用”。根据这些结果，作者谨慎地得出结论，“法律上构成犯罪的行为的数字远远超过官方所公布的数字。违法行为绝不是变态社会或变态心理的表现，实际上这是一种很普遍的现象”。[①]

但是，无论不同社会阶层中越轨行为的比率如何不同，我们从多种渠道得知，犯罪率在下层社会中更高的官方犯罪统计是不全面、不可靠的。从我们的分析来看，似乎导致越轨的最大压力都施加到了下层社会。恰当的例子有助于我们寻找导致这些压力产生的社会学机制。有几项研究已经表明，对于一个文化 198
上强调金钱成功已经深入人心，而符合常规的、合法的通向成功的途径很少的情境来说，罪恶和罪行的专门化领域构成了“正常的”反应。在这些领域中，人们的就业机会大多限于体力劳动而极少白领工作。因为美国人轻视体力劳动，**已经发现各社会阶层都持有这种观点**[②]，再加上缺乏超越这一阶层的现实机会，结

① 詹姆斯·S.沃勒斯坦与克莱门特·J.怀尔：“我们守法的犯法者”（‘Our law-abiding law breakers’），载《缓刑》（*Probation*），1947年4月。

② 全国民意调查中心（National Opinion Research Centre）：《国民对职业的看法》（*National Opinion on Occupation*），1947年4月。在全国范围内进行的一次抽样调查，对九十种职业进行排序和评价，它提供了一系列重要的经验数据。意义最重大的发现是，尽管人们有点倾向于将自己的职业及相关的职业看得比其他职业高，但所有职业层次在给职业分等时意见却非常一致。为了给当代社会的文化绘制一幅局部解剖图，还必须在这方面做更多的研究。[见对六个工业化国家中主要职业声望所做的对比性研究，亚历克斯·英克尔斯和彼得·H.罗西：“职业声望的全国比较”（‘National comparisons of occupational prestige’），《美国社会学杂志》（*American Journal of Sociology*），1956年，第61期，第329—339页。]

果便导致越轨行为的显著倾向。非技术劳动与相应的低收入者的地位在现有的价值标准下是不能与有组织的罪恶、欺骗和犯罪所带来的高收入和权力前景相竞争的。[①]

从我们的目的看,这些情况显示了两个显著的特点。第一,对于成功的激励由现存的文化价值提供;第二,通向这一目标的适当途径受到阶级结构的很大限制,便只能借助于越轨行为了。正是文化重心和社会结构两者的**结合**才产生了导致越轨的紧张压力。靠合法的渠道来"赚钱"受到阶级结构的限制,该结构并不是在所有阶层都向有能力的人完全敞开的。[②]尽管我们一贯
199 坚持阶级开放的意识[③],对那些没受过多少正规教育又没有多少经济来源的人来说,达到成功目标的相对少见并且十分困难。这种支配性的压力使虽然合法但通常无效的努力逐渐减少,而虽不合法但多少有效的权宜之计却得到越来越多的运用。

对那些处于社会结构低层的人来说,文化向他们提出了不相容的要求。一方面,他们的行为要适应发大财这一前景——

---

① 见约瑟夫·D.洛曼:"社区研究中的参与观察者"('The participant observer in community studies'),载《美国社会学评论》(*American Sociological Review*),1937年,第2期,第890—898页。也请见威廉·F.怀特的《街角社会》(*Street Corner Society*)(芝加哥,1943)。注意,怀特得出的结论:"街头平民想要登上(成功的)梯子,即使是最下面的一级,也是困难的……他是意大利人,而意大利人是被上层人物看成最不受欢迎的移民之列……社会向'成功者'提供了诱人的金钱和物质财富报酬。对大多数街头平民来说,只有在欺骗和政治的世界里阔步前进才能得到这样的报酬"(第273—274页)。

② 大量的研究发现,教育的金字塔现象使大部分无疑是能干但经济条件很差的青年无法享受更高的正规教育。人们已经忧虑地注意到了阶级结构的这一状况,譬如,万尼瓦尔·布什的政府报告:《科学:无尽的前沿》(*Science: The Endless Frontier*);还可见W.L.沃纳、R.J.哈维赫斯特及M.B.洛布著《谁应接受教育?》(*Who Should be Educated?*)(纽约,1944)。

③ 这种意识形态之历史作用的变化是一个值得研究的课题。

“人人都是国王”,马登和卡耐基和朗都这么说过——另一方面,按照制度他们又没有有效的机会这么做。这种结构上的不一致带来的后果是高比率的越轨行为。由于不断强调要不择手段地达到能获得显赫名声的目的,文化上指定的目的和手段之间的平衡就变得很不稳定了。在这种语境中,**在特别重视其所有成员的经济富裕和社会地位上升的社会里**[①],当迅速升迁的渠道被堵死或变得很狭窄时,艾尔·卡彭就代表着不道德的智慧战胜了道德所规定的“失败”。

上面关于社会的后一个限定条件很重要。它意味着如果我们要想理解越轨行为的社会根源,除了要考虑到对金钱成功的极端重视之外,还必须考虑到社会结构的其他方面。越轨行为极为频繁地出现,并非仅仅是因为缺乏机会或过分强调金钱。一个较为僵化的阶级结构,社会地位秩序,都可能将机会限制在当今美国社会所保持的水平以下。大规模的越轨行为只有在下述情况下才会发生,一个文化价值系统将某些**人人都有的共同**成功目标实际上完全置于其他一切目标之上,**而对其中相当一部分人来说**,社会结构却严格限制了或完全堵死了达到这些目标的得到认可的途径。换言之,我们的平等主义意识意味着否认在追求金钱成功的过程中有无力竞争的个体或群体的存在。相反,这一成功象征被到处运用。目标被认为超越阶级界限,而

① 在这一点上,围绕黑人的作用产生了很多理论问题和实际问题。据报道,大部分黑人都已接受了金钱成功和提高社会地位这种主导阶层的价值观,但是他们也都很“现实地协调”自己以适应这一“事实”,即社会地位的提高目前还仅仅限于这一阶层内部的变动。见多拉德:《一个南方小镇的种姓制度和阶级》(*Caste and Class in a Southern Town*),第 66 页;唐纳德·扬:《美国的少数民族》(*American Minority Peoples*),第 581 页;罗伯特·A. 沃纳:《纽黑文的黑人》(*New Haven Negroes*)(纽黑文,1940),第 234 页。请见本章下面的讨论。

不是受其约束。然而，实际的社会组织却在实现这些目标的可行方法上有着阶级的差异。这样，美国的基本美德“雄心壮志”助长了美国的基本罪恶“越轨行为”。

200 这一理论分析有助于解释犯罪与贫穷之间变化的关系。[①]“贫穷”并不是一个无论在哪里都以同样的方式作用的变项，而只是可确认的互相依赖的社会和文化变项复合体中的一个。这样的贫穷以及随之而来的机会受到限制都不足以导致显然是很高的犯罪率。甚至连臭名昭著的“富裕中的贫穷”也不一定导致这样的结果。但是，当贫穷和与之相联系的在竞争**所有**社会成员都可竞争的文化价值中的相应劣势，同对金钱成功作为主要目标的文化强调联系起来时，犯罪率高就是正常的后果了。因此，粗略的（不一定可靠）犯罪统计数字表明，贫穷与犯罪的关系在东南欧不像在美国那么紧密。这些欧洲地区的穷人的经济生活机会似乎比我国还要差，以致无论是贫穷还是贫穷与机会受到限制之间的联系都不足以解释不同的关系。然而，当我们考虑到完整的结构——贫穷、受到限制的机会以及文化目标的接受——就有了解释我们社会中贫穷与犯罪之间的联系要比其他社会紧密的基础，在那些社会里，僵化的阶级结构相应地有**不同阶级的不同成功标志**。

对金钱志向的文化强调和对全部机会的社会限制之间的矛

---

① 这种分析方法可用来解决 P. A. 索罗金所提到的罪行与经济地位二者关系中某些明显的不一致。譬如，他注意到：“并非是在任何地方和任何时候穷人都显示出更高的犯罪率……许多较贫穷的国家的犯罪现象要比较富裕的国家少……十九世纪下半叶和二十世纪初的经济好转并没有伴随着犯罪行为的减少。”见其《当代社会学理论》（*Contemporary Sociological Theories*）（纽约，1928），第 560—561 页。然而，问题的关键是，就像文章中所描述的那样，经济地位的低下在不同的社会结构和文化结构中起到了不同的动力作用，因而不应认为犯罪与贫穷之间有着线性相关。

盾的受害者们，并非总是觉察到了志向受阻在结构方面的根源。诚然，他们是经常感觉到个体价值与社会报酬之间的不一致，但他们并不一定看出了这里的原因。那些的确发现了社会结构方面根源的人，可能会疏远这个结构，而成为第五种适应类型（反抗）的良好人选。但其他人，显然这包括绝大多数人，可能会将其困难更多地归咎于神秘的原因，而不是社会学根源。正如杰出的古典学者和自封的社会学家吉尔伯特·默里就此所作的阐述，“迷信的最佳温床就是一个这样的社会，人们的命运似乎与他们的优点和努力毫无实际的联系。一般来说，一个安定的、治
理得井井有条的社会应该倾向于保证高尚而又勤劳的人能在生 201
活中取得成功，而卑鄙、游手好闲的人只会失败。在这样的社会里，人们倾向于强调理智的、看得见的因果关系链。但［在反常的社会里］……勤劳、诚实和善良等美德似乎没有什么益处。”①而在这样的社会里，人们倾向于强调神秘主义：命运、机会和运气的作用。

实际上，我们社会里杰出的“成功者”和杰出的“失败者”都经常认为结果是由“运气”决定的。因此，生意兴隆的商人朱利叶斯·罗森沃德宣称，其巨大财产的95%都“来自运气”②。一家主要的商业期刊在一篇说明个人巨大财产对于社会之好处的社论里，认为有必要将运气和智慧一样看作是发大财的原因：“当一个人通过明智的投资——我们得承认在许多情况下是借助于

① 吉尔伯特·默里：《希腊宗教的五个阶段》（*Five Stages in Greek Religion*）（纽约，1925），第164—165页。默里教授关于“神经失败”（‘The failure of nerve’）的那章无疑是我们这个时代最普及又最富有见解的社会学分析之一。所引部分即选自该章。

② 见古斯塔夫斯·梅耶斯在《美国巨大财富的历史》（*History of the Great American Fortunes*）（纽约，1937），第706页所引用的采访中的一段话。

运气——积累了几百万财产时，他并没有因此而从其他人手中夺走什么。”[①]与此大致相同，工人们也常常用机遇来解释经济地位。“工人发现他周围那些经验丰富、技术熟练的人没有工作干。如果他有工作，就会觉得很幸运；但是他一旦失业，就会成为不幸的牺牲品。他**看不出品质与结果之间究竟有多大关系**。”[②]

然而，根据上述机会和运气作用究竟是由那些已经实现文化所强调的目标的人提出的，还是由那些没有实现文化所强调的目标的人提出的，上述说法具有明显不同的作用。如果是成功者的话，用心理学术语表达，那就是谦虚的、免遭嫉恨的说法。实际上，说自己是幸运的而不说自己完全应该交好运，就不会表现出过分的狂妄自大。用社会学观点来讲，成功者运气论具有双重作用，既解释了功绩与报酬之间频繁的偏差，同时又保护允
202 许此种偏差频频出现的社会结构免遭批评。因为，如果成功只是运气好坏的问题，如果它只存在于事物的盲目性，如果它实现之际即是其破灭之时，而且不能说出它何时而至、何处而往，那么它当然是超出了人的控制，而且**不论在何种社会结构里**它都同等程度地出现。

而对于未成功者，特别是其中那些功绩和付出并没有得到多少报酬的人来说，运气论具有一种心理作用，即能够使他们面

---

① 《国家商业》(*Nation's Business*)，第27卷，第9期，第8—9页。

② E.W.巴基:《失业者》(*The Unemployed Man*)(纽约，1934)，第14页(黑体为我所加)。巴基暗示了导致工人相信运气的结构根源。“当一个人认识到**其命运的好坏多半不在自己掌握之中，而是取决于运气时**，就会出现一种绝望情绪”(黑体为我所加)。经营上做出何种决定有时难以预料，但只要工人不得不接受它，那他就得忍受工作的不安全感和忧虑：这是导致相信命运天数和机遇的又一“温床”。当工人组织能够减少他们的职业命运不掌握在自己手里的状况时，这种信念就会减弱，知道这一点是有指导意义的。

对失败保持自我尊严。它也许会带来抑制持续努力的动机的负功能。[①]从社会学角度看，正像巴基所暗示的[②]，这一说法可能反映了一种对社会和经济制度作用的不理解，而且还因为它消除了改变社会结构以求得机会和报酬更大平衡的理论基础，是具有负功能的。

志向受挫带来的紧张加强了人们对机会和冒险的重视，这有助于解释某些社会阶层中对赌博——一种制度上禁止，充其量是允许，而不是推荐的或指定的行为方式——的浓厚兴趣[③]。

那些没有用运气论来理解功绩、努力同报酬之间的巨大差异的人中，可能会产生一种关于社会结构的独特的、玩世不恭的态度。这点可以由一句文化俗语证明，即“重要的并不是你知道些什么，而是你都认识些什么人”。

因此，在我们这样的社会里，文化上强调所有人都重视金钱成功，而社会结构却又过分地限制了许多人实际地运用正当手段，这样便产生了一种压力，迫使人们寻求不符合制度规范的革新行为。但是，这种适应形式假设个体是不完善地社会化了，从而在抛弃合乎制度的手段的同时保存成功志向。然而，在那些合乎制度的价值观已根深蒂固的人当中，类似情形却更可能导致另一种反应：志向被放弃，而坚持对惯例的遵从。这种反应还需要做进一步的研究。

---

① 极端的时候，它可能导致逆来顺受而例行公事的活动（第三种适应类型）或宿命论的消极态度（第四种适应类型），后者最近更常见。

② 巴基在前引书第 14 页上提到，“工人对导致他成功或没有机会成功的程序的了解，要比商人和职业人员少。因此，他们更多地认为事情常常是由运气的好坏决定的。”

③ 参见 R. A. 沃纳：《纽黑文的黑人》；及哈罗德·F. 戈斯内尔：《黑人政治家》（*Negro Politicians*）（芝加哥，1935），第 123—125 页。在这点上，两位作者都就处于劣势的黑人“玩数字”的浓厚兴趣做了评论。

III. 仪式主义

仪式性适应类型很容易辩认。它是将巨大的金钱成功和迅
203 速的社会升迁这种崇高的文化目标放弃或是降低到个人志向能得到满足为止。可是，尽管一个人放弃努力“在世界中领先”的文化义务，尽管他目光短浅，他仍然几乎是被迫地遵从制度规范的。

要问这是否代表了真正的越轨行为，无异于在术语上吹毛求疵。既然这一适应实际上是内心的决定，既然公开的行为是制度所允许的——尽管在文化上并不值得推崇，因而一般认为它并不代表一种社会问题。做出这种适应的个体的好友会根据流行的文化重心纷纷做出评论，也可能会“为他感到遗憾”，在具体情况下，他们也许会觉得“老琼斯一定是出毛病了”。不管这是否被描述为越轨行为，它显然表现出对文化模式的背离。在那种文化模式里，人们被要求去积极奋斗，在等级分明的社会里升迁，当然最好是通过制度化的程序。

可以认为，这种适应类型在社会地位很大程度上依赖个人所取得的成就的社会里，会相当频繁地出现。因为正如常常观察到的那样[①]，这种无休止的竞争产生了强烈的地位忧虑感。减轻这些忧虑的一个方法是永久地降低志向。畏惧产生消极，

---

① 例如，H. S. 沙利文：“精神病学的现代观点”（‘Modern conceptions of psychiatry’），载《精神病学》（*Psychiatry*），1940 年，第 3 期，第 111—112 页；玛格丽特·米德：《你得时刻准备着》（*And Keep Your Powder Dry*）（纽约，1942），第 7 章；默顿、费斯克和柯蒂斯：《大众劝说》，第 59—60 页。

更确切地说是产生墨守陈规的行为。[①]

社会仪式主义者的综合征常见而又具有启发意义。其含蓄的人生哲学可由一系列文化俗语表达:“我不愿做出头鸟”,“我喜欢稳妥”,“我对取得的一切已感到满足”,“知足者长乐”。贯穿于这些思想中的主旨是宏伟志向易招致挫折和危险,而小的志向则易带来满足感和安全感。这是对显得可怕、能引发不信任感的情形而做出的反应。那些谨慎地将其产量控制在一个恒定定额上的工人都隐含地有这种态度。在工业组织中,他们有时害怕引起管理人员的“注意”,如果产量时高时低的话,“就会出事”。[②]这是恐惧的受雇人员,是私人银行出纳柜台或公共企业对外办公室里热中 204
因循守旧的官僚的观点。[③]简而言之,这种适应方式就是通过放弃主要的文化目标以及更加遵从安全的陈规和制度化规范,个别地寻求对竞争中难以避免的挫折和危险的个人解脱。

如果我们要期待**下层**美国人在受到挫折时表现出第二种适应类型——“革新”——这种挫折是由对宏伟文化目标的普遍重视和社会机会很少这一事实造成的,我们就应该期待大部分**中下层**美国人都会做出第三种适应反应,即“仪式主义”。因为正是在中下层中,父母亲才典型地不断给孩子施加压力,使其遵守社会道德训诫;同时中下层中地位的升迁也不像在中上层中那样容易成功。为了遵从惯例所进行的严格训练减少了选择第二

① P.珍妮特:“畏惧行动”(‘The fear of action’),载《变态心理学杂志》(*Journal of Abnormal Psychology*),1921年,第16期,第150—160页;F.L.韦尔斯的出色探讨:“社会适应不良:适应性倒退”(‘Social maladjustments: adaptive regression’),见前引书,其观点与本文考察的适应类型有很密切的联系。

② F.J.罗特利斯伯格和W.J.迪克森:《管理与工人》(*Management and the Worker*),第18章,第531页及以下;吉尔伯特·默里也曾在更为广泛的意义上作过精辟的论述,见前引书,第138—139页。

③ 见以下三章。

种适应的可能性，却大大加强了选择第三种适应的可能性。严格的训练使许多人感到忧虑，背上了沉重的负担。中下层阶级的社会化模式促进了有仪式主义倾向的性格结构的形成[①]，因
205 而，正是在这一阶层中第三种适应类型更会频频出现。[②]

---

① 例如，阿林森·戴维斯和约翰·多拉德：《被束缚的儿童》(*Children of Bondage*)(华盛顿，1940)，第12章("儿童训练与阶级")，尽管它讨论的是偏远南方下层和中下层黑人的社会模式，但稍加修改后也同样适用于白人。关于这一点，可再参见M.C.埃里克森："儿童的抚养与社会地位"('Child-rearing and social status')，载《美国社会学杂志》(*American Journal of Sociology*)，1946年，第53期，第190—192页；阿林森·戴维斯和R.J.哈维赫斯特："儿童抚养中的社会阶级和肤色差异"('Social class and color differences in child-rearing')，载《美国社会学评论》(*American Sociological Review*)，1946年，第11期，第698—710页："……对研究人类发展的人来说，**社会阶级的关键意义**在于它明确了不同阶级儿童的不同学习环境，并使之系统化。""概括图表中所提供的证据，我们可以说中产阶级的儿童(作者没有区分中下阶层和中上阶层)受到的影响较早，也较为持续，使孩子们成为守秩序、勤奋负责而又驯服的人。在这一训导过程中，中产阶级儿童的冲动受到的挫折要更多些。"

② 这一假设仍有待经验验证。在这方面已经开始了有关"志向水平"的实验，来探讨在具体的、为实验而设计的行为中影响目标形成和修改的决定因素。然而在实验室条件下作出推论时还有一个主要的障碍没有克服。因为在实验室情境中，随意的任务——铅笔与纸的迷津、扔铁圈、算术题等都有点牵涉到自我——日常生活中对成功目标的强烈感情投资也是这样。由于特定的群体构成，这些实验也无法再现日常生活中的巨大社会压力。(例如，实验室中所做的实验再现的是现代泼妇的牢骚："问题是你没有任何雄心；真正的男子汉应该出去干点事。")在所有与此有明确——虽然有限——关系的研究中，请特别注意参见R.古尔德："为目标奋斗的一些社会学决定因素"('Some sociological determinants of goal strivings')，《社会心理学杂志》(*Journal of Social Psychology*)，1941年，第13期，第461—473页；L.费斯廷格："作为影响志向水平因素的希望、期待和群体标准"('Wish, expectation and group standards as factors influencing level of aspiration')，载《变态心理学和社会心理学期刊》(*Journal of Abnormal and Social Psychology*)，1942年，第37期，第184—200页。关于这一问题的继续研究，请见J.麦克夫·亨特编：《人格与行为紊乱》(*Personality and Behaviour Disorders*)(纽约，1944)，第1卷，第10章。该章是库尔特·卢因等人合写的"志向水平"。

当然，作为志向和志向水平实验中系统地追求的成就二者之间比率的"成功"概

但是,我们还应像本章开头那样再次表明,我们这里讨论的是针对文化和社会结构中的矛盾而做出的**适应方式**;我们不注重性格或人格类型。陷进这些矛盾中的个体能够也的确从一种适应类型转变到另一种适应类型。因而可以推测,那些遵从制度性规则的仪式主义者深深地沉浸于规范中,以至于变成了科层制爱好者,他们过分地遵从就是因为过去曾违反过规范(即第二种适应类型)而产生了负疚感。偶尔也有从仪式主义戏剧性地转变为违法适应的类型,这在实验案例描述中有很多记载,在富于见解的小说中也常常提到。在长期的过分屈从之后经常爆发对抗。[①]但是,尽管已经弄清了这类适应的心理动力学机制,

---

念由来已久。吉尔伯特·默里(见前引书,第138—139页)注意到,这一概念在四世纪希腊思想家中很流行。在《衣裳哲学》(*Sartor Resartus*)中,卡莱尔认为"愉快"可用一个分数来表示,分子是成就,而分母是志向。威廉·詹姆斯也探讨过大致相同的概念[《心理学原理》(*Principles of Psychology*)(纽约,1902),第1卷,第310页]。还请见F.L.韦尔斯的前引书,第879页;P.A.索罗金:《社会文化动力学》(纽约,1937),第3卷,第161—164页。问题的关键是,这一常见的见解能否付诸严格的实验,使设计的实验室情境充分地再现真正的生活情境的显著方面;或者对日常生活之行为惯例的有训练观察是否能证明更有效的探询方法。

① 埃莉诺·克拉克在她的小说《伤心之盒》(*The Bitter Box*)(纽约,1946)中极为敏感地描述了这一过程。也可引用埃里希·弗罗姆的论断,《逃离自由》(*Escape From Freedom*)(纽约,1941),第185—206页。但是这并不意味着可接受他的"自发性"概念和"人类固有的自我发展倾向"概念。请见一段正确的社会学推论:"我们一直假设……肛门性格——在欧洲的中下阶层中最为典型——是由早期与大便有关的经验所造成的,但我们几乎没有任何数据来弄懂为什么一个具体的阶层会有这种肛门社会性格。然而,如果我们认为它是与其他性格相联系的一种形式——该形式根源于性格结构而又产生于同外部世界的经验中,就能够理解为什么中下阶层的整个生活方式,其狭隘性、孤立性和敌视性,助长了这种性格结构的发展"(第293—294页)。下面是一例起源于新近出现的仁慈无政府主义的表述,但我认为不可信:"……还有某些人类所固有的心理品质需要加以满足……最重要的似乎是培养、发展和实现在人类历史进程中形成的潜力——譬如创造力和批评性思维。……这一总的倾向的发展——这是同样的生物学倾向的心理学等价物——似乎产生了具体的倾向,如向往自由和憎恨压迫,因为自由是一切发展的基本条件。"(第287—288页)

206 而且还将它同家庭中的训导方式和社会化联系了起来，还需要进行大量的社会学研究来解释为什么这些形式在某些社会阶层和群体中可能要比在其他阶层和群体中更为频繁地出现。我们这里的讨论仅仅为对这一问题进行社会学研究提出了一个分析框架。

IV. 退却主义

第一种适应类型(遵从)是最常见的，而第四种类型(拒绝文化目标和制度化手段)却可能是最不常见的。严格地说，采取(或错误地采取)这种适应方式的人只是**在社会里**，而**不属于社会**。从社会学角度看，这些人才是真正的外人。由于他们不是拥有同样的价值结构，所以只能在虚构意义上被算作是**社会**(不同于人口)成员。

下列人的适应行为属于这一类型，即精神病患者、孤僻者、社会弃儿、为社会所不容者、漂泊者、流浪儿、游民、老酒鬼和吸毒者等等。[①]他们放弃了文化规定的目标，其行为与制度规范也不一致。但这并不是说，在某些情况下，他们的适应方式就不是根源于实际上已被他们否定的社会结构；也不是说他们在某一区域的生存没有给社会成员带来问题。

从其根源于社会结构这方面看，在文化目标和制度性行为完全为个体所接受，并赋予情感和高尚的价值，而可以采用的符

---

① 这种说法显然有些简单。这些个体可能仍然倾向于更大社会里自己群体的价值，有时也倾向于常规社会本身的价值。也就是说，他们可能从一种适应类型变为另一种类型。但第四种适应类型很容易辨别。例如，内尔斯·安德森对乞丐的行为和观点所做的描述完全可以根据我们的分析方法改动一下。见《流浪汉》(*The Hobo*)(芝加哥，1923)，第93—98页及各处。

合制度的渠道又不能带来多少成功时，这种适应方式最有可能发生。这样便产生了双重的冲突：头脑中根深蒂固的、要求采取合乎制度的手段的道德义务与逼迫诉诸违法手段(能实现目标)的压力发生了冲突，而个体是无法找到既合法又有效的手段的。竞争机制得到保留，但那些受到挫折和不能应付这种秩序的受挫者则被淘汰。失败主义、寂静主义和顺从都在解脱机制中显现出来，这种机制最终导致他“逃避”社会的要求。因此这是一种权宜之计，产生于使用合法手段接近目标却又屡遭失败，产生于因内在化的禁律而不能使用违法手段。**这一过程出现时，成
功目标这一最高价值观尚未被放弃**。这一冲突是通过放弃两种 207
积淀因素，即目标和手段而得到解决的。逃避是彻底的，冲突得到了消除，而个体却变得非社会化了。

在公共生活和仪式生活中，这种越轨行为遭到了社会常规代表的愤怒谴责。与保持社会车轮动转的遵从者相比，这种越轨者是非生产性的负担；与那些至少是“精明”而且积极进取的革新者相比，他在文化所竭力推崇的成功目标中看不到任何价值；与至少是遵从规范的仪式主义者相比，他对合乎制度的行为极不重视。

而社会也并没有轻易地接受这种对其价值观的否定。如果接受就会令这些价值观遭到质疑。那些放弃了对成功的追求的人，被社会无情地赶到一处，因为社会要求其成员都必须向成功努力进取。因此，芝加哥贫民窟中心的书摊才摆满了为重振斗志而设计的书籍。

> 黄金海岸书店位于一间老房子的地下室，远离大街，现在被夹在两个商业街区之间。前面的空间充斥着小摊、显眼的招贴和广告画。

> 这些招贴做的是能吸引那些穷困潦倒之辈的书籍广告。其中一个是这样做的:"……每天经过这里的人成千上万,但大多在金钱上不成功。他们与乞丐只有一步之遥。相反,他们应该更大胆些、更勇敢些",在岁月使他们衰老并将他们抛入人类灾难的废物堆之前,"大胆进取"。如果你想逃脱这种倒霉的命运——也是绝大多数人的命运——就进来买一本《赚钱宝典》。它将给你的头脑注入新的思想,将你引上成功之路。三十五美分。
>
> 总有人在摊前留恋,但他们很少购买。成功来之不易,即使对一个流浪汉来说还需要三十五美分。①

但是,如果这个越轨者在现实生活中受到谴责的话,他在虚幻生活中却又能变为满足的源泉。因此,卡迪纳推测,当代民间传说和大众文化中的这种人,"由于看到别人也拒绝接受流行的理想,甚至对之嗤之以鼻",而增强了"士气和自尊心"。电影中
208 的典型范例当然是查理·卓别林扮演的流浪汉。

> 他是个无名之辈,也很清楚自己是无足轻重的。他总是这个疯狂和迷离世界的攻击对象,在这个世界里他没有任何地位,便总是逃避这个世界去寻求自我满足的逍遥了。因为他已经放弃了对安全和名誉的要求,丧失了对美德和荣誉提出要求的任何权利,也就没有了冲突的骚扰(对第四种适应类型特征的简洁描述)。他常常偶尔地卷入这个世界,遇到了他无力与之对抗而又偏偏冲着弱者和孤苦无助

① H.W.佐尔博:《黄金海岸与贫民窟》(*The Gold Coast and the Slum*)(芝加哥,1929),第108页。

> 者的罪恶与侵犯。然而他总是不由自主地第一个蒙受冤枉和遭到压迫。这倒不是因为他有出众的招祸之才，而是由于他用朴实而又傲慢的心计去从冒失者身上寻求弱点。他总是自卑、穷困和孤独，但又瞧不起这个不可思议的世界和其价值观。于是，他代表了我们这个时代的典型，**由于在实现得到社会承认的成功和权力目标的斗争中败下阵来（他只在《淘金记》中实现了一次），或者由于屈服于绝望的顺从并逃避这些目标，而陷入不知所措的困境。**卓别林的流浪汉形象在某种意义上是一种安慰，即对自己的能力感到得意，因为如果他愿意的话，是可以智胜那些联合起来对付他的邪恶势力的。他使每个人都得到了满足感，即最终逃避社会目标而寻求孤独是选择的行动，而不是失败的象征。米老鼠就是卓别林传奇的延续。[1]

因此，第四种适应类型是被剥夺了社会权利的人的适应类型。这些人如果得不到社会所提供的任何报酬的话，也就不会遇到伴随着继续追求这些报酬而来的挫折。而且它还是一种个人的而不是集体的适应类型。尽管表现出这种越轨行为的人可能会到能与其他越轨者发生联系的场所，尽管他们可能会逐渐成为这些越轨者群体的亚文化群中的一员，其适应大多还是个人的和孤立的，而不是在一个新文化准则庇护下的统一。集体适应类型还有待进一步的研究。

---

① 艾布拉姆·卡迪纳：《社会的心理学前沿》（*The Psychological Frontiers of Society*）（纽约，1945），第369—370页（黑体为我所加）。

V. 反抗

这种适应使置身于社会结构包围之外的人们设想而且寻求建立一种新型的，也就说是，一种进行过深刻改造的社会结构。它是以脱离起支配作用的目标和准则为前提的。这些现在都被认为是完全武断的。这种武断就是它不求忠诚，且不具有合法性，因为它也可能是另外一种形式。在我们的社会里，有组织的反抗运动虽然是旨在建立新的社会结构，用来衡量成功的文化标准将发生很大变化，有关条款也将制定出来，以便确保功绩、成就和报酬之间更为紧密的联系。

但是，在把"反抗"作为一种适应类型来研究之前，我们必须将它和一种表面上与之相似而实质上不同的类型，即**憎恨**区别开来。在一种特殊的技术意义上由尼采引入的**憎恨**概念，又被马克斯·舍勒拿去并在社会学意义上加以发展。①这一复杂的情
209 绪包括三个互相联结的成分：第一，仇恨、嫉妒和敌意的情感融汇；第二，有一种无力向引发这些情感的个人或社会宣泄的感

---

① 马克斯·舍勒：《人的憎恨》(*L'homme du ressentiment*)(巴黎，无日期)。这篇文章首版于 1912 年，经修改和完善后，被收入舍勒的《论文集》(*Abhandlungen und Aufsätze*)，后来在他的《价值的变革》(*Vom Umsturz der Werte*)(1919)一书中出版。最后一章译成了法语，在各种不同的知识圈中产生了相当大的影响。V. J. 麦吉尔在"舍勒的同情和爱情理论"('Scheler's theory of sympathy and love')一文中，对舍勒的文章进行了恰如其分的讨论，指出了它的某些不足和偏见，在哪些方向它预示了纳粹的观点，它的反民主的倾向；此外还指出了有时文章中也不乏睿智的见解，《哲学与现象学研究》(*Philosophy and Phenomenological Research*)，1942 年，第 2 期，第 273—291 页。还有人对舍勒的社会结构在**憎恨**中只起次要作用的说法恰如其分地提出了批评，见斯文德·伦纳夫：《道德义愤和中产阶级心理学：一项社会学研究》(*Moral Indignation and Middle-class Psychology: A Sociological Study*)(哥本哈根，1938)，第 199—204 页。

觉;第三,不断地重复这种无力的对抗。[1]区别**憎恨**和反抗的基本点是,前者不涉及价值观的真正变革。憎恨涉及一种酸葡萄模式,这种模式仅仅断言可望而不可及的目标实际上并没有包含备受推崇的价值——寓言里的狐狸毕竟没有说它已经放弃了吃甜葡萄的趣味,它只是说这些葡萄不甜而已。而反抗则要求变革价值判断,即直接的或引起共鸣的挫折遭遇导致对以前所推崇的价值的严厉谴责——反抗的狐狸就放弃了吃甜葡萄的流行的趣味。在**憎恨**中,人们谴责他们私下渴望的东西;在反抗中,人们谴责渴望本身。然而,尽管二者截然不同,有组织的反抗在制度极为混乱时还是要利用大量心怀憎恨和不满的人。

当制度体系被看作是实现合法目标的障碍时,作出反抗这一适应反应的舞台就搭好了。要转入有组织的政治行动,不仅要降低对主导社会结构的忠诚,还必须将其转向拥有新神话的新群体。[2] 这种神话的双重作用在于将大范围内的挫折的根源归于社会结构,并描绘出一个可能不会带来类似挫折的替代性结构。这就是行动的宪章。在这种情况下,保守派的对抗神话的作用——在本章的前一部分曾作过简单阐述——得到了进一步的澄清:不管大众挫折的根源是什么,也不会在社会的基本结构中找到。于是保守的神话便会宣称,这些挫折存在于事物的本性之中,在**任何**一种社会体系中都会发生:"周期性的公众失业和商业萧条不能通过立法而消失;它就如同一个人今天身体

---

① 舍勒,前引书,第55—56页。在英语里没有一个单词能传神表达出**憎恨**一词所含成分;德语里与其最接近的词似乎是Groll("怨恨")。

② 乔治·S.佩蒂:《革命过程》(*The Process of Revolution*)(纽约,1938),第8—24页;尤其请参见他的关于"想像垄断"的论述。

210 好好的，而明天却有可能会生病一样。”[①]或者，如果不是必然的学说，就是逐渐和轻微适应的学说：“这儿一点变化，那儿一点变化，我们就能使事情尽其可能地井井有条地运转。”或者是这种学说，即将对社会结构的敌意变为对“失败者”个体的敌意，因为“在这个国家里，每个人都真的得到了属于他的东西”。

反抗的神话和保守主义的神话一同导致“想像垄断”，它试图以使受挫者接近或者远离第五种适应类型的术语来定义情境。正是背叛者，虽然他自己成功了，抛弃了反抗者最为仇视的流行的价值观。因为他不仅对价值观提出怀疑，在这点上和外群体一样，还强调群体的统一性已被打破。[②]然而正如经常表明的那样，将憎恨的和反抗的人组织成一个革命群体的不是最受压迫的阶层，而是典型的新崛起阶级的成员。

导致失范的张力

我们所讨论的社会结构产生了导致失范和越轨行为的张力。这样的社会秩序迫使你战胜对手，只要支持这一竞争体系的情感充满着整个活动范围，只要这种情感不限于“成功”这一最终结果，手段的选择将很大程度保持在制度控制的范围里。然而当文化重心从竞争本身产生的满足感转移到排除一切而只关注结果时，由此产生的压力促成了控制结构的崩溃。随着制度控制的削弱，便出现了与功利主义哲学家错以为是社会典型特征相近似的情形，即对个人得失的计较和对惩罚的畏惧成为

---

① R.S.和H.M.林德：《变迁中的中镇》(*Middletown in Transition*)(纽约，1937)，第408页。书中用一系列文化俗语例释了保守神话。

② 见格奥尔格·齐美尔在《社会学》(*Soziologie*)(莱比锡，1908)中的深刻阐述，第276—277页。

惟一的控制力量。

导致失范的张力在整个社会里并不是均匀分布的。在目前的分析中已经指出了在导致越轨行为的压力面前最软弱的阶层,也提出了导致这些压力产生的某些机制。为了简化这个问题,金钱成功被当作是主要的文化目标,尽管在众多共同价值观中还有其他目标。例如,智慧和艺术成就领域提供了另外一些无需巨额金钱报酬的职业模式。文化结构将名誉附加到这些职业上,社会结构允许得到这些东西,这样,系统就有些稳定了。潜在的越轨者仍然会遵从这些辅助的价值体系。 211

但是,导致失范的那些主要倾向依然存在,这里所提出的分析方法所应特别注意的也正是这些倾向。

家庭的作用

归纳散见于前文的关于家庭在这些越轨行为模式中所起的作用的讨论,我们最后再讲几句。

当然,家庭才是将文化标准传给下一代的主要输送带。但直到最近还为人们所忽视的是,家庭传播的主要是父母所属的阶层和群体接受的那部分文化。因而,它是用这一小范围群体的文化目标和道德特征来对儿童进行训练的机制。社会化不局限于直接的培养与训练。这个过程,起码部分上是潜移默化的。除了直接的劝告、奖励和惩罚外,孩子一直置身于父母亲的闲谈和日常行为的社会原型之中。通常,孩子们**会去探寻并综合文化的一致性,甚至当这些一致性仍然不很明确并还没有形成准则时**。

语言模式提供了最为生动的证据,以客观的方式很容易观察到:儿童在社会化过程中能发现长辈或同辈人尚未给他们以明确的表达、自己也尚未表达出的一致性。儿童的屡教屡犯的语言错误极有启发意义。例如，儿童会同时使用这样的词，如“老鼠们”或“钱们”。[*]**尽管他可能从未听说过这样的词，也没有学过“构成复数的规则”**。或者，他会造出这样的词来，如“falled”，“runned”，“singed”，“hitted”[**]，尽管他在三岁还没有学过动词的变化“规则”。或者，他会选择“gooder”的东西，或者也可能通过逻辑外延，将它描绘成是“goodest”。[***] 显然，他已经发现了复数表达法、动词时态变化以及形容词比较级变化的隐含规则。他的错误和该规则的误用都证明了这一点。①

因而，似乎可以这样推测，即儿童在吸收父母亲一连串的命令、解释及规劝中所提出的明确的文化定向的同时，还在**寻求和**
212 **遵循文化评价的一般范式，人和事物特征的一般范式，值得尊重的目标之形成的一般范式**。除了关于社会化进程的深层心理学的重要研究之外，看来还需要对家庭内部的文化传播进行额外的直接观察。也很可能是儿童保留了在父母亲日常行为中发现的文化价值观的隐含范式，即使当范式与父母亲明确的建议与规劝相矛盾时也是如此。

---

* 英文中 mouse 的复数形式为 mice，而不是 mouses；money 的复数形式同单数一样，仍为 money。儿童缺乏区分能力，只遵循“在单数名词后面加(e) s 构成复数”的一般规则。——译者注

** 这些词均为儿童误拼的动词过去式，其原形和过去式应该是：fall—fell，run—ran，sing—sang，hit—hit。儿童只知遵循“动词原形后加 ed 构成动词过去式”的一般原则。——译者注

*** good 的比较级和最高级的正确拼法应是 better 和 best。这也是由于儿童只遵循了“形容词后面加 er 构成比较，加 est 构成最高级”这个一般规则而造成的。——译者注。

① W. 斯特恩在《幼童心理学》(*Psychology of Early Childhood*)(纽约，1924)一书第 166 页中指出了这些错误事实(如把“drank”写成“drinked”)，但并没有得出词形变化之隐含规则被发现的结论。

父母抱负在孩子身上的投射也与当前的主题高度相关。众所周知，自己也遇到“失败”或只获得有限“成功”的父母亲只字不提他们原先的目标重心，并可能松懈其实现目标的努力，却试图通过他们的孩子间接地代为实现。“影响可能来自母亲，也可能来自父亲。通常是这种情况，即父母希望孩子达到他或她所未能达到的高度。”[①]在最近一个就公共住房发展的社会组织所做的研究中，在处于低层次职业的黑人和白人中，我们都发现有相当一部分人希望他们的孩子将来有个体面的职业。[②]如果进一步的研究能证实这一发现的话，就会对我们现在的问题产生很大影响。因为，如果父母的抱负在孩子身上的补偿性投射广泛存在的话，那么正是那些难以为孩子提供各种机会的父母——“失败者”和“受挫者”——向孩子施加更多压力，以期取得很大的成就。正如我们所看到的，这种志向高远而现实机会有限的综合征，恰恰是导致越轨行为的模式。这清楚地表明，如果要从我们的分析图式提供的视角去理解在越轨行为中家庭训练潜移默化的作用，还需要重点调查某些社会阶层中职业目标是如何形成的。

结束语

很明显，上述讨论并没有上升到道德的高度。无论读者对社会结构中目标和手段之间协调的道德可行性持什么样的情感，但二者之间协调不良显然要导致失范。社会结构最普通的

---

① H.A.默里等：《人格探索》(*Explorations in Personality*)，第307页。

② 摘自R.K.默顿、帕特里夏·S.韦斯特和M.杰霍达关于规划社区的社会组织的研究，《社会生活模式》(*Patterns of Social Life*)。

功能之一就是为预测社会行为和调节社会行为提供基础，随着社会结构的这些因素的分离，这种功能变得越来越有限。最严
213 重的时候，可预测性变得很小，而严格说来可以称作失范或文化混乱的情况就发生了。

这篇关于越轨行为的结构根源的文章只能算是一个序曲。它没有包括对另外一些结构因素的详细研究，这些因素使生活在不平衡社会结构中的个体倾向于这种而非那种可能的反应。它在很大程度上忽视了——但没有否认——决定这些反应发生的社会心理学过程；它只是简单地讨论了越轨行为所产生的社会作用；它尚未通过确定越轨者和遵从者行为的群体差异，而对分析图式的解释能力进行充分的经验验证。它只是一带而过地提到了寻求改造社会框架的反抗行为。

我们认为，运用这个分析方法对上述问题及有关问题进行
214 研究，将会大有裨益。

第七章
社会结构与失范理论中的连续性

最近几年,出版了大量社会学论著,从这一方面或那一方面探讨失范问题。这样,就为阐明和扩展前一章提出的系统表述提供了一个更加广泛的基础。随着失范概念扩散到越来越广阔的社会圈子,人们对它的兴趣增长得很快,以致这一概念被庸俗化了。作为庸俗化的例子,考虑一下《新闻周刊》的个案。《新闻周刊》刊发了一条格哈特·尼迈耶对失范的社会后果进行认真仔细研究的新闻,并且很快为其报道配发了许多"读者回音";开头使用了许多这样通俗和刺激的语句:"噢!那就是我所说的极度失范",奥格利索普大学225名学生之一的布利克·托滕叫道。[①]本章将要对失范在理论上、本质上和程序上进行的研究虽不这样通俗,但是更具指导性。

广义的失范概念

正如涂尔干首先提出的,失范概念指一个社会或群体中相对缺乏规范的状态。涂尔干清楚地阐明,此概念研究的是社会和文化结构的性质,而非面对该结构的个体所具有的性质。但是,因为此概念对理解各种形式的越轨行为的效用变得很明显,

① 《探路者》(*Pathfinder*),1950年5月17日,第55页。

所以就被扩展为指涉个体而非他们所处环境的状态。

R.M.麦基弗和戴维·里斯曼两个人同时表述了关于失范的心理学概念。由于他们的理论在实质上是相像的,故而研究其中一个的说法,就等于两个都研究了。

> “失范”——麦基弗重新使用了早已废除的十六世纪的
> 215 拼写——“指一种脱离道德基础,不再有任何准则而仅有互不相关的冲动,不再有延续感、民族感和责任感的人的**精神状态**。失范者精神世界贫乏,只顾自己,对任何人都不负责。他嘲弄其他人的价值观,他仅有的信条就是否定一切的哲学。这样的人生活在既无未来又无过去的一条细细的情感线上。”总而言之,“失范指一种个体的社会团结感(其精神力量的主体)被打破或被致命地削弱的**精神状态**”。[①]

如上所述,“麦基弗对此问题是从心理学的角度进行研究的(即他认为失范是**精神**而不是社会所处的状态,虽然精神状态也许反映了社会压力),且他提出的[失范的]心理学类型相当于涂尔干概念的主观成分(焦虑—孤独—无目的)”。[②]关于失范的心

---

① R.M.麦基弗:《我们坚守的堡垒》(*The Ramparts We Guard*)(纽约:麦克米兰出版公司,1955),第84页和第85页,第10章(黑体为我所加)。参看由戴维·里斯曼、鲁埃尔·丹尼和内森·格拉泽对失范者各自独立地做出的相同描述,《孤独的人群》(*The Lonely Crowd*)(纽黑文:耶鲁大学出版社,1950),第287页及以下。

② R.H.布鲁克斯:“剖析失范”(‘The anatomy of anomie’),载《政治科学》(*Political Science*),1951年,第3期,第44—51页;1952年,第4期,第38—49页的一篇探讨失范概念最新扩张的评论文章。H.L.安斯巴彻在一篇刊登在《个体心理学信息:国际个体心理学协会机关报》(*Individual Psychology News Letter*: *Organ of the International Association of Individual Psychology*)(伦敦,1956年6—7月)的短文中探讨了失范与阿德勒“社会兴趣缺乏”概念的关系。

理学概念具有特定的对象,指特定个体可为人们所认识的“精神状态”。正如精神病医生大量的病例卷宗所证明的,这一点是不容置疑的。但是,心理学的概念只是社会学关于失范概念的对应物,而非替代品。

正如前面所述,失范的社会学概念设定:个体所处的特殊环境可以被恰当地看作一方面包括文化结构,另一方面包括社会结构。这一概念认为,无论事实上这两种结构联系得怎样紧密,在把两者合在一起之前,因分析的需要而必须把它们分开。在此种联系中,文化结构是指普遍适用于某一特定社会或群体之成员的指导行为的规范性价值标准。社会结构是指一整套把这一社会或群体之成员以各种各样的方式联系在一起的社会关系。失范被看作是文化结构的瓦解,尤其是当文化规范和目标与社会结构赋予此群体成员实现这些目标的能力严重脱节时。在这方面,文化价值标准可能有助于产生与这些价值自身的要求相违背的行为。

就此而言,社会结构歪曲了文化价值标准,使符合这些标准的行动对社会中有一定地位的人极为容易,而对其他人则相当困难或根本就不可能。社会结构对于执行文化指令起着像栅栏 216
或开放的门户的作用。当文化和社会结构结合不当,即其中之一所要求的行为和态度与另一个相违背时,就会出现规范崩溃和毫无规范的危险。当然,并不是说这就是引起失范的社会状态的惟一成因;进一步的理论和研究正致力于寻找其他引起严重失范的模式化根源。

人们为了指出心理学和社会学概念对“简单”和“剧烈”失范之间的区分而花费了大量精力。[①]简单失范指一个因其各种价

---

① 塞巴斯蒂安·德·格拉奇亚:《政治共同体》(*The Political Community*)(芝加哥大学出版社,1948),第72—74页;同时参看前引布鲁克斯著作,第46页。

值体系之间的冲突而引起的群体或社会的混乱状态，导致一定程度的不安和产生与群体的分离感。剧烈失范指价值体系的衰颓，走到极端时，就是价值体系的解体，并引发明显的焦虑。这样做的好处是从术语上体现出经常提及但时常被忽略的事实，即如同社会其他状态一样，失范在程度上或许还在种类上也各不相同。

前一章辨别了失范的某些成因，并陈述了对此状态的适应性反应的类别，和在阶级结构的不同阶层中导致各种反应或高或低发生率的结构性压力。这里的根本前提是，社会各阶层不仅受失范影响的程度不同，而且受对失范的各种反应的影响也不相同。塔尔科特·帕森斯致力于对此类型学的研究，并且根据动机从他的社会互动概念系统中导出了此类型学。[①]此分析是从这一假定出发的，即认为越轨行为的倾向和社会互动系统的再平衡倾向皆非偶然产生；相反，这两种倾向沿着有限数量中的一个或数个可识别的方向发展。也就是说，越轨行为本身是模式化的。

用帕森斯和贝尔斯的话来讲，“越轨已被证明包括四个基本的方面。根据是否需要表示出对规范模式的异化，包括否认把渴望改变作为一个目标，或与规范模式被迫保持一致并保持对改变的渴望；还要根据行为模式是主动或被动引发的来划分。这又产生了四个倾向性类型，在异化方面的攻击性和退却性，在
217 强迫一致方面的强迫性执行与强迫性接受。事实进一步表明，
这一独自推导出来的范式与以前默顿为分析社会结构和失范而

① 帕森斯：《社会系统》(*The Social System*)，第256—267页，第321—325页；塔尔科特·帕森斯、罗伯特·F.贝尔斯和爱德华·A.希尔斯合著：《行为理论研究论文集》(*Working Papers in the Theory of Action*)(格伦科：自由出版社，1953)，第67—78页。

提出的范式基本上是相同的。”[①]

大家会发现,反应类型学的第一个延伸依旧研究文化结构即“规范模式”和社会结构即与他人模式化的联系或异化。但是,这一延伸进而对反应类型以主动或被动来划分,即越轨行为可包括主动地“‘把握形势’,做出比[规范]期望更大的努力来试图控制局面”,或者被动地“缺乏能力维护”期望所要求的“主动控制权”。越轨行为的类型继而可再分为与他人社会关系的歪曲或与要求一致的文化模式不相协调。[②]对失范压力的具体反应有:过失、犯罪和自杀,其中也包括概念上居中的各种反应类型,如创新、仪式主义、退却主义和反抗。这些可归为帕森斯所研究的互动系统中的一些抽象属性最后的结果。这一对越轨行为类型更为复杂的划分由于刚刚出现,尚有待于在实际调查中加以广泛应用。

失范的指标

我们当中的许多人都曾试图跟随涂尔干的脚步,而结果只在这过大的领域里摇摇摆摆地行走。与这些人一样,涂尔干对失范的各种症状,对无规范和恶化的社会关系可观察到的迹象,也并没有提供明了的和方法论上的指导。但是,很显然,如果失范这一概念要在现实研究中得以应用,则必须有衡量指标。

利奥·斯罗尔在这方面已迈出了第一步,他提出了一种初级的“衡量失范的尺度”。[③]一方面,此尺度将个体对社会环境的知

① 帕森斯等:《行为理论研究论文集》,第 68 页。

② 同上,第 74 页。

③ 出自 1951 年在美国社会学学会上宣读的题为“社会负功能、人格和社会距离态度”的论文;和经补充但尚未出版的题为“社会整合和某些推论”的论文。

觉的各个面综合起来；另一方面，还涉及个体对自己在此环境中所处位置的知觉。更具体地讲，构成此初级尺度的五个指标为：(1)察觉群体领导对个人需要漠不关心；(2)认识到在一个基本上不可预料和缺乏秩序的社会中干不成什么事业；(3)感觉生活目标在倒退而不是在逐步得以实现；(4)有一种无用感；(5)相信
218 一个人不能从自己的朋友那里得到社会和心理的支持。[①]斯罗尔较详细地表明，提出衡量失范的尺度的努力有很大的局限性和不足，但这的确为形成一个由群体和社会中的个人所觉察和体验到的失范的标准化测量开了一个头。

此尺度可用以衡量**主观方面**体验到的失范；显然，还需要衡量作为群体生活的**客观**状态的失范的进一步标准。伯纳德·兰德征兆性地发展了后一种衡量标准。[②]通过对美国某城市普查册中八项特征的分析，他发现了两个变量群，其中之一被称为"**失范的**因素"。他认为，调查表明这个变量群(包括：高犯罪率，当地非白人居民的较高比例，较低比例的自有住宅)似乎概括了相对缺乏规范和社会不稳定地区的特征。正如兰德第一个发现的，此变量群最多只不过是粗略地衡量了失范的因素。其最大的局限是由这样一种情形引起的，即社会学家是通过由社会机

---

① 这些具体条目出现在由艾伦.H.罗伯茨与弥尔顿·罗基赫合著："有关失范、独裁主义和偏见的一个实验"('Anomie, authoritarianism and prejudice: a replication')，《美国社会学杂志》，1956年，第61期，第355—358页注14。斯罗尔对此论文发表了评论，怀疑他自己的研究实际上被抄袭了；同上，1956年，第62期，第63—67页。

② 《理解青少年犯罪》(*Towards an Understanding of Juvenile Delinquency*)(纽约：哥伦比亚大学出版社，1954)，重点为第5和第6章。同时参阅欧内斯特·格林伍德以此书为基础而写的一篇有指导意义的评论："犯罪研究的新方向"('New directions in delinquency research')，《社会工作评论》(*The Social Service Review*)，1956年，第30期，第147—157页。

构所建立的统计系列中**正好**记录的社会数据来设计对理论概念的衡量的,也就是说,能够得到的社会统计数据不一定是衡量概念的最好标准。这就是我为什么把兰德具有创造性的努力形容为"征兆性"而非决定性的进步。仅有的官方统计迫使涂尔干使用如此粗略、间接和相当不稳定的失范衡量标准,例如职业状况、婚姻状况和家庭解体(离婚);巴尔的摩普查册记录包括犯罪率、种族构成和房产所有权的数据,这一同样的偶然性迫使兰德把这些数据作为一个粗略、间接和暂时的衡量失范的标准。这种实用性考虑当然不能代替从理论推导而来的概念指标。住所变迁可能是一个衡量原有社会关系瓦解率的间接标准,而显然,如果能设法直接获得有关社会关系瓦解率的数据,此标准将得到根本的改观。被认为是规范和关系瓦解的失范的其他客观成分也是如此。这并非是完全不可及的完美目标。这说明,也是 219
大量事实表明的,正如衡量失范的主观方面的尺度必须进一步改进一样,客观方面的尺度也是如此。使用现有的社会统计数据只是在实用方面迫不得已和暂时的替代。

源于失范主客观成分概念的是进一步的明确要求,即对失范起因和后果的研究必须**同时**涉及两类成分的相互作用。具体说,正如同一类个体的行为可以在失范程度不同的群体中研究一样,在具有某种程度客观失范的群体中,失范**个体**的行为也可加以系统比较。此种研究清楚地构成了对失范的下一步研究。[①]

最近理论和程序上的进展在某种程度上澄清了失范的概念

---

① 关于此类分析的一般逻辑,参照有关"社会结构的统计指标"那部分,本书第 314—316 页,以及保罗·F. 拉扎斯费尔德与莫里斯·罗森伯格合著《社会研究的语言》(*The Language of Social Research*)(格伦科:自由出版社,1955)。

并为系统研究提供了必需的工具。与前一章对失范所进行的结构和功能分析有直接关系的实质上的新进展近来已出现。

美国文化中的成功主题

读者还会记得,我们曾把追求金钱的成功视为美国文化的**一个**重要主题,并追踪研究了其对社会结构中所处位置不同的人们产生的不同影响。正如我们反复指出的,这当然不意味着,文化目标与合法手段的背离是由**这种**对目标的极端强调引发的。此理论认为对成功的**任何**极端强调,无论科学生产力,个人财富积累,略加些想象力,还有唐璜式人物的情场得意,都将会减弱与指导取得特定形式“成功”行为的制度性规范的一致性,尤其是对在竞争中处于不利社会地位的那部分人。无论目标的本质如何,文化目标与可行的规范手段之间的矛盾都会产生失
220 范的倾向。[1]

在金钱成功的目标尤其深深植根于美国文化的假定下,可以把这一目标选作示范性分析。历史和历史社会学中一系列的新研究对此被广泛接受的假说提供了进一步的依据。欧文·戈登·怀利通过关于自助取得经济成功的美国信条——成功母题——的详实的专题著作表明:虽然“成功”在美国文化中有很多解释(在不同阶层也是众说不一),但是没有任何其他的定义比“把成功等同于赚钱能在美国获得更加普遍的支持”。[2]

---

① W.J.H.斯普罗特在伯明翰大学的乔赛亚·梅森讲座中极为清楚地阐明了此观点。《科学和社会行为》(*Science and Social Action*)(伦敦:瓦茨出版有限公司,1954),第113页。

② 欧文·戈登·怀利,《靠自己而成功的美国人》(新布伦斯威克:鲁特杰斯大学出版社,1954),第3—4页及全书。

追求金钱成功当然并非美国人所特有。马克斯·韦伯分析性的和长期的观察仍很适用:“获取的冲动,追逐利益、金钱和尽可能多的金钱,其本身与资本主义[具体地讲,与特定的美国文化]没有任何关系。此冲动已经并且仍存在于侍者、医生、马车夫、艺术家、妓女、不诚实的职员、士兵、贵族、十字军战士、赌徒和乞丐当中。也许可以说,无论何时,无论在地球上的哪一个国家,只要存在客观可能性,各种处于不同状况的人都会有此冲动。”①

但美国文化之所以在这方面相对来讲与众不同,并在前面的一章中已重点分析的是,美国是“一个很注重经济富裕和**所有**成员的社会地位上升的社会”。十九世纪末出版的一本成功入门赞赏地形容此文化信仰为:“通向财富之路,就像一条收费公路,对乞丐的后代与国王的子孙都一视同仁。所有人都要付出代价,但每个人都有权力,我们要做的只是行使这些权力。”②此文化教义与众不同的性质是双重的:第一,为成功而奋斗并非是个体**偶然**流露出的人性深处的贪婪之心,而是社会的期望;第二,这种模式化的期望对任何人都适用,不管其最初的生活命运或身份如何。当然,社会衡量每个人成功与否的标准并非绝对相同。沿经济的阶梯向上爬的种类和程度在社会各阶层中的定义可能很不相同,但是,主导的文化倾向对此成功给予很大鼓
励,并认为每个人都应当为之奋斗。(我们即刻就会发现,这与 221
以经验为依据的命题相差甚远。该命题认为事实上各社会阶层中有相同比例的人接受此文化追求,并把其吸收进个人价值结

① 马克斯·韦伯:《新教伦理与资本主义精神》(*The Protestant Ethic and the Spirit of Capitalism*)(纽约:查尔斯·斯克里布纳子孙出版社,1930),第 17 页。

② A.C.麦柯迪:《胜利属于想胜利的人》(*Win Who Will*)(费城,1872),第 19 页,如怀利所引,见前引书第 22 页。

构当中。)只是在传教和新闻出版工作中,在小说和电影中,在正规教育和非正规社会化过程中,在各色各样美国人注意到的公共和私人交往中,才不但强调为金钱成功而奋斗并最终达到此目标的实际可能性,而且也相当强调道德义务。

正如怀利指出的,学会、商业图书馆协会和商学院里具有教育意义的讲座和大量讨论成功的手册总是反复宣扬此主题。(第123页及以下)。对众多为大众所喜爱的小说、对在全国各地初级中学中使用的一版再版的识字课本以及对一些美国最著名商业界人物的讣告所做的内容分析,为此提供了进一步的事实材料。肯尼斯·S.林恩对小说中穷光蛋到大富翁这一永恒的主题进行了追踪研究。这些小说的作家包括西奥多·德莱塞、杰克·伦敦、戴维·格雷厄姆·菲利普斯、弗兰克·诺里斯和罗伯特·赫里克。在似乎没完没了的麦加菲读本系列中,此主题反复出现的事实被理查德·D.莫热所证实。[①]在《美国商人的荣誉》(*The Reputation of the American Businessman*)[②]一书中,西蒙·戴蒙德分析了大量的饱含道德情感的死者传略,其中包括在斯蒂芬·吉拉德、约翰·雅各·阿斯特、科尔内利乌斯·范德比尔特、J.P.摩根、约翰·D.洛克菲勒和亨利·福特这些人死后所发表的死者传略。从中,他发现了这个主题,即一个人只要"具有必要的品质,那么任何时候、任何地方、在任何情况下,他都会获得成功"。

此文化主题不仅认为每个人不论其地位如何都有可能取得

① 肯尼斯·S.林恩:《成功之梦》(*The Dream of Success*)(波士顿:小布朗出版社,1955);理查德·D.莫热:《美国精神的形成》(*Making the American Mind*)(纽约:王冠出版社,1947)。同时参阅马歇尔·W.菲什维克:《美国英雄:神话与现实》(*American Heroes: Myth and Reality*)(华盛顿市:公共事务出版社,1954)。

② 坎布里奇:哈佛大学出版社,1955年。

金钱成功，为成功而奋斗是每个人义不容辞的责任，而且认为，有时看似不利的贫困事实上倒是一种优势，用亨利·沃德·比彻的话说，正是“**贫困**那坚硬但仁慈的胸膛告诉他们：‘干吧！’劳动，使这些人成为成功者”。[1]

自然，这就引出了认为成功与失败纯属个人能力问题这一次级主题。失败者只能责怪自己，与自我造就者的概念相对应的只能是自我失败者。此文化定义甚至认为对没有任何作为的那些人而言，其失败是双重的：一是在追逐成功的竞赛中明显的失败；二是不具备成功所需能力和精神耐力这一隐含着的失败。不管此信条在任何特定情况下的客观真理性或谬误性如何，而且重要的是这一点不能很容易地得出结论，此盛行的定义给不 222
符合标准的那些人带来了精神负担。正是在此文化背景下，很多情况下，来自失败的威胁促使人们采取那些违反法律、不合习俗但能带来“成功”的手段。

获取成功的道德要求于是带来了成功的压力，如果可能就使用正当手段，如果必要就使用不正当的方法。当然，道德规范，即使在行为背离规范之时，仍然重申比赛规则，继续要求“公平竞赛”。但有时，甚至探讨成功的手册也鼓吹人们“利用一切现有手段冲到对手前边，加入比赛并获胜”，正如1878年出版的《发财秘诀》这一匿名小册子所言：“在1880年到1914年间，人民党成员、单一税者、专门报道丑闻的记者和社会党人对实际情况做了研究，从而揭开了商业界的道德面纱。他们的发现极少与‘依靠美德致富’的主旨相吻合。他们的发现并非全新的，因为怀疑论者早就察觉赚钱涉及美德以外的东西。此书新在它提供了确凿的证据，证实巨贾富商们都是强盗大王，他们通过腐化

① 怀利所引，第22—23页。

立法机关、盗用资源、组织垄断、排挤对手而起家。”①

最近的研究证实了人们以前常注意到的一点，即对成功目标极端的文化强调削弱了与在制度上所规定的实现此目标的方法的一致性。“雄心”(ambition)接近其词源上的意义“到处跑”，而且不只是像古罗马的小政治家们在自己的“选区里”拉选票，并采取各种手段来保证自己获得足够多的有效选票。正是如此，文化所确立的目标趋向于认为使人获得成功的所有途径都是正当的。这正是前面文章中所讲的“非道德化”过程，在这一过程中，规范丧失了调整行为的能力，随后出现了构成失范的“规范缺失”成分。

但是，引起失范的过程不一定不受阻碍地发展下去。在一些尚需鉴别的条件下，可能会产生抵消趋势。在某种程度上，根据历史记载来判断，这在美国社会中也许已经发生过了。文化上强调的人人都有成功机会(success-open-to-all)已经变得名副其实了，也许部分是出于对机会实际结构之不断认识的反应，部分是时常观察到的这一名不副实主题的败坏道德后果的反应。这就是说，原主题虽然依然存在，但经常可以通过建议某些人降低其抱负而部分地使之得以实现。著名的成功神话传教士奥里
223 森·斯维特·马登告诉其读者：“事实是我们当中的大多数人永无希望变成富翁。”在上世纪末本世纪初出版的一本成功手册提出了一个安慰人的哲学，它重新给成功下了定义，“成为一个普普通通的士兵与成为一个指挥军队的将军是同等重要的。我们不可能人人都做将军。如果你在选拔出来的一群人中是个好士兵，有很高的声望，这本身就是成功。”甚至像《美国银行家》这样的期刊，同样可以发现这样的断言：“我们普通人当中只有少数

① 怀利，第84—85页，第146页。

能积累巨大的财富,或出人头地。这种显赫地位的数量和挣大钱的机会从来没有,将来也永远不会与追逐它们的有精力、有抱负并有能力的人数相等同。关于成功的文献憎恶这一令人不快的真理。”①

这些与可见的事实相吻合的信条,虽然时时表现出来并为在经济等级中缓慢而有限的升迁提供了理论基础,但是怀利和研究这一课题的新学者提出,它们仅仅是现今文化中的次重点。在很大程度上,成功的主题在美国文化的公共传播中仍占优势。

但是,如果这种传播对一代又一代美国人不断地重复成功的神话,也不会让所有群体、地区和阶层的美国人都一致地接受此价值观。大众文化表达的价值观与人们实际生活的价值观之间没有迅速无阻的通道。但是,仅仅因为这两种价值观不完全相同而认为两者之间没有丝毫联系,同样是错误的。所研究的价值观在多大程度上被认同,是一个需探究而不是假定的问题。这就是为什么本书第二编的导言中写道:“需要进一步研究的问题如下:不同社会阶层的美国人对于**同一**文化所引导的目标和价值观的实际同化的程度……”(第 177 页)。这个问题可以通过专门的调查研究,进一步予以澄清。

成功价值同化中的各种差异

在最近的一篇论文中,赫伯特·H. 海曼通过对民意调查中获得的数据进行对照和再分析而研究了这一问题;这些调查全部直接或间接地涉及到成功价值观在经济和社会阶层中的分布

① 关于这些和相关的观察,请参阅怀利著作,第 144 页及以下。

224 情况。[1]正如他在首次提出这一普遍问题时所说的:“显然,默顿的分析认为,事实上,此文化目标为较低阶层的个体所接受。”(第427页)鉴于后面所提供的数据,通过加以限定把此假设陈述得更清楚一些就变得非常重要:此分析认为在较低经济和社会阶层中**某些**个体实际上接受了成功目标。总而言之,此分析并非认为**所有**或**大多数的**较低阶层成员都受到适应类型学中所讲的趋向各种非遵从行为的压力,仅仅是其中有比更高阶层中更多的人感受到这种压力。根据所研究的这一假说,越轨行为依然是次属模式;遵从则依旧是典型模式。在较低阶层中有**相当数量的少数人**认同此目标,由于这些人获得金钱成功的机会相对而言更少,便有所区别地承受着这种压力。

海曼在其论文前言中继而写道:“显然,我们需要经验上的事实根据;即**不同阶层中的个体在多大程度上**看重文化所规定的成功目标,相信机会的大门是向自己敞开的,并且认识到其他价值观在他们实现目标的过程中起辅助或阻碍作用。这篇论文对默顿理论性的分析是一个初步的补充。”[2]要把手头的数据与

---

① 赫伯特·H.海曼:“不同阶级的价值体系”(‘The value systems of different classes’),见本迪克斯与利普塞特编:《阶级、地位和权力》(*Class*, *Status and Power*),第426—442页。格哈特·森格尔与诺尔马·S.戈登:“歧视对少数群体成员造成的影响及其与反抗歧视的努力的关系”(‘The influence of discrimination on minority group members in its relation to attempts to combat discrimination’)一文也探讨了在宗教和种族的少数派成员们的志向与成功的相关证据,此文发表在《社会心理学杂志》,1950年,第31期,第95—120页,**尤其**是第113页及以下。

② 同上,427—428[黑体为我所加]。对成功母题在不同社会群体中的相关频率的研究已经起步,例如发表于《美国社会学评论》1956年第21期第295—300页的由R.W.麦克、R.J.墨菲与S.耶林合写的“新教伦理、志向水平与社会流动性:一个经验检验”(‘The Protestant ethic, level of aspiration, and social mobility:a empirical test’)。此研究表明(虽非旨在如此),美国的成功风尚足以压倒美国新教徒与天主

这一假设贴切地联系在一起，这里仍然需要对这一论点加以限制。此项分析确实需要有关“不同阶层中个体在多大程度上”尊重成功目标的经验证据。显然，除非这些人非常信奉此成功价值观，不然它将根本不会提供任何动力。正如事实上发生的，海曼获得的调查数据并没有对信奉此目标的**程度**加以区分，而仅仅指出了从几个社会阶层中抽样来的个体表达对成功目标和相关价值观不知程度的接受的**频率**。然而，从一开始，似乎随后的调查就可以有益地导向对这些价值观在不同群体、社会阶层和共同体中被接受的程度和强度的研究。 225

那么，我们应当注意，前一章的假设需要一个可察觉的少数，而非所有或者大多数较低阶层的人，来对文化导向的金钱成功目标加以同化，且前提是对此价值观深深地同化，而非仅仅口头上承认。此两条限制为从海曼贴切而简明的论文中搜集的经验证据中得出理论内涵提供了语境。

大体而言，一系列由于极易获得而在此未详细复核的证据，一致显示出由职业成功和有助于此种成功的规范途径而导向的成年人以及青年人在低、中、高社会阶层中**比例上的差异**。例如，二十世纪三十年代末所做的一个全国范围的民意调查发现，对职业机会的信心有阶级差异。此差异是在对以下问题的回答中表现出来的，即“你是否认为现在勤俭、有能力、有抱负的青年人有机会飞黄腾达，有自己的房子，并且年薪挣到5000美元?”在“富裕家庭”中有53%的人认为如此，与此相比，海曼指出，

教徒之间文化侧重的差异。另一研究发现“霍雷肖·阿尔杰神话是渗透到某些而非所有普通阶层成员的一个中产阶级的神话”。约瑟夫·A.卡尔：“‘普通人’孩子的教育和职业志向”（‘Educational and occupational aspirations of “common man” boys’），《哈佛教育评论》，1953年，第23期，第186—203页。

“仅仅”有 31% 的“穷人”[①]这样认为。另一全国调查发现有 63%的专业和行政雇员认为再过几年获得提升的机会很大，相比之下，工厂工人中只有 48%这样认为；此外，一组级别较高的雇员中有 58%认为努力工作会使他们获得提拔，而另一组体力劳动者中只有 40%的人持此乐观态度。

对在低租住房开发区的白人和黑人居民进行的一项社会学研究中有许多数据可以用来充实海曼所引用的资料。[②]这 500 名居民分布在职业等级下部的各个层次中，对他们职业整体的晋升机会以及具体到自己的工作场所的晋升机会做出了评
226 估。[③]出现了三种明显不同的评估。第一，在职业阶梯上越是逐级上升，对职业上“获得成功”的乐观成分也就越大。好像只有在职业阶层中存在比自己低的人，自己才有可能在阶梯上往上爬，因为无论怎么说他都处于相对较高的阶层。在黑人白领或技术雇员中，63%的人认为提升的前景很好或有希望，而在半技术人员中占 44%，在非技术或家庭服务人员中占 31%。虽然不是那么显著，但在白人中也存在这种情况。

第二，这些人对**他们**现在受雇职位前景的估计模式大致相同，虽然有一定的变化。职业层次越高，认为在工作中得到晋升

---

① 海曼，前引文章，第 437 页。对可望获得职业晋升机会的信心在工人当中似乎相当普遍，至少从四十年代后期以来。如罗珀发现在抽样调查的工人中，有 70%的工人认为获得成功的机会比自己的父辈要好，有 62%的工人认为自己的下一代会获得比自己好的机会。对近邻两代人职业机会的**相对**评价在勾画机会形象方面比对一代人的**绝对**评价更为有益。参看埃尔莫·罗珀：“美国人民自画像——1947”（‘A self portrait of the American people—1947’），载《财富》（*Fortune*），1947 年，第 35 期，第 5—16 页。

② R. K. 默顿、P. S. 韦斯特与 M. 杰霍达著：《社会生活方式》，第 3 章，未出版。

③ 所提问题如下：“一个从事你这种职业的人如果全力以赴，那么他得到提升的机会如何？”“你现在工作的地方怎样？得到提升的机会怎样？”

的机会很多或有希望的人所占的比例也就越大。在黑人当中,持乐观态度的百分比分别是 43%,32% 和 27%;在白人中则为 58%,47% 和 44%。

但是,对机会评价的第三种类型把黑人与白人工人清楚地划分为两类。白人工人倾向于把总的职业前景与自己所在工作地的前景之间的差别看得很小:只要他们认为普遍可能的事,便认为在他们的直接环境中也是可能的。在黑人工人尤其是居较高职位的工人中,一切都变了。不管把总的职业机会估计得怎样,他们对自己工作地机会的评价都明显地更加悲观。职业期望统计显示,处于各职业阶层的黑人工人经常认为自己被剥夺了公平的晋升机会。

对职业机会信念的阶级和种族差异方面的证据,还有海曼所引的对于通过接受正规教育的途径扩大职业成功前景的评价的阶层性差异。例如,在较高社会阶层中认为“要想过好日子,就需要一定的高等教育”的人比处于较低阶层的人多得多。在一个全国范围的调查中,有 91% 的“富”人,而只有 68% 的“穷”人,倾向于让自己的孩子上大学而不是高中一毕业就马上找工作。此外,有 74%“富裕”家庭出身的十几岁男孩选择接受大学教育而非高中毕业后就立即找工作。相比之下,出身于“较低阶层”并这样选择的孩子只有 42%。最后,在海曼汇总起来的大量数据中,有 14% 出身“贫困”家庭的高中学生选择收入高但风 227
险大的职业,相比之下,出身商业管理或专业人员家庭的青年中有 31% 这样选择。①

现在证据虽尚不充分和全面,却一致显示不同社会阶层(也许包括黑人和白人的划分)在以下方面**存在比例上的差异**,即肯

① 海曼,前引文章,第 430—434 页。

定文化上模式化的对职业成功机会的信念，追求高薪但充满危险的工作，重视通过接受高等教育而实现职业晋升。但海曼忽略了，从前面论文提出的假设出发，**至关重要的并非不同社会阶层接受文化上的成功目标的相对比例，而是其绝对数字**。如果海曼注意到这一点，他对各种证据的梳理会更有指导性和益处。较高社会和经济阶层中固守此文化上的成功目标的**百分比**虽高，但并非意味着他们的**人数**比较低阶层中持此观点的人数更多。实际上，由于在研究中最高阶层比最低阶层的人数少得多，所以，常常是，在较低阶层中比在较高阶层中有**更多**的人遵从此目标。

由于几乎完全只关注[①]对不同社会阶层中有这样或那样价值定向者的**相对比例**的研究，海曼忽略了与所研究的假设有最直接关系的事实资料。因为，正如反复强调的，此假设并非需要在较低社会阶层中有更大的比例或更多的人接受成功目标，而只是需要有**相当多**的人。文化引发的高志向与实现这些志向时碰到的社会结构性障碍是**相背离**的，正是这种背离被认为对越轨行为的发生施加了很大的压力。“相当多”表示大得足够引起目标与机会在较低阶层比在处于优势的较高阶层更经常地**背离**。甚至有可能，虽然在此方面仍缺乏足够的经验数据，此背离
228 现象在低层比在中层出现得更频繁，因为在美国中产阶级持有成功目标的很大一批人中只有相当少的一部分人是在他们实现

① 在海曼论文将要结束的地方，他明确地阐述了相对比例与绝对比例（与绝对数字）的区别。而这是在他探讨参考群体理论时一同阐述的，并且没有得出上述假设的内涵。他的话如下：“虽然证据显示较低阶层个体**作为一个群体**具有阻碍个体前进的价值观，但数据也同样清楚地表明较低阶层中有相当大比例的人不遵守此价值观[考虑到海曼调查的一些项目，这里“相当大比例”表示大多数]。同样，在较高阶层中也有不遵守其群体规范的个体。”同上，第 441 页。

目标的努力中受到严重阻碍的。

总而言之，基本分析的要求是系统地把在不同社会阶层中接受文化目标者的相对比例和绝对数字[①]加以区分，并认识到这个目标和社会结构决定的达到它的途径之间相背离的频率才具有理论研究意义。进一步的研究必须解决的难题是：(1)获取关于目标和机会获取模式的系统数据；(2)对这些数据进行**综合的**分析，从而发现远大志向与渺茫机会的结合是否在不同社会阶层、群体和社群中出现的频率根本不相同，继而搞清这些差异是否与越轨行为的不同发生率有关。简要地讲，这就需要有**以下几方面社会模式化差异的数据**：

1. 对文化目标和调节达此目标的行为的规范的**接受程度**；
2. 对此目标和规范作为道德训令和内在价值观的**接受**；
3. **与此目标的相对接近程度**：在机会结构中的出头机遇；
4. 被接受的目标与其可行性之间的**背离程度**；
5. 失范的**程度**；
6. 在多类适应模式中各种**越轨行为的发生率**。

搜集上列这些虽然不同但紧密相关事项的足够数据绝非一件易事。直到如今，社会学家们还必须使用对几乎所有这些变量都十分粗略和不完善的量度进行研究；例如，他们把接受正规教育的程度作为接近机会的指标。但在社会学中，越来越多的

---

① 应当注意，此项划分的必要性与分析社会生活具有密切关系。虽然其本身已很重要，但在不同社会阶层和群体中表现出特殊态度、智慧、财富或其他任何行为方式的人的**相对**比例，不能像社会学研究常常发生的那样，混淆在不同阶层和群体中表现出这些特征的同等重要的**绝对数字**。从对社会的影响角度来讲，重要的恰是绝对数字而非相对比例。关于这方面的其他情形请参阅本书465页注。

是，只要具有理论全局意义的变量被确定下来，改进了的量度也就会应运而生。强调某些变量之重要性的理论，阐明涉及这些变量的实际调查之逻辑的方法论，和提出量度这些变量的工具和方法的技巧，这三者之间的相互影响越来越大。正如我们所发现的，在提出对失范的主客观成分的量度方面，最近确实已起
229 步了。认为这些量度将会继续得到改进并且适应其他变量的量度不久将会出现，都不是非分之想，尤其是对韦伯所说的机会结构中的“出头机遇”这一仍使用不当却重要的概念的改进。

这样将有可能搞清失范在社会各阶层的分布状况。例如将有可能指出在美国社会中出现的、促使人们选择一定目标的文化价值观和遵从此价值观的可能性之间的最大背离的结构位置。此项研究将会防止任何不加考虑地认为美国社会到处充满了失范的倾向，相反它会发现在美国社会结构中给人们遵从规范要求带来最大困难的各种地位。这就是下面说法所表达的意思：人们所接受的规范与受社会鼓励的遵从这种规范的机会之间的背离“促成”了越轨行为并产生出失范。

正如研究发生在不同社会阶层中不同程度的失范之根源一样，研究对失范的不同适应方法和产生这种而不是另一种适应类型的力量同样也是重要的。几项最新的研究都涉及到这一普遍的问题。

失范和越轨行为的形式

创新

前一章提出的越轨行为的第一种表现形式是创新。大家也许记得，这是指摒弃制度性的做法，但保留文化目标。这似乎是受到研究关注的很大一部分越轨行为的特点，即“犯罪”和“过

失"的宽泛概念所大致包容的。由于法律为这种越轨行为提供了正规的标准,所以它相对易察觉到并成为研究的中心。相反,那些在社会学上而不是在法学上与被人们所接受的规范相背离的其他行为形式,如我们所说的"回避主义",因为不明显,所以不那么受重视。

最近的几项研究表明,为人们所接受的"犯罪"和"过失"的概念,可能会混淆而不是澄清我们理解它们所指的越轨行为的不同种类。例如奥伯特指出"在法律上对犯罪所下的定义……也许与这一概念所表示的所有现象之间没有什么共同之处。对白领犯罪来讲也同样是这种情况。此类型在其本身的性质上也 230
可能有很大差别,并需要寻找截然不同的因果解释"。[①]

在赋予某一类行为诸如犯罪或过失名称时,经常倾向于只注重包括在此类行为中的不管是否相关的共同点。例如,青少年的在社会学上被认为非常不同的行为形式,却被冠以"青少年犯罪"这一总称。这经常会把千差万别的行为或以这种那种形式有此行为的人在理论上归为一类。然而,把偷了些垒球器材的青少年行为和时常袭击团伙外成员的青少年行为说成是根本相近的,不能令人信服。

而且,把很广泛的行为概括在犯罪或过失这一个标题下的做法容易引起人们认为一种理论就能解释被列在这一类别的所

① 威廉·奥伯特:"白领犯罪与社会结构"('White-collar crime and social structure'),载《美国社会学杂志》,1952 年,第 58 期,第 263—271 页,尤其是第 270 页;同时参看 R.K.默顿:"社会文化环境与失范"('The social-cultural environment and anomie'),发表在海伦·L.威特默与鲁思·科廷斯基编《青少年犯罪研究新方向》(*New Perspectives for Research on Juvenile Delinquency*)(华盛顿市:美国健康、教育、福利部儿童局,1956),第 24—50 页,同时包括与会成员的讨论;丹尼尔·格拉泽:"犯罪理论与行为形象"('Criminality theories and behavioral images'),载《美国社会学杂志》,1956 年,第 61 期,第 433—443 页,尤其是第 434 页。

有行为。在逻辑结构上，这跟本杰明·拉什或约翰·布朗的假设是相差不远的。他们认为必然有关于疾病的单一理论，而不是针对不同的疾病，如结核病和关节炎、梅尼埃尔综合征和梅毒有不同的理论。正如把差别巨大的状态和过程归结于疾病这一大标题之下，使得一些热心的医学分类学者相信寻找一个无所不包的关于疾病的理论成了他们义不容辞的责任，同样，不管是日常语言还是科学语言把“青少年犯罪”作为好像是一个单一的整体，看来也使一些人相信一定存在单一的关于“它的”起因的基本理论。也许这足以证明以犯罪和青少年犯罪作为一种宽泛概念所指的东西有可能阻碍对这一问题的理论表述。

一旦人们发现通常被看作是犯罪或过失的行为，从社会学的角度来看，是多样的或根本不同的，那么显而易见，这就意味着所要考察的理论并不能解释所有形式的越轨行为。艾伯特·科恩在他的一本理论上很敏感的书中提出，此理论“对解释成年职业性犯罪和一些年龄较大的半职业性少年小偷的财产犯罪是
231 很合适的”。他继续写道，“遗憾的是它不能解释亚文化的非功利性质……如果犯罪亚文化的参加者仅仅是用违法的手段达到获取商品的目的，那他就会对通过这种手段获得的东西表现出更多的关心。而且，犯罪亚文化所特有的毁灭性、多方面性、刺激性和全盘否定性都不在此理论的研究范围之内。”①

① 艾伯特·K. 科恩：《失足少年》(*Delinquent Boys*)(格伦科：自由出版社，1955)，第36页。由于主要理论问题的研究与科恩所写的书紧密相关，下列关于社会结构与失范范式的探讨只是作为分析犯罪和过失行为的基础被引用。弥尔顿·L. 巴伦：“青少年犯罪与美国价值观”(‘Juvenile delinquency and American values’)，《美国社会学评论》，1951年，第16期，第208—214页；所罗门·科布林：“犯罪地区价值观的冲突”(‘The conflict of values in delinquency areas’)，发表于《美国社会学评论》，1951年，第16期，第653—662页；拉尔夫·H. 特纳：“社会解组中的价值冲突”(‘Value conflict in social disorganization’)，《社会学与社会研究》，1954年，第38期，

科恩讲的第一点也就是最重要的一点是令人信服的，并值得重申一次。以上关于失范的理论只解释某些而不是所有习惯上被称作犯罪或过失的越轨行为。如果第二点是正确的，那么它也是重要的，总之具有把未来的研究中心放到其内涵上来的优点。这就是为什么关于社会结构和失范的理论不能解释出现在过失群体中的许多行为的"非功利"特点。在进一步探究问题时，为了理论清晰的目的，应当记住，这一理论**并不**认为，越轨行为是由于理性计算而具功利性所导致的后果，而是强调由文化引发的目标和社会结构造成的机会的背离所导致的**强大**压力。对这些压力的反应与受其影响的个体感受到的极度紧张可能引起很大程度的挫折与非理性或反理性行为。[①]"破坏性"在心理学上常被认为是对连续挫折的一种反应形式。所以看起来"全盘否定论"在理论不扩充新的特别因素的情况下，也可被认为是对体现作为合法的文化志向与受社会限制的机会之间矛盾的权威的不断否定。

但是，事实似乎是一些少年追求团伙越轨的"多样性"和"热情"并不能直接用社会结构和失范的理论加以解释。对越轨行为的这些特点的根源，我们大概必须要到这些思想类似的越轨 232
者的社会互动中去寻找，他们相互强化越轨的态度和行为，从理论上说，起因是他们基本相同的处境。科恩正是在这一阶段对

第301—308页；W. J. H. 斯普罗特：《青少年犯罪的社会背景》（*The Social Background of Delinquency*）（诺丁汉大学，1954），约翰·C. 斯宾塞的评论，《哈佛学报》，1955年，第9期，第163—165页；赫尔曼·曼海姆："青少年犯罪"（'Juvenile delinquency'），《英国社会学杂志》，1956年，第7期，第147—152页；奥伯特，前引书；格拉泽，前引书。

① 赫尔曼·曼海姆恰恰是在对这一点的评论中表示此理论"在很大程度上仅可解释为表达受挫志向的功利形式"。前引书，第149页。

团伙越轨行为全过程最先运用有益的分析。但是,正如他稍后在书中(第 54 页)所指出的,在分析“过失少年”在目前的社会环境中碰到的各种问题的“解决办法”之前,我们必须解释出现各种困难的不同频率。在这部分分析当中,科恩实际上在使用与我们基本相同的方法,即研究这些压力的社会和文化根源。他彻底的社会学分析大大促进了我们对某些经常发生在过失团伙中的越轨行为的理解。他是通过对现在所研究的结构和功能理论的类型的扩展而达到这一目的的。

在分析过失亚文化这一点上,科恩的研究当然是跟肖、麦凯特别是思拉舍所进行的早期研究一脉相承的。①但是他继而发现这些研究主要涉及的问题是这些过失亚文化是如何**传播到**青少年的,并且还发现他致力研究的有关问题与这些文化模式的特点的起源有关。通过基本相同的方法,有可能区分开以下两种理论。第一种理论只研究个体对文化压抑的反应,如克伦·霍妮所提出的;第二种理论也研究**集合的和时常是由社会组织的反应对正常结构本身的影响。**

联结失范和越轨行为的社会过程。把此问题放到合适的理论环境中,需要我们把失范行为的出现和发展看作现行的社会
233 过程的结果而非简单的偶然流行的状况。②在这种环境中,此过程可以暂时描述如下:一些个体由于他们在群体中客观不利的

---

① 在这一社会学家群体许多著名的出版物中,参阅由克利福德·R. 肖与亨利·D. 麦凯合著:《青少年犯罪与都市区域》(*Juvennile Delinquency and Urban Areas*)(芝加哥大学出版社,1942);弗雷德里克·M. 思拉舍:《团伙》(*The Gang*)(芝加哥大学出版社,1936),第 2 版。

② 参阅默顿:“社会和文化环境与失范”,前引书。

地位和与众不同的人格形象[①]，比其他人更受由文化目标和实现它的有效办法的背离所引起的压力的影响。于是，他们更易于发生越轨行为。在一些情况下，依赖于团伙的控制结构，这些对规范标准的背离得到的社会报偿是"成功"地实现了目标。但是，这些实现目标的越轨途径存在于社会体系之中。因此，越轨行为不仅影响最初卷入的个体，在某种程度上，它同样也影响那些在系统中与他们内在相联的其他个体。

虽属越轨但"成功"的行为的发生率的增长趋势减缓了，到

---

① 类型绝然不同的家庭同样可导致引起失范的压力与此理论是相符的。例如，弗兰茨·亚历山大写道，他那些来自"第二代美国人、移民和……少数民族群体"的顾客的父亲们总是过分地向儿子灌输取得成功的思想。他又写道，"共同的结果是儿子在母亲的爱和其他许多物质方面篡夺了父亲的位置，继而发展出极大的雄心。他想证明母亲的期望和奉献都是理所当然，进而平息了对父亲的内疚感。达到此目的只有一个途径，无论付出多大代价他必须成功。在价值的等级中，成功超过一切而变得至高无上，而失败成了犯罪的同义词……于是其他所有的罪恶，如在人际关系中的不诚实，竞争中的不公正，不忠诚，对他人漠不关心，相对来说就算不上什么了；进而出现了残忍的个人野心家、投机分子这一可怕现象。这些人整日为自己能否得到提升的忧虑所困扰。这一现象纯粹是对靠自我努力而成功的人的丑化，是对被他们贬为荒唐的西方文明的一种危胁。"弗兰茨·亚历山大："环境中性格因素的教育意义"（'Educative influence of personality factors in the environment'），载克莱德·克拉克洪、亨利·A. 默里与戴维·M. 施奈特编：《自然、社会与文化中的个性》（*Personality in Nature, Society, and Culture*）（纽约：A. A. 克诺夫出版社，1953，第2版），第421—435页，尤其是第431—433页。

对于形成这种不适当而具毁坏性的成功目标，从心理学角度的分析必须要与社会学的分析相联系起来，如果想使研究深入下去的话。因为尽管这些通向成功的奋斗产生的途径不同，且基本上都是在**每个**被研究的家庭中独自发展起来的，但越轨行为是发生在以不同方式把不同地诱发的行为模式联系在一起的社会系统中。这样，不管每个个体最初的状况如何，**家庭外部**个体的越轨行为趋于相互支持并破坏现存的模式。于是，失范成了一个社会现象，大大超过了互不相干的、不同家庭的集合的范围。相关的分析参阅拉尔夫·皮里斯，"意识形态动能与社会平衡"（'Ideological momentum and social equilibrium'），载《美国社会学杂志》，1952年，第57期，第339—346页。

达极限时，甚至消解了制度规范对系统中其他人的合法性。此过程于是扩大了系统中失范的程度，以致那些对最初流行的相对轻微的失范没有以越轨行为形式做出反应的人，随着失范的扩散和加剧，最终发生了越轨行为。反过来，这又对那些在社会系统中本来较不易受到冲击的其他个体创造了一个更易产生失范的环境。这样，失范和上升的越轨行为发生率可被认为在社会和文化的动态过程中相互作用，并且除非有起抵消作用的控制机制出现，对规范结构有越来越大的瓦解作用。在所研究的
234 各种具体情况中，像我们以前所讲的，根本的是要明确“减少”由文化目标和受社会限制的实现目标的途径之间表面的（或真正的）对抗引起的压力的控制机制。（第 177 页）

对这种理论的进一步设想

本章前一节研究了与包容在“创新”这一在感情和伦理上中性的概念中的对失范的反应形式有关的证据，即利用规范给予的手段来达到文化推崇的目标。在转向研究有关其他主要反应类型——仪式主义、退却主义和反叛——的证据之前，我们必须再次强调关于社会结构和失范的一般理论并不局限于金钱成功这一具体目标和对实现它的途径的社会制约。例如，该理论适用于科学界多方面的研究，适用于大众传播行为①，适用于对宗

① 沃伦·G. 本尼斯：“社会调查中协同工作的某些障碍”（‘Some barriers to teamwork in social research’），载《社会问题》（*Social Problems*），1956 年，第 3 期，第 223—235 页；马蒂尔达·怀特·赖利与塞缪尔·H. 弗劳尔曼著：“传播研究中的群体关系变量”（‘Group relations as a variable in communications research’），载《美国社会学杂志》，1951 年，第 16 期，第 174—180 页；伦纳德·I. 皮尔林：《传播行为的社会与心理学背景》（*The Social and Psychological Setting of Communications Behavior*）（哥伦比亚大学，未出版的社会学博士学位论文，1957），皮尔林发现，那些既被大大激发要

教正统观念的背离[①]，适用于军事监狱中对社会规范的遵守和背离[②]，至少，表面上它们的共性绝非金钱成功这一主要目标。正如开始对这一理论的解释所讲，"金钱成功被作为主要的文化目标"仅仅是"为简化问题……当然，在公共价值观的宝库中还有许多其他可供选择的目标"(第 211 页)。从一般观点来看，在群体文化中，任何得不到重视的文化目标，将会降低对规范做法的强调，从而导致失范。

同样，有必要重申越轨行为的类型远非通常所讲的犯罪或过失行为。从社会学的角度讲，对规范性标准的其他形式的背离可能与违反国家制定的法律极少或根本就没有任何联系。仅
仅确定越轨的一些类型本身就是正在逐渐澄清的社会学理论的 235
一个难题。例如，帕森斯的想法导致了一个显著的理论进步，他认为，疾病在其主要方面之一，"可以定义为越轨行为的一种形式，病人角色所表现的越轨的动机因素与那些通过其他各种渠道所表现出的动机因素，包括社会上不认为是越轨的被迫性遵从的各种类型，是相继的。"[③]

作为另一个例子，对规范"过度服从"或"过度遵守"的行为，即使表面上看好像是公开遵从，在社会学上却被认为是越轨。[④]

在社会中向上爬而从事的职业又不能立即满足此要求的人，倾向于把电视作为一种"逃避"的途径。此实证研究结论之一是"电视是一种相当发达的工具，一种人们可以借以从社会体系的冲突和压抑中解脱出来的工具"。

① 西莉亚·斯托普尼卡·罗森塔尔："一个波兰小城镇犹太人社区的越轨行为与社会变化"('Deviation and social change in the Jewish community of a small polish town')，《美国社会学杂志》，1954 年，第 60 期，第 177—181 页。

② 理查德·克洛沃德：《一个军事监狱的文化：失范案例研究》(*The Culture of a Military Prison: A Case Study of Anomie*)(格伦科：自由出版社，即出)；与克洛沃德在威特默和科廷斯基书中对此研究的部分概括，前引书，第 80—91 页。

③ 帕森斯：《社会系统》，第 476—477 页和第 10 章全部。

④ 进一步的讨论请参阅下一节关于对失范的退却主义反应类型的研究。

正如对失范的反应**类型学**旨在搞清楚的，这是些特殊种类的行为，与表面上遵从规范期望相反，可以通过进一步的社会学分析证明是与这些期望相背离的。

最后，从对其他类型越轨行为研究的这个开场白中，大家将会再次发现，从社会学的角度来看，与群体占优势的规范相背离的行为，并不都意味着群体的基本价值观和适应力失去作用。相关地，严格地不折不扣地遵从所有主流规范只能在存在于静止和不变环境中的静止和不变的群体中起作用，而这样的群体是不会有的。与现行规范某种（未知）程度的背离，也许对所有群体的基本目标起作用。例如，某种程度的"创新"可能导致形成新的制度化的行为模式，比旧的行为模式在达到主要目标上更加具有适应性。

另外，认为对群体现行价值观有负功能的越轨行为同时也没有道德效用，是一种目光短浅的观点和不明智的判断。因为，正如我们在此书中频频发现的，社会负功能的概念并非"非道德"或"非道德行为"的新代名词。一种特定的背离群体中主要规范的行为类型，可能在减弱群体的稳定性或降低达到所崇尚的目标的前景方面有负功能。但从各种道德标准来看，也许群体中的规范本身就是错误的，而不是那些抛弃它们的创新者错了。关于这一点，一个我们时代真正的伟人以其特有的精辟和雄辩写道：

> 在原始部落，每个阶级都有它特定的位置和作用，如果
> 各阶级和每个个体都履行他的职责并起到他的作用，而且
> 236 不忽视或侵犯别人的义务或权力。用现代语言来说，就是
> 每个人都有其社会职责和相应的权力。这就是老 Themis
> （法律和正义的化身，"应做"的事情），但是它被想像力大大

> 地延伸了并更具有积极意义，它也许要你不仅为国家献身——最早的部落法律包括这一条——而且要为真理献身，或正像他在第二卷精彩的一节中所讲的，为被抛弃或被遗忘的真正的法律而抗拒社会中全部的常规法律。读过此书的人都不会轻易地忘记，在罪恶和是非颠倒的社会中，正义的人是如何被鞭鞑和被剥夺光明，且最后被错误理解他的社会钉死或钉在十字架上，因为他是正义的，但表面上却似乎相反，然而对他来说，遭受痛苦比跟随大众一起做错事要好。①

这一点无需赘述，如果不是因为有人时常地且似乎越来越频繁地认为越轨行为必定等同于社会负功能，继而又等同于违反道德规范。在每个社会的历史上，一般认为，一些文化英雄被尊为英雄的原因恰恰是他们有打破当时群体中流行规范的勇气和远见。如大家所知，昔日的叛逆者、革命家、不守成规者、个人主义者、持非正统见解者或叛教者，经常是今天的文化英雄。

因为如此容易被忘却，应该重新再提一下，把这一理论的重点放到越轨行为的文化和结构根源上并非意味着此种行为是对我们所研究的各种压力的特有反应，更别说是惟一的了。这只是对越轨行为的不同**程度和类型**的一种分析，而不是经验地概括说所有受到这种压力的人都产生越轨行为。这一理论只是认为在社会结构中受到这种压力的那部分人比其他人更容易发生

① 吉尔伯特·默里：《希腊研究》（*Greek Studies*）（牛津：克拉伦顿出版社，1946），第75页。所喻指的为柏拉图《理想国》第二部。柏拉图本来的意思与吉尔伯特·默里的转述是否相吻合是一个很值得探讨的问题。

越轨行为。但是,由于社会机制抵消的结果,大多数受压制者**一般**不会引发越轨,遵从仍然是典型的反应。在抵消机制中,正如前一章所述,有对“公共价值观中可供选择的目标”的实现……“以致文化结构给予这些选择很高的评价,同时社会结构提供实现的可能性,系统基本上是稳定的。潜在的越轨者也许仍然在次要价值观上保持一致。”(第 211 页)对降低越轨行为的这种可
237 供选择的目标的作用的研究已经开始。[①]

综上所述,可以得出如下结论,(1)所考察的理论探讨的是各种文化上受重视的目标,而不仅是作为例证而提出的金钱成功的目标。(2)这一理论区分开了与违反法律毫不相关的越轨行为的各种表现形式。(3)越轨行为并非**必然**对群体有效生存和发展的能力具有负功能。(4)社会越轨和社会负功能的概念不包括隐藏的道德前提。(5)可供选择的文化目标为稳定社会

---

① 参阅鲁思·B.格拉尼克将要发表的论文,“著名黑人‘英雄’传记”。按利奥·洛温塔尔在对著名传记的研究中创建的方法,格拉尼克在两本主要以黑人读者为对象的流行杂志中,以这里所考察的越轨行为理论为背景,对“黑人英雄”的社会构成进行了分析。她发现娱乐界中存在着黑人和白人两种不同的成功之路,虽然他们受推崇的情形基本相同。更重要的是她发现有能力选择不同成功目标更多地引发遵从而不是越轨行为。洛温塔尔著名的研究成果是“流行杂志中的传记”,发表在 P. F. 拉扎斯费尔德与 F. N. 斯坦顿编:《广播研究,1942—1943 年》(*Radio Research, 1942—1943*)(纽约:迪尤尔、斯隆和皮尔斯出版社,1944)。

同时也有人指出,消费行为模式如时尚与时髦在社会分层体系中的向下扩散起到一种潜在的作用,它使那些并没有获得明显上升的人产生满足感。参阅伯纳德·巴伯和莱尔·S. 洛贝尔:“妇女服装的‘时尚’与美国社会制度”(‘“Fashion” in women's clothes and the American social system’),《社会力量》(*Social Forces*)(1952,第 31 期,第 124—131 页);与劳埃德·A. 法勒斯所写的一篇相关论文:“略谈‘扩散效应’”(‘A note on the “trickle effect”’),发表在《舆论季刊》(*Public Opinion Quarterly*),1954 年,第 18 期,第 314—321 页。

对有关减轻个人失败感的不同成功象征的研究,请参阅玛格丽特·M. 伍德:《孤独之路》(*Paths of Loneliness*)(纽约:哥伦比亚大学出版社,1953),第 212 页及以下。

和文化体系提供基础。

仪式主义

在类型学中,仪式主义指的是个体抛弃文化所定义的热望而"继续几乎是被迫地遵守规范"的一种反应形式。正如在引入这一概念时所讲的,"要问它是否表示真正的越轨行为就形成了一种术语上的游戏"。由于此种适应实际上是一个内部决定,并且其公开行为是制度上所允许的,尽管在文化上不受推崇,因而一般来说并不认为它代表一种社会问题。采取此种适应方式的个体的知己也许以盛行的文化强调的观点进行评价,而会为他们感到遗憾。他们可能在个别情况下,觉得"老琼斯一定是个墨守成规的家伙"。无论是否被认为是一种越轨行为,显然,它反映的是对文化模式的背离,这种文化模式要求人们积极地去奋斗,尤其是通过制度化的方法,在社会等级中向前向上爬(第204页)。

这样,有人提出,一个强调成功主题的社会中的追求社会地
位的强烈欲望可能导致"过度遵从"或"过度服从"的越轨行为。例 238
如,这种过度服从可以在"科层专家们"身上找到,其中一些人可能"恰恰是因为受以前不遵从规定所产生的罪恶感而过度遵从"。[①]除了对二十个"官僚"的一项心理分析研究确实发现他们有"强迫性神经过敏"的倾向外,有关此假设的系统的证据还很缺

① 第206页,同时参阅本书第八章对"过度遵从的结构性根源"的探讨,及第十、第十一章的"叛教者"与"改宗者"的讨论;还有帕森斯与贝尔斯在这方面(把各自提出的理论联系起来)所得出的第一个重要结论:"过度遵从"应被认为是异常。帕森斯与他人合著的《研究报告》,第75页。

乏。[①]但是，即使这仅有的证据也与现今的理论无直接联系。这一理论与作为社会结构状况的反应的各种**角色表演**的类型有关，而不是与尽管由于别的原因很重要的**人格**的各种类型有联系。

彼得·M.布劳对科层行为的研究与此理论有更直接的联系。[②]他指出，所观察的过度遵从个案"并不是因为对现存运作程序的仪式依附已成为一种无法逃避的习惯"，并且，"仪式主义的起因与其说是对规则的过分认同和对旧有做法的完全习惯，倒不如说是由于在组织中的重要社会关系上缺乏安全感"。简言之，当这种状况的结构不能减轻地位焦虑和减轻对达到规范所期望目标的能力的焦虑时，处在这种组织中的个体便会产生过度依从。

引起对规范性期望过度遵从的仪式主义反应的为社会结构所模式化的情境在实验中，当然，仅是类似地在绵羊和山羊身上，再现了出来。（读者当然不会认为没有更具象征意义的动物可以用于这一研究。）如前所述，引起仪式主义的情况，包括强烈追求目标的一次又一次挫折，或总是发现报酬与遵从不成比例。心理生物学家霍华德·S.利德尔事实上已经在一系列的实验中再现了这两种状态。[③]以下为实验之一：

> 一只山羊……每天被带到实验室来接受简单的测试：每

① 奥托·斯珀林："科层制的心理分析"（'Psychoanalytic aspects of bureaucracy'），《心理分析季刊》（*Psychoanalytic Quarterly*），1950年，第19期，第88—100页。

② P.M.布劳：《科层制动力学》（*The Dynamics of Bureaucracy*），第12章，尤其见第184—193页。

③ 霍华德·S.利德尔对此做了简明总结，"智力起点上的适应"（Adaptation on the threshold of intelligence），发表在约翰·罗马诺编：《适应》（*Adaptation*）（伊萨卡：康奈尔大学出版社，1949），第55—75页。

> 隔两分钟，电击发生器每秒响一下，持续十秒，紧接着对前肢电击一下。二十个信号——电击结束后，山羊返回牧场。它不久便获得了令人满意的运动技能水平，并似乎对此流水线式 239
> 程序适应良好。但是，在六七周之内，观察者发现山羊的行为在不知不觉中发生了变化。山羊欣然地来到实验室，但进去时表现出一种沉着慎重的态度和控制极为准确的反应。它似乎在试图“把事做对”。几年前，我们实验小组开始把这种动物称为“完美主义者”……我们发现在巴甫洛夫的实验室里，“条件反射”被用来描述狗的这种行为。

这似乎确实不只是表面上同我们所说的“社会仪式主义者综合征”相似，这些人“对看起来有威胁和引起不信任的状况的反应”是“死死抱住安全的惯例和制度性规范”。[①] 确实，利德尔继续写道：也许我们所推断的人类受到威胁时的相似行为，可以在米拉所描述的人类恐惧的六个阶段中找到［第一阶段如下］：

> **谨慎与自我克制**：从外表来观察，被实验者表现得谦虚、谨慎和真诚。通过自发的自我克制，他限制自己的目标和抱负，放弃所有那些有可能带来危险和暴露自己的快乐的目标和抱负。这一阶段的个体已处于恐惧的抑制性影响之下。他对迫近的情况的反应是预防性的回避。**内省的**被试验者尚未意识到恐惧。相反，他十分自满和骄傲，因为他认为自己比别人更具有远见。[②]

---

① 见本书第六章，第204—205页。

② 艾米利奥·米拉·y·洛佩斯：《战争中的精神病学》（*Psychiatry in War*）（纽约：医学学会，1943），见利德尔，前引书，第70页。

这种对那些感谢上帝把他创造得与众不同的强迫遵从者特征的描述，勾画出对威胁性情境的一种仪式主义反应的本质要素。弄清那些在某些社会层中导致很大威胁而在其他阶层中几乎可以忽视的结构和文化过程是社会学理论的任务。这也正是社会结构和失范理论所研究的问题。这样，正如仪式主义所显示，对所观察行为类型的"心理学"和"社会学"解释就得到了统一。

在对"模棱两可的不容忍"的研究中，发现了更多较侧重于人格而不是指定情境类型中角色表演的资料和观点。[①] 这些研究所缺乏的对社会结构变量和动力的考虑，在很大程度上被对

240 仪式主义者对模式化情景的反应（而非仅仅是人格结构）的详细描写所弥补。正如最近一份调查表所提出的，模棱两可的不容忍的组成部分包括："过分的追求对称、熟悉、肯定和规则，倾向于或黑或白的解决方案，过于简单的对分，不适当的或此或彼的解决方案，早熟的内向，持续言语和痴呆；追求'完美'形式的倾向，通过遍及全局或者过分强调具体细节来实现；区域化，刺激约束；避免由于狭义化或缺乏经验，或对规定的机械重复，或部分的偶然性和对现实当中被保存下来的诸多方面的绝对化所引起的不确定性。"[②]

每一成分的真正含义在此罗列中并不能得到体现。众多的出版物已经给出了详细内容。但即使从上述列举也看得很清

---

① 艾尔斯·弗兰克尔—布伦斯韦克："作为情感和知觉人格变量的模棱两可的不容忍"（'Intolerance of ambiguity as an emotional and perceptual personality variable'），《人格杂志》（*Journal of Personality*），1949 年，第 18 期，第 108—143 页；又见 T. W. 阿多诺等著：《极权人格》（*The Authoritarian Personality*）（纽约：哈珀—布拉瑟斯出版社，1950 年）；理查德·克里斯蒂和玛丽·杰霍达编：《关于极权人格的范围和方法的研究》（*Studies in the Scope and Method of the Authoritarian Personality*）（格伦科：自由出版社，1954）。

② 弗伦克尔—布伦斯韦克，见克里斯蒂和杰霍达前引书，第 247 页。

楚,模棱两可的不容忍的概念指“一种过分的”对特定种类的知觉、态度和行为的追求(如“不适当的推崇”,“过分简单化”,“不合格”,“过分强调”这一类术语所指的)。人们判断这些为“过分”时所依据的标准,并不局限于所观察的一系列个性显现的统计规律,或局限于把个体从社会环境中抽象出来连续考察而建立的“功能性适应”的标准。这些标准也可以来自于不同的群体中流行的标准的规范性期望,所以,某种行为以第一组标准衡量,可能被认为是“心理过于刚性”;在第二组标准看来,有时被认为是适应性社会遵从。这仅仅说明,虽然在过分刚性的人格概念和社会引发的仪式主义行为的概念之间可能有一定的联系,但是两者绝非等同。

退却主义

退却主义的模式包括彻底抛弃曾经崇尚的文化目标和导向这些目标的制度化惯例。最近发现在所谓“问题家庭”中有类似模式。所谓“问题家庭”,大致指那些不符合社会环境中主导的规范期望的家庭。[①]在那些以一种心理被动症状应对某种可觉 241
察程度的失范的工人当中,可以找到此种反应模式的进一步证

① W.巴尔达姆斯和尼尔·蒂姆斯:“问题家庭:社会学探讨”(‘The problem family:a sociological apporach’),《英国社会学杂志》,1955 年,第 6 期,第 318—327 页。作者在结论中谈到,“尽管人格结构的个别特征的效果看似比预料的强烈,有关异常信仰和倾向的证据,作为一个单独的决定因素,还是足以保证对这个因素的本质和重要性进行更详细的调查。这样,受某些条件限制,问题家庭中较极端的解体和失效的情况就接近于退却主义的情形……他们实际上放弃了对现有价值观的遵从,尤其在行为准则方面。”从所有迹象来看,正如 W.劳埃德·沃纳和保罗·S.伦特在《一个现代共同体的社会生活》(*The Social life of a Modern Community*)(纽黑文:耶鲁大学出版社,1941)中描述的一样,退却主义似乎是社会下层的人们所特有的。

据。[①]

但是，一般说来，退却主义似乎发生在对剧烈失范的反应中，包括所熟悉和接受的规范性框架的突然崩溃和已形成的社会关系的崩溃，尤其是当受影响的个体感到此状态将无限地继续下去时。如涂尔干以特别的洞察力[②]注意到的，这种崩溃并非只能在"衰落的失范"(时运不济且似乎永无翻身之日)中找到，而是在"繁荣的失范"(时来运转，很多人从习惯的社会地位获得迅速上升)中也可以找到。个体的一系列角色负担得到"免除"的某些模式化情景中也会产生失范状态，例如，在人们非自愿地从工作岗位上"退下来"和丧偶的时候。[③]

---

① 艾利·奇诺伊:《汽车工人与美国梦》(*Automobile Workers and the American Dream*)(纽约:道布尔戴出版有限公司，1955);并参阅保罗·麦得斯对此书的评论，《美国社会学评论》，1955年，第20期，第624页。

如我们在提出适应类型时注意到的，这些指的是"角色行为……而不是人格"。当然并不是说，在个体的全部生活中适应类型都是固定不变的;相反，还可以系统地调查在确定条件下发展的**角色系列**的模式。例如，试图遵从的努力之后可能会出现仪式主义的适应，之后可能又是退却主义;其他类型的角色系列也可被识别。关于角色适应系列的有趣研究，见伦纳德·赖斯曼，"志向水平与社会阶级"('Levels of aspiration and social class')，《美国社会学评论》，1953年，第18期，第233—242页。

② 同大多数对人类行为的认识一样，这一点当然也被"预见到"了。例如，在《众生之路》(*The Way of All Flesh*)一书中，塞缪尔·巴特勒说:"如果一个人在某种程度上被不幸所困扰，那么在他的一生中，不幸要比任何巨大的成功都更为大多数人处之泰然。"(第5章)不同的是，涂尔干接下去致力于把他关于一整套理论观点的想法具体化;而这不是巴特勒的**专长**，于是他接下去研究的是关于人和社会的其他许多毫无关联的思想。

③ 这里，作家们也看到了社会科学家接下去要从细节上和含义上考察的问题。查尔斯·兰姆关于《退休者》(*The Superannuated Man*)的一篇经典文章描述了那些摆脱角色义务的人们所经历的定向障碍综合征，他们不必再被拴在桌前，去做那些可能很枯燥但又相当舒适、能给日常生活带来秩序的常规工作。他又接着"警告那些在活跃的商界已经年迈的人不要轻率地、未经审视自己的应变能力就**一下子**丢开他们已经习惯的工作，因为这样很危险。"黑体是为了把人们的注意力引向涂尔

在研究丧偶者和退休者时,赞娜·S.布劳详细地研究了导致作为众多反应模式之一的退却主义的情形。[①]正如她指出的, 242
丧偶者和"退休者"都失去了一个重要的角色,并且多少会产生孤独感。她发现退却主义倾向于在独处的寡妇和鳏夫当中发生,并进一步解释了与鳏夫相比,退却主义在寡妇中有较高的发生率。退却主义表现在留恋往日而不关心现在。退却主义者甚至比那些被描绘成"异化"的人还厌恶建立新的社会关系,结果他们倾向于继续这种麻木不仁的状况。

或许由于退却主义所代表的这种越轨行为在社会统计当中并不像犯罪和过失一类的越轨行为那么明确,并且退却主义也并非像违反法律一样对群体的运行产生剧烈而显著的影响,所以,退却主义作为一个研究课题,就算没被精神病学家忽视,也被社会学家忽视了。但是退却主义综合征在数世纪以前就被人们发现了,被称为淡漠忧郁症,并被罗马天主教会认为是死罪之一。淡漠忧郁症,表现为使"心灵源泉枯竭"的懒惰和麻痹,自中世纪以来一直令神学家感兴趣。它还一直得到文学家们的重视,至少自朗兰和乔叟到伯顿,又一直到奥尔德斯·赫胥黎和丽贝卡·韦斯特。无数的精神病学者通过冷漠、抑郁、快感缺乏等形式遇到过它。[②]但社会学家对这一综合征的重视极为不够。

干、巴特勒和兰姆指出的要点:地位和角色的突然改变。

① 赞娜·史密斯·布劳:《老龄:对地位改变的研究》(*Old Age: A Study of Change in Status*),未出版的社会学博士学位论文,哥伦比亚大学,1956。

② 在许多关于懒惰和麻痹的故事当中,有朗兰《农夫彼尔》(*Piers Plowman*)和乔叟"帕森的故事"('Parson's Tale');伯顿《忧郁的剖析》(*Anatomy of Melancholy*);《论界限》(*On the Margin*)中奥尔德斯·赫胥黎的散文;丽贝卡·韦斯特:《思想芦苇》(*The Thinking Reed*)。另外,F.L.韦尔斯:"社会失调:适应性倒退"('Social maladjustments: adaptive regression'),见卡尔·A.默奇森编:《社会心理学手册》(*Handbook of Social Psychology*),第869页及以下,和A.迈尔森著:'Anhedonia',《美国精神病学杂志》,1922年,第2期,第97—103页。

然而这种形式的越轨行为看起来不但有社会前因，而且具有明显的社会后果，对此，我们可以寻找更多的以赞娜·布劳最近的研究为代表的社会学研究。

有一点还需明确，即社会科学家们正在进行研究的这种对政治和组织的冷漠，在理论上是否与该理论认为引起退却主义的社会力量相关。①这种可能性被表述如下：

> ……对规范和目标的拒绝包括与行为标准相关的文化
> 243 冷漠现象。后一种情况不同质的方面被各种像冷淡、讥诮、道德疲乏、祛魅、情感丧失、机会主义一类的术语所表达。一种主要的淡漠症是往日所追求的文化目标的丧失，正如不懈的奋斗带来的却总是没完没了和似乎不可避免的挫折时所发生的那样。丧失重要的生活目标使个体处在没有大方向和意义的社会真空状态中。但另一种重要的淡漠症似乎是由规范的高度复杂性或迅速变化所引发的，个体被众多相互矛盾的规范和目标左右摆布——直到他完全迷失方向，陷入混乱，再也找不到自己觉得不自相矛盾的一套可遵守的规范。在尚不清楚的某些条件下，结果是一种“对责任的抛弃”，轻视守纪律行为，对维护一个道德社会漠不关心，似乎这种失落感是产生某种政治极权主义的基本条件之

① 比较伯纳德·巴伯：《美国的“大众冷漠”与自愿的社会参与》(“*Mass Apathy*” *and Voluntary Social Participation in the United States*)，未出版的社会学博士学位论文，哈佛大学，1949；B. 扎瓦兹基与保罗·F. 拉扎斯费尔德：“失业的心理学后果”(‘The psychological consequences of unemployment’)，载《社会心理学杂志》，1935年，第6期。

一。个体否认道德的自发性，而屈从于外界的约束。[①]

反抗

现在应当很清楚了，所研究的理论把文化所确定的目标和制度规范之间的冲突看作是失范的一个**根源**；它并不把价值观冲突和失范**等同**。[②]恰恰相反，社会中不同亚群体的规范之间的 244
冲突当然经常导致人们更严格地遵守各个亚群体中主导的规范。正是在文化上为人们所接受的价值观和遵守这些价值观时

① 小罗宾·M. 威廉斯：《美国社会》(*American Society*)(纽约：A. A. 克诺夫出版社，1951)，第 534—535 页。

② 如开始所阐述，此理论在这点上显然非同寻常地晦涩。至少，这个结论似乎是由这样一个事实表明，即两篇有见地的讨论已经提出，规范之间的冲突被等同于无规范(失范的文化方面)。拉尔夫·H. 特纳："社会瓦解中的价值观冲突"('Value conflict in social disorganization')，《社会学与社会研究》，1954 年，第 38 期，第 301—308 页；克里斯琴·贝：《表达的自由》(*The Freedom of Expression*)，未出版，第 3 章。

一位历史社会学家曾勾画了美国本世纪三十年代末对文化目标和制度化手段祛魅的过程，如记录在对约翰·D. 洛克菲勒之死发表看法的杂志中的。他说："显然持不同政见者在有关改造社会的措施方面没有取得一致意见，但在洛克菲勒和企业的捍卫者看来，这种不一致，比起对企业体制的不信任和对提供意识形态安全感的目标和规范的疏远的证据来，大概次要得多，尤其是在社会等级的下层。对于这些批评家，这些目标和规范再也没有正统性，再也不能使人们绝对忠诚；随着忠诚被破坏，企业又怎能自信地期待那工业纪律所特有的行动程序和反应程序？然而批评家们的讽刺中隐含的不仅仅是不满和异议。如果一个像洛克菲勒那样的企业家的活动是一个社会组织的功能，这组织本身就是造成不满的原因——如贫困和失业——那么，批评家们认为，此社会组织就再也不值得支持，"年轻人"也不必再加入追逐它的文化目标的行列。有了足够的改变——正是在这一点上批评家们看法不一——一个新的更好的社会组织就能达到。这可能不仅是个讨论，而是一个行动宪章了。由于该行动设想要对企业行动的范围和自由加以限制，新闻界的支持者将必须面对挑战。危难时的忠诚要重新肯定，每一个表明他们处于危难中的迹象——从弗林特的静坐罢工到华盛顿的新政立法——都加剧了这项任务的紧迫性。"西蒙·戴蒙德，《美国商人的荣誉》(*The Reputation of the American Businessman*)，第 116—117 页。

社会结构上的困难之间的冲突施加了压力，导向越轨行为和规范体系的崩溃。但是，失范状态所产生的结果可能只是新规范产生的前奏，我们正是把此反应描述为适应类型学中的“反抗”。

当反抗仅限于共同体中相对少数和弱小的那部分人时，它为形成与社会其他部分相分离而内部却团结的亚群体提供了潜在的可能性。这种模式在疏离的青少年结成团伙和成为有独特亚文化的青少年运动的一部分时，得到了体现。[①]但是，除非新的群体和规范能与排斥他们的社会其余部分充分隔离，否则对失范的这种反应是不稳定的。

当反抗在社会的实质部分普遍流行时，它不仅为改造规范，而且为改造社会结构的革命提供了可能性。关于这一点，最近对法国十八世纪资产阶级变化中的角色的研究，大大扩展了现有关于失范的理论。这一扩展简单论述如下[②]：

> 有人指出……对流动性的期望和实现程度之间过大的差异导致了失范状态，即反映道德规范削弱的部分的社会瓦解。当**事实上**的变迁没有伴随道德上的肯定时，相同的非道德化将可能出现，这两种不协调正是十八世纪法国资产阶级随着时间的推移所面临的越来越严重的问题。

如果不去过多考虑以上研究的特定历史条件，就会把理论

---

① 见霍华德·贝克尔极有启发意义的《德国的青年：束缚或自由》(*German Youth: Bond or Free*)(伦敦：鲁特里奇和凯根·保罗出版社，1946)；S. N. 艾森斯塔特：《一代又一代：年龄群体和社会结构》(*From Generation to Generation: Age Groups and Social Structure*)(格伦科：自由出版社，1956)，尤其是第6章。

② 埃利诺·G. 巴伯：《十八世纪法国的资产阶级》(*The Bourgeoisie in 18th Century France*)(普林斯顿：普林斯顿大学出版社，1955)，第56页。

的注意力引向一个一般概念,即失范可能是由社会流动的客观比率和等级社会体系中向上爬的道德权利(和义务)的文化定义之间的两种差异所导致的。自始至终,我们一直只研究一种类型的背离,即文化所崇尚的向上流动被客观条件限制,这也许正是历史上较为经常发生的事情。但是相关的差异,如巴伯博士观察到的,也对系统施加巨大压力。总的来讲,这可以被认为是美国人越来越熟悉的模式,在这一模式中,种姓制度和开放的阶 245
级规范均盛行于社会当中,结果导致对那些被公众认为属较低阶层的人实际的阶级和等级流动的普遍矛盾的心理。由这种结构状态引起的非道德化不仅在美国不同地区各种族之间的关系中,而且在曾被西方殖民的大量社会中得到了体现。这些熟悉的事实在社会学理论上与巴伯博士在此理论背景下所讲的关于**旧政权的**资产阶级的事实似乎是一个整体。①

变化中的社会结构与越轨行为

正在讨论的理论认为,只要机会结构和文化目标不发生根本的变化,那么显然,某些群体和阶层将继续受到不同程度的导致越轨行为的压力。相应地,只要结构和目标发生根本变化,我们就能期望看到承受压力最大的那部分人口也会产生变化。

我们时常发现,犯罪"行业"以及有时与其同流合污的政治机构,由于对人口的多个部分(这些人成了它们被承认和不被承

---

① 由于这是理论贡献而非直接相关的具体经验成果,我没有总结巴伯博士提出的大量材料。在她的暂时性结论中有这样的概括:"正是阶级制度的僵化促使资产阶级的[中间]部分同直到革命前它还无比忠诚的现存阶级结构疏远。当他被剥夺了改善社会地位的权利之后,资产阶级成员觉得矛盾的道德所造成的压力不可容忍,于是他坚决抛弃了先前对于社会变迁的反对态度。"同上,第 144 页。

认的客户）发挥着社会功能而得以存续下去。[①]于是，应当期望，随着实施这种功能的合法的替代性结构的发展，越轨行为的社会分布将发生根本变化。丹尼尔·贝尔在一篇极有分析洞察力的论文中所提出的，正是此论点。[②]

贝尔发现，"一般地说，犯罪集团成员都有移民的历史，而犯罪照其实情来看，是在美国生活中获得社会地位上升的一个渠道"（第142页）。正如研究此课题的社会学学者们所经常观察
246 到的，每一个新移民群体都会发现自己所占据的是由先到的移民群体刚刚抛弃的社会最低阶层。例如，当意大利人经历了一两代美国生活以后，他们发现"在大城市中致富的道路都被犹太人和爱尔兰人首先占领了"，贝尔继续说：

> 被排除在政治的晋升阶梯之外——三十年代初期在城市最高职位的发薪簿上几乎没有意大利人，人们在这一时期也找不到谈论意大利政治领导人的书籍——（和）找不到通向富裕的畅通无阻的道路，于是有些人转向了违法的途径。儿童法庭二十世纪三十年代的统计数字表明，最大的犯罪群体是意大利人……（第146页）

贝尔说，正是那些过去讹诈钱财现在寻求体面的人，"对意大利人在城市政治机构的权力结构中赢得发言权的努力提供最重要的支持之一"。城市政治机构资金来源的巨大变化为讹诈者和政治机构的联盟提供了条件。因为从前来自大企业的大量

---

① 见本书第三章（132页）所引威廉·F. 怀特的评论，又见本书第六章关于犯罪作为一种社会流动的方式的进一步讨论。

② 丹尼尔·贝尔："犯罪作为一种美国生活方式"（'Crime as an American way of life'），载《安条克评论》（*The Antioch Review*），1953年夏季刊，第131—154页。

资金现在从都市转向了国家级政治机构。资助这些机构的替代来源之一准备好递上“新获得的且经常为非法获得的意大利人的财富。科斯特洛的经历和他成为纽约的一种政治势力明确地证实了这一点。在此，主要的动机是试图为自己和本种族集团找到一张通向大城市统治圈子的入场券”(第 147 页)。最终，意大利人第一次获得了很大程度的政治影响。

简言之，贝尔就是在这些方面追踪研究了“非法获得财富模式上的不同种族次序”。虽然证据远非充分，但正如贝尔认为的，有一定根据得出结论，“在庞大的赌博和匪帮团伙身居要职的大部分是意大利血统的人，正如二十年前东欧犹太人的孩子是团伙犯罪的先锋，而在此之前，爱尔兰人的后裔也同样如此”(第 150—151 页)。

但是随着机会结构的变化，“越来越多的接受过职业训练和取得合法事业成功的意大利人……不仅允许而且鼓励意大利人群体施行更大的政治影响，而且专业人员和商人越来越多地成为今天意大利青年的偶像，而这种楷模在二十年前几乎不存在”(第 152—153 页)。

最后，具有讽刺意义的是，从罗斯福和大都市政治机构的密切关系来看，正是以提供服务的形式(通过所谓“福利国家”的合理化程序)出现的基本的结构变迁，在很大程度上导致了政治机构的衰落。说社会保障体系和基本上是科层控制的奖学金的增 247
长，比改革者直接的冲击更加严重，因而大大地削弱了政治机器的权力，这么说不仅形象，而且也基本上正确。正如贝尔所总结的：

> 随着一些非法活动被合理化和被吸收到经济的结构当中，随着独占犯罪行业的年长一代罪犯的过世，随着少数民

> 族社会地位的上升以及城市老板制度的瓦解，我们所探讨的犯罪类型也在逐渐消失。当然，只要情欲和占有欲存在，犯罪就会存在。但是如我们所知的，过去七十五年一直存在的有组织的大的城市犯罪远非仅基于这些普遍的动机。它是植根于美国经济、美国种族群体和美国政治的各种特点之中。所有这些方面的变化意味着我们所知道的（犯罪）类型也行将灭亡。（第 154 页）

从基本的结构和功能分析来说，对于社会结构与失范之关系的分析中的连续性的这一考察，这就是我们能找到的最合适
248 的结束语。

第八章
科层结构与人格

一个有条理的、组织合理的社会结构，涉及到明确定义的活动模式；在此模式中，理想地说，每一行动系列都与这一组织的目标在功能上相关。[①] 在这样的组织中有一系列不同等级的部门结成一体，并各自享有许多责任和特权，这些责任和特权是经有限的和具体的条款而严格规定的。每一部门被授予一定的权限与责任管辖某一领域。权力，即来自某一公职的控制力量，本质上应属于部门，而不属于履行职责的某个人。职员通常是在先于组织而存在的规定范围内活动的。规定好的各部门之间的关系体系涉及到一系列正式程序和清楚界定的职员间的社会距离。正式程序是通过多少有些复杂化了的社会仪式表现出来的，它们象征并保障了各个部门之间的社会等级关系。这种正式程序是同组织系统中的权力分配相适应的，它们的作用在于通过把科层组织成员间的接触主要限制在事先规定的规范内，以此使各种摩擦减少到最小限度。由此，他人行为的可预见性和一整套稳定的相互期望就这样建立起来了。此外，无论职员

---

① "合理组织"概念的由来详见卡尔·曼海姆：《变革时代的人与社会》(*Mensch und Gesellschaft im Zeitaler des Umbaus*)(莱顿：A. W. 西耶托夫出版社，1935)，尤其是第 28 页及以下。

们的私交如何(有可能是互抱敌意的),正式程序能促进他们之间的相互作用。从这个意义上讲,正式程序可以保护下级免遭上级任意刁难。因为,双方的行为都要受制于一套共同承认的原则。公务程序上的具体条例设置能增加客观性和遏制"因感情一时冲动而采取草率行动"。[①]

科层组织的结构

249 上述正规组织的理想形式是科层组织。马克斯·韦伯对科层组织的分析在很多方面是权威性的。[②] 正如韦伯所指出的那样,科层组织包括对统一行动明细地分门别类,并视这些行动为部门的本职。这个体系的分权和制裁制度是在规章中阐明的。职责的分配是以技术资格为基础的,而技术资格又是由不受个人感情影响的正规程序所确定的(如考试)。在按等级排列的权力结构中,"受过训练的,领取工资的专门人员"的活动要受到一些规章制度的限制。这些规章制度既一般,又抽象,但又相当明确,因而不必再对每一种特殊情况发出特别的指令。规章的一般性要求不断运用分类方法,根据设定的标准将各种问题和情况分门别类并做出相应处理。纯粹的科层机构人员,或由上级委派,或由不带感情色彩的竞争产生,而不是由选举产生。对科

---

① H.D.拉斯韦尔:《政治学》(*Politics*)(纽约:麦格洛—希尔,1936),第120—121页。

② 马克斯·韦伯:《经济与社会》(*Wirtschaft und Gesellschaft*)(图宾根:J.C.B.摩尔出版社,1922)第三部分,第6章,第650—678页。马克斯·韦伯论述的简明概括,见塔尔科特·帕森斯:《社会行动的结构》(*The Structure of Social Action*),特别是第506页及以下。对作为人格类型的科层官员的描述(并非讽刺),见C.拉巴尼:"社会类型:功能"('Lets types sociaux: Le fonctionnaires'),载《普通管理杂志》(*Revue générale d'administration*),1907年,第88期,第5—28页。

层组织灵活性的检验,可以通过选出能表达选民(如一个公民组织或理事会)意愿的高一级的官员来实现。选举高一级官员的做法,本意旨在影响科层组织的宗旨,然而,达到这个目的的技术程序却仍然得由科层机构的成员来进行。[①]

只要不存在造成裁减人员的不稳定因素,多数科层组织都希望保持职业的终身制。科层组织要求最大限度的职业安全。[②] 任期保障、养老金和工资增长与常规晋级制度的作用,就是保证职员们不顾虑外界压力,去尽心职守。[③] 科层组织的主要优点是它的技术效率,因为它重视精确性、高速度、熟练控制、持续性、判断力,以及最佳的投资收入比。这是一种彻底摒弃了个人化关系和非理性考虑(如敌对情绪、忧虑、感情卷入等)的结构。

随着科层化的不断升级,一切明眼人都清楚地认识到人受
到他与生产工具之间的社会关系极强的制约。这已不能再被看 250
作仅仅是一个马克思主义的信条,而是一个人人必须承认的与人们的意识形态信念毫不相干的棘手事实。科层化使过去含糊不清的东西变得显而易见了。越来越多的人发现,要想工作就得受雇。因为人们要工作,就必须有工具和设备。而工具和设备正在变得越来越为私立的和公立的科层组织所占有。因此,

---

① 卡尔·曼海姆:《意识形态与乌托邦》(*Ideology and Utopia*)(纽约:哈考特与布雷斯出版公司,1936),18 页注,第 105 页及以下;莱姆赛·缪尔:《贵族和科层官员》(*Peers and Bureaucrats*)(伦敦:康斯特布尔出版社,1910),第 12—13 页。

② E.G.卡恩—萨尔瓦多提出科层组织工作人员主要是由那些认为安全比一切都重要的人组成。见他的"物质状况与功能伦理学"('La situation matérielle et morale des fonctionnaires'),载《政治与议会杂志》(*Revue Politique et parlementaire*),1926 年,第 319 页。

③ H.J.拉斯基:"科层制"('Bureaucracy'),《社会科学百科全书》。这一词条基本上是站在政治科学家的角度写的,而不是站在社会学家的立场上写的。

人要生活就要工作，要工作就要能使用工具和设备，也就必须被科层组织所雇用。从这个意义上说，科层化需要个人与生产工具的分离，就像在资本主义企业中和（本世纪中叶的各种）国家共产主义企业中那样，亦如在后封建军队中，科层化需要军人同毁灭性武器的彻底分离。工人不再占有工具，士兵不再占有武器。正是在这种特定意义上，越来越多的人成为工人，不管是蓝领、白领还是穿其他制服。例如，由于科学家是同他们的技术设备"相分离"的——归根到底，回旋加速器并不归物理学家所有——一种新型的科学工作者也就应运而生了。他要搞研究工作就必须受雇于一个拥有实验室设备的科层组织。

尽管科层组织的政策问题免不了招致公众的评长论短，但是在技术问题上它几乎完全避免公众的议论。[①] 对于这一点，无论是公共还是私人科层组织都是很清楚的。人们认为，将有价值的信息对经济竞争对手或外国的及潜在的怀有敌意的政治集团保密，是有必要的。但是，竞争对手之间的间谍活动即使不是精心策划的，至少也是司空见惯的，这在私营经济企业体系中和国营企业体系中没有什么差别。价格、客户名单、新工艺、生产计划——所有这些都被列为典型的私营经济科层组织的重要秘密。如果科层组织不得不为它所做出的所有决定与政策的基础作公开辩护，这些秘密可能会被暴露无遗。

科层组织的负功能

以上的概述，仅仅强调了科层组织的积极作用与功能，却几乎完全忽略了它的内部压力和紧张。但是，社会却普遍明显地

① 韦伯：《经济与社会》，第671页。

强调它的不完善之处。人们给科层官员起的绰号是“可恶的杂种”。

维布伦的“训练有素的无能”(trained incapacity)的概念,杜 251
威的“职业性精神变态”(occupational psychosis)的见解,以及沃诺特的“职业性畸形”(professional deformation)的观点,促使我们转向研究科层组织的消极因素。训练有素的无能是指这样一种状态,即一个人的能力发挥的作用不适当或盲目。基于所受训练和技术而采取的行动,过去曾经成功地运用过,但**在变化了的条件下**却导致了不恰当的后果。应用技术时不适当的灵活性,在变化的社会环境里,难免产生严重失调。[①] 在此,我们采用伯克在讲到类似情况时,提到的一个关于养鸡场的例子:鸡群可以很快被训练得知道铃声是喂食的信号,但同样的铃声可以用来召唤这种受过训练的鸡群,去接受被屠宰的厄运。一般地说,一个人根据他过去所受的训练采取行动;在新条件下,当他没看出新形势与过去情况有**本质**的不同时,训练的效果就会招致采取错误的步骤。再以伯克近乎绕口令的话说,“试图在不合时宜的场合中表现得合乎时宜,反而使人不合时宜”,他们的训练可能成为一种无能力。

杜威的职业性精神变态的见解基于同样的观察。日复一日的常规工作程序,使人们形成了独特的偏好、期望、辨别力和关注点[②] (杜威用精神变态一词来表示某种“精神的显著特征”)。这些变态是随着人们在特定的组织中所扮演的职业角色对他们

---

① 这些观点的激发性讨论及应用,见肯尼思·伯克:《永久性和变化》(*Permanence and Change*)(纽约:新共和出版社,1935),从第 50 页起。丹尼尔·沃诺特:“科层组织与功能主义”(‘Bureaucratie et Fonctionnarisme’),载《社会学学院杂志》(*Revue de L’Institut de Sociologie*),1937 年,第 17 期,第 245 页。

② 同上,第 58—59 页。

的要求而逐步形成的。

维布伦和杜威的观点所指的是一种固有的矛盾心理。任何行为都可以根据获得的与未能获得的效果加以评判。“正视同时也意味着无视——注意力集中于A就意味着忽略了B。”①韦伯的论述几乎通篇都是关于科层结构的成就:准确性、可靠性和高效率。然而,科层组织也可以从矛盾心理的另一个角度来考察。那么,为了达到上述成就而设立的组织机构的局限性何在呢?

由于我们已经提到的原因,科层组织每时每刻都在对其职员施压加力,要求他们“讲究条理,谨慎行事,严守规章”。科层组织要想成功地运转,它就必须在行为上具备高度的可靠性,要与预先制定的行动规范保持高度一致。因此,纪律在科层组织中具有根本的重要性;在宗教或经济科层组织中可能存在着如同军队那样高度严明的纪律。只有理想化的模式得到强烈的情感支持时,纪律才能发挥作用,而这种情感包含了对职责的献身精神,对个人权威和个人能力局限性的清楚认识,以及有条不紊
252 的日常工作表现。社会结构的功效最终取决于向参与者们灌输适当的态度和情绪。正如我们将要看到的那样,科层组织中有明确的安排,以便反复灌输和强调这些情感。

为了确保纪律严肃(即来自工作人员的反应的必要可靠性),这些情感在实际上常常比技术上所需要的更为强烈。眼下,我们只要注意到这一现象就可以了。虽然这些情感迫使职员们顺从既定的职责,但尚留有一定安全余量,其意义与工程师设计桥墩时所加的容差(预防性宽算 precautionary overestimations)大致相同。但恰恰是这种对情绪作用的过分强调把情感

① 同上,第70页。

从组织机构的**奋斗目标**转化成了行为规范的具体细节。本来只
当作手段的服从规章转化成了最终目的。类似的**本末倒置**情况
也表现在“工具性价值”转化为最终价值。[①] 无论在什么情况
下,纪律均被理所当然地解释为照章办事。它不再是为达到特
定目标而制定的衡量标准,却演化为科层组织中的直接价值。
这种目标的本末倒置引起的过分强调纪律性,就发展成为思想
僵化、工作死板。形式主义乃至繁文缛节就接踵而来,并顽固坚
持在细微末节上循规蹈矩。[②] 这种做法可以膨胀到使对服从规
章制度的特别关心干扰组织实现既定的奋斗目标,如常见的技
术主义或烦琐拖拉的公事程序。科层权力爱好者就是这种本末
倒置的一个极端产物。这类人从来不会忘记任何一条对他的行 253
动有约束力的规章制度,因而对很多服务对象都爱莫能助。[③]

---

① 在很多情况下都观察到了这个转化过程。文特的**目标异型**(heterogony of ends)就是一例;马克斯·韦伯的《结果的反论》(*Paradoxie der Folgen*)也是一例。亦见麦基弗关于文明向文化转变的资料及拉斯韦尔的评论:“人以他将手段转为目的的无限的能力,将自己从动物界分离出来。”默顿:“有目的的社会行动的非预期后果”(‘The unanticipated consequences of purposive social action’),载《美国社会学评论》,1936年,第1期,第894—904页。就心理学机制来说,科登·W.奥尔波特的“功能自主动机”(‘The functional autonomy motives’)一文最为详尽。奥尔波特修订了伍德沃思、托尔曼和威廉·斯特恩等人早期的系统阐述,从个别动机的角度论述了这个转变过程。他不考虑那些导致“动机转化”(transformation of motives)的社会结构。这篇文章所做的系统阐述是对奥尔波特分析的补充;一方面强调有关的心理机制,另一方面考虑社会结构的强制因素。综合心理学和社会学研究的这个中心问题使我们考虑到,它有理由组成沟通这两个学科的概念桥梁。W.奥尔波特:《人格》(*Personality*)(纽约:亨利·霍尔特出版有限公司,1937年),第7章。

② E.C.休斯:“公共机构办公部门和公务人员”(‘Institutional office and the person’),载《美国社会学杂志》,1937年,第43期,第404—413页;E.T.希勒:“与人有关的社会结构”(‘Social structure in relation to the person’),载《社会力量》,1937年,第16期,第34页。

③ 曼海姆:《意识形态与乌托邦》,第106页。

严守权力的局限和死抠条款不肯越雷池一步的做法，造成了上述结果。海军上将伯德手下的飞行员伯恩特·巴尔肯飞越南极的遭遇就是一例。

> 根据劳工部的规定，不能给伯恩特·巴尔肯签发美国公民身份证件。巴尔肯原是挪威人，1927年他宣布打算加入美国籍。但是，他被认为未能满足在美国连续居住五年的条件，原因是巴尔肯的南极之行一度将他带出了美国，尽管当时他身居一艘悬挂美国国旗的轮船上，是美国探险队中不可缺少的一员，并且这件事发生在美国探险队宣布了所有权，并为美国所占领的地区——小阿美利加。
>
> 移民局就这个问题解释说，移民手续不能在假设小阿美利加为美国领土的前提下进行，那会**引起国际争端**，因为它还未被认可。从移民局的角度看，巴尔肯曾经离开了美国领土，因此从**技术上**说不符合移民法。[①]

过度遵从的结构根源

显然，这种训练有素的无能的不良倾向有其结构上的原因。在此，将这一过程简要重述如下。(1)科层组织的高效率依赖于可靠的响应和严格地忠实于规章。(2)这种忠实的服从使规章转化为绝对的标准。人们不再把它们同既定的目标联系起来看

---

① 《芝加哥论坛报》1931年7月24日第10页，引自瑟曼·阿诺德：《政府的象征》（*The Symbols of Government*）（纽黑文：耶鲁大学出版社，1935），第201—202页（黑体为我所加）。

待。(3)干扰了工作人员随时迅速适应那些制定基本原则的人无法清楚预料的特殊情况。(4)通常情况下有助于提高效率的因素,在特殊情况下反而降低了效率。没有跳出规章制度束缚的人,很少能充分认识到这种不适应性,这些规章最终将成为象征性的东西,而不是真正实用的。

至此,我们一直简单地把这种有利于严明纪律的根深蒂固的情感当作事实,当作既定的。其实,这种情感是由科层组织的显著特征决定的。职员生涯是按有等级的职业设计的,根据职员资历、年龄、工资增长情况等等,通过有计划的提拨措施,鼓励遵守纪律的行为和服从正式规章。[①] 不言而喻,科层组织期望 254
职员们在思想、感情和行为方面适合于事业的要求,而他们也确实基本上做到了这一点。然而,**正是**这些能增进服从可能性的**方式**导致了过分关心严守规章,造成胆怯、保守和技术主义的工作作风。人们的关注之所以会从工作目标转移到工作手段,是手段(规章)的巨大象征意义促成的。

科层组织的另一特点也会造成大体相同的结果。职员们有一种维护所有同事的共同命运的意识。特别是由于晋升主要靠资历,因而相对来说几乎不需要竞争,大家的利益是一致的,于是群体内部的相互侵犯行为被减少到最小限度,这种安排也因此被认为对科层机构具有积极作用。但是,这种**集体精神**和在这种环境中发展起来的典型的非正式社会组织,常常引导职员们不是去帮助服务对象和上级职员,而是首先考虑保护自己牢固的既得利益。正如洛维尔总裁讲到的那样,如职员们确信自己的地位没有得到继任上司的应有承认,他们就不向他提供详

---

① 曼海姆:《人与社会》,第32—33页。曼海姆强调"终身计划"和"职务飞黄腾达"的重要性。见休斯的评论,前引书,第413页。

细的信息资料，造成他工作失误，并使他为此承担责任。或者，如果上司无视职员们的自尊，寻求独揽大权，那么他面前的文件就会堆积如山，光签署都来不及，更别提审阅了。[1] 这个例子表明，每当群体的整体性受到明显威胁时，就会自发产生自卫性非正式组织。[2]

如果把这种抵制活动仅仅归结于维护既得利益，未免过于简单，也不完全正确。如果新秩序消除或动摇了从现存秩序中获得的差别优势，那么新秩序都会遭到既得利益的反对。这无疑包含了一些科层组织抵制变革的因素，但另一因素似乎更为重要，即科层机构的工作人员在感情上认同自己的生活方式。职业自豪感使他们反对改变已确立的常规秩序；至少是反对那些他们感到是别人强加的变革。根据萨瑟兰的著作《职业小偷》，甚至连扒手们也有这种不合逻辑的职业自豪感。尽管他们的生活方式具有冒险性，但扒手们会因掌握了“敲左臂”（从裤子的左前兜中偷东西）的高超技艺而感到荣耀和开心。

在一篇很有见地的文章中，休斯曾把“世俗的”和“神圣的”
255 概念用于各种劳动分工。种姓和地位特权的神圣性与我们社会日渐增长的职业差别的世俗主义形成鲜明对比。[3] 然而，正如我们的讨论提示的那样，特殊职业和某种特殊组织可能会追求

---

① A. L. 洛维尔：《英国政府》（*The Government of England*）（纽约：1908），第1章，第189页及以下。

② 对于这样一种工作者们的自卫性组织发展的具有建设性的描述，见F. J. 罗特利斯伯格和W. J. 迪克森：《管理与工人》（*Management and the Worker*）（波士顿：哈佛商学院，1934）。

③ E. C. 休斯：“人格类型和劳动分工”（‘Personality types and the division of labor’），载《美国社会学杂志》，1928年，第33期，第754—768页。利奥波德·冯·维泽和霍华德·贝克尔也作了基本相同的对比：《系统社会学》（*Systematic Sociology*）（纽约：约翰·怀利父子出版有限公司，1932），第222—225页及各处。

神圣化过程(被视为世俗化的反面)。这就是说,通过情感的形成,对科层象征和本身地位的感情依赖,以及能力和权力类型的感情卷入,正统道德态度本身的价值突出了,它不再被视为仅仅是促进了行政管理的技术手段。人们会注意到一些科层机构准则的变化趋势,它们原本出于技术原因被引进,进而逐步变得僵化和神圣,尽管用涂尔干的话说,他们还是表面上的**世俗教徒**(Laique en apparence)。[①]涂尔干已经在描述高度分化的社会中社会有机团结所保持的态度和价值观念时,触及了这个一般过程。

初级关系对次级关系

强调关系的非人格化(depersonalization)是科层结构的又一特征,对形成科层人员训练有素的无能力起了一定的作用。非人格化规范正是科层组织成员人格模式的核心。这一点和从一般的、抽象的规章的统治地位发展起来的归类倾向,都易于造成科层人员同公众或服务对象接触时的矛盾。由于科层成员在处理问题过程中尽量减少人际关系而惯于诉诸分类,他们往往忽略具体事物的特殊性。但是,当事人常常深信**自己**情况特殊,反对那种类型化的处理方式,这也是可以理解的。一成不变的行为不适合不同问题的迫切需要,以毫不动情的方式处理对于当

---

① 休斯在谈到"使候选人与职业态度和控制同化"是伴随职业训练的副产品时,认识到神圣化过程的一个方面,即**职业良心和一致性**。**"这个职业标榜自己是并致力于成为有道德的单位"**。前引书,第762页。萨姆纳提出的pathos概念,它们作为保护社会价值不受批判的情感光环(halo of sentiment),是非常贴切的。因为它为神圣化过程中涉及到的途径提供了线索。见他的《社会习俗》(*Folkways*),第180—181页。

事人来说有时具有重大意义的事务，就会招来对科层成员“骄傲
256 自大”、“目中无人”的指责。一位向格林尼治劳务交易所领取保险金的失业工人愤怒地谈到“职员以非人的、有时明显是粗鲁的甚至是苛刻的态度对待他……有些人抱怨职员们居高临下的态度”。[1]

科层组织还造成另一个与公众冲突的原因。有些职员不顾自己在这个等级结构中的位置，竟以整个机构权力和荣誉的代表自居处理问题。身为职员，他被授予一定职权，这常常导致实质上或表面上的跋扈作风，他在等级结构中的位置与他在公众面前地位的不一致性，又可能会加剧这种作风。[2] 然而，当事人

---

① “‘他们待你就像对待一堆脏土。有一天，我看见一个挖土工绕过柜台，抓住一个职员的领子摇晃，我们旁观的人真想大声叫好。当然他为此没拿到钱。……可是那个职员也活该因为他的无礼行为倒霉。’”E. W. 巴基：《失业者》（*The Unemployed Man*），第 79—80 页。我们注意到，在这个“有能力的人”总能找到工作的观点仍然盛行的社会中，失业者正处于失去地位和自尊造成的紧张心理状态，所以，科层人员的傲慢作风可以说是失业的当事人**灌输**给他们的。从巴基的资料中可以看到，**科层**人员的傲慢在很大程度上确是由于当事人的心理状态臆想出来的：“职员们忙得很，没有时间开玩笑；他们待人基本没有粗暴或优越感的迹象。”至于谈到职员们的傲慢态度可以归因于客观因素的观点，或许可以从下面两段论述中找到答案。“也有一些现代政府职员或公开或私下追求享有超出自己特定的社会地位的统治权。”（详见韦伯著前引书，第 652 页）以及“对于那些绞尽脑汁沽名钓誉的人，敌意通常表现为羞辱别人的愿望。”K. 霍妮：《我们时代的神经病人格》（*The Neurotic Personality of Our Time*），第 178—179 页。

② 这里请注意，科夫卡关于鸟类喂食顺序的评论，与这个问题是有关的。“比较在喂食顺序中居首位和处于倒数第二、第三位的鸟的行为，人们发现后者对待在它之下的鸟的态度比起前者对待其他鸟的态度要粗鲁得多。一旦把倒数第二位以上的鸟儿全部去掉，则倒数第二位鸟的行为会立即变得温和起来，甚至会表现得很友好。不难发现，在人类社会中也有相似的现象。由此可见，行为的根本原因之一，肯定不是个人品质，而必然是社会结构的作用。”K. 科夫卡：《格式塔心理学原理》（*Principles of Gestalt Psychology*）（纽约：哈考特与布雷斯出版公司，1935），第 668—669 页。

对此的抗议或转向其他科层组织成员的做法，往往无济于事，或被前面提到的**集体精神**所阻止。因为这种集体精神能使职员们结成一致对外的内部集团。在私营企业中与顾客发生冲突的原因，**有可能**降到最低限度，因为顾客可以改变计划，去跟同一竞争系统中另一个机构做生意，这也确实不失为一种有效的抗议。但是面对带有垄断性质的公共科层机构，顾客就没有选择的可能了。况且在这种情况下，主观意识与现实情况的不符合更加剧了他们之间的紧张关系：政府职员应该是“人民的公仆”，但在现实生活中，他们却常常高高在上。倘若去找另一个办事机构，257
也很少能达到缓解矛盾的效果。[①] 我们可以把这种紧张关系部分地归咎于科层组织成员与服务对象地位关系方面的混淆状态：服务对象自以为自己的社会地位高于职员，可是在办理事务过程中，后者却处于支配地位。[②]

因此，在谈到科层人员与服务对象的关系时，矛盾的结构性根源之一就是，服务对象希望受到个别的、充满感情的照顾，而科层机构却强调正规的、不带感情色彩的工作方式。于是，这个矛盾可以被视为推行不适当的工作态度和人际关系的产物。科层组织内部的矛盾冲突来自相反的情况，即当私人关系取代了结构上所需要的不带感情色彩的关系时。这类冲突有以下特点。

---

① 这一点上，政治机器常常变得在功能上很重要。如斯蒂芬斯和其他人指出的那样，有人情味的人际关系和废除政治机器的正规条例，常常比政府科层机构的正式机制更能充分满足个别“当事人”。本书第三章稍有阐述。

② 有个失业者这样评论格林尼治劳务交易所的职员：“要不是因为我们失业了，这些混蛋根本就不会有工作。我就是因为这一点恨他们的傲慢态度。”见巴基前引书，第 80 页。又见 H.D. 拉斯韦尔和 G. 阿尔蒙德：“顾客对公共救济行政管理人员的寻衅行为”（‘Aggressive behavior by clients towards public relief administrators’），《美国政治科学评论》（*American Political Science Review*），1934 年，第 28 期，第 643—655 页。

我们已经看到，科层组织是次级正式群体。组织成员的感情态度支持着对纵横交织的社会期望的一般反应。由于以非感情色彩和从属性为其宗旨，任何违反这个宗旨的行为，都会招致那些已经同规章的合理性融为一体的人员的反对。因此，在组织内部以人情味代替非人情味的态度遭到了广泛的反对，并被指责为贪污受贿、偏袒、重用亲信、溜须拍马等。很显然，这样的措词是感情受到伤害的表现。[①] 实质上，这是一种自发的愤慨。我们可以从科层组织的要求上，清楚地看到它的功能。

科层组织具有适于开展某些活动的次级群体结构，因而以
258 初级群体的标准行事就不能令人满意。[②] 也因此，凡是不符合既定准则的行为，都为感情所不容。换言之，这针对危及必要社会活动实施的倾向而构成有重要功能意义的防线。可以肯定地说，这个反应绝非为实现上述功能而有意识安排的理性行为。正相反，从个人角度来看，这只不过是对游戏中违反规则的"不诚实"的人的义愤。虽然有此一主观参照框架，但在客观上，这些反应重申了科层组织已成定规的次级关系，并且有助于防止科层组织的解体，因而起到了维护科层组织基本要素的潜在作用。否则，一旦上述关系被私人关系所替换，科层组织就会解体。这种矛盾一般可以描述为由制度所决定的次级群体的态度受到初级群体态度的干扰；科层成员与服务对象的矛盾常常源

---

① 这类表明性质的语言所标志的诊断性意义很少为社会学家们所探究。萨姆纳可能发现表明性质的词能"概括性地批评"和为社会形势下定义。多拉德也注意到"表明性质的词常常能限定社会的中心事件"。萨皮尔在评估使用表明性质的词时，也曾恰如其分地强调了情境语境的重要性。林顿的话也是很贴切的："对于我们的研究工作，社群对个人历史上某种特定事件的感受比实际上采取的行动更为重要。"用社会学的观点研究"词汇的褒贬"会得出有价值的新发现。

② 参看埃尔斯沃思·法里斯：《人性的本质》(*The Nature of Human Nature*)(纽约：麦格洛—希尔出版社，1937)，第 41 页起。

于在需要有人情味时却受到了毫无感情色彩的对待。①

供研究的问题

韦伯早已预见到的西方社会科层制的增长趋势，并非是社会学家把注意力转向这个领域的惟一原因。对科层组织与人格之间互动的经验主义研究，可能会格外加深我们对社会结构的理解。大量的具体问题引起了我们的注意。各种特定类型的人格在什么范围内、何等程度上接受各种科层组织（私营企业、公共服务机构、准立法性政治机器、宗教制度等）的挑选和改造？鉴于一般认为人格有支配和顺从两种类型（尽管在不同的刺激环境中会有所变化），科层组织是否具有选择支配或顺从人格的特别倾向？由于很多研究成果显示，人格特征是可以变更的，那么，从事科层组织工作是否会强化支配倾向？不同的人员招募体制（资助、专业知识与智力条件的公开竞争、实践经验）是否挑 259
选不同的人格类型？② 论资排辈升迁方式是否能减轻竞争带来

① 社群对很多行为方式的非难，可以用不符合文化规范的关系类型的替代模式中任何一种来加以分析，这样，卖淫，在其中性交在制度上被定为首属群体关系中表示亲密的最“神圣”方式，就被置于以最无情义的象征——货币交易——为象征的契约关系之中了。见金斯利·戴维斯的文章，“卖淫社会学”（‘The sociology of prostitution’），载《美国社会学评论》，1937年，第2期，第744—755页。

② 最近关于科层组织招募情况的研究有：莱因哈德·本迪克斯：《美国社会的高级公务员》（*Higher Civil Servants in American Society*）（波尔德：科罗拉多大学出版社，1949）；德韦恩·马威克：《科层组织背景下的职业前景》（*Career Perspectives in a Bureaucratic Setting*）（安阿伯：密歇根大学出版社，1954）；R.K.凯尔索尔：《英国的高级公务员》（*Higher Civil Servants in Britain*）（伦敦：鲁特里奇和凯根·保罗出版社，1955）；W.L.沃纳和J.C.阿贝格伦：《美国商业和工业中的职业流动性》（*Occupational Mobility in American Business and Industry*）（明尼阿波利斯：明尼苏达大学出版社，1955）。

的忧虑，从而提高行政管理效率？详细地考察把感情溶入科层组织的规章并使其深入人心的机制，对社会学和心理学研究都具有指导意义。一般公文中不署名的特点，是否会造成把荣誉仅仅归于核心集团的少数成员？在科层组织人员中是否有明显的亲疏关系之别？

这些有理论意义和实践作用的问题的范围，似乎只受能否得到具体数据的限制。对宗教、教育、军事、经济和政治科层组织所做的深入研究，探讨了社会组织与人格形成之间的相互依赖关系，为进行卓有成效的研究工作开辟了坦途。对具体社会结构功能的分析，会在这条大道上为社会学家们建立起又一座
260 所罗门王的宝库。

第九章
知识分子在公共科层组织中的作用

美国社会学家们早已致力于对社会中功能和职业群体的研究。他们丰富了当前关于社会问题和社会越轨方面的知识。譬如,关于青少年犯罪和成年犯罪的根源,人们已知道得很多。但是,也许社会学的历史对我们影响太深,也许对社会学的研究尚未从早期的大漠中走出多远,我们无法研究那些同样扎根于社会结构并对这一结构的发展有更直接影响的其他领域的问题。[①] 例如,从事社会科学的知识分子只顾忙于研究别人的行为,却大大忽略了研究他们自己的问题、状况和行为。流浪汉和售货女都被单挑出来做深入研究,但我们却似乎不情愿把社会科学家作为一个职业类型来分析。我们已经有了关于职业盗贼和职业乞丐的论著,但直到最近为,还没有关于社会中职业知识分子的作用的论著。[②]然而,看来大概值得从头做起, 澄清这个

---

① 关于社会学在欧洲和美国的不同倾向,见卡尔·曼海姆:“德国社会学:1918—1933”(‘German Sociology: 1918—1933’),载《政治》(*Politica*),1934 年,第29—33 页。

② 笔者并非忽略了最近在这方面的几项研究成果。但是,弗洛里安·兹纳涅茨基的著作《知识人的社会角色》(*The Social Role of the Man of Knowledge*)(纽约:1940)专门致力于研究理论框架,而不是经验。洛根·威尔逊的《学者》(*The Academic Man*)(纽约:1941)如同题目所指出的,仅仅限于学者的情况。克劳德·鲍曼《学院教授》(*The College Professor*)(费城, 1938)研究的是过去半个世纪中 19 个杂

261 问题。

作为职业类型的知识分子

当前我们研究工作的空白,表现为缺乏必要的详细数据。知识分子必须改变成见,接受这种观点,即:他们也是人。用特伦特的话说,他们自己也是研究的对象。事实确是如此。几十年的危机已经把知识分子的注意力引向了自己的社会地位。[①] 很多人在经历过社会地位不稳定后,已经开始重新考察不稳定因素的更为普遍的根源。这样做不仅为了其他阶层的人,也为了他们自己。对于知识分子在社会结构中的地位与他们的观念、理论和视角的联系,也已经开始有人评价。有些知识分子逐渐相信现存的制度不可能满足他们的需要,并开始探究原因。承认阶级矛盾的存在现在几乎已经是可敬的了,无怪乎大企业杂志《财富》的一个撰稿人反对"伪善、含糊的赘语"和"拐弯抹角的措词",而推崇"欧洲式的更现实的措辞和分析方法"。因为"在欧洲,非马克思主义政治分析家与首先提出这个见解的马克

志所介绍的教授形象。还有威拉德·沃勒的《教学的社会学》(*Sociology of Teaching*),主要讲中学教师。卡尔·曼海姆提到一个未发表的关于知识分子的专著,当然还有很多这类短文(主要在欧洲)。然而,这些研究的依据一般不是有关社会政策与决策方面知识分子实际作用的以经验为基础的资料。关于知识分子的总书目,可以在曼海姆的著作中和罗伯特·迈克在《社会科学百科全书》中所撰"知识分子"条目中找到。

① H.D.拉斯韦尔:"意识形态和公共政策的关系"('The relation of ideological intelligence to public policy'),载《伦理学》(*Ethics*),1942年,第53期,第25—34页;H.D.拉斯韦尔和M.D.麦克杜格尔:"法律教育和公共政策的关系:公共利益中的职业训练"('Legal education and public policy: professional training in the public interest'),载《耶鲁法律杂志》(*Yale Law Journal*),1943年,第52期,第203—295页。法律刊物最近对这类问题表示了相当的关注。

思主义者同样清楚地认识到阶级和阶级利益冲突的存在。”①

也许在承认了这些问题后，美国知识分子将着手收集所需要的资料，以便评价自己对于主要社会政策的实际作用和潜在作用。也许能说服他们详细地记录自己的经历。他们要发挥什么样的作用？在努力完成自己的职责时经受了什么样的矛盾和挫折？有哪些来自制度的压力？譬如，由谁来决定他们的研究问题？他们是在什么情况下提出研究问题的？这种研究对政策 262
的作用如何？科层化对知识分子的观点有何影响？他们是否发现，他们的思想甚至在决定题目时就受到了局限？维系决策者和知识分子之间交流渠道的特有难题是什么？这些问题可以引导科层组织内外的知识分子参与观察自己的活动。类似的问题还可以提出很多。只有如此详细的信息，才能使我们超越泛泛的大致推想阶段，深入细致、有根有据地分析知识分子与社会政策的关系。只有在占有了大量资料后，社会学的知识才不大会流于未经充分检验的泛泛之论。

但是，既然现有的资料仍很匮乏，我们的讨论依据就只能是已经出版的分散材料，以及知识分子所作的有关制定社会政策方面经历的非正式谈话了。因而，我们只能用粗线条勾画知识

---

① 谢丽·曼根：“国家的状况”（‘State of the nation’），载《财富》杂志，第28期（1943），第138页。曼根的进一步评论强调公开承认阶级矛盾与当前经济发展的关系。“美国的政论文章最首要的准则，很久以来就一直是‘不要点明，也能达意’。像美国这样使用如此伪善而含意不清的词语谈论政治，在世界上是绝无仅有的。这种不准确性不仅仅出自文牍癖性，它还反映了美国人民政治上的相对落后。对于他们，甚至连1929—1939年的严重危机都未能像在欧洲那样使经济结构完全垮掉，从而引起对社会制度的严肃讨论。最近，美国商会会长埃里克·约翰斯顿先生树立了一个打破这种术语模糊状况的出色范例。他号召用精确的科学术语‘资本主义’取代‘自由企业体系’和‘美国生活方式’这些转弯抹角的词语。”这种公开承认阶级矛盾的存在，是否表明社会危机已经开始侵蚀虚假意识的烟幕了呢？

分子作用的一些方面,即:它的可能性和局限性,它的无效和报偿。我们的探讨充其量只是探察性的,或许能收到抛砖引玉的效果。我们将有选择地论述知识分子作用的某些方面,特别是政府科层组织内部知识分子作用的问题。[①]

知识分子的地位和社会政策

对于我们的研究目的,“知识分子”这个词不需要太精确的定义。**凡是**致力于生产和传授知识的人,我们都称之为知识分子。他们能占有知识,并能发展文化知识财富,而这些知识并非仅仅来自他们个人的直接经验。[②] 他们的活动可以是职业性的,或者是业余的,这无关大局。譬如,尽管约翰·斯图亚特·穆勒在印度政府机关度过了很多年,但并不能以此把他排除于知识分子之外。

必须注意到,“知识分子”指一种社会角色,而不是一个总体的人。虽然这个角色与很多职业重合,但是它不必与之完全相符。这样,我们通常把教师和教授也看作知识分子。作为一种粗略的近似,这种做法基本上是适当的,但并不意味着每个教师或教授必然都是知识分子,这完全取决于他活动的实际属性。如果一位教师**仅仅**照本宣科,而对书本上的知识不作进一步的
263 分析或应用,那么他就被排除在知识分子之外了。这样的教师并不比只读现成稿件的播音员更像知识分子。他只不过是传达他人观点的传送带上的一个大齿轮而已。

---

① 在美国社会学学会会议上宣读的这篇文章,包括对知识分子在巴黎和会上协助制定和实施政策的活动的广泛分析。

② 兹纳涅茨基:《知识人的社会角色》,第 37—38 页。

现在我们研究社会、经济和政治领域的专家。这类知识分子大体包括社会科学家和律师。用社会学的观点看，他们的作用在很多方面，特别是在与公共政策有关的问题上，是有别于物理学和生物学专家的。

首先，就对计划行动产生影响而言，社会科学家的研究结果都相当不明确。与电气工程师相比，社会科学家所面临的偶然性要大得多。前者可以预先估计到为某种目的设计的真空管在特定条件下使用会产生什么结果，而“预测”社会事务中的问题，只能是大概的估计，甚至在决定所提出计划的实施条件时，亦有很大的偶然性。因之，社会学家在提出供选择的方案时，常常没有，有时也不可能，掌握可靠的预测根据。这里，专门知识仅能减少明显的判断错误。这种不明确性有可能是对于社会科学家的顾问资格既不信任又抱有希望的矛盾心理的真实写照。

其次，这一不明确因素也损害了专家与服务对象之间的关系。服务对象往往不能依靠结果评价专家的能力，因为判断总是比较而言的。或许另一位专家能把这个问题解决得更好。对专家工作的评价在很多方面具有不明确性，因而，信任成了评价专家作用的很重要的组成部分。必须有一个社会组织，如一个专业学会，或者一个大学，给专家冠以体现能力的职称，使得服务对象感到专家**值得**信任。但是，评价的客观标准越不明确，人际关系、感情和其他非客观因素就越能左右服务对象对专家的信任程度。在这种背景下，我们就可以理解为什么专家发现按技术标准来看不如自己的同事却成了决策者的座上客时，会表示出不满了。评价的不明确性会导致为专家地位与能力不一致的现象开绿灯。人们认为，同易于准确评价其工作效率的技术专家相比，这种不一致性在行使咨询职责的社会科学家中更为常见，而不常见于那些在工作效率相对更能被准确评价的领域 264

中工作的技术专家。

第三，人文科学领域成就评价的不明确性，使决策者更加需要依赖专家的判断招聘新的专门人员。这样，很容易形成顾问间的**派系集团**。但是，这完全不同于有意识的裙带关系。因为，组织内部的专家很可能邀请**他们所了解的人**；这种熟识关系可以帮助他们做出有根有据的判断。知识分子中的个人关系网常常产生形成独立小集团的作用，至少在较高级的顾问们中是如此。

第四，决策者往往确信，他们对人文科学知识分子所掌握的资料和要应付的难题相当在行。他们丝毫认识不到专家们处理这些问题的能力比他们技高一筹。因此，常常只有在处理微不足道的小事上，社会科学家才真正对自己建议的有效性有确实把握。而在处理重大的问题时，他们的知识可能不如决策者从多年直接经验中所获得的那么多，这或许是社会科学知识分子处于不令人羡慕的炼狱苦境的原因之一吧。他们永远不十分清楚自己的前程是升入天堂还是被打入地狱。工作中他得随叫随到，惟命是从，却又很少被认为是不可缺少的。如果他的建议不符合“实干者”的观点，就可能被打回自己的个人炼狱；如果对供选择的政策的后果估计得非常不明确，他的建议就会被轻易地束之高阁。

最后，研究人类行为和文化的知识分子涉及到具有直接和明显价值含义的选择。倘若他的研究成果触犯了某些人的利益或感情，就会成为这些人的攻击对象。他工作的这个特点，加上他对所提供的政策的效果较少能准确估计，使他面对频繁更换专家的形势，地位变得很脆弱。这种人员更换频繁的现象，已经开始在一些科层组织中发生了。

由于以上原因，无疑还有其他原因，人文科学知识分子总的说来，发觉自己的地位远不如影响公共政策的物理学家和生物学家的地位那么安稳。

科层组织中的知识分子和独立知识分子

我们可以很方便地把知识分子分为两大类：在科层组织中 265
行使咨询职责与技术功能的知识分子和不从属于科层组织的知识分子。

两种知识分子的区别在于他们的“服务对象”不同。科层组织的知识分子直接或间接地为机构中的决策者履行职员的职责；不从属于科层组织的知识分子的服务对象是公众。[①]

我们将主要考虑公共科层组织中的知识分子同政策的关系，兼顾不从属于科层组织的知识分子与政策的关系。那些在社会危机时期临时加入公共科层组织的独立知识分子，属于中间类型。

公共科层组织对知识分子的招募

科层化包含（在有限的语境中）程序的合理性特征，这就需要具备专门知识的成员。至少在上一代美国人中，越来越多的青年知识分子被招募进公共科层组织。这个进展中有两点需要引起注意：(1)它所包含的青年一代知识分子价值观的改变；

---

① 这里的“独立知识分子”与曼海姆和阿尔弗雷德·韦伯所指的不同。这里仅指那些不在协助制定或执行科层组织政策中行使职员功能的知识分子。虽然有些专业人员同“学术科层组织”有联系，仍然划为独立知识分子。这些知识分子的作用不同于科层组织中的知识分子，因为人们一般并不指望他们运用自己的专长帮助制定科层组织的政策。

(2)科层组织如何把有政治头脑的知识分子改造成技术专家。

很多知识分子已经从私人企业的假设、目标和奖赏中**脱离出来**。这种脱离商业阶级价值观的现象,反映了滋生不安全和不确定的制度性混乱。经历了多次经济萧条,动摇了对主流权力结构的忠诚。知识分子头脑中渐渐充斥了他们相信与所处的商业世界格格不入的价值观和标准规范。因此,一部分转向教书,特别是在大学里教书。他们认为大学可以为他们的知识兴趣提供用武之地,并且能避免直接受“商业世界的控制”。然而,对于很多出世的知识分子来说,教书这个职业意味着仅仅站在边线上旁观,而不是投身于进行中的历史性变革。实际上,与站
266 在历史的边缘相比,他们更喜欢有一种帮助创造历史的感觉,愿意通过在公共科层组织中有一席地位,更接近于重大决策的真实轨迹。

在华盛顿对知识分子的诱惑中,有一种或许还只是苗头的看法,即认为我们社会的实际控制中心正在转移,就是说,从华尔街转移到宪法大道。如沃尔顿·汉密尔顿所说的那样,这可能不是事实,而只是华尔街已将其总部迁至首都。对此我们并不想妄加评说。但是,在政府机构中工作的、已异化了的知识分子,普遍不能想像他们的事业是在间接地为商业阶级服务。他们更倾向于把政府和他们在其中的职责,无论是大是小,都视为改造与他们隔绝了的商业力量体系的工具。对这些人来说,为政府工作也代表着对迄今为止主宰重大决策的利益群体的正面进攻。

那些先前也许曾投入政治活动、寻求改造我们的经济和政治结构的知识分子,目前看来,越来越多的人转而试图通过行使政府的权威来达到改造的目的。凡是这样看待政府目前地位的知识分子,都可能发现自己在思考如何提供沿新的方向发展的

行政决定所需要的专门知识。

当然，不能认为这类动机就是我们公共科层组织中知识分子的**特点**。它的频度尚有待于实际考察；但是，对于那些研究过知识分子涌入国家科层组织（特别是战后）的人而言，很明显，这种现象已经发展到了一定程度。与那些已异化了的知识分子相比，加入公共科层组织的知识分子总数，无疑要远远超过前者。这些加入科层组织的知识分子从职业原则上对任何特殊社会政策都持冷漠态度，但是，他们的情感和价值观大体上就是占统治地位的群体的情感和价值观。这些技术人员认为他们的职责仅仅是执行决策人所制定的任何政策；他们的职业道德迫使他们接受对行政的依附关系。这种被情感束缚的依附意识表现为一种公式：由决策人提供目标，而技术人员以专门知识为基础，提出实现目标的可供选择的手段。这种职业道德如此普遍并左右着他们，使得技术人员严格遵循目标和手段的差别，而没有认识到单是词句上的区别就可以支持技术人员逃避社会责任。他把结局与目标当做行动的终点，而不是产生进一步后果的机会。
他不明白行动也是包括后果的。 267

最后，还有那些在诸如战时或经济萧条的严重社会危机时期，暂时进入公共科层机构的独立知识分子。这些**临时性的**科层成员也许曾经与统治势力相隔离，也许不曾与他们隔离。但是，由于他们不把在科层组织中的工作看作自己的事业，来自科层组织的压力对他们影响极小，因为他们随时可以做出退回到自己私人生活的选择。

所有这些，对关于公共科层组织招募知识分子的研究工作有所启迪。有关选择的客观标准的资料倒是现成的，但它们的意义却是次要的。我们想要了解的是进入科层组织的知识分子的等级分布。具体地说，这种职业类型的转变是知识分子在职业生涯进程中的什么情况下出现的？是什么压力使他们倾向于公共生活而舍弃了私人科层组织？同商业阶级价值观的隔离和对它的否定在这种选择中起多大的作用？什么是这种隔离的根源？对于那些同名义上占统治地位的价值观背道而驰却与潜在的权力中心同命运的知识分子，我们能否发现并阐明他们的共同规律呢？知识分子涌入科层组织是实际上的权力转移气压表，还是即将临近的权力转移气压表呢？指望在国家科层组织中找到精神归宿的知识分子的共同愿望是什么？上述问题的答案是确定科层组织生活对知识分子今后作用的先决条件。科层组织引起脱离现实的知识分子向不关心政治的技术人员缓缓转变的假设，只有在收集了这些材料之后，才能得到检验。根据这个假设，他们的作用就是为任何碰巧当政的阶级服务。

科层制立场和视角

虽然我们已经指出了转向的(有政策头脑的)知识分子在进入政界时同技术人员的鲜明对照，但是，在为科层组织服务过程中，这种差别会逐渐减小，似乎国家科层组织对转向的知识分子施加压力，使他们适应战略决策者的政策，结果是，一度转向的知识分子最终可能变得与技术人员毫无二致了。

在描述科层组织中知识分子转变为技术人员的过程时，我们假设人的视角和观点在绝大多数情况下是他的社会地位的产物。知识分子或多或少地把自己归于某个特定的社会圈子，并使自己的利益、态度和目标适应这个社会圈子。一定社会地位
268 的内在要求和期望，塑造了处在那个社会地位上的人的行为。正如米德明确指出的，社会自我(social self)通过接受重要他人(significant others)既定的行为准则而产生。更重要的是，他人

评价和期望的输入过程是渐增的，而且除了产生矛盾的个别情况，一般是在无意识中发生的。[①] 这一塑造角色人格的观点把我们的注意力直接引向"重要他人"对于科层组织知识分子和独立知识分子的不同意义。简言之，我们需要分别考察两种知识分子不同的服务对象，以及他们在确定知识分子的责任时所扮演的不同角色。

科层组织知识分子的服务对象是直接或间接致力于将模糊的或明确的目标转换为行动纲领的决策者。虽然他们对知识分子的要求会因人而异，但是，实质上他们的要求可能全部可以归纳为有限的几种。

服务对象对科层组织知识分子要求的**具体性**(specificty)远远不能决定后者的活动。在极端情况下，决策者只是简单地指出一个大概的范围，而未明确点出他们所考虑的决策的特性。这仅仅是一个在未来有可能需要采取行动的定义模糊的范围(如欧洲的民族关系或军队的士气)。人们让知识分子搜集有关事实，作为今后作出"明智"决定的论据。这类不特别具体的要求给知识分子以最大限度的回旋余地——有时这也使人不舒服，因为担心在解释疑难问题、决定什么是相关的资料并推荐可供选择的决策时，搞错了方向，造成恶果；另一种情况是，服务对象需要草拟政策的具体范围，做出比较明确、系统的阐述，并要求收集某一明确限定领域的信息(如欧洲的塞尔维亚—克罗地亚关系问题，或是战争时期小型工业企业的生产情况)。这个对领域的规定，缩小了知识分子在决定这个实际问题和有关信息性质时的考虑范围，也可以在决策流的不同时点上向知识分子

① 见G.H.米德:《精神、自我与社会》(*Mind, Self and Society*)(芝加哥，1934)，第三部分。

提出问题,例如:正在考虑可供选择的政策时;已决定采纳某一特定政策,但需要知识分子进一步提供信息,以便决定通过确定的计划,履行这个政策的手段时;以及在需要测定实行中的计划的收益时。即在不断做出决定的间隙中,陆续向知识分子提出
269 不同的问题。总之,看来服务对象对问题限定的具体程度与知识分子所能提出制定政策建议的范围,是成反比的。

科层组织中的知识分子在一系列连续决策中越早起作用,他指导决策的潜在影响就越大。当决策者提出的研究领域比较含糊时,知识分子研究工作的重心就可以在一定限度内通过有意识地强调某种证据而集中于某些特定的可供选择的行动中。威尔逊的“十四点”似乎就是这样的例子,用总统本人的话说,这个文件在很大程度上出自“他所借用的知识分子的大脑”对整个局势的评价。在协助建立政策的基本轮廓时,知识分子可以以下级的身份施行一部分控制。这种情况是很少见的,但是,一旦这种情况出现了,决策者会发现自己处于众所周知的1848年那位法国人的狼狈地位。当时人们敦促他不要加入进攻防卫工事的暴民,他却回答说:“我必须跟着他们走,因为我是他们的领袖。”

然而,更典型的事例是,科层组织中的知识分子发现自己被召去为某一个已经由决策者系统阐述过的可选政策或具体政策提供信息。作为专家,人们对他的要求是从各种可供选择的方案中决定取舍,或指出在贯彻某一特定政策时应该考虑哪些问题。这样,当问题直到决策的后期才提到知识分子面前时,他一般就只能从手段的角度来考虑问题,而认可对目标占统治地位的解释,因而也就相应地决定了他的观点。他只能了解全局中与建议的政策有直接联系的方面。我们看到,提交给他的只是有限的选择方案,因而当他集中研究执行这些方案的后果或模

式时，他实际上已经忽视了另外一些可能的替代方案。对此，他也许能意识到，也许根本意识不到。他很可能忽略了这一事实，即：一种看问题的方式同时也意味着一种视而不见；把一个人的眼界局限在可选方案A和B，就意味着忽视了可选方案C和D。

这种与决策者的关系问题，对于独立知识分子则截然不同。**也许在阶级结构中的地位会左右他的观点**，但是，**某个**服务对象对独立知识分子的直接控制却总会小一些。独立知识分子探讨问题的特点是，不必按照科层组织服务对象的初衷和利益，可以自由考虑科层组织忽视的和已经否定的可选政策的后果。他的局限性并不尽在于可以不经相应的调查就忽略一些可选方案。但是，由于感受不到在其工作基础上将做出的政策的压力，独立的知识分子有可能只在有好的动机而效果不好的计划方案中徘 270
徊。即使当他系统阐述了现实（可行的）政策和计划时，仍然**很难使负责的决策者了解**他的观点。在影响公共政策方面，不在科层组织中的人是没有什么发言机会的。

上述原因使积极关心推进社会改革的人陷入了进退维谷的困境。“想创新的人没人理会，有人理会的人不创新”，这种说法虽不尽然，却也反映出一定问题。如果知识分子想把自己的知识用于实践，并使之发生效益，那么他就越来越有必要成为科层权力结构中的一员。然而，这往往迫使他忍痛割爱，放弃全面探讨政策可能性的特权。另一方面，如果他为了保留所有的选择机会而坚持不依附于科层组织，那么他只能落得两种下场，要么没有足够的资金进行适当规模的调查，要么没有太大希望使决策者接受他的研究成果，并以他的研究作为行动的基础。

显然科层组织知识分子和独立知识分子中都不乏诚实、正直的人，他们的根本区别在于同服务对象的关系，以及在界定什么是重要问题时承受的相应压力。两种知识分子都能在各自**对**

问题之界定的限度里保持完全的正直。但是,在接受或反对某一问题的定义时,他们双方会做出重大但往往是不同的价值观决策。我们举一个适当的例子来说明这个问题。假如科层组织的知识分子和独立的知识分子都在探讨北方工业中心存在的种族隔离问题,在了解事实阶段,双方会得出基本相同的结论:大部分黑人工人情绪低落,生产率低,这显然是长期遭受种族隔离经历的结果。调查者们可能还发现有相当数量的白人工人反对任何消灭种族隔离的建议。但是,在下一个阶段,即制定政策并使之付诸实施阶段,两种知识分子在观点与研究工作上的区别就清楚地体现出来了。科层组织的知识分子**会以**下列方式界定政策:种族隔离虽然不合黑人的口味,但如何使黑人容忍这种现象? 相应地,科层组织知识分子顾问可能会制定针对黑人的宣传,在不消除种族隔离的情况下提高黑人的情绪。科层组织知识分子的工作就是这样为既定的政策服务的。然而,独立知识分子就不必把自己的研究局限于此了。他们可以研究如何在不
271 明显降低白人工人情绪的前提下,消除种族隔离。换言之,他可以通过探索其后果和实施替代政策的方式,对占统治地位的政策提出质疑。应该注意,这两种研究成果的**有效性**均是不容置疑的,但是,两种研究分别只能适用于一种目的。**问题的关键是,必须认识到正是问题本身的选择和界定所包含的价值意味,以及这种选择部分地取决于知识分子在社会结构中的位置**。科层组织知识分子必须让决策者限定其研究范围,并无保留地把自己的技术和知识为保持某一特定制度的现状服务。非从属性知识分子则不然。他们也许不能直接影响占统治地位的政策,但确实能提供有可能为改进某一现状服务的知识。知识分子就是这样在选择服务对象并引出自己打算关注的问题时,做出最

重要的价值观的抉择。①

进入科层组织的知识分子改变态度的另一种方式来自行动的压力，他们逐渐变得“理论性减少，但更实际了”。这句话的意思是，越接近决策的核心，把宏观政策演化为行动计划的必要性就越大，在对原政策系统阐述之外必须考虑的因素就越多。这种对额外因素的“考虑”，一般包含着对原政策的部分改动，即“对实际情况让步”。这样，知识分子的地位越接近实际决策的顶端，他就越感受到以温和的手段对待弱者的压力，即使他最初的抽象阐述适合于形势的紧迫需要。这是一种在一段时间中起作用的压力，它决定了科层组织知识分子的基本观点，使他变得更容易从技术和手段的角度考虑如何在**既定的条件下**执行政策。

对独立知识分子来说，他的科层组织知识分子同行的观点改变就像一种“背叛”。造成这种常见论争的原因是，两种知识分子在社会结构中所处的地位不同，以及难免由此产生的观点不同。独立知识分子可以毫不动摇地坚持自己对政策问题所阐 272
述的见解，由于不必付诸行动，他常常不理解各种行动的困难，而这些行动困难是时刻装在科层组织知识分子心中的。另外，科层组织知识分子的选择余地也是有限的：(1)使自己的社会价值观和专业知识迎合决策者的价值观；(2)寻求改变科层组织内部行政方面占统治地位的政策；(3)通过认定自己的作用为纯技术性的、没有价值含意的，自相矛盾地采取将自己的价值观和科

① 我们在这里试图做的是通过具体的事例澄清韦伯的知识分子调查中关于**价值关系**(Wertbeziehung)的角色概念的基本含意。韦伯指出，观察的重点集中于具体情况中被认为是“有意义的”结构中的一些确定方面和这些方面流行的价值观，以此来确定社会结构与知识分子活动的关系。见马克斯·韦伯，《科学理论论文集》(*Gesammelte Aufsätze zur Wissenschaftslehre*)(图宾根，1922)，第177—184页。

层组织的价值观相分离的态度。第一种态度涉及到对科层组织价值观的接纳,有时也涉及到知识分子初衷的改变。第二种态度指单个知识分子据理反对整个组织的观点,这种行为一般导致无效的对立,往往以知识分子脱离科层组织告终。我们认为第三种态度最为常见,它导致了“技术作用”。由于技术作用受到知识分子职业习惯的支持——“作为科学工作者,我们不陷入价值观的纷争”——它缓和了矛盾,否则会因执行与自己的判断大相径庭的政策引起矛盾冲突。简言之,角色的分裂允许知识分子即使在参与了与其价值观念相悖的行动时,也能保持正直感。

所有这些告诉我们,独立知识分子和科层组织知识分子在社会政策方面发挥着非常不同的功能。独立知识分子好比一只牛虻,是公开评论现行政策的问题和后果的批评家,他只能很有限地影响决策的一般趋势。然而,随着大众传播媒介的发展,这种功能的重要性比过去突出了。另一方面,科层组织知识分子除了在少数情况下可以实实在在地界定政策外,主要局限于提出执行既定决策的更有效模式,并为即将采取的行动提出不违背科层组织价值观的可供选择的可能性。这使我们想到,即使在战争的危急时刻,独立知识分子也可以像公共科层组织中“致力于战争”的知识分子那样有效地为共同的目标服务。当然,二者的方式是不同的。

决策者和知识分子

尽管科层组织知识分子一般迎合决策者的观点,但是,他们也会设计出与**政府决策者的价值观和目标相违背的替代行动路**
273 **线**。价值观的冲突常常发生在政策提案中。这可能导致矛盾的爆发。下面这个重新担任广告经理的决策者就是一个例子：

> 据我看，那种书生气的人是如今我们政府中最危险的因素之一。他们公然违背已经由理论验证的、明白无误的观念，他们的思想在奇怪的权威光环下飘荡，不顾事实，也不为现实所干扰。
>
> 我可受过这种拉计算尺的家伙的害。我发现他们死板的头脑毫无弹性可言，除了与他们完全相同，或是在他们梦幻世界中更大胆的观点外，其他任何观点他们都不屑一顾。
>
> 他们根本无心听取经验之谈，书生气十足，想入非非，课堂型的头脑一点也不开窍。①

然而，这样的冲突与其说是科层组织环境的影响，莫若说是范围更广泛的知识分子与商人在价值观与利益方面冲突的产物。《国家商业》杂志清楚地暴露了有组织的商业界对知识分子的态度。② 这家杂志点明了知识分子同现有的经济价值观之间的冲突情况。

知识分子并不认为目前的经济活动和组织安排的后果是神圣的，这个评判招致了商人们的正面攻击。因为这些人认为这些活动与他们自己一样，在技术上是高效率的，在道义上是正确的。这只是指责知识分子缺乏实践性的根源之一。知识分子不向"事实真相"让步，而"事实"就是当前的商业活动。同从事国家商业活动的"现实的人"形成对比，那些设想出替代安排的"理

---

① 见卢·R.马克森就辞去价格管理部门职务发表的声明。《纽约时报》，1943年7月15日，第15页。

② 这个小结依据的是《国家商业》从1928年至1943年六年里所刊载的关于知识分子和教授的全部资料。

论经济学家”被公众嘲笑为“病态的感伤主义者”。并且,由于他们的替代方案通常不能付诸实践,所以又被称为“空想家”,或被攻击是“撰写经济乌托邦指南书的高傲的知识分子”。

商人与他的日常惯例和文化规范融为一体,因而不欢迎变革。下面这首哀怨的小诗,表达了一个想干好工作的办事员的典型抗辩:

> 教授、理论家和职员,
> 都为当权者工作;
> 我边干活边挨骂,
> 274 我为骂我的人工作。

知识分子对历史性和批判性分析的运用,同他对商业阶级惯例的挑战是密切相关的。商务世界一般都被最直接卷入其中的人经验为事实和既定的,而不能用分析的方法分解成独特的元素,再重新组合。[①] 因而,知识分子的分析被认为是“不现实”和“理论化”的(这里是贬意)。这样,对于商人用“理论”来给知识分子定性,并反对“知识分子堆中发展起来的专业抽象观念”,我们就不感到奇怪了。

除了这些造成冲突的直接原因外,还有知识分子和有组织的商业界在社会结构中的不同地位所造成的裂痕。无论知识分子多么想改善自己的经济地位,制度性的控制要求他们只能把改善经济地位当作副产品,而不是行动的直接目的。另一方面,商人的作用自古以来就被严格地明确规定为(通过合法的手段)获取最大的盈利,他的作用的其他方面都要服从这个规范习俗

---

① 根据曼海姆的论述改写,见他的《意识形态与乌托邦》,第 246 页。

所规定的目标。这样,就出现了商人与知识分子之间两种截然相反的生活方式和两种鲜明对照的文化准则。相互怀疑和指责至少有一部分是由这种制度化了的观点对立造成的。商人可能对知识分子道德的正直性表示怀疑和责难,或者可能试图按照自己的习惯理解知识分子的道德,即知识分子被认为从根本上说也是谋私利的,他们对知识的追求**仅仅**是为了改善自己的地位。下面这个"教授写的书"的定义就是这样的:

> 由教授所写的不切实际的书。读者感到写书的目的主要是教授想把自己的名字印在出版物上。

商人或许试图贬低知识分子的社会人格。没有受过正规教育的商人很容易产生反知识分子的倾向,使学位成为不名誉的象征。而受过高等教育的商人则一度把教授看得高于自己。从这个角度讲,他曾有机会了解到教授生存的价值观与标准,知道教授的理想模式在某些方面与商业世界的理想模式是不符的。从学院中解放出来后,即使仅仅出于因未能接受他在学生时代所接触的无私的价值观而产生的残存负罪感,也会采取守势戒备。他会抓住时机通过贬低他过去的师长,争取彻底解脱,以便有效地行使一种相反的使命。就像当孩子从依赖和从属的年龄中脱颖而出,进入成年,想独立地有所成就时,家庭中产生的那类矛盾冲突一样。于是乎,我们被告知教授是些典型的"成年累 275
月教导不成熟的知识分子(并因此)不能容忍不同意见的人"。使命的转换就这样以直截了当的方式完成了。他们还提醒说,教授们欠下了那些使他们得以生存下去的人们的债。正如评论所指出的那样,"所谓知识分子……主要来自学院的委员会,他们在那里享有使用昂贵仪器和设备的特权,却很少计算纳税人为此付出的代价，也不尊重这个仁慈地向他们捐赠房屋设备以及提供赖以生存的工资的社会制度。”

知识分子在科层组织中的挫折

在这种冲突模式的背景下，由于科层组织在一定程度上为那些既不能与知识分子共存，又离不开知识分子的人所掌握，因此，知识分子一旦成为科层组织中的一员，通常就会经历一系列的挫折，这是丝毫不足为奇的。[①]所以，知识分子与决策者之间的蜜月一般比较别扭、粗鲁和短暂。这是有可以理解的社会学基础的。知识分子在科层组织中任职之前，习惯于抽象地考虑自己的专业知识问题，而不是根据特定人物的要求。他可能感到问题是完全可以依照它本身的是非曲直解决的。当他置身于科层组织后，就会发现专业工作本身是同科层组织内的社会关系紧密联系的，选择研究课题必须受制于对服务对象的了解，或是他认为自己对服务对象的了解，或是对预期的服务对象的了解；对问题的阐述、分析和报告必须同样适合于同服务对象的关系。简言之，他曾经感受到过某种知识自主的意识——是真自主还是假自主并不重要——但现在却意识到自己研究的性质和方向受到了**明显的控制**。被控制的感觉成了挫折感。特别是当他无从知道服务对象的意图，或者虽然知道，但是不同意服务对象的要求时，这种挫折感尤为严重。独立知识分子与科层组织知识分子的不同身份，在选择和分析问题的标准上的冲突，常常

---

① 在美国决策者中传播约瑟夫·斯大林的下述言论会是很有趣的：“……还没有过任何统治阶级能不依靠自己的知识分子而站稳脚跟。困难的是不能使这些同志泄气。”以及“‘专家诱饵’始终被认为是并将继续是有害的和可耻的现象”。（但是，从瓦维洛夫和瓦尔加以及很多其他人的例子看，斯大林的政策却又变了。）

导致知识分子脱离科层组织，退回到所设想的自主状态中去。

公共科层组织中专业人员频繁的人事更迭，不仅仅是服务 276
对象不满意或者招致诸如国会一类外部群体批评的问题。它常常是那些曾习惯于个人自主、不能服从正规组织明显强制的知识分子长期积累的挫折感所致。有一位心理医生最近观察到他的朋友们的愉快和乐观情绪明显上升。他不知如何解释这个现象。起初猜想，可能是同盟国的胜利带来的。直到后来他才认识到他所遇到的朋友们都刚刚永久性地离开了华盛顿科层组织，所以才表现出了从挫折感中解脱出来的欣快症。

斯托弗也报告了他的战时观察：

> 在华盛顿的激烈论战中，人们无法坚持和平时期大学研究的光荣——阿尔卑斯山般的超然独立。挫折感有很多种类……所有搞社会学和社会心理学的部门，如战争情报局、战略服务局、军事情报局和其他部门，都有同样的经历。①

一些为人熟知的挫折感类型，常常在达到极点时形成幻灭。考察这样的挫折感是有意义的，因为它在研究科层组织知识分子影响政策的可能性和局限性方面给我们以启示。这些挫折感可以分为两个主要类型：(1)由知识分子同决策者价值观的冲突产生的挫折感；(2)科层组织本身带来的挫折。

---

① 塞缪尔·斯托弗："社会科学和士兵"（'Social science and the soldier'），载 W. F. 奥格本编：《战时美国社会》（*American Society in Wartime*）(1943)，第 116 页。

1. 知识分子同决策者价值观的冲突

a. 科层组织中的知识分子有时会发现自己因为与决策者处于不同的话语世界而成为冲突的靶子。因为从实际的角度看来微不足道的研究,其理论含义却可能是很重要的,而且可能有助于解决一些今后的实际问题。但是,知识分子最终将不得不接受关于重要性的新标准。

b. 知识分子的研究成果可能被用于违背他的价值观的目的。他所推荐的高度尊重事实的政策可能会被忽略,而相反的政策却被采用。

c. 当知识分子在他认为证据不足时常常不愿表态,但是行动的紧迫性却往往迫使决策者不得不这样做。

d. 专业人员由于被分配在专业不对口的领域工作而感到挫折,因为决策者有时分辨不清专业人员间的重大区别。

2. 来自科层组织的挫折感

a. 既然科层组织是为行动而设置的,那么知识分子就常常会被问及一些他们无法当场回答的问题,这就可能招致"最后期限神经病"。人们可能提出在所限定的时间内根
277 本不可能解决的问题。

对最后期限问题描述得最生动贴切的要属罗伯特·路易斯·斯蒂文森。不过他是在一个完全不同的场合下写下这段文字的:

"这绝非细致入微地检验事物的精密科学。我们的理论是在头顶着枪口的危急情况下建立的。我们面对着陌生的局面,不仅要做出判断,而且必须赶在最后期限之前采取行动。"

b. 决策者与知识分子之间的通路被阻塞,必然会导致

压抑感。

1)鉴于决策者往往不让知识分子了解其政策所面临的难题,后者很难确定哪些资料是与问题有关的。

2)研究成果能否被递交给适当的决策人也是一个难题,何况决策者面前常常堆满了来自四面八方的各种资料。

3)或许研究成果在送到决策人手中之前被插手的工作人员删改。

4)最后还有一种可能,即在综述研究成果时,虽然最有意义的部分被清楚地加以概括,引起了决策者的注意,但是在此过程中为了删繁就简,有些尽管复杂却很重要的部分也被抹掉了。

c.即便知识分子谨慎周到,他的研究成果仍然有可能不被服务对象所利用。这就从根本上消除了知识分子工作的理由,从而使他丧失工作兴趣,最终导致"做细微而无价值的事情的神经病"。(与此相关的是,一旦研究成果被采纳了,即便仅仅偶尔被用于细枝末节之处,也足以再度鼓起知识分子的士气。)

1)决策者自认为第一手经验使自己对形势的理解比知识分子所能达到的更可靠,因而时常驳回社会科学方面积累下来的研究成果。当研究成果建议修改已经熟悉的日常工作和实际做法时,这种倾向更为明显。因为知识分子几乎不可能证实提议中的方案比执行中的有更大效力。

以上仅仅是对知识分子在社会生活中一个方面所扮演角色的探究,我们的根本目的是在此基础上提出一些假设。收集公共科层组织中知识分子的生平、日记、记事本等,以及直接参与者的观察记录和历史资料,能为我们的研究提供坚实可靠的基

278 础，以便在这个领域开展富有成效的研究工作。①

① 在此之后，朱利安·L.伍德沃德已经开始进行这项工作了，见他的文章："使政府舆情研究对实际工作产生影响"（'Making government opinion research bear upon operations'），载《美国社会学评论》，1944 年，第 9 期，第 670—677 页。又见 R.K.默顿的文章："应用社会科学在政策形成中的作用"（'The role of applied social science in the formation of policy'），载《科学哲学》（*Philosophy of Science*），1949 年 7 月，第 16 期，第 161—181 页。

第十章
对于参考群体行为理论的贡献[1]

本章自始至终假定，在社会理论和经验研究之间存在着双向联系。系统的经验材料可以通过施加任务、为新的解释思路创造机会来发展社会理论；反过来，社会理论通过揭示经验材料的适用条件来定义其适用范围并扩大其预测价值。《美国士兵》[2]的系统资料繁纷多样，对于考察社会理论和应用社会研究之间的相互作用颇具价值。

更具体地说，我们想对《美国士兵》中的诸种研究进行探讨并加以整理。无论从隐含之意还是明确的表述中都可以看出，这本书包含了**参考群体行为**这一理论（这一术语所指的经验现实很快将会详细地讨论到）。但是，此处应当指出的是，该书并没有使用“参考群体”这一术语，它尚未在有别于社会心理学的社会学的词汇中得到完全认可。然而，参考群体**概念**却是陆军部情报和教育局研究处的一个重要解释工具。

---

① 与艾丽丝·S.罗西合著。

② 此书第一部分“军事生涯中的适应”的作者是 S.A.斯托弗、E.A.萨奇曼、L.C.德维尼、S.A.斯塔和小 R.M.威廉斯；第二部分的题目是“战斗及其余殃”，作者是 S.A.斯托弗、A.A.拉姆斯戴恩、M.H.拉姆斯戴恩、小 R.M.威廉斯、M.B.史密斯、I.L.贾尼斯、S.A.斯塔和小 L.S.科特雷尔。两部分均于 1944 年由普林斯顿大学出版社出版。

有两处，我们简短地讨论了与参考群体理论有关但不太重要的论题。我们回顾了在这些研究中大量采用的群体特性和社会结构的各种统计指标，并试图表明在更深入的研究中**系统性地**整理这些指标的特别价值所在，虽然只是非常简短的和纲领
279 性的。以同样简短的方式，我们指出了由研究处从心理学角度分析的资料如何可以从功能社会学角度加以补充，并有效地重新整理。

在对《美国士兵》的理论含义进行探讨并加以发展的整个分析过程中，我们采用了同样的分析步骤。这包括对该书所描述的研究个案进行细致的再探讨，以求在更高的抽象和概括层次上归纳这些经验材料。在这部书里，作者严格地(我们认为也是英明地)把他们的分析局限于对士兵行为的解释和对这些行为所发生的组织背景的研究。但是，显而易见的是，这些概念并非仅仅适用于士兵行为的分析。通过暂且概括这些概念，我们就能够进一步探索这些材料对于社会理论所具有的更广泛的意义。

因而，我们的探讨源于对这部书中每项研究的内部分析。在这部书中，参考群体的概念在作者的笔下是一个解释变量。整理这些个案的目的就是确定在怎样的状况下，参考群体行为理论可以扩展，并进而深入到具有全局意义的专门研究之中。有时，要努力说明的是这些理论扩展是如何可与构成了研究处发现之基础的经验研究设计结合在一起的。通过这种方式，可以提供积累性理论与新研究之间相互作用的连续性。

同样，对这些个案的归纳性再考察，将会使这些参考群体概念和其他在社会心理学和社会学中处处可见、一般未与参考群体行为理论相联结的诸概念形成纽带关系。如若这些联结得以建立，那么《美国士兵》将会具有经验研究的更进一步功能，即将

目前零散杂乱的理论片断暂时集成在一起。

沿着这一思路，我们将用些笔墨探讨参考群体理论和功能社会学概念之间的一致性。此处论及的问题好像是同一问题的不同侧面：一方面是人们如何把自己同群体联系起来，又如何把自己的行为归因于这些群体的价值的过程；另一方面是这些过程对社会结构的意义，以及对生活在这种结构中的个体和群体的意义。人们将会发现，参考群体理论和功能社会学在研究同一现象的不同问题，但这些问题是相互关联的。

因此，自始至终，本章的目的就是找出《美国士兵》对参考群体理论及相关理论问题的现状所能提供的东西。我们坚定这样 280
一种信念，即社会理论的发展需要的是持久的连续性，而不是一堆自足的、自诩权威的结论。这就意味着，目前对于《美国士兵》中一些材料进行的重新探讨本身只是发展过程中一个非常短暂的阶段，而不是一个停滞的终点。同样，我们并不假定，这里所提出的参考群体理论的每一种或全部扩展在实际中将被证实无懈可击。如人类活动的其他形式一样，理论概括具有某些风险。的确，恰恰是在学科发展某一阶段提出的暂时性假设得到完全证实时，科学家格外应该保持警惕。因为一直成功的记录，与其说表明了理论无懈可击的完美，不如说反映了证明工具的缺陷和过度适应。

相对剥夺概念

在《美国士兵》的作者解释他们所掌握的诸多材料时，使用了许多概念，其中有一个概念最为重要，那就是相对剥夺。在两部分的前言中，作者曾明确提醒读者注意两个概念，其中之一就是相对剥夺概念，这一点就足以表明其意义之重大。正如作者在简述这个概念的多个侧面之后所说的那样,“其他概念工具也被使用,特别是**相对剥夺理论**,其目的是为了更一般地整理否则就千差万别的经验发现”(见第1部第52页)。

尽管相对剥夺理论屡次用来解释不同类型人的不同态度,如年龄、教育程度和婚姻状况不同的个人的态度差异,但是,其正式定义在两部书中却无处可寻。然而,我们会很快发现,这一概念的轮廓将会在许多运用到这一概念的例子中渐渐呈现出来。例如,正是在第一个实例中,作者谈到了这一概念的理论效用的实质,指出了它与其他现有的社会学理论可能存在着亲缘关系:

> 这一思想(指相对剥夺)很简单,几乎是显而易见的,但是其有效性在解释资料时体现出来,尤其在后几章中,虽然该概念的实用性初看上去并不明显。这一思想好像与“社会参考框架”、“期望模式”或“情境定义”这些著名的社会学概念有着亲缘关系,而且在某种程度上包括了这些概念。(第1部第125页)

缺少正式的定义并不会使这一概念黯然失色。无论如何,作者避免了充满大量未被使用的新定义的社会学理论的固有传
281 统。我们可以不明确界定概念,而代之以收集一批作者使用这些概念的场合(散布全书并且可能涉及不同的情境类型),以便对这个概念的实际操作特征有所领悟。

下面列出的段落,尽管已高度简缩,却代表了《美国士兵》对相对剥夺概念(或者是类似概念,如相对地位)的某些说法的各项研究:

1. **关于入伍的已婚男人:“把自己同部队中未婚同事相比**,他觉得入伍给他带来的牺牲比他们要多;**把自己和已婚平民朋友相比**,他感到自己被征召入伍做出了牺牲,而他们却全都逃脱了。”(第1部第125页)

2. “普通高中毕业生或大学生是入伍的明确人选;因职业背景而出现的模糊情况更经常发生在教育水平较低的群体中。一般来说,一个入伍的非高中毕业生可以举出更多比自己更没有资格延期入伍的熟人。他自己按照职业背景本来是应该延期入伍的。**当他们把自己与平民朋友相比的时候**,他们可能更会感到自己在做出牺牲,而和自己差不多的人却可以免于做出牺牲。”(第1部第127页)

3. “**相对剥夺**概念在评价教育对于地位满意程度或工作满意程度的作用方面,以及在军队内部的评价问题方面,颇有帮助……一个受过良好教育、具有更高期望的人,如果他在军队里未能获得某种地位,那么他在自己和朋友的眼里比未受过良好教育的人**失去的要多**。因此,如果他追求的目标未能实现,那么其受挫心理比其他人就更强烈。”(第1部第153页)

4. “……有差别的剥夺和奖赏的概念……或许可以帮助我们更好了解与这一概念有关的一些心理过程。一般来说,海外士兵远离家乡,远离他熟悉的美国国内的惬意生活,因此**相对于仍在国内的士兵来说**,他们遭受的分离之苦自然更大些。但同样毋庸置疑的是,**相对于前线的士兵来说**,未进入战斗状态的海外士兵(在激战舞台的后方)比起打仗的士兵遭受到的剥夺就少多了。”(第1部第172页)

5. “差别剥夺概念有助于我们进一步探究为什么实际上受剥夺较多的士兵似乎并不比受剥夺较少的士兵显得更

加牢骚满腹……军官与士兵享有的特权的区别越小——极端状态就是在实际战斗中——士兵对军官的抱怨就越少，也越容易接受剥夺的必然性。”(第 1 部第 181 页)

6.“……如预料的那样……**和其他资历相同的人相比**，晋升较慢的士兵对于军队中晋升机会批评最多。**但是，晋**
282 **升的相对快慢需视军队中不同层级的不同标准而定**。例如，小学毕业生在服役一年后当上了下士，那么他的晋升速度**比起具有同等学历的大多数朋友要**快得多；而大学毕业的士兵在一年后获得同样的职衔，他的晋升速度就不能说快了。因此，我们可以料想，在某一官衔层次和资历上，受过良好教育的人比其他人对于晋升速度要抱怨得更多……军队中不同部门之间好像也存在着类似的现象。”(第 1 部第 250 页)

7. 从本章前面对于士兵的研究来看，可以料想，军官对于晋升的态度，和那些入伍士兵的态度一样，反映了期望水平与实际成就之间的关系(**相对于熟人取得的成就而言**)。因此，我们可以推断，一个在职时间长于其他上尉的人，对于晋升状况比起在职时间相对较短的中尉会表现出更多的不快。”(第 1 部第 279 页)

8.“……似乎南方和北方黑人的调适都会由于驻扎在南方而受到其他心理学补偿因素的巨大影响。如果把他们的处境看成一个**相对地位问题**，我们就会理解这一点。”

“**相对于他在南方见到的多数黑人平民来说**，黑人士兵拥有一定的财富和尊严。”(第 1 部第 563 页)

9.“简言之，如果南方黑人士兵与**南方黑人平民相比**，北方黑人士兵**与北方黑人平民相比**的话，那么，军队生活产生的心理价值在南方黑人士兵的眼里要大得多。”(第 1 部

第 564 页)

这九个摘录触及到相对剥夺或其相关概念明确用于解释那些看上去相异或不统一的调查结果的核心论述。[①] 为了这个概念的准确使用,我们后面将增加几个研究个案,这些个案本可以用参考群体的概念来说明,但作者并没有这么做。

应该指出,在所有这些个案中,相对剥夺具有相同的理论意义:被用作一个解释性中间变量。这些研究的目的是探讨美国士兵的情感和态度,例如,他们对于应征的态度或者对于晋升机会的评价。这些态度被认为是典型的**因变量**。对资料进行分析发现,士兵的地位相异,他们的态度也相异。例如,年龄大或已婚的士兵比起年龄小或未婚的士兵对于应征就表现出更多的不满情绪;具有高中学历或大学学历的士兵对于他们在军队中的 283
晋升前景更加悲观。这种地位属性通常暂且用作**自变量**。一旦自变量与因变量关系确立,问题就变成了如何解释这种关系:如何解释受过良好教育的人一般对升迁机会更为悲观,或为什么已婚士兵对于他们的应征入伍表现出更大的不满情绪。在这里,相对剥夺概念被引用,这样分析模式转而成为如下情况:已婚士兵(自变量)对于自己应征的合法性(因变量)更经常提出质疑,因为他对于应征的评价是在这样的参考框架(解释变量)中进行的,即他把自己与那些完全逃脱了兵役、仍过着平民生活的已婚男士相比,或把自己与军队中未婚士兵相比,并认为应征并未给他们带来与自己相当的牺牲。因而,我们可以认为,相对剥

① 由此可见,相对剥夺概念衍生于经验研究对理论发生影响的"偶发模式",即"对预期之外的、反常的、具有全局意义的资料进行考察,这种很一般的经验将有助于人们提出新理论或拓展现存的理论"。这一点我们以后会详细论及。见第五章。

夺概念的主要功能就是一个临时性的事后解释概念，其目的是帮助解释那些处于不同社会阶层的士兵所表现出来的态度差异。由于事后解释在理论发展中享有一席之地，后面我们将用一些篇幅讨论相对剥夺概念的这种特性。[①]

整理出这些主要摘录绝不只是对原始材料的简短总结。由于运用相对剥夺理论所做的诸多研究涉及到不同主题，并且分散在《美国士兵》的各处，因而，按照它们之间的理论联系进行探讨也就显得不太现实。事实上，把这些摘录一并列出，可以使人们对几种解释进行**同时检验**。这样，反过来我们就可以找到那些显然被研究处认为是进行**比较的基础**的中心范畴。这些基础隐含在士兵可观察到的态度和评价之中。一旦找到了研究处运
284 用的分析范畴，它们之间的逻辑关系也就可以确定，这样，对参考群体理论进一步发展具有重大意义的新理论就诞生了。

如果我们按此推断就会发现，研究处对那些士兵观察得出的参考框架，可暂且分为三类。第一类是，对于士兵的态度或判断的影响来自于他们同那些与自己有**实际交往**、具有稳定的社会联系的人所做的比较，如摘录 1 中与士兵的未婚平民朋友比较或摘录 2 中与非高中毕业的士兵的"熟人"进行比较。

---

① 对此，需附带提一下，认为事后解释基本上不受经验证伪的影响还为时过早。若对此还有什么疑问的话，正如内森·格拉泽过早拒绝相对剥夺概念那样，就等于对理论和研究在一门学科的**历史发展**中的相互作用的认识模糊不清。我们将会注意到，没有根据像格拉泽那样认为相对剥夺概念不能被令人信服地证伪。"因而，(有了相对剥夺概念)稍加一点想像力，就可以使我们对任何可以想像的后果给予解释。"后来，他声称，这个概念"不会被事实驳倒，并且你将会发现，无论一组数据的结果如何，这一概念都千真万确"。然而我们很快会发现，如果包含相对剥夺概念的诸命题确实不正确，那么它们也必将无以经受经验的考验。为更好地理解我们为什么把以经验为导向的社会学理论作为一个发展方向，参见格拉泽在一篇文章中因为忽视这一事实而带来的后果。"作为科学的《美国士兵》"('"The American Soilder" as science')，《评论》(*Commentary*)，1949 年，第 8 期，第 487—496 页。

第二个隐含的比较基础是那些大致处在**相同地位或同一社会范畴**的人。如摘录 7 所示,说一个上尉把自己的命运"与其他上尉"相比时,并未暗示他与别的上尉之间一定有什么直接的社会交往。

第三种比较是在那些**处在不同地位或不同社会范畴**之中的人之间进行的,如摘录 4 提到的后方士兵与前线士兵之间的比较,摘录 5 所提到的士兵与军官之间的比较(同样并未暗示他们之间一定有什么直接的社会交往)。

从这些个案考察中,我们认识到,那些被假定为比较基础的群体或个人在大多数场合并非简单地归属于三种类型中的这一类或那一类,而常常是三种类型的各种各样的组合体。最常见的比较是在处于相同地位的**伙伴**之间进行的,如摘录 6 中,小学毕业的士兵与其学历相同的朋友们的比较;或者与那些在社会地位**重要方面相似、其他方面相异**的各种不相识的人的比较,如摘录 8 和摘录 9 中黑人士兵与黑人市民之间的比较。

如果我们把这些作为假定的参考框架的个人或群体具有的特性纳入一个矩阵中,相对剥夺(及有关概念)的概念结构就会更加清晰可辨。通过这种图表处理,我们不仅可以发现在研究处的资料解释中最常应用的比较参考框架,还可以看到其他处于次要地位的可能的参考框架。因此,这就为我们对作为解释工具的相对剥夺理论的本质进行系统研究,同时也为探明在什么方面可以拓展参考群体行为理论提供了机会。

在摘录 9 中作为参照点的群体或个人基本上可以依据这几个属性加以明确地划分。个人与那些作为比较基础的人之间存
在着稳定的社会关系,就此而言,这意味着他们处于一个共同的 285
隶属群体或**内群体**之中,否则,他们就处在**非隶属群体**或**外群体**之中。谈到比较地位,包含的分类就稍微复杂一些:构成比较基

础的个人和研究对象处于相同的或不同的社会地位；如果地位不同，那么地位可能较高、较低或不明确。我们对研究处所做的解释里隐含的参考点列表如下：

被个人作为比较参考框架的个人、社会范畴和群体之属性[①]

与个体有稳定的社会关系	同等地位	不同社会地位		
		较高	较低	不明确
有—(隶属群体或内群体)	#1 已婚朋友 #2 无高中学历的熟人 #6 同等学历的朋友	#5 军官	#8,9 南方黑人市民	#3 朋友 #7 熟人
否—(非隶属群体或外群体)	#4 美国国内士兵或战斗中的士兵 #6 同等服役的士兵 #7 其他上尉	#5 军官	#8,9 南方黑人市民	

个体的各种取向

考察一下这个包含相对剥夺概念的变量矩阵，几个经验问题和理论问题会立刻引起我们的注意。很快就会清楚，这些问题不单单涉及到相对剥夺概念，而且在更一般意义上讲，与参考群体行为理论密切相关。

对矩阵中个案的初步探察表明，《美国士兵》的作者认为，个

① 数字为本章中各段摘录的临时编号。

人有时把那些与其有直接社会交往的人的处境作为自我参照的基础:主要是由朋友和熟人组成的内群体。而有时,这一参考框架是由前线士兵、其他上尉等等这些与个人并无稳定的社会关 286
系的社会范畴构成的。为了突出相对剥夺概念与参考群体理论之间的联系,我们把那些个人与其无直接交往的"其他人"归入非隶属群体或外群体。[①] 事实上,在这些解释中,无论是隶属群体还是非隶属群体,无论是内群体还是外群体,它们都是给定的社会参考框架。因此,人们立刻会联想到这么一个对发展中的参考群体行为理论具有核心意义的一般问题:**在什么条件下,内群体中的同伴才会充当自我评价和态度形成的参考框架;又在什么条件下,某些外群体或非隶属群体才会成为有意义的参考框架呢**?

原则上讲,参考群体几乎是无数的:个人是其成员之一的所有群体(相对要少得多)和那些个人并非其成员之一的群体(显然要多得多)都可以构成某人态度、自我评价及行为的参考点。这就引出了另一组需要理论建构和进一步经验探讨的问题,因为,正如《美国士兵》个案构成的矩阵排列显示的那样,个人可能会取向于众多群体或地位中的一种或**几种**——隶属群体和非隶属群体,

---

① 我们清楚,这句话中隐含着众多问题,在此讨论它们还为时过早。例如,其中就存在着一个群体的"隶属"标准问题。至于把互动频率作为此类标准之一,我们必须认识到群体之间的界限是不能截然划开的。而且,一个特定群体的"成员"总是以多种形式同其他群体联系,而他们**习惯上**被认为并不属于这些群体,尽管社会学家们可以通过他们与这些群体的频繁社会接触来建立更广泛的范围使他们包括在这些群体中。因此,我们这里也要暂时略去对社会**群体**和社会**范畴**的区分问题。社会范畴指的是很少或没有互动的人之间的一种既定状态。某些人也将会注意到,《美国士兵》中提出的命题是对诸如乔治·H.米德这样的社会心理学理论家的命题的扩展。在他的"一般化他人"概念以及关于自我态度形成的论述中,米德只把重要的参考框架局限于**隶属群体**。所有这些在此只点到为止,我们将会在更为合适的地方展开讨论。

相同地位或不同地位，如果不同，则相对于自己或高或低或不明确。这样，就又引出了另一个进一步的问题：如果**多种**群体或**多重**地位被个人用作参考框架，并且这些群体或地位具有不同甚至矛
287 盾的社会规范和标准，那么又如何解释这些差别呢？[①]

这些初步的问题可以帮助我们确定探讨范围。人们是在一个由他所处的群体构成的社会参考框架中活动，毫无疑问，这一思想已由来已久，可能也是无懈可击的。如果参考群体理论涉及的仅是这一方面，那么它只能说是社会学的一个老问题，即行为的群体决定论有了一个新的术语而已。然而，进一步的事实说明，人们在塑造自己行为、形成各种态度时，所取向的常常不是自己的群体，**而是别的群体**。正是这种非隶属群体的取向形成了参考群理论的主要特色。毋庸置疑，这一理论最终将被推广，使之不仅可以解释隶属群体取向，而且也适用于非隶属群体取向。但是，目前其主要任务是探询个人通过怎样的过程把自己与那些自己**并不**隶属的群体联系起来的。

因此，一般而言，参考群理论的目标就是对那些评价及自我评价过程的决定因素和诸多后果进行系统研究。在这些评价中，个人把其他个体或群体的价值或标准作为比较参考框架。[②]

从我简短的初步考察来看，《美国士兵》中运用相对剥夺概念进行的研究将为深入的经验研究扫清理论障碍，加速问题的理论概括，起到催化剂的作用。但是，只有在我们把相对剥夺概念与参考群体行为理论更加紧密地联系起来之后，对这几个个案进行详细考察才可以使我们更清楚地了解到这些理论概括的真正实质。

---

① 尽管这一问题令人联想到多重**隶属**或多种**角色**之间的冲突这一传统的但并未得到澄清的问题，但二者绝非一码事，因为正如我们所见，参考框架并非仅仅由**个人自己的**隶属群体或个人的地位构成，非隶属群体和其他地位同样可担当此任。

② 这一概括与省略的陈述将在本章后半部分展开讨论。

相对“剥夺”还是“相对”剥夺

总体上讲,《美国士兵》的作者在发展相对剥夺概念的时候,把重点放在剥夺而非相对这个部分上。这就是说,他们一直强调的是相对**剥夺**而不是**相对**剥夺。如果考虑一下他们所研究的军队情况本身就具备显著的剥夺特征,那么这种侧重也就很明显且易于理解了。总而言之,美国士兵最多把服役视为一种冷酷无情而又不得不接受的必然:

> 绝大多数士兵并非自愿……对于士兵角色的接受具有被动性,至少他们起初的态度是这样……这种以被动性为
> 特征的服役态度意味着,他们相对失去了实现更广的社会 288
> 目标的机会,这些目标将转移他们对这种新环境中的种种日常挫折的注意力。因此,士兵对于军队生活的剥夺特征有可能非常敏感。(第 1 部第 208—209 页)

因此,正是这种对剥夺情境的反应模式才最需要研究;而且,也正是在解释这种反应模式的过程中,相对剥夺概念才会得到发展。正如相对剥夺术语本身所表明的那样,这一概念主要是用来对那些不满情绪进行解释,尤其是解释那些初看起来并不会激起这种不满情绪的客观情境。这并非说,这一概念仅局限于对士兵中的不满情绪、被剥夺感和不公平感的解释,因为把自己与别人相比这种活动也经常带来一种相对满足感。然而,在多重比较中,从与别人比较中获得的满足感常常被那些极度的不满足感抵消:如海外后方士兵把自己与在美国国内服役的士兵相比时,很可能他的不满足感就会非常强烈;而这种不满足

感的强烈程度会因自己与前线士兵相比而产生的满足感而减弱(第 1 部第 173 页)。

正如作者明确指出的那样,“剥夺”是相对剥夺概念中附加性和特殊化的组成成分,而这一概念更富有核心意义的部分就是强调“相对”的社会体验和心理体验,对于这一点,文中许多地方都可见一斑。作者在引入相对剥夺概念之后,继而指出了它和其他一些社会学概念,诸如“社会参考框架、期望模式或情境定义”(第1部第125页)等概念之间的亲缘关系。正是“相对”这个组成部分,即自我评价的比较标准,成了这些概念的共同之处。

相对剥夺概念开始是用来解释一些特别情况的,打破这一局限,我们就可以把这一概念推广运用,使其与更高层次的理论联系起来。相对剥夺概念暂且可看作参考群体理论中一个特殊概念。由于《美国士兵》中有关相对剥夺概念的论述并非散乱无章,而是充满了系统的经验资料,这就使我们能不断澄清那些对相对剥夺概念具有关键意义的有关变量,为我们对这一理论做更深入的积累性研究开辟道路。

然而,所有这些还只是纲领性的。《美国士兵》对于参考群体理论是否真的具有这些功能,也只有在我们对两部书中有关这一理论的研究进行远比我们迄今为止所做的更加深入的探讨之后才有发言权。

289 这种个案分析的目的在于对前面简单提到的参考群体理论问题加以整理并详尽阐述,继而提出一些至此尚未引起注意的有关问题。为此,像研究处一样,我们将对每一个案中的重要事实和基本解释加以总结,然后指明这一个案对于发展参考群体理论的重要意义。

通过对这些个案的初步考察,也许可以说它们生发出包罗至广的许多具体问题。这些问题我们将在后面详细讨论,这里我们只粗略地列出它们的标题：

隶属群体充当参考群体；
冲突的参考群体与相互支持的参考群体；
参考群体理论导出的行为的一致性；
社会结构的统计指标；
参考群体理论与社会流动性；
对非隶属群体的正取向功能；
支持或抑制这些取向的社会过程；
适应隶属群体取向的制度的心理和社会功能；
参考群体理论亲缘概念的考察。

隶属群体充当参考群体

个案 1。本个案研究的问题是士兵对晋升机会的评价。问题是由这样一个提问引出的："你认为一名能干的士兵有良好的晋升机会吗?"经过必要的浓缩后，概括性的结果可表述为：对于每一个具有同等资历、地位和教育程度的层次来说，"一个部门或多个部门能够提供的晋升机会**越少**，人们对晋升机会的评价就**越好**"(第1部第256页)。在我们掌握的有限资料①中，还有这种似乎矛盾的反应的更好证明，在那些以较少流动性为特征

① 作这一说明以防误解是非常重要的，因为，实际流动比例与个人对流动机会的满意程度，在各种情况下都保持相关几乎是不可能的。如果其中某些群体的晋升率已实际降为零，那么，我们是否会发现对于晋升机会更趋于"赞赏的观点"呢?这种关系可能是曲线关系。因此，这需要社会学家进一步研究，在怎样的条件下无法找到所观察的线性关系。

的部门里，士兵却对流动机会更为满意。因而，虽然美国飞行大队的晋升机会明显很高，但是飞行大队的士兵比起那些实际晋升机会“在军队中大概是最糟的”宪兵队更加牢骚满腹。同样的
290 情况是，在任一地位和资历层次上，受过良好教育的士兵，尽管一般明显享有较高晋升机会，却对晋升机会怨言颇多。

研究处对此矛盾暂时的解释是，这是由于评价发生在由群体晋升率提供的参考框架内。较高的晋升率将在群体内诱发出过高的希望和期望，这样，每个人在自己的境遇中更易产生一种挫折感，对晋升机会也就更为不满。正如作者所述：“如果无视这种理论，即这些意见代表着他们的期望值与**相对于其他处境相同的人**来说他的成就之间的关系，那么这一发现将的确自相矛盾。”（第1部份第251页，黑体为我所加）

理论含义。首先要指出的是，这一发现异乎常理，从中显然可以得出这样的假设，即对晋升机会的评价是自己的期望值与“相对于其他处境相同的人”所取得的成就的函数。同样，那种未加解释的发现看上去有悖常理，仅仅是因为它和一条众所周知的假设不一致，即评价往往和个案的客观事实相一致。就常理而言，客观晋升速度的明显差别被认为应该反映在人们对晋升评价的差别之中。如果这种反映已有经验发现，那么似乎没有可能继续发展这样一个参考框架的假设了。然而，资料事实说明，人们对于情境的定义并不相同。但仅仅提及“情境定义”并不令人满意，必要的是**如何解释**它们。因而，相对剥夺概念的功能就在于（同其他参考群体概念一样）帮助解释观察到的情境定义。

如此一来，要发现印象式观察所不能发现的异常模式，就需要像《美国士兵》中收集的那种系统的经验材料。这说明，系统经验研究的一个基本功能就在于获得那些所料不及的、异常的、具有全局意义的研究结果，而这种研究结果将有助于提出新理

论或扩展旧理论。①为解释这些研究结果而提出的资料与假说会进一步提出理论和研究上的问题。不过这里只是简单提及这些问题,并未做深入探讨。

假说对于被士兵作为参考点并且与晋升机会满意程度紧密相联的**那个**群体也作了重要假定。正像我们看到的,假定的表述形式是,评价是“相对于其他处境相同的人”而言的。现有资 291
料与如下的观点相符,即四个群体或社会范畴被当作参考环境或参考框架:资历相似的士兵,学历相似的士兵,地位相似的士兵和处于军队中同一部门的士兵。

这一假说经过适当的概括引出了一系列与参考群体同源的问题,这些问题需要新的探讨和分析。导致人们选择同等地位的人作为有意义的参考点这种模式的条件是什么?与习语“向琼斯看齐”一样,习语“处境相同”也会引起一些社会学问题。在各种社会结构中,谁是这些人们努力攀比的“琼斯”呢?是他们的熟人?还是他们接触到的收入水平略高于他们的人?那些人们从未见过、仅仅听说过(例如通过大众传播媒介)的琼斯又在何处呢?何以有些人与琼斯看齐,而又有些人却与卡伯特或卡西迪看齐呢?为何还有些人根本不与任何人攀比?

换言之,《美国士兵》提出的关于处在相似地位的个人作为自我评价的参考框架的这一假说,诱发出一系列有待研究的问题,这些问题在参考群体理论的发展中起着重要的链条作用。在作自我评价时,在什么情况下,所属群体才**不**被当作参考群体?很显然,许多人对于自己部门与空军机构名录中的部门之间的区别是有所了解的。在什么情况下,那些与其处境**不**同的

① 经验研究对理论的“创造性功能”,其重要性远比本书第五章所赋予的要大。

人的晋升速度才会影响他们自己的满意程度呢？这些社会学问题虽然可能源于别处，但事实上它们皆由本书所探讨并给出初步解释的那些反常研究结果所引发。

《美国士兵》的资料和假说所揭示的这种新的经验的确引出了更深的理论问题。对此，我们只要稍稍注意一下著名社会心理学家乔治·H. 米德所做的有一定可比性的工作就可以觉察(米德本人并未深入研究过系统经验材料)。毋庸置疑，在参考群体理论的发展历史中，尤其是就他的核心观点而言，米德堪称一位先驱，并且是一位举足轻重的先驱。虽然他的核心观点在他的各种基本著作中表述各异，但如下陈述足以传达宗旨："个人对自我的感
292 受，并非直接地，而是间接地，依据**同一群体**中其他成员的特殊观点或依据**他所属的**作为整体的**社会群体**的一般观点。"[①]

事实上，在这个及其他众多类似表述中[②]，米德提出了这样的假说，即正是个人**所属**的那些群体才构成对于自我评价有意义的参考框架。对此，他运用自己丰富的经历与他那深邃的思想给予了详尽的阐述。但是，由于他未能接触那些可能与这种表述不一致的**系统**经验证据，他也就没有提出这样的问题：被个人当作参考点的群体是否无一例外地就是他自己的隶属群体。"别人"、"另外一个"和"其他人"这些术语在米德关于社会中的个人的发展需要对"别人"或"其他人"态度的反应的论文中出现过几百次之多。但是，对于被认定为自我参考框架的"这些别人"，除了反复陈述他们是"那个"群体成员之外，他们所处的不同地位这一点却被忽视了。因此，米德以及那些也脱离了经验

① 乔治·H. 米德：《心灵、自我与社会》(*Mind*, *Self and Society*)(芝加哥大学出版社，1934)，第 138 页(黑体为我所加)。

② 例如，同上书，第 151—156 页，193—194 页。

研究的后继者也就无以向这样一个问题迈进一步,即在何种条件下,非隶属群体也可以成为有意义的参考框架。

《美国士兵》不仅明确地提出了这一问题,而且更进一步把由**多重**群体隶属关系及**多重**参考群体这些事实提出的问题摆到了我们面前。这提示我们,理论和研究必须考虑个人在多个所属群体中选择参考群体的动力学:个人何时趋向于他们职业群体、同族群体或宗教群体中的其他人?我们怎样描述这种使得人们从几个隶属群体中选择其中一个而不是另一个作为有意义的参考背景的**社会情境结构**呢?

更深入地探究文中所提出的假说,我们还会注意到由多重参考群体的同步作用提出的问题。从理论上讲,多重参考群体会诱发出一些相反趋势,其产生的**动态过程**需要进一步研究。例如,新近加入宪兵队的大学毕业生对晋升体系的动态评价(不只是最终评价)是怎样的呢?根据《美国士兵》中提出的假说,与其他大学生的地位相比,他们将倾向于不满;但比较新的补充兵员,他们作为宪兵队员将倾向于相对满意。在观察者所注意到 293
的评价中,这些相互对立倾向最终是如何得到解决的呢?

最后,撇开晋升制度体系中个人成就的**自我评价**这一问题,再来看一下本研究中的因变量。我们将会发现,它存在于士兵对军队中晋升**制度体系**的评价中。实质上,士兵是从这种体系的有效性和合法性来评价晋升制度的。① 这一点可以由那句精心措词的提问得到证明:“你认为一个能干的士兵拥有良好的晋升机会吗?”士兵们依此做出自己的判断。

---

① 确确实实,如本文所指,制度评价可能反映了士兵把自己的合法期望值与其地位相比得出的评估。这一点留待以后讨论。参考群体假说试图按照由有意义的内群体的地位分布所提供的社会语境来说明这些期望的各种本质特性。

这引出一个值得注意但尚未引起足够重视的问题：自我评估和对制度规章的评估这两种评价类型是否具有相似的参考群体行为机制？在此，显然需要找出那些典型地诱发自我评价或内在化判断的社会情境的典型结构——例如，和特定他人的成就相比时会导致怨恨性的自我贬低和个人无能的感觉——和那些典型地诱发制度评判或外在化判断的社会情境的典型结构——例如，和其他人相比使他感到制度不健全，继而得出这种社会制度抑制个人优点与社会报偿之间的密切联系的结论。

和《美国士兵》的其他研究一样，这里谈到的步骤、分析及解释等的各种含义并不限于对士兵行为的深入研究。它们还包括了在更大社会体系中具有全局意义的研究领域。例如，一些社会学因素使得士兵相信自己相对低下的社会地位是合法的；同样，另一些因素则使他把自己的地位归咎于有缺陷的、可能是不公平的社会安排。这两种情况显然构成了最具理论意义和政治意义的问题领域。在怎样的情况下，人们才会把相对缺乏生活机会视为正常的和预料之中的事情，并把其归于自己的无能？在怎样的情况下，又把缺乏生活机会归因于报偿与能力不一致
294 和缺乏合理流动的社会体制？[1] 相对剥夺和相对补偿的概念将有助于这些经常被讨论但很少得到分析的行为模式从印象主义

① 当然，这些问题在前面众多场合已经提及。但是，它们只是作为独特的、自足的问题，仅与其自身旨趣有关，并非作为隶属于参考群体行为理论的特殊问题。例如，有人认为，那些在社会等级制度中扶摇直上、备受公众青睐的引人注目的"成功"者，其作用在于充当榜样即参考形象，用以证明在一个流动性体系中，事业成功之门显然是向智慧者敞开的。对于某些人，这些成功榜样是说明制度体系合法性的活材料。在这种比较语境中，个人把对社会的批评转移到了自己的身上。参见默顿、菲斯克和柯蒂斯合著：《大众劝说》(*Mass Persuasion*)，第 152 页及以下。但是，这些观察只停留在印象和经验阶段上，因为它们还未能按照《美国士兵》所指明的方向为这种行为研究提供**系统**的方式方法。

的思考过渡到系统的研究。

多重参考群体

多重参考群体为个人评估提供了参考背景，这一论断引出了一些理论问题。《美国士兵》中的研究为我们对这些理论问题做深入研究提供了机会。这里，我们选取了两个个案作为研究对象，因为它们显然表现出不同类型的多重比较：第一种情况，多种参考群体提供的参考背景目的相悖；第二种情况，它们提供的参考背景相互支持。

冲突的参考群体。个案2。从1934年下半年到1944年上半年，研究处做了一系列研究，就海外后方士兵和美国国内士兵的不同态度（反映在个人调适上）勾画了一幅态度差异图。差异虽然一直存在，却并非很大。例如，仍在国内服役的后方士兵中有40%声称自己"通常情绪良好"，相比之下，海外后方士兵持此种态度的比例为32%。前者中72%的人认为"军队运转极佳或颇佳"，相比之下，后者有63%持同样观点（第1部第167页，表Ⅳ）。但是，由于其他调查结果表明，海外后方士兵最关心的是返回家园，那么作者认为，在反映个人调适的态度上应该存在着更大的差异。

我们可以暂且用三个因素说明为什么没有出现更大的差异，因为这三个因素的存在使得海外士兵预料之中的不满程度减弱了。① 在此，我们只讨论"差别剥夺与报偿"这一解释性概 295

① 此处，我们再次可见，相对剥夺概念（一般地说，正如"情境定义"的概念一样）被用来解释一种明显反常的发现。在这里，这种发现不仅明显偏离常规，而且也与研究过程中所揭示的其他事实相悖。因而，这好像是对研究中的理论偶发模式的阐明。在这种模式中，"观察结果反常，令人惊讶，无论何种情况，表面上的不一致性都会引起好奇心，激励研究者去挖掘这些资料的意义"。

念。[1]你将发现它曾在前面的摘录中出现过，它

> 或许可以帮助我们更好了解与这一概念有关的一些心理过程。一般而言，海外士兵远离家乡，远离他们熟知的美国国内的惬意生活，因此**相对于仍在国内的士兵来说**，自然他们遭受的分离之苦更大些。同样毋庸置疑的是，**相对于前线士兵来说**，未参战并且也不太可能参战的海外士兵比起打仗的士兵遭受的剥夺就少多了。（第 1 部第 172 页）

理论含义。实质上，作者提出了两个比较背景，它们目的相反，同时作用，影响着海外后方士兵的评价。那么，在评价时为什么只选择某些参考背景而不是别的，从这一案例中我们可以得到什么启发呢？

首先，应当指出的是，那些构成评价的参考背景的人所处的地位在一些主要方面同评价人本身所处的地位**类似**。因此，国内士兵的相似之处，就在于他们都未参战，而参战士兵的相似之处就在于他们都在海外。除此之外，其他与情境有关的相同与相异之处也以不同的方式影响着评价结果。可是，就军队生活标准而言，海外后方士兵比国内士兵更糟一些。因为他们的生活享受被剥夺了，社会联系被割断了；另一方面他们比起前线士兵来说，处境略佳，因为他们没有遭受那种程度的剥夺和风险。"我们很糟糕，但别的人更糟"，这种比较对于那些想调整自己以

---

① 另外两个概念是身体条件选择（因为海外士兵要经受更为艰苦生活的考验）和对部队工作重要意义的认识。在后一种关系中，作者说道："在两者之间的区别……不能证明或反驳假设时，如果与美国海外士兵个人对部队的态度差异相比，美国海外士兵对部队工作的态度的差异可以忽略不计或保留，那么这事实本身就是不容忽视的。"（第 1 部第 173 页）

求平衡的人来说并不陌生。因而，他对于自己处境的定义可以看作是这些相互抵触的比较模式的综合。

这就提出了一个一般假说，即为了比较，首先必须设想或想像出那些存在于参考群体之间的地位特征的相似性。一旦找到了最低限度的相似点[①]，那么，与情境相关的其他异同点就会成 296
为形成评价的参考背景。结果，理论家的注意力就很快集中到那些导致某些地位相似感的因素之上，因为这将有助于确定哪一个群体可以担当比较背景。这样，被米德称为**那个**社会语境的内群体的成员，他们在地位上的根本相似之处只构成了参考群体选择的一个特殊基础，虽然这些相似之处的重要性毋庸置疑。同样，外群体也可以具有**某些**地位相似之处。

研究处的假说在这一点上的含义就在于，它为找到那些影响参考群体选择的因素提供了线索。假说并未认定，两类士兵——海外前线士兵和国内后方士兵——构成了**某一位**海外士兵用作比较的**惟一人群**。他的确可以把自己的命运与无数的各色各样的人——一个在国内有一份惬意工作的朋友、一名战地记者、一位能领略美好生活的堂兄或一名他曾在杂志中读到过的电影明星——做比较。但是，正是由于这种个人比较涉及到个人参考框架，它往往具有特异性。他们就无法成为处于同一地位的(很多或大多数)海外后方士兵的**共同**参考背景。就特异

---

① 显然，这种明显由参考群体行为预先假定的地位相似性的最小值需要给予系统研究。无可置疑，**某些**地位相似性总可以找到，这仅仅取决于地位范畴的选择面有多宽。只要在"人"这个最一般的社会容器之中，一个人就可以与他人进行比较。具体到本个案来说，海外士兵，依据他们都是士兵这一相似地位，可以(也确实)与国内后方士兵做比较；同时，根据他们都是美国年轻的成年男性这一相似地位与平民进行比较。此处涉及的理论课题和经验研究课题就是确定：社会环境结构是如何促使某些地位相似性成为这种比较的基础，它又是怎样导致其他各种地位相似感被冷落一旁，变成"毫不相关"的。

性而言,他们在不同类别的士兵中将变化莫测。因而,他们不会形成士兵**群体**或**社会范畴**之间态度上的显著统计差异。

换言之,《美国士兵》就前线士兵[①]、海外后方士兵和美国国内士兵对于他们处境所做的相异定义得出的统计材料表明,或多或少为每一范畴所共有的、**由社会结构确定的**参考群体对于评价具有的影响。社会学家们未能去探讨每一个体特有的比较背景,这并非出于懒惰或缺乏洞察力,更确切地说,是因为许多参考背景具有特异性,它们游离于同一群体或同一社会范畴中很大一部分人之外。虽然,《美国士兵》中的比较统计资料并非用以揭示(也不可能揭示)数以千计、具有个人色彩、根据社会范畴变化无常的参考背景。人们并不指望这些社会学资料能解释
297 那些特异的评估参考背景。

此处提出的参考群体分类并非作者本人的主观臆断。相反,它们是被某一社会范畴内部分人共同持有的参考框架。这部分人多到完全可以定义该范畴的情境特征。再者,这些参考框架之所以成为共同框架,是因为它们被社会结构模式化了。例如,在本个案中,与前线的远近程度就为三个范畴的士兵——海外前线士兵、海外后方士兵和国内士兵——提供了一个社会组织和强调的比较基础。因此,正是像这样的一些范畴形成了这些士兵定义自身处境的**共同**比较背景。这并不否认,其他一些参考背景对处在某一社会范畴中的特定个人意义重大,但是,对社会学家来说,这些参考背景只有在许多人共同认可并足以导致群体评价差别时才具有意义。

在这些章节中,《美国士兵》为我们解决一个社会学问题提

---

① 尽管涉及前线士兵态度的有关资料在《美国士兵》一书的其他地方均可找到(例如,第 1 部第 111 页),在此处却只字未提。

供了一条线索,并且可能是一条非常重要的线索。这一问题就是找到某一社会地位范畴中各种不同的参考群体的共同点。

这里还有另外一个本个案很少涉及的隐含的问题:在一个
群体或某一地位范畴的成员面对目的相反的多重参考群体时,
他们的反应模式是怎样的呢?在眼下的例子中,海外非前线士
兵中的实际评估显然代表着介于国内后方士兵和前线士兵的评
估之间的一种妥协。但是,这并不意味着《美国士兵》的作者把
这看作是惟一的反应模式。例如,当几个隶属群体同时对自我
评价造成各种互为冲突的压力时,个人就倾向于把非隶属群体
当作其参考框架。无论是何种情况,都会引起一个意义重大但
定义模糊的问题。这个问题前面已经提到,即探寻忍受这种相
互冲突压力①的各种过程。研究处的社会科学家们对于这条出
自他们战时的研究的思路已经有所认识。研究处处长斯托弗目 298
前的研究项目正说明了这一点。他正在探讨个人对于首属群体
和正式组织权威同时提出的相互冲突的要求所采取的诸种反应
模式。②

相互支持的参考群体。个案 3。概括地讲,这项研究(第 1 部第 122—130 页)是探讨士兵对于应征合法性的诸种感受。

---

① 因而,对政治行为的研究表明,处于交叉压力之下的个人往往延迟他们的最后投票决定。正如下面这位资深作者接着谈到的那样:"但是,这种延迟并非惟一的反应方式。其他可能反应类型涉及面会很广,诸如从根本无法做出决定的神经质反应类型到有可能导致社会运动的各种知识分子的解决方式。当各种交叉压力和对这种压力的各种反应得到了彻底而又恰如其分的研究之后,有关个人态度与社会环境之间的关系许多令人迷惑不解的问题或许就会迎刃而解了。"拉扎斯费尔德、贝雷尔森和高德特:《人民的选择》(*The People's Choice*)(纽约:哥伦比亚大学出版社,1948 年,第 2 版,第 22 章)。

② 塞缪尔·斯托弗:"冲突的社会规范分析"('An analysis of conflicting social norms'),《美国社会学评论》,1949 年,第 14 期,第 707—717 页。

"你刚入伍时[①],是否曾想过你本应该享受延期入伍?"对于这个问题的反应模式表明,那些没有高中文凭、年龄在二十岁以上的已婚青年的回答多半是肯定的。在这一地位范畴中,有41%的人声称他们根本就不该被征入伍;相比之下,在那些二十岁以下、高中毕业的未婚青年中,这个比例只是10%。更一般地讲,应征服役的自愿程度和年龄层次、婚姻状况及教育程度息息相关。

由于对三个地位范畴的每一个而言,用于解释发现的假设基本上都差不多,因此这里我们只对其中一个地位范畴做出说明。如我们在本个案的有关摘录中所注意到的那样,作者根据参照其他两个地位范畴得出的比较标准,对于已婚者为什么更加表现得不情愿入伍,做了暂时性说明。对于这一点的主要解释段落我们曾引用过:

> **把自己同部队中未婚同事相比**,他觉得入伍给他带来的牺牲比他们要多;**把自己和已婚平民朋友相比**,他感到自己被要求做出牺牲,而这种牺牲他们却全都逃脱了。因此,一般地讲,已婚男性比其他人更不情愿入伍,更易产生不公平感。(第1部第125页,黑体为我所加)

---

① 鉴于这与我们的主要目的并无关系,因此,对于研究处为确定他们所获数据的有效性而采取的诸多技术手段,我们通篇都未提及。但是,《美国士兵》的读者将会清楚地发现,为全面检查每一组资料,其中运用了多种多样并且常常是富于想像力的程序。例如,在本个案中,对于这一问题的诸种反应并非仅仅表现了应征后的士兵的情感反应,因为"新兵对于应征的感觉并不会由于他后来在军队中几个月或几年的经验而改变。当把这个(同类)问题摆在他们面前时,那些后来发生心理变态的士兵与其他人之间的界限就清晰可辨"。(第1部第123页注)本注释的目的就在于一劳永逸地强调这样一点,即我们给一个个案做总结,决不是把那些微妙的、累积性的并且常常对我们手中的资料具有重要意义的细节重抄一遍。要探求这些细节,而不是这些细节所引出的更一般性问题,就必需直接研究《美国士兵》。

理论含义。尽管这种解释简短且有待进一步探讨，它仍将 299
有助于我们进一步挖掘并提出与参考群体行为理论有关的进一步的问题。

首先，它强化了上一个案中暗含的假设，即正是对社会结构的各种制度性定义才可能使一个群体成员或某一社会地位拥有者把注意力集中到某些**共同的**参考群体上。这并非仅仅意味着，士兵们将把官方制度性规范（服役和免役有关条例）作为判断自己应征合法性的**直接**基础。同样是这些条例，由于它们是根据婚姻状况和年龄这些因素定义的，因此，它们的重点也会放在那些入伍士兵与之比较的群体或地位因素上。事实上，作者对此已经做了揭示。在谈到入伍会给已婚者带来更大牺牲时，作者曾接着阐述："征兵局公开承认这一点……征兵局对于已婚者比起独身者更加宽松，这一事实向已婚新兵清楚表明，有许多与其**处境相同的**其他**士兵**，他们遭受的分离之苦较轻。"（第1部第125页，黑体为我所加）这些制度性规范鼓励了个人与那些在某些**特定**方面类似的其他个人——"处境相同的其他个人"——之间的比较，继而鼓励已婚士兵转向**共同**参考群体。除了共同参考群体之外，还存在着各色各样的特异性参考群体。由于它们变化莫测，因此不会造成已婚者在统计上对入伍显著的不情愿，尽管这种不情愿在已婚者中要相对强烈一些。

第二个问题可以从这样一个大家公认的假说中窥见一斑，即已婚者通常把自己同那些地位相当并且有**实际社会联系**的人相比：军队中的**同事**或平民**朋友**。因此，当提供比较参考框架的群体由一般的**非个人地位范畴**（其他已婚男性，后方士兵等等）及与其处在**相互支持的社会关系**之上的相同地位范畴的那些代表人物担当时，我们就会遇到一个与参考群体行为相关的问题。例如，当这些群体目的相反时，哪一类对于个人评价影响最甚呢

(此问题在前文列出的变量矩阵中清晰可见)?

这一问题马上使人想到,在一般地位范畴和个人所处的直接亚群体之间,到底哪一个意义更大。例如,假定一名已婚士兵熟知的已婚男性全部或几乎全部应征入伍,尽管一**般地讲**,该范畴在入伍青年中所占的比例比未婚男性范畴要小,那么,通常哪一种比较基础会更有效呢?他是同那些与其处于同一集团或亚
300 群体中的其他已婚应征者相比,继而更加情愿接受应征的事实呢,还是把自己同那些延期入伍的已婚男性这一通常更大的地位范畴相比,继而对自己被征入伍感到百般沮丧?毋庸置疑,这个问题具有更一般的意义。例如,工人对自己今后就业前景的期望是多半取决于自己及熟人眼下的就业情况呢,还是更依赖于就业状况中存在的高失业率这样的现实?

因此,《美国士兵》中的这一个案表明,对于分别**由熟人和更广泛地位范畴产生的两个参考框架的相对有效性**需进一步探讨。这提示在这类研究项目中必须包括那些重点观察项目,这样,此时此地我们至少可以对这一问题的主要轮廓进行研究,而无需等到遥远的将来。显然,社会规范和熟人所处的地位,以及有关该阶层普遍接受的规范或所处社会地位的知识,都应在此项研究之列。随后,我们将对那些处于**相同地位**的个人和那些接受鲜明对立规范或处于对比情境中的关系密切的**熟人**做系统性比较分析。包括这些材料在内的再次研究会在根本上加深我们对参考群体行为的功能的理解。①

---

① 例如,R.K.默顿、P.J.S.韦斯特和M.杰霍达在住房社会学和住房社会心理学方面所做的研究,《生活模式》(*Patterns of Life*),就包括"初级意见环境"(由那些与之交往甚少的个人的意见构成)的相对有效性性研究(这项研究结果目前尚未出版)。当初级意见环境与次级意见环境以目的相反的方式运行时,前者好像的确占有一些优势。

第三，本理论假定，那些把自己命运与他人命运做比较的个人对于他人的处境有所**知晓**。更具体地说，本理论假定，个人对已婚男性和单身男性的入伍比例或整个职业领域的失业程度**有所知晓**。[1] 换言之，如果个人对于一个非隶属群体的规范持肯定态度，那么理所当然，本理论认为他对此规范有所了解。因而，参考群体行为理论，从更严密的心理学意义上讲，应该包括对感知动力（个人的、群体的和规范的）的探讨；而从社会学意义 301
上讲，它应包括对于获得这方面信息的各种传播渠道的探讨。哪些过程有助于对其他个人或群体处境的准确勾画（充当参考框架），而哪些过程更易得出扭曲的画面？哪些组织形式会最大可能地帮助得出正确的感知，哪些却会使这种感知扭曲？鉴于**有些**感知和认识成分甚至在参考群体行为的描述中都**必定**存在，因此，把这些成分明确写进参考群体行为理论就很有必要了。

本个案引出的第四个问题是有关参考群体概念的经验地位问题。在本研究及其他我们讨论到的研究中，相对剥夺概念是在实地研究完成**之后**才被引入的。[2] 因此，对于这种个人判断的社会框架的运作机制，我们还缺乏一系列**独立的系统证据**。[3]

---

① 当然，结果可能显示，在某些条件下，个人会把自己对某一社会范畴中熟人的处境的了解扩展到对整个社会范畴的了解。或者，也可以得出这样结论：在个人眼里，熟人的处境比起他所了解的在整个社会范畴中的对比处境来说，分量要重得多。这些问题对于参考群理论具有突出的意义，有待于在经验研究中加以修正。

② 尽管该概念是事后的资料搜集的产物，然而在早期的**分析**中，它就被引入了。那时，它被用来表明列表类型，当时如缺少这一概念，这一工作就无法进行。因此从解释的角度来看，相对剥夺并非局限于事后追溯。

③ 对**系统**资料的强调是重要的，因为，《美国士兵》中种种迹象表明，在许多情况下，假定的各参考群体确确实实起着一个比较背景的作用。例如，文中海外士兵的谈话清楚地说明了，国内士兵有时被用作评价他们自己处境的一个参考点："我

已婚士兵中很大一部分确确实实把自己的命运同国内其他朋友
或军队中未婚同事相比,继而得出他们的判断,这一论断,就我
们掌握的资料而言,还只是一个假设。这些比较只是推断性的,
并未得到实践证明。但是,它们不会永远处于假设状态。它们
不仅与我们掌握的事实相吻合,并且会在将来运用参考群体概
302 念进行探讨的过程中得到直接验证。[①]这些研究可以这样设计,
使得那些被个人视为参考框架的群体的系统资料包罗于其中,
这样就可以确定态度和行为的变化是否和各种参考群体背景一
一对应。

想,当海外士兵已两年有余了,这对任何人来说都已是够长了……让劳军联合组织(USO)的男士们也时不时地尝一尝这儿的饭,那么他们就会晓得,睡在泥潭中,周围有像P—38飞机一样的蚊子嗡嗡作响该是什么滋味。”“我们应该有一点工夫喘息一下了。但我认为你们最好让劳军联合组织的男士们待在那儿,否则就根本别成立什么劳军联合组织。”“当从家乡寄来的每封信中都谈到,列兵齐·多克斯在无线电城完成值勤这一艰苦差使后又回家休假了,此时待在此处真如待在地狱一般。”“我们接到还未离开美国的士兵的来信,说他们已休假两次。”(第1部第188页)这些言论也顺便提到了关于家乡士兵的信息的出处:“在每封信中读到”,“我们收到……来信”,等等。但是,《美国士兵》的作者并未把轶事性的材料看作**系统**分析的基础,这再恰当不过的了。

① 我们能否对所需要的有关参考群体行为的资料进行预期,对1948年埃尔迈拉城市投票的研究[即B.贝雷尔森、P.F.拉扎斯费尔德和W. N.麦克菲合作发表的《选举》(*Voting*)(芝加哥大学出版社,1954)]给出了肯定的回答。由于洛克菲勒基金会对社会研究的小组方法研究的赞助,在斯沃斯莫尔就参考群体诸概念问题举行了一次大会,其目的之一就是用与参考群体概念有关的素材来丰富埃尔迈拉的投票研究。类似地,《美国士兵》中提出的众多扩展概念也可以被融入更深入的研究中去。正是理论和经验研究之间这种不间断的相互作用的过程在诸如格拉泽所做的论断中被忽视了。该论断声称,相对剥夺概念“不会被事实驳倒”(见284页注)。因而,在一项研究过程中出现的或被提出的某个概念,如果的确具有实际意义,那么就可以把它应用到随后的研究中去(如果有缺陷,那么就给予修正或取消)。如果研究的特点就是创造性,那么它就不应只**局限**在对预先确定的诸种假设进行验证。新的概念和假设会在探究的过程中出现,它们又成为进一步研究的基础。我们认为这才是科学发展的连续性之所在。

将参考群体这一介入变量从假设转为事实的可能性引出了第五个问题。在集中探讨什么情况下个人把自己同**特定的**其他个体或群体相比较这一问题之前，有必要考察一下这种比较的心理状况。因为如果个人明确地、有意识地采纳这些参考框架，那么通过大量访谈所进行的社会学研究就不再存在什么程序上的困扰了。恰当的提问可以使我们获得一些有关被视为参考框架的群体、地位范畴或个人的必要信息。但是，绝没有理由认为自己与别人的比较全都是有意识的。社会心理学众多实验研究表明，个人对于实验者引入的各种参考框架的反应是**不自觉的**。由于不自觉的参考群体存在于日常生活之中，那么，要探明这种群体的运行机制，就必须对现有研究方法进行更新。

必须设计出恰当的研究程序，以找出哪些参考群体在自发且明确地起着作用。这种研究不同于那种对由实验者或采访者所提供的关于对参考群体背景的反应的研究。迄今为止，访谈和实验研究大多集中在研究对象对于所提示的参考群体背景作何种反应上。通过提出一个有序的比较背景，我们可以进一步拓展这项研究，如：

> "和你作业班里其他人(或其他隶属群体)相比，你是否感到，你的劳动与所得相符呢?"
>
> "和理事会成员相比，你是否……?"
>
> "和公司总经理相比，你是否……?"

或者，类似地，我们可以让一个实验群体了解有关各种人和群体的薪金情况，而对于另一组对比的工人群体则保密，以此确定该
实验群体的个人的最终评价和满意程度是否会因调查者提供的 303
可能参考群体而得到修正。

但是,这种给定参考群体的探索性研究类型,并不属于参考群体的**自发选择**这一尚未涉猎领域。为何A在一种处境中把自己与B相比,而在另外一种处境中却又和C相比?更具体并且更明确地说:何时职员把自己的命运与那些联系甚密的同行相比,而何时又与明显不同地位的人相比?社会结构中哪些方面以及哪些心理过程被个体和群体作为恰当的参考框架的范围。正是这类问题——做出参考群体选择的过程——才是最值得探讨的论题。[①]

源于参考群体理论的行为一致性

至此,我们已经考察了斯托弗和他的同事们明确运用相对剥夺概念解释经验发现的研究结果。其中,我们首先试图指出如何把这一概念合并到更一般化的、虽然还只是雏形的参考群体行为理论中去;其次我们试图揭示,这些研究如何会产生更深入的经验问题和理论问题,而这些问题构成了新的积累性研究的主题。

现在我们要考察的问题是,参考群体理论比起相对剥夺这一表面上看较为特殊的概念是否具有更广的适用范围。很幸运,《美国士兵》中的大量研究使得我们至少在一定程度上能对这一问题进行检验。尽管有些研究所包含的发现显然与相对剥

---

① 一个值得注意的开端可见于赫伯特·H.海曼的开拓性研究中,《地位心理学》(*The psychology of Status*),"心理学文献"(Archieves of Psychology),1942年,第269期。海曼试探着让研究对象说出自己用来与自己的地位进行比较的群体或个人。这种直接的问话当然只会引出那些有意识的、被记忆的参考框架。但是,参考群体理论的发展过程中所具有的一般缺陷,就在于未能按海曼的暗示继续走下去,继而找出自发形成的群体参考框架。

夺概念无关——原因是它们研究的是自我形象，而不是某人对自己命运的满足程度的问题——但是，我们相信，这个问题可以运用参考群体概念来阐明。我们将探讨这一理论是否能使我们挖掘出潜藏在明显不同的行为类型之下的各种社会学一致性。在这一过程中，同样，我们将会提出为发展参考群体理论必须解决的一些特定问题。

个案 4（第 2 部第 242—272 页）。前线部队人员流动比较快。不错，有些部队经过训练进入前线后无多大人事变动。但是，即使在这种情况下，由于死亡，它们还是需要频繁的人员补 304
充。研究处紧紧扣住一个具有社会学意义的事实，即缺乏经验的士兵发现自己置身于两种截然不同的社会结构之中：一些人加入的是全部由新兵组成的部队，而另一些人则与前线老兵在一起。在此，我们的研究出现了决定性的社会学转向。在一般的社会心理学调查研究中，比较的是**不同地位**（年龄、性别、阶级等）的**个人总体**。与此不同，他们没有仅仅在新兵和老兵的态度之间做比较。如果仍是那样的话，该研究也就成了处于两种地位的士兵总体的比较。这种比较固然重要，然而其社会学价值却非常有限。因此，确切地说，研究处认为研究的宗旨应该是探讨**群体背景**对于个人态度类型的作用问题。显然，这是一个比社会学本身还要古老的研究课题。但是，对它进行的印象主义讨论比起系统的经验研究更为常见。

因此，研究处的研究重点就是士兵所处的群体背景：清一色的新兵部队、补充兵与老兵共存的部队及清一色的老兵部队。[①]

---

① 当然，还存在着第四种群体背景，即完全由前线老兵组成的师。它对于系统比较本应该具有战略性意义，只不过由于军队中补充兵的实施，研究处未能把这种由清一色的老兵组成的师包括在研究之中。

对于这三组士兵提出的很多问题均属于被研究处称作“态度领域”(是否愿意上前线,对自己能否在战时指挥一队士兵的信心如何,对自己身体状况的评价,等等)的问题。研究表明,三个群体的反应显然呈多种**差异模式**。例如,在第一个“态度领域”中,老兵比新兵更不情愿上前线,而补充兵介于二者之间。45%的新兵“乐意上前线”,而这个比例对于补充兵来说降到了28%,对于老兵只有15%,毋庸置疑,新兵和补充兵之间的这种对比关系才是最有意义的,因为他们都缺乏战争经验,这构成了他们相同的**个体属性**,而他们所归属的群体又使他们的态度相异。同样的模式,即补充兵反应介于老兵和新兵之间的模式,在个人如何看待后方士兵的反应中再次出现。

但是,研究处表示,这仅是其中一种反应模式而已。涉及到士兵对自己能否在战时“指挥一队士兵”这一问题时,我们面对
305 的是另一种截然不同的模式。正如一些人可能会根据常识预期的那样,老兵比起新兵对自己担当此任往往更加信心十足。但具有关键性意义的一点在于,与补充兵对是否愿意进入前线的反应介于老兵和新兵之间不同,在本项调查中,补充兵在三个群体中都是最缺乏信心的。①

另外,关于另一类“态度”——对于自己身体状况问题——补充兵和新兵实际上不存在差异,但他们比起老兵来更可能相

---

① 这里,倘若要对这些资料进行全面再分析,那么就有必要对“提问的可靠性”问题给予考虑,因为在这种“自信心”的“态度领域”中,三种不同的指标问题在某种程度上导致了相异的反应模式。然而,这并非是眼下问题的目的所在,尤其因为我们此处主要关心的是补充兵的问题,即他们为什么在三个问题上**无一例外地**比老兵和新兵更加信心不足(资料可见第2部第252页)。另见P.L.肯德尔和P.F.拉扎斯费尔德的论文“调查分析的问题”(‘Problems of survey analysis’)对此项研究问题的分析,此文载R.K.默顿和P.F.拉扎斯费尔德编:《社会研究中的连续性》(*Continuities in Social Research*)(伊利诺伊,格伦科,自由出版社,1950),第133—196页。

信自己“身体状况良好”。

这样，这三组资料似乎揭示了三种不同的反应模式。在第一种模式中，补充兵的反应更接近老兵；在第二种模式中，补充兵的反应离老兵甚远且与新兵无相似之处；在第三种模式中，与新兵更加接近。针对这些多样化模式，研究处提出了多种解释。针对补充兵上前线的不情愿程度更接近老兵，有人提出“从某种角度讲，补充兵接受了他周围老兵的态度，因为老兵对打仗的态度对他们更具权威性”（第 2 部第 250 页）。针对在战时指挥能力问题上补充兵与老兵态度大相径庭，有人谈到，“对于老兵，经验是他们的优势，而就是在这一点上，和他们相处的补充兵最自惭形秽，他们犹如站在老兵的影子之中”（第 2 部第 251 页）。而当谈到身体状况时，他们的评价与新兵没有什么差异，这一现象可暂且解释为，这些判断多半反映了他们和老兵身体状况的客观差异。

理论含义。可以肯定地说这将是一个对社会学富有魅力和挑战意义的问题。由于补充兵的反应—行为几乎变化无常，因此这对于理论家可谓一件头痛的事情，因为他们要做的就是揭示这种表面混乱下的基本一致性。这令人联想起涂尔干曾遇到的问题。他曾发现，自杀率在不同性别之间、城乡之间、军人与 306
平民之间及不同宗教团体之间存在着惊人的差异。当时，对于每一组差异他并未提出新的解释，而是试图从一组有限的命题中导出这些各色各样的差异表现。因此，这些补充兵不同的反应模式赋予了社会学理论新的任务，即弄清形成这种反应——行为表面差异——的关键变量和条件。

众所周知，在表面混乱中探求社会学规律，首先就是要——用理论术语来讲——对已揭示的资料所运用的**各种**概念进行再考察。情况往往是，澄清概念或重新定义概念对概念本身颇有裨益。此处正是如此。这里几组资料都被认定为属于不同的“态度领域”的态度。理论家们可能会立即领悟到,基本的概念差异可能会因为运用了一个定义粗略的概念而变得模糊不清了。[①] “态度”这一总括概念有可能使理论家们在选择理论体系对资料给予解释时误入歧途。最后,想当然地把资料中有重大区别的因素统统归于一个未作区别的概念,这样经验发现结果就会表现出异常、矛盾及缺乏一致性。而实质上,上述表现只是表面的,并非事实。

对这些资料重新进行概念表述会出现什么情况呢?第一个变量“参战意愿”可以近似而且颇有意义地描述为“一种由经验促成的心理和神经的**准备就绪状态**,在个人对于与其相关的事情或处境所做的反应中,起着指导和推动作用”。[②] 但是,此处提到的第二个变量“领导能力的自信心”并不像**自我形象和自我评价**那样能称得上行为的准备状态。把单独一个“态度”概念用态度和自我评价加以区分会带来两个后果。第一,不再假定包括这两个变量在内的资料需显示同样的比较分布:现在这已成了一个有争议的问题,并非一个想当然的臆断。第二,按照自我
307 评价进行重新表述会立刻把我们引到自我评价的参考群体理论。这样,对于那些含有因变量的概念的重新表述将使过去的

① 引言中,斯托弗已特别提醒注意“态度”这一概念在这些研究中的不严密性:“……在研究处的主要著作和本书大多数篇章中,对于态度的缺乏操作定义,诸如‘态度’、‘倾向’和‘想法’这些概念在文中的运用多多少少都不够严谨,有时甚至可互换……”(第1部第42页)此处,我们所做的工作是探讨一个概念的**重新具体化**所产生的经验和理论效果。对这一程序更清楚的表述,参见W.J.古德和P.K.哈特:《社会研究方法》(*Methods in Social Research*)(纽约:麦格洛—希尔出版公司,1952),第48—53页。

② 此处引用的定义是由G.W.奥尔波特给出的,但各种流行的“态度”概念实质上具有相同的核心意义。

理论与现有的理论得到暂时连接:我们无需临时提出一些单独的且与整个理论体系无任何联系的全新假说;相反,在有关各种群体背景中自我评价的结构、功能及动力机制的一系列假说中,我们或许可以导出这些发现。况且,这一理论包含了相对剥夺概念,虽然在该书其他地方有运用,但此处未提及。

基于这种新的概念基础,我们打算对《美国士兵》的资料进行再考察,以探询在相同的条件下,这些资料是否确确实实显示出三种不同反应模式这种异常状态。如果可以从这些资料中得出一个一般理论,并且这个理论远远超出文中做出的解释,那么,这个理论就应该能把这种表面上不同的反应模式合三为一,把潜在的规则性表现出来。

源于詹姆斯、库利、米德以及海曼、谢里夫和纽科姆提供的理论背景,这个假设认为,只要从属群体或未来群体的成员想要加入某一群体,他们将倾向于同化自己的情感,并认同该群体中有名望的权威阶层的价值观念。遵从的功能就是被群体接受,正像不断被群体接纳会强化遵从的倾向。这些"重要他人"的价值观念成了一面镜子,个人从镜子中看到了自我形象,进而获得自我评价。具体到眼下这一个案,隶属群体中意义重大的其他人,对于新兵来说,仍是缺乏经验的新兵;而对于补充兵来说,重要他人则是经验丰富、拥有鲜明的价值观念和情感的老兵。

运用这条一般性假说时,必须预先估计到作为"局外人"的补充兵想要加入这个有声望的权威阶层(老兵阶层),他们更倾向于认同这里所调查的老兵的价值观念和情感。对于这一点我们不应含糊。要恰当确定假说的解释性功用,就必须使它自己能立稳脚跟,这样,就不会因为《美国士兵》中补充兵对于不同"态度领域"的反应实际上相异而使这种解释性功能被修正或遗弃。眼下的假设提示我们,必须对所调查的不同模式进行再考察才能确定它们是否真正相异,或者仅仅是表面上相异而已。

308 就所调查的资料而言,我们暂且说,那些区别看来仅仅是表面的。老兵、补充兵和新兵对于指定问题的回答的百分比分布存在着明显的差异,但是在这种差异之下隐含着有规律的反应,这一点正与假说的预期相符。

因此,首先就参战意愿而言,老兵的情感实质上是"战场就是地狱",结果,老兵表示最不情愿上前线。相形之下,新兵新近从戎,在一开始更有可能珍藏着战时国内人民的价值观念,对于打仗抱有各种"传统观念",认为打仗是提供了富有戏剧色彩的英雄主义的机会。事实上,这一点在文中另一地方讨论其他问题时已经论及。当时文中说道:"最严厉的群体法则(前线士兵中)……可能就是谈论各种沙文主义的禁忌……**前线士兵**态度的核心似乎是,任何脱离严酷的战争环境的理想价值和爱国精神的言论都是虚伪的。谈论此类观念的人就是伪君子。"①

因而,在第一例中,按照这条源于参考群体理论的假说,我们可以预期,为加入有声望有权威的老兵阶层,补充兵将逐渐抛弃平民观念,去接近更实际的老兵的价值观念。我们知道,这一点确定无疑。对补充兵而言,他们处在从属地位,没有对于合法声望的独立要求,因此,此处假定的接受老兵价值观念的功能就在于获取高地位群体更多的承认。

虽然假说对于第一组资料——参战意愿——是适用的,但是,它是否同样适用于第二组资料,即所谓对自己领导能力的自

---

① 第2部第150页[黑体为我所加]。实质上,两部书中许多地方就战争价值观对国内平民和前线士兵做了比较,如第2部第111—112页、第151页;第1部第484页。另外,第2部第3章表8也应该引起重视,它显示了老兵远比新兵更倾向于说"打这场战争不值得"。最后,应该指出,平民和前线士兵对于战争处境的不同看法之间的对比来自于布鲁斯特·史密斯,他对于此处讨论的补充兵行为也做过分析。

信心问题呢？尤其是，在本例中，补充兵的回答与老兵相距甚远，这种距离比新兵**更**甚。的确，原文把其称作“不同”或“歧异”的反应模式。毋庸置疑，表面的回答分布与第一例不同，但是， 309
从参考群体角度来看，我们认为，它只不过是这个群体背景中同一基本动力规则的另一种表现而已。

这一点可以用假说加以验证。如我们所见，对于自信心问题，我们探讨的是自我评价，而不是为行动做思想准备意义上的态度问题。事实上，老兵阶层的价值观念和情感是，“一名列兵，要想在战场上成功指挥一队人马，实战经验必不可少”。[①] 正如假说所预期的那样，如果补充兵确实想接受**这种**价值观念和判断，如果他们确实用有声望的老兵的价值观念这面镜子对照自己，那么，总的来说，他们只会认为自己无法胜任战场中突发的指挥重任。简言之，按照假说，补充兵会一如既往，最有可能说自己无以担当临时指挥的重任（这里涉及到补充兵比新兵更低的自我评价，因为新兵**没有**与老兵直接接触）。因此，尽管由于补充兵的回答分布与老兵相比大相径庭，进而曾使研究处把它描述成另一种反应模式，但是，实质上当我们用参考群体理论来考察时，补充兵在两例中的行为模式同属一类。他们正在吸收老兵的价值观念，从而有可能更接近有声望的权威阶层。在第一个“参战的意愿”的例子中，他们所要做的只是对老兵的情感给予直接再肯定，所以，补充兵的反应分布与老兵相像。在第二个领导能力自信心的例子中，他们同样采纳了老兵的标准，但由于这个问题与其说是态度问题倒不如说是自我评价问题，对照

---

① “你认为你所接受的训练和你的经验是否足以使你在战争中能胜任指挥一队士兵？”对于这一问题的回答的统计资料构成了这种观点的基础，即老兵的确持这种价值观念。尤其是第 2 部第 3 章中关于前线士兵价值观的探讨也证明了这一点。

老兵的标准，他发现自己比较缺乏。这些就导致了他们自我评价的反应分布与老兵相异。因此，显而易见，不同回答模式的表层之下潜藏着社会过程的一致性。

对于老兵、补充兵及新兵的“态度”资料中其他一些项目，也可以用同一条假说重新验证。例如，“对身体状况的态度”这一项就是一例。在这一例中，新兵和补充兵反应类似，分别有57%和56%的人声称自己身体状况良好。但这一比例在老兵中只有35%。以上情况被当作第三种反应模式，其根据还是显
310 示出的反应频率的经验水平。研究处对于这种表面上的新模式做出了另一种解释：补充兵和新兵回答的相似性被认为“无疑来源于士兵们实际身体状况的相似性”。[①]

这里，诸种反应并不表示对老兵态度的认同，而是疲乏的老兵——“身心交瘁的乔”——和补充兵及新兵两者之间身体状况的客观差异的真实反应。

但是，这却把另一个问题摆到了理论面前：在怎样条件下，士兵们的反应体现了真实的客观处境，而不是一种社会性的影像！[②] 这个显然与其他模式相异的第三种模式是否需要一个新

---

① 第2部第263页。此处是指对提问“你认为你身体良好吗？”的反应的“绝对”比率。其他一些有关“打仗”条件的提问可能加进了补充兵所接受的厌战情绪这一因素。对于这些提问，他们的反应更倾向介于老兵和新兵之间。

② 此处和其他地方一样，对这一问题稍做更一般化的表述，我们就不难发现《美国士兵》前前后后给出的资料所具有的特点。在该书中好几处，作者都是求助于这样一个假设，士兵的回答代表的不是群体影响条件下的判断，而是“客观回答”。但是，缺少一般性的表述，就不会使人意识到校正这些判断、澄清这些理论问题的必要性。例如，在解释“处于归国士兵占压倒优势的部队中的非归国士兵”的反应时，原文谈到，“归国士兵与非归国士兵之间的这种一致部分地显示，那种归国士兵更喜欢自己的部队、身在其中更觉适意的说法在**事实上**或态度上都是有**一定根据的**。但是，这些资料并不足以昭示这一点，因为至少部分地讲，他们可能只说明了归国士兵的态度对周围的非归国士兵有一定影响而已”（第2部第515，517页）。

的假说呢？同样，这好像仍无需引入什么**特别**变量，尽管由于缺乏所需资料，不得不把它留待将来考察。老兵对待糟糕的身体状况好像和他们相信“战场是地狱”或“实战经验赋予列兵实战指挥能力”并非一回事，他们并不把前者看作积极的社会**价值观念**(除如文中所表明的，为逃避将来的战争这种情况外)。因此那些寻求进入有声望、具有确定地位的老兵阶层的补充兵并没有说自己身体状况糟糕，即说自己也是“身心交瘁的乔”。若说有什么后果，这种声称只能导致老兵的拒绝，因为这样做将不再要表示加入这个群体，而成了**地位**平等的要求。况且，补充兵对自己较好的身体状况的认可并不会构成一种对立价值观念，而对立价值观念将可能威胁到他们被老兵接受。因此，在同一个群体背景中，不存在补充兵复制老兵的自我判断的功能基础和动机基础，所以，疲乏的老兵与新征补充兵和新兵两者之间身体 311
状况的客观差异就被明确地表达出来了。

理论上讲，这三种鲜明的反应模式之间的区别可以从参考群体行为这一功能性理论导出。就这点而言，本个案显示了理论对应用社会研究有一个重要作用：对于资料中出现的表面不规则性进行概念澄清的这种重新建构，使我们暂且找到了潜在的功能规则性和动力规则性。但是，正如我们指出的那样，社会理论和应用研究之间存在着双向联系：理论不仅可以对《美国士兵》中一些素材给予重新表述，而且，基于同样的素材，为了实现价值同化、自我评价的群体背景和处境客观评价等理论的延续性和积累过程这一目的，我们可以确定所需的进一步的社会学指标类型和社会学观察类型。这里，我们只将这些指标排列如下，关于它们各自对于发展本理论所具有的潜能就不详细分析了。[①]

1. **实际社会关系指标**:显然,我们有必要掌握有声望的权威阶层与该群体新成员之间实际形成的社会关系的系统资料。对于那些隶属性接触最为频繁和持久的士兵来说,是否表明他们表现出更明显的价值同化倾向呢?

2. **群体新成员的动机指标**:理论假定新成员关心自己能否加入更高地位的群体。为研究起见,很有必要按照存有动机、缺少动机或动机的程度对新成员给予划分。如果在另一个方向,不把这些动机视为已知,而是视为一个疑问,那么一个推导性的分析程序就需要解释了。

3. **社会内聚力指标和相连价值指标**:新成员代表的是零散的个体**集合**,还是一个有组织的亚群体呢?如果是后者,那么他们是否有自己的群体价值观并对道德合法性有独特要求呢?在这样的例子中,持续的接触是否更易导致
312 双向同化,而不是单向同化呢?[②]

---

① 读者可能会说,以下变量在现代社会学最早期就被确认为具有重大意义的社会学变量。但是,此处及在本文其他论述中都必须指出,这些变量在早期和现在的意义大不相同——所有区别就在于这些变量的印象主义的和零散的含义与这些变量和经验研究的**系统**融合之间的区别。只有通过后面这一程序,理论和经验研究方能齐头并进。**因为印象主义具有灵活而又模糊的特点,不会使一个暂存的假说被彻底地证伪**,所以它绝非有效的选择。正如对科学精髓具有不同凡响理解的尼采曾深刻地谈到的那样,“无可置疑,一个理论,并非它最暗淡的部分才应该受到辨驳。”变量与研究的系统融合的目的就在于既允许证实也允许证伪。这对一个固守某一理论,而手头的反面资料有限,不足以使他抛弃那种理论的作者来说尤为艰难。

② 必须注意到,《美国士兵》中的材料一般来说无法使我们研究补充兵给老兵带来的影响。此问题显然要在一个更广的问题背景中讨论。然而,研究处已清楚地注意到了这一问题。例如,有一处,他们已能够大致确定,连队中拥有高比例的补充兵是否会对老兵的自豪感产生影响(第2部第255—257页)。

这些指标的引入，加上小组访谈及直接观察，就构成了对属于参考群体行为的价值同化诸**过程**的系统性研究。像《美国士兵》的应用研究那样，这种研究并非仅仅局限于这些过程的净结果。因此，就有可能对可能的循环过程和累积过程[①]进行探究，因为价值的同化通过这些过程促进了群体间的社会接触，而反过来这种接触又加强了价值同化，增进了更广泛的社会承认和更多的社会接触。

对于价值同化的群体背景的有关资料给予再分析，揭示了一个非常不同的经验研究和理论研究程序。在怎样的条件下，我们才会发现整个群体或整个社会阶层的评价已经变化（不管这被称作"先知先觉"还是"错误意识"）？何时才会出现人们把自己的命运与另一群人紧密相连，因而不再如实表达自己的独特兴趣和价值？换言之，在怎样的社会结构背景中，才会出现这种对群体价值的"歪曲"？在怎样的背景中才会有与实际处境更适合的反应呢？

对在数百页篇幅的《美国士兵》的几页中找到的这一组资料的探讨好像包含了以下程序，获得了如下结果：

首先，澄清概念使有些调查发现中的明显混乱或不一致的结果得以解释为潜在的社会学一致性的不同表现，进而达到了**节俭**这一理论目标，即发现若干条经验概括源于一条更一般的表达。

---

① 处理这类问题所需的过程分析类型的例子，见 P. F. 拉扎斯费尔德和 R. K. 默顿："作为社会过程的友谊：一种实质性的、方法论的分析"（'Friendship as social process: a substantive and methodological analysis'），载 M. 伯杰、T. 艾贝尔和 C. H. 佩奇编：《现代社会中的自由与控制》（*Freedom and Control in Modern Society*）（纽约：D. 冯·诺斯特拉德出版社，1954），第 18—66 页。

第二，概念重构是通过以下方式达到这个目的的：指出早先提出的一组理论命题的现实意义，这就削弱了眼下诸种解释的**特殊**本质，继而强调了目前发现与过去理论之间的**连续性**。从某种程度上讲，这个理论与相对剥夺概念揭示的理论如出一辙。虽然这个概念在《美国士兵》中其他地方用到了，它却没有用来解释这组特定的经验素材。

第三，概念普遍化（超出对老兵、补充兵和新兵这些直接的
313 描述范畴）表明，这些一般命题不仅可能对特定的军队情境富有意义，而且对符合这一理论表达要求的更广泛的情境同样如此。这样一来，这些资料的运用**范围**也就被拓宽了。

最后，通过强调将各种社会统计指标融入这些研究的必要性，我们将会发现，这种允许暂时性概念重构的系统资料的存在会在理论发展的道路上起重要作用，可以使得过去的理论、目前的资料和今后的研究连结起来，加速社会学知识的**积累**。

《美国士兵》虽然被认为是一项应用社会学研究，但是，它有可能对社会学理论的节俭、连续性、适用范围和积累给予深入探讨，因此，可以说《美国士兵》获得了一项副产品。这种副产品对于发展社会学这门科学往往比经验发现的直接应用更有意义，这一点对于应用研究来说并不罕见。

社会结构的统计指标

在继续探讨参考群体理论中的问题之前，明确考察一下这些研究对于社会环境研究的含义是有益的。考察前面的晋升机会评价研究和补充兵自我评价研究，可以看出，《美国士兵》为发展相对精确的社会结构统计指标提供了丰富的资料来源。在这些研究及其他一些研究中，调查资料是按照社会单位（连、师及军队部

门)的反应分布进行分析的。在他们的分析中,将作为社会单位特征的频数分布或比率,与不同单位中个体和亚群体的反应联系在一起。这种研究大大超出了社会生态学的一般研究范围。

在生态学中,统计指标是用来描述某一地区的不同社会单位。与此相似,《美国士兵》提供了社会结构属性的指标;但**和**生态学**不同**的是,《美国士兵》还对**处在不同社会结构中、地位相似的个人持有的态度或评价**给予了系统分析。

这种指标**综合**意味着群体特征或社会结构具有多种统计指标,它们可供未来社会学研究。另外,运用频数分布或比例或比率作为社会结构指标具有特殊优点,因为这提醒我们,社会结构存在程度差异,并不一定非此即彼。例如,社会系统并非简单地在流动性和固定性之间为其成员提供非此即彼的选择;它们表 314
现出不同流动性比率。[①] 它们并非只是相异或相同,而是具有不同程度的差异。[②]它们并非整合的或破碎的、内聚的或散乱的,而是具有不同程度的整体性和内聚性。[③]

由于像这样的社会系统属性指标较少和个人行为指标联系

---

① 例如,在空军、后勤部队、陆军中使用社会流动的比率指标作为晋升机会个人评价的社会语境(第 1 部第 251 页及以下)。

② 例如,参见有部分补充兵的连队所具有的社会异质性指标,这些连队往往成了个人表达对连队的自豪感的一个参考背景(第 2 部第 255 页及以下)。对于处在亚区域语境中的个人种族态度研究也采用了类似的程序。这种亚区域语境是由不同比例的白人和黑人组成的双种族住宅开发区。默顿、韦斯特和杰霍达,见前引书。

③ 思考一下当代社会学对于涂尔干早期所做的自杀研究能做哪些改进。他的研究认为,天主教徒与新教徒、军事群体与平民群体等之间的社会内聚力和社会整合程度变化不一。如第二章指出的那样,“整合的程度是一种经验变量,同一社会中时间不同则程度不同,不同社会中程度相异。”整合和内聚力统计指标将使我们能以涂尔干时代未曾有的严密性,就这种社会语境的变化对群体中各不相同的个人行为具有何种意义进行系统研究。

起来进行分析，所以至今比较社会学在很大程度上还只能产出散乱的和不重要的研究结果。我们一直缺乏较为严谨的比较研究，因为我们大多数时候只限于谈论“不同的”社会结构，而不是研究这些结构到底不同到何种程度。当采用群体属性统计指标时，例如，不同群体中种族比例的变化，这些指标常常并没有和对处在不同群体而地位相同的那些人的行为所做的系统比较相结合。相应地，我们获取较精确的个人态度指标时，极少把他们与那些相应的社会结构相结合。因此，在过去的十多年中，社会心理学更趋向于个人态度指标和情感指标的系统运用。这些指标主要存在于那些互不相连的个人所组成的总体中。

研究处的研究表明，同时找出社会结构指标和处在结构内部的个人的行为指标是可行的，也是重要的。因而，他们时常对军队中不同单位所做的地位结构比较就含有分层指标，这些指标和若干阶层中人口频率分布所表现出的指标相似。一旦确定这些指标，我们就能对生活在比例不同的阶级结构中、地位相似的个人的行为进行系统的而不是零散的比较研究。结果，我们
315 将超越平时熟悉的“中产阶级”或“工人阶级”形象，继而确定他们在不同地构成的阶级系统中的典型行为。同样，其他类型的社会差异也可以由不同地位的频数分布来标明(教育程度、种族和年龄等)，并且它们可以和对处在不同结构中、地位相似的那些个人所做的系统研究相结合。①

从这方面讲，《美国士兵》是一个前奏。在即将到来的研究中，流动比率指标、文化变化指标、群体内聚力比率和社会差异

---

① 贝雷尔森、拉扎斯费尔德和麦克菲在《投票》一书中大量运用这种程序，它或许为社会研究中的连续性提供了进一步的佐证。

对于社会学指标更为详细的释义，参见《社会研究中的连续性》(*Continuities in Social Research*)中肯德尔和拉扎斯费尔德撰写的第二部分。

指标将有序地、系统地与社会结构比较研究相融合。一旦走完这一步，我们就能对处在这种不同社会系统中、地位相似的个人的参考群体行为模式进行比较。

参考群体理论和社会流动

虽然《美国士兵》中有一些研究并没有明确运用相对剥夺概念或类似概念，但也可以依据参考群体理论给予重新探讨。其中较为严谨而又重要的莫过于士兵对军方价值观念的遵从与他们的实际升迁之间关系的小组研究了。

同样，这项研究也说明了广为人知但很少被阐明的一点，即同一社会研究至少可以从三个相互联系的方面来分析：资料翔实的经验发现、方法论与程序逻辑及其理论含义。

由于方法论和经验发现均有详述——前者在肯德尔和拉扎斯费尔德的论文中，后者在《美国士兵》中——此处我们无需赘述。我们只就理论含义进行讨论。

这些含义可分成相互联系的三类。第一类：在该理论的背景中重新检视经验发现对于参考群体理论的含义。第二类：能把参考群体理论和功能社会学的假设联系起来的理论含义。第三类含义：通过恰当的概括，可以使我们明了，这项研究不仅对二次大战时期的美国士兵的遵从—流动性模式具有意义，而且
可能对更为一般的、表面相异的行为模式，如群体变节、背叛风 316
气、社会升迁等等具有意义。

这些含义包罗万象，要完全把它们罗列出来几乎是幻想。这并不是因为篇幅有限，而是因为我们的社会学知识有限。但是，即使能近似地达到目地，也会有助于我们对眼下不同类型社会行为之间的关系有个了解。

按照我们习惯的方法，将首先简略地把《美国士兵》在这方面的主要发现勾画一下。

个案5（第1部第258页至275页）。这项研究并不关注由组织表面变化所确定的晋升率，而是关注晋升**范围**：哪一部分人更易得到提拔？由于指挥官的决定并不依赖于对士兵能力的客观测试或他们的实际表现，人际关系和人际情感对于决定的影响非同小可。因此，研究处提出了这样的假设，即"军官在挑选提拔对象时，一个几乎无时不起作用的因素莫过于他对官方规定的军队规范的遵守"（第1部第259页）。研究处进一步指出（我们将在后面详细讨论这一点），"在做主观判断时，指挥官注定要受到强烈的指责，指责他们的偏袒行为，尤其是他们在那些最擅长'投机钻营'的士兵的欺骗面前的屈从行为。"（第1部第264页）

对三个士兵群体的小组研究的目的在于，看看那些态度和已有的军队规范相一致的士兵的晋升比例是否比其他人要高。答案一直是肯定的。例如，"1943 年 9 月那些认为军队管束并不严厉的列兵当中，到 1944 年 1 月有 19%成了一等兵，而其他列兵只有 12%"（第 1 部第 261—262 页）。因此，如果对这三个例子中的士兵按他们就"遵从态度的准标尺"所得的分数排列的话，无可置疑，在三个群体中，"那些态度最趋向遵从的士兵最终
317 更易获得提拔"（第 1 部第 263 页）。①

---

① 正如作者们所言，肯德尔和拉扎斯费尔德也曾较为详细地指出，这些资料并非完全表明，更多的晋升机会只取决于遵从态度而不与其他因素相关。从原则上讲，只有完全控制实验方能撩开一切迷雾。就眼下这一问题而言，这显然还不太现实。撇开控制实验不谈，就小组研究而言，它要求年龄和文化程度两个因素保持不变，因为二者被证明与态度和晋升均有关系。为了找出遵从态度与以后的晋升之间的关系，小组研究还需持久的努力。只要研究能够表明，那些具有遵从态度的个人**最终**更易得到提拔，那么，该项研究就比运用那些欠严谨的资料所取得的成就要大，因为它指明了社会阶层与遵从态度之间存在的静态关系（第1部第272—273页）。

理论含义。在讨论这个小组研究时，我们的目的在于使参考群体理论与功能社会学之间存在的一些至今尚未明了的联系明确化，这是这项研究本身最能胜任的任务，因为研究结果可以很容易地根据两种理论进行再阐述，从而适用于比这项研究本身涉及的更为广泛的行为领域。

这种重新阐述对于社会理论的价值也许从“遵从”这一自变量中最能体现出来。只要略为考虑一下就会清楚，这项研究中被描述成遵从的态度类型正是平时被称作“社会从众”的极端情形。因为，在社会学的词汇中，社会从众通常是指对个人**自身**的**隶属**群体的现有规范和期望的遵从。但是，在本项研究中，从众并非指由士兵组成的首属群体的规范，而是指包含在官方军队规范中内容不同的规范。的确，正如《美国士兵》的资料表明的那样，新兵的隶属群体的规范和军队及军官阶层的规范常常相左。[①] 因此，用参考群体理论的语言来讲，对官方规范的遵从态度可以被描述为对那些被视为参考框架的非隶属群体的规范采取正取向。因而，这种对一个外群体的规范的适应就等同于通常所说的不遵从，即对内群体的规范的不遵从。[②]

这种初步的重新阐述直接带来至此我们未加明述而只是暗

① 当然对于持某一特定情感的个人的绝对百分比，我们不应只看其表面数值，因为其本身就受到自身表达方式的影响。尽管如此，该书前面给出的资料（第1部第147页及以下）仍具有启发意义。那些资料表明，被抽样调查的士兵中只有极少部分人认同那些官方的态度。总的来说，绝大部分军官持官方态度。

② 区分内群体和外群体、隶属群体和非隶属群体的界限不是确定的，而是随情况的变化而变化的。相对于平民或外部群体，军队人士会以为并且也会被人认为是一个内群体；而在另一种情况下，士兵们也会认为并且被人认为是一个内群体，以同这一群体外的军官们相区别。由于这些概念是相对于情形而变的，而不是绝对的，因此在一种情况下认为军官相对于士兵是外群体的，而在另一种情况下是同一更广泛的群体的成员，就并不是自相矛盾的了。关于一般性论述，参见第九章和第十一章。

318 示的两个相互联系的问题：对其他群体而不是自己群体的价值采取正取向所带来的正功能和负功能是什么？还有，导致强化或抑制这种取向的社会过程有哪些呢？

非隶属群体正向取向的功能：预期社会化。哪怕是简短地考察对非隶属群体规范的遵从模式可能产生的后果，最好也先区别一下，这种取向分别给抱有这种态度的个人所处的亚群体和包含二者在内的社会系统带来的不同后果。

对于那些吸收某一群体的价值而又不属于该群体的个人来说，这种取向可能具有两个功能：一是有助于个人进入该群体，二是有助于进入该群体后的自我适应。第一个功能的确存在，这也正是《美国士兵》的经验发现的核心：那些接受军队体系的官方价值的列兵比其他人更易获得提拔。然而，第二个功能假设尚未得到验证。这些列兵是否通过预期社会化，采纳了他们希望加入的非隶属群体的价值观，从而更易于被该群体接受与适应该群体。要从经验上解答这一问题原则上并不困难。这要求提出群体接受和适应指标，以及根据这些指标所做的比较，即一个群体的新成员中事先认同与不认同该群体价值观者之间的比较。更具体地说，在目前这个例子中，就是要对那些被提升到更高职位的士兵的群体适应进行比较研究，比较一下那些对地位变动有思想准备的士兵与早先死抱原隶属群体观念不放的士兵各自的自我适应情况。后一种适应指标有可能与预先价值取向相关。这些将构对一个成功能假设的系统经验验证。

另外，预期社会化好像只对处在一个相对开放、具有流动性社会结构中的个人起功能作用。因为，只有在这样的结构中，为地位转变所做的态度准备和行为准备才会有随之而来的实际地位改变。同时，同样的预期社会化模式对于处在相对封闭的社会结构中的个人则具有负功能；此时他不会被他期望加入的群体所承认,并且由于他的非隶属群体取向,他还有可能失去自己群体的承认。后一种情况将被列为边际人类型,这些人处在几个群体的边缘,却没有被任何群体完全接受。 319

在参考群体行为的功能理论中,经常被研究的边际人个案[①] 和那些视军方传统为正向参考框架的士兵个案,可以被认为是预期社会化的特例。边际人模式代表了一个相对封闭的社会体系中的特殊情况。在这种社会体系中,一个群体的成员把原则上他并不归属的那个群体的规范当做正向框架。在这样的社会结构中,对于那些期望无以兑现、希望成为泡影的个人来说,预期社会化出现了负功能。但是,正如小组研究似乎表明的那样,完全相同的参考群体行为类型在一个相对开放的社会结构中,对于个人却是正功能,至少可以协助他达到他所期望的地位。相同的参考群体行为在不同的社会结构中产生不同的后果。

至此,我们发现,隶属群体之间的流动性加强了这种对于非隶属群体规范的正取向,尽管这种流动性既可能是现实的,也可能是虚幻的。我们还发现,正功能还是负功能显然取决于所涉及的社会结构是相对开放还是相对封闭。那些第一眼看上去互不相联、完全迥异的行为形式——如欧非或欧亚混血这样的边际人行为和放弃自己价值而转向军方价值的士兵的行为——在恰当的概念化后,均可视为参考群体行为的特例。

虽然预期社会化可能对处在开放的社会制度中的个人具有正功能,但对他所属的**群体**或**阶层**的团结显然具有负功能。这

① 边际人行为的定性描述,如E. V. 斯通奎斯特在《边际人》(*The Marginal Man*)(纽约:斯克利布纳出版社,1937)中给出的那样,从分析角度来说,可以看作参考群体行为的特定情况。在这种情况中,个人背离某一隶属群体,去追求另一个对他而言是社会禁区的群体。

是由于，对他人群体截然不同的规范的忠诚意味着对隶属群体规范的背叛。因此，我们马上即可注意到，隶属群体将施加各种限制来阻止这种对非隶属群体规范的正取向。

从更大的社会组织，即整个军队来看，对于官方规范的正取向在维持结构合法性和权威结构的完整性方面具有正功能。(《美国士兵》把适应者的态度看作“从军方角度来看是有益的”，大概就是这个意思。)但显而易见，我们还需做大量努力，才能说
320 这种情况已经被证实。例如，有可能这种取向的刺激作用会对士兵的首属群体的团结产生巨大伤害，继而使他们的士气萎靡不振。一个具体的研究问题或许会有助于澄清这一问题：有些部队里对军方价值采取正取向的比例较高，是否这些部队更多地显示出失范现象或个人失常(例如，非战斗伤亡)的迹象呢？在此类情况下，遵从者的个人“成功”(晋升)是否会通过给予那些背离隶属群体价值的士兵以报偿而压抑其他人的士气呢？

在我们考察的本小组研究及其他几个小组研究中——例如，士兵们对于自己被征入伍的公正性的各种评价的研究——显然，参考群体行为与制度安排的合法性联系甚密。因此，已婚老兵就不太可能认为自己被征是“公平的”；大多数士兵都认为，晋升多半依赖于“你认识谁”而不是“你知道多少”，这是不公平的；等等。从某种程度上讲，这样明显地对合法性的强调是研究的人为假象：因为向士兵们所提的许多问题都要涉及到他们对自己处境的合法性或不合法性或对当前的制度安排的看法。但是，研究者们自身的兴趣焦点反过来是他们观察到的事实的结果，即士兵在很大程度上对机构合法性是关心的。正如士兵的

一些自发言论所表明的。①

这一点应引起重视,因为对社会体系合法性的责难在功能上似乎与参考群体理论有联系。显然它影响到将要进行的**群体间比较或个人间比较的范围**。例如,如果一个等级森严的分层结构被认为合法,如果每一阶层的权力、特权收入和义务从道德上讲均被视为正确,那么每一阶层的个人就不太会把其他阶层的处境作为评价自己命运的背景。他更倾向于把自己的比较局限在和自己群体成员或相邻社会阶层的比较。然而,如果这种等级制度横遭指责,那么有些阶层的成员就更可能把自己的处境与其他人比较,继而形成自我评价。这种系统结构的变化和赋予游戏规则的合法性在程度上的变化可以用来解释这样一个 321
熟视的事实,即在森严的社会系统中,那些受到严厉压制的阶层,对于自己命运表现出的不满程度常常比那些处在流动性较大的社会里、生活显然“更好”的阶层要轻得多。无论如何,在不同社会中视为有效的比较基础的**群体范围**与赋予当前社会结构的合法性的程度紧密相关。

虽然还有更多问题有待探讨,但这些已足以说明,预期社会化模式对于相关个人、个人所属的群体以及内涵更大的社会结构可能具有相异的结果。通过对个人通过遵从所获收益的小组研究进行再考察,我们就有可能确定一些其他类型的问题,它们包含在更为广泛的参考群体行为的功能分析之中。例如:

---

① 例如,针对提问“假如你能与美国总统就战争问题和你自己在战争中的作用问题进行交谈,你将会向总统提哪三个问题?”无论白人和黑人,有相当一部分士兵明确提出了一些关于目前做法的合法性问题和军队机构安排的问题。黑人士兵的问题当然是集中在种族歧视的一些不公正的做法之上,而 31% 的白人士兵也就“军队生活提出了质问和批评”。第 1 部第 504 页及其他章节。

1. 由于对非隶属群体采取正取向的个人占内群体一小部分，就有必要搞清那些此种倾向最为强烈的个人的社会地位和人格类型。例如，一个群体中的孤立者是否最易接受外来价值？

2. 虽然个人对自己群体价值采取正取向的过程已被给予了足够注意，但是，导致对其他群体或阶层采取正取向的过程又是怎样的呢？是不是相对大的流动性有助于增强后一种取向呢？（我们还未忘记，在论述晋升比例和晋升机会评价时，《美国士兵》提供的资料已触及到这一点。）实际流动比率、期望和对于更高社会阶层规范的预期社会化，对这三方面的资料进行恰当的处理，就可以扩展出遵从者与越轨行为的功能理论。

3. 处于一个分层系统中不同地位的个人对于该系统的合法性有着某种认可，那么如果流动性变化率与这种认可之间有某种纽带关系的话，维系二者的纽带是什么呢？由于极小流动性的系统也可能显示出更广泛的认可，那么要说明流动性的比率与合法性认可程度之间的关系，这需要包括哪些解释变量呢？

4. 无论是在平民生活还是在军队生活中，那些对于一个有权势或有声望的群体的价值最乐于接受的个人是不是最易被该群体承认呢？这种情况是否主要以潜功能形式发挥作用，即流动的个人采纳这些价值并非因为他蓄意得到该群体的接受，而是因为他认为这些价值更重要呢？如果这种取向的动机确实源于想加入其他群体的愿望，那么他们会不会因为不安分的个人常常被看作野心勃勃者、爬虫（或者，军队中被称作为升迁而投机钻营的马屁精）而弄巧成拙呢？

支持或抑制隶属群体正取向的社会过程。在考察预期社会化时，对于支持或者抑制这种行为模式的过程，我们已经触及。由于涉及这种过程的资料在《美国士兵》有关态度的调查材料类型中不易把握，并且这些过程对任何参考群体理论都至关重大，322
因此，对它们做深入研究必将受益匪浅。

我们已经注意到，对个人而言的预期社会化对于所属的群体来说则是背叛和非遵从行为。个体在认同另一群体的同时也在同等程度地疏离自己的群体。然而，多少年来，虽然社会学领域一直在注视群体内聚力的决定因素和后果，但对于群体疏离的互补主题却缺乏**系统**研究，即使有所涉及，也只是局限于第二代移民、帮派忠诚与家庭忠诚之间的冲突等等特例。从更高层次上讲，这个主题被文学观察家拾起，他们对于那些脱离者、叛逆者和逃弃者的戏剧性的内心世界给予了探究。这些充满价值色彩的术语被用来形容那些认同其他群体的行为，这无疑说明了，这些行为模式只是从隶属群体的角度进行考察的(然而，一个群体的脱离者可能是另一个群体的皈依者)。由于在任何一个群体中都存在这样的假设，即成员应该忠诚于自己的群体，否则群体性格就会丧失，因此，这种缺乏行动可靠性和转而忠诚于其他群体的行为(尤其是在同一政治圈或经济圈中活动的某个群体)，主要是从情感角度而不是客观角度进行分析的。结果脱离者或叛徒或爬虫——无论什么俗语——更经常地是诽谤攻击的对象，而非社会学研究的对象。

参考群体理论的框架是独立于情感语言之外，使得社会学家可以把离经叛道、叛逆、移民同化、阶级流动性、社会攀升等统统归于对非隶属群体认同现象的特例。与此同时，这为我们提供了研究机会，当然，这种研究并非把它们视为**完全**特殊而又互不联系的行为形式，而是看作在极其不同条件下的相似过程的不同表现。较高阶级的人把他们的忠诚由自己的阶级转向较低的阶级——无论这出现在十八世纪的法国前革命时期还是二十世纪的俄国——与较低阶级个人取向较高阶级这一我们更加熟悉的情况都同属一类社会学问题。在一个向上的社会流动已经成为一种明确的价值观的社会中,这个主题已经引起了社会学家们的注意。撇开文化重点不谈,处在高位的个人采纳下层价值观本身就是一种需进一步探讨的参考群体现象,因为这并不比下层个人追逐成为上层一员这一参考群体现象次要。

323 在背离隶属群体的各种情况中,也许正如人们常常设想的那样,我们会发现正是那些名义上隶属该群体而事实上与该社会关系网络联系松弛的孤立者们,才更会对非隶属群体采取正取向。即使在一般意义上讲这是正确的,它也只不过是一种静态相关,因而也只能说明问题的一部分。需要揭示的问题就是这种相关性发生作用的过程。通过考察《美国士兵》中一些定性资料以及有关群体背叛的研究结果,我们可以断定,隶属群体中**社会关系**的恶化和对非隶属群体规范的肯定**态度**之间存在着持续的、累积性的相互作用。

个人疏远他所属的群体,体会到的是一种疏离,而这在他们的交往者眼里,则是被他自己的群体遗弃了。通常,这会引起敌对情绪。个人与群体中的其他成员的社会关系每况愈下,其结果是,该群体的规范对他也就愈加缺乏约束力。由于他越来越疏远自己的群体,受到的责难越来越大,他也就不太会体会到遵循该群体规范有何益处。这个过程一旦开始,在态度上、价值上和社会关系上好像就会形成积累性的分离。他取向于非隶属群体的价值,可能是口头肯定形式或诉诸行动,从这个角度讲,他只是加大了他与隶属群体之间的隔阂,强化了敌视态度。他与自己群体价值的分裂和不断疏远之间的相互作用更会激励他对另一群体价值的取向，以达到成为其中一员的目的。这里仍存在着一个明确的问题，即是否存在他进入其他群体的客观可能性。如果这种可能性甚微或根本不存在，那么疏离的个人就会失去社会归属。但是，如果在现实中，社会体系允许隶属群体的改变，那么背离某一群体的个人归属于其他群体的动力就会更加强烈。

这种关于分离和疏异的假说性解释似乎与《美国士兵》中的一些定性资料一脉相承，如被称作拍马屁、投机钻营和阿谀奉承等情况。当然，这种解释只是简单涉及到参考群体行为领域中需要研究的过程。一个士兵的日记摘录可以说明分离和疏异之间的相互作用：对外取向的个人对官方规范遵奉至极——“但是**按规定**你应(在那儿工作)，中尉说你应该。”——这就掀起了以绰号或讽刺形式表现出的群体敌视——“人人开始寒碜、挖苦K和S”——紧接着导致群体内更大的分离——“排斥现象明显可见，但较为温和……没有几个人对他们表示友好……出现了人们疏远他们的情况”——与那些代表非隶属参考群体的个人交 324
往更加频繁——“W，S和K拍了一下午，围着中尉的屁股转，提一些精明的问题”。在这个简短的小结中，我们可以领悟到了抑制对官方规范正取向的内群体运作机制[①]，以及这种取向在那些以官方规范为主要参考框架的个人身上得到发展的过程。这些个人往往把自己同自己人群体的纽带关系放在第二位。

从遵从—流动性的小组研究的结果来看，参考群体行为的后果和决定因素都有待探讨。此外，有社会学意义的并非仅仅是那些对表现此种行为的个人而言的常见后果，个人给群体带来的后

① 陆军部颁发给新募士兵的官方小册子试图赋予“钻营”以褒义：“钻营的含义是，可以用诚实的方法做任何事情以引起注意，获得提拔。军队鼓励个人在训练和仪容整洁方面付出超常努力。有时，这或许给那些乐于简单行事的士兵带来不快，但这激起一种竞争意识和追求完美的精神，造就出更好的军队。”(第1部第264页)

果同样不容忽视。还有一种可能性同样存在,即赋予群体结构和其成员地位的合法性的程度如何,将会影响到那些在评价自己处境时通常被视为参考框架的群体或阶层的取舍范围。最后,这种小组研究提醒我们,有必要对那些群体生活中支持或抑制对非隶属群体正取向的诸过程进行更加深入的研究;这样,有可能把参考群体理论和目前各种社会组织理论联系起来。

心理功能与社会功能

在考察上述个案的过程中,对于非隶属群体正取向分别给个人、隶属群体及更大的社会系统带来的后果,我们已用了些笔墨做了区分。如果确如我们所述的那样,一个已有的行为模式的的确确存在着这些后果差异,那么分别从心理学角度和社会学角度进行剖析将会大有裨益。有时,《美国士兵》只是从心理学角度对行为进行分析。在这些例子中,同一处境同样可以从功能社会学这一角度给予有效的再考察。[①] 这并非说,社会学
325 取向"优越"于心理学取向或者二者势不两立。然而,二者**的确**不同。换一个不同于文中的角度剖析这些材料,将有可能使我们揭示出这些应用研究对于社会理论所具有的更深刻意义。

个案 6(**第** 2 **部第** 272—284 **页**)。补充兵站的士兵对自己经历的简短评价就是明显带有心理学倾向的个案之一。兵站训练部队,是向前线伤亡惨重需要补充的部队提供兵源的据点。作者给兵站描绘了一幅栩栩如生的心理画面:兵站以"明显的和

---

① 有趣的是,我们可以看到,一个人的职业背景是如何明显地影响着他对《美国士兵》的描述。心理学家戈登·W.奥尔波特在他对该书的评论中谈到了被他称为"社会学家的偏见"的观点。事实上,两个社会学家都认为该书具有明显的"心理学取向"。作者们可能会对这种双重"指控"感到宽慰。

无以避免的心理困扰的根源”为特征,一批批补充兵屈从常驻兵站的领导缺乏人情味的摆布,只有临时地位,缺乏“社会关系做后盾和那种在某一个组织中享有确定地位的安全感”。或许,“兵站生活中最突出的心理特征……就是这种处境会导致焦灼不安情绪,却没有消除这种紧张的机会”(第 2 部第 274 页)。兵站经历的一个后果就是使得补充兵“对于任何长期任务都表示欢迎”。尽管这并不意味着他们对打仗本身表示欢迎,但是,“甚至从这方面而言,结束焦灼不安从某种角度讲却可能成为心理报偿。上前线的新兵可能会自言自语道:‘不管好坏,就这样了。’”(第 2 部第 176 页)

因此,研究处所关心的中心问题是:这些经历给**补充兵**带来怎样的影响呢?但是,现在从功能社会学角度来考察同一资料却会带来另一类型的问题:问题并不在于兵站对补充兵产生怎样的影响,而是对他以后加入前线群体会有何影响。

对处境给予功能分析,首先要对补充兵站的社会功能作用给出定义。补充兵站属于组织类型,它为**个人从一个群体向另一个群体的流动**提供机会。在一般情况下,从对处境更为概括的定义来说,那些基于常识而认为表面上不同的处境可以认为属于同一个一般类型。分布于《美国士兵》多处的材料就是这种群体转换模式最好的见证:例如,补充兵站,从这个意义讲,本质上与充当前线部队和国内新岗位中介的再分配中心并没有什么区别。另外,长期以来,社会学家一直致力于不同组织领域中存在的群体转换渠道的各种标准化社会模式的探求,如高中毕业生到大学新生的转换就是一例。

这种转换中存在的各种个人和社会障碍被认为主要来源于 326
二元过程,即摆脱旧的隶属群体(或把它降至次要地位)的同时建立新的群体纽带。从某种程度上讲,这类似于新征士兵开始加入自己连队的情况，当时伴随着群体新组带来了痛苦。但是，在这一特殊背景中，个人适应经历的痛苦极大地减轻了，因为问题并非只涉及某一个人，新组群体中其他成员，无论他是大学新生还是入伍新兵，都面临同一问题。

然而一旦他成了这个群体的成员，那么要转换到另一个已有群体中去就是一件非常不同的事情，这一点就连学期中转学的小学生都有同感。在这种情况下，与新群体的初次接触往往最有可能强化他的旧纽带——对他产生过重大影响的他的老朋友、从前的老师和母校。这与那些离开前线部队被派驻国内服役的士兵的情况大体一致。《美国士兵》中一项研究表明，归国士兵对能否允许“继续佩戴他们旧部队的领章”（第 2 部第 507—508 页）非常重视——这和突然转学的小学生更加珍惜旧的群体纽带如出一辙。两种情况都反映了个人对脱离旧隶属群体的抵触情绪。小学生是一个孤立的个体，对新群体的团结不会构成威胁*，以后的情况往往是，他被该群体接纳。但是，如

* 关于这一点，参见 C.S. 刘易斯自传。在自传的第一部分，他以一种嘲讽的口吻对英国公学或至少他有幸就读的那所公学中的“新生跑腿差使”（欺侮新生行为）的功能必要性做了描述。“有趣的是，公学制度却创造了它自称要消除或治愈的现象。原因在于，你必须明白（假如你自己还未浸入这种规范之中的话），一切就是为了对较小的学生进行‘杂念清洗’，‘摆正他们的位置’。如我兄弟曾言，‘如果较小的学生免除跑腿差事，他们将会变得令人难以忍受……’很明显，那些建立起维韦尼奥（Wyvernian）等级制的人们曾经面临某种危险的严重威胁。如果一切都顺其自然的话，那么为郡橄榄球队效力及为学校激战在拳击场上的十九岁的男孩子将会处处受到十三岁男孩子的压制，这在他们看来是不言而喻的。要是那样，一切岂不是糟透了。因而，就需要设计出一种精密的机制来保护强者，使他们免受弱者的侵害，保护亲密的**老手**（Old Hands）团体免受一帮互相陌生、与其他人也陌生的新生的欺负，保护可怜的、战战兢兢的狮子免受穷凶极恶的绵羊的欺负。”C. S. 刘易斯：《快乐令人惊讶：我的早年生活》（*Surprised by Joy: The Shape of My Early life* ）（纽约：哈考特和布雷斯出版公司，1955），第 104—106 页。

果该群体中新的青年人数量可观,他们对旧的学校的依恋威胁
着群体,也许我们就有必要建立一个“教育兵站”,来阻止这种对
群体团结构成威胁而造成的负功能后果。军队的问题就在于
此。对于团结基础脆弱的部队来说,如果数量可观的补充兵加
入他们的行列,而该补充兵群体并未与以前群体的联系一刀两 327
断,那么团结就会遭到严重损害。

因此,力求补充兵最终能轻松地加入前线群体,并且考虑到他们对于未来群体的潜在影响,不把他们从训练部队直接派遣到他将要服役的前线部队中,这也许是一种功能要求。达到此种目的的一个途径就是战时所用的实际方法:让新训练的士兵在补充兵站过滤一下。这点出了补充兵站的潜在功能:他有助于士兵淡化过去的群体关系,使他更加乐意加入前线部队。水下作业的工人每天在工作完毕后,为适应正常的大气压,他们必须经过减压室。和他们一样,士兵经过补充兵站被“离群”。就士兵们加入前线部队后被送上战场的实际速度而言,这显得就更加重要了。一份研究表明,有一半士兵在到达自己部队不到三天时间就得进入实战状态。

换言之,被研究处归结为新兵训练营生活特征的过度心理焦灼,可以看作暂时的“无群”状态(grouplessness)的一个行为指标。但是,无论强调哪一面——潜在的无群的社会学现象或者是外在的、可见的心理焦灼——功能社会学家要探求的就是它的组织后果,即对于补充兵加入最为重要的军队群体产生何种影响。这个最为重要的群体就是实战部队。[①]

---

① 前面我们已经提到,补充兵站和再分配中心的功能相似。通过再分配中心,归国士兵从前线部队被转换到国内军事岗位。对《美国士兵》第2部轮换与复员问题中有关归国军人的研究进行考察的结果表明,归国军人的离群过程更长,其原因在于,归国军人被调离的部队最具有内聚力。在对归国军人和非海外士兵的一

这种伴有离群过程的焦灼对于正处在这种状态的单个士兵来说，可能是一种负功能，并且对有些士兵的整体适应产生严重
328 影响。然而，同是这种离群过程，对组织单位，尤其是对被离群的补充兵更乐意加入的前线部队而言，却可能具有功能作用。[①] 对归国士兵研究中所运用的程序进行扩展就可以从经验上证实这一假设（见前注）。士兵对于他们原先群体的依恋程度是不同

项调查中，当问到他们是否有隶属新部队的感觉时，比起其他士兵来，归国士兵更倾向于给出否定回答，尽管**在许多情况下，归国士兵比其他士兵进入这种新部队的时间还长**。例如，空军中分别有34%的归国士兵和15%的其他士兵说，他们没有“属于”他们部队的感觉。在其他军队部门中，归国士兵与其他士兵的这种差别略有不同。在内聚力较强的飞行大队中，这种差别为17%，而辎重兵则只有11%（第2部第507页）。离群过程和随后与新群体的融合，其快慢和难易看来取决于原先的群体纽带关系的强弱。

① 提出这种可能存在的离群过程的焦虑功能并非**提倡**焦虑。因为，甚至从作为离群过程的伴随物这一点来说，并非所有这种焦虑处境对于社会组织都是功能性的。例如，在那种“被认为是一种考验”的军官预备学校中，严重焦虑的一个后果就是把预备军官早期入伍时持有的价值彻底地清除了。很显然，这与他最终需具备理解入伍士兵的想法的能力这一点相抵触。在对一个军官预备学校就“考验”做案例分析之后，得出如下结论：“……在解释这种文化规范时，我们似乎满有把握地说，我们能够解释，为什么这么多军官，他们早期本是入伍士兵，当上军官后却不能把他们的入伍经验保留下来，领导自己的士兵却不能理解他们的观点。”（第1部第391页）从军队的等级意识来看，这无所谓对错。但是，证据似乎表明，当入伍士兵——倡导民主平等价值的文化制度的产物——认定，他们与长官之间的鸿沟并非一成不变，且他们的长官也只享有为数不多的特权等等时，他们才会有最佳表现（第1部第369页）。但是在其他情况下，为完成军队目标的离群过程的功能后果，比起给置身于兵站的个人带来的暂时负功能后果要显著得多。从较为狭义的社会工程学的概念出发，会导致倡导“离群”理论的扩展，这要在各种制度安排中通过明确提供这种过渡组织或过渡地位才能实现。但是，这等于事先假定，组织目标至关重要——如提高一个打仗机器的效率——这无需个人的倡导。如在本例中，个人的价值可能使其得出这样的结论：通过伴有个人焦虑的离群过程而获得的组织效率，其代价太高。提出这种社会工程学的道德问题几乎不是第一次了。人们或许会证明，正如十九世纪作家所断言的那样，饥饿、剧烈的焦急和不安全感是工作最有力的动力。即使这点得到证实，社会学家恐怕也不会倡导用饥饿来刺激工作。

的，我们要确定两点。首先，士兵在兵站中待得越久，是否他们也就越容易摆脱早先的群体团结；第二，那些如此这般被“离群”的士兵是否更容易融入新的前线部队。鉴于实际情况就是如此，该假设对影响新旧群体转换的因素及过程这种更为普遍的问题应具有一定意义。在某种程度上，这可算对《美国士兵》中关于补充兵站所做的敏锐分析的补充。

参考群体理论的亲缘概念

前面的讨论自始至终留给了我们这样的启示，早在 1942 年海曼在他的重要研究中提出参考群体这一术语之前，参考群体 329
行为的某些事实就已经引起了注意。[①] 例如，半个世纪以前，杜波依斯就曾注意到“一个年薪 1500 美元的费城白人会自认为贫穷，生活简朴；而年薪 1500 美元的黑人却可以说得上是自己种族中最富裕的，一般会比白人邻居在房租、衣着和娱乐方面支出更多”。[②]虽然**相对于**“某个”群体框架的这种自我评价时常被提

---

① H.海曼：《地位心理学》。

② W.E.B.杜波依斯：《费城黑人》(*The Philadelphia Negro*)，1899；E.F.弗雷泽曾于《美利坚合众国的黑人》(*The Negro in The United States*)(纽约：麦克米兰出版公司，1949，299 页注)中引用。弗雷泽在指出黑人专业人员所承受的交叉压力时进一步发展了这一观点。“黑人专业人员或黑人文职人员常感到压力很大，他一方面得在黑人群体中保持上层行为标准，同时又得在整个社区中扮演中产阶级专业人员或白领工人的角色。”他接着指出，事实上，变化着的社会关系网络——不断“与更大社群”的融合——打破着相关参考群体的平衡。对此他谈到，“随着与日俱增的黑人融入更大的社群，专业人员或文职人员正在逐渐摆脱在黑人社群中扮演上层角色的羁绊，继而**可以参照**中产阶级地位**决定自己的行为取向**。”同上，第 300 页，黑体为我所加。

极其有趣的是，选择民意测验抽样样本中的一些技术问题**迫使**人们注意到这个

到，但是，由于没有上升到更一般意义上进行讨论，因此对这种评价的含义也就缺乏系统探讨。像“参考群体”这种术语有用并不在于术语本身可以解释行为，而是因为它不会使我们轻易忽视自我评价中存在的这种成分本身。正是该术语的一般性使我们得以看清表面不同的行为之下的相似性。

但是，除了这些孤立的观察之外，社会学和社会心理学中一直存在着几个发展方向，这些方向现在有希望融入一个参考群体行为的功能理论。每一个方向都以各自不同的风格起着作用，但细想一下，一个印象颇深的事实就是它们彼此之间的含义并没有统一。众所周知，这些概念包括萨姆纳提出的内群体和
330 外群体；詹姆斯、库利和米德提出的关于社会自我的思想；最近以海曼、谢里夫和纽科姆为代表的关于参考群体行为的系统研究；以及就人类行为的具体问题所做的诸多特殊研究，如文化适应、同化、边际人、社会流动性、多重角色、冲突的忠诚、交叉压力等等。

人们以不同形式取向于其他群体，这个一般的但缺乏启发意义的事实可以在萨姆纳提出的术语中找到，当时其目的是区

相同的事实，即经济地位的高低取决于周围社区的收入分配。因此：“艾奥瓦州迪比克地区的一个小鞋店老板，已婚，无子女，年收入可达 5000 美元，他将自认为属于城中殷实之列……他发现自己快成了迪比克地区的‘佼佼者’了。与富人的交往将会使他更倾向于把自己的命运与其他地方的富人命运紧密相联……同样，如果获得这 5000 美元年收入的是一个纽约城的助理推销经理，膝下有两个学龄女儿，那么你将会发现，他对自己的经济水准将不会像迪比克鞋商那样乐观，在许多主要问题上，他的想法或投票行为和鞋店老板也不会一样。”埃尔莫·罗珀：“按经济地位划分回答者”‘（‘Classifying respondents by economic status’），载《民意季刊》（*Public Opinion Quarterly*），1940 年，第 4 期，第 270 页；另见 S. S. 威尔克斯：“代表性抽样与民意测验的可靠性”（‘Representative sampling and poll reliability’），同前，第 263 页：“年薪 3000 美元在阿肯色州一个小城是一回事，而在纽约城却完全是另一回事。目前，抽象的经济地位问题是按照接近于每一抽样地区的相对基数来加以处理的……”

别“我们自己、我们的群体或隶属群体与其他人或其他群体或非隶属群体”[1]。萨姆纳进一步对这些类型的联系给予了描述。这些不够成熟的观察结论基本上认为:隶属群体内存在着和睦、秩序,而它们和外群体的关系则是敌视、掠夺和剥削。事实的确如此(在非特定条件下),对此,萨姆斯能够引用大量历史和人种学的**论据**给予证明。但是,在对个案进行考察时,由于他用的是描写手法而不是分析的眼光,这就不可避免地把本来显而易见的事实反而弄得模糊不清了,即在某些特定条件下,外群体并非仅仅是敌视的参考群体,还可以成为**正向**参照的基础。[2] 因此,社会学这门科学的任务就在于确定,在怎样的条件下存在着这种或那种外群体取向。简言之,起初的区分为萨姆纳解决有关参考群体行为理论的一系列问题做了良好的铺垫。然而,从原则上讲,这条发展参考群体理论的大门只向那些潜心探索的人敞开,因为对此所要给予的系统研究并未随着 1906 年《社会习俗》的出版而出现。

用一句话来概括大量事实,稍许的夸大将是难免的。因此,我们可以说,几十年来,詹姆斯、库利和米德对于参考群体理论的预示几乎一直没有得到发展。尤其在社会学家中,这个概念
不是被当作起点而是最终结论,通过诸如多重自我、镜中我、对 331
“他人”重要姿势的反应等新例证,而被不断引用和说明。由于

① W.G.萨姆纳:《社会习俗》,第 12 页。

② 参考群体行为理论的这种不连续性非常有意义,因为萨姆纳显然认识到,他所说的对外群体行为模式的“模仿”或“仿效”,在其他环境中确确实实出现过。但是,这些观察所得和内群体与外群体之别并未系统地联系起来。其结果是,这些观察未能得出一系列有关不同条件下不同参考群体的行为模式的分析问题。萨姆纳也谈到了从一个内群体转到另一个群体的人,但是,他也未能提出由这种群体隶属转移所集中体现的理论问题和分析性问题。简而言之,他拥有大量与参考群体问题相关的材料,却未对其加以分析、综合、分类,它们仍处在零散的、互不相连的状态。

前人的言论变成了终极结论，后人在他们具有洞察力的见解面前几乎是怯步不前。他们被戴上了荣誉桂冠，但不是以科学工作者对前人表示敬意本该有的那种方式，即根据对该问题日积月累的系统研究进而对前人的理论给予拓展和充实，而是像文人墨客对他们前人表敬意的方式一样，不厌其烦地引用大师著作中“有定论的”段落。

以海曼、谢里夫和纽科姆①为代表的某些社会心理学家，通过设计经验研究获得对参考群体行为理论的反馈，在一定程度上发展了这一理论。由于他们的资料不是杂乱无章的，而是系统的，因此，他们很快就发现自己面临与《美国士兵》相同的理论问题。特别是纽科姆，他的研究并不只限于态度、知觉和判断的参考群体背景，影响参考群体选择的社会组织也在他的研究之列。

《美国士兵》的研究属于后一个发展方向，其中包含大量关于这种表面上相异，实际上涉及相似的社会和心理过程的行为类型。社会科学家掌握的研究日常生活中的参考群体行为的方法虽然显得不够，但毕竟已有所掌握，因此，它们就无需求助于社会心理学实验室所设计的情境，因为这种设计的情境往往把联结社会群体的社会关系排除在外。仅仅从狭义的、理论上肤浅的意义上讲，军队中列兵投机钻营的行为才能被视为不同于移民接受移民国群体的价值的行为，或不同于中下层个人认同

---

① 海曼，前引书；M.谢里夫的《社会规范心理学》(*Psychology of Social Norms*)(纽约：哈珀出版公司，1936)中关于参考群体概念的论述已向他后来的著作《社会心理学概览》(*An Outline of Social Psychology*)中更为成熟的概念迈进了。T.M.纽科姆的专题著作《人格与社会变迁》(*Personality and Social Change*)(纽约：德赖登出版社，1943)在这方面迈出了重要的一步，他的《社会心理学》(*Social Psychology*)(纽约：德赖登出版社，1950)中有最新研究成果。

中上层的行为模式，或不同于贫民窟里的男孩取向有固定住处的工人而不是街头帮伙的价值，或不同于一名本宁顿学生抛弃父母的保守信仰而接受大学同学更加自由的思想，或不同于低层天主教徒背离内群体行为模式去投共和党一票，或不同于十八世纪法国贵族与当时的革命群体站在一边。无论这些行为模
式在细节上有什么相异之处，它们并非分别“属于”军队生活、种 332
族与族群关系、社会流动性、越轨（或社会解组）的社会学、教育社会学、政治社会学和革命社会学的互不相连的行为模式。

这种习惯性划分是根据表面上不同的人类行为进行的，其结果是模糊了社会和心理过程的相似性。而更为抽象的理论概念如参考群体理论所涉及的就是这些过程。从本文第一部分的变量矩阵可以看出，由于各因素构成的组合可能不同，继而导致不同的外在行为方式，但是，这实质上可能仅仅是不同条件下同类过程的不同表现。它们都可归结为个人对自己所期盼的群体或刚刚获允加入的群体的认同。如果是这样，那么，从原则上讲，所观察到的行为可以由几个较为一般、对它们均适用的概念推导出来，而不是用各种术语，如晋升、同化（和文化适应）、阶级奋斗（和过度遵从）、社会化、社会越轨行为、叛离，再如相对剥夺、角色冲突、交叉压力和虚假意识等等，来模糊它们之间的相似性。

早期的参考群体概念的研究中往往点缀一些实例。在这些例子中，某些特定的历史现象导致了社会学家把研究焦点放在那些参考群体行为模式恰好很显眼的社会行为领域。因而，这个国家的移民浪潮以及伴随接受多种文化背景而带来的阵痛刺激了人们对于同化的研究。同化显然是一种对非隶属群体文化有参考作用的过程。同样，人们对于社会阶级之间的流动性的兴趣不断增长，对认同于“他们并不隶属的”群体所依据的“虚假

意识"的兴趣也在不断增长,这些好像都源于对阶级问题的公开讨论和人们对于阶级冲突的更高认识。在这些例子中,社会学家对主题的选择并不取决于系统理论的需要,而是听命于具体的实际问题。结果就存在着很鲜明的倾向:解释性概念对于所考察的特殊行为领域而言是特殊化的。各种适用于每一个领域的特别概念诞生了,但是,它们却成了彼此分离、几乎是孤立的分析工具,它们彼此之间理论上的交叉和联系常常被忽视。有时,根据由社会变迁带来的具体实际问题所进行的专门化研究就是以牺牲更一般的理论体系为代价的。特例牵着我们的鼻
333 子,特殊的概念问世了,殊不知,理论统一的任务仅仅才开始。

虽然我们对个案的简要考察只是明确了这一点,但是,它们或许足以说明,这些并非彼此不相干的社会行为方式,是潜在的参考群体行为模式的具体表现。① 事实或许是,如果具体的探询确能找出这些不同行为方式之间的联系,那么,它们就能对某一种中层理论的建设起推动作用。这些中层理论将把孤立的假说和经验一致性融合在一起。譬如,更广泛、更具包容性的概念将意味着,移民适应模式的研究对于指导社会流动性研究的那种理论的发展也会有一定作用。这种向理论统一的迈进将加速参考群体理论的积累。因为,对人类行为的不同领域的研究将会具有相互促进、相互支持的作用。至少,这可以看作是对《美
334 国士兵》中参考群体概念进行初探的意义之所在。

---

① 一位科学史家曾就自然科学和物理学中的理论统一的可比性问题做过如下评论:"……在所有形式的思维运动中,最难的……就是面对同一批资料,却要把这些资料放在一个新的关系系统中去考虑,赋予它们新的框架。所有这些,实质上意味着,暂时变换一下思维方法。"H. 巴特菲尔德:《现代科学起源》(*The Origins of Modern Science*)(伦敦:贝尔出版社,1949),第 1 页。

第十一章
参考群体和社会结构理论中的连续性

参考群体概念的正式出现最早是在社会心理学领域。这一领域重点研究个体对人际间和更广泛的社会环境的反应。因此,一旦开展有关参考群体问题的实验研究和理论探讨,这些研究和探讨大都集中在关于个体选择参考群体的决定因素以及这种选择对人格的影响。但是,正如前一章常常表明的那样,参考群体概念在社会学理论中也具有显著的地位,它研究的是个体所处的社会环境的结构和功能。

社会心理学和社会学有关参考群体的理论当然并不是截然分开的,它们部分地相互重叠又部分地相互补充。但是,它们在理论分析的层次上是确有区别的,区分理论分析层次常常有助于揭示令人瞩目的理论问题。的确,最终说来,社会心理学和社会学是不可分割的一体,也就像最终说来所有科学都是一个整体一样。但是,就目前而言,更有益的是关注理论的不同类型和层次的差别,以便使它们有可能更有机地联系起来。总之,出于这一目的,我在写完前一章后要继续对参考群体理论进行研究。在这六年左右的时间里,人们又了解了很多知识,与此同时,有许多知识上的缺陷也被鉴别出来。正是在这一意义上,下面的论述大致是按照理论问题组织起来的,包括参考群体及相关的一般社会结构问题。

参考群体理论中的问题

基本概念

335 当在一个研究领域已做了大量工作之后,其中的基本概念会逐步澄清。随着研究的积累,那些在初期被认为恰当的概念必须进一步加以界定。当更多的规范概念出现之后,人们常常把它们在术语上明确区分以便在头脑中区别它们。①这种澄清基本概念的努力代表了近年来参考群体理论发展的一种方向。

问题 1 澄清参考群体概念

> 人们是在一个由他所处的群体构成的社会参考框架中活动,毫无疑问,这一思想由来已久,可能也是无懈可击的。如果参考群体理论涉及的仅是这一方面,那么它只能说是社会学的一个老问题,即行为的群体决定论有了一个新的术语而已。然而,进一步的事实说明,人们在塑造自己的行为、形成各种态度时,常常取向的不是自己人群体,**而是别的群体**。正是这种非隶属群体的取向形成了参考群体理论的主要特色。毋庸置疑,这一理论最终将被推广,使之不仅可以解释隶属群体取向,而且也适用于非隶属群体取向。但是,其目前主要任务是探询个人是通过怎样的过程把自己与那些自己**并不**隶属的群体联系起来的。(第 228 页)

① 在第四章中已考察了作为社会学理论化完整阶段之一的这些概念的不断澄清。

当大大小小的理论创新被引入研究领域时,它们很容易被这一领域中原先的理论部分地吸收,结果使其独特的贡献被模糊或整个被掩盖了。从近来的一种要做这种同化的努力来看,强调参考群体理论对长期以来建立的有关行为的群体取向概念的扩充有明显的必要。例如,有人强调:“尽管创新者有很大热情,**实际上**在参考群体理论中**没有什么新东西**。”[①] 并且,“认为人们思考、感觉和看待事物都是从他们所处的群体所特有的角度出发的,这是一个老观点,已经被人类学和知识社会学的学者们重复多次了……参考群体概念实际上只是在人们长期熟悉的理论中做了一点精细化的工作而已……”[②]

很明显人们是怎样得出这一结论的,即参考群体理论**只不过是**关于思想、感情和知觉都受人们所处的群体影响的概念的重述,因而这一理论“实际上没有什么新东西”。只需要简单地忽略这一发展中的理论的独特思想,就可将它同人们长期熟悉 336
的概念等同起来。用忽略新概念只注意旧概念这种方法来把新的看成旧的,这并不是什么新做法。然而,作者在总结这个问题的评述中,承认了参考群体概念的一个明显特性,即归纳了不同的联系和忠诚,因而方便了对选择性感知的研究〔尽管我们会看到,不只是选择性感知〕。他接着说:“因此它成为理解我们所处这样一种社会的多样性和动态特性的必不可少的工具。”[③]〔尽管大概不止“这样一种社会”。〕这一判断似乎还缺乏一些论据。至于把它形容为一种“必不可少的工具”是否恰当,还需拭目以待。

---

① 塔莫楚·什布塔尼:“作为视角的参考群体”(‘Reference group as perspectives’),《美国社会学杂志》,1955 年,第 60 期,第 563 页〔黑体为我所加〕。

② 同上,第 565 页。

③ 同上,第 569 页。

问题 1.1 参考群体的功能类型

在整个前一章中,大量但不系统地提到了一些功能类型的参考群体。它们被说成是提供了“自我评价和态度形成的参考框架”,同时也说到需要“系统地研究作为参考群体行为一部分的价值同化过程”。还有一小段关于“态度、知觉和判断的参考群体背景”的论述。但是,随后的研究表明,这些对有内在区别的不同参考群体行为的不系统的论述无法替代对它们深思熟虑并依据一定方法进行的归纳。

近来的一些论文研究了区分参考群体主要类型的问题,根据的是受它们影响的人们的行为的典型功能。这些论文[①] 基本上都赞同明确地区别两种[②] 主要的参考群体类型,这一思路已在前一章中隐约勾画出来了:第一种是“规范型”,它为个体建立和保持行为标准;第二种是“比较型”,它提供了一个个体用来评价自己和他人的比较框架。前者是被特定个体(他们可以是
337 或不是这一群体的成员)接受了的价值的源泉,正如我们叙述过的关于军队新兵接受老兵的价值观念的情况一样。后者则是为评价自己与他人的相关位置提供的参考,正如杜波依斯、罗珀和威尔克斯论述的经济地位相对于周围社群的经济结构所具有的

---

① 哈罗德·H. 凯利:“参考群体的两种功能”(‘Two functions of reference groups’),载 G. E. 斯旺森、T. M. 纽科姆和 E. L. 哈特利(编):《社会心理学读物》(*Readings in Socid Psychology*)(纽约:亨利·霍尔特出版公司,1952),第 410—414 页;什布塔尼,前引文章;拉尔夫·H. 特纳:“角色获得、角色立场和参考群体行为”(‘Role-taking, role standpoint, and reference-group behavior’),《美国社会学杂志》,1956 年,第 61 期,第 316—328 页。

② 什布塔尼已指出了第三种明显的类型,即人们渴望的群体。但是,正如特纳恰当地指出的,这不是另一种不同的类型,因为“这种被接受的渴望〔被社会学家们〕描述为导致适应参考群体的价值和视角的机制”。特纳,前引书,第 327 页。

社会意义一样。这两种类型只是分析上的区别，因为同一参考群体当然能够同时提供两种功能。

与上述两种类型的参考群体相区别的是由特纳辨识出的群体，“它们的成员仅仅构成”个人行动的“条件”。[①] 这些“互动群体”——特纳这样称呼它们——只是个人的社会环境的一些部分，正像物体是其地理环境一部分一样；为实现其目标他必须考虑它们，但对他来说它们并不具有规范的或比较的意义。

这些区分引出了许多问题：这样两种参考群体行为分别涉及不同的社会和心理机制吗？哪些社会结构条件非常有利于或不太有利于**比较型**参考行为——粗略地说，就是维布伦所谓的那种招致怨恨的和不招致怨恨的比较。隶属群体和非隶属群体的区别，是否就在于它们典型地发挥比较性和规范性功能的程度上呢？在区分了参考群体的功能类型之后，这些问题就直接引出来了。

问题 1.2 群体和群体成员的概念

正如我们已经看到的那样，对隶属群体和非隶属群体的区分很明显包括了“某一群体‘成员’的标准”（第 287 页）。但是，正像近来的批评有力地表明的那样[②]，这些标准不能继续含糊不清了。然而，在大量的社会学著作中，也包括在前面的论述中，它们大多一直是含混不清的。参考群体理论的一个要点就是澄清群体成员概念的标准问题。

---

① 特纳，前引书，第 328 页。我在这里不是试图详细再现特纳对不同类型的群体取向所作的富有建设性的划分，这些取向类型现在已为参考群体的一般概念所把握。

② 诺曼·卡普兰：《参考群体理论和选举行为》（*Reference Group Theory and Voting Behavior*），哥伦比亚大学博士学位论文，1955 年，第 35—47 页（未出版）。

正如在前面论述中不断重复，在随后的论述中还会不断遇到的，这一新建立的术语“参考**群体**”是一个误称。因为这一术语不仅适用于群体，也适用于个体和社会范畴。参考群体和参

338 考个体的区别在本书后面部分还要讨论；这里是要从概念上澄清现在通常被描述为“参考**群体**”的那些完全不同的社会学资料。

在前一章关于群体和群体成员的概念的简短而不全面的陈述中，提到了一点它们的区分。

> 至于把互动的频率作为〔群体成员的〕标准之一，我们必须认识到群体之间的界限是不能截然划开的。而且，一个特定群体的“成员”总是以多种形式同其他群体联系，而他们**习惯上**被认为并不属于这些群体，尽管社会学家们可以通过他们与这些群体的频繁社会接触而有充分依据地使他们包括在这些群体中。因此，我们这里也要暂时〔这一时间显然已经持续六年了〕略去对社会**群体**和社会**范畴**的区分问题。社会范畴指的是很少有或没有互动的人之间建立起的一种身份。(第 287 页注 4)
>
> 区分内群体和外群体、隶属群体和非隶属群体的界限不是确定的，而是随情况的变化而变化的。相对于平民或外部群体，军人会认为并且也会被认为是一个内群体；而在另一种情况下，士兵们也会认为并且被认为是一个内群体，以同这一群体外的军官们相区别。由于这些概念是视情形变化的，而不是绝对的，因此在一种情况下认为军官相对于士兵是外群体，而在另一种情况下认为两者同属一个更大群体的成员，就并不是自相矛盾的了。(第 318 页注 43)

对此有一位批评家反驳说："自相矛盾可能是没有的，但我们确实应当坚持应有明确的标准来划定某一特定群体在一种情况下是隶属群体而在另一些情况下是非隶属群体。"[①] 然而，由于批评家诺曼·卡普兰没有继续提供这些标准，因而重新检验那些被不严格地命名为"群体"、"社会范畴"等的不同社会构成并使之系统化，就是有用的了。在前面已经零散地涉及了一些相关的标准，但它们还要经过方法论的检验。

首先，人们普遍认为，**社会学上**群体的概念，就是指若干依照确定的方式互动的人们。[②] 有时也被表述成拥有确定和特殊社会关系的若干人。不过，这两个表述是等同的，因为"社会关系"本身就是社会互动的模式化形式，足以构成社会结构的特定部分。群体的这一**客观的**标准在前面提到"互动的频率"时已被 339
引述。当然可以将这一标准看作是充分的，但如果目的在于引出一个有社会学意义的概念，则还需要其他的标准。[③]

关于群体的第二个标准，在前面论述中尚未明确提出，即这些互动的人们要自己**定义自己**是群体的"成员"。也就是说，他们对互动的形式有确定的期望，从而在道德上约束自己和其他"成员"，而不约束那些被认为是群体"外"的人。在前面几处提到人们"确认自己"为群体成员的事实时，这一标准曾不时被提到。

相关的第三个标准就是，互动的人们**被他人认定**"属于这一群体"，这些他人包括群体成员和非成员。在正规群体中，这些

---

① 卡普兰，前引书，第 32 页。

② 例如，参见乔治·C. 霍曼斯：《人类群体》(*The Human Group*)(纽约：哈考特和布雷斯出版公司，1950)，第 1 页，第 82—86 页。

③ 作为这类标准的广泛背景，参见 P. A. 索罗金：《社会、文化和个性》(*Society*, *Culture and Personality*)(纽约：哈珀和兄弟出版社，1947)，第 70 页及以下。

认定是明显的；而在非正规群体中，它们常常是意会的，由行为象征，而不是通过语言来表述。

在这三个标准——持久的和有确定的道德形式的社会互动、自我定义为成员和他人的同样认定——完全一致的情况下，那些处于不断互动状态中的群体就可以明确地称为包含群体（comprising groups）。把客观的互动标准与主观的社会认同标准结合起来，就产生了相对清晰的区分隶属和非隶属群体的界限。当主观的认同模糊不清时，被观察到的社会互动的形式也就失去了它清晰的特点，因而就会出现那种熟悉的情形，即社会学观察者所探测到的“群体构成”常常并不必然被所涉及到的那些人经验为“群体构成”。

前面已经提到，现在还须重复的是，群体的界限并不一定是固定不变的，而是相应于特定**情境背景**不断变化的。一个变化的情境可能会造成社会互动频率上的明显变化，以致从前的一些成员客观上已脱离这一群体，尽管他们并没有明确地“辞退”或“退出”。特别在那些非正式群体中，对群体成员缺乏明确的自我认定和他人认定，这些在互动频率上的变化就会模糊群体的界限。这可认为是非正式群体的一个功能特性：它们的稳定性部分地取决于成员的这种相对模糊性。同样这一特点，给致力于辨别非正式群体成员的社会学家造成了**实际上而非理论上的**困难。这种情况指出了有必要重新检验和抛弃“成员”和“非
340 成员”这些术语中的某些涵义，这些术语并不完全反映事实，因为成员似乎还有**程度的差别**，这可以部分地通过与群体内其他成员社会互动的频率来表明。社会学家们常常用这样一些术语来表达这一意思，如“名义上的”群体成员或“边缘的”群体成员。名义上的群体成员就是被别人**认定为**加入了群体的社会互动系统而实际上已经中止了同群体中成员的互动的人。边缘的群体

成员就是已经降低了与群体中其他成员的互动频率从而使自己的行为相对地很少受群体成员控制的人。客观环境发生变化——譬如,现行的群体成员空间分布的变化——就会使名义上的群体成员相对于实际上的成员的比例相对地提高。

同样,环境的变化会影响群体成员的自我认定和他人认定。因为在群体成员之间的互动频率并不是均匀分布的,任何一个连续发生的事件,当它造成了一部分成员的互动增加而另一部分成员的互动减少时,都会促成**亚群体**的产生。正像这一术语表明的那样,亚群体在结构上是由那些相互间发生了显著的社会互动而并没有同大群体中其他成员发生同样互动的成员组成的。所有群体都很有可能产生亚群体。造成这些分化群体的力量可能是非文化性的目标。例如,那些一直处于邻近关系的群体成员就很容易形成明显的亚群体。在一个大群体中,特殊的兴趣、特定的某种地位或阶层,也会促成亚群体。例如,同一军队中士兵和军官们的**兴趣**就不是一致的,并在一些特定方面不相同。尤其对于已形成的地位或阶层来说,情感和价值的不同也会造成亚群体的出现。当这三种不同力量的不同类型集中起来时就会出现一种**社会重新认定**的现象;即在一些情况下,内群体的成员就会分化为内群体和外群体两部分。一次使潜在亚群体的特殊兴趣、观念或二者具体化的"释放",就会推动形成新群体的行为和态度。

只要一般用于描述群体结构的概念语言暗含着群体成员身份的静态条件,就会出现这样矛盾的情况,即**同一个人**在一种情况下被认为是属于一个群体,而在另一种情况下则被认为属于另一个群体(且可能是相互敌对的群体)。但是,如果看到群体成员和群体构成是不断变化的,看到这仅是一个群体中起作用的力量的概念化结果时,就会很清楚,群体的界限依社会互动的 341

频率和社会重新认定的频率、成员的自我认定和他人认定而处于不断的客观变化过程之中。①

问题 1.3 非隶属成员的概念

群体**成员**的概念并不是不言而喻的，如果要使其在概念上得到确认，就需要依靠明确的社会学标准，同样，**非成员**的概念也是如此。确切地说，“非成员”就是那些不符合关于成员的互动和认定标准的人，因而似乎对成员的认定足以把余者认定为非成员。但是余者的认定经常容易同那些只是否定性认定的定义的重要特征混淆起来。② 这一情况也出现在关于非成员的余者(residual)概念上。

对于“非成员”的范畴，如果仅用否定性的定义来概括那些不符合成员标准的人，就会混淆不同于非成员的基本区别，而这些区别对参考群体理论有特殊的意义。从齐美尔所引入的群体“完整性”这个被长期忽视的重要概念的某些含义就可以看出这一点。③ 完整性的概念是指组织的一种性质，可以用实际成员相对于潜在成员的比例来衡量。所谓潜在成员是指满足群体确立的成员资格要求的人。工会、职业协会、校友会，这些只是具有不同程度完整性的组织的最明显例子。

---

① 这种关于群体成员界限变化的一般概念，在本书第十三章第 479 页中再次得到思考。对这种由情境所决定的社会重新认定，可从阿尔伯特·爱因斯坦在索邦的演讲中的讽刺之言中看出：“如果我的相对论被证明是成功的，那么德国会声称我是一位德国人，而法国则会宣布我是一位世界公民。若是我的相对论被证明是荒谬的，那么法国会说我是一位德国人，而德国则会宣布我是一位犹太人。”

② 这种余者范畴观点的有力表述，参见塔尔科特·帕森斯：《社会行动的结构》，第 16—20 页，第 192 页。

③ 《格奥尔格·齐美尔的社会学》(*The Sociology of Georg Simmel*)，由库特·H. 沃尔夫编译(伊利诺伊，格伦科：自由出版社，1950)，第 95 页。

群体完整性的性质，如齐美尔所恰当强调的那样，必须明确地同群体规模的性质区别开。在效果上，这意味着同样绝对规模(用成员数量来衡量)的群体会有完全不同的完整性(用实际成员相对于潜在成员的比例来衡量)。相应地，这意味着同样绝对规模的群体会具有明显不同的**社会力量**，这取决于它们是拥有全部的潜在成员，还是拥有不同比例的潜在成员。认识到完 342
整性和社会力量的关系，当然就可以解释为什么在一定情况下，那些处于特定地位的人群联盟总是寻求扩大他们的成员数量，以拥有尽可能多的潜在成员。群体愈近于完整，它所发挥出的力量和影响就愈大。

对完整性概念的这一简短表述只是在表面上偏离了对群体成员和非成员概念重新考察的主题。因为正如齐美尔明确指出的，完整性的概念意味着在一个群体里存在着明显的、结构上相异的**不同种类的非成员**。非成员并不构成单独的、同质性的社会范畴，他们与非隶属群体的特定关系是不同的。这可以从齐美尔的观察中明显看出来，齐美尔认为“一个本该属于某一群体的人，因其对群体漠不关心和互无联系而实际上处于群体之外，肯定会对群体造成破坏。他可以采取竞争的形式，像工人联盟的情形那样；或可以向外界披露该群体所能行使的权力的界限；或可以毁掉该群体，因为除非**所有**的潜在参加者都成为成员，否则该群体甚至无法存在下去，就像某些工业卡特尔那样”。[①]

1.**成员资格的合格和不合格**：这是进一步界定非成员剩余范畴的第一个特性：无资格成为成员的非成员就可以同那些尽管还同群体无联系但却有资格成为成员的那些非成员有效地区别开来。把合格成员与不合格成员区分开来有利于弄清在什么

① 《格奥尔格·齐美尔的社会学》，第95页。

条件下非成员会积极地趋向于接受群体的规范。在非成员的其他特性相同的情况下(我们还将直接考虑这些特性),可以推论,有资格成为成员的非成员会更有可能接纳该群体的规范来作为肯定的参考框架。

有无资格的特性仅仅提供了进一步划分非成员的概念的基础。而至少有三组其他的特性可以被系统地辨别出来,并与不同的参考群体行为模式相联系。

2. **成为成员的态度**:非成员也可以依他们对成为成员的模式化态度的不同而区分开来:(a)有些可能渴望成为成员;(b)另一些可能对加入群体漠不关心;(c)还有些人会主动保持与群体的距离。参考群体理论当然要将第一种对成员资格的积极态度
343 看作非成员向群体规范积极靠拢的一个机制。上一章就是讨论"向往但并不属于某一群体的个体"采纳该群体的价值这一特殊情形的众多分析之一。①

把群体认定的非成员合格地位和非成员对于成员资格的自我认定态度这两种属性结合起来,就可以建立一个系统的非成员与指定群体的社会心理关系可确认类型的表。这样就可以表明,渴望为某一群体所接受的非成员仅仅是几种不同类型的非成员中的一种。

---

① 本书第265页,以及第234页对这一点的简短讨论。的确,穆扎菲尔·谢里夫和卡罗琳·W. V. 谢里夫在他们的《处在和谐与紧张之中的群体》(*Groups in Harmony and Tension*)(纽约:哈珀和兄弟出版社,1953)第161页上指出,这一点是他们对参考群体定义的一个完整方面:"这些群体是使个人把自己当成与之相关的一部分或者是使个人渴望从心理上把自己与之相关的群体。"

群体认定的非成员地位

非成员对成员资格的态度	有资格	无资格
渴望属于	成员候选人	边际人
漠不关心	潜在成员	疏离的非成员
主动避开	独立的非成员	对立的非成员（外群体）

在前一章概括地介绍参考群体理论时，只是专门区分了几种可以辨别的非成员类型。从各方面来看，这种类型的区分只是部分的和高度选择性的，因为它来自对观察到的行为模式的直接描述，而不是通过综合与特定群体有关的非成员的特定属性分析出来的。正如我们已提到的那样，第一种类型——那些虽还不是该群体的成员却渴望成为其成员的人——已经在参考群体理论中单独提出以引起特殊重视。但是，也正如前面的分析中指出的并在前面的范式中也提到过的，渴望成为群体成员的人又依群体认定的成员资格标准分为两种截然不同的类型。他们依他们在结构上所决定的地位而不同，因而，由于接受他们期望但不属于的那个群体的价值观，在先期社会化过程中就会产生功能或负功能的不同结果。[①]

有资格期待获得成员资格的人——那些被认定为成员"候选人"的人——既会被激励去选择非隶属群体作为他的参考群体，也将易于因选择了此群体为参考群体而得到报偿。然而，无 344

① 相似的类型已由伦纳德·布鲁姆依据同样的基础得出。"走向积累性的社会科学"（'Toward a cumulative social science'），载《华盛顿州立学院研究学刊》（*Research Studies of the State College of Washington*），1951年，第29期，第67—75页。

资格的期待者,在先期社会化过程中就会成为一个边际人,很容易既被他所隶属的群体抛弃,因为他抛弃了该群体的价值观,而又不能被他试图进入的群体所接受。

第二种非成员的主要类别——那些对成为某一群体成员完全漠不关心的人——是由那些完全不理会是否要使自己趋向于该群体的人组成的。他们完全脱离这一群体的轨道。它不构成**他们的**参考群体的任何一部分。然而,这一类型仍有必要再分为两种:一种是有资格成为成员的人,因而他们有可能成为试图把他们纳入其轨道的群体的参考点;另一种是无资格而又漠不关心的非成员,他们构成了如特纳所描述的群体行为的纯粹条件。[①] 我们将很快看到,非成员的这两种不同类型取决于群体是否要进一步接近完整性。

第三种非成员的类别则相反,他们取向于某一群体,却出于各种不同动机而不想成为该群体的成员。那些有资格却主动避免成为隶属成员的非成员,用齐美尔的话来说,就是那些"适用于这条格言的人:'不顺我者为逆我者'"。[②] 齐美尔还说,有资格成为成员的人如果明确表示拒绝成为成员,在某些方面,会比那些无论如何不能成为成员的反对者对群体具有更大的威胁。有资格者的拒绝表明了该群体的相对无力,因为这彰显了群体成员的不完整性;也表明了该群体的规范和价值的相对动摇,因为它们应该被这种有资格者接受却没有被接受。对于这些主动地脱离某一群体的人来说,这一群体就是(或者将成为)一个**负**

① 这是对特纳提出的并且在本章前面作了报道的观点的改写。特纳让我们注意这样的**群体**:**群体**只是构成了个人的纯粹条件,而不是包括个人本身。我们这里考虑的是这种**非成员**的相关模式构成了群体的条件,而这些群体并不能认定他们为预期的成员。

② 齐美尔,前引书,第 95 页。

向的参考群体,我们将在讨论这种群体的一节中看到。

因而,把对于特定群体有无资格的特性同对获取成员资格的态度结合起来加以考虑,就区分出了非成员的不同类型,而不是含糊地将非成员当作铁板一块来看待。每一类型的非成员因而就会针对他所不属于的特定群体产生出不同模式的参考群体行为。可以料想,存在着三种非成员:有主动地取向于某一群体的非成员;有被动地取向于某一群体的非成员;还有最多、最重要的一种非成员,他们完全不取向于该群体,即对这些人而言该 345
群体不是一个参考群体。

至少还有两组非成员和非隶属群体的特性需要说明,以便确定对非隶属群体在结构上和心理学上的不同取向。它们是:群体认定的是否关心把那些有资格成为成员的非成员纳入群体,以及曾是该群体成员的非成员与从不是该群体成员的非成员之间的区别。

3. **开放群体和封闭群体**:正如个体因其对特定群体归属的向往而有所不同,群体也因是否关心扩充或限制其成员的程度而有所不同。这就是说,群体及社会结构一般可以是相对开放的或封闭的,正如长期以来社会学理论所表明的那样。①

这里又是齐美尔提供了新的出发点。群体并非都一致寻求成员的扩充。相反,有一些群体还要限制成员,甚至要排除一些一般来说有资格成为成员的人。这种情形特别是在精英群体中可以见到,不论这种精英群体是自发组织的还是社会组织的。

---

① 关于近来的阐述,参见索罗金前引书第175页。尽管"社会结构相对开放或封闭的特性"是与前面章节所论述的参考群体行为及其后果相关的,但是,并不与非成员和非隶属群体的其他属性有机相关。这里也应该明确地注意到:不仅社会阶级的种种系统可以被看作是各种不同的开放或封闭的系统,而且一切群体和社会范畴都可以被这样看作开放的或封闭的。

这种排外的政策并不**完全**是一种为保持群体名望和势力的做法，尽管这些考虑在具体情况下会影响这种政策。齐美尔认为，如要维持其特殊的社会关系①，精英群体在结构上有必要保持相对小的规模。成员人数的迅速扩大会使群体关系扩展到更多的人，但这会贬低这种关系的象征价值。由于这些不同的结构上和自身利益上的原因，这样的群体保持着相对的封闭。

由于同样的原因，一些群体为努力扩大它们的成员人数而
346 相对开放。譬如，民主政治制度下的政党②、工会以及一些宗教团体，从结构上和功能上组织起来的目的就是尽可能地努力扩大他们的成员人数。寻求扩张的组织当然不仅限于政治的或宗教的范围之内，它们存在于不同的制度领域之中。这样的开放群体旨在成为所有那些真正满足其资格标准的人的隶属群体和参考群体。有时，这些标准可以是逐渐形成的并不精确的标准，目的在于扩大那些非成员中可以获得成员资格的人的数量，这就造成了我们熟悉的在“高接纳标准”和“众多的成员数量”之间

---

① 齐美尔的话如下：“因而，这种极端数字局限性的倾向……不仅可归因于利己主义对于统治地位的厌恶，而且可归因于本能〔原文如此，应读作‘暗中的理解’〕，这种本能是：无论寡头政治的成员人数是相对小还是绝对小，它都只能是坚持寡头政治的必要条件……〔在某些情况下〕剩下的只不过是在某一点上画出反对扩充的强硬界线，而且那种从量上封闭的群体，无论外来的因素怎样想进入这种群体，**无论它们多么有资格进入**，这种封闭的群体都加以反对。寡头政治的本性常常只是在这种情形下，即面临扩大的趋势而不断增强团结的情形下，才具有自我意识。”齐美尔，前引书，第90—91页(黑体为我所加)。需要指出的是，在**承认**关于精英集团相对封闭的结构要求时，齐美尔不是在提倡排斥的策略吗？

② 在一切政治制度中，政治党派显然不具有这种特性。从社会学上来考虑，列宁的布尔什维克学说提倡的是使党的成员限于训练有素的和接受过灌输的职业革命家这种封闭的精英原则，这不同于马尔托夫和托洛茨基提倡的向大众开放的党员原则这种孟什维克学说。在不同制度的领域里，某些组织力图根据使隶属成员分层的一切结构手段而把“开放的”原则与“封闭的”原则结合起来。

矛盾的结构模式。①

群体封闭或开放的特征不同,非成员在将其当作参考群体的取向上也不同。这就是前一章提出下述看法的基础,即:在那些社会流动性很高的社会系统中,相比于在那些相对封闭的社会系统中,非隶属群体更易于被采纳为参考群体。流动性的结构语境决定了在非成员方面的这种预期取向对他们来说是正功能的还是负功能的。在一个开放系统中,对非隶属群体的正取向常会因为随后的被群体接纳而得到报偿;而在一个封闭系统中,常常会导致目标混乱和边际地位的出现。通过这一多少已被认可的模式化的奖励和惩罚系统,开放系统相对于封闭系统对非隶属群体拥有更高的正向参考比率。②

4. **从时间角度看非成员:从前的成员和始终的非成员**。如同其他社会学有关地位的概念一样,非成员通常根据个体**当前的**地位来加以静态地确定。然而,在考虑这些概念时,需要特别努力从头脑中驱开这种静态的因素,而把这些概念融合进那种"尽人皆知"的概念框架,即:不仅是个人的目前地位,而且他过去地位的历史也影响他当前和未来的行为。因此,直到近来,关于阶 347
级类型行为的社会学研究才系统地而不是偶然地依其过去的阶级地位区分了目前处于同一社会阶级的个人。像人们预期的那样,在阶级地位处于向上变动、向下变动或固定不变的各种人之

① 这是通俗文化和大众传播领域中同样熟悉的冲突在社会组织领域中的对应物。最大限度地提高接受者数目的目标——"普及性的大众原则"——是与保持文化内容的"高标准"的目标——"欣赏的精英原则"相悖的。十分有趣的是,那些否定组织的精英原则的人却又往往倡导大众文化的精英原则。

② 在这一点上,参见前一章中"参考群体理论和社会流动"一节。

间，参考群体行为有着显著不同。① 采取大致相同的办法，一项将友谊视为社会过程的研究区分了在某一观察时点上属于同一范畴（例如：志趣相投的朋友），但在更早的观察时点上却在相互关系和价值观上有区别的人。因而，就有可能将过去的不同与他们在另一个晚些时候的观察点上可能发生的关系联系起来。②

非成员的范畴也同样可以依据成员过去的历史，用区分那些过去曾是群体成员的人和那些从未成为群体成员的人的办法构成一个动态的概念。我们已经看到，那些渴望成为群体成员的非成员根据未来取向曾被动态地加以考察。但是，在论及他们过去与群体的关系时，他们还没有根据结构动力学来加以考虑。然而从前的成员在他们参考群体行为上同那些从未进入群体的非成员很可能是不同的。

可以暂时假定，曾经与群体有过密切接触和情感联系的成员是不会轻易地、没有任何心理痕迹地脱离开的。这就是说，对把先前群体看得很重要的原成员来说，他们很可能对这个群体怀有既爱又恨的矛盾心理，而不是对这个群体完全漠不关心。

---

① 布鲁诺·贝特尔海姆和莫里斯·贾诺维茨：《偏见动力学》（*The Dynamics of Prejudice*）（纽约：哈珀与兄弟出版公司，1950）；约瑟夫·格林布卢姆和伦纳德·I. 皮尔林："垂直流动和偏见：社会心理学分析"（'Vertical mobility and prejudice: a socio-psychological analysis'），载莱因哈特·本迪克斯和西摩·马丁·利普塞特编：《阶级、地位和权力》（*Class, Status and Power*）（伊利诺伊，格伦科：自由出版社，1953），第480—491页。

② 保罗·F. 拉扎斯费尔德和罗伯特·K. 默顿："作为社会过程的友谊：一个实质性的、方法论的分析"（'Friendship as social process: a substantive and methodological analysis'），载莫罗·伯杰、西奥多·艾贝尔和查尔斯·H. 佩奇编：《现代社会的自由与控制》（*Freedom and Control in Modern Society*）（纽约：D. 范·诺斯特兰德出版公司，1954），第18—66页。关于这方面更广泛的分析，参见即将发表的小约翰·W. 赖利和马蒂尔达·怀特·赖利的论文："社会学研究中心理机制的探讨"（'The study of psychological mechanisms in sociological research'）。

当然,有多种结构条件可以减轻或消除这种心理矛盾。例如,从空间上和社会关系上与原群体完全隔离就会显著地降低对原成员的影响机会。用我们先前关于“非成员对获取成员资格的态度”的分类来看,这意味着原成员容易倾向于主动脱离,而不仅仅是对与群体的联系漠不关心。之所以与该群体还有关系,只是因为他们是被该群体离异或疏远的,因而该群体易于成为一个负向参考群体。

通过关注这一特殊的非成员类型,即那些先前是群体成员, 348
而该成员又把群体看得很重要的人,就有可能把负向参考群体的概念——很快要详细考察它——同帕森斯关于越轨行为和社会控制的分析联系起来了。正如他指出的:

> ……疏离被认为**总是**矛盾的动机结构的一部分,而遵从则不是。当不再追求规范模式的目标和(或)内化时,态度就不是疏离而是漠不关心。在这种情况下,社会目标和模式都只是中性的东西,不再是自我的低层次需求系统中的焦点了,在这一情形下的冲突会得到充分解决,这是通过新目标的替换,通过需求倾向的禁止或消除,以及(或者)通过一个新的规范模式的内在化来实现的。①

但是,这种对先前的隶属群体情感的依附并不必然发生,或者说一般不会出现。因此,就产生了这样的情形:群体的原成员常常把该群体变为一个负向的参考群体。他们与该群体的关系是**敌对的**,而不只是漠不关心。确切而言,正是因为成员资格的

① 帕森斯:《社会系统》,第254页。参见本书前一章第323—325页关于离异和疏远过程的讨论。

失去或剥夺并没有完全根除他们先前对群体的依附，因而就易于造成心理矛盾而不是漠不关心。这导致了帕森斯所谓的"强制疏离"，在这种情形中，会永远且断然地拒绝已断绝关系的群体的规范。[①]

因而具有这一矛盾心理的退出成员就有两种取向：一种是寻找替代的群体联系。这可以解释那种常常引人注目的趋向，即这些人对于新进入的群体的依附比那些原本就在该群体中的人还要强烈，并且相应地，比起新群体原有成员来，这些新进入的人对他们先前的群体敌意也更深。像许多人一样，米歇尔也有这种印象，即相对于那些传统上属于某一群体的人而言，"变节者"对他的新群体更加忠心耿耿，而对他已离开的群体更加充满敌意。他指出，资产阶级出身的革命者，比起他们的无产阶级出身的革命伙伴来，在反对资产阶级时更加激烈。如果这一印象在经验上能被证实，那么我们正在探索的成员资格和参考群
349 体行为的作用就会有助于解释这种加倍的影响，即一种反向作用，其中对新事物的认同由于对旧事物的摈弃而得到加强，且两者的表达都具有不成比例的效果。

相关地，群体对其原成员的行为，相比对那些一直是外群体的成员，或对那些尽管有资格成为该群体成员却从未进入该群体的人而言，更有敌意、更加痛恨。这里也有一个双重的情感因素。一方面，对于先前被这些人接受而现在被他们抛弃的群体价值而言，这是一种威胁，因为这意味着，先前的成员们曾实际检验过并

---

① 对这种由疏离为主构成的心理矛盾，帕森斯描述如下："……对某个人[或某个群体]和规范模式的依附仍然是一种根本需要，这一事实意味着自我必然会反抗表达这种需求配置的倾向。他因而不仅表现出负向的反应，而且加倍相信遵从因素不占上风，并且还要冒抑制负面因素的风险。因此，他拒绝遵从他人的期待就成为强制的。"帕森斯：《社会系统》，第255页。

发现这些价值是无益的。这比那些从未依这些价值行动的外群体成员对这些价值的反驳更有象征性摧毁力。后一种情况可以被该群体解释为一种纯粹的无知，而对于群体原成员的行为，下这个定论就困难了。另一方面，退出成员对新群体价值的接受也标志着在退出的群体内部忠诚的脆弱，如果这样的事可以发生一次，就可能发生第二次。这个被疏远的退出成员就成为一个活的标志，标志着该群体价值的低下和群体忠诚不足的特征。

不用特别强调即可知道，我们的语汇中就表达了对那些放弃隶属群体成员资格的人有明显情感因素的反应态度。罗列一下描述退出成员的带有感情色彩的术语：叛徒、背教者、变节者、异教徒、卖国贼、分裂分子、叛逆者，等等。很难找到中性词来描述上述同一事实。这些贬义词的意义差别往往取决于退出成员随后对他所离开的群体的取向。叛徒不仅抛弃该群体的规范和成员资格，而且加入敌对的一方。从原群体的角度看，背教者是信奉了比他从前所信奉的更低贱的信仰。变节者则是由这样一些社会罪人组成，他们不是由于内心信仰而是受利益驱使改变初衷。但是，不管这些形容词中包含的轻蔑的细微差别怎样，它们都说明了对先前群体的取向是不能轻易放弃的，因而此群体就可能会成为一个被漠视的对象。正如新改变信仰的人比国王更趋向保皇主义一样，从保皇派退出的人比地道的共和国公民
更趋向于共和派。[①] 350

---

① 更多的个案材料证实了所发现的这种模式，如在当代历史背景中，在许多前共产党人变为美国爱国者和少数前爱国者变为共产党人的行为中。这就要求研究加布里埃尔·A. 阿尔蒙德主编的《共产主义的吁求》(*The Appeals of Communism*)(普林斯顿：普林斯顿大学出版社，1954)一书提供的材料；关于这些方面，参见刘易斯·科塞：《社会冲突的功能》(*The Functions of Social Conflict*)(格伦科：自由出版社，1956)，第 67—72 页。

对这两种非成员的参考群体行为还没有进行系统的经验探讨。但是,看来似乎有充分的理论依据来支持这种假设,即在退出成员和那些从未成为该群体成员的人之间,对非隶属群体的取向是有很大不同的。因而,非成员的概念如果不依这些情况来加以区分,这一问题本身是很难得到阐明的。

对非成员特性的初步概括足以使我们确立这样的观点,即继续把非成员的概念看作剩余的和隐含的同质范畴,在理论上是不恰当的。非成员依他们是否拥有成为某群体成员的资格,他们对成为该群体成员的态度,该群体对那些正式地有资格成为成员的人形成的开放的或封闭的结构,以及他们先前的地位同目前的非隶属群体的相互关系,都有所不同。当这些特性共同变化时,非成员的社会角色和心理状况也相应地变化,因而可以料想,他对非隶属参考群体的取向也会相应变化。

问题 1.4 内群体和外群体的概念

从前面的论述可以明显看出,隶属群体和内群体的概念不是同义的,非隶属群体和外群体的概念也不是同义的,尽管这种比较似乎是由威廉·格雷厄姆·萨姆纳在他第一次介绍内群体和外群体概念的著名论述中提出来的。起初,萨姆纳主要是在讨论“原始社会”,但在他深入讨论之前,他讲了许多同样适用于更复杂社会的情况:

> ……在我们自身之中产生了一种分化:我们群体或内群体,与其他一切人或他人群体、外群体。在我们群体内部的人相互之间的关系是和平的,有秩序的,有法律、政府和行业约束的。他们对所有外人或他人群体的关系,是一种战争和掠夺的关系,除非有协议来加以调解……

> **在我们群体中同心协力及和平的关系是同对他人群体的敌对和战争相互关联的**……对**本群体**的忠诚，甘为其牺牲，憎恨和攻击外人，在内部保持兄弟般的关系，对外好战——所有这些都是一起产生的，都是同一种环境的产物。[①] 351

从这一起点开始，我们社会学家已习惯于去重复而不是去检验萨姆纳提出的论题的许多解释。我们在萨姆纳本人含糊的论述的影响下，已经倾向于去假设所有的隶属群体都具有内群体的特性，而不是把拥有内部凝聚力和对外敌意的特点的内群体看作隶属群体的一种特殊类型。还不只是社会学家们这样认为。从各方面看，人们都理所当然地认为，群体内的团结促进了对群体外的人的敌意，反过来又造成了内部凝聚力和对外敌意的逐渐升级。初看起来，在一定范围内，这种观点是可以站住脚的。如同历史记载表明及现代生活所充分显示的，激进的民族主义通常伴随着对其他民族主义社会的敌意。受到攻击或受到攻击的威胁也会加强内部的凝聚及对外人的更大程度的敌意。确证这种群体互动模式的典型情况是不胜枚举和众所周知的，使得人们不能否认这种模式的存在。然而，可以提出疑问并且确实在这里提出了疑问的是，这是否是群体的内部凝聚力与其

① W. G. 萨姆纳：《习俗》，第 12—13 页（黑体为我所加）。萨姆纳把“民族中心主义”说成“关于事物的下列观点的技术名称”，这种观点认为某个人自己的群体是万事万物的中心，而其他一切都要**根据这一群体来衡量和评价**。一种早期的但不是系统提出的关于参考群体自我评价功能的暗指甚至出现在术语中。他把“爱国主义”定义为“对于某人因出生而属于的或同其他群体结合而形成的公民群体的忠诚”，把“沙文主义”定义为“吹嘘的、好战的专断”的名称。这些都被看作同一普遍模式的不同表示：内群体的“同志关系”和对外群体“敌视”的此消彼长。

对外关系之间的**惟一**模式，并且是否实际上一切隶属群体都以萨姆纳描述的这种方式进行活动。

这并不是一个逻辑问题，而是事实问题。因为，前面提到，有一种倾向假设，所有的群体，从它们成员的立场上看，都是“内群体”，因而可以推论隶属群体一般都有萨姆纳所表明的行为特征。然而，研究表明，这不是真实情况。①

由于缺乏最基本的心理学概念，萨姆纳过早地、不谨慎地下结论说，与某一群体的紧密联系会造成对其他群体的敌意（或至少是冷漠）。出于社会思想的进化论传统，强调社会和自然界一样都是你死我活的，萨姆纳描述的是一种重要的但也特殊的情形，尽管它是常见的情形。他假设，对一个群体的热忱忠诚必然会造成对群体外的人的敌意。他的这一假设在后来很多场合都被认为是真理。

系统地解释了对非隶属群体的正取向的参考群体理论，可以纠正这一不严格的归纳结论。内群体和外群体常常是更大范
352 围的社会组织中的亚群体，而且常常有可能如此，因为新的社会整合是可以容纳先前分离的群体的。这就是说，正如我们讨论过的亚群体形式的结构和情境条件一样，我们同样可以看到在特定条件下群体间聚集整合的趋向。不是社会现实，而是在一定社会条件下我们自己先入为主的偏见，导致了我们一些人把眼光集中在社会分化的过程上，而代价却是忽略了社会趋同的过程。参考群体理论对这两种社会过程都要加以考虑。

---

① 默顿、韦斯特和杰霍达的《社会生活模式》第 8 章（手稿）表明，对内凝聚力和对外敌意的模式只是隶属群体与其他群体的关系所展现出来的模式之一。普通的观察也会得出这一点，但是概念的稳定性和内群体概念的内涵都易于模糊这一显而易见的事实。

问题 1.5 群体、集体和社会范畴的概念

不仅仅是在参考群体理论中这样用，**群体**这一术语还常常被扩展到极限用来表示一大群人，在这些人当中大部分人相互之间不存在社会互动，尽管他们确实都遵循同一种社会规范。这一不严格的用法可以在像“民族群体”这样的表达中看到，它用来表明一个国家的全体人口（与之相区别的是更合适的用法，表示的是同一民族的成员组成的组织）。由于不满足关于社会互动的标准，这种社会结构应当从概念上和术语上同群体有所区分。按照利奥波德·冯·维泽、霍华德·贝克尔、弗洛里安·兹纳涅茨基和塔尔科特·帕森斯的用法，它们可以称为**集体**[①]，即一些由于享有共同价值和具有相应的实现角色期待所需的传统义务感而具有团结意识的人们。所有的群体当然都是集体，但是那些不满足成员间互动标准的集体不是群体。这一区别也不能被认为单纯是分类学上的：在群体中和在其他集体中社会控制的实施由于互动系统的不同而有所不同。进而言之，集体有形成群体的可能：共同的价值基础会有利于集体中的各部分人之间产生持久的社会互动。

与群体和集体都不同的是**社会范畴**。我们已在前一章介绍过，社会范畴是社会地位的集合体，地位占有者并不发生社会互动。这些人有**相同的**社会特征：性别、年龄、婚姻状况、收入等等，但不必遵从明确的和**共同的规范**。[②] 由于地位相近，因而拥
有类似的兴趣和价值观，社会范畴也可变为集体或群体。当作 353

---

① 利奥波德·冯·维泽和霍华德·贝克尔：《系统社会学》(*Systematic Sociology*)第 62 章；弗洛里安·兹纳涅茨基：《社会行动》(纽约：法勒和莱因哈特出版公司，1936)，第 364—365 页；帕森斯：《社会体系》，第 41 页，第 77—78 页。

② 关于“相同的”与“共同的”之区别，参见 R.M.麦基弗和 C.H.佩奇：《社会》(*Society*)(纽约：莱茵哈特出版公司，1949)，第 32—33 页。

为群体时，同一社会范畴的成员被认为是**同辈群体**，或平等联合体(虽然同辈群体这一术语已经被用于那些同年龄人组成的群体)。

因而可以看到，我们考察的参考"群体"的概念，在不加区别时，可以包括种类非常不同的社会构成：隶属群体和非隶属群体，集体和社会范畴。当以这些广泛的社会构成中的一种或另一种作为参考框架时，参考群体行为是否随之变化还有待观察。无论如何，我们会看到，它提出了这样的问题，即社会结构如何促成个体去选择那些与其有实际联系的他人作为参考群体，并且，在不存在这样的直接联系的情况下，又如何促成个体在集体和社会范畴中选择参考群体。

问题1.6 正向和负向的参考群体

在考察非成员的几种类型时，我们曾附带提到，有些非成员对他们曾是其成员的群体有一种典型的矛盾心理。但是，并非只是非隶属群体会成为负向参考群体，隶属群体也会如此。早在1943年，在纽科姆对大学生价值同化的经典研究中就曾指出[①]，参考群体的规范会被抛弃，而且他更具分析性地区分了正向和负向参考群体。[②] 正向参考群体主动地接受群体的规范或群体的标准来作为自我评价的基础；负向参考群体主动地抛弃，即不但不接受该群体的规范还形成了反面的规范。

对参考群体的研究已经显示了一种明显的倾向，即致力于

---

① 西奥多·M.纽科姆，《人格与社会变迁》(*Personality and Social Change*)(纽约：德赖登出版社，1943)。

② 西奥多·M.纽科姆：《社会心理学》(纽约：德赖登出版社，1950)，第227页；也见穆扎菲尔·谢里夫《社会心理学概论》(*An Outline of Social Psychology*)(纽约：哈珀与兄弟出版公司，1948)第139—155页中纽科姆的分析。

研究那些其规范和价值被特定个体所**采纳的**群体。因此，负向参考群体概念还没有得到集中持久的考察。但是，显然有可能把一系列表面看来孤立的、完全不相关的社会行为联系起来。正如纽科姆所指出的，它概括了诸如对父母的"青春期逆反"这类行为模式。在心理学层面上，它与抗拒性和抗拒性人格的概念有关联。在社会学层面上，它是一个用来表征群体或集体间 354
敌对关系模式的一般概念。在这一关系中，其中一方的行为、态度和价值**要受**其敌对方面的行为、态度和价值的**左右**。举一个例子，科学史家查尔斯·辛格介绍过，在古希腊即使是杰出的医学学派都拒绝接受传染病的概念，因为只有"野蛮人"才持有这一概念。[①] 很相近的是，人们常常提到很多美国人会拒绝接受那些本身正确的概念，只因为它们来源于苏联或目前在苏联流行。显然，有许多俄国人也会如此对待打上美国标签的观点。很多关于"负面声望"的实验研究也已显示了同样的过程。在这种过程中，一个有价值的看法或一个已为经验证实为真的理论，当被认为是源于受否定的公众人物时，就会遭到排斥。

正如在心理学中产生了抗拒性人格理论一样，同样也可以提出一个关于负向参考群体的社会学理论，用来归纳那些目前在广泛的、不同的行为圈子里分散着的这种现象。从这一有理论意义的事实出发，我们可以开展有益的研究，即某种具有个人和社会功用的态度、价值和知识，可以仅仅因为它们属于一个负向参考群体而被拒绝采纳。这样的研究会促进我们对在何种条件下个体和群体继续参与对他们是负功能的行为这样一个基本问题的了解。它还会具有明显的虽然是附带的优点，来帮助人

① 引自H.T.普莱奇：《1500年以来的科学》(*Science Since 1500*)(伦敦：H.M.文书局，1939)，第163页。

们把社会学研究和理论的焦点从现在非常关心的功能行为的条件问题，扩大到那些社会中负功能行为模式得以**维持**的条件问题上。

前面对于群体、隶属成员和非隶属成员、内群体和外群体，集体和社会范畴，以及正向和负向参考群体的概念的考察，目的在于帮助人们澄清有关参考群体理论的一些很一般的概念，并为进一步研究提出问题。同这一理论中更专门内容有关的概念近来也得到了重新考察，我们会在以下对实质问题和方法论问题的讨论中看到。

参考群体的选择：决定因素

在前一章中，系统地研究了“那些评价和自我评价过程的决
355 定因素和结果，在这些过程中，个体将他人或群体的价值观念或标准作为参考的比较框架”，用这种方式描述了参考群体理论的范围和目的。我们已经看到，前面的表述应该扩充到把规范性和比较性参考框架都包含进去。然而，在另一些方面，这一表述也可以保持原样作为关于这一研究领域内容的概括性表述。特别是，对决定因素和结果的区分应当保留，因为尽管它们是动态相关的，但它们各有其特殊的理论问题。同样，有必要区分参考**个体**和参考**群体**，这是为了最终得出与二者相关的机制的精确特性。

问题2 参考群体和参考个体的选择

自从海曼把“参考群体”这一术语引入到社会学中以来，社会科学家已经采用了术语学的惯例，使这一术语既包括取向于群体，又包括取向于某一特定个体的行为。采用这个省略的名

称显然完全是出于简洁的目的；否则，“参考群体和参考个体”这一术语由于太笨拙、使用起来太费事而不可能长期使用下去。但是，无论这一缩略表达的原因是什么，这个术语本身已经倾向于使社会科学家对问题的定义固定下来(按照在第四章第146页上更加一般地指出的方式)。研究和理论已趋向于集中在参考**群体**上，而相对忽视了参考个体。

从一开始就应该指出，参考个体的选择与参考群体的选择相比也许没有更多的独特性。几乎不管来源如何，社会学理论坚持认为，对群体与占有特定地位的个体的认同并不是杂乱地、随意地发生的，而是趋向于由周遭已经确立的社会关系结构和占支配地位的文化界定加以模式化的。马林诺夫斯基对家庭结构内角色的组织，如何形成俄狄浦斯情结式的认同和敌意的解释，提供了这种模式众多例证中的一个。然而，关于社会机制和心理机制仍有许多有待发现；正是通过这些机制，社会的和文化的结构会系统地使参考群体**内**的参考个体的选择模式化。

参考个体常常被描述为某一**角色模型**。然而，就像这些术语本身所暗含的那样，概念上同义的假定模糊了它们实际内容的根本差别。使自己与某一参考个体认同的人会力求自己的几个角色中的个体行为和价值相接近。可以更狭义地理解角色模型的概念，指的是对个体某一种与某几种角色的有限认同。的 356
确，当一个角色模型的多重角色被用于模仿而不是把模仿继续限定于某一角色(这是最初建立的心理关系的基础)时，他或许可以变成一个参考个体。正是由于种种角色在社会互动的过程中能够彼此分离，所以它们能以参考取向的形式出现。对一个同等地位的人、一位长辈或一位公共人物的模仿，也许只限于他们行为和价值的有限部分，这可被视为对某一角色模型的采用。或者，模仿也可以扩展到某个人的更加广泛的行为和价值系列上，这时这个人就可被看作是参考个体。

概念的区分提出了人们选择角色模型或参考个体的过程问题。说部分的认同发生在第一种情况中、完全的认同发生在第二种情况中，这只是把问题用某种不同的语言表达，而不是解决它。有助于完全或部分认同的情况仍然未被发现。例如社会互动的模式可以对选择某些人作为参考个体的纯粹可能性确定界限。如果互动是部分的并且限于某些角色关系，那么仅此也说明了只是一个角色模型而不是一个更加综合的参考个体的出现（除了在幻想中）。然而，从一个角色的角度看，部分的认同可以促使寻求有关其他领域的角色模型的行为和价值的更广泛知识。这种类型的过程似乎涉及对作为角色模型多年的公共人物的私生活抱有熟悉和广泛的兴趣。与过去或现在的文化楷模的部分认同可以扩展为完全的认同，因而产生对他们行为和价值的积极关心，远离这些人成名的角色。传记作家、各种“爱好者”杂志的编辑和“闲谈专栏作家们”正是依靠这种使角色模型变为参考个体的假设倾向而发展起来的。

对于参考个体选择的决定因素，可以通过研究同样个体所选择的参考个体**系列**来获得有价值的线索。也许，当人们在生活过程中通过地位系列而变动时，在参考个体和角色模型方面会有显著的变化。这再次暗示，许多这样的选择不是独特的，而是由结构上被决定的和统计上经常出现的职业系列（实际的、预期的或希望的）加以模式化的。这样的发展性研究和在某一时点上的结构比较，应该用于扩大我们对选择参考个体和角色模型的更加完全的理解。

357 一个相关的问题集中在**环境**（milieu）中的参考个体的选择

上，这种直接的社会环境是由个体所直接涉及的社会关系构成的[①]，在更大的社会中，它还包括与之没有直接社会互动的知名人士。社会**环境**的结构显然是不同的：例如，一些社会环境具有在实质上相同的人们之间保持持续社会关系的那种相当稳定的结构；另一些环境则既有相对不稳定的结构又有全体组成人员的多种多样的迅速变化。而且，正像奥托·费尼切尔观察到的那样，这种迅速变化——经常对社会关系的模式带来相应的影响——也许“使持续的认同变得不可能”。[②] 这也许使那些缺少当地参考个体的人转向他们与之认同的距离更远的人物。

显而易见，这些不多的观察只是勾画出在参考群体理论这方面不断扩展的大的问题系列。例如，它们对于与参考群体的认同是否必然由与这一群体的个体成员认同所中介这一问题就没有说明。但是，所说的那些也许足以表明，角色模型、参考个体和参考群体间的各种区别有助于形成所要研究的问题的独特背景。

问题3 在可能的参考群体中的选择：隶属群体与非隶属群体

原则上讲，参考群体是无数的：个人是其成员的所有群体（相对要少得多）和那些个人并非其成员之一的群体（显然要多得多）都可以构成某人态度、自我评价及行为的参照

---

① 我在关于这一问题的讨论中试图指出：“在涉及人类行为的社会环境方面，与更大的社会结构相比，近来的社会学和社会心理学的探索已经造成了对环境的过分强调。”见韦特默和科廷斯基编：《青少年犯罪研究的新视角》(*New Perspective for Research in Juvenile Delinquency*)，第2部，第25页及以下。对这种活动所产生的某些问题的深入观察可以在西奥多·卡普洛的论文中发现：“环境的界定和测量”（‘The definition and measurement of ambience’），《社会力量》，1955年，第34期，第28—33页。

② 见他的由于过分严格而令人误解的专题论著：《神经病的精神分析理论》(*The Psychoanalytic Theory of Neurosis*)（纽约：W.W. 诺顿出版公司，1945），第 505 页。

点。(第287页)

> 在什么条件下,隶属群体中的人才会充当自我评价和态度形成的参考框架;又在什么条件下,……非隶属群体才会成为有意义的参考框架呢?(第287页)

这些较早的论述显然是为解决难题做准备,这个难题就是如何从理论上解释从大批潜在的参考群体中做出选择的社会、
358 文化和心理决定因素。特别是选择隶属群体或非隶属群体作为重要参考框架背后的力量和背景这一一般性问题。这一问题现在仍然是参考群体理论的核心。

与正在发展的理论的其他方面相反,这一方面在过去的几年内只是被给予了相对少的注意。更多的研究被引向确定有助于选择某些而不是另一些隶属群体的条件,正像我们将要看到的那样,几乎没有被引向确定有助于选择非隶属群体的条件。然而,已经做过的工作倾向于证实先前的猜测或假设,并且带来了另外的问题。

一个这样的猜测(无论如何,它只能稍稍推进对问题的研究)主张,"想要使自己归属一个群体的"那些个体将倾向于采取该非隶属群体的价值(第308页)。这个有限的假设近来已被艾森斯塔特扩展。艾森斯塔特在移居以色列的移民中发现,参考群体的选择主要是由某些群体"根据社会的制度结构赋予某种威望"的能力所制约的。[①] 在地位赋予(status-conferral)代表着

① S.M.艾森斯塔特:"参考群体行为与社会整合:探索性的研究"('Reference group behavior and social integration: an explorative study'),《美国社会学评论》,1954年,第19期,第175—185页,在第177页上。

非隶属群体的选择的基础这种意义上，社会结构——它分配不同程度的声望和权威给群体并且决定进入群体可能性的程度——趋向于使处在社会不同地位的人们的选择模式化。

人们已经进一步推测，群体中的“孤立者们”也许特别易于采取非隶属群体的价值作为规范参考框架(第322页)。这一假设已经被布劳进一步发展。他指出，特别是“那些被相对孤立”的、在社会上不流动的人们，包括“社会的奋斗者，即采取自己所不属于的、更有声望的阶级的生活格调的个人；和有远见卓识的精英成员，即采取比自己所属阶级力量更小的阶级的政治倾向的个人”。①

最后，这不多的几个假设已经显示，社会流动率相对高的社会系统易于形成以非隶属群体为参考群体的普遍取向(第322页)。因为，在这样的社会中，晋升到其他群体和阶层的渴望是经常的，而预期社会化是有用的。至少有一个研究与这个假设相一致。斯特恩和凯勒考察了由一个法国小样本人群自发选择的参考群体，发现这些参考群体几乎没有提供什么“非隶属群体的取向”的证明。他们继续观察到，就这种选择模式的结构背景 359
而言，“法国社会的众多特征之一就是社会群体相对不流动。在某些社会系统中所做的类似的研究也具有不同的结果。我们的发现应该在比法国更少传统思想、向上的社会流动更占主导地位的社会中得到验证。如果我们所研究的是像美国那样的基本需要被更加广泛地满足的社会，参考群体行为的模式可能非常

---

① 彼特·M.布劳：“社会流动与人际关系”(‘Social mobility and interpersonal relations’)，《美国社会学评论》，1956年，第21期，第290—295页，在第291页上。

不同”。[①]

虽然在确定选择非隶属群体作为参考群体的决定因素方面，我们离拥有一系列理论上发展出来的、经验上得到证实的假设还有相当的距离，但已知的研究成果在指出进一步研究的轮廓方面已经足够了。根据表现出这种行为和这种行为在其中发生的结构背景的那些人的性格和社会地位的类型，具体的参考群体行为模式可能不同。在最近的研究中，关于此类行为的个性差异的研究已经被预示，但仍然微不足道。差不多更多的注意力则放在与参考群体相关的地位差异，特别是与被孤立和整合的群体成员、与社会流动或稳定的人们相关的地位差异上。

特别有启发意义的是在不同社会中的比较研究已经起步。这些研究旨在发现不同结构情境影响可认同的参考群体行为模式的**比率和分布**的方式。艾森斯塔特、斯特恩和凯勒所进行的研究（前面我们已引用）和米切尔[②]所进行的研究可以被适当地加以扩展来进一步说明所谈论的理论问题，并可以在其他策略性地选择的社会中进行复制以提出对参考群体行为的真正比较分析。尤其是，在涉及选择非隶属群体作为参考群体的各种条件这一问题上，只有这样的比较研究才能使社会学家摆脱概括的文化束缚的限制，这些概括会被认为在事实上是不适用于某些社会系统类型的。这个考虑——无疑与一个更加广泛的社会
360 学问题密切相关——在美国几乎得到了独一无二的发展。这种

① 埃里克·斯特恩和苏珊娜·凯勒：“法国的自发群体参考”（‘Spontaneous group reference in France’），《舆论季刊》（*Public Opinion Quarterly*），1953 年，第 17 期，第 208—217 页，在第 216—217 页。

② 见 J. 克拉德·米切尔提交第29届国际不同文明协会研究会议的论文，伦敦，1955年9月，第13—16页，“英属中非国家的非洲中产阶级”（‘The African middle class as in British Central Africa’），它考察了欧洲人作为当地非洲人的规范参考群体的出现。

知识的历史环境会轻易地把一种积累的偏见引入到发现中去，除非这一倾向由对相当不同的结构情境中的参考群体行为的比较研究加以对抗。

问题 4 隶属群体中参考群体的选择

> ……为了思考在个体的几个隶属群体中间选择参考群体的动力学，理论和研究必须继续：什么时候个体使自己取向于他们的职业群体或他们的志趣群体或他们的宗教群体中的其他人？我们怎样说明社会情境结构的特征？——这个社会情境导致这几个隶属群体中的一个而不是另一个成为重要的背景。（第 293 页）

前面已反复指出，参考群体理论**突出**的焦点是由下面的事实提供的：在形成行为和评价方面，人们常常使自己取向于**他们自身**之外的群体。在这一意义上说，显而易见，社会学理论直到最近才趋向于有意识地注重群体对其成员的影响，并且只附带地考虑非隶属群体的影响。这远不是说非隶属群体对于参考群体来说构成**独一无二**的焦点。然而，重点方面的转移会很容易被误解为：只有非隶属群体对于参考群体行为才具有重要性；①这是一个不能很快被消除的误解。

当然，在事实上，这一领域的大量工作继续关注的是把隶属群体的规范和价值作为规范的、比较的参考框架的决定因素和后果。在某种意义上，由于某人的隶属群体最经常、最突出地影

① 诺曼·卡普兰：《参考群体理论和选举行为》，第 30 页及以下；他呼吁着重注意这样一个判断，即完全把焦点放在非隶属群体上是根本得不到保证的。

响此人的行为这一被普遍承认的事实，隶属群体仍然是探索的焦点。在更小的意义上，这个焦点源于发明合适的研究工具这一普遍而实质的困难。而有了这样的工具，人们才能充分确定群体对那些非成员所具有的影响。但是，无论如何，正是隶属群体的选择继续吸引了那些研究参考群体行为的人的注意力。并且，正是这一问题的理论结构要求进行细致的考察。

前面关于在隶属群体中选择的动力的问题——尽管它们也许是与此相关的——并没有获得能揭示理论问题的性质的明确形式。这就是说，这些问题**暗含着**在方法被真正找到以前必须
361 解决的成分问题，但并没有使这些问题**系统化**。在这些成分问题之间的内在联系被把握之前，这些成分问题中的每一个都需要阐述和考察。

问题 4.1 隶属群体类型的区分

关于哪些隶属群体被选为参考群体（就像在问题4的陈述中所指出的那样）的问题显然假设：存在着不同类型的隶属群体，但它们还没有直接面临对这些类型进行方法上的分类这一仍未解决的问题。分类并不是社会学理论的全部所在，但却是社会学理论不可分割的方面。当我们考察形成群体类型的概念和对它们进行分类的社会学理论的目前状况时，我们一定会遗憾地得出结论说，社会学上的林奈或居维叶还未出现。虽然我们对这种情况会感到失望，但它对于再次引起人们对系统地区分群体类型这一问题的理论重要性和目前地位的注意却是很有益处的。

引入问题 4 的陈述会被看作理论不恰当的一个合理而典型的例子，并因此会有助于重新界定分类问题。通过**解说性**地指出职业的、志趣的和宗教的群体，这种陈述表明在社会学家中采用行话描述的详细列举群体这一流行的做法。这会而且已经带

来一个长长的名单：工会和分会；兄弟会、妇女社团和联谊会；帮派、小集团和朋友群体；种族的、职业的、娱乐的、政治的、宗教的、亲属的、教育的群体；等等。这样一个不断扩展的列举仅仅受到社会上现存的群体和术语的多样性的限制。然而，这样的列举与以理论为基础的分类没有太大的相似之处。

贯穿于这些群体的描述性列举的是无数各种各样的分
类——经常以二分法的形式——这些分类以一个或更多的标准
为基础。以现代社会学仍然较短的历史衡量，这些分类中的某
些已经有悠久的历史，令人肃然起敬，并且在两代或更多代人中
都几乎没有什么改进。[1] 但是，从目前的迹象看，这些群体的分 362
类和随后出现的那些分类都注定是更加精确、更加富有理论活
力的分类的先驱，因而还有待发展。在具体说明无知作为协助
研究那些仍未解决但显然重要的问题的前奏方面，它有某些长
处。为了某些目的，用诸如主要群体和次要群体、内群体和外群
体、冲突群体和和谐群体、“小群体”（按照成员的数量分成两个
人的、三个人的等等）和可能有的“大群体”、社团和共同体这样
的分类来进行研究已经证明是有用的。但是，很清楚，这样的分

① 1932 年，厄尔·E. 尤班克在他所开列的社会学概念的清单中，列举了 39 种不同的群体分类。其中一些以结构为根据，另一些以功能为根据，还有一些以现行的社会关系为根据。关于我已经描述为最近的“主要群体的重新发现”的内容，考虑一下尤班克就 B. 沃伦·布朗《社会群体》（*Social Groups*）一书的出版（1926）所说的话就可以了：“这本小书是群体已经被发现（确切地说是在近年中被重新发现）的明确证据。在它的新作用和新应用方面，它不仅变成社会形式范畴下的中心概念，而且整个说来变成了社会学的中心概念。这后一方面在新的意义下具有比前者更大的重要性，社会学已经变成了‘群体的科学’。但是，什么是群体——这个重新发现的、被认作为我们社会学基石的‘东西’？”尤班克：《社会学的概念》（*The Concepts of Sociology*）（纽约：D.C. 希斯出版公司，1932），第 132—168 页，所引见第 134 页。根据事后的认识得到的经验，如果不一定是明智之举，那么人们只能希望更新的重新发现会证实比尤班克在这一代人以前所热情欢呼的那个发现更加富有成效和结果。

类仅仅构成从理论上推演出来的分类的起点，只有后面这种分类才足以满足分析群体结构运行的需要。

形成适当的群体分类这一问题无疑是从亚里士多德时代到今天一直引起社会学评论家注意的突出问题。虽然这许多努力在别的方面不同，但其中最好的努力在基本逻辑要求方面是一致的：一个有效的分类总的来说不只是对所观察到的"类型"的描述，而且是从所指的群体特性的价值的结合中推演而来。[①]当然，决定性的问题是确定在理论上具有全局意义的群体特性，这些特性可用于系统地把每一种由此而来的群体类型的运行与
363 其他群体类型区别开来。[②]P.A. 索罗金报告了一个进行这项研

① 索罗金在他的《社会、文化和个性》一书中（第159—163页）已经看到并十分清晰地论述了这一要求，就像帕森斯在他的《社会行动的结构》一书中就Gemeinschaft（群体）和Gesellschaft（社会）概念所做的创新解释那样（第686—694页）。我认为帕森斯的这个解释是"创新的"，是因为从各个方面来看，这个对滕尼斯和韦伯所命名的具体关系的分析是帕森斯后来"模式—变量"分类的来源。这些只是有关所谈论的要点的许多讨论中的两个，就像下面的注释所表明的那样。

② 在为了使这一问题得到解决所做的许多阐述和努力中，参见：乔治·A. 伦德伯格的"群体分类和度量的某些问题"（'Some Problems of group classification and measurement'），《美国社会学评论》，1940年，第5期，第351—360页；哈沃德·贝克尔所做的相反讨论："社会科学建设性的类型学"（'Constructive typology in the social sciences'），《美国社会学评论》，1940年，第5期，第40—55页；在众多论文中，R.M. 斯托格迪尔的文章是独特的："工作关系的组织：社会计量学的二十项指标"（'The organization of working relationships: twenty sociometric indices'），《社会计量学》（*Sociometry*），1951年，第14期，第336—373页，和"领导、成员和组织"（'Leadership, membership and organization'），《心理学简报》（Psychological Bulletin），1950年，第47期，第1—14页；也见俄亥俄州立大学同一个"领导研究"实验室的约翰·K. 亨普希尔的《领导的情境因素》（'Situational factors in leadership'）（哥伦布：俄亥俄州立大学，1949），特别是第3章"群体描述"；关于更进一步的系列论文和对这一问题的方法论述，见P.F. 拉扎斯费尔德和M. 罗森伯格编：《社会研究的语言》（*The Language of Social Research*），第4节；E. 怀特·巴基：《组织和个体》（*Organization and the Individual*）（纽黑文：耶鲁大学出版社，1952）；关于群体维度（groupdimensi-

究的综合努力[①],他在现有的研究中做出了有待进一步系统应用的、富有成果的分类。

与社会学家普遍同意具有全局意义的群体分类必须满足从群体特性中引申出来的逻辑要求不同,在哪些群体特性能为最有启发性的分类提供基础这一**实质性**问题上,仍有广泛的不同意见。既然这一实质性问题处在不断变化之中,那么,为了建构具有重大意义的群体结构特征理论,简单地评论一下已经提出的某些群体特性也是有用的。下面我们根据关于群体和组织的社会学著作的考察和分析来进行评论。[②]说下面所评注的条目

---

ons)测量尺度的系统进展,见马蒂尔达·怀特·赖利、约翰·W. 赖利、小约翰逊·托比及其同事所从事的重要的、累积性的探索:《尺度分析中的社会学研究》(*Sociological Studies in Scale Analysis*)(新布伦斯维克:拉特格斯大学出版社,1954);埃德加·F. 博加塔和小伦纳德·S. 科特雷尔:"关于群体的分类"('On the classification of groups'),《社会计量学和人的科学》(*Sociometry and the Science of Man*),1955年,第18期,第409—422页,他们正是以所讨论的问题开始的:"即使作出有些集体是群体而其他集体不是群体和在种类上它们是不同的这样的假定,当我们努力具体说明这些不同时,我们发现自己正在考虑使全部集体有序的变量,而从变量的角度来看,这些集体都可以为了不同的目的进行各种分类。因此,问题从一个集体是否是群体向这样一个集体的特性被假定是'群体'组成因素的特殊变量复合体决定的程度这一方面转变。这样的阐述指出区别相关的、起着决定因素作用的变项的必要性,根据这些变量任何人群都可以被评价,并在某一既定点上被分类。"

① 索罗金,前引书第9章,"组织化群体的分类"('Classification of organized group')。这个著名的分类在这里没有被概括;根据进入到那个分类中的群体特性相互重叠或与在下列几页中暂时提出的群体特性中的某些相统一的程度,人们很容易考察这个分类。

② 我没有大量引用构成列举这些群体特性出发点的社会学材料;然而,应该说,格奥尔格·齐美尔的著作是无可比拟的,在这一点上是最富有成果的。我也感谢我的研究生在关于组织理论中的被选择问题研讨班上所提出的有益的批评或建议,他们是:哈伊姆·阿德勒、伯纳德·布利森、理查德·克洛沃德、皮特·M.G. 哈里斯、拉塞尔·海登道夫、詹姆斯·A. 琼斯、瓦尔特·B. 克林克、威廉·N. 麦克菲、威廉·尼科尔斯、西蒙·皮尔、基尼·皮特森、查尔顿·R. 普赖斯、詹姆斯·普赖斯、乔治·S. 罗森伯格、罗伯特·索莫斯、奈查玛·泰克和肯尼斯·魏因加登。我特别感谢在整个那一年的工作中作为我的助手的特伦斯·K. 霍普金斯。

的名单不过是一份不完整的草案，或者用一个更加适当的描述——“一个草案的草案”——是足够贴切的，然而在还不固定的理论发展过程中，它仍不失某种用处。

问题 4.2 *群体特性的初步罗列*

1. **群体成员资格的社会界定的清晰性或模糊性**：从一些只
364 能通过系统的研究才能够识别其模糊界限的非正式群体，到那些通过确定的正规“接纳”程序才能获得成员资格的群体，群体在成员资格规定的明确性方面有很大不同。这一特性可能与其他群体特性如社会控制方式相联系。如果群体成员资格没有明确地界定，那么对那些自认为名义的或外围的成员的人进行有效控制的问题大概会被强调；成员对角色要求的取向也会是不可靠和不确定的。应该注意到，这是作为**群体**的特性而不是根据特殊个体所界定的独特变量而进行陈述的。这个群体也许已经明确地规定和很容易地确认了隶属成员的资格标准，或者，这些标准也许对于群体成员或周围的非群体成员来说是模糊的和难以辨别的。

2. **群体中成员的涉入程度**：这个特性指群体成员涉入的范围和强度。从某一极端来讲，成员的自我和角色几乎都来自他所涉入的并影响其情感和行为的群体，这种群体用不引起反感的术语可以描述为“极权主义群体”。从另一个极端来讲，群体则只是包含和规定了成员自我和角色的有限部分，这些群体可以被描述为“部分群体”(segmental group)。

这不是从个体成员所**恰巧有**的态度和对群体认同的角度，而是从群体特性的角度来设想的：在群体中的涉入程度已经被**规范地**规定和实际地认识到。这个一般的概念在社会学中当然经常被使用，即在一个复杂的社会中，个体一般涉入大量的、种类不同的角色，而每一角色也许在其整个个性只起很小的作用；在更少差别的社会中，群体隶属易于引起更大的成员个性的共享。也许是，群体中文化界定的涉入程度越大，它成为与各种评价和行为相关的参考群体的可能性就越大。

3. **群体中成员资格的实际持续时间；**

4. **群体中成员资格的预期持续时间：**虽然这两个特性能够独立变化，但它们是相关的并且能一起加以考虑。它们分别指群体中成员资格的持续时间和对即将到来的持续时间的模式化预期。在一些群体和组织中，无论是实际的还是期望的，成员资格都有一个固定的存续期。学校就属于此种情况的例子之一。在另一些群体中，实际与期望两者或其中之一具有无限的持续时间。至少有一项对此的研究[①] 已经发现：对居住时间相对持久或短暂的预期，对社区居民行为的影响，不同于实际居住时间 365
的影响。在这两方面，群体和组织在成员的组成上有明显的不同。

5. **群体的实际持续时间；**

6. **群体的预期持续时间：**正像单个成员在这些方面的不同一样，群体和组织也存在类似的差别。群体的实际"年龄"是可能影响群体其他特征，如灵活性、相对立场、规范性的控制系统等的一个特性。[②] 然而，应该把群体的实际持续时间同对这一群体可能持续时间的模式化预期区别开来：不管它是为了满足某种需要而"暂时"建立起来的团体(这种需要一旦被满足团体

---

① 默顿、韦斯特和杰霍达的《社会生活模式》一书中处处可见。

② 对群体和组织的实际寿命这一特性所进行的最彻底和最持久的研究是由 P.A. 索罗金进行的。见他的《社会和文化动力学》第 4 章第 85 页及以下；他的《社会、文化和个性》第 34 章(它包括一个扩充的文献目录)。

就自然解散)[1],还是在未来无限期地持续下去的预期下建立起来的。预期持续时间的变化可能会影响成员的自我选择、成员涉及的种类和程度、组织的内在结构及能力,以及需要被考虑的其他特性。

7. **群体的绝对规模或群体组成部分的绝对规模**:这个特性是指组成群体的人员的数量。这个似乎是简单地计算人员多少的问题却明显地涉及社会学家的先验假设和决定,就像在前面对群体成员概念的分析中所看到的那样。什么将被作为群体成员的标准呢,是客观测量的与他人角色期望相符的模式化社会互动发生比率,还是个人自称属于某一群体,抑或其他人(占到某一多数比例)将成员资格授予个人?有时,一个群体的绝对规模不是指它的人员数量,而是指在该组织中**地位**的数量。在这后一种意义上,那种经常被肯定的规模增长和社会结构复杂性增长之间的联系,无疑变成了同义反复。

但是,无论怎样衡量,一个群体或它的组成部分的**绝对规模**
366 这一特性必须与相对规模这一特性区别开来。

8. **群体或群体组成部分的相对规模**:[2]这个特性经常被视

---

① 在脊髓灰质免疫学发现以后,在国家小儿麻痹基金会的赞助下,对这样一种自我认定的团体的适应性的社会学个案研究,见大卫·西尔斯:《志愿者之路:对志愿者协会的社会学研究》(*The Volunteer Way: A Study in the Sociology of Voluntary Associations*),哥伦比亚大学社会学系博士论文,1956年(待出版)。也见切斯·I.伯纳德的有关评论:"如果一个组织不能够达到它的目的,它就必然解体。大量成功的组织由于这个原因而消失。因此,大多数继续存在的组织需要不断采纳新的目标。"《行政部门的功能》(*The Function of the Executive*),第91页。

② 绝对规模和相对规模的概念已经从齐美尔的《社会学》下述段落中提炼出来,并且已经给予了某种不同的含义。"群体间的、只是由于数量不同而产生的结构的不同,在某些突出和有影响的成员所扮演的角色中变得更加明显。显然,在大的群体中,这类成员的既定数量与在小的群体中相比具有不同的意义。随着群体成员在数量上的变化,这些成员的影响也在变化。但是,必须指出,这种影响受到限制,

而不见，即使它明显地涉及到对群体或社会组织的社会学分析。它是指在相同制度范围内某一群体(或群体中指定的阶层)**相对于**其他群体(或者，由于特殊目的，相对于其他制度范围内的群体)的人员数量。这即是说，同样相对规模的群体或组织由于它们的绝对规模不同而功能不同，并且相应地，同样绝对规模的群体由于与社会环境中其他群体相比的相对规模的不同而功能不同(这似乎适用于群体、团体和社群)。例如，由同样**相对**比率构成的社群(譬如，10%是黑人，其余是白人)，会由于这个社群的绝对规模是一百人还是十万人而具有不同的社会学地位。相应地，拥有一千人的社群，会依据是被具有相似绝对规模的社群所包围还是被更大或更小的社群所包围而具有显著不同的社会结构。

这就是说，当社会中存在绝对规模明显更大或更小的群体或组织时，与社会中只存在相似规模的群体或组织时相比，拥有某一绝对规模的群体和组织会在社会中具有不同的地位和功能。例如，相同规模的大学在美国和英国会有非常不同的相对规模。下面的民间谚语表达了这种观念："大鱼在小池塘中显得更大，小鱼在大池塘中显得更小。"这类俗语表达了人类环境和

即使杰出成员的数量同整个群体数量成比例地上升或下降。生活在有一万中产阶级人口城市中的一位百万富翁所起的作用和他的存在给这个城市带来的一般特征，根本不同于生活在有 50 万人口城市中的 50 位百万富翁，或者说其中的一位百万富翁所具有的重要性——尽管存在着百万富翁和居民之间的数量关系(这种关系似乎)应该单独决定这种重要性依然保持不变这一事实。……这种特殊的性质是整个群体的**绝对**数量及其杰出人士的绝对数量显著决定着群体内的种种关系——尽管有着它们的数量比率依然相同这一事实。"《格奥尔格·齐美尔的社会学》(*The Sociology of Georg Simmel*)，第 97—98 页[黑体为原作者所加]。

人们会注意到，区分绝对数量与相对比例在社会学上的作用，在对社会结构和失范的分析中以及在有影响力人物的研究中得以强调。见第七章第 229 页注和第十二章第 465 页注。

367 社会现实的某些方面，但其含义却没有在进一步的分析中**从方法**上得到把握。进一步说，这个民间俗语典型地忽略了对同一池塘由于所处位置不同因而相对地大或相对地小的考虑。无论如何，绝对和相对规模的概念对参考群体理论产生了直接的影响。

9. **群体的开放或封闭的性质**：这一特性已经在这一章前面的部分进行了相当详细的讨论；如前所述，它是指群体成员的标准，而这个标准也许趋向于使这一群体相对开放和具有可接近性或相对封闭和具有限制性。它表示隶属成员的排外性程度。在每一种制度的范围内，一些群体旨在维持相对有限的成员；另一些群体则要达到成员的最大限度的扩张。这一特性大概与群体的其他特性如群体的相对地位、“完整性”的程度、自治的程度和容忍越轨的程度等相联系。考虑到前面对此的讨论，这里也许不需要作进一步的评论。

10. **“完整性”：实际成员与潜在成员的比例**：就像我们已详细看到的，完整性这一特性从齐美尔把它分离出来以后在很大程度上被他那个时代以来的社会学家所忽视。这一特性是指一个群体或组织的实际成员与潜在成员的比例，潜在成员是那些满足成员现行标准的人。这里只是需要着重指出这一特性与群体其他特性有各种不同的联系。例如，社会中某一群体的相对立场，也许（虽然不是必然以线性的方式）被这个群体达到的完整性的程度所影响，就像相对规模或绝对规模的不同一样。例如，美国护士协会 1956 年拥有 178000 名会员，大大超过了美国医学协会 140000 名会员的数量。然而，有资格成为会员的人实际入会的比例，医学协会在所有专业协会中是最高的，大约占全部有执照医生的 65%；而护士组织，虽然绝对规模很大，却有明显小得多的比例：“有组织的护理”大约只占在职专业护士的

41%(然而,这两者都具有比大多数其他专业协会更高的完整性程度)。除了其他能够使协会的社会立场和能力产生差异的群体特征外,显然,美国医学会由于有更多的合格者实际入会,因而,比起拥有很多成员的美国护士协会来,它处在有能力要求更高地位和行使更大权力的位置上。不过,绝对规模、完整性程度、社会地位和权力之间的联系仍然未被发现。当说到完整性并不必然与诸如特权、权力等有直接的线性联系时,我们想使人们注意到这样一种组织类型:为了发展和维持精英地位,该组织 368
从那些满足了隶属成员资格标准的人中,只选择一个固定数目的成员。

11. **社会分化的程度:** 这个特性是指群体组织内能够被区分出来的地位和角色的数量。至少,从斯宾塞以来,人们已经注意到,随着不断增长的分化,群体规模有明显的增长趋势。① 不过,绝对规模相同的组织地位分化程度有很大的不同这一点也是经验事实。组织可能把较多的人分配到较少的地位上去,或者增加地位的结构性分化,而把较少的人分配到各种地位上去。

这个特性无疑并不是仅指地位的等级分化(这种分化只是被描述为社会分层的特殊形式)。还有,社会分化常常与社会分层相一致,这部分地也许是社会成员对分化的地位进行各种不同评价(因此被分级)的趋势的结果。但是就像分工概念提醒我

---

① 这一经验的概括无疑是赫伯特·斯宾塞社会结构理论的核心所在。见《社会学原理》(*The Principles of Sociology*)第二部分,“社会学引论”;第一部分,第447—600页(纽约和伦敦:D. 阿普尔顿出版公司,1925)。对于这一关系新近的经验研究,见F.W. 特伦和D.L. 米尔斯:“不断变化的规模对组织内在结构的影响”(‘The effect of changing size upon the internal structure of organizations’),《美国社会学评论》,1955年,第20期,第11—14页。

们的那样，在**相同**的分层层面上，能够存在或多或少的地位分化：例如，根据功能而分化的工作也许被类似地加以分级。

12. **分层的形式和高度**：这个特性是指能够被社会性识别和排列的阶层的数量，指每一阶层的相对规模和各阶层间相对的社会距离。因为群体和社会的这些特性已引起了大量的注意，所以在这点上就不需要更进一步的讨论了。[①]

13. **社会内聚的类型和程度**：至少由于涂尔干的工作，社会内聚的程度已经作为影响群体成员各种行为和角色实现的一个特性而被承认。可以根据内聚的基础区分出三种社会内聚的类型。[②] 虽然在任何特殊的群体或社会中都会不同程度地发现所
369 有这三个类型，但是这决不是否认它们之间的区别；由于所依赖的基础彼此不同，群体和社会在社会内聚的程度上也就不同。

a）文化上导致的社会内聚：源于群体成员所内化的共同规范和价值；

b）组织上导致的社会内聚：源于通过群体内其他人相互依赖的行动达到个人目标和群体目标；

c）结构语境所导致的社会内聚：例如，产生于内群体

---

① 关于这一课题的综合比较研究，见伯纳德·巴伯：《社会分层》（*Social Stratification*）（纽约：哈考特和布雷斯出版公司，1957）。

② 其他的、更加精细的类型已经产生。就一系列的相关论文而言，见W.S.兰德克："整合的类型及其测量"（'Types of integration and their measurement'），《美国社会学杂志》，1951年，第56期，第332—340页；"整合与群体结构：一个有待研究的领域"（'Integration and group structure: an area for research'），《社会力量》，1951—1952年，第30期，第394—400页；"制度与社会整合"（'Institutions and social integration'），《密歇根科学、艺术和文学研究会论文集》（*Papers of the Michigan Academy of Science, Arts and Letters*），1954年，第39期，第477—493页。

和外群体的对比、与其他群体的冲突等等。①

群体内聚的基础是怎样与群体其他特性一致地相关这一点仍然有待考察。

14. **群体的分裂或统一的潜力**：这一复杂的特性可以有效地认为是11（社会分化的程度）和13（社会内聚的程度）的结果。它指群体生活的一个显著变量：某些群体由于不断且经常无计划的分化而导致出现亚群体，并进而发展成自治性群体；另一些群体易于重新把出现的亚群体合并到更大的组织中去，以使它们服务于巩固组织的结构和功能。②例如，政治党派在这方面 370

---

① 不仅社会科学家，而且政治家和“从事公共事务的人们”，都经常注意到社会内聚力的这一来源。可以举出许多这种观察中的两个，考虑一下本书第三章引用的温斯顿·邱吉尔的论述（第99页），还有下面引用的托马斯·杰斐逊自传中的论述：“在独立战争期间，在外部敌人的压力使我们紧紧团结在一起，敌人的冒险企图也使我们必须保持警惕的同时，被危险所激发的人们的精神是十三个邦联州的补充，并且促使他们发挥热情，不管是否被那一手段所要求；但是，当和平、安定恢复并且每个人都逐渐忙于有用的和赚钱的工作之际，人们很少注意国会的号召。”《托马斯·杰斐逊文集》（*The Writings of Thomas Jefferson*）（华盛顿：托马斯·杰斐逊纪念协会，1903），第1卷，第116页。

刘易斯·A.科塞提供了对内群体关系一致性的细致分析，见《社会冲突的功能》（*The Functious of Social Conflict*），第5章：“与外群体和群体结构的冲突”（‘Conflict with out-groups and group structure’）。

② 对于与更大群体相关的亚群体的形成所作的有启发的过程性分析，见乔治·A.西奥多森：“小群体连续发展中的要素”（‘Elements in the progressive of small groups’），《社会力量》，1953年，第31期，第311—320页。也应注意下面哈丽特·马蒂诺在《奥古斯特·孔德的实证哲学》（*The Positive Philosophy of August Comte*）（伦敦，1896）一书第228页上的考察，西奥多森恰当地以此作为自己论著的引语：“社会动力学真正的普遍精神存在于把这些国家中的每一个设想为先前发展的必然结果和后续发展的必不可少的动力，按照莱布尼兹的格言来说，现在由于将来而重要。从这一观点出发，科学的目标是发现支配这种连续性过程的法则和决定人类发展进程的集合体。”

似乎有很大的不同：一些党派有众多的“分裂的派别”，其他一些党派则维持了铁板一块的统一。再则：一些群体具有“殖民化”的独特属性，形成与自身相似的从属性群体，其中一些日后从父群体中独立出去。

15. **群体内部社会互动的程度**：这个特性是指群体中既定的地位占有者之间预期的和实际的社会互动程度。在有些群体中，大量社会互动被限制在等级制度中那些“相邻”地位的人们之间（同等地位者和直接的下级和上级），就像“攀龙附凤”这种观点所表明的那样。另一些群体和组织则为那些等级相当不同的人们之间的交互作用提供了更加模式化的场合，例如，就像在等级化的但却由“一群平等者”构成的群体的概念中那样。然而，应该注意的是，事实上第一类群体中不同地位者之间发生的社会互动经常多于其结构所规定的（例如，不通过正式渠道的那些非正式交往手段），正如在第二类群体中不同地位者之间发生的社会互动少于标准化的规定。

16. **在群体中获得的社会关系的性质**：这个特性传统上已被当成区分各种不同群体类型的主要特性，就像我们能够从诸如主要群体和次要群体、内群体和外群体、群体（Gemeinschaft）和社会（Gesellschaft）、正式群体和非正式群体等这些确定的分类中所看到的那样。也正是与这个特性相联系，帕森斯形成了他的著名的模式变量系统，根据这个模式变量系统，社会系统的角色结构中的关系可以从分析上加以定性：感情型对感情中立型，

目前关于群体中随机过程的理论构成了对这一中心观点更加确切的概率性描述。对于在这方面作为过程的社会关系所进行的分析，见拉扎斯费尔德和默顿：“作为社会过程的友谊：实质性的和方法论的分析”（‘Friendship as social process: a substantive and methodological analysis’），载 M. 伯格、T. 艾贝尔和 C. H. 佩奇编：《现代社会的自由与控制》（*Fredom and Control in Mondern Socity*），第 18—66 页，特别是第二部分。

自我取向对集体取向，普遍论对特殊论，达成对归因，专一对分散。[①] 这五种变量的价值结合有助于规定群体中占优势的明确而具体的社会关系。

17. **对群体规范预期遵从的程度：对越轨行为和制度性背离群体规范的容忍**。这个特性是指在群体成员行为方面一般被群体其他成员所接受的模式化余地的程度。某些群体和组织倾向于要求对规范的严格遵守，对成员随意背离这些规范有极严的规定；这即是"科层制"这一被滥用的概念经常所指的意义。另一些群体则允许对规范的相当大范围的背离，例如，就像在以给个体性和创造性提供极大的余地而自豪的群体中所能见到的那 371
样。普鲁士科层制的陈旧形象接近第一种类型；西方社会中致力于学术和研究的某些组织则接近于第二种类型。当然，在具体的事实中，第一种类型要比一般所认为的允许更大的背离；第二种类型要比通常所认为的允许更小的背离。然而，这决不意味着群体和组织在这一特性上有什么不同。

逃避规范对群体来说也许成为功能性的，并且经常作为群体中结构变迁的前奏而从这里发展出使这些逃避变得制度性模式化的或长或短的持续阶段。这个模式正是我已描述过的对"制度规则的制度化逃避"的模式。[②] 这是社会结构变迁的复杂

---

① 帕森斯：《社会系统》，第 58—88 页。

② 关于在不同制度领域中制度化逃避的大量例子，见威尔伯特·E. 穆尔：《工业关系和社会秩序》(*Industrial Relations and Social Order*)(纽约：麦克米兰出版公司，1951 年修订版)，第 114 页；洛根·威尔逊：《学者》(*The Academic Man*)(纽约：牛津大学出版社，1941)，第 218—219 页；罗宾·威廉斯：《美国社会》(*American Society*)，第 360—365 页；乔治·伊顿·辛普森和 J. 密尔顿·英格尔：《种族和文化的少数》(*Racial and Cultural Minorities*)，第 658—660 页；J. H. 费希特："边缘化的天主教"('The marginal catholic')，《社会力量》，1953 年，第 32 期，第 167—173 页，在第 169 页上。

阶段，它需要比这里更加详细的考察。然而，可以说，当面临着群体或集体（或它们具有重要意义的大部分）实际的迫切要求需要有与长期持续的规范、情感、惯例不一致的适应行为时，或者，相应地说，当新近强加给行为的要求与根深蒂固的规范、情感、惯例不一致时，制度化逃避的模式就产生了。① 当人们默认对规范、情感的背离愈益自行其是地被接受时，在第一种情况下，规范、情感暂时还在表面上保持完整。在第二种情况下，当慢慢变化的规范和情感继续支配着实际的行为时，新强加的制度要求实际上被回避了。可以断定，对于复杂的社会结构的稳定来说，容忍适当数量的对规范的背离在功能上是需要的。

372 18. **规范控制系统**：这个特性是指制约群体成员行为的规范控制的模式化过程。群体和组织在下列方面是不同的：在通过自己明确规定的规则（法律）而实行控制的程度方面；在通过更

① 考虑到 1954 年 5 月 17 日最高法院宣布公共教育中的种族隔离是违反宪法的裁决以后随之而来的发展，援引下列 1948 年就已陈述过的制度化逃避这一概念的应用也许是恰当的："在一个不利的文化氛围中——这不必然排除气候温和的更远的南方地区——当人们充分认识到这些规定在所有可能情况下都将在某时被系统地逃避时，直接的手段也许必然是通过法律和行政对极端种族歧视进行联邦控制。在这样的文化地区，我们也许期待作为普通惯例的法律的废除，就像在很大程度上整个国家关心第十八修正案这个事实一样普遍，并且经常伴随着地方司法官员的默许。新法律与地方风俗之间的巨大分歧不会**马上**导致占主导地位的惯例的重大变迁；对违法行为的象征性惩治也许变得比有效的控制更为普遍。从最好的意义上来说，人们可以断定，具有重大意义的变迁将是合适的和极度缓慢的。但是，经济中的世俗变迁在适当的时候也许会给控制歧视的新法律框架带来支持。当由于缺乏教育既不能够充分调动工业的人力资源也不能够通过平等的工资支付扩大他们的地方市场而使经济每况愈下时，随着他们认识到那些歧视惯例并不总是无差别地对歧视者有利，他们也许会慢慢地放弃某些歧视惯例。"R. K. 默顿："歧视和美国人的信念"（'Discrimination and the American creed'），载 R. M. 麦基弗编：《歧视和国家福利》（*Discrimination and National Welfare*）（纽约：哈珀与兄弟出版公司，1949），第 99—126 页，引文在第 120 页和第 101 页。

少明确规定但却被情操和有力的道德信条(道德习惯)所强化的对行为的明确模式化期待方面;在通过日常化的、经常是习惯性的但不具强烈感情的期待方面(社会习俗)。一个极端情况是,无限制地并且是官方宣布的规范被指派了这个角色的行动者所强化;另一个极端情况则是,规范被群体中其他成员的"自发的"但却是社会模式化的反应所强化,即使这些成员并没有为此目的被分配特定的角色。规范控制系统怎样有规则地同群体、组织的众多其他特性相联系这一点是应该继续探讨的。

19. **群体内的可见性和可观察性的程度:**这个特性是指一个群体中的规范和角色表现能够被他人(地位低的人、同等地位的人和地位高的人)观察的开放程度。这是一个比美国社会学家长期描述为"社会可见度"的概念更加宽泛的概念,指的是个体的地位身份(特别是阶级的、等级的、人种的和种族的地位身份)能够被观察到的程度。这个可见度或可观察度特性,在更加广泛的意义上需要进行更多的研究;这部分地是由于有许多迹象表明它**从策略上讲**进入了群体结构和行为的许多分析中;部分地是由于它被齐美尔间接而明智地引入很久以后,它对于社会过程和结构的众多意义只是到现在才变得明显起来;另外也是由于它对参考群体理论主要问题中的一个有直接的影响(就像我们在本章的后面将要看到的那样)。

以典型的随笔形式,齐美尔在他对贵族的社会学性质的论述中提到了这个特性:"[在数量上]存在绝对的界限,在这一界限之外,贵族群体就不能维持下去。打破这个界限的度,部分地是由外部情况所决定,部分地是由心理情况所决定。如果它整个来说是有效的,那么这个贵族群体必须是被在它之中的每一个成员‘所能看得见或观察到的’。[①]（群体的）每一个要素必须是成员个人能熟悉的。”

尽管齐美尔直觉地感到了可见度这一群体特性的精髓所

373 在，但是他没有达到理论的根基，这个理论的根基只是在他的著作之后才发展起来的。他没有能够使他的洞见系统化，没有考虑群体的结构及规模——它们影响这个特性的可变性，没有说明它与维持群体稳定性的控制系统的关系。近来随着“信息理论”的出现，很显然齐美尔已经注意到的特性对群体行为和发展有着深刻的影响（就像正在谈到的那样）。因此现在能够说——不必囿于只是类似的和肤浅理解的修辞格——社会群体在组织方面是这样的不同，以至于一些群体促进了对那些主要是制约成员行为的群体的有效的信息“反馈”，而另一些群体则通过有效的信息反馈几乎没有提供什么。当角色表现背离了群体的模

---

① 这里原词是 übersehbar。在这段英译文中，库特·沃尔夫把它翻译成“可测度的”（surveyable），这无疑是一个较贴切的翻译。然而，用具有一眼就看见或易于观察这种含义的“visible”或“observable”来翻译，在某种程度上更贴近于原词的意义。无论如何，这是沃尔夫在这点上没有做到出色翻译的原因。见齐美尔：《社会学》，第50页；《格奥尔格·齐美尔的社会学》，第90页。

如众所周知的那样，至少从桑塔亚那作为在柏林的一位学生写信给威廉·詹姆斯，说“我发现了一位无薪大学教师齐美尔博士的讲演深深吸引了我”那时起，齐美尔就经常写道“在某些事业之中某一精心的混乱无序是真正的方法”，仿佛他真正相信他所说的。但他没有系统地用“可见度”这一变量进行他的研究，而是偶尔地提到它。例如，他就“意义的社会学”所作的附论，虽然对可见度这一概念产生了直接的影响，但他把这留给已经很感激他的读者去探索它们之间的联系，《社会学》，第646—665页。刘易斯·A.科塞在他的《社会冲突的功能》一书中——此书试图把齐美尔的许多洞见系统化——恰当地引用了何塞·奥尔特加·y·加塞特就齐美尔著作的风格所作的评论：“敏锐的心灵——一种哲学心理学家的心灵——决不认为齐美尔的主题本身是一个问题，而是把他的主题当作从事他奇迹般的分析活动的讲台。”这个评价用在齐美尔对可见度或可观察度概念的断断续续的使用方面是最合适不过了。

式化希望时,那些有助于角色表现的可见度或可观察度的结构条件无疑会提供确切的反馈。因为在这样的条件下,那些倾向于使越轨行为回来与规范相一致的群体其他成员的反应,将会在越轨行为发生后不久即开始起作用。相伴随的是,当存在着对这种直接的可观察度的结构障碍时,越轨行为会积聚起来,甚至在群体其他成员注意到之前,更加广泛地背离了现行的规范,然后常常导致只是有助于使越轨者疏离而不是“校正”他们的越轨行为的“过度反应”(over-reaction)。这些信息流动的结构障碍(信息流动似乎是齐美尔可观察性概念的现代对应物)会以这种方式干涉群体的相对稳定状态,并且带来社会控制的阵发的和无制约的摆动。

近来更多的研究涉及到与群体这一特性相近的问题。这特别通过由实验简化的群体结构而确立的传播网络影响信息流动 374
的速率、程度和性质这些方面的研究呈现出来,并伴随有相应的对于任务执行和社会控制的后果。在这个简短的讨论中,仅仅引用这些研究也许就足够了,对我来说,他们的这些研究是近来对这一问题的研究中最有意义的。[①]

---

① 亚历克斯·贝维拉斯:“任务取向群体中的传播模式”(‘Communication patterns in task-oriented groups’),载丹尼尔·勒纳和哈罗德·D. 拉斯韦尔编:《政策科学》(*The Policy Sciences*)(斯坦福:斯坦福大学出版社,1951),第193—202页;也见贝维拉斯小组的进一步研究;乔治·A. 海斯和乔治·A. 米勒:“小群体用来解决问题的各种不同传播网络”(‘Problem solving by small groups using various communication nets’),载《变态心理学与社会心理学杂志》(*Journals of Abnormal and Social Psychology*),1951年,第46期,第327—336页;亨利·奎斯特勒,《心理学中的信息论:问题和方法》(*Information Theory in Psychology: Problems and Methods*)(格伦科:自由出版社,1955);哈罗德·格茨科夫和哈伯德·A. 西蒙:“某些传播网络对任务取向的组织和表现的影响”(‘The impact of certain communication nets upon organization and performance in task-oriented groups’),《管理科学》(*Management Science*),1955年,第1期,第233—250页。

其他一些研究大部分是从社会心理学而不是从社会结构的角度来进行的，它们已经开始探索来自领导和普通成员的群体成员在情感信息上的模式化差异。[①] 这明显是实现两种类型的社会研究——结构的和社会心理学的——融为一体的前奏。角色表现的和情感方式的可观察度是与群体结构、信息流动、社会控制的运行相关联的。

社会学领域有关可观察性此方面或者彼方面的研究，包括了布劳对统计方法应用的考察；这些方法指示出在伴随相应社会控制[②] 结果的科层制中角色表现的数量和性质以及相应的社会控制后果，以及作为把有助于朋友间的情感表达或适合于他们情感的持续压抑的环境作为主要变量的社会过程的友谊所进行的分析。[③]

既然社会科学对与社会组织相关的传播的探讨已经有了长足的发展，并且仍然处在理论统一的过程之中，那么这里提到这些研究也就足够了。但是，这里所讨论的实质要点是，一旦可观察性被当作群体的一个特性来考虑，它就会引起人们关注群体结构如何影响信息的输入和（反馈的）输出，这些随后会对施加社会控制产生影响。

在差不多相同的意义上，就像我们已经熟悉和现在就要看
375 到的那样，可观察性这种特性即使在参考群体理论中没有被明

---

① 卡尔马·乔杜里和 T. M. 纽科姆："领导者和非领导者评估他们自己群体意见的相对能力"（'The relative abilities of leaders and non-leaders to estimate opinion of their own groups'），《变态心理学与社会心理学杂志》，1952 年，第 47 期，第 51—57 页。这个和与之相关的研究将在本章的后面部分根据它们的含义进行考察，因为本章后面部分要对可观察度进行细节方面的分析。

② 布劳：《科层制的动力学》（*The Dynamics of Bureaucracy*），特别是第 3 章，"表现的统计学记录"（'Statistical records of performance'）。

③ 拉扎斯费尔德和默顿，前引书，特别是第二部分。

确地加以说明，也必然是隐含其中的，因为关于群体规范的知识的可变性明显地影响了它作为规范参考框架的那一方面。不过，等群体特性的列举完成时，这可以在后面更加确切地来加以考虑。

20. **群体的生态结构**：这一特性主要是指群体成员的空间分布的生态变量，而生态学理论中常见的其他变量则在他处讨论。群体在这方面的不同是很明显的：群体成员也许是空间上邻近的和高度集中的，或者也许是远隔的和稀疏地分散开来的。对这一特性近来的研究一致表明，空间和功能接近的程度会影响社会关系的形成、社会控制的类型和成员参与群体的程度。[①]这可能与角色表现的可观察性有关。

21. **群体的自主性或依赖性**：各种群体，为了完成它们的功能和实现它们的目的，它们的独立性或对更大社会中其他群体和机构的依赖性的程度是不同的。只要群体的功能要求由社会中的其他群体代为满足，那么，即使群体自身并没有满足某个或更多的功能要求，它们也可以继续运行。从社会学的角度来看，

---

① 关于空间距离与地方社区中社会关系形成之间的联系的一系列例子，见R.K.默顿："住房社会心理学"（'The social psychology of housing'），载韦恩·丹尼斯编：《社会心理学的当前趋势》（*Current Trends in Social Psychology*）（匹兹堡：匹兹堡大学出版社，1948），第163—217页，特别是第203—209页；利昂·费斯廷格、斯坦利·沙克特和库特·巴克合著：《非正式群体中的社会压力：住房中人的因素的研究》（*Social Pressures in Informal Groups*: *A Study of Human Factors in Housing*）（纽约：哈珀与兄弟出版公司，1950），尤其是第3章；西奥多·卡普洛和罗伯特·福曼："同质社区中的邻里交往"（'Neighbourhood interaction in a homogeneous community'），《美国社会学评论》，1950年，第15卷，第357—366页；H. J. 甘斯："新城镇的社会学"（'The sociology of new towns'），《社会学和社会研究》，1956年，第40卷，第231—239页。对于人们的空间分布与他们的社会行为、社会关系之间的联系的社会学研究现在是相当可观的；对这些研究记录中的发现进行整理可能会证明这种努力是值得的。

充分自主的表象常常是虚假的。例如,以色列的集体农庄(Kibbutz),如果不是以色列经济和社会的其他方面满足它们的某些要求,如果没有以色列之外的那些国家所提供的资源,它们显然是不能保持它们的基本的社会主义性质的。[①] 这种关于群体或社区的不同程度社会自足的观点,已由研究农村的社会学家进行了最细致的发展和经验上的研究;这似乎在农村之外的地区
376 也是适用的。

22. **群体稳定性的程度**:这一特性是指群体抵御外部阻力、维护它的结构和有条不紊地进行变迁的能力。它不是指全体成员中的人员更替率,尽管人员更替率可能与此有关,但却是另一特性。进一步说,它不同于那种与稳定相联系但不是与稳定相邻接的社会内聚(13)。至于这一点作为"能力"而不是作为经验上可观察到的稳定性的程度,我想说明,群体可观察到的稳定性依环境压力的程度而定,而不只是依它自己的内部结构而定,就像接下来的讨论所表明的那样。

23. **群体结构语境的稳定性程度**:这是指特定群体维护其性质所面临的社会环境的能力。这一特性也许与群体的稳定有复杂的联系。例如:当群体逐步地建立起与环境的和谐的、适应的关系时,稳定的社会环境可能有助于其中的群体更大的实际稳定性。然而,高度稳定的环境可能为处在剧烈变迁中的群体带

---

① 爱娃·罗森菲尔德:《以色列集体中的制度变化》(*Institutional Change in the Isreali Collectives*),社会学博士论文,哥伦比亚大学,1952年;梅尔福德·E.斯皮罗:《集体农庄:乌托邦的冒险》(*Kibbutz: Venture in Utopia*)(坎伯里奇:哈佛大学出版社,1956);巴伯:《社会分层》(*Social Stratification*)。齐美尔已经谈到"社会主义或接近社会主义的社会只是在非常小的群体中才是可能的,而在大群体中总是失败"。《格奥尔格·齐美尔的社会学》,第87—88页。事实证明,更进一步的考察会发现,这个经验概括是依赖其他群体特性的,这些特性正是齐美尔在论述具体的历史事例时不系统地引入的。

来压力。从社会结构而不是文化结构的角度设想,这也许就是奥格本文化滞后概念所指的那类情况。

24. **维持群体稳定和结构语境的方式:**就像齐美尔实际上常常谈到的那样,群体及其结构语境不同于它们维持稳定的过程,这种过程不是通过可比较的**僵化**就是通过可比较的**灵活**而进行的。即是说,当遇到压力时,作为群体,它们在结构和功能上也许会保持它们的性质;或者,在对压力的反应中,通过结构的适当变化,它们也许会维持它们的功能特性。这个长期流行的观念即使在它的原始意义上也需要相当费力的澄清,它表明群体在适应内部压力和外部压力的典型方式方面具有重大的不同。

25. **群体的相对社会地位:**就像可以依据声望和接近具有文化价值的回报的机会而划分个人的社会等级那样,对群体也可以如此。社会学家们理所当然地认为职业地位是可以区分等级的,这些职位的占有者也可以相应地划分等级。但是,当我们的研究达到整合关于群体和组织相对地位的系统资料时,从某种程度上讲我们是更加任意的。① 不过,日常的观察表明,在涉及到群体地位的许多方面中的某些方面是很重要的:竞争的过 377
程——就像帕克和伯吉斯在一代人之前所说的那样,也如评价论者一贯强调的那样——不仅涉及到个人,而且涉及到群体、组织和社会的相对地位。

26. **群体的相对力量:**这是指群体把它的集体决定强加给(a)它的成员和(b)社会环境的不同能力。在此,我们断定,群体的相对力量是其他群体特性的后果,但是对这一复杂问题的分

---

① 沃纳的研究的突出贡献之一就是实质性地开始了对群体和组织相对地位的分析;例如,见W.劳埃德·沃纳和P.S.伦特:《一个现代社群的社会生活》(*The Social Life of a Modern Community*)(纽黑文:耶鲁大学出版社,1941)。

析现在还处在开始的阶段。①

至此结束群体特性的列举无疑是武断的,因为也许有比上面更多的群体特性,已经或零散地或系统地被社会学家们研究过了。但是,这一列举绝不能说是穷尽无遗的,充其量它也只是初步尝试而已。它只是趋向从理论上形成关于社会群体特征的概念图式这一义不容辞目标的小小的一步。如果要把关于群体或群体结构的大量事实以知识形式完全地呈现出来,诸如此类的概念图式显然是必需的。

人们对这个暂时列举可以提出截然相反的看法:不是因为它显而易见是远非完整的,而是因为它早已冗长不堪了。因为,经过对这二十六种特性的考察,我们怎样能够完成根据所有这些特性同时描述每一群体这一隐含的任务呢?完成这一任务会有力地表明,在所有这些众多的方面,几乎没有多少群体从结构上是相似的。因而,探索与群体结构相联系的行为的一致性即使不是不可能的,也是困难的。

这一切无疑都没有提出新的问题,并且肯定没有局限于社会学分类的某个问题。这是在任何学科中形成有用的分类所必须重新解决的问题。但是,从大量的经验积累中找到解决问题的一般方法理当是众所周知的。首先,上面的特性列举也许会导致几种分类,而每一分类都有其独特用途,并没有假定必须依据大量的显著特性形成某种惟一的分类。其次,可以毫无疑问

---

① 罗伯特·S. 林德目前从事的这方面研究有希望形成对这一问题的新认识。也见弗洛伊德·亨特:《社群权力结构》(*Community Power Structure*)(查普希尔:北卡罗来纳大学出版社,1953);罗兰·J. 佩尔格林和查尔斯·H. 科茨:“外人拥有的社团和社群权力结构”(‘Absentee-owned corporations and community power structure’),《美国社会学杂志》,1956 年,第 61 期,第 413—419 页。

地证明，某些特性能够从其他特性中推演出来，因此它们不需要单独考虑。我们在前面的列举中已经提出了几种这样的可能性。最后，也许会出现这种情况，即这些（和其他）明显的群体特性中的一些会被证明是“无关紧要的”，因此，它们并不会导致发现事实中可以分辨的秩序。但是，关于这类特性的初步列举的 378
用途是它提供了进行替代分类的“实验”的出发点，而不是采用为一时的目的所形成的**特别**分类。

然而，在对群体进行进一步分类能被证明有用之前，还有一个很大的障碍必须克服。这就是对每一个所要考察的特性进行**标准**化测度的困难。每一学科的发展都会有这样的阶段，即特定的测度和指标在每一研究中都会重新形成，以至于虽然代表特性的**词**仍然保持不变，但它实际所指的现象却大相径庭。例如，只要“社会内聚”被诸如群体规范的认可、群体成员彼此“喜爱”（这是社会计量学所选择的）、“群体归属”的意识等等这样粗略的指示词加以各种各样的“衡量”，那么用同一概念指示群体虽然相关但却不同的诸多方面就至少是可行的。名称和尺度的标准化是大多数科学在其发展过程的某一时期所面临的一个问题；因此提出下面这点也许并不过分：社会学正在达到努力解决这一问题的阶段，而不是继续通过一系列艰难的、间断的适应与它共存下去的阶段。

不过，在强调我们还不知道和我们还未完成的东西时，我们不应该忽略已知的和已经完成的方面。在过去一代人或两代人中，已经积累了许多（也许是极多）关于前面所列举的特性的知识。甚至可以更确切地说，在社会学家中有一种根据群体结构的要素和特性来进行思考的不断增长的趋势，而不是满足于对各种群体的纯粹描述性的说明。如果没有彻底乐观主义存在的足够场合，那么就没有令人讨厌的悲观主义存在的余地了。

现在,我们也许到了结束对群体特性那些看上去冗长的讨论的时候了,不过这个讨论实际上是以清晰的逻辑,由引入当前参考群体理论的问题4那类夸大其辞的问题所预设的:

> ……什么时候个体使自己取向于他们职业群体中或者他们的志趣群体中或者他们的宗教群体中的其他人呢?我们怎样能够确定被当作重要背景,导致这种而非那种群体隶属关系的**社会状况的结构呢?**

因为就像现在应该清楚的那样,这些问题假设对群体进行分类的有益方式是根据群体所从事的制度性活动,诸如工作、娱乐、交际性的谈话、笃信宗教等。不过这些假设至多也是有争论的。
379 的确,在社会学科学中就像在人的成长过程中一样,在学会跑之前应先学会走一般说来是更明智的(即使不是必然如此)。因为将来某个时候(像过去那样长的时间)会证明,探究在隶属群体中选择参考群体是既明智又方便的,这种隶属群体具体说来是家庭的而不是同龄人的,是职业的而不是宗教的群体。从这个具体层面的探索中所获得的信息毫无疑问是有其用途的。但是,应该事先认识到,从参考群体行为的系统理论的角度来看,这只能构成暂时的研究——可能是必不可少的序幕,但也只是发现在特定条件下选择某些群体**类型**作为参考群体的统一性的序幕。

以此为条件,继续阐述从隶属群体中选择参考群体的动力学所涉的问题,并且一起对与这些问题有关的研究进行评论,将是有益的。就现在的讨论而言,什么是有助于选择某些而不是其他隶属群体作为规范的、比较的参考框架的理论和事实的地位呢?

问题4.3 不同价值和规范引起的参考群体的变化

虽然这点只是缓慢地进入了参考群体理论的领域，但是早就假定了不同的群体与个体行为的不同领域是相关的。这只是说，参考群体(如果不总是明确地也至少是不言而喻地)是以与不同种类的评价和行为相关联的方式而运行的。就像我们已经看到的那样，当我们思考群体中的约束程度特性(2)时，一些群体可能与广泛多样的行为相关，另一些群体则只与少数行为相关。

在社会科学中，提到这种效果的例子是不胜枚举的。例如，从一开始，社会计量学就假设某些个体易于被选择为工作领域中令人喜爱的同伴，其他个体则是娱乐领域里令人喜爱的同伴。[①] 同样，不能暗中假定，同样的群体对目标个体行为的每一阶段都始终是参考群体。加进这些生硬的术语后，这一论断就具有了那种平庸、冗长论调的所有特征。不过，暗中提示参考群 380
体的做法——不是立即同涉及到的行为和评价的特别形式联系起来——旨在努力摆脱这种平庸陈述的限制性含义，更进一步说，到现在为止，门外汉和社会学家似乎对选择某些而不是另外一些群体作为与特殊类型的行为和评价相关的参考框架知之不多。这一点表明，那种功能上或实质上相关的群体必然成为参考群体这一明显的常识性假设远不是真实的。例如，认为某个人的宗教隶属单独决定哪一个群体将被作为有关宗教事务的规范参考框架，或者某个人的工会必然制约人们的经济观点这样的论断就不符合事实。参考群体行为的复杂性看来不能够被修

① 这个基本的、曾经提到但容易被忽略的观点已经进入到社会计量学分析的技术中，这是J. L. 莫雷诺在他有影响的著作《谁将生存》(*Who Shall Survive*?)中第一次提出的(华盛顿市：神经和精神病专题丛书，第58号，1934)。

剪成这种令人喜欢的简单模式。

许多其他的评论者强调了不能把相同的个体或群体统一地作为不同社会领域的行为和评价的指针这一普遍的论点。在一段时间里，这是以旨在描述领导工作的语言提出的。作为一个例证，参考一下绍尔·阿林斯基所作的评论："尽管人们尊敬在政治方面对自己的判断充满信心的作为领袖的特别人物；但是，当他面对经济问题时，他会求助于他好友圈子中的某个人。如此等等。在他的活动过程中，他决定不同的事情时或许有可以与之商量的五六个人在他周围。因此，人们几乎不可能发现被称为完全领袖的人物——他在每一活动领域都有四十名或五十名追随者。"① 既然这只是被描述为阿林斯基在他的观察领域所得到的印象，那么阿林斯基所表达的更加系统的"调查将解决"这一问题的信心就是合乎实际的。本书下一章提到的一个这样的调查就是致力于我认为应更确切地描述为对"权势人物"而不是对领袖的研究，它发现：

> ……在施展人际影响的活动**领域的数量**方面，各个权势人物具有很大的不同。一些权势人物可以被称为**单一型的**，他们被重复地作为正在施展影响的例证，虽然只是在一个相当狭窄的领域内——例如，在政治、趣味**或者**时尚领域里。单一型的权势人物在有限的领域里是"专家"，他们的影响并不扩散到其他决策领域中去。另一些权势人物——包括相当数量的位高权重的权势人物，则是**多样型的**，他们在许多不同的(有时似乎是不相关的)领域里施展人际影

① 绍尔·D.阿林斯基：《激进派的进军号》(*Reveille for Radicals*)(芝加哥：芝加哥大学出版社，1946)，第 90 页。

响。(第 467—468 页)

但是,就像这一讨论继续表明的那样,社会学家现在准备越
出经验概括(即相对少的权势人物在许多活动领域施展多种不 381
同影响,而相对多的权势人物只限于在一个活动领域施展影响
这一概括)而前进。很明显,下一步探讨必须确定这些影响类型
易于出现的此一或彼一条件。

对单一或多样影响这个一般问题进行的最全面研究是由卡茨和拉扎斯费尔德的那本著作所提供的。① 他们也同样提出,经验上流行的影响模式据说是限于规范和行为的单一领域:“一个妇女是某一领域的领导人这一事实和她在另一领域也会成为领导人的可能性并没有关系。”

这一问题为把关于重要人物和意见领袖以及参考群体行为的发现和假设整合进一个中层理论提供了机会。因为,显而易见,第一组探讨实际上涉及的是参考群体和参考个体的现象,这是**从提供这些规范与比较评价的框架的人们**的角度来考察的。在这些研究中,注意力集中在个体和群体的类型上——这些类型成为其他人的单一或多种取向的来源;其次才把注意力放在个体和群体对之有影响的那些人的条件的详细分析上。相反,第二组探讨注重对采用某个或另一群体或个体作为导向和取向来源的那些人的分析,只是在次要的意义上才涉及对施展这种影响的个体和群体的详细分析。但是,既然“参考群体行为”涉及到必然是两方面的社会关系,那么考察这一领域行为的下一步将要求同时既对适应各种参考群体的个体又对提供这些参考

---

① 伊利休·卡茨和保罗·F. 拉扎斯费尔德:《个人的影响》(*Personal Influence*),第二部分,特别是在第 15 章中总结了这一研究发现。

框架的群体进行分析。直到现在,这两个方面探讨的相对独立实际上有利于关于社会影响理论的发展,这一点也许是危险的,因为现在可以觉察到许多汇集点增加了我们对这两方面探讨有效的信心,毕竟发生独立的同样错误的概率小于独立的同样正确的概率。但是,不管怎样,这也许表明,那种对社会影响(焦点是施展影响的个体和群体)和参考群体行为(焦点是那些受到影
382 响的人)所作的孤立研究,明显地需要在理论上联结成能够同时处理这两方面的社会学观点。

与这个某种程度上被扩大的背景相对照,引入几个关于选择某些而不是另一些隶属群体作为参考群体的近期研究就具有额外的社会学意义。这些研究公开承认其工作只是开始,但是也许由于这个原因,它们是即将到来的大发展的前兆。举一个例子,拉尔夫·特纳所进行的研究就是以"参考群体著述总是没有强调群体是**部分地**而不是整个地与个体的价值相关的程度"为前提的(同我们所列的群体特性中的第二个特性相关)。[①] 因此,特纳通过对被选来作为不同种类价值的参考框架的不同隶属群体所做的研究来弥补这个缺陷:注重于职业成功的价值、种族价值和道德价值的指定类型、与特纳描述为"生活的富裕"必然相关的价值。在这里,我不是对特纳的发现进行总结;这些发现正像特纳所说的,是启发性的而不是非要人相信不可的。这里的要点是选择的不同模式的出现,它们把价值类型和参考群体的类型联系起来。例如,与成就而非社会归属有关的群体关系,对于那些特定类型的"未来取向"的人(他们组成了特纳研究的样本)的价值接受更为相关。再者,个体渴望隶属的那些群体

---

① 拉尔夫·H. 特纳:"未来取向的人们的参考群体"('Reference group of future-oriented man'),《社会力量》,1955 年,第 34 期,第 130—136 页,在第 131 页。

的价值和标准并不是一致被接受的。如果这后一个发现一开始似乎是自明之理,那么进一步的思考则表明,它也许最好加以详细探索而不是被漠视为不言自明的公理之一。因为,它指向了对有助于**抵抗**潜在参考群体的规范和价值的条件的注意,而不是仅仅限于研究那些有助于采用这些规范和价值的条件。这是在面对社会和心理科学主要考虑群体的强迫性或压制性影响的流行趋势时的一个普遍定向,索罗门·阿施曾努力试图恢复这一定向的适当的重要地位。这也只是表明关于"个体自主"和社会压抑的研究是同一理论的对立面,而不是像有时粗心假定的那 383
样是关于"个体"与"群体"的研究。

对"不同规范和价值的不同参考群体"的思考似乎正达到所研究的社会学注意的水平。例如,在特纳报道他研究成果的杂志的同一期上,还有一篇罗森所写的相关但独立的论文,也有这种相同的宗旨。还有,这种阐述说明的是那些显见的东西,但是严肃地对待自明之理并试图进一步发展它:"重要他人并不必然是个体行为一切领域的参照物。"① 更进一步说,代替对发现的总结,我只是选择看来对继续探讨有重要意义的阐述。罗森报道了那个看上去很异常的发现:那些作为他研究样本的个体(他们在宗教态度和行为方面实际上是最为"传统主义的"),不像以人们的现成常识为基础所假定的那样,是一些最容易认为自己在恪守规范的人。参考群体理论的应用澄清了这个表面上的悖论。因为,那些在宗教行为上最"规范"或最"正统"的人其父母一般有特别严格的宗教规范标准,而且正是在这些严格标准的

① 伯纳德·C. 罗森,"对于态度和行为形成中父母因素的参考群体方法"('The reference group approach to the parental factor in attitude and behaviour formation'),《社会力量》,1955 年,第 34 期,第 137—144 页。

情境中，这些个体在他们的行为方面更加经常地评价自己的不足。这个发现很容易与一个已经得到确认的观念结合起来，即自我评价依赖于不同的、由群体派生出来的判断标准。它能够提醒我们注意到我们泛泛而知但未充分认识到的一点：个体对“与自我一致”的意识经常只是与他投入了情感的那个群体的标准“相一致”的结果。个人自主的意识并不**必然**意味着否定所有群体的规范强制。

第三篇也即艾森斯塔特写的论文[①]，是关于选择不同参考群体问题的最全面研究，因为这种选择受到所涉及的环境中的价值与规范的性质的影响。无论艾森斯塔特的资料的精确性如何有限，他对这一问题的分析代表了十分不同的发展。他从区分社会规范类型开始，充分认识到分类会使进一步研究具有充分的空间。他所区分的五种规范类型——这里没有提及它们，也许反而能激发读者阅读原文——后来被归纳为两种类型：(1)直接把群体的“终极价值”同特定社会互动网络的确切角色
384 行为联系起来的规范；(2)有助于把各种各样的角色或行为领域的相对重要性分成等级并因而有助于减缓各种矛盾角色规定之间潜在冲突的规范。

正像我们在列举群体特性过程中所看到的，列举是对群体进行分类的前奏，对规范进行分类也是确定理论问题的预备。在这些问题中，最基本的一个问题是关于这些一般参考规范类型中的某个或另一个作为社会控制机制而被唤起和维护的条件。艾森斯塔特暂时作出结论说，第一种类型的规范有助于重新证

---

① S.N.艾森斯塔特：“参考群体行为的研究：I.参考规范和社会结构”（‘Studies in reference group behavior: I. Reference norms and the social structure’），《人类关系》（*Human Relations*），1954年，第7期，第191—216页。

实构成社会互动特定情境基础的持久价值，它易于在群体的日常社会活动由于某种原因严重地受到干扰的条件下而被唤起。用温和而恰切的说法，这个结论可以被陈述为：**在**社会的诸亚系统**中**而不是在不同亚系统**之间**潜在冲突的条件下，在即将发生或实际发生的非组织化的条件下，一种把终极价值同社会互动特定情境联系起来的、趋于成为主导规范的参考取向是作为社会控制的机制而起作用的(艾森斯塔特，第202页)。当不同群体对社会情境所作的多样而又相互冲突的界定把个体推到在冲突着的角色之间进行选择时，第二种类型的规范就易被唤起。①

必须承认，艾森斯塔特的观察所得到的这些观点对我来说是重要的，因为它们在理论上与本书前一章所提出的某些观点相一致。但是，撇开这种无关紧要的考虑，在参考群体社会学理论的发展过程中，这些观点的突出优点是使研究集中于那些促使对参考群体进行选择，并进而促使群体具有某一社会功能的**制度的**和**结构的**条件上。②虽然它们的作者公开承认这类研究 385

① 正是与这个问题相联系，参考群体行为理论同关于社会角色和角色冲突的相邻理论连接起来。社会结构、文化价值和环境压力的互动产生出二者择一并且时常是在冲突的角色之中进行选择，而这些角色则是根据现在才开始得到理解并只是有其大致轮廓的模式。见塞缪尔·斯托弗的文章："对冲突着的社会规范的分析"('An analysis of conflicting social norms')，《美国社会学评论》，1949年，第14期，第707—717页；斯托弗与杰克逊·托比随后以此研究为基础写的文章。还有刘易斯·M.基利安："灾难中的多重群体隶属的重要性"(The significance of multiple membership in disaster')，《美国社会学杂志》，1952年，第67期，第309—314页。

② 这里提到的是前一章中已经提出的对下列这类问题的陈述："此处涉及的理论课题和经验研究课题就是确定社会情境结构是如何促使某些地位相似性成为这种比较的基础，它又是怎样导致其他各种地位相似感被冷落一旁，变为'毫不相干'的。"(本书第297页注)。再者，这个问题是要确定"这些参考框架之所以为共同框架，因为其模式的形成取决于该社会结构"(本书第298页)。更进一步说："正是对社会结构的各种制变性定义才可能使一个群体成员或一个社会地位成员把

只是初步的，但它们的确代表着解决一些（而不是另一些）隶属群体怎样达到被选作形成各种不同评价、比较和态度的参考框架这一问题的开始。

问题4.4 持续互动的地位范畴或亚群体中参考群体的选择*

……[什么是]一般地位范畴与某人所属的亲密亚群体的相对重要性……例如，工人对于他们个人未来的就业前景的期望更多地是由他们自己和同伴们的目前就业所决定的，还是由现行职业中高失业率所决定的呢？

这个来自《美国士兵》的个案因而提出了**对由同伴和更为一般的地位范畴所形成的参考框架的相对有效性**进行不断研究的需要。它提出了在这样的有计划的研究中必须包含的主要观察项目，以便使这个问题……能够使它本身在此时此地而不是在遥远的将来得到研究。这种有计划的研究会很容易地包括关于既定地位中普遍流行的规范和情境的知识资料。随后的分析将根据对**同样地位**的个人的系统比较来进行，这些个人的直接伙伴有着明显相反的规范或处于对立情境。（第247页）

在这一段中提出的希望着重研究的问题，特别是在关于投票行为的"埃尔米拉研究"中，已经变成了某种事实。因此，在集

注意力集中到某些**共同的**参考群体之上。……除了共同参考群体之外，还存在着各色各样的特异性群体……"（本书第300页）。艾森斯塔特所详细说明和发展的正是这种关于参考群体的社会学取向。在参考群体理论领域中，说连续性而不是间断的非连续性正在成为占优势的发展模式也许并不过分。

* 在目录中，此节标题为"地位范畴和亚群体"。——译注

中于参考群体行为细节的埃尔米拉研究的某一方面[①],应该指出的是,在这一段论述中所描述的材料恰恰就是那些"选举研究所提供的材料——并且每当可能时它所使用的就是这类分析"。这种专题研究包括有关发现的重要积累,但我并不打算在细节上加以概述。一个例证或许有助于说明这些发现的梗概。人们已经发现,在正式组织(工会)中的直接伙伴(共同工作者)明显地形成个人对整个组织的政治情况的感知。当以压倒的多数票 386
选举共和党人时,拥有共和党同事的人们比拥有民主党同事的个人更加容易理解他们的联盟。不过,手头的资料似乎表明,这个联盟**从整体上**被其成员当作政治参考群体,同时对于其他人,联盟中直接伙伴具有参考功能。这个发现导致了确定某一参考群体选择模式的环境这一随之而来的问题。

埃尔米拉研究[②]的基本著作对这个一般问题进行了集中的研究,就像我们在下列摘录中所见的那样。这些论断是如此的紧凑,以致对它们的任何解释都是多余的:

> ……在一小群个人伙伴(个人投票者与之生活在一起)与大的社区(个人投票者在其中生活)之间必然不协调的东

① 诺曼·卡普兰:"参考群体理论和投票行为"('Reference group theory and voting behavior'),前引第 79 页,例子见第 156 页及以下。

② 伯伦德·R.贝雷尔森、保罗·F.拉扎斯费尔德和威廉·N.麦克菲:《投票:关于总统竞选中舆论形成的研究》(*Voting: A Study of Opinion Formation in a Presidential Campaign*)(芝加哥:芝加哥大学出版社,1954),第 98—101 页,而且全书到处可见。我已经冒昧地把那些似乎具有重要意义的句子以黑体来引用,正像我有意地把在地方社区中种族轨道与新近发现的社会过程之间的简单但有新意的类似包括进去一样。这一类比中人们的社会地位较低不应成为社会学家进一步研究的禁区。例如,从历史上看概率论起源于赌场,因为赌博者的问题不断吸引了迪莫拉、帕乔利、卡登、塔尔利亚、帕斯卡尔、费玛和雅克·贝尔努利的兴趣。如果我们能够把大事情与小事情相比较,类比就是有力量的。

西是什么呢？人们习惯于说，这对于投票者则是他**周围**的社会环境；所以上述问题也是这样。当朋友或同事的首属群体的政治意见一致时，被访者的投票是稳定的。当民主党的首属群体“坚固”时，该党的得票数实质上并不低于“坚固”的共和党群体(即每一方只失去了大约12%或15%的选票)。社区中支持共和党的人占大多数几乎没有什么影响，因为它不会接纳同质的民主党群体中的人们。

但是，当对首属环境进行内部区分时，就会看到远处社区的影响。因而，共和党人得到更高比例的选票；如果共和党人朋友和同事的比例是二比一，那么共和党能得到四分之三的选票；但是如果民主党朋友和同事的比例是二比一，民主党只能得到一半的选票，这似乎是说在**混合的**首属群体中，平均得票数更有利于共和党一方。**因此，更大社区对不和的或意见不一致的首属群体中的投票者影响最为明显。当投票者的亲密伙伴们没有为他指出惟一而明确的政治方向时——即他的同事们提供给他可选择的方向时，那么，周围社区中更加广泛的联系就会加剧此一立场而不是另一立场。**

同样的影响可以在每一种社会经济地位和宗教范畴中看到。由于“右翼”党(这个阶层的传统党)朋友的支持，每个亚群体中90%的成员在选举时是“坚定”的。但是几乎在每种中间情形中，有混合朋友群体而又有共和党倾向的人比他们的民主党对手保持了更强大的对自己党派的支持。三个朋友中有一个朋友是民主党人的新教徒只“丢失”
387 了15%的选票给民主党，而有一个共和党朋友的天主教徒则“丢失”了36%的选票给共和党见图表65[(这是强烈推荐给以对经验材料进行创造性的社会学分析为乐的那些人的劝告)]。

因而，**一般说来，共和党人的收益多于他们在适应冲突环境时随机得到份额，因为弥漫在埃尔米拉的共和党氛围会自我维持下去。**周围的大多数人从交叉压力的运作中获得了好处。人们可以称这为“损耗”(breakage)效果——一个从赛马场上得来的名词。在同注分彩赌博系统里，人们互相打赌并且互相影响；但是，当结果以整数来分配时，剩下的零头便士——损耗——就走进了赛场或背后的国家那里去了。在我们的个案中，小群体适应的损耗跑到共和党社区那一边。在任何时候，损耗也许是微不足道的，就像赛场的情况那样；但是经过一段时间，它就是相当可观的。例如，在埃尔米拉，更年长的人们之所以更多地投了共和党的票，也许正是首属群体的给予和取舍这样磨损的结果。随着人们年龄的增长，在共和党社区中，民主党逐渐增长的损耗就表现出来。

诸如这些发现证实了包含在长期确立起来的多元论概念中的对事实的某些假设，而这种多元论认为社团能够(在多元论政治学说中是应该)在个体与更大的社会和政治组织之间进行中介。① 从分析的角度来看，这是一个合理的社会结构概念，但只是初步的尝试。首先，这个概念不需要被限定在私自组织的社团与国家之间的权力斗争上，多元论者的许多著作从传统上就

① 对多元论(不仅作为一个政治理论而且作为一个社会结构概念)有见地的社会学分析，见罗伯特·A. 奈斯比特：《社群探索》(*The Quest of Community*)(纽约：牛津大学出版社，1953)；克拉克·克尔：“工业关系和自由主义多元论者”(‘Industrial relations and the liberal pluralist’)，载《工业关系研究协会第七届年会公报》(*Proceedings of the Seventh Annual Meeting of the Industrial Relations Research Association*)。

是这样限定的。它不仅是正式的和有意识的行使权力——这种行使权力因而受到社会结构的影响，而且是包括非正式和无意识影响在内的整个社会影响。

其次，奈斯比特的深刻分使使这变得格外明显，即不是“个体”——他们不言而喻地被想像为没有联系的一堆散沙，由居于他们与至高无上的国家之间的社群来维护他们的自由——而是“人们”被不同地束缚于诸如家庭、公司和地方群体这些首属群体中。对这种真正孤立的个体的虚构——已在古老而受到敬仰的霍布斯《利维坦》第十三章中强有力地表达出来，并且自那时起就落入自由主义多元论者的假设之中——是当今社会学已经证明的一个既不真实也属多余的虚构。

第三，就像现在所显示的那样，即使是人们在某种程度上涉
388 入的首属群体，对其成员也没有统一的影响。偶尔，给个体提供社会环境的群体的种种价值完全(或大多数)不是一致的，此时，这些群体的潜在影响变成中性的。另外，首属群体中相互冲突的价值取向开始流行且重大社会环境的模式取向变得显著时，首属群体的中介作用变得越来越小甚至可以忽略，而更大社会的影响变得更有约束力。这至少是从埃尔米拉研究的一系列发现中可以尝试推断出的方向。

这些发现中的另一类含义同参考群体理论发展中“小群体研究”的理论地位和更为一般的群体社会学理论有关。十分清楚，如果所考察的行为是某一社会学实验室中短时期内被集中在一起而组成小群体的一些个体的行为，那么就不容易获得那些埃尔米拉发现。因为这一问题的基本要求在于这些个体的行为应该在长期持续的密切关系(“朋友”或“同事”)与周围社群的规范和行为结构这两个背景中被考察。可以确切地说，这类**社会学**问题包含了在个体中间对个体具有持续情感意义的、具有实际功能的社会

结构，这类问题在为实验而设计出的个体“小群体”中尤其看不到，因为这些个体是在为了有限目的、对“群体”的介入有限和这一切都是在有限时间内出现这一**特定**基础上而结合到一起的。这当然不是对进行实验性的小群体研究的价值表示怀疑；而只是强调这种探讨的设想在有限的社会学问题范围内才是适用的。这只是说，对于诸如正在谈论的这个问题一样的许多问题，它们在具有情感意义的、持续统一的个人关系网络之中成为内在的联系，而更大的社会结构恰恰就是正在探讨的这种联系；在其他方面有启发性的实验性的小群体探讨并不一定是合适的。人们可以冒险地去表达这种希望并表达这种信心：不久之后，社会学家和社会心理学家将会确定出实验性小群体研究中能最有效地经受检验的那些理论问题，并且把这些问题与那些在日常生活的一般过程中得到更加有效研究的问题区别开来。[①] 389

参考群体行为：结构因素

前面章节对参考群体和社会结构理论中的连续性所作的考察主要关心目前人们所知的群体选择的决定因素——包括隶属群体与非隶属群体，各种可能选择的隶属群体类型，以及包含有稳定的人际关系的群体（不同于那些由社会地位范畴所构成的抽象集合体和个人在其中也能发现自己地位的更大社群与社会）。许多特殊的理论与经验问题在它们与选择的决定因素的联系中得到考察。既然我们在这里只是提及一些参考群体行为

① 冲突参考群体的详细社会学资料的一个例子，见《工人—牧师：文献汇编》（*The Worker-priests: A collective Documentation*）汇编的材料，约翰·皮特里由法文译出（伦敦：劳特利奇和凯根·保罗出版社，1956）。这种在法国牧师—工人中出现的各种角色**模式化了**的对立就可以根据刚刚谈论过的观点来进行启发性的解释；若是可行的话，在实验室的范围内，这些角色就很难以理论比较的形式而再现出来。

的结果和功能,我们至少要考察一些参考群体行为所涉及的核心结构要素。这被认为是一个社会过程。正如在前面被认为是与进一步发展参考群体理论相关的群体特性罗列中已提示的,“可观察性”或“可见性”的因素在这一过程中起主导作用。因此,这需要明确地考察。

问题5 可观察性与可见性:关于规范、价值和角色表现的模式化信息通道

参考群体理论无疑“假定,那些把自己命运与他人命运做比较的个人对于他人的处境有所**知晓**……换言之,如果个人对于一个非隶属群体的规范持肯定态度,那么理所当然,本理论认为他对此规范有所了解。因而,参考群体行为理论,从更严密的心理学意义上讲,应该包括对知觉(个人的、群体的和规范的)过程的探讨;而从社会学意义上讲,它应包括对于获得这方面信息的各种传播渠道的探讨。哪些过程有助于对其他个人或群体(充当参考框架)处境的准确勾画,而哪些过程更易得出扭曲的画面?哪些组织形式会最大可能地帮助得出正确的感知,哪些却会使这些感知扭曲?鉴于**有些**感知和认识成分甚至在参考群体行为的描述中都**不可缺少**,因此把这些成分明确写进参考群体行为理论也就很有必要了”(第301—302页)。

关于参考群体的规范和价值的知识在程度上存在某些模式
390 化变化,这种说法在本书中仍可适用。但是,漫不经心地重复感知的准确与歪曲,这一说法也许会使人们错误地仅仅注意到知觉心理学的广泛而重要的问题,却偏离了群体结构的多样变化易于影响获取群体中流行的规范与价值的信息方面的广泛而重要的问题。

参考群体行为的概念是假定在群体中获得的关于规范与价

值的某些知识或印象实际上是不言自明的并且肯定已被人们在一段时间内认可的。例如，在本宁顿的研究报告中，纽科姆指出，并不是所有的学生都意识到随着学年的推移而逐渐脱离保守主义的明显趋势。他进而说道，“很明显，那些未认识到主导社群趋向的人，是不会将该社群作为一个参考群体而影响其态度的。”[①] 纽科姆随即在他的研究设计中引入了学生中对这种趋势的意识程度的测度。“明显的”作为这个理论的这一组成部分是明确的，但情况却是，许多对于参考群体行为的研究还没有明确对证据作出系统的归纳，而这些证据表明了对作为参考群体的群体中流行的规范的不同认识程度。[②]

然而，对群体现行的规范与价值的可知性或意识的问题，不仅仅是把经验材料结合进对参考群体选择的决定因素的分析的问题。它不仅是一个材料，而且也是社会学的问题。也就是说，关于这些规范的知识并不仅仅在个体中经验地**随机**变化；这种知识的可获得性与范围可能也被群体结构模式化地确定了。并且，这为进一步分析提出了一些有重要理论意义的问题。群体结构以什么方式影响群体成员所持的关于价值与规范的知识的分布呢？

对群体规范的知识中实际存在的这种差异，不仅是一般常识问题，而且已经系统地被诸如乔杜里和纽科姆的研究所证实

---

① 纽科姆：《社会心理学概要》(*An Outline of Social Psychology*)，第143页。

② 对这一点的详细和有条理的考察，参见诺曼·卡普兰前引书第3章。卡普兰恰当地观察到两种独特的“意识”，它们以各种形式存在于参考群体行为中：一是群体或个人正用作价值参考框架的意识；另一是对指定的其他人（他们可能会无意地充当参考框架）所持有的规范的意识（知识）。强调这一理论“明显的”预设条件的原因是十分简单的：它们常常如此明显地证明这一切，以至于在有关参考群体的研究规划中被完全忽视了。

（我已在作为群体特性的“可见性”或“可观察性”的简短讨论中
391 提及了）。在后来对某些研究的总结中，纽科姆注意到在每一个群体中（指有 20 到 40 名成员的群体，包括学生宗教群体、社区的政治团体、医学女生联谊会和工人教育群体），“领导者比起非领导者来说，**在相关的问题上而不是不相关的问题上**，对于全部隶属成员的态度有更加敏锐的判断力”。相关的问题定义为与群体的目的密切相关的问题，不相关的问题定义为仅仅是远远地关联的。因而，宗教态度被认为与宗教群体相关，但与政治群体不相关。纽科姆继续说道：

> 如果领导者的判断对于非相关问题也是更加正确的……（这）就意味着不论群体中有何特殊规范，领导者都会对其他人的态度具有良好的全面判断力。这表明，一个群体的领导者可以与完全不同的另一个群体的领导者互换。当然，实际的研究结果并不支持这一结论。相反，它们却表明，依照群体的特别规范，领导者的**地位是特殊的地位**。另外，由于这些领导者比起一般的非领导者在他们各自群体中的时间并不更长，因而不能得出结论说领导者的领导地位以及他们对群体规范的熟悉是由于“资历深”造成的。①

---

① 对这一研究的概括请参见纽科姆的《社会心理学》，第 658—659 页。我已把表示群体结构概念的用语加了黑体，这一概念现在将受到考察，并且我已利用这一机会改正了最后一句话中一个明显的印刷错误，用复合词“非领导”代替由于疏忽而印成的“非成员”一词。

正如乔杜里和纽科姆所明确表示的，甚至像这种研究一样富于想像的研究项目，也不足以证实利用观察到的事实而得出的解释。另一项研究是把乔杜里—纽科姆的研究进行到底，它提出领导者对群体态度更加准确的估价不一定仅仅来自他们这种关于群体规范的知识的多样性的研究成果近来在**社会心理学**领域大大增加了。[①]这些研究结果为相应地对群体结构导致群体规范差异的过程进行社会学研究提供了重要的起点。这些研究，包括社会心理学的研究，需要着重于由群体结构中的 392
个体所占有的**地位**或**阶层**，而不应像纽科姆所着重强调的那样，注重于个体在知觉感受力上的差别。在这一点上，弄清需要进行的社会学研究的细节会使我们离题甚远，但一些有限的提示会有助于当前的目的。

对于有关群体中价值与规范分布的知识的模式化差异的经验社会学研究可以卓有成效地从下述理论观点入手，即群体中的权威并不是像它通常表现出来的那样行使：通过下达命令。正像其他人，如巴纳德[②]，所观察到的，权威是传播的一个特性，

在传播结构中的战略地位。"领导者们可能最了解他们群体的见解，因为他们比其他成员在表述这些见解方面更有影响。"已有有限的经验证据支持对这些事实的解释。我仅应增加一点，即这一切没有必要被当作一个**选择**的社会过程，即这一过程带来了"领导者"对群体价值、态度和见解的更多了解，而是作为一个**互补**的社会过程——这一社会过程加强了乔杜里和纽科姆所指出的过程，我提出这个意见的原因将在以后的几页里变得更加明显。参阅乔治·A. 塔兰德："领导者对群体见解的估价与他们对见解形成的影响"（'The assessment of groups opinion by leaders, and their influence on its formation'），载《变态心理学与社会心理学杂志》，1954年，第49期，第431—434页（我要感谢我的同事理查德·克里斯蒂使我注意到塔兰德的这篇文章）。

① 这些在加德纳·林塞编《社会心理学手册》的许多章节进行了概括，如第17章、第21章、第22章和第28章（马萨诸塞，坎伯里奇：艾迪生—韦斯利出版有限公司，1954）。

② C. I. 巴纳德：《行政部门的功能》（*The Functions of the Executive*），第 12 章，尤其是第 163 页。要进一步考察社会心理学中所说的"领导能力"与社会学中所说的"权威"之间的区别，参见 J. F. 沃尔珀特："关于权威社会学"（'Toward a sociology of authority'），载 A. W. 古尔德纳：《领导能力研究》（*Studies in Leadership*）（纽约：哈珀与兄弟出版公司，1950），第 679—701 页；罗伯特·比尔施泰特："权威问题"（'The problem of authority'），载伯杰、艾贝尔、佩奇编：《自由与现代社会控制》（*Freedom and Control in Modern Society*），第 67—81 页，特别是第 71—72 页；埃利奥特·雅克：《变化着的工厂文化》（*The Changing Culture of a Factory*）（纽约：德赖登出版社，1952），第 9 章和第 10 章。

而由于这种传播,权威就被群体“成员”接受下来而支配成员的活动。按照这种观点,“判定一道命令是否权威取决于接受命令者,而不是‘有权威的人’或发布命令的人”。简言之,从社会学角度看,权威被认为是一种模式化了的社会关系,而不是某个个体(“领导者”)的特性。

正如在其他情况中一样,在这里也如此:一个问题的概念化造成了在进一步分析的过程中方法上明显的差异。如果权威被当作某个个体的特征而不是一种社会关系,研究会转向那些特殊的心理学特征,这些特征有助于使某一类型的个体而非其他类型的个体的命令会被普遍接受。尽管它显然很重要,但这不是社会学的理论所胜任的问题。然而,如果把权威解释为社会关系,它就应当接受社会学的考察。

巴纳德为分析可见性与可观察性在权威行使中的地位提供了一个引导。他暂时性地但却确定地认为,那些处在权威地位上的人能有效行使权威并使他们的“命令”被接受,只有当这些命令反过来适合于群体的或组织的规范才行。如果这看起来自相矛盾,那么仅仅是因为未经考察的相反的先入之见。因为在众所周知的词汇中,“权威”似乎属于发布命令的个体,而不在于接受命令的人所采取的相应行动。然而,经过重新考察,所有这一切就显得不那么自相矛盾了。因为很明显,如果“权威”不导
393 致对命令的接受,那么它就仅仅是一个空洞的奢望,而且这一观点的要旨在于:如果这些命令显著地背离了群体中现行的规范,那么它们**通常**就不会被接受。①

① 巴纳德把他有关行为和反应的许多观察的观点建立在大的正式组织上。从他的著作以来,详细的研究已经证实了这个观点;例如,F. 梅赖所报道的独创性实验,“群体领导与制度化”(‘Group leadership and institutionalization’),载《人类关系》,1949 年,第 2 期,第 23—39 页。

当然,这一切并不是说那些有权威的人**只是**现行规范的被动跟随者。它只意味着"权威"不能**全权委托**(carte blanche)给拥有它的人,意味着行使权威不是为所欲为的无条件的权力。为了保持有效,权威必须在由群体规范提供的约束界限之中行使。然而,权威也的确为修改规范并引入被认为是与新规范以及当前存在的规范相一致的新行为模式提供了机会。总之,权威者具有比人们目前所认为的更少的无条件权力,比群体普通成员拥有更多的有条件权力。

在这种情况下,我主要关注这些权威特性的第一点:群体规范对权威的约束。因为,这明显要求权威者有关于这些规范的丰富知识。可以料想,权威者拥有比群体中其他个体成员更多的这方面知识。否则,由权威者颁布的命令会经常且不明智地违反这些规范,因而逐渐地减弱了颁布命令的人的有效权威。命令将会无人服从,或只在强制下服从,结果曾经合法的权威逐渐变成"赤裸裸的权力"。当然,这一结果有时是会出现的,且正是由于我们刚讨论过的那些原因。但是,权威之所以能或多或少保持原样,就是因为"命令"被很好地限制在权威者要考虑的群体规范的范围之内。因此,我们必须考察给权威者提供所需信息的社会结构的运行机制。

到现在,我们已经集中讨论了具有适当的关于群体**规范与价值**以及(隐含地)关于其成员态度的信息这一保证权威的有效行使的功能要求。现在应进一步指出,有关群体成员的实际行为,以及有关他们**角色表现**的比较信息也是功能上所需要的。虽然这两种信息紧密相联,但又截然不同。如果要使权威结构有效运行,那么规范和角色表现的可见性都是必需的。 394

问题 5.1 关于规范与角色表现可观察性的机制

所有这一切都是在说,研究不仅要确定关于这一情况的基本事实——即不论在正式的还是非正式的有效运行的群体中,权威者是否通常确实比别人具有更多的关于群体中公认的规范与行为的知识——而且要确认提供这种可见性的结构安排和群体过程。尽管没有对这个问题进行系统研究的把握,但即使现在还是可能把关于提供可观察性功能的社会机制的一些事实和猜测收集起来。

对这些机制的考察应从一般的群体成员和特殊的权威者实施社会控制这个中心事实入手。在研究社会控制时这是常被忽视的一个事实,在很大程度上是因为人们已经习以为常了。然而,众所周知,正是那些习以为常的事情恰恰给从事知识探求的人们造成麻烦。这是我们以前提到的而且现在有必要重复的事实:不论那些有效地进行社会控制的人是否认识到了,在某种意义上他们都必须了解群体中公认的规范(或道德上规定的和期望的行为模式),正如他们必须了解群体中成员的实际行为一样。由于缺乏第一类信息,权威者有时会提倡与群体规范不相配的行为,而且会十分震惊地发现,他们的期望("命令")没有实现,或仅仅"在抗议之下"实现(即是说,当前对命令的执行是以将来的逐渐不执行为代价的)。在任何情况下,这就构成了权威的减弱,换言之,似乎回到了我们理论的出发点,即有效和稳定的权威包含对于群体实际(非假设的)规范和其成员实际的(非假设的)角色表现的相当全面的信息的功能要求。

哪一种机制——哪一种群体结构的部分与过程的安排——有助于满足有效权威的这些功能要求呢?当然,提出这个问题并没有假设所有地方的所有群体都有这种机制。这仅仅是说,如果群体**没有**满足这些要求的适当机制,权威与社会控制将会

减弱。而且,如我们所知,这正是许多群体解体的命运,因为一个群体若没有大量社会控制措施就不能维持下去。 395

1. **传播中的差异:**一种这类的机制(不一定是为此目的而设计的)是由群体中的"权威"典型地使用的独特传播网络所提供的。霍曼斯已用两句关联的陈述简洁地描述了这点:"一个人的社会地位越高,那么不论直接地或间接地,与之建立交往的人数就越多。"而且"一个人的社会地位越高,那么不论直接地或间接地,他所交往的人数就越多"。[①] 结构一般是这样安排的,以致那些权威者能够进行双渠道传播的联系,结果他们可以比群体中其他地位的人更好地了解群体的规范与行为。应该再一次声明,这是一种组织倾向,而不是对一个具体事实的描述。有效的组织要求那些权威者应处于传播网络的节点上,在此处他们可以定期了解群体中实际公认的规范。

作为同一结构的结果,占据权威地位的人比其他人可以更好地得知群体中角色表现的特征。各种各样的组织设施都时时在运转,以努力满足这种可见性的功能要求。在小的和非正式的群体中,经常无需为此目的而专门引入的结构设置就可以满足这一要求:社会交往的模式使"领导者"与群体成员的群体相关活动密切联系。在大的和正式的组织中,特定的机制必须创造出来,如可以广泛称为"会计程序"的机制。不论这是包括私

---

① 乔治·C.霍曼斯:《人类群体》(*The Human Group*)(纽约:哈考特和布雷斯出版公司,1950),第182页。要进一步了解恰当的分析,参见全部第16章。我发现霍曼斯的书是关于群体与组织内实行社会控制过程中"传播"的结构与功能这一问题最具启发性的资料来源。霍曼斯表达了他对巴纳德基础工作的感谢,这是十分公正的。然而,应该注意到,霍曼斯极大地发展并系统化了巴纳德权威理论的思想。下一步就是要研究某些机制,通过这些机制,群体和组织最终能满足那些权威者要充分了解规范和角色表演的功能要求。

有企业或公有企业中的复式记账，教学机构中的学生“评分”，还是军队或工业企业中的“士气调查”，它们实质上具有同样的职能，即告知权威者有关组织角色表现的质量与数量，以使群体的活动可以被更有效地加以控制和适应。

396 然而，运用满足可见性功能要求的机制本身受到群体规范的限制。如果权威者试图在超过群体成员的规范性期望的程度上了解角色表现的细节，就会遇到阻力或公开的反对。似乎几乎没有群体能够完全获得成员的忠诚以使他们轻易接受对他们角色表现的无限制的观察。这种态度有时被描述成“隐私需求”。但是，不论这一名词作为反对无限制地观察一个人行为的某种**描述**多么合适，它很少被认为是一种解释，尽管看上去它具有解释这种“需求”观点的特点。

对一个人行为的完全可见性的排斥似乎来自于群体生活的结构特性。可以预见，在所有群体中都可以观测到与角色期望的**某些**偏离。在任何时候都满足对角色的严格要求而没有一定程度的偏离，就不能给个体在能力和训练上的差别以及在很难保持严格遵守角色要求的紧急事件中留有充分的余地。这正是本书其他地方提到过的社会模式化或组织化的逃避制度规则的原因之一。但是，如果群体的结构有助于全面监视活动，那么即使容忍对严格的角色要求的背离都会产生心理上的压力。因而，群体成员必须重新决定他们能背离规范多远而不受到惩罚，正如权威者必须重新决定群体的基本结构是否由可观察到的越轨行为而动摇的。正是在这种意义上，权威者能够具备关于实际正在进行的活动的“过量知识”，因而使之成为社会控制系统的负功能。

对活动的充分可见性的拒斥当然也由于权威者阶层与被统治阶层的（假设的或实际的）利益分化而加重了。对于商业和工业中“密切监督”的强烈敌意明显地表达了这种双重加剧的对角色表现实行监视的反抗。由于差不多同样的原因，那些坚持严格服从官方条令的人被看成严守组织纪律的执法者，出于自己的利益而不允许习惯上对背离条令的容忍。但是，假定监视者是不怀好意的和自私的只会加重对于人的每一行动都受到监视的反感。可以肯定，《1984》中的电视屏幕引起了恐怖是因为**思想警察**具有制度上的恶意，想要监视大洋国的任何人在任何时候的所作所为。然而，抛开恶意不说，由于没有私生活——也就是说，完全独立的和秘密的私生活——可以免于受他人的观察，个人的自主性就受到了威胁。罗伯特·欧文对他在新兰纳克的 397
雇员的善意甚至连同时代怀疑其神智是否清醒的人也承认，但是，当他安装他称之为“隐蔽监视器”的东西以便了解每个工人的行为时，可以想见工人们不会十分欢迎这种想法，即他们好心的老大哥处在确切了解他们干得好坏的位置上。

注意到存在着对某个人的行为的充分可见性的拒斥，如人们经验上所熟知的那样（假设对于所有社会中的人），也在理论上起着重要作用。它表明认为对于各种社会结构，存在着某些**功能上最优的可见程度**也许是有益的。进一步讲，它指出这种最优化并不是完满的可见性。这也不仅仅是说人们**偶然地**需要“隐私”，因为尽管可能正确，但分析起来可能不会有帮助。它也不是按照文化相对主义者的说法，即这种“对隐私的需要”恰好在各种不同的文化中**出现**，或在整个社会中有着鲜明亚文化的不同社会阶层中间**出现**。尽管这种变化确实出现了，我们的理论却指出，这并不只是源于历史的偶然事件。相反，我们被引向这种观点，即不同的社会结构为了有效地运行**需要**不同的可见性。相应地，它就表明，如果不同的社会结构要适当地实现功能的话，它们需要摆脱充分的和无限制的可见性的安排：这种安排用俗话讲就是被形容为隐私的需要或个人秘密的重要性。

有可能指出(即使不是断言)对行为充分的可观察性的限制所具有的功能特征。特别是在复杂的社会生活中,大多数人会一时背离严格社会规范的要求,背离对这些规范性标准的严格无误的执行,由于背离这些规范所受惩罚的痛苦,几乎会导致“一场所有人反对所有人的战争”。因为充分地、不断地和自愿地遵守严格的群体标准只有在永不存在的社会真空中才能实现。这在人类已知的任何社会中都是不可能的。宽容的社会功能,使某种程度的小过失不被发现,或即使被发现也可以不承认的功能,就是使社会结构在没有过度紧张的情况下运行。有许多行为尽管背离了法律的严格条规(或道德规范),却是社会上允许的,不会受到过多的关注和制裁。这是一种组织化的逃避,显然是在不同的紧急情况下在各种群体都不同程度地存在的逃避。在对群体和社会有强烈压抑的时代里,在群体或社会受到
398 分裂的威胁时,就明显地缩小了这种认可的或允许的背离的范围:战时的法律表明了这种要求严格一致的变化。在其他时期,当同样的群体或社会没有受到严重威胁时,宽容度就增大了,而且除非加强可见性和把公众的注意力引向对字面上的规范标准的背离问题,否则这种背离是允许继续存在的。

正如经常发生的那样,文学家用准确和生动的色彩**描述**科学家们已经抽象分析的社会环境时,他们比社会科学家要成功得多。在我们同时代人中,乔治·奥威尔和阿尔德斯·赫胥黎已成功地展现出对行为进行全面监视的恐怖。但是,他们已不得不猜测当今社会向假定的未来的各种发展趋势,以便揭露出这种具有无限制的可见性的社会魔鬼般的图景。早在可以激发这种想像的火花的社会出现之前,维多利亚时代的小说家和散文家威廉·麦克皮斯·萨克雷就能够刻画出一幅恐怖的社会景象。

这一社会里，所有背离社会规范的行为都马上被发现并且继而受到惩罚，只需看一下从他的散文“论被发现”中摘选的这段：

> 只要你自己想像那些做错事被发现后受到相应惩罚的人。想像一下所有学校中的所有孩子被鞭打，然后轮到助教们，然后是校长……想像一个曾经执掌全军赏罚的军官被捆绑……设想在神父认错之后，我们吊起他并给了他一顿鞭打！（我看见我那两面派的格洛斯特大主教很不自然地坐在他那令人尊敬的长椅上。）当我们罢免了一个主教后，我们将对任命他的牧师说什么呢？……这种景象非常恐怖。手臂无力垂下，为必须切断并挥舞的桦木条之多而深为震惊。我要再次说，我很高兴我们没有都被发现；而且，亲爱的兄弟们，我反对有过必罚……你想让你们的妻子儿女确切知道你是怎样一个人并据此来对待你吗？如果是这样，我的朋友，你将生活在一所沉闷的房子里，而且你将只会有一个冰冷的壁炉。……你不能想像你**是**什么，正如你在他们看来的那样。人啊，不要有这种事。把可怕的想像放在一旁，并感谢**他们**还没有发现你。

受那个时代公学经历的限制，萨克雷想像力的范围是有限的，然而，这却能够抓住问题的实质：对行为的充分的可见性和不加限制地强化字面上的规范标准会使社会变得一团糟。这一核心的观点恰恰包含在这一观点之中，即对行为的充分的可见性加以限制是社会有效运行的功能要求。当然，正是这同样的要求，限制了那些拥有无私心的良好目的并希望扩大对人类行为的观察的心理学家和社会学家获得个人资料的便捷途径。人们也许会说，这就是为什么社会科学家经常是令人矛盾的事物， 399

这就是为什么他的研究常常被认为是“探听私事”。如果社会中没有补偿的机制——如“特权传播”的制度化，或“有充足信心处理的资料”——社会科学家或者其他必须拥有这类信息的职业者，如医生、律师和牧师，都不会依靠获取人类行为资料的方便途径，而实现其社会角色。但是，由于这些社会角色被组织化地规定为允许对众人所知的法规的背离进行无限制的观察，对背离行为的可观察性范围可以放心地扩大而不会与对于“隐私”、“秘密”或“回避”的功能要求相抵触。①

说角色表现的可见性可能被群体的标准判断为多余的是一回事，说规范允许权威者比群体中其他人有更多的获取这种信息的途径则是另一回事。可见性的差别不是简单给定的或“偶然的”，它们是群体结构和支持这种结构的规范所满足的功能要求的结果。

2. **动机的差别**：不仅群体的结构为权威者提供了获取关于现行的规范和角色表现的更多途径，而且占有权位的人的角色的组织定义也为他们提供了更大的寻找这些信息的动机。这种探究不仅是个人性格倾向的问题，虽然性格倾向无疑加强了社会性定义的角色的要求。在正式的或非正式的群体中，公认的领导者不仅对于群体中发生的事情，而且对于群体与其社会环

---

① 奥威尔的《1984》和赫胥黎的《美丽新世界》(*Brave New World*)，当然不需要多引。对新兰纳克的“沉默的监听器”的叙述被荣幸地收进了《罗伯特·欧文的一生》，此书由欧文本人(在八十六岁时)所写(伦敦：埃芬厄姆·威尔逊出版社，1857)，第1章，第80—81页。萨克雷的文章将出现在他的选集里。

就像齐美尔意识到了可观察性的社会学意义一样，他也意识到了与它对应的“秘密”的意义。参见《齐美尔的社会学》，第307—376页。他的“扑向[社会学的]咽喉要害的本能”很少使他失望，虽然他常常随后就感到厌烦。进一步有关的是威尔伯特·E.穆尔和梅尔文·M.图明的文章：“无知的社会功能”(‘Some social function of ignorance’)，载《美国社会学评论》，1949年，第14期，第787—795页。

境相关联的事情,都具有明确的责任。即使只是因为要对其负责,也迫使他们随时关注正在发生的事情。

相应地,群体的成员有去赢得他们的上司对考虑中的新行动形式表示赞同的动机。没有受到这种支持的行动就要危害他们的职位。这就是为什么下属们一般在做任何一个常规行动时 400
都要向上司“表白”,这一过程无疑构成了高度有组织的科层制的结构。但是,更值得一提的是,如怀特、霍曼斯以及其他人已提到的,这种情况也在大多数非正式群体中出现。表白也许只是一个看起来很偶然的意见交流,但可被认为是正式的和更为复杂的组织中“通过正规渠道”在功能上对等的东西。

这样,群体中上级和下级的制度化动机就可以变成补充的和相互支持的。在一定范围内,负责任的上级具有不断了解行为和期望的变化的动机;在一定范围内,依赖性的下属具有在采取新行动之前通知上级的动机。结构与动机都使权威者比群体中普通人了解更多的信息。

3. **可见性的障碍:**当然,这只不过是问题的一部分。抵制的动机和社会过程能够减弱上层权威者自动获得的可见性,如果仅仅是前面提到的机制在起作用的话。有些这种抵制的倾向众所周知,在此只需提示一下。①

那些在复杂群体或组织中占据最高地位的人不能直接与所有其他各阶层的人保持联系。这不仅因为实际上不可能;即使是可能的,它也会对组织产生负功能。因为,如果他们要维护权威结构,他们一般也必须“通过渠道”工作。另外,正如齐美尔和其他人实际上已经注意到的那样,他们会损害那些界于组织中

① 例如,在霍曼斯前引书第 438—439 页和该书其他地方对这些也进行了部分探讨。

最高层权威者和较低的梯队之间的人的权威。结果，最高层人士也许只听到其直接下属想让他们听到的东西。可观察性通过个人的结构层级加以过滤，并且最终被净化的信息也许与组织中现行的规范和角色表现的实际情况大相径庭。[①]

401 进一步说，权威导致拥有它的人被很大程度地隔离开来。既然他们在等级制度中通常与平级人物交往，那么组织越复杂，他们暂时不了解组织中较低(并不仅仅是最低)阶层的态度和规范的变化的可能性就越大。社会结构的这种情况经常造成信息延迟。许多组织中的人也许远在掌握这些规范的权威者注意之前就已同确立的规范相异化。作为这种结构隔离的后果，他们也许不知道现行规范的变化，直至这些变化发展得很远了。由于这种有缺陷互动的结构性原因，这种控制性规范的变化，也许只是在“权威者”发现他们曾认为很好地符合目前组织中规范的秩序与期望不符时，才会受到“权威者”的注意。在这种情况下并在这种程度上，权威减弱了。对已经显露出来的变化了的组织规范迟到的让步，只能是让所有人看清从前的权威已经衰落到怎样的程度。在某些情况下，当这一过程在为表面上的当权者意识到前就已经开始时，权威就丧失了。

规范和角色表现对权威者的一定程度的可见性的功能重要性需要(但在特殊情况中不需要)得到组织化的澄清。当群体或

① “民俗知识”常常包括对复杂社会中这种结构趋势的承认。希特勒的辩护者们利用复杂组织这一事实来解释“他不真正了解”纳粹德国的灭绝集中营；但是，从历史记载看，这好像对希特勒的组织敏锐是不公正的：他的传播渠道比所允许的效率更高。历史认为他对大屠杀负有责任不仅仅因为制度上的领袖们一般对他们下属的行为负责，而且因为希特勒所建立起的组织比起他所知道的要“好得多”：他对实际上正在发生的事情有不同一般的观察力。除了在他的千年帝国的末期，他一直消息灵通：纳粹主义有组织的效率对其应负的责任提供了充分的基础。

组织的结构不能满足假定的“充分”可见性的最小要求时，一种新的权威机构就产生了，或者这个社会组织瓦解了。这种理论主张需要比至今已有的研究更多的系统与经验研究，这种主张将参考群体行为的理论与社会组织的理论联系在一起。这两个社会学理论的支脉可以与第三个观点，即为了占有长期权威地位和维持组织规范与角色表现可见性的人格功能要求，交织在一起。

4. **适合维持可见性的人格类型的社会选择：**作为有效行使权威的要求，可见性以选择具有适当人格类型的组织领导人的运行机制为先决条件。这一陈述很容易被庸俗化。人们可以说，权威者会做得很好而具备“领导能力”，这样它就变成了可悲的事情，即一种由冗赘所复杂化了的高级的老生常谈。然而，如果人们将此陈述理解为需要人格的**特有**属性来维持群体规范和角色表现的有效的可观察性，那么它是提出了值得提出并且最
终会得到经验上可靠回答的问题。大量的、有时看起来几乎是 402
无数的关于“领导者”和履行其他功能角色者的人格特征的文献无疑包括许多与目前讨论的问题有关的信息。这里暂且不去考察和整理这些资料。相反，我仅仅参考希尔斯①提供的一些有益的猜想，在我看来，它们与必须满足维持规范与角色表现的可见性的人格要求的问题直接相关。

在谈到为什么美国本土的法西斯运动是短命的，或一时显赫后又趋于平静时，希尔斯触及到这个问题。总之，似乎有一块排外主义分子得以生存的文化土壤。有如希尔斯就此事阐述

① E.A.希尔斯：“权威主义：‘右’和‘左’”（‘Authoritarianism: “right” and “left”’，载理查德·克里斯蒂和玛丽·杰霍达：《“权威人格”的范围与方法的研究》（*Studied in the Scope and Method of the “Authoritarian Personality”*），第24—49页，尤其是第44—48页。

的,“中西部和南加州有一小撮可称为法西斯分子的排外主义—原教旨主义煽动者。然而,尽管他们人数不少,尽管中远西部人具有一种仇外、民粹主义和仇富的气质,以及不信任知识分子(其实很多可被认为属于法西斯主义的成分),但他们在全美国从未成功过。

对于这个表现上的悖论的部分解释,从社会系统中有效权威的功能要求(我描述为可观察性或可见性)的角度看,是由于排外主义领导者人格的不合适。排外主义领导人一般都缺乏下列被希尔斯称为必备的人格特征:

——对别人的期望具有充分的敏感;

——倾向于同意同事和下属(当然不应包括盲目的被迫同意);

——在组织活动过程中有持久力;

——一种对他人最低限度的信任,因而可以对他们单独或共享的价值保持敏感。

——控制和抑制对情境直接反应的能力,以便对行动的组织后果做出深思熟虑的判断;

——系统地区分表达个人自身情感的行为、工具行为和制定共有价值的行为等情况的能力;

——通过不使他们自己直接与其下属联系起来而维持他们

403 自己权威的能力。①

这是一些使权威者能够保持有所响应而不依赖其实际和潜

① 这些项都是希尔斯对这一个案严谨陈述的部分转述,同上,第 44 页及以下。

在追随者的人格变量。但是,组织的领导者是否满足这些人格要求本身就是选择领导者的社会过程的结果。希尔斯继续描述了排外主义运动选择机制的缺陷;这些缺陷仅仅需要在这里提及而不是详细描述。

基本的理论观点就是,某种人格组合在功能上是组织领导者必须的,正如功能上需要社会结构中的某些选择过程将合适的人置于权威的位置上,使得他们能够更好地观察规范和角色表现。

5. **迄今为止关于可见性的争论**:在前面的篇幅中已指出了社会学变量对于参考群体理论特有的重要性和对组织理论具有的一般重要性。这种可见性变量仅仅在其一些主要方面上受到考察。即使如此,也有必要稍稍脱离狭义的参考群体理论,在更广泛的社会组织的领域里讨论可见性的问题。

在进行这种讨论时,暂时假定从社会学理论的角度看,可见性在社会结构中是从心理学角度看的社会知觉的对应物。可见性的社会学研究是致力于**社会结构如何促成**对群体现行的规范和群体成员依赖这些规范的程度的或难或易认识的问题。按同样方式,一种关于社会组织的综合理论为可见性的结构模式提供了一席之地,一种关于知觉的综合理论为那些曾被称为"社会知觉"的对社会情境的不同感知的心理过程提供了一席之地。①

于是,"可见性"是指社会组织结构为处在结构中不同地位的人们感知组织公认的规范和那些构成组织的人的角色表现的特征提供机会的程度。它是指社会结构的一种特性,而不是指

① 对后一研究领域的有启发性评估,参见热罗姆·S.布鲁纳和雷纳托·塔吉乌里:"人的知觉"('The perception of people'),载林塞:《社会心理学手册》,第2章,第634—654页,以及这篇文章引用的文献。

个体**偶然**具有的感知。可见性的模式化变量可以通过比较权威
404 者与下属者来揭示。这导致了对有利于或阻碍可见性的某些社会机制的简短评论。

机制是指按照它们对于社会组织特定要求的功能意义来考虑的结构和过程。在此情况下,可见性的要求成为社会控制中的一种因素。我们已谈到两种这类机制:第一种,在传播网络中处于战略地位的"权威者"的位置;第二种,结构上导致的肩负着组织成败的权威者保持了解规范和活动的动机。相应地,我们考察了对于权威者的结构上与过程上的可见性障碍,并注意到需要进一步进行结构设计以克服这些障碍。最后,我们注意到,如果那些权威者想系统地利用结构上安排的可见性机会,就必须满足这些个性类型的要求。

所有这些看似离开结构因素与过程的主题而进入参考群体理论的赘述,部分地是背离主题而进入了更广泛的社会组织理论之中。但是,从更大的方面来讲,它直接与参考群体理论的一个主要假设有关,即存在某种模式化的方式,可以使人们了解群体中他们选择作为评价和比较的参考框架的规范与活动。社会科学家很少以内部人和外部人的角度来考察那些多少有助于了解群体的规范与活动的机制。除非被新理论阐述和相关的经验研究所进一步澄清,否则参考群体理论在一定程度上仍然是十分有限和不够完备的。

发展这部分参考群体理论的下一步至少可以被预先描述。因为,一旦可见性被当作参考群体过程的一个有机组成部分,无数问题、假设和猜测立刻会出现在脑海中。非隶属群体的可观察性是否就规范和价值而言比就它们实际公认的行为模式而言要大得多? 换言之,是否对于外部人有这样的趋势,即产生出非隶属群体的不真实的图像,如果它们是正向的参考群体,就会导

致彻底的理想化(官方规范根据表面价值理解);或者,如果它们
是负向的参考群体,就会导致无限的谴责(官方规范被视为与外
人根深蒂固的价值完全相异)?相应地,当人们知道了实际行为
仅仅是接近于社会角色中蕴含的价值时,那么即使人们没有形
成这种认识,他们一般会不会对其隶属群体表达的价值打折扣 405
呢?更为一般地来说,事实上,在规范的和行为的可见性上模式
化的变量,是否依赖于所谈问题中的群体是个体归属的群体,或
是他向往的群体,亦或是他拒绝介入的群体呢?

这些问题并非没有联系。例如,考虑一下一个群体的新皈依者这种大家所熟悉的情况。人们经常说,并且这也许是事实的一部分,皈依者在遵从群体规范方面会变得过于积极,因为他认为自己是在接受考验,并希望确保被承认。但是,尽管这也许真实地描述了皈依者出于这种社会地造成的动机的热切遵从,然而它就是事实的全部吗?可观察性变量的概念说明它不是。因为,除去动机问题,皈依者还可能是特殊的遵从者,即他需要获得对他最近才加入的群体的规范所允许的和模式化的偏离的细微差别的第一手知识。结果,并不是像那些在社会化的过程中无意识地已获得这些知识的群体的长期成员那样,皈依者试图去遵守这些规范的严格字眼。他变成了一个严格的遵从者。但是,理论上的重要之处在于他表现的这种极端的遵从性,不是因为他的人格是“刻板的人格”,而是因为在缺乏对新加入的群体的规范的深入了解时,他除了将官方规范作为自己行动的硬性指南外别无选择。常有的情况是,正如人人皆知的那样,新的皈依者——不论是宗教的、政治的还是“社会的”信仰——变成

了自命不凡的人,狭隘地满足于遵从规则的行为。[①]

从规范可见性的观点来看,这种自命不凡的社会学对应物是等级赋予义务的概念:**高贵者的义务**。那些在群体或社会中拥有高官厚爵的人士——那些不同于历史上狭义的贵族的阶层——知道这种把戏的规律,就是说,知道规范并知道它们的实
406 施途径。他们也趋向于拥有权力以加强他们的意志。在这个意义上,他们具有一种社会认可的个人安全感。这一切恰恰是因为人们希望他们不要使自己的权力超越界线。("他已被给予了许多权力,不应滥用它。")不像新人那样在地位上不稳定,那些官爵已定的人能够随意地背离严格的规范,特别是规范对他不利时更是如此。因为要坚持规范的严格字眼一般仅仅会造成其地位优势的差别,正如背离规范总是会使许多下属在地位、等级和尊严方面有更大的余地。社会结构一定时,等级低下的自命不凡的人也许会得到容忍,若是人们不喜欢他的话。然而,等级尊贵的自命不凡的人,试图通过坚持严格规范来获得多数人时,就会遭到人们加倍的责骂和痛恨;首先,因为他并没有使规范适应于紧急情况,并且在紧急情况下他也会像其他人那样没有看

① 把人类的这种举止说成是自命不凡并不是纵容骂人。自命不凡者是一种有明确意义的社会类型 。由于我对这种社会类型的描绘超不出福勒的《现代英语用法》(*Modern English Usage*)中引用的大量无名论文中的描绘,我借用此描绘:"一位自命不凡者是官僚主义者;也就是说,他看重程序而不重视已完成的工作。一位自命不凡者就像法利赛人,他说:'上帝,我感谢你,因为我与众不同。'——只是他常常用**自我**来代替**上帝**。一位自命不凡者会花光最后一分钱,而他那百万富翁的邻居则以钱生钱。一位自命不凡者期待别人符合他的非常不适当的尺度,并且如果别人不这么做的话就狂妄地责备他们。一位自命不凡者在所有不重要的事情上都要比他的同龄人聪明。一位自命不凡者会用汽锤来打碎坚果,也就是说,以第一道德律中的天职来决定他是否可以或必须做一件毫不重要的事,诸如喝一杯啤酒。总之,一个人可能或也许会说,他所有的不同特征都是来自三种不同东西的结合——尽职的愿望、他比别人知道得多的信念和无视不同事物的不同价值。"

到这些规范只是指导性的原则；其次，因为他通过追求严格遵守规范而谋取利益。只有当他未能无限制地遵从他强加于自己和别人的规范时，有既定等级的人才会受到不情愿的和不明显的尊重。于是，他被有既定等级的人定义为有原则的人而不是只为自己的自命不凡者。

总而言之，可见性的变量是一个尽管有时含糊但却必不可少的成分。为了使它不至因为被忽视而导致混淆，开展(尽管是简略地)一种社会学的研究会是有益的，这种研究注重"公众"的和"选民"的观点如何引起上层人物注意的方式。因为，只有当有组织群体与无组织大众的态度、观点、情感和期望为权威者所知晓或认为知晓时，才有可能构成行动的社会参考框架。简言之，正是被观察到的公众观点，而不是事实上的公众观点，才不同程度地影响了权威者的决定，如果不是说决定了权威者的决定的话。

问题 5.2 公众舆论对于决策者的可观察性

人们经常认为，如果舆论是有事实依据的，即符合真实情况的，那么"公众舆论"就会是明达的舆论。在此，我们不讨论这个问题。我们关心的是与之相关的问题，即社会结构如何使那些权威者了解舆论的情况。因为舆论在影响事务的实际过程和在为权威者决策提供参考框架方面的重大意义，很明显取决于它的可观察性程度。

当然，有组织的"压力集团"为舆论公开状态的可观察性提 407
供了最显著的基础。的确，压力集团也许被认为是将有影响、有权力和权威的人的注意力引向某种利益、情感和观点，以及表明不遵从这些的结果的一种组织设置。人们已经广泛研究过压力集团的运行情况。①尽管毫无疑问需要了解它们发挥不同作用的条件，但在这里并不是我们所关心的。反之，我们考虑的是一个含糊的问题，即各种社会机构如何使分散的兴趣、情感和取向具备可观察性。对于大型（经常是无组织的）集体的部分是表达性、部分是工具性的行为，以及使这些行为被权势人物所见的模
408 式化程度，目前我们还所知甚少，需要进一步的研究。②

---

① 对这些研究的全面评论和分析，参见V.O.基的《政治党派和压力集团》（*Politics Parties and Pressure Group*）（纽约：托马斯·Y.克罗韦尔出版社，1952年，第3版）。

② 当然，有一个古老的思想传统致力于解决怎样听到人民的声音的问题，特别是在政治领域。也有一种对这个问题进行经验研究的新传统，我最熟悉的是由哥伦比亚大学应用社会研究处所发展的。起初，这些研究集中在听众与那些依赖听众的人之间的交流。例如，珍妮特·塞尔的"热心听众邮件分析的进展"（'Progress in radio fan-mail analysis'），载《舆论季刊》，1939年，第3期，第272—278页。后来扩展到包括对能收到邮件的政治代表的系统分析；例如，赫塔·赫尔佐格和罗维纳·怀恩特的"通过参议院的邮袋投票"（'Voting via the senate mailbag'），载《舆论季刊》，1941年，第5期，第358—382页；第590—624页。1948年，一个已完成但仍未发表的专题文章，专门对写给德怀特·D.艾森豪威尔的2万封信件、明信片和电报进行了抽样分析，这些通过邮袋投票的信件大部分是要求他成为美国总统候选人，尽管他曾宣布他不愿意——罗伯特·K.默顿、利拉·A.萨斯曼、玛丽·杰霍达和琼·多丽斯的《大众压力：艾森豪威尔1948年总统选举草案》（*Mass Pressure: The 1948 Presidential Draft of Eisenhower*）。利拉·A.萨斯曼现在正对写给富兰克林·D.罗斯福的信件进行详细研究；这个研究的一部分已以"F.D.罗斯福和白宫信件"（'FDR and the White House mail'）的标题发表，载《舆论季刊》，1956年，第20期，第5—16页。同时参见此季刊同期随后以"给决策者的通信：请愿与压力"（'Communication to the policy-maker: petition and pressure'）为题的文章。

民意测验的发明提供了一个虽不完善但正不断被利用的新手段来观察大众舆论和大众行为。对此进行仔细研讨会使我们离题太远。有关民意测验的利用和议员及政府官员对大众舆论的其他证据的研究，参见马丁·克里斯伯格的"国会议员和行政官员是怎样看待民意测验的"（'What Congressmen and adrministrators think of the polls'），载《舆论季刊》，1945年，第9期，第333—337页，文章说被调查的大约五十位参议员和代表认为，他们对公众的政治情感和意见的了解主要是通过个人信件，其次是通过与他们的选民直接的个人交往、报纸，最后是民意测验。参见刘易斯·E.格利克的"96位国会议员做决定的过程"（'96 Congressmen make up their mind'），

有组织的社会生活本身促成了提供功能上适当程度的可观察性的社会安排的动机。在一定程度上，权威阶层被促动去发现其他阶层的价值、规范、利益与行为，以使他们的决定可以将这些情况考虑进去，正如在一定程度上，平民百姓被促动去使他们的价值、规范、利益和行为为社会决策的权威制定者所知，以便让权威者考虑这些问题(只有在特殊情况下，这些阶层才会被促动去阻碍这种可观察性)。但是，完成这些事情，仅有动机是不够的。社会组织必须提供这样一种机制，它能使这种信息引起适当的权威阶层的注意。

发挥这一功能的社会程序与机构从历史上看是形形色色的。它们包括从拿破仑时代的警察暗探和“舆论专家”，如巴雷尔，到当代的民意测验。然而，尽管在组织特征和具体目标上有所不同，但它们的一致之处在于具有为权威者提供流行的“舆论状态”某种形象的职能。因为，即使权威者试图去限制或调整其选民的利益与价值时——更不用说当他要使自己的行动与其选民的期望相一致时——了解这些期望是什么，如果说不是必须的，也是有益的。不论组织形式如何——独裁的或民主的——某种实质程度上的可观察性都是功能上所必需的。尽管可观察

载《舆论季刊》，1940 年，第 4 期，第 3—23 页；小乔治·F. 刘易斯：“国会议员关注民意测验”(‘The Congressmen look at the polls’)，载《舆论季刊》，1940 年，第 4 期，第 229—231 页。要了解 1948 年所谓的选举灾难后当时对利用民意测验做为评估民情的手段的反应，参见 R.K. 默顿和保罗·K. 哈特：“选举的民意预测与社会科学的公众形象”(‘Election polling forecast and public images of social science’)，载《舆论季刊》，1949 年，第 13 期，第 185—222 页。

斯蒂芬·K. 贝利和霍华德·塞缪尔的《国会在运行》(*Congress at work*)(纽约：亨利·霍尔特出版公司，1952)；斯蒂芬·K. 贝利的《国会立法》(*Congress Makes A Law*)(纽约：哥伦比亚大学出版社，1950)；莫顿·格鲁津斯的《美国人被出卖：政治与日本人的撤离》(*Americans Betrayed: Politics and the Japanese Evacuation*)(芝加哥：芝加哥大学出版社，1949)，以上三本书对影响大众决定的大众情感作用的分析给人留下了深刻印象，这些分析为关于大众见解的可观察性提供了有价值的资料。

性的机制在不同的社会结构中有所不同,但是,在某种程度上,其功能对于群体生活来说似乎是普遍的。

当然,这并不是说,这一功能总是被同样地、充分地满足。复杂的社会结构已经与向权威者传达选民感情与价值的明显不恰当的安排进行了长期的斗争。经常地,权威者不得不依靠基于零散迹象的逻辑猜测。例如,杰斐逊在其《自传》中谈到,尽管弗吉尼亚的立法者考虑提出一个“未来的和普遍的解放”法案,
409 但是“人们发现大众头脑还不能理解这一主张……”。再者,林肯做出了一个果敢但最终却失败的努力,即阅读给他寄到白宫的所有信件,以便了解人们在想什么。从那时起,送到美国总统手中的邮件越来越多,并在富兰克林·D.罗斯福执政时期达到了蔚为壮观的新高度。[①]

在缺乏鉴别大量流入信息的社会机构中,可观察性会减弱而不是增强。(传播理论家已清楚地指出了这些过多的信息产生混乱的过程。)下面这个桑德伯格讲的关于林肯竭力处理那些逐渐增多的给他的文件的故事,可以看作关于过多的信息的一则社会学寓言:[②]

> 林肯执政的最初几个月:……他细心地阅读每篇报告,他讲道,“我从不签署我还没有读过一遍的文件”。
>
> 后来:“你可以替我读读这些报告吗?”
>
> 后来:他需要的仅仅是“内容摘要”。
>
> 而在他在任的第四年:他最经常的回答是,“告诉我在

---

① 萨斯曼前引书,第6—9页,概括了有关大量信件的证据。一个显著的例子是在罗斯福执政的第一星期里,白宫收到了45万封信件。

② 卡尔·桑德伯格:《亚伯拉罕·林肯:战争岁月》(*Abraham Lincoln: The War Years*)(纽约:哈考特和布雷斯出版公司,1939),第三部分,第414页。

哪儿签名”。

除正式的规定外，大型、复杂的组织会发展出一个功能上相当于不断的公民投票的措施，它可以是部分的和自愿的，常有不同程度上的偏差，能使权威者了解“隶属成员”的愿望。进一步讲，正如萨斯曼所指出的[①]，大众传播对权威者可以起到民情的(不完善的)指数的功能。当大众传播被慎重地采用时，也会在权威者与别人的冲突中助权威者一臂之力。例如，罗斯福政府就成功地运用了这一组织武器。当美国的内战结束时，五万多封信和七千多封电报送到了白宫抗议这项决定，用舍伍德的话说，这些“不可能被忽视”。[②] 同样，所有组织中(并不仅仅是政治团体中)的权威者们，有责任发展外部关系，以便把其下属的表达出来的情感加以引导去支持他们制约这些关系的政策。[③] 410
最后，这种可观察性提供了与最高权威**直接**联系的途径而不会

① 对这种大众信件的多重功能的有指导性概括，参见萨斯曼前引书。要了解有关研究公众舆论要求的批评性和纲领性的陈述——这一要求的陈述被用来“影响那些不得不对此有相应的行动的人”，参见赫伯特·布卢默：“民意与民意测验”(‘Public opionion and public opinion polling’)，载《美国社会学评论》，1948年，第13期，第542—549页；以及西奥多·M.纽科姆和朱利安·伍德沃德对这篇文章的讨论，第549—554页。

② 罗伯特·E.舍伍德：《罗斯福与霍普金斯：亲密历史》(*Roosevelt and Hopkins: An Intimate History*)(纽约：哈珀与兄弟出版公司，1948)，第56页。

③ 要了解无数例子中的一个，参见舍伍德对罗斯福死后霍普金斯与斯大林会谈的叙述。霍普金斯强调了在影响目前外交政策上“美国舆论一般状况”的重要作用，并进一步以“他所能有的全部诚挚使斯大林确信美国公众舆论主体作为罗斯福政策的坚定支持者，在有关他们与俄国的关系方面受到了严重的干扰。实际上，在过去的六周里，舆论的恶化(并没有说这是如何评估的)是如此的严重以至于对我们两国的关系产生了不利的影响。霍普金斯先生说，虽然这不是简单地或轻易去指出这种恶化的确切原因，但他必须强调，没有舆论的支持，特别是没有罗斯福总统的拥护者们的支持，杜鲁门总统将很难继续罗斯福的政策”。同上，第888—889页。

损害中层权威。①

这种能够满足(至少是部分满足)可观察性或可见性的功能要求的传播模式的简略描述,当然是远不够详尽的。然而,它也许强调了主要之处,即参考群体理论必须系统地纳入作为参考框架的群体中公认的规范、价值与角色表现的可观察性的变量,其重要性是显而易见的。直到现在,关于参考群体行为的很多研究都忽略了这一变量。这些研究,至多是涉及了潜在参考群体中对规范与价值的感知;它们也(但不是经常地)涉及那些在社会学意义上类似的结构安排,这些安排可以增强或减弱处于传播结构不同位置的感知的有效性。这两条研究路线已各自独立地有了长足的进展,而且也许利用某一参考群体理论,可以将它们融会贯通。

问题6 作为参考群体行为类型之一的非遵从

在前一章和本章的前面部分的许多地方,我们已指出,只有当遵从和非遵从行为同作为规范和评价的参考框架的隶属群体和非隶属群体相关联时,它们最多才可能被适当地**描述**,还谈不上被适当地**分析**。

411 例如:"……在社会学的词汇中,社会遵从通常是指对个体**自身**的隶属群体现有规范和期望的顺从……[并且,如我们已知道的那样]对一个外群体的规范的遵从就等同于通常所说的非遵从,即:对内群体的规范的非遵从。"(第318页)我们指出,这

① 萨斯曼,前引书,第12页,"也许罗斯福这么看重他的信件的主要原因是他把它看成是与'普通人'交往的最好方式之一。他十分清楚,由精英控制的大众媒介的偏见……他相信官方消息渠道的局限性。弗朗西斯·珀金斯引用他曾对她说的:'……官方的传播与信息渠道常常是相当呆板的……从事这种研究的人很少接近普通人'"。

引出了“两个相关的问题……：对一个人所隶属的群体之外的群体价值的正取向会造成什么样的功能或负功能结果吗？进而，哪些社会过程会促使、维持或削弱这种取向？”（第319页）

自从本书付梓后，我又重新考虑了现在所说的参考群体行为的思想的温床——库利《人的本性和社会秩序》一书的第8章——并且发现，早在1902年，库利已经通过很相近的术语有了非遵从的想法。在它的两个主要方面之一——另一个就是他所说的“反叛冲动或‘反抗倾向’”，即一种否定主义或疏离的人格特性——非适应

> 可以被认为是一种较疏远的遵从。这种反叛只是部分的和明显的；并且，那个看似与前进步伐不合拍的人实际上正在合着另一支曲子的节奏。如梭罗所说，他听着另一个鼓点。如果一个男孩拒绝他父母和朋友认为最适合于他的职业，而坚持选择一些古怪而离奇的职业，如艺术或科学，实际情况是他最活跃的那部分生活里出现的根本不是他周围的那些人，而是那些他通过书本或者偶然看到或听到的大师们。
>
> **环境，在社会影响实际起作用的意义上，远非通常假设的那样固定和明确。**我们真实的环境① 是由那些最接近我们思想的图景组成的，并且，对一种有生机的、成长中的

① 这明显的是对这个个案的夸张的陈述，足够作为几乎是自我修正的极端例子。在他写作时尤其需要强调这种观点，即社会环境不**仅仅**包括人们所直接交往的人。库利使自己注意到另一面，再没有像这种环境**仅仅**是由其他人的**形象**和标准构成的这样顽固和极端的断言了。天真的客观主义不能由同样天真的主观主义来纠正。然而，从库利著作的其他部分明显地看到他实际上不同意他在这一段落中表达的极端唯心主义信条。

> 头脑来说，可能完全**不同于那些最接近我们的感觉的图景。我们与之联系并且试图与其准则认同的群体取决于我们自己的选择；并且只要我们的选择独立于我们了解的任何朋友，我们就有了非遵从的表现。**
>
> 所有积极的或建设性的非遵从都必须**通过这种选择较为疏远的关系来实现；**反抗本身是没有结果的，只是个人的独特性而已。因此，**在遵从和非遵从之间并没有确定的界限；只是有一种选择或结合可得影响的多少是典型的和不**
> 412 **寻常的方式。**①

不论非遵从概念的历史是怎样的，现在看来，这一概念为巩固关于“越轨行为”的理论（这已在第 6 章、第 7 章讨论反常时部

---

① 查尔斯·H. 库利：《人的本性与社会秩序》（*Human Nature and the Social Order*）（纽约：查尔斯·斯克里布纳子孙出版公司，1902，此书 1956 年由自由出版社再版），第 301—302 页，以及以“竞赛”为题的整个第 8 章。我已用黑体字表明最直接证实参考群体理论的那些部分。库利在这里断言为实事的此后成为一系列得到经验研究的问题。

说参考群体理论部分是对早就包含在库利著名的几页著作中观点的再发现，就是真正解释了参考群体观点的先前历史。但是，如果说参考群体**仅仅**是这样一种再发现就错了。直到知识发展的进程给予它们新的意义之前，这些新生的观念与提示都是没有成果的，这种状况是人类思想史上熟悉的插曲。的确，再发现通常恰恰是以这种形式出现的：“科学知识的积累导致要弄清长期存在于出版物中的相关观念和观察。然而，这些观念和观察曾被严重忽视了，因为它们的相关性不明显；在该学科的早期条件下，对早期的那些可能更聪明但却知之较少的观察者来说，这种相关性不易于变得明显。从合理的严格意义上说，这些思想是超前的。”以后，当它们与其他思想和在过渡期间发展起来的研究手段相结合时，它们就获得新的意义。这清楚地表明，在注意库利的长期被忽视的观察时——据我所知，自从这几页著作第一次出现后，它们还没有成为持久的和积累的研究起点——我不打算贬低正独立地发展参考群体理论的当今社会科学家们的成就。我不打算通过剜肉补疮的方法来玩弄“预示论者”把戏。这仅仅是为了指出这一理论发展过程中的间断性，就像我们现在所能回顾到的，一个四十年或更长时间的间断。

分地涉及了)[①] 和参考群体行为的理论提供了基础。一旦非遵从被认为是遵从参考个人和群体的价值、标准和期望时,它就从概念上区别于其他形式的越轨行为了。的确,“私人的”非遵从,完全与过去、现在或现实地期望的参考群体毫无联系,心理学家称为“自我中心主义”,思想无常并且行动远离外部现实。[②] 这里我们感兴趣的不是私人的非遵从,而是公众的非遵从。

当非遵从代表着对一种现在仍在维持但不是一致地被接受的早期社会条件下的价值、标准和实践的遵从时,它常被称为“保守主义”。说得不好听,有时也是很确切,它被称为“反动”, 413
特别是当它构成一种重新引入业已被取代或完全遗忘的价值和实践的努力时。当非遵从代表着对尚未系统化但被认为是构成未来参考群体的规范体系的价值、标准和实践的遵从时,它常被称为是“激进主义”。说得不好听,有时也很确切,它可以叫做“乌托邦主义”,特别是当人们相信它代表一种不可能到来的完美社会形态时。但是,由于这样的社会和政治术语不仅仅具有一种单纯的描述功能,所以,它们很少被用作客观的称呼,只是用来代表不同的非遵从类型。

在这种意义上,参考群体理论要求在当前被社会学家称为“越轨行为”的各种行为中做出稳定的区分。这里称为“非遵从”的行为在其既定的历史意义上,必须明确地区别于其他类型的

---

① 我不引用最近提出越轨行为理论的其他著述,因为这些已在前面章节较详细地考察了。然而,应该说,专门讨论帕森斯的《社会系统》中“越轨行为与社会控制机制”的那一章,为正在进行的这种理论上的统一提供了坚固的基础。的确,在那章的某一处(292 页注),帕森斯预示了“‘参考群体’理论对社会系统分析具有重大意义的某一方面”。但是,这种统一不是一蹴而就的,在它表面的前景实现之前需要许多人的一致努力。

② 关于孤独思想在社会心理学理论中的地位已由西奥多·纽科姆在他的《社会心理学》一书中进行了考察。第 101—103 页,第 287—294 页,第 303—310 页。

越轨行为，诸如（大多数情形下的）犯罪和失职。这些类型的“越轨行为”从结构上、文化上和功能上都是不同的。[①] 因此，不能假定它们可以用一个“越轨行为”概念充分加以概括，这是一个研究的问题，而不是假设的问题。

初看起来，非遵从者和犯罪者的行为似乎在结构上相同。在他们所处的地位和角色相互交错的体系中，二者都没有满足其他人植根于道德的期望。同样，在两种情况下，社会体系中的其他人都要试图将这“越轨者”的行为扳回到与已建立的期望相一致。无论这两者之间存有什么样的区别，由于非遵从者常被宣告为罪犯，所以，这种区别常常被混淆了。然而，在这些表面的相似之下是有深刻区别的。

首先，非遵从者不像罪犯那样试图隐藏他对群体现行规范的背离。相反，他宣布他的背离。这关系到第二个区别：非遵从者向他所反对的规范和期望的合法性提出挑战，或至少是向它们对某种情况的适用性提出挑战；而罪犯通常承认它们的合法
414 性。通常，他不会争辩说盗窃是对的和谋杀是道德的。他只在他头脑中觉得违反和逃避这些规范是合适的和有意义的。相应的第三个区别是，非遵从者旨在改变群体的规范，用具备另一个道德基础的规范来取代他认为道德上不合法的规范。罪犯则相反，只是试图逃避现行规范的力量。非遵从者特别倾向于“更高级的道德”；罪犯则除了为自卫的方便，倾向于减轻环境压力。

---

① 这些区别已在论及对失范状态的第五种适应时有所阐述，这种失范状态可在第六章中找到范例。这些区别表明，占支配地位的文化目标与制度性手段都被抛弃了，被新的价值所**代替**，这些价值是人们共有的并因而成为合法的（第 194 页，第 209—210 页）。要进一步了解有关于后一种“越轨行为”的讨论，参见凯瑟琳·奥根斯基的《南非部落的变迁》（*Change in Tribal South Africa*）（未出版的博士论文，哥伦比亚大学社会学系，1956）。

最后一点，也是重要的一点，非遵从者为了完全或基本上无关私利的目的而试图背离现行的规范，尽管是不情愿或不自觉的；罪犯则是为了满足他自己的利益而试图背离规范的。前面介绍的两者的特性可以证明这些明显的假设。在明白他的公共行为会导致惩罚性结果后，非遵从者仍旧依他的感情和价值行动；而罪犯了解到他行为的后果时，则尽力隐藏他对公共观念的背离来逃避这些后果。

在文化领域中，非遵从者和罪犯也有根本的区别。（需要重复的是，即使社会——作为社会控制几乎是最后的保留地——给非遵从者贴上“只不过是”罪犯的标签时也是如此。因为尽管有公开的定义和外表，人们仍然广泛感到非遵从者，不论是政治上的、宗教上的还是伦理见解上的，实际上完全甚于一个单纯的罪犯。）在社会学理论看来，文化层面和社会结构层面（在前面的段落中我们已经提到了）的区分是根本性的，尽管它们会被这一事实所混淆，即行为的**同一**历史复合体中**都**有二者的错综联系。我们不继续详尽讨论这一问题，因为那样会使我们离题更远了，我们至少可以指出这会带来不同的分析层次。

在社会结构的层面上，非遵从者和其他越轨者的行为会导致建立与“越轨者”相关联的社会阶层和社会角色网络的社会控制机制。他不能满足那些与他有**直接**关系的人的期望，对这些人是一种惩罚性经验，因而他们相应地要惩罚他对已建立的角色期望的背离。那么，在很重要的意义上，这些越轨者的角色相关者的行为是从他们**自身的利益**出发的；越轨者使他们的生活悲惨或困难，他们努力使他回到正轨上来，以期他们能过他们正常的生活。

在文化层面上，同样的行为也会出现在那些社会系统中的“正统”成员身上，即使他们没有**直接地**卷入越轨者的社会关系

415 系统之中。他们对越轨者敌意性的反应,在严格意义上说,不是出于**私利**。他们不因他对已确立的规范和角色期望的背离失去什么;他们自身的情况实际上丝毫不因他的"错误行为"而受损害。然而,他们也会有敌意的反应。这是因为他们已铭刻内心的规范现在遭到了破坏,他们看到了实际上要根除这些规范的行为,或看到了构成对这些规范的持续的社会合理性的威胁,这些都是对他们和他们的群体所坚持的价值的否定。这种反抗形式可以被恰如其分地称为"道德义愤",一种不是出于私利的对那些背离群体规范者的攻击,即使由于他同越轨者没有直接的社会联系,这些背离行为并没有妨碍他自身的角色表现。①

---

① 关于道德义愤的功能的基本原理已由霍布斯在《利维坦》(*Leviathan*)第15章中作了经典性的论述;尽管他使用的是自然法的陈旧词汇。作为提示:"此外,品行的不义指的是进行侵害的倾向,它在没有变成行动以前,而且也无需假定有任何人受了侵害,就已经是不义的。但行为的不义(也就是侵害)则假定有一个受了侵害的人存在,这就是与之立信约的人;于是有许多时候受侵害的是一个人,而损失则落在另一个人身上。比如当主人令仆人把一笔钱送给一个陌生人而仆人没有送时,受侵害的便是仆人原先立约要服从的主人,但损失却落在这个陌生人身上;仆人对他并没有义务,所以也就不能说侵害了他。同样的道理。在一个国家之中,平民可以互相免除债务,但却不能宽免使他们受损失的抢劫或其他暴行。因为不偿债时受侵害的是他们自己,而抢劫和暴行所侵害的却是国家的人格。"(《利维坦》,中文版第113—114页,商务印书馆,1985)这是对违反规范进行公正反对的个案。

虽然根据作者自己的声明,这仅仅是对此事进行研究的一个开端,但是在最近一段时间,有关道德义愤理论**最具经典意义的著作**是塞温特·兰纳夫的《道德义愤与中产阶级心理学》(*Moral Indignation and Middle Class Psychology*)(哥本哈根:莱文和蒙克斯格特出版公司,1938)。就像兰纳夫所充分表明的,在直接的社会学领域内,他自己的文章来源于关于道德义愤作用的基本理论——如果不是埃米·涂尔干首先提出这一理论,他也是最有影响的人物。还应参见伦纳夫关于这个问题较早的专著:《诸神的嫉妒与雅典的刑法:关于道德义愤的社会学导论》(*The Jealousy of the Gods and Criminal Law at Athens: A Contribution to the Sociology of Moral Indignation*)(哥本哈根:莱文与蒙克斯格特出版公司;伦敦:威廉和诺格特有限出版公司,1933),2卷本。

如果没有这一道德义愤的源泉，社会控制机制的运用是很有限的。它们将仅限于那些**直接**从非遵从者和越轨者行为中受到不利影响的人们的行为。然而，在实际中，对于非遵从者和越轨者的道德义愤和不是出于私利的反感，会使社会控制的机制扩展到更大的范围中去，因为不仅仅是直接受害于越轨行为的相对少数的人们——如被绑架小孩的父母——还有遵守已确立的规范的更大范围的社会集体，都积极地要使越轨者(以及预期中的越轨者)重新回到正轨上来。

在文化层面上，具有较高道德诉求的非遵从者可以在适当 416
的时机(不像纯粹的违法者)利用蓄积起来的道德义愤。在一定程度上，他的非遵从或是求助于已被遗忘的昔日道德价值，或是求助于即将到来的时代的道德价值。因此，就有可能，即便不总是如此，获得起初不够勇敢、冒险精神不足的社会成员的赞同。他的非遵从不是一个个人过失问题，而是导致新道德的形成(或是旧的和几乎已被遗忘的道德的恢复)。简言之，他求助的是一个过去的或将来的参考群体。他重新倡导一系列已被遗忘的价值、标准和实践，或倡导一系列不被向现实让步和妥协所玷污的价值、标准和实践。在所有这些方面，非遵从者远不同于典型的罪犯，后者没有什么旧的东西要恢复也没有什么新的东西要提倡，只是寻求个人私利的满足或表现他个人的情感。尽管国家的法律不是总会作出这种区分，但从文化动力学的观点来看，非遵从者和盗窃财物的罪犯还是截然不同的。

关于犯罪行为和非遵从行为的文化层面和社会结构层面的简单论述当然不能言及问题的全部。但是，它对于目前的用途是足够了。尽管两者背离群体规范的行为都可称为并已被称为“越轨行为”——在最初粗略的概括中，这是不错的——但是，在社会结构和文化的层面上，它们在更确切的概括中却是有区别的。现在可以指出它们在人格层面上也有特有的区别。的确，那些引领重大非遵从运动的人的人格有时偶然会与那些为私利而大大小小犯罪的人的人格相似。但是，强调这些偶然的和表面的相似付出的代价却是忽视了特性上的、深藏的差别，这会导致学院心理学在知识上的破产。不论心理学会有怎样相反的结论，十七世纪英国那些勇敢的强盗，约翰·内文森和他声名远扬的追随者迪克·特宾，与那些勇敢的非遵从者，奥立弗·克伦威尔毫无相似之处。并且，如果一个人的政治或宗教同情使这些不证自明，不需再解释，那么他应该重新考察那些把托洛茨基或尼赫鲁看得与追随者众多的罪犯不同的历史判断。

有可能某些非遵从者的下意识动机同那些纯粹罪犯的相似。在两种情况下，行为都是强迫性的，意在补偿一种个人的原
417 罪感。对现存规范的违反可以通过与他人共担罪行而使之合法化。然而，由于被违反的社会规范在功能上是相当明确的，在非遵从者和犯罪者的情形中，违反的心理学意义也是不同的。正如社会学的概念图式在最初步的概括中是那样粗略，以至于将对已确立但在道德上有疑问的规范的非遵从和对无疑义的规范的背离相提并论而没有区分，心理学的概念图式凭借它的罪行、防卫机制、反应形式等等概念，也会混淆一些基本的差别，把具有社会差异的行为放在同一个动机领域中。必须承认，这只是表明这种情况，而不是解决它。但是，它在理论上的意义在于提醒我们：在寻求对人类行为的概括时，我们常常是倾向于掩盖或者忽视行为上明显的差别。这样做是在纵容可疑的简化论。这是如威廉·詹姆斯令人难忘的描述那样，使自己沉浸在一种谬误之中，假设“贝多芬的弦乐四重奏实际上是……在猫碗上蹭马尾

巴，完全可以用这种语言来描述……”[①]

历史上重要的非遵从者从社会结构、文化和人格上来说是一种明显不同的社会越轨者。按照一句古谚“事物的性质最好是从对极端情况的考察中获知”，我们应该讨论一下这种极端的非遵从者，他在进入公开的非遵从过程时，完全知道他在冒险，冒险之大以至于几乎是不可避免地使他的行为受到群体的惩罚。这种人，在相当严格的意义上说，是殉道者——为道义而献身的人。奉行某个参考群体而非他不遵从其期望的群体的规范和价值，他已准备接受，如果不是欢迎的话[②]，那几乎是确定的 418

① 威廉·詹姆斯：《信仰意志》(*The Will to Believe*)(纽约：朗曼斯和格林出版公司，1937)，第76页。或者，就像詹姆斯把理论问题用更普通的术语表示一样，它致力于“错误百出的抽象论，即这样一种使用概念的方法：通过选出某些显著的或重要的特征，我们设想出一个具体的情境，并在此情境下对它分类；然后，不是把设想出这个情境的新方法所带来的所有积极的后果附加到它以前的特征上，而是我们继续私下地应用我们的概念；使原来丰富多彩的现象变成了被抽象地接受那个名称的直接含义，把它当作‘仅仅’是概念而已，表现出好像所有其他的特性都被删去了一样，而这个概念就是从这些特性中提取出来的。抽象以这种方式起作用，变成了一种禁锢思想的方法而远不是促进思想的方法。它把事物弄得残缺不全；它制造困难，找出不可能的事情；而且多半由于形而上学家和逻辑学家沉湎于关于宇宙的怪论和辩证法的难题而带来的麻烦，可能会追溯到我所相信的这个相对简单的原因。人们使我相信，**对抽象特征和分类名称的错误的、私下的使用**是理性主义精神的一大原罪”。正如社会学家和心理学家有足够多的机会来了解这种麻烦的原因不仅限于形而上学家和逻辑学家。威廉·詹姆斯：《真理的意义：“实用主义”续论》(纽约：朗曼斯和格林出版公司，1932)，第249—250页。

② 然而，如果他表现出实际上欢迎这些惩罚性后果的话，他就很容易被轻蔑地说成是假装“牺牲自己而成为殉道者”。弗洛伊德之前很久，这个表达方法反应了对一种可能性的普遍认识，即自我对他人惩罚所做的公开的、无私利的屈从，经进一步分析，这种屈从或者是损人利己或是对“病理的”心理需求的回应。仅仅在特殊的制度性环境中，受虐狂才能享受到别人的尊敬。在具这种社会模式化并常常是仪式性地禁止的环境中，受虐特征可以极好地适应这个社会角色的有效表现。但是，一般来说，把私人需要变成公共美德被判定犯了两项轻罪：它好像公平但实际上是对

和痛苦的由背离所带来的后果。

这种殉道者的行为的**心理学**原因是一回事，其**社会学的**特征是另一回事。殉道者的动机可以有许多种：一种原始的自恋行为的表现，一种对惩罚的需求，一种为了所爱的人而积极控制严峻的外部现实的希望。[①]所有这些都有可能。然而，在社会语境中，这种非遵从却都要造成公开地对某种已确立的价值和实践的摈弃，并且奉行另一种价值和实践，代价是几乎不可避免地使自己受到其他人的惩罚。从功能上说，这种非遵从会有利于社会和文化的变迁。在这种意义上，需要指出的是其他人对非遵从者的反应远比表面上的纯粹敌对所表明的要复杂得多。

甚至那些仍旧坚持遭到质疑的价值和实践的人，也会以一种混杂着厌恶、羡慕和爱恋的感情来看待那些公开声称不遵从
419 的人。公开的而不是秘密地行动，明显地知道他在招致群体的

自我中心的行动所要求的报偿；通过质疑实际上是其他人的无私利行为的道德有效性来破坏一个稳定的社会所需要的相互信任。

① 人们普遍同意，有关动机的词汇还有许多有待改进之处。这些意见不应该被解释为这种观点，即"动机"**是**独立的冲动，每个动机都"产生"其不同的行为形式。甚至在没有得到系统的心理学理论的帮助下，库利对这个问题已有一些基本思想，即使有区别的话，这些思想在今天比他在大约六十年前提出时要容易得多。譬如："利己主义—利他主义的表达方式通过假设我们与人有关的冲动可分成两类冲动，而歪曲了可能是最重要方面的事实。这两类冲动就是'我'冲动与'你'冲动，同样，物质的人是可分的；而在整个情感范围内的一个基本事实是人的融合，结果是冲动并不属于这个人或那个人，而恰恰属于这两个人所拥有的共同方面，属于他们的交往或混合。"再者："……'利他的'被用来指某种超过善良或仁慈的事物，即指这种情感或这类情感与其他被称作利己的事物之间的一些基本的心理上或道德上的区别，这一区别看来好像不存在。所有的社会情感都涉及到另一个人，从这个意义上说，所有的社会情感都是利他的；如果这些社会情感是排斥自我的，从这个意义上说没有什么是利他的。对这一方面进行分类的观点好像来自一种模糊的假设，即个人的观念应有分离性以适应躯体的分离性。"库利：《人的本性与社会秩序》，第128—130页，也许应该说，当孔德创造"利他主义"一词并且加以规定时，他就促使了一种谬误的形成，此谬误正是库利试图抵制的。

严厉惩罚，非遵从者将会获得某种程度上的尊敬，尽管这会在那些感到其情感、利益和地位受到非遵从者的言词和行动威胁的人明显的敌意和仇恨中深埋着。这种矛盾心理的积极成分是对无私行为的敬意。人们感到非遵从者有勇气，就是说，一种表现出来的敢冒风险的能力，特别是为了无私利的目的。[①] 在某种程度上，勇气（尽管也许是不很足的）被认为是人们冒风险时表现出来的，即使是为了个人私利或敌对的目标，这可从人们熟悉的情况中看到，如"胆大的罪犯"或"勇敢的敌人"；就此而言，他们受到羡慕，即使他们是被诅咒的。也许，由于勇气是一种社会美德——即功能上有助于群体依照最终价值而维持和发展的美德——即便是在它被明显地用来反对群体而不是支持群体的复杂情况下，也会带来尊敬。

即使关于这一问题的这一简短讨论也有助于澄清这两种越轨行为功能上的区别。在某些情况下，公开的非遵从具有改变对群体具有负功能的行为标准和价值的显功能和潜功能。再者，越轨行为的私人形式具有满足越轨者利益的显功能，并且在部分地由涂尔干、乔治·米德和拉德克利夫—布朗所指明的条件下，具有重新激发已经相当微弱以致不再构成行为的有效制约

---

① 当然，有关实例可能多得不胜枚举。仅仅考虑一下约翰·布朗的情况。他是一个叛逆、凶手和勇敢的狂热分子，愿意为他所认为的自由事业而死。在卡尔·桑德伯格看来，"布朗曾如此平静、虔诚地乐于在所有人和国家面前被公开吊死，以致他不会从人们的思想中被轻易消除。"所以，在州长审判并绞死了他之后，州长说了如下的话："布朗是我所见过的最勇敢的人，他短兵相接地博斗，鲜血淋漓，镣铐在身。他是一个头脑清楚的人，一个有勇气、坚忍的人。他是狂热分子，自负而喋喋不休，但却坚定、诚实和聪明。"只要规范和社会标准仍然这样看"越轨行为"，显然对布朗的可怕罪行的社会定义就与许多其他**只是**盗马贼的定义大不一样。在对这种非遵从的重大行为的说明时，卡尔·桑德伯格既是历史学家又是美国文化的代言人；《亚伯拉罕·林肯：草原年代》（*Abraham Lincoln: The Prairie Years*）（纽约：哈考特和布雷斯出版公司，1926），第二部，第188—195页。

的群体意识的潜功能。把这些功能上(不仅是道德上)不同形式的行为纳入一个“越轨行为”概念中,则混淆了它们在社会学上的意义。毕竟,假定阿尔·卡彭的心灵(不像约翰·布朗的精神)不会继续向前推进是安全的。或者:欧仁·V.德伯和阿尔伯特
420 B.福尔(哈定的内政部长,卷入蒂波特山丑闻,他被证明不能抓牢公众的钱包),都依美国社会的法律而锒铛入狱,因为他们进行的是“越轨行为”。然而,哈定这位常规的阐述者,发现可以通过迟到的行政宽容法案来把非遵从者德伯释放出监狱,而当柯立芝要求扩大常规的范围时,发现还是无法将越轨者福尔释放。

除非保持在不同类型的非遵从者与越轨行为之间的区分,否则社会学在概念上和术语上仍会不慎重蹈旧辙,并且变成一种只在社会遵从中才看到其优点的社会科学。如果社会学没有系统地发展出社会结构与这些不同形式越轨行为之间功能的区分,那么,它实际上就将会——虽然并非如此,我深信——赞赏这样的群体价值,即对现行的标准的遵从,并且意味着非遵从者对群体来说必然是负功能的。① 然而,正如本书许多地方已经

① 人人具有持有异议的权利,这一美国文化价值深深地植根于美国人心中。因此,这一权利对行为没有控制效果,甚至在压力下也是一样。就把学术工作看成是对根本的社会条件的种种不同反应的知识社会学而论,在对各种力量的主要经验研究中具有特殊重要意义的是接受、拒绝或支持政治上的和其他方面的非遵从者——塞缪尔·A.斯托弗:《共产主义、遵从与公民自由》(*Communism, Conformity, and Civil Liberties*)(纽约:道布尔戴出版公司,1955)。该研究出自这种假设,即这些类型的非遵从与其他类型的越轨行为具有重要的不同。此外,它涉及到揭示接受与拒绝非遵从者的基础,这个问题在前面刚刚论及。

同样相当切题的是,最近的一个社会学实验着重于社会遵从对该群体所选择的目的具有负功能的情况下的有关问题。参见哈罗德·H.凯利和马丁·M.夏皮罗:“在遵从对群体成就有害的情况下对群体规范遵从的实验”(‘An experiment on conformity to group norms where conformity is detrimental to group achievement’),载《美国社会学评论》,1954年,第19期,第667—677页。

强调的，社会中少数的非遵从者往往比多数的遵从者更有效地代表着群体的利益和最高价值。[①] 必须重复说明的是，这不是 421
一个道德判断而是一个功能判断，不是伦理学理论中的一个论断而是社会学理论中的一个论断。最后，这样一个论断一经作出，就可能为那些借助于没有充分区分的"越轨行为"概念，在社会学分析中否认那些他们在伦理学领域中论证的观点的社会观察家所接受。

问题 7 参考群体行为的结构语境：角色丛、地位丛和地位序列

在考察了参考群体行为过程中的**可观察性**的运作方式和各种类型的非遵从及越轨之后，我们现在来考察一下制约着参考群体行为的角色和地位的社会结构。这并非一件小工作。同时，在本章的前面几节中，我们只是概括了思考这一问题的方

① 参见参议员约翰·F.肯尼迪所写的那篇关于美国参议院历史上公开的非遵从的杰出报道——《勇敢者一览：美国名人一生中的决定性时刻》(*Profiles in Courage*: *Decisive Moments in the Lives of Celebratad Americans*)(纽约：哈珀与兄弟出版公司，1955)。这是对八位尽管受到极度压力但却拒绝符合流行的期望的参议员的记述——这些压力包括对他们政治生涯的致命危险，对他们人格的诽谤以及被他们的选民抛弃。取向于参考群体而不是那些当时掌权者，这些人感到他们的名声和原则会在以后得到证明，他们的非遵从会受到赞赏。关于"这些困难的和不得人心的决定"的严谨而详细的记述，除了别的外，对作为参考群体行为更为广泛的理论的一部分即非遵从理论的进一步发展是有益的。它在以下方面提供了有价值的、不偏不倚的资料：在预期的非遵从行为之前运用社会压力；多重参考群体都涉及基本的公众决定；像参议员这样的知名人士面临最大可观察性的结构事实；由角色义务不清楚和不完整的规定所造成的混乱；选民意见的可观察性很小因而为自主决定提供了机会这一结构事实；无论公众的内隐意见是什么，外露的遵从动机的模式；后代实际上会被当作一个重要的参考群体的看法；多种价值把个人安全、大众尊敬和维护公共关系放在次于自主信仰的价值之上。总之，对感兴趣于参考群体行为理论的社会科学家们来说，这是一本具有独特重要意义的书。

法，并且考虑了由这一问题所引出的有待进一步研究的一些问题。这就要求我们思考并建立某种关于社会角色和社会地位的理论。

一段时间以来，至少是拉尔夫·林顿对于这一问题作过有影响的论述之后，人们认为社会地位和社会角色这两个概念是用来描述和分析社会结构的基础。[①]

所谓地位，林顿指的是某一个体在社会系统中的位置；所谓角色，则是由所处位置决定的符合模式化期望的行为。用这种术语来讲，地位和角色是用来使文化上所规定的期望与组成社会结构的模式化行为和关系联系起来的概念。林顿还进一步观察到社会中的每一个人都不可避免地具有多重地位，并且与其中每一地位相对应，都存在**一个**与之相联系的角色。[②] 这一提
422 法是一种有用的初步近似考虑，并且已由后来的社会研究充分证实了。然而，在这一最初的近似概念中，林顿认为每一个地位都有**其明确的角色**。[③]

在对问题本身作更深入的讨论之前，我们必须指出，每一个

---

① 说林顿不是"第一个"把这对孪生概念引入社会科学的人也许是对的，但也是毫无意义的。因为事实是，仅仅在林顿的《人的研究》(*The Study of Man*)(纽约：阿普尔顿—世纪出版公司，1936)中著名的第 8 章之后，这些概念及其含义才被系统地结合到关于社会结构的不断展开的理论之中。

② 参见同上，特别是林顿的后期著作有可能明显地没有被给予应有的注意：《个性的文化背景》(*The Cultural Background of Personality*)(纽约：阿普尔顿—世纪出版公司，1945)，特别是第 76 页及以下。

③ 作为这种观点的许多实例之一，见林顿的观察："许多个体能同时地占有社会体系内的特定地位，及为其所知和所行使的**相关的角色**"，《个性的文化背景》，第 77 页。有时，林顿确实附带地提到"与地位……相关的角色"，但没有指出与单一地位相关的多种角色的结构含义。《人的研究》第 127 页提供了这样的陈述。

西奥多·纽科姆已明显看出，在角色系统中每一个地位都与多重角色关系有关。《社会心理学》，第 285—286 页。

特殊的社会地位,不仅有单一相关的角色,而且还有一系列相关的角色。这是社会结构的一个基本特性。社会结构的这一事实可以用一个确定的名词来描述,即**角色丛**。我把角色丛用来指**人们由于占有某一特殊的社会地位而具有的角色关系的全部**。举一个例子:医学院学生这种单一的地位,不仅包含着与其老师相关的学生角色,还包含着与其他学生、护士、医生、社会工作者、药剂师等其他地位占有者相关的不同角色。① 另举一个例子:公立学校教师这一社会地位也具有其明确的角色丛,其中包括与学生、同事、校长和校监相关的角色;与教育董事会相关的角色;在很多情况下,还包括与当地爱国组织、教师职业组织、家长—教师协会等等相关的角色。

应该明确,角色丛不同于结构模式。结构模式早已由社会学家采用"多重角色"来阐明了。在已经确立的用法中,多重角色是指许多相关角色的复合。这种相关不是**单一**的社会地位,而是**许多不同**的地位(通常在不同的社会领域内)。在这些地位

---

① 对医学学生的角色丛的初步分析(这对参考群体有直接意义),见玛丽·琼·亨廷顿:"职业自我形象的发展"('The development of a professional self-image'),载R.K.默顿、P.L.肯德尔和G.G.里德编:《学生—医师:关于医学教育社会学的入门研究》(*The Student-Physician: Introductory Studies in the Sociology of Medical Education*)(坎伯里奇:哈佛大学出版社,1957),这是在联邦基金支持下由哥伦比亚大学应用社会研究处进行的研究的一部分。在前引威特默和科廷斯基书中,第47—50页,默顿的文章。汉斯·泽特伯格:《行为理论》(*An Action Theory*)(手稿),他在第5章提出了这些概念和有关问题。

正如在其他领域,社会学中理论的积累迫切要求各种概念有明确的发展方向。这至少可由类似于角色丛、地位丛和地位序列的概念的发展来说明,尽管在弗雷德里克·L.贝茨的论文"职位、角色和地位:各种概念的再阐述"('Position, role and status: a reformation of concepts')中,用的是不同的术语;载《社会力量》,1956年,第34期,第313—321页。尼尔·格罗斯在即将发表的对学校行政官员的研究中也发展了理论上相似的观点。

中，个体认识了自己，即与这样一些不同地位相联系的角色，例
423 如教师、妻子、母亲、天主教徒、共和党人等等。我们把个体具有的这种多重社会地位的复合体称为**地位丛**，每一个地位进而又具有其独特的角色丛。

角色丛和地位丛的概念是结构（并且是指**某一特定时期**的社会结构）的某些方面。随着时间的不断发展，充分地社会模式化的地位继替被称为**地位序列**。例如，在某一特定情形下，地位依次是医学学生、实习医生、住院医生和独立开业的医师。当然，差不多与此相同，我们还可以观察到**角色丛和地位丛的序列**。

角色丛、地位丛及地位序列的模式化排列构成了社会结构。这些概念提醒我们，在一些不太一样的事件中我们要注意这样一个显著而难以避免的事实，即使看似简单的社会结构也是极其复杂的。为了使这些社会结构运行起来，必须设法组织这些地位、角色丛和序列，以便使社会结构具有相当程度的秩序，从而足以使大多数人在大多数情况下，在从事其社会生活事务时不致被迫在遇到每一新情况时都必须临时作出适应。

这些概念还可以进一步帮助我们弄清需要分析的社会结构中的某些实质问题。哪些社会过程易于干扰或破坏角色丛因而产生社会失衡状态呢？在角色丛中，各种角色是通过哪些社会机制联结起来，从而使其冲突程度降至很低呢？

问题 7.1 角色丛不稳定性的结构根源

似乎干扰角色丛的基本原因在于，占据某一地位的任何人都有处于社会结构中不同位置的角色相关者存在的结构特征。结果，这些角色相关者会以某种方式具有不同于上面所说的地位占有者的价值和道德期望。例如，学校董事会成员经常不同于公立学校中的教师的社会地位和经济地位的事实，意味着在某些方

面，前者的价值和期望是不同于后者的。因此，对每一个教师来讲，都容易遇到在角色期望上与其专业同事、有影响的学校董事会成员、进而与学校领导等的冲突。一个人的教养常常被其他人认为是受教育的结果。这些分散不同甚至相互矛盾的评价使将其综合起来的任务变得非常困难。占有教师地位的人所显然拥有的 424
东西，在不同程度上，占有其他地位的人也拥有，而这些人在角色丛上与其他拥有许多不同地位的人有着结构的关系。

就目前的情况来看，这似乎是一个稳定的角色丛受到潜在干扰的主要结构基础。当然，在某些特殊的情形下，角色丛的各个角色都具有同样的价值和角色期望，这时便不会产生上述问题。然而这是一个特殊的、也许过去罕见的情况。在更多的情况下，尤其是在高度分化的社会中，似乎角色相关者都来自不同的社会地位，相应地，在某种程度上体现出不同的社会价值。如果确实如此，典型的情况应该是无序的，而不是相对有序的。然而，尽管过去的社会在此方面确有不同，但总是体现出某种实质程度上的有序，而不是广泛的严重无序。因此，产生这样一个问题，即确定保证角色丛中的各个角色以适当的程度联结起来的社会机制，以及破坏这种联结从而使结构稳定的角色丛失去相对稳定性的社会机制。

问题 7.2 角色丛中各个角色联结的社会机制

在开始考察这些机制以前，我们必须重申一点，即不应假设，作为一种历史事实，所有角色丛都是高效运作的。我们所要关注的，不是对流行的社会秩序进行一种广泛的历史概括，而是确认能够带来更高程度的社会秩序的社会机制的分析性问题，没有这种社会机制就不可能获得那么高程度的社会秩序。从另一方面来讲，这是从社会学的角度，而不是历史的角度，来讨论分析这些有趣的问题。

1. **造成角色丛中角色涉入不同强度的机制**:角色相关者与某一特定社会地位的角色行为的联系是各种各样的。这意味着角色丛中各角色的期望具有不同的强度。对某些角色来讲,这种角色关系仅仅是外表上的;而对其他角色来讲,也许是核心的。举一个假想的例子:公立学校中学生的家长较之没有孩子在学校的地方爱国组织成员更有可能直接地从事评价和制约教师的行为。家长和爱国组织成员的价值在许多方面都有可能是不同的,因而对教师行为的要求也会相差很大。但是,如果在教师的角色丛中,某一群体期望处于关注和利益的核心,而其他群
425 体的期望仅是外表的,那么教师寻求协调这些不同的期望的问题就显得容易了。

我们已经在前边列举群体的结构特性时指出,群体成员涉入其地位、角色的范围和强度都有模式化的变异。这种变异可以缓解角色丛的混乱。这种混乱是由对那些特定地位占有者的行为的相互冲突的期望造成的。当教师这一地位起主导作用时,在某种程度上,他更易于拒绝角色丛中其他人不同的期望,因为某种关系对他而言只有次要的意义。当然,这并不是说教师不易于受到来自与其职业义务不同的期望的攻击。这仅仅是说,当其角色丛中的主要成员不太注意这一特定关系时,教师与其他情况下(或在某些时候)相比不易受到攻击。如果教师角色丛中的所有角色都**同样**关注这种关系,那么教师的困境就会比现在严重得多。适合于在特定情形下教师的情况大致上也适合于拥有其他地位的人:对在其角色丛中各种恰当行为的不同期望对他们的影响,可以通过介入组成角色丛的关系中的区别涉入,从结构上得到缓解。

所有这一切都说明对于所研究的每一个角色丛的运作,都

必须考察，看看在各色人等组成的角色丛中，造成人们涉入角色关系的程度不一的机制是什么。

2. **造成角色丛中各个角色权力差别的机制**：第二个机制是由权力的分配而潜在地造成的，它影响到角色丛的稳定性。所谓权力，在这里的意思只不过是指观察到或预见到的某人把自己的意志强加于社会行动的能力，即使是在参加该活动的其他人反对的情况下。①

角色丛的成员在形成某一特定地位的拥有者的行为方面所拥有的权力一般是不平等的。然而，这并不是说角色丛中单独来看最有权力的个体、群体或阶层就能成功地对地位占有者（如教师）强加自己的期望。除非角色丛的某一成员拥有垄断权力；这一权力不是可以排除其他所有人，就是超越其他人权力的总和。除了这种特殊情况之外，个体在角色丛成员中所面临的冲 426
突着的期望，都会有意或无意地影响着个体中的**权力联合**，这种联合能够使这些个体自行行动。因此，这种冲突与其说是各个地位拥有者同角色丛的各种不同成员之间的，不如说是角色丛本身成员之间的。任何角色丛中权威成员的权力常常由于权力低下的成员形成联合而得到平衡。熟知的"权力平衡"模式不仅限于国家之间的权力斗争，而且以某种不易觉察的形式广泛地表现在角色丛的活动方式中。正如当一个孩子可以成功地与其父亲一起抵制其母亲的反对意见时，他就会明白这一点。当角色丛中冲突着的权力彼此抵消时，地位拥有者便有了按照其最初的打算继续行事的相对自由。

因此，即使是在那些具有潜在不稳定性的结构中，角色丛成

① 这将被认为是马克斯·韦伯的权力观点，它与该概念的其他当代形式相差不远。《马克斯·韦伯社会学文选》，第 180 页及以下。

员对地位拥有者的所作所为持有截然不同的期望，后者也不是完全受前者中最有权力的人支配的。另外，较多地涉入其地位会加强他的相对权力。由于在一定程度上，他的角色丛中最有权力的成员不像地位拥有者那样特别关注这一特殊的关系，因此他们不会将其潜在的权力完全发挥出来。所以，在地位拥有者广阔的角色活动范围内，由于不被注意，他的活动得以自由进行和不被控制。

当然，这并不意味着，承受着角色丛成员中相互冲突的期望
427 的地位占有者[①] 实际上可以免受成员们的控制。这仅仅是说，

---

① 在一次活泼而有启发性的演讲中，国家教育协会执行秘书威廉·G.卡尔概括了一些由志愿组织施加在学校课程上的冲突性压力，这些组织如美国军团、联合国协会、国家安全委员会、商业改进局、美国劳工联盟及美国革命女儿。他的概括通过具体事例，阐明了在像我们这样一个分化的社会中，学校主管人和地方学校委员会的复杂的角色丛中竞争期望的程度。有时，卡尔谈到，这些志愿组织"适度地表达他们的具体意见，有时是粗鲁地表达，但总是引人注目的表达。他们一年到头地组织比赛、竞赛、募捐、展览、专门日、专门周和周年纪念活动。

"他们要求公立学校对如下各项予以更多关注，例如急救、心理卫生、语言校正、一年级的西班牙语、军事准备、国际知识、现代音乐、世界历史、美国历史和地方历史、地理学和家政、加拿大和南美、阿拉伯人和以色列人、土耳其人和希腊人、克里斯托弗·哥伦布和利夫·埃里克森、罗伯特·E.李和伍德罗·威尔逊、营养、爱护牙齿、自由经营、劳工关系、癌症预防、人类关系、原子能、灭火器的应用、宪法、烟草、禁酒、仁慈地对待动物、世界语、3R's、3C's 和 4F's、打字机使用和书写清晰、道德价值、身体健康、伦理概念、民防系统、严谨的阅读和写作能力、节约、遵守法律、消费教育、吸毒、数字、戏剧活动、物理学、陶瓷学和(最新的教育发现)声学。

"这当中的每一群体都极力避免使课程过重。他们当中任何一个人所要求的都仅仅是去掉不必要的东西以便掌握内容。他们大多数人坚持他们不要专门的课程——他们仅仅想要他们的思想渗透到整个日常教学大纲中。他们中的每一个人都表明了对地方控制教育的坚定信念和对国家控制教育的不安的憎恨。

"然而，如果他们的国家组织的教育大纲没有被立即采纳，那么他们中的许多人会利用报刊的压力、广播的威力和全部宣传的支持来绕过他们选出的地方学校委员会"。哥伦比亚大学师范学院，霍利斯·利兰·卡斯韦尔就职典礼上的演讲，1955 年 11 月 21—22 日，10。

角色丛的权力结构中如果不出现这种竞争性权力结构的话，地位占有者经常可能拥有更多的自主权。

3. **造成角色行动同角色丛成员的可观察性分离的机制**：拥有某一地位的人并不是始终与其角色丛中的所有其他角色都发生互动。这并非偶然，而是角色丛运行的构成部分。同角色丛的每一个成员（个体或群体）的互动是受多种限制的，是间断性的；而且并非贯穿与社会地位相关的关系的全范围。角色结构的这一基本特点，使得某些与角色丛期望相悖的角色行为能够在压力较小的情况下不断地得以进行。正像我们可以在一定程度上看到的那样，有效的社会控制是以对角色行为进行**观察**的确切程度为先决条件的。在一定程度上，角色结构使地位拥有者的行为与其角色丛的某些角色分离开来，他受到的竞争性压力不是均衡一致的。应当强调的是，我们在此所讨论的是社会结构的事实，而不是讨论使某个个人**偶然**隐瞒其某些角色行为而不被其角色丛中的某些成员观察到的个体适应。

这些结构事实在于：社会地位是有差别的，就此而言某些相联系的角色行为与角色丛所有成员的现有观察隔离开来。因此，社会地位结构特征的变异使得处理角色丛中那些不同期望的问题复杂了。因此，所有职业地位的占有者有时都会遇到许多困难的决定，包括对个人整体性的意识，即按照约束其职业角色表现的规范与标准行事的意识。但是，就职业行为的现有可观察性而言，这些社会地位是不同的。正如参议员肯尼迪在我们作了赞扬的那本书中所指出的：很少有（即使有）职业面临着这种作出困难决定的情况，“就像公共办公室的人处于众目睽睽之下。也很少有人像参议员那样要对重要提案作出最后的决定”。[1]

① 肯尼迪，见前引书，第 8 页。

428 相反,另外一些社会地位在功能上非常不易被角色丛中的其他人观察到。可以以大学教师的地位为例。那种认为大学课堂上所讲的内容具有特权色彩(就仅限于教授和他的学生而言)的规范,就具有一定程度上维护教师自主性的功能。因为,如果教师角色丛中的所有人都能听到这些话,那么教师就会被迫放弃教授他所知的东西或者他所相信的事实,代之以安抚所有关注"青年教育"的人的纷繁复杂的期望。这会很快使教育水平降低到公共要求的最低点。使教育形式改变,把教学安排在电视屏幕上,努力去做任何能够改善教育普及率的事情。当然,这要免受所有试图把个人意志强加于教育者身上的那些人的观察,而教育者是学术自由的一个有机组成部分,被看作各种价值和规范的功能复合体。

更广泛地来讲,特权信息和秘密传播的概念在许多职业——法律和医学、教育和政府——中具有同样的功能,即使顾客的行为和信念不易为其角色丛中的其他人所观察。如果医生或牧师可以随意将其所了解到的关于其当事人私生活的一切情况说出去的话,他们就不能很好地发挥其功能。再者,正如我们对可观察性所做的评述那样,如果关于任何角色行为和任何态度的事实对所有人来说都是可获得的,那么社会结构将无法运行。有时称为"隐私所需"的东西——即把行动和想法与其他人的监视分离开来——是个人对于社会结构的功能需要的应对,以便提供某些措施来避免彻底的可观察性。否则,满足所有社会规范的(经常是相互冲突的)压力将会变得简直难以忍受。在复杂社会里,精神分裂的行为会成为通则而不是可怕的例外。"隐私"不仅仅是一种个人嗜好,也是社会结构有效运行的一种重要的功能需要。社会系统必须提供适当的措施来保证自我的一部分脱离社会的监督,正如法语中所说的自持(quaut-à-soi)。

当然，隔离可观察性的机制也会失效。一旦政治家或国务活动家从公共视野中彻底消失，对他们行为的社会控制也相应减弱。正如秘密警察的历史所充分证实的那样，隐蔽权力的隐蔽使用不利于建立一种满足社会价值的社会关系的稳定结构。一个完全脱离同行和上级监督的教师可能会难以达到其地位的最低要求。一个自身实践基本上避免了其有能力的同事的判断 429
的医生会使其角色表现降至可以容忍的水平之下。秘密警察会践踏社会的价值，而不被人们觉察到。

所有这些意味着，如果社会责任的必然要求被满足的话，那么仍然需要某些措施来保证角色行为对角色丛成员而言具有可观察性。这一论述显然与前面关于需要某些措施来限制可观察性以便使社会结构有效运行的论述并不矛盾。相反，综合考虑这两种论述，我们可以认识到，存在某种最适度的可观察性，它还很难用一般方法来确定并且无疑这种最适度是因不同社会地位而异的，它同时有助于角色表现的责任性和角色表现的自主性，而不是对于某一时期角色丛偶然表现出的权力分配采取害怕的默认态度。可观察性的变化模式能够使社会地位占有者处理其角色丛成员之间冲突着的期望。

4.**构成角色丛成员对于社会地位拥有者冲突性要求的可观察性的机制：**这一机制包含在前面两个已经阐述的观点中，即权力结构和隔离可观察性的模式，因此在此不必再加论述。只要角色丛成员乐于看不到他们对地位拥有者的要求是矛盾的，那么每一个成员都有可能将自己的要求加于地位拥有者。因此，形式是以多对一。但是，当角色丛某些成员的要求明显与另一些成员的要求完全矛盾时，解决这些矛盾已经不单单是地位拥有者的任务，而是整个角色丛的任务了。或者以斗争来排除其他权力，或者采用某种程度的妥协来进行。当冲突很明显时，那么施加于地位拥有者身上的压力便暂时减轻了。

在这种情形下，遭遇冲突性要求和期望的地位拥有者可能扮演**渔翁得利者**(tertius gaudens)的角色。所谓“渔翁得利者”，即从其他人的冲突中获得好处的第三者(或第 n 者)。① 起初处
430 于冲突焦点的地位拥有者实际上成为具有或大或小影响力的旁观者，其功能是明确其角色丛成员之间的冲突性要求；并把这一功能问题提出，以便为他们——而不是为他自己——解决**他们的**矛盾要求。久而久之，这会导致地位结构的变迁。

这一社会机制被认为具有消除一种被弗洛伊德·H. 奥尔波特称为“多元主义无知”的效果，即群体中的每个人都认为他们是在独自坚守社会态度和期望，所有人都不知道其他人其实是在共享这些态度和期望。② 这是在一个组织得很好以至成员相互之间的可观察性很弱的群体中经常可以看到的情况。然而，多元主义无知的基本观点经常被加以扩大用来解释某种形式上相似但实质上不同的情况。这就是现在所讨论的情况，即某一

---

① 对**渔翁得利**的第三者模式的经典分析仍然是由齐美尔作出的，《社会学》，第 154—169 页，第 232—239 页。至少有通过目前的研究进一步发展这一分析的希望；例如，西奥多·M. 米尔斯：“三人群体的结盟模式”(‘The coalition pattern in three person group’)，载《美国社会学评论》，1954 年，第 19 期，第 657—667 页；弗雷德·L. 斯特罗德贝克：“作为一个三人群体的家庭”(‘The family as a three-person group’)，同上，1954 年，第 19 期，第 23—29 页；T. M. 米尔斯：“三人群体中的权力关系”(‘Power relations in three-person group’)，同上，1953 年，第 18 期，第 351—357 页。对三人群体的这类研究与正在评论的问题相近似；但它们当然与三种社会**地位**相互间的模式关系不是完全相同的。对后一个问题的研究现在正在哥伦比亚大学举办的关于组织理论的选题研讨班上进行。

② 弗洛伊德·H. 奥尔波特：《社会心理学》(*Social Psychology*)(波士顿：霍顿·米夫林出版公司，1924)。R. L. 尚克极大地发展了多元主义无知概念，“对被看成个体行为的社群及其群体和制度的研究”(‘A study of a community and its groups and institutions conceived of as behaviors of individuals’)，载《心理学专论》，1932 年，第 43 卷，第 2 期。

角色丛的成员不知道他们认为适合地位占有者的行为期望，与角色丛中其他成员所持的观点是不同的。有两种多元主义无知模式——一种未被确证的假设，即某一成员自己的态度和期望不为其他人所持有；另一种未被确证的假设，即大家都持有这种态度和期望。

面对角色丛成员之间的矛盾要求，即每一个成员都设想他的要求的合法性是无可争辨的，地位拥有者能够使这些矛盾显现出来。在某种程度上，依赖权力结构，可以使冲突转向，使起初是角色丛成员与地位拥有者之间的冲突变成了角色丛成员之间的冲突。恰恰是角色丛成员现在处于必须阐明**他们的**角色期望的位置上了。最起码地，这可以表明地位拥有者不是故意做出不法行为，这可以避免由他来遵从强加于他身上的所有矛盾期望。在某种情况下，被常识所取代的多元忽视会有助于重新明确对地位拥有者的要求。在另一些情况下，当角色丛成员陷于冲突时，上述过程可使地位拥有者直接自行其事。在这两种情况下，使各种矛盾的期望变得明显的结果，是超出在这一机制不起作用的情况下会发生的事情而表明角色丛。

5. **由具有相似社会地位并在处理非整合角色丛时遇到相似困难的其他人给予社会支持的机制**：这一机制是以一种经常出 431
现的结构情境为先决条件的，这种情境是具有相同社会地位的其他人在面对其角色丛时差不多有着同样的问题。无论如何，某一社会地位拥有者通常不是孤立的。非常明显的事实在于，**社会地位**意味着总有一些其他的人或多或少地具有类似的地位。在这种意义上，面临角色丛中冲突着的角色期望的现实和潜在经验，对于这些地位拥有者来讲都是共同的。因此，面临这些冲突的个体无需将之作为纯粹私人的问题，以完全私人的方式来满足这些期望。这种角色期望的冲突被模式化并且为具有同样社会地位的拥有者所共享。

社会结构的这些特点为理解具有相同社会地位的人群中的组织形态和规范体系提供了基础。例如,职业和专业协会能够对处理权力结构和某一地位的角色丛中的冲突性要求(潜在的或现实的)做出反应。它们构成的社会形态是要明确角色丛的权力;不仅仅是受这些要求制约,而且还促使这些要求形成。地位拥有者的组织——这在分化社会中是很常见的——能够产生出规范体系,从而预见并缓和某一地位中人们形成的冲突性要求。它们对单一地位拥有者提供社会支持。它们尽力减少单一地位拥有者必须依靠临时的私人调整来处理冲突情形的需要。

也许可以说,正是这一功能还对形成专业规章具有重要的社会学意义,这些规章旨在事先阐明社会所支持的地位拥有者应有的行为。当然,这种规章不会自动消除其事先界定的不合法要求,不会明确地指出在遇到冲突性要求时地位拥有者应当采取何种行动。无论是伦理的还是认知方面的,制度规章就意味着抽象化。在应用到具体事务之前仍需对规章进行解释。[①]
432 然而,相同地位的人们的一致同意才能提供社会支持,因为这种一致意见规章中有明文规定;或者是由赞成规章的具有相同地位的人们的判断表现出来。这种规章的功能在地位拥有者屈从于其角色系列的压力时显得尤为重要,这恰恰是因为他们相互

① 在职业、信仰、政治和社会所有其他制度性领域里,对支配地位行为的规章的解释显然还没有结束。但是,要了解最近对这种解释详细而严谨的汇集,参见纽约市酒吧协会和纽约律师协会 900 页的《委员会对职业道德的意见》(*Opinions of the Committees on Professional Ethics*)一书,此书在威廉·纳尔逊·克伦威尔基金会赞助下由哥伦比亚大学出版社 1956 年出版。关键的一点并不是在指定的情境中对恰当的地位行为有完全一致的看法,而是个体律师并不要求完全根据他自己对情境的理解来独自解决这些问题。从职业上说他不是单独的。

之间被孤立开来。因此,成千上万地分散在全国村镇的图书馆管理员,在面临检查压力时常常会从关于检查制度的规章得到有力的支持,该制度是由美国图书协会和美国出版商委员会联合制定的。[①] 这种社会支持会为遵从某一地位的各种要求提供支持——这时地位面临角色丛的压力要脱离这些要求——而这种社会支持正是抵消角色行为的不稳定性,否则这些行为将无法控制。

6. **简化角色丛:角色关系的破坏:**当然,这是在处理角色丛成员施加于地位拥有者的不相容要求时的一种不常见做法。某些关系被打破了,在剩下的角色关系下,角色期望取得了一致。但是,这种适应方式只有在特殊的、有限的情况下才可能出现。这种方式只有在即使中止某些关系,地位拥有者仍然有可能表现他的其他角色的情况下才能被有效地加以利用。从另一方面来讲,这要求角色丛中剩余的关系不会由此而遭完全损坏。这是以社会结构允许选择来中止角色丛中的一些关系为先决条件的,例如,中止个人朋友网络的一些关系。然而,这种选择是很有限的,因为角色丛作为包含地位的社会结构绝不是个人选择的东西。在这些情况下,这种选择更倾向于地位拥有者使自己摆脱该地位,而不是摆脱角色丛或角色丛某一部分。典型的情况是,个人离开了而社会结构依然存在。

问题 7.3 角色丛中的残余冲突

无疑,这些仅仅是明确表达角色丛中人们的期望的某些机

---

① 要了解这一规章,见《阅读的自由》(*The Freedom to Read*)(芝加哥:美国图书协会,1953);对此问题的一般分析;见理查德·P.麦基翁、R.K.默顿和沃尔特·格尔霍恩的《阅读的自由》(1957)。

制。研究可能揭示其他机制,也可能修正我们对前面提出的机制的论述。但是,我相信分析的逻辑结构将基本保持不变。这
433 一点可以加以简明概述。

首先,假设每一社会地位都包含一组角色关系,这组角色关系构成了一个角色丛。

第二,角色关系不仅指特定地位的拥有者与角色丛中的每一成员之间的关系,而且或实际或潜在地指角色丛本身的成员之间的关系。

第三,在某种程度上,那些角色丛中的人,尤其是那些拥有不同社会地位的人,可能对地位占有者的行为有不同的期望(道德的或功利的)。

第四,由此带来的问题是:充分表达的对地位和角色结构的各种期望处于缺乏效率的状态。

第五,这些角色期望的不适当的表达易于使一个或更多的社会机制起作用,减少了在这些机制不起作用时所涉及的模式化角色冲突的数量。

第六,也是最后一点,甚至当这些机制起作用时,在特殊情况下,它们也不能将构成角色丛的期望的冲突减小到不影响角色体系有效运转的水平之下。这个角色丛内的残余冲突可能足以实质性地干涉所谈论的地位拥有者的角色的有效完成。的确,它将可能证明这一条件是在大大低于最高效率下运行的最频繁的角色体系。如果不试图找出与其他系统的诱人类似,我认为这就像发动机的情况那样——无论是牛柯门的大气发动机还是巴孙斯的涡轮发动机——它们都不能充分利用热能。

一方面,我们还不知道最大限度地表明地位拥有者与角色丛成员之间关系的一些要求,另一方面不知道最大限度地表明这些构成角色丛的人之间价值和期望的要求。但是,正如我们

已看到的，甚至那些现在已明确的要求在社会系统中也不易得到满足。由于没有满足，社会系统被迫与那种程度的无效率一起缓慢费力地进行，这种无效率常常因为决定的改进的现实前景遥遥无期或丝毫无望而被容忍了。

问题7.4 地位丛和地位序列中适应的社会动力学

我们记得，地位丛是指社会系统之内或之间的个体所占据的各种地位的综合体。正如有表明角色丛的问题，因此也有表 434
明地位丛的问题。在某种程度上，这些问题在结构上尽管不完全相同，但也是相似的。由于这个原因，同时也限于篇幅，我这里不再描述现在所提问题的整个来龙去脉。然而，涉及其中一些可能是有用的，只要能表明进一步分析的一般特征。

地位丛单纯地提供社会制度及其亚系统之间的相互依赖的一个基本形式。这起因于熟悉的事实：同一个人处于不同的社会系统之中。此外，应该注意到，正如群体和社会在构成其结构的社会地位的数量和复杂性上不同一样，个体在构成其地位丛的地位的数量和复杂性上也不同。不是在一个"复杂社会结构"中的每一个人都有同样的地位丛复杂性。作为一个极端偏狭的例子，考虑一下被尼古拉斯·默里·巴特勒同时占有的看似无限实则有限的地位；作为另一极端的假设的例子，一个靠领年金的学者占有的地位相对而言要少得多，他实际上已成功地从大多数社会系统中退出来，尽管没有正式职业、未婚、没有伙伴，与政治、宗教、市政、教育、军事和其他组织无关，但他仍忙于他的活动。在一种情形下说明复杂的地位丛和另一种情形下说明简单的地位丛的角色需要的问题大概是相当不同的。

复杂的地位丛不仅有益于社会亚系统之间的某种联系，而且它们也使这些地位的拥有者在组织他们的角色活动时面临明显的不同程度的困难。此外,某些地位(及其特有的价值取向)的初级社会化对个性形成的影响如此之大,以至于按照其他地位的要求行事变得或多或少更为困难。

抵消这些潜含于复杂地位丛的困难的有几种社会过程。其一,人们不会被仅拥有一种地位的他人理解,即使这一地位可能处于某些社会关系中的控制地位。雇主经常承认雇员也有家庭,并且在一般情况下,应该使他们对雇员行为的期望服从于这一事实的要求。家庭里失去了一位成员的雇员,理应暂时降低对其职业上的要求。对地位丛所包含的各种竞争的义务的社会感知可以缓和并调节同某些地位丛有关的角色丛成员的需求和期望。

435 这类继续适应反过来与社会价值相关。在某种程度上,对于冲突着的地位义务的相对"重要性"有了**先验**一致,就能减缓拥有这些地位的人做决定时的内在矛盾并使卷入其角色丛的那些人易于调适。

当然,有些力量妨碍这些轻易的适应。那些在一种地位中涉及到个体角色丛的人,在个体不能实现他的角色义务时,使他们自己的模式化活动受到干扰。在某种程度上,他们被激发去完成自己的角色。如果自我利益的动机事实上完全是强迫性的,就会使地位系统中有比实际发生的更大的压力。每一角色丛中的成员会有效地反对其他角色丛中的成员,同时拥有几个地位的人继续处在中间。但是,自我利益的动机不是全部,而这为适应冲突性需要提供了模式化的余地。

在心理学术语中,移情作用——对许多其他人的同情理解——可以减少人们在地位义务的冲突中所遇到的压力。然而,称为"心理学的"并不意味着移情作用仅仅是人们偶然以不同程度具有的个体人格特征;社会成员具有移情作用的程度部分地是基础社会结构的功能。因为,在个体的角色丛中遇到地位义务冲突的人反过来又是多重地位的拥有者,在现在或者过去,实际上或潜在地受到类似的压力。这种结构环境多少能促进移情作用的发展。(“为了上帝的仁慈,我不得不去。”)

社会结构拥有习得性适应的力量,通过变化了的文化规范而不断传递。这一点有助于减弱地位丛中冲突的频数和强度。因为,多重地位的义务之间模式化冲突发生的频率越大,新的规范越有可能通过分配义务的优先次序来支配这些情境。这意味着在遇到有压力的情境时,个人不需临时准备新的适应。再者,这还意味着其角色丛中的成员将通过接受他的“决定”——如果这与这些功能性发展的优先性标准相一致的话——而使他更容易解决困难。

减少这种冲突的社会机制也可以从地位序列角度来加以考虑,即可导致相当一部人流动的地位的继替。考虑一下林顿称为“**达致地位**”的序列(或者,更一般地说,可以称为“**获得的地位**”)。这是个体凭借自己的成就而不是凭借与幸运或不幸的出生俱来的地位(可称为**先赋**地位)而流动。这里的主要观点是认 436
为地位丛的组成部分不是随便结合的。既是社会学又是心理学上的自选过程能削弱任意地位随机组合的可能。被占优势地位的人们内在化了的价值在很大程度上使之不可能(与不存在这些价值的情形相比),以至于他们会被激励进入具有与自己不相容的价值的地位。(再次地,在我们对机制的整个说明中,这并不意味着这一过程会以充分的、自动的效率来不同地起作用,但它的确起着作用)。

作为连续地位的自选择这一过程的结果,任何一个时候的地位丛都几乎比在其他情况下更近于获得整合。按照已发展的价值取向,人们否定他们能达到的某种地位,因为他们发现它们相互矛盾;而选择其他有前途的地位,因为他们发现它们和谐一致。一个极端的例子能阐明这一基本理论观点:那些作为基督教徒科学家来培养并笃信上帝的人一般不会成为内科医生。当然,这一点是不言而喻的。这两个连续的地位——基督教科学和医学——不会作为自选择过程的结果而出现。但是,在这种显著和极端的个案中成立的情况可能也应该以很小的可见性和规则性在其他的地位继替中成立。毕竟,这一观点与马克斯·韦伯在分析与商业活动相关的新教伦理时所用的观点相同。他实际上是要说,依我们描绘的思路,由于自选择过程,一个统计上频繁的地位丛包括与苦行的新教宗派和资本主义商业认同。而且,在适当的时候,这两个地位产生出日益和谐一致的社会角色的规定。简言之,它们能在统计上频繁的角色丛里减少地位间的实际冲突,在这一水准之下,若不是这些自选择机制和地位义务不断重新规定机制在起作用,就会发生实际冲突。

由于同一机制,在同一地位丛中就可能以相当高的频率出现彼此"中立"的地位。这里"中立"仅仅意味着各个不同地位的价值和义务**不会**产生冲突。(当然,具体地讲,几乎任意一对地位在一定条件下都可能有冲突的需求;然而有些地位对可能比其他地位对更容易产生这种冲突。正如我们看到的,其他的地位对可能相互加强,还有另一些地位对则是中立的。)例如,如果一个火车司机有意大利血统而不是爱尔兰血统,他就更可能遭遇地位要求相冲突的情形,但就社会系统本身的涵义而言,地位
437 的这一结合似乎有高度的中立性。相互区别的地位模式就能在不引发地位冲突的前提下为地位丛带来某种程度的弹性。这有助于说明这个可论证的事实:尽管某一地位丛中的地位不是任意分类排列的,但它们也不是完全地、严密地加以整合的。

地位丛和地位序列的概念有助于产生关于社会结构的功能

分析的其他问题。[①] 但是,前面的概述足以触及这些问题的实质。这些问题反过来也与参考群体行为的问题相联系这一点也是显而易见的,这些联系这里就不再探讨了。

参考群体行为的结果

在结束对参考群体行为和社会结构理论中的连续性的考察时,我简单地提一下(而不是分析)不同类型的参考群体行为的**结果**的某些问题。要在这里进行尽可能详细的介绍就将使本文成为长篇巨著,而不是我想要写的临时报告了。

问题 8 参考群体行为的功能和负功能

正像前面章节及本章前面部分所指出的那样,"参考群体理论和功能社会学概念是密切相关的。似乎它们所涉及的是同一问题的不同方面:一个注重研究人们将其自身与群体联系起来并依据群体价值行事;另一个则注重研究这些过程对于社会结构以及结构中的个人和群体的结果"(第 226 页)。[②]

---

① 对一些进一步的附带问题进行考察将使我们离题太远。然而,应该注意的是,**角色等级**(地位序列中角色的逐变而不是突变)对露丝·本尼迪克特在其"文化制约作用下的连续性和非连续性"('Continuities and discontinuities in cultural conditioning')中描述的困境类型起了缓和作用,载《精神病学》(*Psychiatry*),1938 年,第 1 期,第 161—167 页。

② 艾森施塔特采取了这一相同的定向,获得了有益的结果。见其"参考群体行为研究"('Stuides in reference group behaviour'),载《人类关系》(*Human Relations*),1954 年,第 7 期,第 191—216 页,特别是在 162 页。他谈到:"不是从一开始就问参考群体影响个人行为的方式如何,而是我们可以从特定的社会系统和个人的性格这两个角度问一问究竟为什么这样一种取向是必需的。在个人的社会生活空间和在其作为一员的社会参与中,这种取向起到了什么功能呢?"

在前面几节中，我们已经对参考群体行为的某些暂时确定的社会功能进行了阐述。现在，我们来考虑其中的一个功能，即预期社会化功能：获得某些个人期望加入但还未加入的地位或
438 群体的价值和取向。这一功能使个体做好循序进入某一个地位阶梯的准备。这一过程中明显的、有意识的和通常也是正式的方面当然是所谓的教育和训练。但是，这种准备的绝大部分是**模糊不清的、无意的和非正式的**，正是在此方面，预期社会化概念吸引了我们的注意力。

这种为角色（与未来地位相关的）所做的非正式准备有一个明显的特点。它通常不包括角色训练所需的专门人员，也不是由这些人员无意间或附带地提供的。甚至在学校中，预期社会化也超出了正规教育的范围。同样，预期社会化不是教导的过程。在行为语境中个体对角色暗示有所反应，或多或少无意地从中得到未来角色行为的启示，从而被引向一个他现今还未达到的地位。典型的是，对其所了解的价值和角色要求，他没有进行清晰的整理。

有助于这种预期社会化功能的是被称为“角色等级”的结构状况。个体基本上连续地经过一系列地位和相关角色，每一个地位或角色与前一个相比区别不大。尽管其“官方地位”（被社会所承认的）转变为一个新的地位似乎在更多的情况下是突然的，这只是因为先前的非正式准备没有被人们注意到而已。随着其庆典性的**通过仪式**（rites de passage）并完成法律上的地位变化，地位序列中的非连续性比社会上所表现出来的要弱。

在地位序列和角色序列中，个体或多或少连续地面临着其他人对其完成目前角色的确切性的评价。退回到早期角色行为的趋势因对新获得的地位一再坚持而被抑制（“你现在是一个大孩子了……”）。相应地，使“未成熟的人”提前进入未来角色的

趋势受到了抑制（“当然，将来某一天你会的，但你现在还不够条件……”）。事实上，通过未来地位规范的引导，个体进行了一些实验性行动，并且易于迈出受到其目前角色丛中人们的反应所制约的一步。

关于各种地位和角色的时间定向还知之甚少。这些地位和角色是文化认为在生活周期的每一阶段所应取得的，尽管人们
实际上取得的还要少些。[①] 巴克和赖特通过对一个男孩在一天 439
中的行为进行精确到分钟的记录[②]，发现男孩行为有将近一半是明确地针对其目前角色的，很小一部分（约占“行为单位”的4%）针对未来角色，针对过去角色的则更少。由于没有来自不同社会和社会阶层的类似样本资料，因此结论只能完全靠推测。例如，已经有人指出，在青年时代，长远的未来很模糊而且几乎是无限的；过去是可以忽略的；因此现在和不远的未来显得很重要。对于中年，推测是同样的，更多地趋向于在三者之间取得平衡；而老年则主要是着眼于过去。但是，这些至多是猜测，而且是用处不大的猜测。着眼于过去、现在和未来地位的取向模式在一生中不同阶段必定是随着社会结构中的文化教育和地位的变化而变化的。但是有关这些方面的系统知识还没有出现。然

---

① 有一篇涉及四种文化的论文在某种程度上与此有关：玛丽安·W. 史密斯，“过去、现在和将来的不同文化概念：自我扩张的研究”（‘Different cultural concepts of past, present and future: a study of ego extension’），载《精神病学》，1952年，第15期，第395—400页。另一篇论文开始考察这种可能性，即“在社会阶级的各个层次上可能存在着各种短暂的目标取向”，这种可能性是通过对一百多名来自美国下层和中层的孩子们进行了初步研究后得出的。劳伦斯·L. 莱尚：“时间取向和社会阶级”（‘Time orientation and social class’），载《变态心理学和社会心理学杂志》，1952年，第47期，第589—592页。

② R.G. 巴克和 H.F. 赖特：《一个男孩的一日》（*One Boy's Day*）（纽约：哈珀与兄弟出版公司，1951）。

而，可以设想，随着这些时间取向的变化，对参考群体的选择也在变化，所以参考群体提供预期社会化的功能也在变化。

关于参考群体的这一功能的讨论似乎同样适用于本文前面引用过的在参考群行为研究中所确定的其他功能。但是，关于参考群体的这些功能（和负功能）的研究才刚刚开始，最好在以
440 后的考察中再予以考虑。[①]

---

① 马扎弗·谢里夫和卡罗琳·谢里夫：《社会心理学概要》(*An Outline of Social Psychology*)（纽约：哈珀与兄弟出版公司，1956）修订版中列举了对于参考群体理论的基本贡献。遗憾的是，仅仅在这本书完成校样之后，它才引起了我的注意。

第十二章
影响的模式：
地区性和世界性影响力人物

这是一项关于大众传播在人际影响模式中的作用的探索性研究，其资料主要基于对罗维尔这个坐落在东海岸、有 11000 人口的小镇中不同社会、经济阶层的 86 名男女的访谈。因此，它本质上是一项个案研究，而不是对影响模式的统计分析。[①]这项示范性研究起初的实际目的有四个：(1)辨认各类在不同方面被其同行视为有影响的人物；(2)将传播行为模式与那些有影响力的人物的角色联系起来；(3)找出那些成为有影响力人物的主要途径的线索；(4)为进一步系统地研究地方社区中的人际影响方式提出假说。

这篇报告的主要部分致力于分析有影响力的人物不同的基本类型，即我们所谓的“地区类型”和“世界类型”。但是，在转入这些实证材料之前，简单地回顾一下我们在程序和方法上走过的两个弯路也许是有益的。第一个弯路出现在原来只关注有限的实际问题的社会学应用研究，却在调查过程中出乎意料地产

① 尽管总结我们个案研究的数字经常被引用，但它们只是启发性的，而不是指导性的。它们只用来指明那些有待进一步详细、系统地研究的阐释性假设的出处。

生了理论建构问题的时候。尽管这一开创性研究最初是为了了解全国性的新闻杂志对各类读者所起的作用——这是一个大众传播社会学的问题——但后来不久,由于最初印象和调查结果而使这项研究又重新定向。因为对社区施加不同程度人际影响的人们以显著不同的方式来利用杂志。在快速从第二个弯路折回的过程当中,我们遇到一些困难,使我们不得不去设计分析同
441 样定性资料的其他方案。事实上,我们最初的分析都是徒劳的。然而,随着地区性和世界性**影响力人物**这两个概念的出现,我们对"同样的"定性资料得出了有成果的结论,而这些结论本身就有助于自身的详细阐述。在我们对这些定性分析的两方面进行了简短的程序性评述之后,再来接触地区性和世界性影响力人物的实际材料,就会觉得更得心应手。

从应用研究到理论研究的转变

引发此研究的理论问题是很明确的。① 一个全国性新闻杂志的研究部门试图得到划分社区中个人影响范围的方法。进而,有影响力人物(包括读者)的特征是什么?这种杂志是否影响到个人关系网中的"核心"人物呢?无论如何,与普通读者相比,那些有影响力的人物利用这种杂志的模式是什么呢?

---

① 探寻这其中的离题之处是有趣的。客户之所以可能更想了解人际影响的方式,在很大程度上,如果不是全部的话,是因为"影响力这一主题"可能有助于他们的销售广告(弗兰克·斯图尔特例举了 43 种全国性杂志,它们把读者是有影响的人物这种思想的某些变种用作复本主题)。这种实际的目标与研究部门的存在的融合表明在这一领域中研究的必要性。正如我们将要看到的,一旦开始研究,其目标就变得多种多样,扩散到跟原来目标联系甚少的小问题。为进行应用研究寻求贴切理论的功能需要得到系统的探讨;本书第五章开始了这方面探讨。

这种实际问题一旦明确地提出,立即就把注意力引向如何确认人们不同程度的人际影响力的方法。很明显,除非掌握了确定和辨认有影响力人物的方法,否则人们就不能确定这种新闻杂志的读者当中那些所谓的“有影响力的人物”是否是不成比例的。此外,为解决这一问题开展研究这一事实表明,一些看似合理的影响力指标仍然被客户认为是不充分的。这些表面的指标,即有关读者的职业、收入、财产所有权和组织归属的材料,是可以在新闻杂志的档案中找到的,或者可以通过对读者的详细调查而轻易得到。因而,旨在建立更有效的影响指标的研究要以这一假设为前提,即,尽管“社会地位”高的人们相对地**能够**发挥较大的人际影响,但是,社会地位不是一项恰当的指标。一些社会地位高的个人所施展的人际影响显然不大,而一些社会地位低的个人却发挥相当可观的人际影响。因此,建立更直接的 442
人际影响指数需要新的定性调查。

但是,由于这种情况很常见,人们就认为这个问题在开始时已经得到恰当的阐述。这种杂志的读者是否不成比例地包括了有影响力的人物?还是在任何一种情况下,有影响力的人物对杂志的使用与普通读者相比都有所不同?实际上,正如我们在研究进行了一段时间之后才认识到的,这是对问题的**不成熟的界定**。因为,正如我们所发现的,这不是辨认**有影响力人物**(以及他们利用杂志)的问题,而是测定**有影响力人物的类型**(以及他们对新闻杂志作为有关整个社会而不是自己当地社区的消息来源所持的不同态度)的问题。

正如我们将要看到的,当认识到在最初表述中**对实际问题过于具体之后**,我们对这个研究做了一项重要的变动。在一段时间内,这种过于具体的论述使我们忽视了调查的一些重要方面。只有重新系统地提出初始问题,只有将重点从研究如何辨认有影响力人物转移到研究有影响力人物的传播行为的不同类型上，我们的研究才能在应用和理论两方面取得成果。只有这样，我们先前的解释框架无法容纳的这些资料，才能真正地“派上用场”。只有这样，我们才能用少量的概念和命题解释各种以前被认为是毫不相关的观察资料。

正如我们在这个报告的中间部分将要看到的，我们向研究的应用目标和理论目标进军之前，有必要将问题重新表述。

对有影响力的人物进行定性分析的两个阶段

重新界定了问题之后，我们开始着手设计能够使被访者找出在社会互动中对他们有过重要影响的人物(其直系家属除外)① 的初步方法。我们不考虑通过大的政治、商业和其他行
443 政决定对许多人施加的间接影响。②在长时间的访谈中，要求被访者说出做各种个人决定时(决定内容包括自己及其子女就业、教育计划的选择和对书籍、戏剧、家具的选择)，他们寻求帮助或寻求建议的人。被访者还进一步被要求简要地说明就他们所知的那些在以上几方面经常给予他们帮助的人的情况。这种对施加人际影响的个人所作的尝试性确认，当然和那些被访者之所以选择这些人而不是别人的原因联系在一起。

---

① 本文将不涉及那些以初级方式发展而来的、用于确认施加不同程度人际影响的人物的程序。有关这些程序在随后的研究中得到修改，见弗兰克·A. 斯图尔特发表在 1947 年 10 月的“关于南方城镇中影响的社会计量学研究”(‘A sociometric study of influence in southtown’)，载《社会计量学》，1947 年，第 10 期，第 11—31 页。这一必要的方法论在由哥伦比亚大学应用社会研究处对一个中西部社区所进行的影响研究中得到显著的发展，见伊莱休·卡茨和 P. F. 拉扎斯费尔德的《个人影响》(*Personal Influence*)(伊利诺伊，格伦科：自由出版社，1955)。

② 有关这种探讨性研究暂时运用的人际影响概念的简短讨论，请见本章末尾的附录。

在这些访谈的过程中，86 位被访者一共提到了 379 人，这些人在不同的方面都对这 86 人在涉及决策的某个情境中施加过影响。在这项调查中，一些人的名字被反复地提及(所提到的 379 人，有 1043 次的“提名”，其中一些人不下 30 次地被提及过)。在 379 人中，有 57 人，即 15% 的人，被提到过四次或更多次，这暂时作为我们关于“影响力”的有效标准。正如我们将要看到的那样，这种完全尝试性的、武断的标准使我们能够确认那些我们借以检验人际影响作用的个案。随后，其中三十位有影响力的人物就他们对其影响力的自我评估和印象、他们对别人影响力的评估、他们施加影响的环境以及他们的传播行为等方面接受了访谈。所有这些组成了我们的分析数据。

本文不再详细叙述我们对有影响力人物的传播行为的最初的、徒劳的分析了。但是，简单地考察一下一种替代的分析类型是如何以及为什么产生的，会对整理性分析方法有所助益。[①] 只要指明这些数据是如何影响研究人员，使他们不断修正自己的概念，根据新的概念，重新统计数据，建立一套有启发意义的一致性来代替原先杂乱无章的事实堆积，就足够了。

在我们所知相对贫乏的第一阶段的分析中，我们不仅区分了有影响力的人物和普通人物，而且还根据他们在当地**影响结构**中的动态地位，对有影响力的人物作了进一步区分。因此，我 444

① 由此，报告的这部分对社会学同仁提出了请求，即从事在出版刊物上汇编有关定性分析**实际**发展方式的详细说明。只有得到了相当数量的这类报告时，才有可能以定量方法所表现出的某种明确性来**整理**定性分析的方法。这篇报告没有表明分析类型中相继转变的具体材料；这里报道的少数细节方面选自应用社会研究处存档的较广泛的论著。但是，这也许足以强调更为具体的定性分析的说明在社会学中的必要性，因为，详细说明不仅报告出最后结果，也报告出取得这一结果所采取的连续步骤。研究处认为，人们真诚地希望这种整理既是对定性社会学资料的**收集**也是**分析**。

们区分了几种有影响力的人物：当前有影响力的人物（占有一个似乎比较稳定的地位）；有潜在影响力的人物（上升之星，而且仍在上升）；衰落中的有影响力人物（高峰已过，正在下降）；潜伏的有影响力人物（具备有影响力人物的**客观**条件，但是没有利用这些条件来施加影响）。另一方面，没有影响力的人物被分为平民百姓和孤独者两种。平民百姓是指那些社会交往范围有限，是典型的受援者而不是提出建议者的人；孤独者在很大程度上是指那些没有什么社会交往活动的人。

这种分类从逻辑上讲是无懈可击的，从经验上讲也是可行的，但实际上却是毫无创造性的。我们的数据固然可以很容易地按这些类别整理，但是，这很难形成清晰的传播行为或其他行为方式的一致性。简言之，虽然这种划分是有根据的，但对于我们的目的却是相对无用的。不过，正如J.L.亨德森曾经说过的那样，“几乎所有分类都比没有强”，就新闻杂志和其他传播工具对那些占据影响结构中不同地位的人发挥的功能而言，这种分类的确提供了零星的线索。由此，我们发现一些有影响力人物使用新闻杂志更多地是为了帮助那些期待他们的帮助和指引的人，而不仅是为了自我帮助。而且，新闻杂志对普通的读者和有影响力的读者所具有的功能似乎也有显著的不同。对其中的一方，杂志的功能是私人的、个别的；而对另一方，其功能则是公共的。对于普通的读者，新闻杂志上的信息是他们**个人消费的商品**，这些商品扩大了他们对世界上公共事务的**个人**眼界；而对于那些有影响人物，新闻杂志上的信息则是供**交换的商品**，可以通过交易使他成为国内外事务的解释者，从而进一步提高其声望。这有助于他成为意见领袖。

但是，第一种分类至多产生了一堆松散、混乱、相互间没有紧密联系的印象。它不能使我们解释各种有影响人物的行为。

例如，大约一半以上的有影响力人物阅读新闻杂志，但我们的分类却没有提供为什么其他人不读杂志的系统线索。我们在这一阶段所作的分析是空洞无物的，这**促使**我们**寻找**新的有效概念，但是，正是这一分析过程中偶然出现的一系列观察将我们的注意力转移到了我们运用的**实际概念**中来。

除此以外，一个策略性的**事实**形成了分析的第二阶段。对有影响人物的访谈以前一直集中在他们**在城里**的交往上。然而，在回答同一组问题时，一些有影响人物所谈的完全是罗维尔当地的情况，而其他一些人则经常会谈及罗维尔以外的事情。445
关于战争对罗维尔经济冲击的问题，一方面得到的纯粹是有关小镇内部的问题的回答；而另一方面却是对国内经济或国际贸易的评论。正是这种在一个特定地区或更广泛的参考框架中所获得的特有的反应模式——一种也许能预见到的但没有预见到的模式——产生了关于有影响力人物的两种主要类型的概念："地区类型"和"世界类型"。

第一种分类研究了人际影响圈的各个阶段，第二种则研究了有影响人物对于当地或更大的社会结构的"取向"①。一种侧重于影响结构内部的情况；而另一种则侧重于影响的原因以及这种影响的实施方式。

随着地区类型和世界类型的有影响力人物概念的出现，一些新的一致性立刻就显露出来。原来"相同"的材料，经过这些概念重新检查和分析之后，呈现出了许多相当新的内涵。原来在第一阶段分析中找不到恰当位置的一些事实，在第二阶段的

① 对于"取向"(orientation)这个概念需要解释一下。社会取向不同于社会角色。角色是指把社会地位中固有的权力和职责付诸实践的方式；而这里所说的取向是指构成个人所履行复杂社会角色之基础的主题。该主题(或隐或现地)是在个人所包含的每一个复杂社会角色中得到表达的。

分析中不仅找到了相关的位置，而且还成为至关重要的。因此，无论主要是在罗维尔内部发展起来的，还是在其他地方开始然后在罗维尔进一步发展起来的有影响人物的各种职业类型，都形成第二阶段分析的有机组成部分，而这些在第一阶段分析中只是“有趣”却不相关的资料。地理上的迁徙、对人际关系网和志愿组织的参与、从影响潜力到影响实施的转变、传播行为的模式，所有这些貌似不相关的因素都表现为关于当地社区的主要取向，即实际上从仅仅考虑当地社区的取向到集中考虑外部世界的取向。

因而，在介绍这篇报告的主体的序言中，我们已经注意到两个在程序上和方法上饶有趣味的问题。我们首先看到，原来具有严格限定对象的应用社会研究引起了以人际影响模式的社会学理论为基础的更广泛的探讨。然而，我们简单地回顾了促进修正定性概念的某些情况，并把不连贯的事实重新整理为紧密相关的类型和统一体。这样简短地介绍之后，我们将对两种本质上不同的有影响力人物及其各自的传播行为模式进行实质性
446 的解释。

有影响力人物的类型：地区类型和世界类型

“地区类型”和“世界类型”[①]两个词当然不是指人际影响

---

① 在辨别两类有影响力人物时，我们采用了卡尔·C.齐默尔曼的说法，他在翻译滕尼斯对地区的（Gemeinschaft）和世界的（Gasellschaft）所作的著名区分时使用了这两个术语。尽管齐美尔、库利、韦伯、涂尔干和其他著作家在他们的著作中运用的术语不同，但是精通社会学的读者会认出本质相同的差异。虽然这些术语经常用来指社会组织和社会关系的类型，但它们在这里适用于有关有影响力人物类型的经验资料。参见费迪南德·滕尼斯的《社会学基本概念》（*Fundamental Concepts of Sociology*）

所达的地域。两种类型的有影响人物几乎都仅在地方社区有作用。罗维尔很少有居民在本社区以外还领导着一群人。[*]

区别这两种类型人物的主要标准在于他们对罗维尔的取向。地区类型人物的兴趣主要局限于他所在的社区。罗维尔基本上就是他的天地。他一心想着当地的事情,实际上把国内外形势置之在外,他不考虑也不致力于外部大世界的事。严格地讲,他是地区范围的人。

与地区类型人物相反的是世界类型人物。这种人对罗维尔也有些兴趣,而且,因为他也要在社区中实施影响,他当然必须与社区保持最起码的联系。但是,他也密切地关注着罗维尔以外的世界,并把自己视为外部世界的主要部分。他虽然身居罗维尔,但与大世界共命运。如果说地区类型人物是地方性的,那么,世界类型人物则是世界性的。

在对三十位有影响人物的详细访谈中,三位分析者[①]根据 447

(纽约:1940),C.P.卢米斯翻译的他的优秀著作《地区的与世界的》(*Gemeinschaft und Gesellschaft*),更重要的是他后来一篇题目相同的文章。也可参见卡尔·C.齐默尔曼的《变迁中的社区》(*The Changing Community*)(纽约和伦敦:哈珀与兄弟出版公司,1938),尤其是第80页及以下。有关社会学文献中类似概念的简述,见利奥波得·冯·维泽和霍华得·贝克尔:《系统社会学》(*Systematic Socicology*)(纽约·威利父子出版公司,1932),尤其是第223—226页。

* 在研究有全国范围的声誉和影响的人物所居住的郊区的影响结构时,就提出了有影响力人物这一概念。如其作者所说,“一点也不奇怪,罗维尔那些‘有影响力的人物’的各自特性不同于那些下层世界有影响力的人物的特性。”肯尼斯·P.阿德勒和戴维斯·博布罗:“外交事务中的利益和影响”(‘Interest and influence in foreign affairs’),载《舆论季刊》,1956年,第20期,第89—101页。还可见弗洛伊德·亨特的《权力结构——决策者研究》(*Power Structure—A Study of Decision-makers*)(查佩尔希尔:北卡罗来纳大学出版社,1953)。

① 在更大的例子中,很难有评价上的完全一致。但世界类型和地区类型的各自特征被少数个案定义得很清楚,甚至对这种“特征”不存在疑问。成熟的调查应该按下面讨论的方针提出更正式的标准,因此应该提出一种既不偏向地区类型也不偏向世界类型的中间类型。

表明这些人对罗维尔地区态度的个案材料判定：十四人为世界类型，十六人为地区类型。

在不同的情形下，这些取向呈现出独特的表现。例如，当有影响力人物被要求阐明他们对"你关心新闻吗?"这一准投射性问题的观点时（时值1943年秋天，"新闻"多指有关战争的消息），他们的回答往往相当冗长，按照有影响人物的兴趣焦点，很容易将其归类。一组评论以国内、国际秩序问题为中心，这些评论对战后很难出现稳定的世界表示担心；他们还详细地谈了建立国际组织以维护和平的问题，以及诸如此类的其他问题。第二组评论涉及到的战争新闻几乎全部与该新闻对被访者本身或其罗维尔邻居们所意味的内容有关。他们把回答"新闻"这一问题当作回顾战争给小镇带来的一系列直接问题的机会。

将有影响力人物分为两类后，我们发现十四位① 世界类型人物中的十二位总是在国际、国内问题的框架内回答问题，而十六位地区类型人物中只有四人谈论这方面的事情。每种类型的有影响人物都从众多事件中挑出显著不同的成分。一个模棱两可的问题使每个人的答复都投射出他的基本取向。

地区类型的影响人物与世界类型的影响人物之间的其他差异似乎都源于他们基本取向②的不同。群体特性表明，地区类型影响人物具有地区主义倾向：他们很可能在罗维尔居住了很

---

① 应该重申一下，这里以及全篇所引用的人数不应该作为总人口的代表。引用这些数字只是为了说明它们在为各种类型人际影响模式的运作提供线索时所起的启发作用。如同个案研究的定量概括的一般情况那样，这些数字不证实某些解释，而仅仅指出某些解释。而尝试性的解释又依次为设计基于恰当实例的定量研究提供了出发点，正如前引卡茨和拉扎斯费尔德著作所表明的那样。

② 这里没有涉及任何**决定**这些取向的客观**因素**。明确这些决定因素是另外的、异常重要的任务，这里就不谈了。

久,非常愿意与镇上的人接触,他们不想搬出该镇,并且可能对该镇的政治很感兴趣,等等。所有这些都表明两类有影响力人物的差异,将成为以下章节的主要议题。我们将发现基本取向的不同与许多其他差异是紧密相关的:(1)每类有影响力人物所牵连的社会关系的结构上的差异;(2)他们在影响结构中取得现 448
有地位所经历的途径的差异;(3)为实施人际影响对现有地位的不同利用;(4)他们在传播行为上的差异。

社会关系结构

在社区中的根

地区类型影响人物与世界类型影响人物对罗维尔的依恋程度有相当显著的不同。地区类型影响人物非常热爱自己的家乡,而且似乎没有想到过要离井背乡。正如他们中间的一位所含糊地表白的那样:

> 罗维尔是世界上最伟大的小镇。它具有世界其他地方所没有的东西,尽管我说不清楚这里独特的东西到底是什么。

当我直截了当地问他们"是否考虑过要离开罗维尔时",十六位地区类型影响人物中的十三人强调说他们永远也不会考虑此事的,而其他三人尽管相信他们在某种条件下会离开罗维尔,但他们非常愿意留下来。没有人觉得他们会在其他社区得到同样的满足。世界类型的情形则不同。他们中只有三人声明要毕生住在罗维尔,四人希望他们现在能住在别的地方,剩下的七人愿意在某种条件下离开罗维尔。像下面这些世界类型影响人物的答复在地区类型中是绝对找不到的：

> 我好几次都差点离开此地去找其他工作。

> 等我儿子一接我的班，我就去加州。

这些对罗维尔态度上的根本不同是与地方类型和世界类型影响人物之间的不同经历相关联的。世界类型的人物较有流动性。地区类型的人物则多是出生在罗维尔或附近地区。十六位地区类型人物中有十四人已在罗维尔居住了二十五年以上，而不到一半的世界类型人物在罗维尔住了这么久。世界类型人物多是在全国不同社区中住过后刚刚搬入罗维尔的。

这种区别似乎也不是由年龄构成上的差异造成的。的确，世界类型人物比地区类型的年轻。但是，对那些四十五岁以上的人来说，世界类型的人似乎是来罗维尔较晚的，而地区类型的人则是在罗维尔土生土长的。

我们可以从这些个案材料中推测出地区类型影响力人物对罗维尔独特的深厚感情的基础。在使自己出名的过程中，这些有影响的人物完全**适应了社区**，因而怀疑自己在其他地方能否
449 取得同样成绩。一位当地的法官，以他在罗维尔居住了七十年的经历，讲述他完全与社区融合的感受：

> 我不会想到离开罗维尔。这里的人们非常好，非常机敏。他们喜欢我，我感激上帝给我这种感受，即罗维尔人民信任我，并把我尊为他们的导师和领袖。

因此，有地区类型影响力的人物的那种与罗维尔融为一体的强

烈愿望是与他们在这一社区土生土长及其职业类型联系在一起的。无论在经济上还是在情感上,他们都根植于罗维尔。

就对罗维尔的依恋之情而言,世界类型人物与地区类型人物几乎在每个方面都不同。不仅因为前者是新来的,而且他们也不想在该镇扎根。由于经常迁移,他们只把罗维尔看作许许多多"美丽、舒适的城镇"中的一个。实际经验使他们认识到,他们在其他社区也能开创自己的事业。因此,他们不把罗维尔视为最安全、最满意的地方。他们广泛的阅历已经改变了他们对其目前所在社区的取向。

社交:人际关系网

在访谈过程中,有影响人物有机会说出对在社区中"认识许多人"这一问题的态度。两种类型人物的态度截然不同。十六人中的十三位地区类型影响人物对与许多人建立频繁的联系表达了极大兴趣,而十四位世界类型人物中只有四位持此观点。

从质的方面进行考察时,这些差异就更有启发意义了。有地区类型影响的人物通常关心认识尽可能**多**的人。在社会交往领域里,他是一位数量主义者。数量才是重要的。用一位有影响力的警官的话来说(他也表述了另一位"地区类型人物"即市长的感受):

> 我自认为在罗维尔有许多朋友。我喜欢结识每个人。如果我站在某个角落,我可以在两小时内和五百人讲话。结识人是有帮助的,譬如在晋级时,大家都选你干那工作。你所认识的有影响的人物会和别人谈到你。杰克·弗莱(市长)有一天对我说:"你在镇上的朋友比我多。我真希望结识你所有的、甚至你还不了解的朋友。"这话使我感觉很

好……

这种典型的态度与我们对地区类型影响力人物的了解相符。它还表明，地区类型影响力人物自己也认识到个人交往和个人关系的职业功能。这种对个人交往的考虑还不仅仅是地区类型影响力人
450 物的不同职业的结果。地区类型影响力人物之中的商人、专家及地方政府官员都赞美、向往多多益善地结交各种人。一位银行行长以自己的经历和观点简要叙述了一个类似的故事：

> 我一向喜欢结识人……我真正开始结交人是从我做出纳员的时候。就接触人来讲，银行中的出纳员是一个重要的职位。作为出纳员，你必须接待各种各样的人。你从他们的姓氏逐渐认识他们。你再也不会有同样接触人的机会。现在，我们有一位很能干的出纳员，但是，有两三个人到我这儿来抱怨他，说他对人不友好。我告诉他，你必须对每个人都要热情。这既是私事，又是公事。

这一基调决定地区类型影响力人物对各种各样的个人交往都感兴趣，因为当他们需要政治的、商业的以及其他方面的支持时，这些交往会使他们得到帮助。这类有影响力人物相信，如果能够吸引足够多的人认识他们并愿意帮助他们或被他们帮助，他们就可以在当地保持显赫和具有影响力。

相反，世界类型影响力人物对**尽可能多地**结识人[①]极不感

---

① 有趣的是，这一点以下列方式得到说明。给我们的访谈对象一张任意排列的罗维尔居民的名单，并请他们识别每个人。地区类型影响力人物比任何其他组的访谈对象认出的名字都多，而世界类型的影响力人物则较无影响的受访者认识的人要多。

兴趣。他们更有选择性地结交朋友或结识他人。他们特别强调把自己限制在与那些“真正谈得来”并“能够交换观点”的人结成朋友的重要性。如果说地区类型影响力人物是数量主义者,那么世界类型影响力人物在这方面则是质量主义者;后者关心的不是他们认识人的**数量**,而是认识人的**类别**。①

几位世界类型影响力人物对地区类型影响力人物的流行态度所作的评论揭示出二者的不同:

> 除非这个人有些独特的东西,否则,我不想去结识他。
>
> 我对数量不感兴趣。我喜欢去了解别人;它能拓宽你的知识面。我喜欢结识那些有知识、有地位的人。我不愿扎进人群里。我愿意结识那些有着同等智力、学识和经历的人。

正如地区类型影响力人物那样,这种基本态度超出了职业
和教育的范围。例如,世界类型影响力人物之中的专门职业者, 451
如果他们要开办业务,他们也不重视结交的广度。与一位大讲“尽可能多地结交人会带给我好处”的“地区类型”的律师相对比,“世界类型”的律师以诗句表达他的独特之处:

> 我从不外出去找人。我对各处走动、闲聊毫无兴趣。正如波洛尼斯劝告拉埃特斯时所说的:
>
> “你的那些朋友及其尝试性的选择,

① 在这项先导性研究中,我们只涉及人际交往和人际关系各种态度的表现形式。详细的探讨将考察地区类型和世界类型有影响力人物所特有的**实际**人际关系的质和量。

以钢筋铁索禁锢着你的灵魂，
却没有以每位新朋友的欢娱，
冲淡你的殊荣奇誉……”

在这个研究稍后的章节中，我们将看到地区类型和世界类型人物对人际关系所持的不同取向，可以解释为他们获得影响的特有方式的一个功能。目前，只要搞清楚地区类型人物热中于进入多重人际关系网，而处于**同等地位**的世界类型人物则明显地限制这些关系的范围就足够了。

参加志愿组织

在探讨地区类型和世界类型影响力人物的社交时，我们考察了他们对非正式的、个人的关系的态度。但是，他们在为社会交往设立的更为正式的机构如志愿组织中起什么作用呢？

正如我们可能预见的那样，两种类型的有影响力人物比起普通百姓更加关心组织。世界类型的影响力人物平均每人参加八个组织；地区类型人物平均每人参加六个组织。这表明了这种可能性，即在组织渠道和个人交往两者中，世界类型的人物更多地利用前者来实施影响，而地区类型的人物则总的来说更多地利用后者。

但是，组织和社交都是一样的：定性事实比定量事实更有意义。这不是指世界类型的人物参加了更多组织这一事实。即使某一强有力的调查能证实此现象，它也不能确定两者之间策略性的组织上的差异。进而，他们属于不同类型的组织。而且，这些差异再一次地证明了我们对两种有影响力人物所作的了解。

地区类型影响力人物明显地涌入那些旨在“建立交往”、发展个人关系的组织内。因此，他们主要加入秘密会社(共济会)，互助组织(麋鹿俱乐部——美国上层社会的一个俱乐部。——译注),以及地区性服务俱乐部,如扶轮社(美国芝加哥的一个国际性企业界人士服务组织。——译注),狮子社和基瓦尼俱乐部(美国工商人士的一个俱乐部。——译注),这是罗维尔地区这种组织中最有名的。他们参加这类组织似乎不是为了发展这些 452
组织名义上的目标,而只是把组织当作**交往的中心**。一位地区类型的商人直言不讳地说:

> 我通过服务俱乐部,如基瓦尼俱乐部、扶轮社和狮子社,而认识一些人。目前,我只属于基瓦尼俱乐部。基瓦尼俱乐部与任何其他服务俱乐部都不同。你必须是被邀请参加的。首先,他们选中你,调查你。那里有相当一些有影响的人物,我每周午餐时都能见到他们。

另一方面,世界类型的人物倾向于参加那些他们得以发挥其特殊技能和知识的组织。他们加入职业团体和技能组织。在1943年进行调查时,他们更经常地参与平民防御组织,他们在这里大概更注重推进该组织的目标,而不是关心建立个人关系。

在两种有影响人物所任公职的列表中也出现很多相同的对比。每类人中都有七人任某种公职,尽管地方类型的人物人均公职数不到一。主要的差异在于所任公职的**类型**。地方类型人物趋于政治职位——街道委员、市长、城镇委员会委员等等——而这些职位往往是通过政治关系和个人关系来取得的。另一方面,世界类型的人物则经常出现在那些不仅涉及政治运作也需要利用其特殊技能和知识的公共职位(例如,卫生委员会、住房委员会、教育委员会)。

由此，我们可以得出假设：参加志愿社团* 对世界类型影响力人物和地区类型影响力人物总是有着不同的功能。世界类型的人物关心社团主要因为这些组织的活动是他们发展或显示其技艺和知识的途径；地区类型的人物对社团的主要兴趣不在于其活动，而是因为社团能给他们提供扩大个人关系的途径。正如在其他方面那样，组织行为的不同反映出地区类型影响力人物和有世界类型影响力人物的基本取向的不同。

人际影响的途径

上述两种人在对罗维尔的依恋之情、社交和组织行为方面的差异能够帮助我们找出地区类型的人物和世界类型的人物施加影响的不同途径。在描述途径的同时，我们将提供必要的背景知
453 识来解释两类有影响力人物在传播行为方面所特有的差异。

大多数地区类型的人物都在罗维尔镇土生土长。他们大都在该镇上学，只是暂短地离开那里在外上大学或进行专业研究。他们在罗维尔得到最初的工作，并且从罗维尔人那里挣得第一笔薪水。当他们拟定其职业模式时，罗维尔就理所当然地成为他们谋职的地方。这是他们惟一完全熟悉的城镇，他们通晓该镇的政治、商业和社会生活的来龙去脉。这是他们了解的惟一社区，同时，也只有这个社区了解他们。他们在这里建立起许多个人关系。

这些因素导致了地区类型影响力人物通向成功途径的决定

---

* 有关参加这种组织的种类和功能，请见阿尔文·W. 古尔德纳主编的《领导研究》(*Studies in Leadership*)（纽约：哈珀与兄弟出版公司，1950）第 477—504 页伯纳德·巴伯的“对社团的参与和漠不关心”(‘Participation and mass apathy in associations’)。

性特征：与世界类型的人物相比，多得多的地区类型人物**依靠一个精心建立起来的人际关系网来施加影响**。我们可以用如下说法来简述并强调这一基本事实：**地区类型影响力人物的影响不是依赖于他们所知的事物，而依赖于他们所知的人们**。

因此，地区性影响力人物对人际关系的关心一半是其特定影响类型的结果，一半是其特定影响类型的工具。那个"干得不错的家伙"似乎是因为良好的人际关系而成功的。由于他在正式参加工作之前就建立了个人关系，所以继续在其未来的职业上依靠这些关系对他来说就是一条障碍颇少的道路。

对于世界性影响力人物来说，情况就完全不同了。他们通常是刚来到这一社区，没有也不可能利用私人关系来引起人们的注意。他们通常是带着他们在商业或职业和"世界"经验方面获得的特权和技巧来到该镇。他们从较高的水平上开始在特权结构中攀登。正是他们以前的成就及以前得到的技能所带来的声望才使得他们能够在当地影响结构中取得一席之地。个人关系是他们影响的结果，而不是他们影响的工具。

职业模式中地位上的差异为两类影响人物面临的问题带来了有趣的结果。首先，尽管还远不能最后下结论，但是有事实表明，世界性影响力人物比起地区性影响力人物能更快地发挥出影响。A 博士，一位世界性影响的牧师兼多种新闻杂志的读者，对于自己很容易地在当地出名，他说：

> 作为牧师的优势在于**你不必去**证实自己。你立刻就会被千家万户，包括豪门望族所接受。[黑体为我所加]

无论这一说法多么自信，它还是反映出本质的东西，即"到过"外面世界而又是新来的人不久就跻身于那些在当地社区有 454

一定影响力的人物之列。相比之下，地区性影响力人物**必须**“证实”自己。因此，一位当地的银行行长，经过大约四十年奋斗才从一个邮差成为行长，满怀感慨地讲到那缓慢而漫长的道路时说，“我是一步步走过来的”。

地区性和世界性影响力人物的年龄构成也是他们成为有影响人物所需速度的因素。十六位地区类型人物中只有两人不在四十五岁以上；而只有不到三分之二的世界类型人物处于这个老龄段。

地区类型人物变成有影响力人物的速度不仅要比世界类型人物缓慢，而且地区类型人物所具有的人际关系也给他们的高升带来特殊的困难。这些关系似乎可以帮助也可以阻碍地区类型人物“成功”。他必须克服他“仅仅是孩子”的时候就完全被社区了解这一障碍。他必须通过某种方式使人们认识到他的地位在不断地变迁。最重要的是，他必须使他以前的上级在某种意义上承认他现在不再是下级了。承认这个问题并不是什么新事情。吉卜林像《马太福音》13 一样认识到：“除了在自己生长的家乡，先知们在全球都是显赫的。”对于那些本乡本土的个人在影响结构中升迁的问题可以准确地以社会学术语来确定：群体中地位的变迁，尤其当变迁很快时，就会引起人们对流动的个人态度的改变，从而适应与他的关系。因此，以前存在的个人关系结构在一段时间内会限制地区性影响力人物的升迁。只有当他打破人们对他的既定看法，别人才会接受这位地方人物由于成为有影响力人物而产生的角色变化。罗维尔的一位有地区性影响的律师准确地描述了此情形：

> 我刚开业的时候，由于镇上的人对我太了解了，以致他们仍把我当作孩子。这很难消除。但是，自从我对各种公

> 共事务和市政事务感兴趣，成为民主党组织的主席并参加州议法竞选——尽管我完全知道自己不会当选，人们就开始认真地看待我了。

世界类型人物在有可能被“正式承认”为有影响力人物之前，不存在打破人们对他所抱成见的必要。如我们所见，他的信誉在于他在其他地方所获得的成就所带来的声望和权威。由此，他有两条理由对建立广泛的人际关系没有兴趣。首先，他的影响来自于他在社区的声望，而不源于他在社区中与别人的相互关系。其次，他不存在使自己从别人对他旧有的“儿时”印象中解脱出来的问题；因此，他不像地区类型影响人物那样把注意力放在建立人际关系上。 455

地区类型人物和世界类型人物成为有影响力人物所走的不同途径有助于解释他们对当地社区的不同取向，以及这些取向所包含的一切。

起作用的社会地位：人际影响

至此，读者也许会认为，地区类型影响人物与世界类型影响人物之间的差异仅仅反映了他们不同的教育或职业。这似乎不是事实。

的确，我们所访谈的世界类型人物比地区类型人物受到更多的正规教育。除一人外，所有世界类型人物都至少是高中毕业，而只有一半的地区类型人物达到这种教育程度。地区类型人物中有一半在罗维尔所认为的“大企业”中就职，而十四位世界类型人物中仅有两人在这种企业工作，这也是事实。此外，世界类型影响人物的半数是专业人员；相比之下，地区类型人物中专业人员不到三分之一。

但是,这些职业上以及教育上的差异似乎不能决定有影响力人物的不同类型。当我们比较地区类型人物和世界类型人物中专业人员的行为和取向时,尽管有着同等职业并受过同等教育,他们之间仍存在着明显的不同。教育和职业上的差异可能**促成**两种影响力人物之间的差异,但这些不是差异的**根源**。即使作为专业人员,地区类型人物比起世界类型人物在行为和观念方面,也更倾向于商人和政客。前者利用个人关系作为施加影响的途径,而世界类型人物则明显不同。总之,**起决定作用的因素是利用社会地位的模式,而不是社会地位本身的冠冕堂皇**。①

世界类型人物主要依靠职业地位来成为有影响力人物,而职业地位对于地区类型人物来说则是附属条件。地区类型人物中的五位专业人员都非常热中于本地的政治,而世界类型人物中的专业人员则根本不关心罗维尔有组织的政治活动(他们的职位只是名誉的)。职业远不能解释两类人物之间的差异。地区类型和世界类型人物即使职业相同,这一职业在人际关系上
456 也起到不同的作用。这证实了我们前面的想法,即"客观条件"(如教育、职业等)不足以作为人们施加影响的指标。

在为数不多的被访者中,有影响的商人几乎全部是地区类型人物,他们典型地利用其个人关系来扩大影响。如果样本数目再大一些,就完全可能有世界类型的商人,并且他们的行为在

① 在对本报告所依据的专著指出的"向上流动类型"这一说法的分析中,可以清楚地看到主动寻求影响的重要性。也见格兰维尔·希克斯的《小镇》(*Small Town*)(纽约:麦克米兰出版公司,1946),第154页。他用这样的词语来描述一个典型的地区类型影响者:"他是一位典型的政客,一位天生的操纵者,一位崇尚影响、**竭尽全力去获得影响力**的人士,并努力使人们相信他具有影响力。"(黑体为我所加)

这方面明显不同。于是，被认为在罗维尔施加很大影响的H先生是世界性大企业类型例证。他是作为当地一位加工厂的最高行政官员来到罗维尔的。他还没有建立什么个人关系。但是，恰恰因为他“在大家身边”而且有着通晓世界事物的气质，人们才去征求他的意见。他是靠其内在的特长，而不是靠别人同情的理解来施加影响的。

这为区分两种有影响力人物又增加了某种尺度。似乎是，世界类型人物有追随者是因为**他有知识**(know)，而地区类型人物有追随者是因为**他有理解**(understand)。一方被追求的是他的专业技巧和经验，另一方则是他对难以捉摸但感情上又很重要的细节的理解。这两种模式反映在普通观点上，即表现为“极有能力却无私人感情联系的医师”与“家庭老医生”之间的差异。换言之，这种差异就像我们第一章中所提到的“不徇私情的社会福利工作者”与“和善的选区首领”之间的差异。这不仅仅在于当地政治首领能提供饭碗、工作以及合法的和不合法的建议；也不仅仅在于他纠正了与法律的细微摩擦或是帮助有前途的穷孩子在当地大学争取到一份政治奖学金或是照顾那些孤儿寡母；也不仅仅在于当有人处于一连串的困境并需要朋友尤其是一位神通广大并能为他做些事的朋友时，他帮上了忙。这不仅仅在于他给人以帮助而使得他有人际影响。问题在于他帮助别人的方式。无论怎样，一些为人们提供同样帮助的特殊机构确实存在。福利机构、服务组织、法律救援事务所、医院门诊部、公共救济部门以及其他许多机构都是存在的。但是，在详细调查了一切之后，福利工作者的专业技巧在接受救济的人们心目中留下的印象却常常是他们仅提供极有限的、冷冰冰的官僚式的帮助；与此形成对比的是，选区首领的非专业技巧：他们不问问题，不强行追求法律条文的有效，也不“窥探”个人的隐私。选区首领是“地区类型”影响人物的样板。

来源于专家的人际影响通常在咨询者与被咨询者之间造成
457 一定的社会距离，而来源于同情性理解的人际影响通常体现着
密切的个人关系。前者是世界类型影响人物的方式，后者是地
区类型影响人物的方式。因此，这些影响方式的实现为两类影
458 响人物的不同取向提供了线索。①

---

① 所有这些仍没有解决地区类型与世界类型影响人物**之间**的社会互动和影响关系的模式问题。在目前就与周围社区价值结构的关系而对中学所做的研究中，这个问题已得到探讨；此项研究由保罗·F. 拉扎斯费尔德、理查德·克里斯蒂、弗兰克·A. 皮纳、阿诺德·罗高、路易斯·施奈德和阿瑟·布罗德贝克合作进行。

在这项研究过程中，弗兰克·A. 皮纳发现，学校董事会和学校校监的取向有明显的不同：一些人的取向纯粹是“地区类型的”，而另一些的取向则是“世界类型的”。这显然也不仅仅是历史的“偶然”。皮纳指出，不同类型的社区倾向于选举有不同取向的人进入学校董事会。于是，这就造成了影响学校董事会和学校校监互动的特殊情况，这些情况依赖两者的基本取向。学校董事会的取向似乎也和对教育政策的控制程度密切相关。一个社区中有影响的人物“由于对当地事务极感兴趣，注定会不断地认真审查社区所有的功能，并且按照[当地社区]一般接受的标准，或采纳或拒绝某些政策。据此看来，这个[其他]地区不仅仅在纯粹的地理意义上是‘松散’组织起来的。那些靠自己的社会和经济地位能够施加一些影响的人物，对地区事务没有同样的兴趣。结果，控制中学运行的政策不一定代表社区中所有有影响力人物的意见；相反许多有潜在影响的人物可以通过缺席而将掌管学校事务的权力留给一些恰好对学校事务感兴趣的人。

“衡量社区结构的‘松散’和‘紧密’程度的最好尺度也许是行政管理部门进行调动的机会。”

对地区类型和世界类型影响的人物占有不同成分的群体之间**互动**的研究，代表着在本文所提出观点上的一定进展。地区结构“紧密”和“松散”的概念，以及与之相关的那些处于策略性地位上的人们具有的主要地区类型或主要世界类型的取向，代表着另一个进展。社会结构“松散”和“紧密”的概念已经独立地由从事先前研究的人**发展**了：很久以前，布赖斯·F. 瑞安和默里·A. 斯特劳斯曾为此著有“僧伽罗社会的整合”（‘The Integration of Sinhalese Society’），载《华盛顿州立学院学术研究》（*Research Studies of the State College of Washington*），1954 年，第 22 期，第 179—227 页，尤其是第 198 页以下和第 219 页以下。强调这些概念正在系统的经验研究中得到

我们有理由相信,如果进一步考察,会发现地区类型与世界类型的影响人物在不同类型的社区结构中占的比例不同。至少,我们现在可以从多萝西·S.托马斯、托马斯·G.科克伦及其同事在过去五十年中于宾夕法尼亚的一个城市所进行的技术与社会变迁的研究中得出这个结论。* 他们详细的历史分析和社会分析得出了如下发现:该城市由两种截然不同的人组成:“相当稳定的、大多出生在此地的居民;来去过往的一群群移民。”根据美国其他城市人口流动的粗略统计,调查者又进一步得出结论,这种情况相当普遍。很有可能,第一种差不多都是比较稳定的居民,其中包括地区类型影响人物;第二种是流动性相对较大的那组人,其中包括世界类型影响人物。这两种人口以及两种

发展,这一点很重要。否则,人将变成专职预示论者,即他精于删除所有新事物或把新事物变为旧货色,以表明新事物确实不存在。只有在这极有限的意义上,人们才会在格奥尔格·齐美尔这位具有许多初生思想的人物的著作中,发现“僵化”和“灵活”的社会结构的“相同的”中心思想。见他的文章“社会群体的持久性”(‘The persistence of social groups’),半个世纪前,本文由阿尔比思·W.斯莫尔翻译并刊登在《美国社会学杂志》上;那是在美国社会学贫困时期,当时,美国有学术口味的社会学家被迫利用欧洲社会学家的知识资本。详见《美国社会学杂志》,1898年,第3期,第662—698页,第829—836页;第4期,第35—50页。这些思想最简单的表达是这样的:“群体能够保存下来(1)依靠最坚定地保持它的稳固性和形式的顽固性,使得群体能够有力地抵御将临的危险,并能通过所有外界条件的变化以保持其成分的关系;(2)依靠在最大可能范围内保持其形式的灵活性,所以,形式的应变可以对应外界条件的变化而迅速地作出,群体的形式就可以根据环境要求自己作出适应。”(第831页)

显然,变化越多,相同的东西就越少。再次出现的社会结构松散和紧密的概念类似齐美尔的见解;但无论如何,它们在含义上有显著不同。

* 如托马斯·C.科克伦在“历史和社会科学”(‘History and the social sciences’)一文中所表述的。文章刊登在《第十届国际科学史大会论文集》(*Relazioni del X Congresso Internazionale di Scienze Storiche*)(罗马,1955年9月4—11日),第1辑,第481—504页,在第487—488页,根据西德尼·戈尔德斯坦的著作:《宾夕法尼亚州诺里斯镇的内部移民模式,1900—1950年》,2卷本(博士论文,有多种图表)(宾夕法尼亚大学,1953)。

有影响力人物在不同类型社区中的分布比例可能有所不同。

最近的一些其他研究更直接地表明，两种类型影响人物的分布比例和社会境况随着社会结构的变化而变化。例如，据艾森斯塔特报道，一个传统的也门人社区几乎完全没有世界类型的人物，而在其他几个被考察的社区中，世界类型人物和地区类型人物各自起着不同的作用。* 依据斯托弗对公民自由权的研究，戴维·里斯曼提出了地区类型和世界类型影响人物在不同的社会结构中起作用的各自方式。他提出，由于在社区中担任正式领导职务的世界类型人物被夹在极宽容的名流和极不宽容的大众之间，他们可能不得不变成宽容的中间派。因此，他们的容
459 忍力变得比其前任同僚不足，而比其选民却有余。不同结构语境还表明，尽管社区领导阶层中的世界类型人物本身比其他人更能"宽容"民众自由，但他们在南方比东部和西部可能更容易受到指责。因为斯托弗发现，没有受过高等教育的南方人远不如具有相同教育背景的北方人那样能够容忍公民自由。里斯曼指出："这意味着，南方的大学毕业生在这些方面很大程度地与社区其他成员，甚至包括那些受过某种高等教育的成员相脱离。因为，尽管教育在各地都与宽容相关联，但北方的梯度不那么陡峭。此外，南方的大城市和小城市的社区中也存在着同样的问

---

* S. N. 艾森斯塔特："传播系统和社会结构：一项探讨性比较研究"（'Communication systems and social structure: an exploratory comparative study'），载《舆论季刊》，1955 年，第 19 期，第 154—167 页。对一个南方小镇的研究表明，在那里不能区分开两种类型的影响人物；而现有的迹象表明，随着研究的累积，报道两种类型影响人物的存在和不存在已经不能满足要求了。进而，在社会学意义上应该做的是，找出那些造成可辨别的影响人物类型比例各异的社会结构的属性。见 A. 亚历山大·法尼利："基于领导者亚系统内部影响和互动的社区领导类型学"（'A typology of community leadership based on influence and interaction within the leader subsystem'），载《社会力量》，1956 年，第 34 期，第 332—338 页。

题，尽管在这方面东部还存在着本质的区别。”*

从目前收集的资料来看，两种类型影响人物的出现似乎取决于他们所处社会结构的特殊形态及其独特的功能要求。

分析了这些背景资料之后，我们现在有可能更充分地考虑地区类型人物对大众传播的利用及两种类型影响人物的取向。

有影响力人物的传播行为

传播行为显然是两种类型影响人物所特有的日常生活和基本取向的重要组成部分。他们所选择的杂志、报纸和广播节目立刻能反映并加强这种基本取向。尽管他们从大量传播行为中选择材料的**动机**可能大不相同，但这种选择所发挥的心理**功能**和社会**功能**却是相当有限的。由于地区类型和世界类型人物对其社会环境的要求明显不同，所以他们运用大众传播的结果也明显不同。

阅读杂志的模式和功能

世界类型影响人物明显地比地区类型人物阅读的杂志多，前者订阅四五种杂志，而后者订二三种。我们从对他们各自日常生活和取向的了解也可以预见这一点。世界类型人物对社区外边的事物感兴趣，所以更留心杂志上刊登各种不同的经验，而地区类型人物则更注意直接的人际关系。他们一方面阅读杂志 460

* 塞缪尔·A. 斯托弗：《共产主义、遵从和公民自由》（*Communism, conformity and Civil Liberties*）（纽约：道布尔戴出版公司，1955），提供了戴维·里斯曼在其文章“宽容的轨迹、访谈者和精英”（‘Orbits of tolerance, interviewers, and elites’）（载《舆论季刊》，1956 年，第 20 期，第 49—73 页）中所评述的研究结果。

以了解外部大世界,另一方面则注重小世界内部生活。他们的阅读习惯反映他们的生活方式。

然而,地区类型人物与世界类型人物所读杂志**类型**的不同更直接地说明了这些阅读模式的功能。例如,新闻杂志所拥有的有影响力的读者普遍是世界类型人物,而不是地区类型人物。根据诸如《时代》这样的杂志所发挥的功能,这一点是完全可想像到的。

《时代》这种新闻杂志广泛地提供新闻和评论,旨在道出对新闻内幕的见解。《时代》涉及到国内外政治、工业及商业、教育、科学和艺术诸方面的最新动态;而这些恰恰是世界类型人物施加影响的领域。因为,正如我们所见,他们被认为是"高雅格调"或者"文化"以及大千世界种种趋势的专家仲裁者。同样,全国性新闻杂志与地区类型影响人物没什么关系,因为它们毕竟不用很大篇幅来谈论罗维尔及其附近的事情。阅读《时代》杂志既不会有助于地区类型人物对罗维尔生活的了解,也不会有利于他们在该镇的影响。阅读杂志对地区类型人物来说完全是一种不必要的奢侈。

然而,《时代》这种新闻杂志对世界类型人物则起到好几种功能。它为把外部世界的"文化"传播给罗维尔的"文化领袖"提供了纽带(这对世界类型人物中的妇女成员尤为如此)。它还为由志同道合的世界类型人物组成的小团体和俱乐部提供了话题。它还能使罗维尔中产阶级的文化精英始终远远胜过那些就趣味问题或有关国际发展趋势问题向他们讨教的人。《时代》不仅在世界类型影响人物和被影响的人之间架起了一座桥梁,而且使知者与无知者之间的鸿沟继续存在。因此,它使罗维尔的世界类型人物得到各种满足。它使他们能够与外部世界保持一种联系,并且减少他们的文化隔离感。它给予某些人一种"自我提高”的意识，因为他们“跟上了形势”。通过使他们在环境需要时显示其知识能力的水平，《时代》使他们稳固了自己在社区的地位。

但是，由于这些不是地区类型影响人物施加影响的基础，也由于他们的社会角色不需要他们对“文化”和整个世界进行评判，像《时代》这样的杂志就是多余的。

因此，从大众传播中得到的满足在本质上不仅是心理方面
的，也是那些利用这些传播的人的不同**社会角色**的结果。这不是 461
说这种新闻杂志**利于甲而不利于乙**，而是说它对一种**社会类型**人物是美味，而对另一种**社会类型**人物则是毒品。分析大众传播的功能需要首先分析决定这些传播能够使用和将要被使用的社会角色。如果不研究人际影响的社会背景，我们就不能预见到某类有影响力人物选择《时代》杂志而另一类则不选择它。

罗维尔的有影响力人物对杂志的阅读也出现同样的情况。在我们少数的个案中，对《时代》杂志的阅读碰巧很清楚地区分开地区类型人物和世界类型人物。但是，同样的选择模式对其他杂志也起着作用。在《大西洋月刊》、《哈泼斯》、《国家地理》这些以大量篇幅报道国内外事务以及艺术的所谓“高级”杂志的读者中，世界类型人物是地区类型人物的两倍。实际上，对所有其他的杂志，两种人物之间似乎没有什么差别。双方阅读《读者文摘》和《生活》的人数似乎相等。大量的研究很容易证明下述观点：**在相同的教育程度上**，地区类型与世界类型影响人物阅读杂志的模式不同，而这又是因为杂志为两种人物所起的功能截然不同。

阅读报纸的模式和功能

阅读全国性的新闻杂志是高于并且超出阅读专业报纸的举动。这意味着读者对“熟悉情况”、“发表负责任的见解”和保持

“鲜明的观点”有兴趣。很有趣的是,阅读报纸的模式好像也反映出地区类型和世界类型影响人物的不同取向。

地区类型人物阅读的报纸较多,但这完全是因为他们对罗维尔和其他地方报纸(附近城市)有着更强的兴趣。而他们对大城市报纸的阅读情形就大不一样了。每个世界类型人物都阅读《纽约时报》或《纽约先驱论坛报》或两者都读;而地区类型人物则不经常阅读这些具有广泛的、分析性内容的世界新闻报纸。这种对比也扩展到细节上。几乎有一半地区类型人物阅读纽约小报,这种小报只简要地介绍世界时事并且主要报道“人们感兴趣”的新闻,诸如凶杀、离婚、犯罪这些人们一时非常关心的事件;而世界类型人物只有一人读此类报纸。然而,尽管详细的研究会得出这些统计数字的分布,但是这些调查资料的一致性表
462 明有影响人物阅读报纸的模式也可反映出他们的基本取向。

收听广播新闻评论的模式和功能

一些迹象表明,世界类型人物倾向于不带个人感情地、分析性地理解世界时事也反映在他们每天收听广播新闻评论上。根据应用社会研究处以前的研究,按照时事评论员“分析”而不是“报道”新闻,尤其是分析世界新闻的程度,将评论员分级。世界类型人物喜欢那些分析性的评论员(如斯温、休斯),而地区类型人物更喜欢那些不带分析的纯新闻广播员(如托马斯、戈达德等)。

即使对“地区以外的新闻”,地区类型人物也设法引入地方主义的标准。他们明显地喜欢那些通常把新闻和公共问题改编为**个人**轶事的时事评论员。地区类型人物很喜欢加布里埃尔·希特,因为他在报道政治、经济事务时,加上了自己的感情色彩;而世界类型人物却不欣赏他。同样,沃尔特·温切尔由于报道街谈巷议的私人传闻,并把国内外问题个人化而受到地区类型人

物的欢迎。地区类型人物在不带个人感情色彩的世界新闻中寻觅着个人的成分。

因此,传播行为也明显反映出地区类型和世界类型影响人物的基本取向。进一步的调查会提供有力的数字证据证实这些观点。例如,阅读“**同样**”杂志的当地人和有影响力人物实际上是否选择杂志中相同的内容呢?或者,地区类型人物特别地关注社论材料中“个人化和本地化”的部分,而世界类型人物却寻找更不带个人感情的“报道性”的部分呢?不同类型的读者如何利用他们所阅读的材料呢?换言之,大众传播的内容如何参与人际影响?[①] 社会学关于大众传播的研究应该补充对读者和听众个人特点的分析,分析他们在人际关系网中的社会角色及影响。

互相评价的模式

到目前为止,我们已从以下几方面考察了有影响力人物:他们实施人际影响的不同方式、他们成为有影响力人物的途径、他们的传播行为。但是,我们把这些人视为有影响力人物毕竟只是因为我们的访谈对象是这样看他们自己的。[②] 我们通过考察 463
相互评价的方式能够在人际影响模式方面了解到什么呢?而通过考察提及者和被提及者之间的关系、考察那些以各种方式表现为有影响人物的人与那些靠其见解成为有影响人物的人之间的关系,我们能够了解到什么呢?

---

① 这正是卡茨和拉扎斯费尔德对影响模式研究的焦点,见前引书。

② 应该重申,人际影响在这里不仅仅是评价问题,而且是事实问题。访谈对象的**判断**和**客观观察**能否产生相同的结论仍然是悬而未决的问题。这项探讨性的研究之所以利用访谈对象的报告,是为了确定与人际影响有关的一些问题的类型。成熟的调查既利用观察也利用访谈来确定人际影响的实际程度及其起作用的领域。

有影响的人物和被影响的人物

尽管人们经常说“有影响的人物”，这种说法明显是“在某种情形下，对一定数量的其他人施加影响的人物”这一说法的省略语。如本章附录中所表明的，人际影响隐含着人与人之间的不对称**关系**。影响不是人的抽象属性，而是涉及到两个或更多人的过程。因此，在分析这些模式时，我们不**仅仅**应考虑施加影响的一方，还必须分析受其影响的人们。换言之，通过探讨“谁对谁施加影响”这个问题，我们将获益匪浅。

这一笼统的问题立刻就分化出一系列更具体的问题。是谁对处于影响结构不同地位的人施加影响呢？人们是易受在影响结构中居自己之上的人影响，还是易受处于自己影响之下的人影响呢？

我们把罗维尔的访谈对象划分为“最有影响者”（他们被15%或更多的被访者提及）、“较有影响者”（他们被5%到14%的被访者提及）和“普通百姓”（他们被不到5%的被访者提及），并且当我们把这些分类与对他们施加影响的人的特征联系起来时，就出现了一些清晰的观点。对每个影响结构阶层中谁是最有影响的人物这个问题有着极高的共识。不论评判者在影响结构中处于何种地位，大家对谁是有影响的人物在很大程度上都**一致**认同。在三个阶层所提到的人中，有三分之二到四分之三的人都集中在15%最有影响的人物中。

然而，影响结构中各个阶层内的确存在着差异。每个层面
464 的访谈对象比其他阶层的访谈对象都更多地报出自己阶层的有影响人物。更具体地说，最有影响的人物比起较有影响的人物和普通百姓来更容易提到最有影响的人物中的其他人；较有影

响的人物比起最有影响的人物或普通百姓来更容易提到其他较有影响的人物;而普遍百姓比起其他访谈对象更容易提到自己阶层的其他人。因此,人们得到这样的观点:尽管为数相对不多的最有影响人物对影响结构中所有阶层的人们都施加影响,但是,还出现了一种附属趋势,即人们最容易受影响结构中处于自己同等地位的人的影响。如果证明这一观点普遍正确,它就是有关人际影响运作的最重要事实。

人际影响的明显集中会使我们的注意力从影响的广泛分布转移开。这很容易导致错误的推论。尽管有这种集中,但是,**社区中更多的个人决定可能是处于影响结构下层的许多人建议的结果,而不是少数上层有影响的人物作出的**。因为,虽然最有影响的人物**个人**有很大的人际影响,但他们的数量往往很小,所以,他们作为**整体**在社区全部人际影响中仅占一小部分。相应地,尽管较有影响的人物和普通百姓中**每一个人**的影响相对不大,但是,他们作为**整体**就可能构成人际影响中的绝大部分,因为这两个阶层拥有社区的大多数人。[①] 以南方城镇资料为例,尽管最有影响的人物中的4%都在40%的影响事例中被提到,但事实却是,余下的60%都与处于此地区影响结构下层的人士有关。目前进行的试验性研究也发现了很相似的现象。当然,我们对罗维尔的探究尽管不能确定,但足以形成这样一个中心观点:处于上层的少数个人可能具有强大的**个人**影响,但是,这个相对较小的集体的**整体**影响则可能不及处于影响结构下层的

---

① 这项考察的经验力量就像对天才或杰出人物的社会分布的研究一样(或者,关于购买力分布的研究)。研究结果反复表明,上层社会和教育阶层中"天才"或"人才"的比例相对较高。但是,由于这些阶层的人数少,大批的天才或人才实际上出自较低的社会阶层。从社会角度来看,起作用的当然是来自某个社会阶层的**绝对人数**而不是**比例**。

大多数人所施加的影响。

因此,我们的试验性研究对有待进一步研究的影响结构问
465 题得出两个主要的观点:(1)每个影响阶层的人都更容易受该阶层同辈人物的影响,而不容易受其他阶层人物影响;(2)尽管相对少数个人中的人际影响高度集中,但是这种影响的主体广泛分布在结构下层的多数人中。

第三个值得进一步探究的观点使人联想到人际影响向影响结构渗透的模式。从罗维尔的资料来看,这种结构似乎包含一个“影响链”,相邻影响阶层的人物把影响链连接起来。每个影响阶层的人们都更有可能把**直接处于自己之上**的阶层的人物视为有影响的,而不是把其他阶层的人物(或处于上层或处于下层的人物)视为有影响的人物。因此,普通百姓一级的被访者更经常地把与之相邻阶层的人物(即较有影响的人物)而不是最有影响的人物视为有影响的人物;同样,较有影响的人物更经常地把最有影响的人物而不是把普通百姓视为有影响的人物。这表明一些源于最有影响的人物(或来自大众传播)的见解和建议可能会逐渐地传达下去。其他来自影响结构下层的见解可能通过相邻的底层依次传播出去。我们有限的资料只提供一个风向标。在涉及几个有影响人物的阶层的全面研究中,这种关于人际影响相互渗透模式的观点能够得到决定性的检验。

到目前为止,我们仅仅从被影响者和影响者在当地影响结构中所处的地位这一角度来考虑了这些模式。很明显,从人们在其他社会系统中所处地位的角度来考察同样的模式也将是很有收获的。这一普遍的问题足以简洁地表述为:在哪些场合,在何种程度上,人际关系主要在自己的社会群体、社会阶层或社会范畴(年龄、性别、阶级层次、权力层面、声誉层次等等)**内部**作用?人际关系在何时主要在各群体**之间**、在各层次**之间**和在各

社会范畴**之间**起作用？由于在导论部分我们已经概述了这个问题，也由于我们对这个问题已作了**必要的修正**，大部分如前所述，这里只需提几个有代表性的问题。

男人和女人在寻求建议和指导时是否通常去找与自己同龄、同性别、同一社会阶级或同一宗教群体的人们？譬如，年龄是如何成为这种模式中的一部分呢？在罗维尔和南方城镇资料中能够看到的人们多少受到较自己年长者影响这种趋势有多么普遍呢？这在不同类型社区中和在我们社会各种亚文化中又有怎样的不同？年轻人在什么时候去向饱经风霜的长者求教？又在何时向另一位年轻人坦诚相告？[①] 所以，影响的问题就性别 466
而言仍然有太多需要研究的东西。对罗维尔和南方城镇的研究都发现一种鲜明的倾向：男人们提到其他男人作为有影响的人物，而女人所讲到的有影响人物中，男女数量几乎相等。毫无疑问，进一步研究将发现主要由男人垄断的影响领域、由女人垄断的影响领域以及由男女平分秋色的影响领域。[②]

同样，虽然人际影响的主流向表现为从社会上层到下层，但是，仍然存在着从下到上这种相反的流向。需要研究的是，人们主要受同一阶层其他人影响以及受那些较自己阶层高或低的人影响的情境类型；尤其还需要找出那些反常个案，即处于某个阶层等级(权力、阶级、声望)中高地位的人受处于低地位的人影响。因此，在一些个案中，罗维尔一些地位高的人报告说他们受到过那常常被视为缺乏实质性影响的人物的影响。的确，我们的个案材料表明这样一种可能性：那些高高在上、可能很有自信

---

① 这里，就此节提出的所有其他问题而论，可以理解的是，观察的模式因为**影响范围**的不同而不同。所以，无需为每组问题反复重提。后面一节将对影响范围这个一般问题进行简要讨论。

② 卡茨和拉扎斯费尔德为解答类似这些问题提供了重要的开端，见前引书。

和很有地位安全感的人，比起那些身处中间阶层、也许对其地位感到不太安全的个人，更有可能在必要时向处于等级底层的人们寻求建议。尽管这些个案通常为数不大，但是它们会在极大程度上揭示人际影响作用的内情。正如在影响集中这种个案中出现的那样，这里存在着这样一种危险，即研究人员可能只注重主要的模式，从而忽视了那些有意义的、次要的影响模式。

由我们最初的探索所产生的这一类问题能够很容易扩张开来。但是，这些也许足以当作样板。显然，由于这些模式完全可能根据活动范围和施加影响的态度而不同，所以，所有这些问题对每个不同的影响领域都必须重新提出。虽然这一点一直是贯穿我们整个阐述的先决条件，但是，影响领域这个特殊的问题仍然需要清楚而简洁的考察。

影响领域：单一领域和多重领域

467 在罗维尔，有影响的人物随其施加人际影响活动**领域的数目**的不同而有很大不同。一些有影响的人物，也可以称为**有单一影响的人物**，仅仅在一个相当窄的领域内，例如在政治或时尚方面，被反复当作具有影响的人物而提到。有单一影响的人物在一个“特定”领域是“专家”，他们的影响不会扩散到其他决定领域中。其他人，这包括许多最有影响的人物，都是**有多重**影响的人物，他们在各种(有时似乎不相关的)领域施加人际影响。虽然这些类型很容易在罗维尔研究中发现，但仍有许多东西有待探究。首先，需要确定这些类型的动力学。有影响的人物在什么情况下仍是单一型的呢？这是否是一个固定的类型？或者，这只是影响发展中的一个**阶段**，因为声望从一个领域转向其他领域(“晕圈效应”)的过程中，单一的人就会变为多重的人吗？

也许，单一的影响只发生在某些涉及高专技术而并非大众化的领域中。在这种情况下，人们可能向一位有单一影响的人物，譬如，一位生物物理学家，请教只涉及他特殊能力范围的问题，例如，“我们用国家科学基金该做什么？”他的单一影响可能会渐渐转化为在多种不同方面施加的多重人际影响，因为“权威”是可以被普遍化并被转移的。

我们可以继续探究地区类型人物和世界类型人物起作用领域的相对数量。人们从罗维尔的资料中得到这种观点：地区类型人物和世界类型人物不仅在不同的领域施加影响，而且地区类型人物更可能成为多重影响的人物，而世界类型人物则更可能成为单一影响的人物。显然，地区类型人物的影响，主要以其个人“关系”为基础，渗透到许多不同的领域；世界类型人物的影响经常来自于他的某些专业特长，因此他们的影响比较狭窄。

同样，研究**同一**个人是否对一些人施加单一影响而对其他人施加多重影响也是很有意义的。例如，研究结果也许会表明，有影响的人物在向自己社会阶层的人们提出建议的时候，他们尤其可能涉及到很多领域；而在向那些社会阶层较自己低的人提出建议时，他们涉及的范围就比较狭窄。无论如何，我们都不应该认为**某些个人**“是”有单一或多重影响的人物，而应该认为，他们根据情境结构或作为有单一影响的人物或作为有多重影响的人物。* 468

---

* S.N.艾森斯塔特认为这种区分在以色列的各欧洲移民群体中间可以“清楚地看到”。见其“以色列移民之间的传播过程”（‘Communication processes among immigrants in Isreal’），载《舆论季刊》，1952年，第16期，第42—58页。罗伦特·E.阿格尔描述了一个小镇中有多重影响的人物对学校政策、当地政府和社区福利事务所施加影响的类型：“地方社区中的权力属性：理论和研究思考”（‘Power attributions in the local community: theoretical and research considerations’），载《社会力量》，1956年，第34期，第322—331页。

所有这些都强调，有必要阐明如“有影响人物”或“意见领袖”这些概念的含义。当某个人在某一活动领域内拥有许多追随者时，他可能被认为是有影响的人物；这就像另外一个人因为在不同领域拥有少数几个追随者而被认为是有影响的人物一样。对人际关系进行深入研究必须力求区分单一影响和多重影响人物，确定他们在地区社会结构中的地位并建立从一种人转向另一种人的动力学。

为了将来对社区人际影响结构进行研究还需要提出最后一条建议。这项初步的探究有力地表明(这已被南方城镇的研究证明)那些正式的标准，诸如教育、收入、参与志愿组织、在地区报纸中被提到的次数等等①，都不能为那些施加显著程度人际影响的个人提供恰当的指标。用直接观察补充系统访谈是必要的。换言之，处在财富、权力和阶级这些不同社会等级中的地位并不能预定在某一地区人际影响结构中的地位。

附录：人际影响的初步概念

这项研究只限于“人际影响”这个主题，而不涉及一般的社会影响问题。人际影响指的是人们间的直接互动，因为它会影响到参与者**将来**的行为或态度(这不同于没有互动的情形)。②

---

① 通过大众媒介的影响显然与人际影响不同。例如，地方报纸的编辑，不论在罗维尔，还是在弗兰克·斯图尔特的南方城镇中，都不属于具有相当人际影响的人物，这一点可供参考。

② 这是引自赫伯特·戈德哈默和爱德华·A. 希尔斯：“权力类型和地位类型”(‘Types of power and status’)，载《美国社会学杂志》，1939 年，第 45 期，第 171—182 页。他们在文中提出了一个公式，这是对它的改编。修改他们公式的原因会越来越清楚。我之所以强调**未来**的行为或态度也很容易理解。如果“影响”是指任何行为的任何改变，那么，它实质上就等同于“社会互动”，因为所有互动都会在直接的

在社会科学中,“影响”这一概念的全局意义最近越来越明显。在目前对这一概念的众多研究中,我只选中了詹姆斯·G. 469
马奇[①]的分析,尽管公开承认是探索性的,但它向前迈出了显著的一步。影响是根据同以前概念的一致而相应得到定义的,即“导致生物体状态不同于预期的变化”。这是因果关系的一个特例,只是不能与它同延。然而,正如马奇所指出的,我们可以确定那些**能够**在有关个人状况信息的基础上作出预见并且可能受到人际影响的显在行为的个案。(马奇喜欢谈论“个体生物”状态。对社会学家来说,生物体这个概念,在某些方面来讲,更是指概念,而不是指人;它包括生物的和其他非社会的属性;而在其他方面,它的范围不够广,它不包括通常所包含的社会地位和人的关系。)他根据这一概念得出了重要的看法,即“虽然确定人际影响已经出现这个事实是轻而易举的,但是,确定这种影响没有发生这个事实却尤为困难。部分地由于这种原因,有必要区分一下两个事件之间的影响关系(例如‘甲投赞成票’和‘乙也投赞成票’)以及两个个人之间的影响关系(例如甲和乙)”(第435页)。

这些概念为马奇鉴定现行测量影响的方法的利弊提供了依

情形下对行为产生影响,无论其影响多么微小。人在独处和在有其他人存在时的行为不尽相同。

① 詹姆斯·G. 马奇:“影响理论和测量方法引论”(‘An introduction to the theory and measurement of influence’),载《美国政治科学评论》(*The American Political Science Review*),1955年,第49期,第431—451页。马奇实质上吸收了同事赫伯特·A. 西蒙的成果,例如,后者刊登在《政治学杂志》(*Journal of Politics*)1953年第15期第500—516页上的文章:“评对政治权力的观察和测量”(‘Notes on the observation and measurement of political power’),还可见L. 费斯廷格、H. B. 杰拉德、B. 希莫维奇、H. H. 凯利和B. 雷文合写的“极端越轨时的影响过程”(‘The influence process in the presence of extreme deviates’),载《人类关系》,1952年,第5期,第327—346页。

据。尽管这不需在此重新检验,但是,注意一下马奇的一般结论是重要的,该结论为:至今为止,这些测量标准都是**特定的**,而不是理论上发展而来并标准化的。正如他在结论中所说,“异乎寻常但真实的是,虽然相当数量的各不相同的测量‘影响’的方法都在使用中,但它们在什么条件下提供出可比较的答案这一点却完全不清楚。根据测量技巧(这不是从一组有关重要概念的系统观点中得出的)来定义概念当然是可能的,但这不实用。在不了解所涉及的内在相互关系的情况下,人们不能按照几种不同的测量方法来定义同一个概念。然而,这正是测量影响的现状。类似地,人们在文献中也几乎找不到那些把影响的正式定义与测量方法或社会科学理论的主要方面联系起来的严肃尝
470 试”(第450—451页)。

这一看法不仅是正确的,也同样是有用的。它足以**表现出我们**对发展与影响概念相连的测量手段这一问题的**无知**;正如各种思想史所证明的,这种无知经常意味着迈向以知识代替无知的第一步。

社会学家们不常把人际影响的问题挑选出来作为系统考虑的对象,但这些问题常在关于社会分层的讨论中被提到。这种情况的原因已很清楚了。人际影响隐含着一种**不对称的社会关系**:无论哪种特定的行为或态度,都存在着影响者和被影响者。当然,相互影响的情况也经常发生。但是,即使在这种情况下,在两方面的影响程度也很少相同,并很少作用在同样的行为上。正是人际影响的这种不对称性质说明了它一般与讨论社会分层有密切关系的原因。因为,无论各种分层分析有多么不同,但它们在社会分层隐含不对称社会地位(例如,等级)这一点上都是一致的。(如果地位完全对称,如果事实上所有人的等级都**相**

同,分层这个概念就属多余了。)[①]

卷入对分层的一般讨论而不是直接关注探讨焦点的结果是,人际影响这一概念已经与其他相关概念混淆在一起了。因此,为了澄清我们对人际影响的暂时概念,有必要把它放在分层分析的框架中进行考察。

最近许多有关分层的讨论产生出大批相关的概念和术语。其中,我们发现

> **属类社会地位的术语**:地位、等级、位置(situs)、社会经济地位、所在地、阶层、职位,身份; 471
>
> **具体社会地位的术语**:上层阶级、中层阶级、下层阶级、暴发户、野心家(arrivés)、失去社会地位的人(declassés)、贵族,等等;
>
> **分层结构的术语**:开放的阶级系统、社会等级制度(ständesystem)、种姓制度、声望等级、经济—政治—社会等级,等等;
>
> **地位属性的术语**(源头、象征、标准、决定因素):财富、权力、

① 在因果关系和更为狭窄地想像出来的影响关系之间的一种相似性上,对比一下马奇所做的观察。“两种关系都是不对称的。即,甲**引起**乙这个说法排除乙**引起**甲这种可能性。类似地,甲**影响**乙的说法也排除乙**影响**甲这种可能性。这里,由于没有区别开事件(即个人活动的子集合)之间的影响关系和个人(即个人的全部活动)之间的影响关系,而产生出理论上有关影响讨论的许多混乱。谈论事件之间的不对称似乎是可能的,而谈及个人之间的不对称却似乎不大可能(例如,共有影响会常常根据“界域”(area)而表现为影响的特殊化形式);这一事实表明,描述两个个人之间影响关系的恰当模式是这样的:其中,个人与影响有关的活动被划分为互相排斥的组合,使得在每个组合内部,活动的个体动因之间也存在不对称。”同上,第436页,以及前引西蒙的文章。

相关地,这些不对称为区别那些在很多行为领域和观点领域内施加影响的**有影响的人物**与那些在某一领域或很少领域施加影响的人物提供了基础。

声望、成就、天赋、生活方式、地位荣誉、权威，等等；

指涉地位运作的术语：行使权力、控制、影响、排斥、支配、从属、歧视、高压、操纵，等等。

所举这一系列术语表明，术语增加超出了严格的需要，并且，伴随这些概念的相互关系，存在着许多问题。它还说明，人口可能按不同的等级体系来进行社会分层。这些分层的几个等级以我们不太清楚的方式相互关联。但是，我们不能**假设**它们完全等同。这里的社会学问题就是要清楚地探讨几种等级之间的相互关系，而不是**假设**这些等级可以并入某个混合的等级制度中，从而模糊了问题本身。[①]

---

① 此表述**常为人引用**的部分是马克斯·韦伯对阶级、地位和权力的分析。现在可见汉斯·H. 格斯和 C. 赖特·米尔斯的英译本：《马克斯·韦伯：社会学文集》(*From Max Weber: Essays in Sociology*)（纽约：牛津大学出版社，1946），第 180 页及以下；也可见 A.R. 亨德森和塔尔科特·帕森斯的译作：《关于社会组织和经济组织的理论》(*The Theory of Social and Economic Organization*)（伦敦：威廉·霍奇出版公司，1947），第 390—395 页。在某种程度上，许多近来的讨论都建立在韦伯的这一表述上。在众多说明中，请见由莱因哈德·本迪克斯和 S. M. 利普塞特主编的《阶级、地位和权力：社会分层读本》(*Class, Status and Power: A Reader in Social Stratification*)（伊利诺伊，格伦科：自由出版社，1953）一书第 92—128 页塔尔科特·帕森斯的“对社会分层理论的修正分析”一文；金斯利·戴维斯：“分层的概念分析”（‘A conceptual analysis of stratification’），载《美国社会学评论》，1942 年，第 7 期，第 309—321 页；埃米尔·贝努瓦—斯马利安：“地位、地位类型和地位相互关系”（‘Status, status types and status interrelations’），载《美国社会学评论》，1944 年，第 9 期，第 151—161 页；伯纳德·巴伯：《社会分层》(*Social Stratification*)（纽约：哈考特和布雷斯出版公司，1957）。

关于澄清这些问题的经验主义尝试，见 W. L. 沃纳和 P. S. 伦特：《一个现代社区的社会生活》(*The Social Life of a Modern Community*)（纽黑文：耶鲁大学出版社，1941）；哈罗德·F. 考夫曼：《纽约郊区社区的声望阶级》(*Prestige Classes in a New York Rural Community*)（康奈尔大学农业实验站，学术论文 260，1944 年 3 月）和该作者的《确定郊区社区中的声望》(*Defining Prestige in a Rural Community*)，载《社

因此，根据目前的研究，我们假设，**在当地人际影响结构中的地位可能与在其他等级中的地位相联系，但彼此不等同**。这种假设既有经验依据，也有概念依据。政治行为研究[①]提供了经验证明，其中发现，“意见领袖不等同于社区中有显著社会地位的人，也不等同于最富有的人或公民领袖”。通过简单地探讨几种分层制度之间的关系类型，我们能够为这一假设找到进一步的根据。 472

尽管人际影响、社会阶级、声望和权力可能有各种各样的联系，但是，它们**并不**一致。如果按照收入和所积累财富的规模和来源进行排列，就会发现一些“中上层阶级”成员对少数同事做决定施加的直接影响少于一些“下层阶级”成员对**他们的**许多同事施加的直接影响。在某个声望等级，如以家系标准为基础的声望等级中地位很高的人对所有那些与其特殊的活动和观念领域（例如艺术、时装、“好趣味”）不相关的人，几乎没有什么影响。即使那些紧密相关的权力和人际影响概念也不等同。拥有权力影响一大批人的经济生活机会的人在其他领域可能只有很小的人际影响：他们控制人们工作的权力可能不会直接影响他们的政治、社团或宗教行为。

其他相互关系的情形也如此。在声望等级中处于高层次的人们，在许多具体情况下，也许没有权力强迫别人做决定。（应

会计量学专论》（*Sociometry Monographs*）（纽约，比肯：比肯出版社，1946）；A. B. 霍林斯黑德：“一个中西部社区的阶级特点精选”（‘Selected characters of classes in a middle western community’），载《美国社会学评论》，1947 年，第 12 期，第 385—395 页；C. 赖特·米尔斯：“中等城市的中产阶级”（‘The middle classes in middle-sized cities’），载《美国社会学评论》，1946 年，第 11 期，第 520—529 页。

有关这一问题最新资料的最大量汇集处可在沃纳—伦特著作中找到，但其中分析缺少韦伯所提供的那类概念区分。

① 拉扎斯费尔德、贝雷尔森和高德特：《人民的选择》，第 50 页和第 16 章。

该把拒绝接纳某些人加入“不公开”俱乐部的权力和不给他们在现存行业中谋生的权力区分开来。)权位等级高的人可能没有什么声望(政治首领和成功的诈骗者只是更老套的例子)。

简言之,在阶级、权力和声望等级中的地位促成人际影响的潜在条件,但不决定影响实际发生的程度。

正如人际影响的**基础**变化多样,其**形式**也不相同。因此,影响可能有以下形式:

强制(武力、暴力);
支配(命令、无武力威胁);
操纵(当影响者的意图尚未明朗化的时候);[①]
澄清(公开可供替代的行动路线影响随后的行为);
榜样(施加影响的人没有意识到互动已经引起其他人随后
473 的行为或态度的改变);
建议(包括意见和建言,但不包括命令);
交流(每个人都公开地改变情境,将其他人导向既定的行为方式)。

在目前的探讨中,我们主要考虑了以澄清、建议形式出现以及作为榜样的影响问题。这里,我们**没有**涉及到通过市场、政治和其他管理行为间接地运用权力的问题,也没有涉及这些权力对许多人的作用。我们考察的对象是那些表现为具有相当**人际**
474 影响并在与他人关系中直接表现出人际影响的人们。

---

① 参看戈德哈默和希尔斯前引文章,第171—172页。由于这些作者只讨论权力问题,所以他们只涉及武力、支配和操纵方面。还可见前引K.戴维斯的文章,在第319页,他在影响形式上加上了“交流”。

第十三章 自证预言

W.I.托马斯作为美国社会学界的权威，在他一系列很少超出学术界范围来讨论问题的著作中，提出了一个社会科学的基本定理："如果认定某些情形为真，结果它们就会成为真的。"如果托马斯定理和它的含义能够广为人知的话，就会有更多的人更加理解我们这个社会的运作方式。虽然这个定理缺乏牛顿定理的那种广泛性和精确性，但它同样具有相当的功能，可指导性地用于即使不是绝大多数也是许多社会过程。

托马斯定理

托马斯教授写道："如果认定某些情形为真，结果它们就会成为真的。"当我们注意到基本上相同的定理在托马斯以前早就为一些训练有素和具有洞察力的人多次阐述过时，托马斯的重要观点就变得更加引人注目。

一些在其他方面具有完全不同的思想的人——诸如十七世纪著名的波舒哀大主教对天主教正统那满怀激情的辨护；十八世纪讽刺大师曼德维尔对人类社会的荒谬性那充满洞察力的寓言；易怒的天才马克思对黑格尔历史变迁理论的修正；具有创新精神的弗洛伊德比其同时代人更趋向于改变有关"人"的观念的

著作;还有博学、固执、偶尔严厉的耶鲁大学教授威廉·格雷厄姆·萨姆纳,他过着卡尔·马克思所讲的那种中产阶级生活——当我们发现这批混杂的人(这是我从更长的但可能没有那么著名的一些人中选出来的)都一致看出了托马斯定理实质上的真理性和贴切性,我们可以得出结论说,这个定理也许很值得我们注意。

但是,托马斯、波舒哀、曼德维尔、马克思、弗洛伊德和萨姆纳要我们关注的是什么呢?

这一定理的第一部分反复提示,人们不仅对一个状态的客
475 观特征作出反应,而且有时首先对这种状态对于人们具有的意义作出反应。并且,一旦人们赋予这个状态以一定的意义,则他们随后的行为和所造成的一些结果就被这个作为起因的意义决定了。但是,这还是过于抽象,而抽象的东西若不时时与具体材料相联系的话,就总有难以理解的方面。什么可以作为一个适当的例证呢?

一个社会学的寓言

那是在 1932 年,中坚国民银行(The Last National Bank)正处在兴旺时期,它的大部分资金都在没有虚值的情况下流动着。作为当时总裁的卡特赖特·米林维尔完全有理由为此而感到自豪,直到那个不吉利的星期三。那天,当他走进银行时,发现生意不像往日那样有生气。自从 A.M.O.K. 钢铁厂和 K.O.M.A. 褥垫厂的人不同寻常地直到星期六才领取工资,事情就有些蹊跷。现在银行里又来了二十多个明显来自这些工厂的人排在出纳台前。当他回到他的办公室时,这位总裁不无同情地暗自想道:"但愿他们不要在这一星期的中间被解雇。他们在这个时

候应在车间里。”

但是，这种遐想从来不会使银行兴旺起来，所以米林维尔转向桌上的一堆文件，开始小心翼翼地在上面签名，但签了还不到二十张，就被往日那熟悉气氛的消失和陌生现象的袭扰打断了。银行营业时那低低的、谨慎的嗡嗡声被纷杂奇怪的、恼怒的、刺耳的叫喊声所代替。一个状态已被确认为真。这就是以不吉利的星期三为标志的——大家也许注意到了，这是银行最后的一个星期三——中坚国民银行破产的开始。

卡特赖特·米林维尔从来没听说过托马斯定理，但是他不难认识到它的作用。他知道尽管银行资金有相当的偿付能力，但是破产的谣言一旦被足够多的存款人所相信，那仍然会导致银行的破产。到了不吉利的星期三那天关门的时候，焦急的存款人排起了长队，每个人都在狂怒地寻求挽救自己的存款。到了更倒霉的星期四，更为狂怒的存款人排起了更长的大队。这种情况恰恰证明了米林维尔是正确的。

一个银行的稳定金融结构依赖于对情境的一套规定，即人们对赖以生存的经济契约连锁系统的有效性的信任。一旦存款人把这个情形规定为其他的状况，一旦他们对实现这些契约的可能性提出疑问，则这个非真实的规定就足以造成真实的后果。

这是一个人们都熟悉的典型例子，只要是年龄在1932年大
到可以去投罗斯福的票的人，就不需要托马斯定理也能理解它 476
是如何发生的。但只有在托马斯定理的协助下，米林维尔银行的悲剧性历史才可能变为一个社会学的寓言，而这个比喻不仅可以帮助我们理解三十年代数百家银行所发生的情况，而且还可以帮助我们理解当时黑人和白人之间、新教徒和天主教徒以及犹太教徒之间的关系中所发生的事情。

这个寓言告诉我们，对于一种情形的公共定义（或是预言，

或是断言)构成了这种情形的一个不可缺少的组成部分,并且影响着情形后来的发展。这是人类事务所独具的特征。在人类不能触及的自然界中不会发现这种情况。断言哈雷彗星的回归并不影响它的轨迹。但是,米林维尔银行破产的谣言却会产生实际的结果。倒闭的预言导致了它自身的实现。

自证预言的模式如此普遍,以致我们每一个人都有自己熟悉的事例。可以想一下考试焦虑症这种情况。一个学生由于相信他在考试中注定要失败而感到十分忧虑,因此,他用更多的时间去担忧而不是去学习,所以最后导致了考试的失败。最初的、毫无根据的忧虑会转变成一个完全有根据的恐惧。或者,由于相信两个国家之间的战争不可避免,这种信念就会促成实际行动,于是两个国家的代表就渐渐相斥,各自都忧心忡忡地以自己的"防御性"活动防备着对方的每一个"攻击性"活动。扩充军备,储存原料,增加武装人员,并且最终是对于战争的预测促进了战争的实际发生。

起初,自证预言是对一种会引起新行为的情形的**虚假**规定。自证预言那貌似有理的效力使错误永远具有支配作用。因为预言家会引用事件的实际过程来作为他一开始就正确的证据(而我们知道,米林维尔的银行是有偿付能力的,如果不是蛊惑人心的谣言**造成**了这种谣言实现的充分条件,它将会幸存许多年)。这就是社会逻辑的邪恶之处。

正是自证预言能够很好地解释今天美国社会中种族冲突的动力。至少,可以用来解释黑人和白人之间的关系,这可以从冈纳·米德尔《一个美国困境》这本有1500页的书中见出。比起米德尔所指出的,自证预言对于民族群体之间的关系可能具有更普遍的影响。这一点是下面将要给出的一个相当简要的讨论的

主题。[①] 477

社会信念和社会现实

由于未能理解自证预言作用，许多善良的美国人（有时是不自觉地）长期保持着种族偏见。他们认为这些信念不是偏见，也不是武断，而是他们自己从观察中得出的必然结论。“个案的事实”不允许他们得出另外的结论。

所以，我们的那些公正的白人公民强烈地支持排斥黑人进入他们的工会的政策。当然，他们的观点不是以偏见为基础的，而是以无情的事实为依据的，并且这些事实看起来是十分明显的。“最近来自非工业化南方”的黑人“不遵守工会的规范制度，缺乏集体谈判技巧的训练”。黑人是罢工的破坏者。他们以其低标准的生活水平闯了进来，接受低于正常标准的工资。总之，黑人“是工人阶级的叛徒”，显然应该被排斥在工会组织之外。正如被宽容的我们所看见，但没有被严厉的工会成员看到的那样，对个案事实的这种处理完全不知自证预言是一个社会基本过程。

我们的工会分子当然也没有认识到他和他的同事恰恰造成了他正在观察的那个“事实”。因为他认定黑人顽固地与工会原

---

① 与自证预言相对应的是“自毁预言”。它是这样一种预言，如果**没有**这个预言，人类行为原本会按照其所预言的过程发展，但由于这个预言的产生使人类行为完全改变了，以致导致了预言自身的破产。预言自我毁灭了。我们在此不谈及这种重要的预言类型。有关这两种类型的社会预言的范例，请参见 R. M. 麦基弗：《更完美的结合》（*The More Perfect Union*）（纽约：麦克米兰出版公司，1948）；有关这两种类型的社会预言的一般性论述，请参见“目的性社会活动的非预言性结果”，默顿前引书。

则作对而把黑人排斥于工会之外,所以他创造了一系列的后果,这些后果实际上使许多黑人难以避免扮演工贼的角色。第一次世界大战之后,成千上万的黑人失业,又被拒于工会之外,他们抵御不住那些因罢工而陷入困境的雇佣者的诱惑,这些雇佣者向他们敞开了通向工作世界的大门。若不是因为罢工,他们往往被拒于这些工作之外。

历史创造着自证预言理论的自身检验。近二十年来,由于黑人被允许参加工会,他们实际上不再在工业中充当叛徒的角色,从此可以看到,与其说黑人是工贼,所以他们才被拒于工会之外,不如说由于黑人被拒于工会(和很大范围的工作)之外,所以他们才是工贼。

托马斯定理的应用也提出了如何才能打破自证预言的悲剧性的、经常也是邪恶的循环情形。必须抛弃对情形的最初认定——正是这种认定启动了自证预言的循环。只有对当初的假设提出疑问并且引进新的定义,后来的事件系列才能使那个初始假设成为谎言。只有这样,这种信念才不会生成事实。

478 但是,对那种根深蒂固的情形认定提出疑问并不是单凭愿望就能实现的。意愿,或此类事物,如善意,不能向水龙头那样任意开关。社会知识和善意都是独特的社会力量自身的**产物**。它们用不着通过大量的宣传和教育——这种解决社会学问题的灵丹妙药——来灌输那些对其显得如此可爱的字眼来实现自己。社会领域同心理学领域一样,当虚假思想和真实思想遭遇时,虚假思想不会悄然地消失。人们不要期待一个偏执狂在被告知他的曲解和妄想都是虚假的时,他就会放弃那些对他来说是来之不易的东西。如果精神病仅仅靠传播真理就能治愈的话,那么我国的精神病医生面临的将是技术性失业,而不是工作过度的威胁。同样,仅仅靠一个不断的“教育运动”也不会消除种族偏见和种族歧视。

虽然把教育作为治疗各种不同社会问题的万灵药的做法深深根植于美国的道德习惯中，然而，对所有这些社会问题来说，它只不过是迷惑人的。这是一个没有被普遍注意到的情况。种族教育计划如何实施？由谁来进行教育？我们社区中的那些教师吗？而这些教师在某种程度上和许多其他的美国人一样，具有同样的偏见，他们正在被怂恿去战斗。当他们不去战斗时，他们不是又被要求充当这个空想的教育万能论课程的虔诚殉道者吗？在亚拉巴马、密西西比或佐治亚，小学教师想用多少时间去细致地纠正他的那些年轻学生从家里获得的种族信念？教育除了能使目前盛行的民族关系模式产生令人难以忍受地缓慢的变化外，在任何情况下，它都不会起主要的作用，而只能起辅助作用。

要进一步理解为什么不能期待用教育运动去消除盛行的种族敌对情绪，我们必须考察一下我们这个社会中的内群体(in-groups)和外群体(out-groups)的行为。采用萨姆纳的几个有用的社会学术语，种族外群体是由被认为完全不同于“我们自己”的国籍、种族和宗教的所有人组成的。与种族外群体相对应的当然是种族内群体，由那些“属于”这个国家、种族或宗教的人组成。然而，并不存在一条固定不变的、把种族内群体和种族外群体截然划分开来的界限。当情况变化时，界限也随之而变。对许多美国白人来说，乔·路易斯是一个种族外群体成员——当根据种族意义来定义情形时。而在另外一种情况下，当路易斯打败了纳粹的施梅林时，同样是这些美国白人又把他拥戴为种族内群体(国家)中的一员。对国家的忠诚超过了种族的分歧。群体界限的这些突然变化有时会令人感到尴尬。例如，当美国黑人载誉离开柏林奥运会时，纳粹否认美国赢得了比赛的真正胜

479 利，他们指出，黑人是美国各地区的二等公民，因为美国白人自己就把黑人运动员看成是“羽毛未丰”的美国人。对此，比尔博或者兰金还有什么可说的呢？

在占优势的种族内群体的仁慈的统治下，种族外群体会继续遭受强烈的歧视过程。我认为，这种过程足以导致大量的种族宽容教育和宣传的失败。用社会学家唐纳德·扬的话来说，这是“种族内群体的美德转变为种族外群体的罪恶”的过程。或者，更通俗地、更具有启发性地讲，在种族关系中，这个过程可以被称为“无所适从”(damned-if-you-do and damned-if-you don't)的过程。

内群体的美德和外群体的罪恶

为了揭示种族外群体在接受了白人新教社会的价值观时要被诅咒和在不接受时也要被诅咒的现象，我们不得不首先转向一个种族内群体文化的英雄，看一下他被传记作家和公众的观点所赋予的品质，以便提取他的那些被普遍认为是值得钦佩的精神、行为、性格方面的优秀品质。

并不需要多次的民意测验来作证，就可以选艾贝·林肯* 作为我们的民族英雄，他最充分地体现了美国人的主要美德。正如林德在《中镇》一书中指出的，那种典型的小城市人民承认只有乔治·华盛顿才能与林肯并称为最伟大的美国人。正像大多数富有的共和党人把林肯看成是真正的自己人一样，许多不太

* 这里用了阿伯拉罕·林肯总统的昵称。——译者注

富有的民主党人也把他看成真正的自己人。①

甚至每天上学的小学生都知道林肯是节俭、刻苦、好学、有 480
抱负、立志为人的平等权利而献身的;他在通过机会之梯,从最低的劳工阶层向有身份的商人和律师阶层的攀登中,取得了巨大的成功(我们要学习他的不断进取)。

如果一个人不知道这些品质和成就在美国中产阶级的价值中被赋予很高的地位,那么,他只要翻阅一下林德对“中镇精神”的说明就会很快发现它。因为在这本书中,我们会发现这个充分反映了中镇市民所信奉的价值观的伟大解放者的形象。因为这些美德是美国中镇市民的价值观,所以,如果发现他们谴责和蔑视那些不能够充分显示出这些美德的个体和群体的现象则不足为怪。如果出现在白人种族内群体面前的情况是,黑人**没有**

---

① 有关林肯是文化英雄的评论,参见戴维·唐纳德一篇具有洞察力的文章:“正确认识林肯”,载《对林肯的反思》(*Lincoln Reconsidered*)(纽约:阿尔弗雷德·阿·克诺夫出版社,1958),第3—18页。

虽然林肯名义上当然还是共和党的象征性领袖,但这也可以是同一类政治史的又一悖论,也就是林肯在其执政期间已经注意到的与杰斐逊和民主党有关那类政治史。

“还记得,杰斐逊的党是建立在要更多地为人自身的权利而奋斗的基础上,而拥有财产权是次要的,并且是非常次要的。假设现在被称为民主党的党是杰斐逊的党,他们的对手是反对杰斐逊的党,那么,就那个最初将这两个党划分开的原则而论,它将以同等兴致看到这两个党是如何完全地改变了它们的位置。当一个人的财产权和另一个人的发生冲突时,如今民主党所持的那种个人自由的观点是绝对不存在的,相反,共和党要为人财二者而斗争,如果二者发生冲突,人将在财之前。

“记得有一次曾看见两个有点醉了的人为穿上他们的厚大衣打架,我感到好笑,他们在进行了一场长时间的无害的争夺后,各自都以挣脱了自己的大衣,然后钻进了对方的大衣中而结束战斗。在杰斐逊和亚当斯时代,如果两个主要党在上述两个方面是真正一致的话,那么,他们就像那两个醉汉一样,表演了同样的闹剧。”

阿伯拉罕·林肯:“致H.L.皮尔斯及其他人的一封信”,1859年4月6日,载《阿伯拉罕·林肯全集》,约翰·G.尼古拉和约翰·海编辑(纽约,1984),第5卷,第125—126页。

受到过同他们一样的教育，黑人中无技术工人的比例“过高”，在较好的职业和专业人员中比例“过低”，并且黑人挥霍无度，如此等等——还可以根据中产阶级关于美德和罪恶的目录列举很多——在这种情况下，就不难理解他们关于黑人“劣于”白人的指责。

如果能对自证预言的作用敏感些的话，我们就应发现对黑人那种并不明显错误的指责只是貌似真实。这种指责在匹克威克式的感觉中是真的，我们发现自证预言在这种感觉中一般总是真的。例如，如果占统治地位的种族内群体相信黑人是劣等人种，并且努力使教育经费不要“浪费在这些无能之辈身上”，然后又宣布黑人在校生的人数“只是”白人的五分之一，以此作为黑人是劣等人种的最终凭证，那么，人们就决不会对这个显而易见的社会花招感到惊讶。我们已经看到了那个兔子虽然不太灵巧但是小心翼翼地被放到了帽子里，所以我们只能蔑视地看着在那得意洋洋的气氛中兔子最终被变出(实际上，黑人高中毕业生进入大学的比例比白人高得多，这真有点令人发窘，很显然，比起普通的白人高中毕业生来，那些有足够勇气去跨越种族歧视高墙的黑人学生才代表了在更高层次上选择出来的群体)。

同样，当从密西西比(一个平均用在白人学生身上的钱是黑人学生五倍的州)来的那位先生声称，按人口计算黑人中成为内科医生的人数比例不到白人的四分之一，所以黑人本质上是劣等民族时，他那混乱的逻辑比他那极端的偏见给我们留下的印象更深刻。在这些例子中，自证预言的作用如此明显，以致只有那些永远沉溺于没有根据的自我欣赏的人才特别看重这些特殊的证据。可是，这些虚假的证明又经常创造出可以实现的信念。
481 通过自我吹嘘达到自我陶醉是自证预言的常见方面。

如果种族外群体不能(明显地)表现出种族内群体的那些美

德,那么,他们就会遭到如此多的诅咒。这种做法是一种乏味的种族优越感,又带有点自私的味道。然而,自证预言的第二个方面是什么呢？它会不会甚至意味着种族外群**即使**具有这些美德,他们也要受到诅咒？正是如此。

通过完全对称的偏见,使民族和种族外群体走投无路。这种系统的对种族外群体的指责没完没了,根本**不考虑种族外群体所做的是什么**。更有甚者,通过奇异审判逻辑的畸形运用,受害者反而有罪而受到惩罚。尽管很显然,对外群体的偏见和歧视并不是由于外群体的所作所为造成的,这种偏见和歧视是深深根植于我们的社会结构及其成员的社会心理之中的。

为了理解这个过程是如何发生的,我们必须考察一下道德炼丹术。通过它,内群体可以根据不同需要很容易地把美德变成罪恶,把罪恶变成美德。我们的研究将用个案方法来进行。

我们以道德炼丹术那诱人地简单的公式开始:同样的行为必须根据不同的作为人而被分别加以评价。例如,一位老练的炼丹术士会立刻知道"坚定"一词可以像如下所示的那样,予以适当的变化:

若吾为坚定,
则汝为固执,
而彼为专横。

也许有一些不懂这门科学技巧的人将会告诉你,坚定这个词应该被用在三个例子中同样的行为上。对于这种如此无知于炼丹术的胡言乱语完全可以置之不理。

请先记住这个试验,然后我们准备观察一下,对于一个完全相同的行为,当它从内群体成员艾贝·林肯身上转移到外群体成员艾贝·科恩或艾贝·库若卡瓦身上时，如何经历了截然不同的评价。我们逐步地来观察。林肯曾工作到深夜吗？这正说明他是勤奋、坚定、不屈不挠的，并且是渴望充分发挥他的能力的。如果是外群体的犹太人或日本人也同样工作到深夜呢？这仅仅是他们从事廉价的脑力劳动的证明，是他们无情地用低工资和美国标准工资抢工作的证明，是他们搞不正当竞争的证明。内群体的英雄是勤勉、节俭、精打细算的吗？那么，种族外群体的那些乡巴佬则是小气、爱财如命、吝啬的。所有的荣誉都属于内群体的艾贝，因为他是如此的聪明、机敏和睿智；根据同样的理由，所有的耻辱应属于外群体的艾贝，因为他是如此的尖刻、狡猾、诡计多端、机关算尽。不屈不挠的林肯不甘心过一种从事体
482 力劳动的生活吗？他宁肯使用他的才智吗？对此，所有人都会赞颂他那种敢于攀登颤动着的机会之梯的勇气。但是，那些外群体的商人和律师却都是为了逃避体力劳动才去从事脑力劳动的，除了斥责他们的寄生虫生活外，他们当然不值得受到任何赞扬。艾贝·林肯渴望以孜孜不倦的钻研来获得已有的人类智慧吗？一位犹太人的同样做法却会遇到麻烦；当体面的人去看电影或看球赛时，他的这种做法会被看成是死读书的书呆子。桀骜不驯的林肯不愿把自己限制在家乡的那个社区范围内吗？他正是我们所期待的那种有远见卓识的人。但是，如果外群体批评我们这个社会的不足之处，就把他们遣送回他们原来的地方去。林肯在离开了他出身的阶层后，从来没有忘记过普通人的权利，一直赞成工人应具有罢工的权利吗？这一点只表明，正像所有真正的美国人一样，这位最伟大的美国人是永远献身于自由事业的。但是，当你调查罢工统计数字时，请记住，这些非美国式的罢工行动是外群体在另外一些原本心满意足的工人中进行罪恶的蛊惑煽动的后果。

道德炼丹术一旦开始，它的划分公式就十分清楚。通过巧妙地使用这些含义丰富的褒义和贬义词，内群体很容易使它自己的美德变换成为外群体的罪恶。但是，为什么如此众多的占统治地位的内群体的成员全身心地投入到这个连续不断的道德变换试验中去呢？

如果我们离开这个国家，跟随人类学家马林诺夫斯基到特罗布里恩德群岛上去，我们就可以发现一种解释。因为在那里，我们发现了一个结构相似的模式。尽管有好莱坞和忏悔的杂志，但是在某种程度上，美国明显地还没有完全同它一样。在特罗布里恩德人中，在女人那获得成功能使一个男人得到荣誉和威望。性的勇敢具有绝对的价值，是一种道德上的美德。但是，如果一个特罗布里恩德的普通成员获得了"太多的"性方面的成功，获得了"太多的"内心狂喜，获得了只有高贵者、首领或权势者才允许获得的成就，那么这种光荣的记录就变成了一件丑闻和一件令人厌恶的事。首领们非常容易**恼火任何没有得到社会地位许可的个人成就**。道德美德只有被戒备性地限制在内群体的适当范围内才是美德。正确的行为被有错误的人们实施，就变成了令人蔑视的事情，而不是光彩的事情了。很显然，只有将这些美德占为己有，这些权势者才会保持住他们的荣誉、他们的威望和他们的权力。不会有比这更聪明的方法来保持一套社会分层和社会权力系统的完整状态了。

不仅如此，特罗布里恩德人还能告知我们更多的东西。因为看起来十分明显，那些首领并不是专为自己打算才设计了这种防御计划的。他们的行为是本能的、无意识的、直截了当的。483
他们对普通的特罗布里恩德成员的"过分"奢望和"过分"成功的不满表示是直率的、毫不掩饰的。对内群体美德的"错置"现象的敏感反应，恰恰也可以作为加强首领们享有特罗布里恩德部落生活中好东西的权宜之计。假设种族内群体美德转换成外群体罪恶的方法是特罗布里恩德部落首领们为使这个部落的普通人安分守己而蓄意搞的部分密谋,那么,这种假设则完完全全地偏离了真理,彻头彻尾地曲解了事实。首领还没有被教会承认事物的高低差别,并且他们会把强制别人保持平庸看成是一种沉重的负担。

当我们想赶紧从道德炼丹术的罪责中解脱出来时,也不应犯那种仅仅把内群体和外群体的道德状态颠倒一下的同等错误。犹太人和黑人并不人人都是天使,而非犹太人和白人也并不人人皆为恶魔,现在并没有发现个体美德只存在于那些被贬低的种族中,而个体罪恶只存在于那些占统治地位的种族中。甚至可以肯定,黑人和犹太人中同非犹太人和白人中一样有许多腐化、堕落的男男女女。只是那个丑陋的、围住了内群体的篱墙刚好把他人从那种作为人都应得到的礼遇中排除了出去,而这些人则组成了外群体。

社会功能和负功能

我们只要看一下这个奇特的道德炼丹术的过程就会明白,当外群体显示了内群体的美德时要挨骂,没有显示时也要挨骂,这两个方面并不矛盾。“谴责”在这两个方面执行了完全一样的社会功能。下面看一下这两个矛盾方面的一致性。黑人由于(明显地)不能显示这些美德,而被指责为不可救药的劣等人时,这就等于宣布他们在社会中天生只具有低下的自然权利。而当犹太人或日本人被指控具有太多的和内群体一样的价值时,很显然,他们必须被牢牢地禁锢在种族歧视的高墙内。在这两种情况下,给这些外群体规定的特殊地位看起来都是极其合乎情理的。

可是这种显然合理的规定却具有完全不合理的逻辑推论和社会推论。只要看一下它们当中的几个例子便可明白。

在一些情况下要限制准许进入大学和专科学校的犹太人的名额，这种强加给外群体的限制从逻辑上说隐含着唯恐外群体被看成优等民族的情绪。如果不是这样，就没有必要实行种族
歧视。不可阻挡的、无情的学术竞争会迅速把犹太(或日本、黑 484
人)学生的数目削减到“合适”的规模。

那种认为外群体具有优势的隐含的观点看来也是幼稚的。根本没有充分的科学根据来证明犹太人、日本人或黑人是优等民族。科学将宣告那些内群体种族主义者的这种用非雅利安优等人种的神话来代替雅利安优等人种的神话简直是没有头脑。神话世界的生活最终必然要与现实世界的事实相冲突。因此，即使仅就自身利益和社会治理而言，那些内群体成员也应放弃神话，立足现实，也许这才是明智之举。

“无所适从”规律的模式在种族外群体自身中已经有了进一步的后果。这些种族外群体对于被指责为劣等人种的反应正像这个后果所被预言的那样一清二楚。如果一个人不断地被告知他是劣等的，他没有任何真正的成就，那么，设法抓住每一点相反的证据也就是人之常情了。内群体的这些规定迫使被看成劣等的外群体防御性地去夸大、拔高他们“种族的成就”。富兰克林·弗雷泽作为杰出的黑人社会学家已经注意到了，黑人报纸具有“强烈的民族意识，对黑人所取得的成就表现出相当的骄傲，而这些成就如果以更广泛的标准来衡量的话，其中大部分只是些雕虫小技而已”。可以说所有群体中都存在着某种程度的自我吹嘘，但在这里，自我吹嘘都变成了对来自外部的、持续不断的蔑视的不断的对抗反应。

正是对外群体取得过度成就的指责会引起真正古怪的行为。因为在多次进行自卫以后，这些外群体会以为他们的美德真的就是罪过。这里展现出一场这种价值倒转的悲喜剧的最后一幕。

现在让我们通过它那错综复杂和自相矛盾的迷宫来紧跟剧情的发展。对于从办公室勤杂工艰难地爬上总裁位置的人的敬慕是深深地根植于美国文化之中的。这种长时期的竭尽全力的攀登，伴随着一个双重的证明：它证明了在美国社会中，成功之门总是向真正的天才充分敞开的；它也证明了这种人是以其自身英雄式的晋升来显示他的价值的。有许多这种不屈不挠的人一直在非常不利的条件下奋斗着，直到他们坐到了董事会那更大的会议室的长会议桌的头把交椅时为止。在这些人中进行挑选会招致不满，只好随便选一个例子。例如，有关弗雷德里克·H. 埃克这位都市人寿保险公司——全球最大的私人企业之一——董事长的传奇，就是一个典型。他从一个卑下的、低薪的
485 工作高升到一个显赫的位置上。很显然，荣誉已经不断地涌向这个有着很大权力和很大成就的人。虽然这位显赫人物的财产问题是他本人的私事，但凑巧的是埃克先生是一位长老会教徒。可是，据最近的报道，长老会中没有一位长老公开地站出来宣布不应把埃克先生的成功经历看得太重；相对来说，毕竟只有很少的长老会教徒从贫穷进入到富足；并且公开地宣布长老会教徒实际上并没有“控制”金融界——或人寿保险，或住宅建设投资。相反，人们可以料想到，长老会的长老们将会与其他成功的中产阶级美国人一起来庆祝埃克先生的巨大成功，来庆贺另外一些长老会的成员也几乎达到了同等地位。他们在其内群体中的地位稳固，总是强调在取得个人成功的过程中值得自豪的人物，而不是令人沮丧的人物。

由于道德炼丹术的作用，外群体所取得的显著成就还会引起另外一些反应。很显然，如果成就是一种邪恶，那么这些成就必然被否认——或至少被打折扣。在这些条件下，长老会引以自豪的事情必然变成使犹太人沮丧的事情。如果犹太人由于在教育、职业、科学领域和经济领域里的成功而受到谴责的话，那么许多犹太人会感到仅仅为了自卫也必须贬低这些成就。这是完全可以理解的。但是，当这个外群体在急于使大权在握的内群体相信实际上他们对科学、对各种职业、对艺术、对政府和经济并未犯有过分贡献罪时，他们就使这个自相矛盾的怪圈闭合起来。

在那种一般把财富看成是能力的凭证的社会中，占统治地位的内群体的那种不断转换的态度迫使外群体否认许多富有的人是他们的成员。“在最大的 200 个非银行公司中，……只有 10 家是犹太人任董事会主席。”这是一个反犹主义者的调查吗？其目的在于证明由于犹太人对这些大公司——它们构成了美国——贡献甚微，因此他们是无能的和劣等的吗？不，它是布奈·布里恩反诽谤联盟（美国犹太人的一个慈善组织。——译注）在对反犹宣传进行回击。

根据民意研究中心最近的一个调查显示，在一个社会里，医学专业的社会威望高于另外九十种职业（除了美国联邦最高法院法官的职位）。我们发现，具有攻击性的内群体设法使一些犹太人的发言人进入一种奇怪的立场，居然宣布他们对从事医学工作的犹太人的人数“深感不安”，并说这与“犹太人在其他工作中所占的比例是不相称的”。在一个内科医生严重不足的国度中，犹太医生不仅没有受到对自己来之不易的知识和技术的赏识，没有受到对其所取得的社会效益的称赞，反而变成了一个令人深感不安的不幸职业。只有当纽约扬基队公开宣布他们对自 486

己多次获得世界系列赛冠军称号深感不安,并认为这个数目与其他主要联盟球队所取得胜利次数太过悬殊时,这种自我克制看来才是合乎常规的。

在一种坚持判定一些职业要比即使是最熟练的非技术性工人的社会价值要高的文化中,犹太人这一外群体会发现自己处在异常的状态中,这种异常状态的标志就是他们必须自卫性地减少犹太画匠、裱糊匠、泥水匠、电工、管工、板金工的人数。

但是,价值的这种完全颠倒已被注意到了。每一次成功的人口调查都发现越来越多的美国人涌向城市和郊区。美国已经历了城市化的过程,它的农村人口已不到全国人口的五分之一。显然,现在已经是卫理公会、天主教会、浸礼会和圣公会认识到他们的教友迁徙城市是一种罪过的时候了。因为,众所周知,对犹太人的主要谴责之一就是他那幻想在城市里谋生的极为可憎的企图。因此,犹太人的领袖们发现他们自己处在不可思议的状态中,他们防御性地督促他们的人民搬进那些由心系城市的基督教徒们匆忙腾出的名副其实的农村。也许这种督促是完全没有必要的。当犹太人的这种都市化的罪行在内群体中已家喻户晓时,它却还可以被重新转换成非凡的美德。但是,必须承认,人们是无法把握这种转换的。因为,在这种价值转换的超等混乱中,几乎不可能确定什么时候美德是罪过,什么时候罪过是美德。

在这种混乱中,有一个事实却是确凿无疑的。犹太人像其他民族一样,曾对世界文化作过杰出贡献。请看一个简单的列举。在文学创作领域(对于这些成就的价值有着非常不同的评价),犹太作家包括:海涅、卡尔·克劳斯、伯尔内、霍夫曼斯塔尔、施尼茨勒、卡夫卡。在音乐创作领域有:梅耶比尔、费利克斯·门德尔松、奥芬巴赫、马勒和勋伯格。在音乐演奏家中,只要提一下罗森塔尔、施纳贝尔、戈多夫斯基、帕赫曼、克莱斯勒、休伯曼、米尔斯坦、埃尔曼、海菲兹、约阿希姆和梅纽因就足够了。我们浏览一下那些我们所熟悉的有资格获得诺贝尔奖的科学家的名单，它包括了贝兰伊、迈耶霍夫、埃利希、米切尔森、李普曼、哈伯、维尔施泰特和爱因斯坦。或者在那个深奥的、充满想像力的由数学构造的宇宙里，只要看一下这些人就够了：克朗克创立了现代数论，赫尔曼·闵可夫斯基*提供了狭义相对论的数学基 487
础，或雅各布在椭圆函数论方面的工作。这样，在文化成果的每一特殊领域，我们都可以得到一份恰巧是犹太人的杰出男女的名单。

有谁如此热中于赞美犹太人吗？有谁曾如此积极地去搜集这样一个包括了几百位对科学、文学、艺术有过卓越贡献的人的名单吗？——上面的列举不过是其中的选录。有过一位热爱闪米特的人渴望表明他的民族已经对世界文化作出了其应作的贡献吗？没有。实际上，我们现在应该知道的比这更多。一个完整的名单将会在一本由种族主义者弗里奇编辑的反犹太手册的第36版中发现。根据那个把内群体美德转换成外群体罪恶的炼丹术公式，他介绍这个名单是为了对那些阴险的幽灵进行一次清点，这些幽灵夺走本应完全属于雅利安人的那些成就。

一旦理解了内群体在规定这种情形时所起的支配作用，作为外群体的黑人和犹太人的那种似乎反其道而行之的行为的进一步矛盾便消失了。这两个小群体的行为都是对大群体的那个断言的反应。

---

* 显然，在这里必须明确指出全名，否则数学家赫尔曼·闵可夫斯基可能会同欧根·闵可夫斯基混淆，后者对精神病学的贡献是卓越的；还有可能会和米齐斯瓦夫·闵可夫斯基混淆，他在脑解剖学中声名卓著；或者甚至会和奥斯卡·闵可夫斯基混淆，他发现了胰腺性糖尿病。

如果黑人被指责为劣等的，并且以此作为说他们没有对世界文化作出过贡献的依据，那么，人的自尊本能和安全感往往就会使他们**自卫性地**夸大自己种族成员所取得的任何成就。如果犹太人被指责说取得了过分的成功和具有过分的雄心，并且搜集出一份杰出犹太人的名单来支持这种指责，那么，防御的本能就会使犹太人**自卫性地**贬低本群体成员所取得的实际成就。截然相反的行为模式具有同样的心理功能和同样的社会功能。自傲和自卑分别变成了防止被指责为有缺陷的群体或有野心的群体的手段。具有道德优越感的、处于牢固地位的内群体则以嘲讽和轻蔑混杂的情绪旁观着外群体的这些奇怪表现。

实施的制度变化

这出凄惨的悲喜剧将继续演下去而只会在形式上稍有变化吗？当然不是。

如果道德上的顾虑和顾忌面子的想法是结束这种表演的惟一理由，那么实际上就可以认为它会无限期地继续下去。用人们中间和人们自身的道德情感来解决社会问题就像用这种东西来治疗身体中的疾病一样无效。正如不切实际的、空想的社会改良计划总是走向破产所证明的那样，尽管道德情感无疑会更
488 加激发为改变现状而作的努力，但是它们不能代替为了达到这个目的而使用的切合实际的手段。

有足够的迹象表明，对于自证预言的作用和在社会中造成的恶性循环可以谨慎地、有计划地使之暂时停止。我们那个关于中坚国民银行的社会学寓言的结局提供了这一点能得以实现的途径。在那令人难以置信的 20 年代，当柯立芝毋庸置疑地带来了一个繁荣昌盛的共和党时期之际，每年平均就有 635 家银

行悄悄地倒闭了。在紧接着大崩溃的前后四年间，当胡佛的确没有造成一个萧条的共和党时代之时，倒闭的银行陡然上升到每年平均 2276 家的惊人数字。但是，非常有意思的是，在建立了联邦存款保险公司和颁布了其他银行法规以后的十二年里，罗斯福领导了民主党的萧条和复苏时期、衰退和兴旺时期（银行倒闭的数目下降到每年平均仅仅 28 家的水平）。也许金融大恐慌还没有被法规正式地驱除掉，尽管如此，数百万存款人用不着再去担心有关银行的恐慌了，其原因仅仅是由于有意进行的制度变化已经消除了造成恐慌的根源。种族仇视的状态和恐慌的状态一样都不是先天的、无法消除的心理状态。盲目的恐慌和种族挑衅并不是根植于人的本性之中，尽管外行的心理学者们不是这样讲授的。人类行为的这些模式主要是社会的可变性结构的产物。

为了得到进一步的线索，让我们回到前面的例子上来，即第一次世界大战结束以后，白人工会对由雇主们招募进企业的黑人工贼普遍仇视。一旦那个黑人不配成为工会会员的最初规定被完全放弃，那么，黑人就会由于有较广泛的就业机会而不再通过由那些陷入困境的雇主打开的门来进入企业。再则，制度上的适当变化也打破了自证预言的悲剧性循环。有意进行的社会变革使那种“黑人本质上不具备”同其白人伙伴在工会中团结合作的“本性”的顽固观点成为谎言。

最后一个例子是来自对一个双种族住房计划的研究。希尔敦这一社区位于匹茨堡，它是由百分之五十的黑人家庭和百分之五十的白人家庭组成的。它不是二十世纪的一个乌托邦。像其他地方一样，在那里人与人之间也存在着一些摩擦。但是，在一个由两个同等人数的种族组成的社会区中，只有不到五分之一的白人和不到五分之一的黑人报告说，**不同种族**成员之间出现了摩擦。据他们自己证实，每个种族群体的**内部**分歧都大大地限制了这种摩擦。可是当初每 25 个白人中只有一个人**曾认**
489 **为**在这个社区中种族关系是会融洽的，而 25 个人中就有 5 个人曾认为在这个社区中会遇到严重的问题，余下的人期望在这一社区中即使不是完全愉快的，也会有可容忍的状态。当初居然会有如此多的想法。但是，如果回顾一下他们的实际经历，在那些最担忧会产生摩擦的白人中，每四个人中就有三个人后来发现"种族之间的关系最终还是很融洽的"。虽然这里不是详细报告这个研究的地方，但是这些情况实质上再次表明了：**在适当的制度下和行政管理下**，种族和睦的经历可以解除对种族冲突的担忧。

这些变化和其他一些同样的变化，并不是自动出现的。**只要缺乏慎重的制度化控制，自证预言就会起作用，忧虑就是凭借自证预言而转变成现实的**。只有抛弃那种隐含在人类本性不可改变的观念中的社会宿命论，忧虑的悲剧性循环、社会灾难和不断加深的忧虑才会被消除。

种族偏见将要消亡——但消亡得很慢。只是一味地说它存在的不合理和无价值是无济于事的，只有消除我们社会中某些制度给予它的支持，才会有助于跨过偏见的门槛。

如果我们发现我们自己在怀疑人类控制人类及其社会的能力，如果我们试图坚持在过去的模式中去发现未来的蓝图，那么，现在也许是重温托克维尔那一历史悠久的至理名言的时候了："我试图去相信那些我们称为必要的制度常常只不过是那些我们已经习惯了的制度；我还试图去相信在社会结构方面，可能性领域远远比生活在各种社会中的人所能够设想的要广阔得多。"

在构想种族群体之间的人际关系时，即使普遍的甚至是典型的失败也不应成为悲观失望的理由。在社会学家的世界实验室中，正像在更隔绝的物理学家和化学家的实验室中一样，只有成功的试验才是决定性的，而在它之前的一千零一次的失败都不是决定性的。从一次单独的成功中所学到的东西远比从许多次失败中所得到的要多。仅仅一次成功就可证明它是可行的。因此，必须要知道的是什么使之可行。至少，这就是我所理解的托马斯·洛弗·皮科克的那具有启示性的话——“无论何事都是可能的”——的社会学意义。 490

第三编
知识社会学与大众传播

导　论

第三编共有三章,其中,前两章主要是考察知识社会学中某些一般性问题和特殊性问题;后一章是与保罗·F.拉扎斯费尔德合作写成的,主要是对舆论与大众传播社会学中的一些研究成果进行了概括。在这里,把知识社会学与大众传播社会学放到一起来加以讨论,决不是无的放矢。这个导论旨在向大家表明下面这样一种思想:尽管知识社会学与大众传播社会学基本上是各自独立地发展起来的,然而,如果能够把这两个领域中的理论概念、研究方法和经验发现统一起来,那么对知识社会学和大众传播社会学的迅速发展将会大有裨益。读者只要把本书第十四章中的知识社会学概述与拉扎斯费尔德在《社会心理学的当前趋势》(*Current Trends in Social Psychology*)(这是一本由韦恩·丹尼斯编辑的专题论文集)中所写的大众传播研究概述加以比较,就会对知识社会学与大众传播社会学之间的实质相似性一目了然。

实际上,知识社会学和大众传播社会学都可以看作是研究社会结构与信息传递之间相互影响的分支学科。二者中的一支是在欧洲诞生的,并且主要是在欧洲经过学者们的苦心经营而发展起来的;另一支到目前为止却基本上还是在美国大陆颇为风行。因此,如果允许带点夸张色彩去贴标签的话,那么可以说知识社会学是“欧洲变种”,大众传播社会学是“美国变种”。(当然,这些标签本身并不是十分严格的。可以以查尔斯·比尔德为例。尽管在很长时期里,他和保罗·拉扎斯费尔德一样,一直是美国本土知识社会学研究的代表人物。但是,他有关大众传播社会学的一些早期研究却是在维也纳开始进行的。)尽管这两支专门社会学科都在致力于研究思想观念与社会结构之间的相互影响,然而,它们还是有各自不同的侧重点。

在前面的章节(尤其是第一和第四章)曾经提到,在社会学
493 理论中,许多理论流派所强调的侧重点在立场上往往截然相反。在这方面,知识社会学和大众传播社会学为我们提供了很有启发意义的例子。知识社会学基本上属于总体论者的阵营。总体论者强调,判断一个理论贡献的大小的标准是问题本身的广泛程度和重要程度。不过,这种学术作风有时难以保证不使人陷入纯粹的思维游戏中去,或者使人得出印象主义的结论。大体上说来,知识社会学家们已经加入了高举旗帜的学者行列:“我们不知道我们所说的是否真实,但至少我们知道我们所说的是重要的。”

与此相反,那些从事舆论和大众传播研究的社会学家和心理学家们却大部分属于经验论者的阵营。他们的旗帜上写着完全不同的格言:“我们不知道我们所说的是否特别重要,但至少我们知道我们所说的是真实的。”在这里可以看到,他们所强调的重点是在那些与一般性主题相关联的资料的收集上,这种资料可以作为强有力的论据,尽管这些资料本身也并不是毫无争议的。然而,到现在为止,他们一直很少关心这些实际材料对理论问题的影响,并且,他们已经把实际知识的积累与科学观察资料的收集混为一谈了。

不仅应介绍一下第三编中各章节的内容,还有必要把关于信息传播的社会学研究在欧洲和美国的不同流派加以比较。若

这样做就会有这样的强烈印象，即不同的倾向与它们在其中发展的社会结构有着密切联系，尽管眼下的讨论作为真正探索的预备步骤，只不过指出了社会结构与社会理论之间某些可能的联系。这种比较还有一个更深远的目的，即倡导大家致力于把这两门相关的社会学研究学科统一起来，目的在于使它们能够吸取各自的科学精华，摈弃各自的糟粕。

知识社会学和大众传播研究的比较

知识社会学和大众传播研究这两门相互补充、相互联系并且在某些部分相互交叉的学科，在学术研究的方向上还是有显著区别的。它们的区别表现在下列各个方面：特定的研究主题和问题的定义、资料的概念、研究方法的采用以及研究行为的社会组织。从这些相互关联的方面就可以阐明知识社会学和大众传播研究之间的区别。

主题和问题的定义

知识社会学这个产生于欧洲的学术变种致力于挖掘知识的社会根源，寻找无所不在的社会结构影响知识和思想的途径。这里，主要着重点在于指出社会对知识的看法。在知识社会学中，正像我在下面章节中将要谈到的一样，对知识和思想所下的 494
定义很宽泛，因此可以说这个定义几乎包括所有的思想和信念。尽管如此，知识社会学这门学科的核心是对那些或多或少被系统的论据所证明了的知识所涉及到的社会背景的社会学兴趣。也就是说，知识社会学主要关注无论是科学与哲学还是经济或政治思想领域的专家的精神产品。

大众传播社会学这个产生于美国的学术变种，尽管它对当代的知识状况(或者像许多人那样为了强调其重要性和独特性,而称之为信息水平)也具有一定的兴趣,但它的重心却是对公众信念的社会学研究。大众传播社会学的核心论题是**舆论**,而不是**知识**。当然,舆论和知识的差别并非是泾渭分明的。毫不夸张地说,它们之间并没有明确的"国际界线"。舆论包括知识,知识仅仅是在社会中按那些特定的论证标准而证明了的那部分舆论。并且,正像舆论可以成为知识一样,那些已公开了的知识,也可以蜕变成一种舆论。但是,除了那些边缘课题之外,传播社会学的欧洲变种和美国变种之间的差别还是由于其各自不同的研究重心而表现出来。

如果说,在美国人看来大众传播社会学主要研究公共舆论、大众信仰及那些所谓的"大众文化",那么可以说,在欧洲人看来,知识社会学则集中于研究那些更为深奥的学说以及那些复杂的知识体系,而这些知识在嗣后融入大众文化时,常常要被改造和被曲解。

大众传播社会学和知识社会学在研究重心方面的差别给它们之间带来了许多进一步的区别:知识社会学这个欧洲变种由于主要关心知识问题而非常注意研究知识精英;大众传播社会学这个美国变种由于主要关心大众舆论,而非常注意研究大众。前者集中研究极少数人的深奥学说,后者集中研究大多数人的普遍信念。正像我们将要看到的,大众传播社会学和知识社会学在学术兴趣点上的差异直接导致它们在每个研究阶段都采用了各不相同的研究方法。例如,为了收集来自某个知识渊博的人或科学家的信息而设计的调查研究方法和为了收集众多人口中的某个剖面的材料而设计的调查研究方法将会大不相同,这点是很明显的。

这两个变种的取向进一步表明了它们在某些微小细节上不

同的关联。从认识的角度看,知识社会学这个欧洲分支的研究对象是**知识**,大众传播社会学这个美国分支的研究对象则是**信息**。知识是指一系列的事实或见解,而信息则没有**系统地联系在一起**的事实和见解这种含义。因而大众传播社会学这个美国变种**研究大众掌握的孤立的信息片断**;知识社会学这个欧洲变种却主要**考虑只有少数几个人掌握的知识的整体结构**。大众传播社会学这个美国变种所强调的是不连贯的信息片断的集合体,而知识社会学这个欧洲变种所强调的是学说**体系**。对于知 495
识社会学这个欧洲变种来说,最根本的是,必须从概念整体化、抽象化、具体化以及类型化(比如,形态的或分析的类型化)出发,通过它们相互之间所有复杂的联系,去分析这些理论信条的体系。对于美国大众传播社会学来说,最基本的是通过像因子分析这样的方法,来探究那些经验地产生的一系列见解(或态度)。一个是强调逻辑上可以理解的那些相互联系;另一个是强调以经验为依据而产生的相互关系。只有当他们能够通过竭力揭示理论与这个或那个社会阶层之间的关系(假设的关系),而帮助人们无论是从微妙性还是从复杂性来探究人们嗣后要加以理解的那些政治思想的体系时,欧洲知识社会学家才对政治标签感兴趣。美国大众传播社会学对互不联系的政治信念很感兴趣,而且只有在这些互不联系的政治信念能够帮助学者们按照某种一般性的政治标签或政治类型把人们加以分类("汇编")时,美国大众传播社会学才会对它们感兴趣。显然,这些互不联系的政治信念在此一或彼一社会阶层中占有的广阔市场是真实的,而不是设想的。如果说欧洲知识社会学致力于分析政治运动的意识形态,那么美国大众传播社会学则要调查选举人和非选举人的意见。

对于知识社会学和大众传播社会学之间在研究重点上的差

别还可以做进一步的阐释和说明。然而,上面所述也许足以表明,尽管欧洲的知识社会学和美国的大众传播社会学从广义上说具有共同的研究主题,但是,它们为不同的解释选择了不同的问题。所以,渐渐地会给人们留下这样一个大致的印象:美国学派知其所言之物,而其所言为数不多;欧洲学派不知其所言之物,而其所言为数不少。

对资料和事实的看法

原始资料都包括什么东西,把这些原始经验资料加工成可靠的事实都需要什么方法,通过各种各样的方法所得到的这些事实在社会学的发展中具有什么样的地位,对于这些问题,欧洲学派和美国学派持有明显不同的观点。

从整体上说来,欧洲学派对那些可望成为经验资料的东西的态度是热情的甚至是真诚的。只要能从几个文献中得到某种印象,尤其当这些文献涉及的时间和地点都很遥远时,这种印象就被认为是有关某些广泛流行的思潮或某些普遍存在的信条的事实。如果某一个作者的学术地位足够高、学术造诣非常深的话,那么,他的印象,有时是对流行观点的随意印象,也会被当作社会学事实的有代表性的报告。或者,某种概括只要能被足够肯定和广泛地提出来,也会被当成一个经验材料。

为了阐明这个特点,就要提一个使富人难堪的问题。譬如说,某个曼海姆式的人物,在总结"生活在后中世纪时期低层阶级的人民"的观念状况时,可能这样说道:"他们只是渐渐地才意识到他们自己在社会和政治生活中的重大意义。"或者,他可能
496 把"所有进步群体都认为思想先于行动"这句话不仅看作是重要的,而且看作是真实的——显然,这不应该是一种定义,而应该是通过观察得到的事实。或者,他可能提出某个具有指导意义

的假设，而这个假设中包含有几个对事实的假定，像下面这一假设："某个正蒸蒸日上的党派，在某种议会式联合体中协作得越是积极，它对自己原来所怀有的乌托邦冲动以及与之相联系的广泛看法抛弃得就越多，它改变社会的能力也就越可能为它在各个具体的和独立的角落中的利益所吸收。无独有偶，与在政治领域可能观察到的这种变化完全类似的是，在符合政治需求的那部分科学观点中，也存在一个变化，即：那些曾经仅仅是一个大纲、一个抽象整体的观点，往往趋向于渗透到对那些特殊的和孤立的问题的研究中去。"因为这个陈述具有指导意义，几近不可置疑，并且，如果这句话是真实的话，它又使这个学者把自己可能所经历过的或者也许是在政治社会生活过程中偶然注意到的东西如此清楚地表达了出来，所以，这种陈述往往引诱人们把它看作一个事实，而不是看作一个假设。而且，正像在欧洲学派的社会学著述中经常出现的那种情况，这种陈述看上去包含了如此之多的经验之谈，以至于读者们很少去继续考虑如果不是把这个陈述仅仅作为一个有趣的假设而是看作一个事实的话，还需要花费大量经验研究工作。这个陈述很快就不劳而获地得到概括了事实这样一个名声。

人们会注意到，像在知识社会学中所提出的那些可能真实地概括了广大人民（整个社会阶层或社会群体）的典型或多数的行为的观察，都基本上是与过去的历史相联系的。从任何严格的经验意义讲，当然不可能系统地去收集到证明这样高度概括的陈述的资料——对此良好而充分的解释是它们已经无处可寻。对于那些生活在遥远过去的成千上万的普通人民的见解，只能去猜测或借助于想像来加以重建；它们实际上已在历史上消失了，除非人们去承认下面这个自欺欺人的假设：对那个时代几个观察者所记述的有关大众或集体的舆论的**印象**今天可以看作是可靠的社会**事实**。

与欧洲学派完全相反，美国学派则把其主要重点放在通过详细的调查研究而经验地确定的事实上。在回答**为什么**正是某些思想流派较多地偏爱“那些具体而分散的问题的研究”之前，应首先试图去了解实际情况是否果真如此。当然，这种侧重，正如欧洲学派的一样，是有其质的缺陷的。通常，对于经验检验的强烈关注，会过早地限制想像性假设的提出：过于专注经验事实以致再也无暇顾及眼前这一直接任务之外的那些东西了。

497 出于其自身的宏大目的，欧洲学派对寻找它所试图解释的真正事实几乎持蔑视态度。由于绕过了去寻找所要确定的事实这项困难的并且通常是艰苦的任务，由于直接去解释所假设的事实，知识社会学家们只会继续把车置于马前。众所周知，如果说这一步毕竟有助于运动，那也是倒退运动——也许在知识领域中和在运输领域中的道理是一样的。更糟糕的是，有时，那匹马会完完全全地消失了，理论之车会在套上新的事实之马前停步不前。不过也有一个好处，科学史上不只一次出现过，一种解释性理论在其欲解释的事实后来证明根本不是事实时仍然是有价值的。不过人们很少能指望这类富有成效的错误。

由于其视野狭隘，美国学派把注意力如此地集中在确立事实上，以至于他们只在某些事实确立之后，才来偶尔考虑一下关于事实的理论联系。这里的问题已经不像上述那样把车马倒置；其问题通常是完全就没有理论之车。马的确是在向前走，但是，由于它没有任何车可拉，它的敏捷之行毫无益处。除非某个欧洲学者嗣后出现，把它自己的理论之车拴在后面。然而，正如我们所知道的一样，**事后追溯**的理论是完全不可靠的。

对于事实和资料的这些完全不同的态度还关系到研究主题的选择和对调查问题的确定。美国学派由于其注重经验论证，很少把它的注意力放在过去的历史上,因为按照今天关于群体信念可比性资料的标准进行判断时,过去的关于大众舆论和群众信念的资料的可靠性就令人怀疑了。这可以部分地解释在美国学派中所出现的主要关心短期问题的学术倾向:对宣传材料的反映,对各种传播媒介的宣传影响力的实验性比较研究,和诸如此类的东西。对历史材料的完全忽略并不是因为缺乏兴趣,或对长期努力的重要性缺乏认识,而只是因为该学派坚信,根本不可能得到所需要的资料。

由于对印象式大规模资料更为接受的态度,欧洲学派能够把他们的兴趣点集中于长期问题的研究上,像阶级分层**系统**的转变(不仅仅是在一个系统中某些个人从一个阶级转变到另一个阶级)与政治意识形态的变化之间的关系这样的问题。欧洲学者们所使用的历史资料主要依赖于某些假设,而这些假设则是今天美国学者们从经验上所要探索的。所以,某个马克斯·韦伯式的人物(或者他那庞大追随队伍中的某个人)会在叙述十七世纪广泛流行的新教信仰时,把他的真实结论建立在对某几个著作家的信赖上,因为这几个作家把他们的观点以及对别人观点的印象写在了我们今天可以读到的著作上了。但是,这样做 498
当然没有涉及到也不可能涉及到这样一个独立的问题:书中记载的那些信念到底在多大程度上表达了广大的、就历史发展而言完全无法表达内心思想的人民(更不必说在这些人中存在着不同的阶层了)的信念。出版物中包含的信念与人民持有的实际信念(或态度)之间的关系,在欧洲学者看来是顺理成章的,在美国学者看来却是有必要加以研究的。每当发现报纸或杂志或书籍宣称在信念系统中或者世界观系统中出现了转变,并暂且认为这是在相应的人群中(阶级、群体或地区)出现了信念或观念的变化的一种反映时,美国学派的代表们,即使是他们中间最不激进的经验主义者也开始宣称，最重要的是“通过某种独立的手段来探明普通民众的态度。必须通过访谈前后两个时期的大众代表人物来看一看杂志（或其他大众媒介）关注重心的转移所标志的那些价值转变，是否就是底层民众中发生的真实价值转变的反映，只有这样做，我们在这里才能得到相应的证据”（拉扎斯费尔德前引书，第 224 页）。但是，因为还没有找到访谈生活在遥远过去的人群的代表人物的方法，所以为了检验从遗留下来的零散历史文献中得到的那些印象，美国学派的大众传播社会学家们都倾向于采取历史现在时。有可能通过采集今天关于公众舆论、信念和知识的原始材料，帮助知识社会学家们打下坚实的基础，使知识社会学家们能够从经验上研究明天的意见、信念和知识的长期趋向。

如果说欧洲学者们喜欢通过对历史资料的研究来探讨长期发展的问题，那么就可以说，美国学者们喜欢通过采用更加完全地满足科学问题所需要的资料，以及通过把自己限定在从整个历史长河中分割出来的个人对当前情境的直接反应这个范围内，来细致地探讨短期情况。但是，在前者那里，关于群体和大众的信念的某些资料可能会引起争议并且由此而得到的结论也会受到怀疑；后者在从经验上探讨更为严格的问题时，当然可能会把那些真正是关注中心的问题排除在研究之外。欧洲学派高高地举着坚决维护他们从根本上感兴趣的问题的旗帜，即使这一问题仅仅是一种猜测也依然如此；美国学派则高高地举着不惜任何代价去证实经验资料的可靠性的旗帜，即使是抛弃最初引领他们去探索的那个问题也在所不惜。在美国学派严苛的经验信条中存在着一个自我克制的习惯，即他们总是不把与社会
499 结构变化相关的思想的极其重要的长期运动当作可行的研究主题；在欧洲学派偏爱推测的癖好中存在着明显的自我放纵，即他

们总是把关于整体发展的印象当作事实,并且很少有人违反业已形成的惯例,即避免提出令人尴尬的最终支持这些关于大众行为或信念的所谓事实的证据问题。

因此,情况就是这样:欧洲学者们在以一种从经验上说令人怀疑的方式来讨论重要的事情;而美国学者们则以一种从经验上说严格的方式来讨论可能是非常琐碎事情。欧洲人总是在想像,美国人则是在观察;美国人调查短期的情况,欧洲人则思索长期的发展。

另外,必须搞清楚,恰恰是在其中的哪些方面,前者的严谨和后者的宽泛才不可避免地出现矛盾,而至于其余的那几方面,可以找到使它们统一起来的途径。

研究的方法和程序

对于收集资料以及随后进行的分析究竟采用什么样的研究方法这个问题,这两个学派表现出完全不同的特征。

对于欧洲的知识社会学家们来说,**研究方法**这个术语听上去奇怪且不友好。在他们看来,差不多可以说提出这种非常无聊的问题在认识上是低劣的,即知识社会学究竟是**怎样**进行分析的。追溯出其历史的、话语哲学的和艺术的知识渊源,欧洲学者觉得,这会暴露分析框架,而且更糟糕的是,这样做将会引起人们对框架的过分关心,而这个框架只应是为了完善的理论结构而维护的。在这个传统中,研究方法的专家们所起到的作用既得不到赞扬,又得不到理解。诚然,他们创立了并且常常是精心地创立了检验历史文献的真实性以及确定这些文献的确切日期等的方法。但是,与检验历史文献真实性的方法相比,分析资料的方法却很少得到重视。

在美国的大众传播社会学学者中,就完全是另一回事了。

在过去的几十年里，人们对这个领域的问题进行了系统的研究，创造出了大量的、多种多样的方法。丰富多彩的访谈技巧(群体访谈和个人访谈，开放式访谈和结构性访谈，探索性访谈和焦点访谈，单一截面访谈和重复性专门小组访谈)，调查表，意见量表和态度测验法，瑟斯通、格特曼和拉扎斯费尔德型态度量表，控制实验和控制观察，内容分析(包括符号计算分析、项目分析、主题分析、结构分析和周期分析)，拉扎斯费尔德—斯坦顿计划分析——上面所列举的这些仅仅是大众传播社会学研究所涉及到
500 的各种各样程序的一个采样。[①] 美国学派所采用的方法的极大丰富使欧洲学派相形见绌，从反面衬托出了欧洲学派研究方法的贫乏。这种对比几乎不能揭示社会学研究传播的两种不同取向的其他方面。

可以把欧洲学派和美国学派对待观察的**可靠性**这种问题的态度作为试金石，来测定他们对方法所持有的更为一般的取向。粗略地讲，可靠性就是指对同样的材料进行独立的观察的一致性。对欧洲学者们来说，这几乎不被当作一个**问题**。总的说来，每个知识社会学学者都是按照自己的方式、各显其能地去确定他的资料的内容及意义。若是有人认为，为了确定一个观察者

---

① 例如，参见下列由哥伦比亚大学应用社会研究处出版的著作中所提出的方法：P. F. 拉扎斯费尔德和 F. 斯坦顿编：《广播研究，1941 年》(*Radio Research, 1941*)(纽约：杜尔、斯隆和皮尔斯出版社，1941)；《广播研究，1942—1943 年》(*Radio Research, 1942—1943*)(纽约：杜尔、斯隆和皮尔斯出版社，1944)；《传播研究，1948—1949》(*Communications Research, 1948—1949*)(纽约：哈珀与兄弟出版公司，1949)；也可参见最近出版的陆军情报和教育处研究室的研究报告文集，卡尔·I. 霍夫兰、A. A. 拉姆斯戴恩和 F. D. 谢菲尔德：《大众传播实验》(*Experiments on Mass Communications*)(普林斯顿大学出版社，1949)；以及关于 H. D. 拉斯韦尔、纳撒·莱特斯及其同事所从事的战争传播研究计划的著作：《政治的语言》(*Language of Politics*)(纽约：乔治·W. 斯图尔特出版社，1949)。

的分析的可靠性的程度，必须由其他人去独立地去分析一下他已经分析过的材料，看看他们在这些材料上意见一致的程度，那么这就是有意侮辱研究者的人格和尊严。如果有人进一步说与这种独立分析的重大出入必定令人对这个或那个分析的适当性产生怀疑，只能令事情变得更为复杂，在知识社会学家们的研究构思中，有关抽象概括的可靠性（即种种对同一经验材料进行独立的抽象概括，其结果相互一致的程度）的见解极少得到表述。

知识社会学家从整体上对可靠性问题的忽略，可能是从他们的学术先驱中的历史学家那里继承下来的。因为，在历史学家的著述中，他们不是把解释的多样性当作一个需要解决的问题，而是当作一种宿命。如果根本上承认了这一点那也是从一种无可奈何的姿态来承认的，这种姿态多少染上了艺术家的骄傲色彩，所以观察和解释就有了个性上的不同。因此，杜马斯·马隆在计划写四卷本的关于托马斯·杰斐逊的著作时，在权威性的第一卷的序言里，他作了如下表白：“别的人对**同一**个人和**同一**
件事会有不同的解释，这在实践中是不可避免的，因为他在至 501
今仍在继续的历史争论中是个主角。”（黑体为我所加）不能不认为这种说法基本上代表了其他历史学家对自己著作的态度。

历史学家们对**同一**事件具有不同解释的看法是这样的根深蒂固，以至于在大多数历史学著作的前言中都几乎肯定能够找到以各种形式出现的这种观点。如果把历史学放到人文科学、文学及艺术的传统中，则上述观点是完全可以理解的。在人文科学语境中，这种对最终解释所做的表白尽管已成为了一种惯例，但还是表达了一种职业性的谦逊和对一种屡见不鲜的经历的描述，即历史学家的确经常在修改他们对人物、事物和社会运动的解释。从这个意义上讲，科学家们也不希望出现“最终”的解释，尽管他们对各种解释的态度是明显不同的。

为了能够了解这种由知识社会学家们和历史学家们所表述出来的对可靠性问题的隐含态度,并不需要我们与解释的多样性是不可避免的这个信条争论。但是,如果把上述信条与其他学科的著作中的观点对照一下,将会有助于对它的理解。还可以把这一信条无条件地与物理科学家们的著作进行对照,也可以把它有条件地与社会科学家们的著作进行对照。对**同一**材料做出**不同**解释这个问题,历史学家们泰然处之甚至是暗自得意,而科学家们却认为那是一个基点不可靠的信号,继而怀疑观察的可靠性以及解释的准确性。如果人们也像历史学家们所做的那样在某本化学著作的前言中断言:"关于燃烧问题的**同一**资料,别人可能会有不同的解释,这事实上是不可避免的……",岂不让人笑掉大牙。在科学中可能的确会出现甚至是经常出现不同的理论解释,这当然是不言自明的。但是,这种不同是被当作概念体系不准确或者可能是原始观察不准确的证据来看待,并且促使人们开始着手通过研究来消除这种不同。

事实上,正是因为科学家们把精力都集中在成功地消除在科学中出现的那些解释的不同上,也正是因为科学家们在研究中竭力寻找和谐来代替差异,我们才有理由谈到科学的**积累**性质。知识积累尤其需要原始观察的可靠性。由于同种原因,因为人文科学集中于差异——这种差异反映了人文学者们不同的和私人的(如果不是私下的)观点——在这个意义上讲,它们不是积累的学科。从生活在社会中的人们有效地得到了越来越多的作品这个极其有限的意义上讲,艺术是在积累的,可以把这些作品并排地陈列在一起。而科学著作当然需要一个一个地摞在一起,组成一个连续的、互相印证的理论来帮助人们理解大量的观察现象。为此目的,观察的可靠性当然是必要的。

502 上述关于欧洲学者对可靠性这样一个方法问题持漠不关心

态度的可能原因的简短题外话，可以帮助我们看清楚他们对研究方法极不关注的根据。知识社会学对人文科学所奉行的取向一直很明确，与之相应，它对标准化的观察资料以及对资料的解释是非常反感的。

与此相反，美国学派特别关心像可靠性这样的问题。一旦给这些问题以足够的重视，这些问题的特性也就会得到更加准确的认识。譬如，有一位大众传播社会学的美国学者在谈到内容分析时认为："分类越复杂，可靠性就越差。"像这一类的说法在欧洲的知识社会学中是绝对不会出现的。这个例子也说明了在这门学科发展的早期阶段，为了得到方法上的精确性所付出的代价。因为人们一致认识到，由于分类复杂性的增加，可靠性则下降，所以出现很强烈的使用简单、一元的分类以获得高可靠性的倾向。在极端的情形中，进行内容分析的人们研究像"赞成、无所谓、不赞成"、"肯定、中性、否定"这样抽象的分类。这种做法经常由于找不到理论上相关的必要事实而放弃所要研究的问题。在欧洲学派看来，这是付出重大牺牲后获得的一个胜利。它意味着通过放弃理论的实用性而赢得可靠性。

但是，如果要因此而认为欧洲学派和美国学派的确就是两个完全相异的学派，二者互相之间无法交流、不能产生双方共同的成果，那就完全是危言耸听了。当然，实际情况绝不是如此。举一个纯属地方性的例子，本书在最后一章介绍了在知识社会学中早期使用内容分析的情况，这种分析是用来系统地而不是凭感觉地去确定许多十七世纪的英国科学家的研究中心，并大致地但也客观地确立在那个时代经济需要和科学研究方向之间的联系。

在这个导论的前面已经指出过，"取二者之精华，弃二者之糟粕"，这样的主张绝不仅仅是一种社会学上盲目乐观的表现。

事实上，到处都出现了这种综合。这种杂交产生出一个活力很强的混血儿，既有一个学派感兴趣的理论范畴，又有另一个学派的经验研究方法。利奥·洛温塔尔对在大量发行的杂志中登载的通信传记所进行的内容分析就提供了一个大有裨益的例证，使得人们能够预想到当进行越来越多的杂交时，将会获取什么
503 样的结果。[①]在追溯这些通俗传记的主题从“生产偶像”到“消费偶像”的转变时，洛温塔尔使用了从欧洲社会理论传统中得出的类型。在确定该转变到底是一个事实还是一种虚幻时，他用美国学派的系统的内容分析代替了欧洲学派的印象主义。这样的混血儿显然比他们两个中的任何一个纯种都要优秀。

另一个研究领域是欧洲学派的方法根本不关心而美国学派的方法却极端关心的。这一领域就是关于文化产品的**受众**的。欧洲学派从整体上并不承认要使某种学说起作用就必须要求这种学说有受众这个事实。但是，他们却不对此进行系统的、严肃的分析研究。他们完全是凭借那些偶然的、宽泛的、令人怀疑的资料来下结论。如果某一本书获得成功，在社会上获得极大反响，或者如果某一本书的出版次数确定有据，或者在少数的情况下能够确定某本书的发行册数，那么，依据欧洲学术传统的惯例，这就被认为是在向读者表明某些重要情况。或许摘自读者很少的小报刊的评论，同时代人的印象主义式的猜测，都被当作关于读者的数量、性质、成分以及反应的显著而重要的证据。

当然，在美国学派那里，情形就完全不同了。在欧洲的知识社会学中还是一个研究上巨大空白的地方，却是美国的大众传

---

① 利奥·洛温塔尔："通俗杂志中的传记"（'Biographies in popular magazines'），载 P.F.拉扎斯费尔德和 F.斯坦顿编：《广播研究，1942—1943》（纽约：杜尔、斯隆和皮尔斯出版社，1944）

播社会学研究的主要兴趣重点之所在。复杂而精确的方法不仅在对几种大众传播媒介的受众的**数量**的衡量中发展起来,也在对受众的偏爱和某种程度上的反应的衡量中发展起来。

二者之间在研究有关受众的问题时重点的不同,原因之一是它们各自所要解决的中心问题不同。首先,知识社会学家试图寻找决定某个学者的观点的社会因素,以及他是怎样得到他的想法的。因此,只有在受众对该学者产生过影响时,他通常才会对受众感兴趣。只有在该学者把受众考虑在内时他才需要也把受众考虑在内。而另一方面,大众传播社会学者几乎从一开始就主要关心大众传播媒介**对**受众的**影响**。欧洲学者注重研究思想的结构性决定因素;美国学者注重研究意见传播的社会的和心理的后果。前者注重源泉,后者注重结果。欧洲学派问道:这些特殊的观点究竟是怎样产生的;美国学派则问道:一旦这些观点被接受将会对行为产生怎样的影响?

指出学术重点的这种不同就很容易弄清楚为什么欧洲学派
忽视对受众的研究,而美国学者则致力于这种研究。可能有人
会问,这些认识重点上的不同反过来说是否又是他们处身其中 504
的社会环境的产物。许多人都指出过情况的确如此。正如拉扎斯费尔德和其他人已经指出的那样,大众传播研究的发展在很大程度上是对市场需要的反应。在几种传播媒介之间以及每种传播媒介中的不同机构之间所出现的激烈广告竞争已经从经济上提出了严重挑战,要求客观地衡量(报纸、杂志、广播和电视的)受众的数量、成分以及反应。各种传播媒介和传播机构在追求广告收益的最大可能份额的过程中,它们对竞争者们所使用的受众衡量标准的可能偏差很敏感,因此,就形成了一种显著的压力,要求采用严密而客观的衡量方法而使之无懈可击。除了市场压力之外,近来在宣传上的军事利益也造成了对受众衡量

的重视。因为像对待广告一样,宣传鼓动者也要知道这些宣传是否已经到达预期的受众,宣传是否已达到他们的预期效果。而在知识社会学获得极大发展的学术界中,则没有这种强烈而持久的经济压力来要求创造出客观的受众衡量方法。即使他们暂时找到了一种客观衡量方法,研究人员也经常没有充分的资源去检验这些衡量尺度。二者所处的社会环境的差异导致了他们显著地发展了在研究重点上的差别。

这些市场上的和军事上的需求不仅形成了大众传播社会学的学者们对受众衡量的极大兴趣,还有助于形成描述和衡量受众的有关范畴。不管怎么说这种研究的目的有助于确立其范畴和概念。受众衡量范畴因而主要有下列这些方面:收入分层(一种显然对那些极端关心营销自己商品的人们非常重要的资料)、性别、年龄以及教育程度(显然对那些想要了解对特殊群体采用什么样的广告途径的人来说极为重要)。但是,由于性别、年龄、教育和收入这些范畴恰巧也是与某些社会结构中的主要地位相联系着的,因此,由大众传播社会学者所提出的受众衡量程序也受到了社会学家的直接关注。

这里,我们要再一次指出,受社会引导的对特殊认识问题的强调可能会使研究兴趣从一个问题转到另一个问题上,这是因为它在很大程度或较大程度上符合社会学的利益,而不是因为**直接**的市场或军事目的那可以理解的微不足道的价值。应用研究的眼前任务时常会使人们对基础研究的长远任务模糊不清。
505 由于很少直接对商业利益产生影响,所以像“虚假意识”(例如,被操作化定义为客观上较低的经济地位与对较高的经济阶层的意识形态认同之间的显著差异)或者多种类型的经济上流动的个人这样的动态范畴则在受众描述中所起的作用微乎其微。

在欧洲学派(知识社会学对各种知识和文化产品的受众几

乎没作什么研究的时候，美国学派(大众传播研究)却做了许多工作。并且直到最近为止，该学派与其说是由社会学和心理学理论的需要形成的，不如说是由提出受众研究这种要求的那些群体和机构的实际需要形成的。在直接的市场压力和军事需要下，无数的研究方法被发明出来，并且，这些方法最初都打上了它们出身的烙印；它们都受到了它们最初的实际用途的强烈限制。

对大众传播社会学方法的研究后来能否脱离其社会起源的限制而独立出来，这个问题本身就是科学社会学感兴趣的问题。在什么条件下，由市场和军事利益的促进而产生的这些研究能够实现功能上的自立，从而使种种方法和发现进入社会科学的普通领域呢？很可能因为就在眼皮底下，我们反而注意不到在社会科学中将要发生一场革命，正如十七世纪在物理学中所发生的那样。到那时，人们将会记住，并不是旧式的大学而是新型的科学团体提供了促进科学实验进步的动力。并且，这种动力本身并不是与推动了物理学发展的那种实践需要完全无关的。因此，在今天，企业和政府在大众传播研究这个领域里投入了大量风险资本，以支持这种满足他们某一时期或某一方面目的的社会研究；许多大学却不愿意或者没有能力提供类似支持。在这个过程中，方法得到了发展，人员培训和研究成果都完成了。看来这个过程将继续下去，并且随着该项研究所表现出来的实际的和潜在的价值引起许多大学的注意，它们也会像在社会科学的其他领域一样，为社会科学的这一研究领域(无论是基础研究还是应用研究)提供资源。进一步地讨论一下这个问题将是很有趣的：由于面向政府和企业的需要而使研究过分地被束缚在当前的紧迫问题上，而使得提供给对更加切近的社会科学基础问题的研究的机会太少了吗？我们发现现在的社会科学既没

有得到充分发展，政府和企业也没有充分成熟到像对待物理学那样给社会科学的基础研究提供大规模的资助吗？这些都是大
506 众传播研究的社会历史发展中直接出现的问题，并且这些问题都是知识社会学家所直接关注的问题。

研究的社会组织

正如主题、问题的定义、经验资料的观点以及对待方法的态度一样，在研究人员的组织上情况也是如此：美国学派和欧洲学派具有完全不同的立场。欧洲学者主要是作为单独的学者进行工作，运用那些可以在图书馆得到的出版物，有时或许有一两个助手在他的直接的和经常的指导下帮助工作。美国学者则越来越多地以研究小组或者由几个小组构成的庞大研究机构的形式进行工作。

在研究的社会组织上出现的这些差异也就加强和维持了另外一些我们已经谈到的差异。例如，这些差异将会加强这两个学派对待研究方法的不同态度，以及对待我们上面已经简单地提到过的可靠性问题这样一些方法问题的不同态度。

毫无疑问，孤立的欧洲知识社会学学者已经从理论上意识到对经验资料，至少是他们的研究涉及的系统经验资料，进行可靠的概念化的必要。同样无疑的是，遵照很少明确表述出来的分类标准，他们正在象征性地寻找并且也许达到了对材料分类整理的一致性。但是，孤立的欧洲学者在把可靠性当作一个方法问题进行系统论述时，却不受其**工作情境的结构**的限制。这些学者们分散在学术界的不同地方，在这种情况下，他们要想互相独立但精确地达到对经验材料的同样的收集效果，使用同样的范畴和衡量这些范畴的同一种标准并且从事同种学术工作，这将是不可能的和异想天开的。同时，由于与此相反的传统在

作怪，也不可能对出现的同种研究作出周密的论述。因此，在欧洲人的工作环境的组织结构中，没有多少东西能够迫使他们**系统地**论述观察的可靠性或分析的可靠性这样严格的问题。

另外一方面，美国大众传播研究的社会组织就完全不同了，这种组织迫使人们去注意像可靠性这样一些方法问题。在大众传播的经验研究中，一般都需要大量的系统性资料。这些资料的数量非常之大，以致在通常情况下，其收集工作远非一个单独的学者力所能及的。同时，其常规操作所耗费的时间是如此之多，以致在通常情况下，其代价远非一个单独的学者所能付得起的。如果最终决定进行这种调查，那么就需要许多研究人员组织成小组来合作进行。较新近的例子可以参见国会图书馆进行
的拉斯韦尔关于战争传播研究项目的一些成果。该研究项目是 507
由陆军情报和教育局研究处的霍夫兰大众传播组，以及哥伦比亚大学应用社会研究处大众传播研究组共同主持的。

在这样的社会组织中，可靠性问题变得如此突出，以致人们不能忽视它或对之不以为然了。对分析和观察可靠性的要求当然普遍存在于整个研究领域，但到了研究小组这样的小范围里就尤其显得清晰和突出。不同的研究者在整理同一经验材料和进行同一种操作时，必须要有可能达到同样的结果(在允许的误差范围内)。所以，这种由多个不同的合作者组成的紧密工作小组的结构增强了科学(包括社会科学在内)对客观性(资料的人际和组际可靠性)的长期关心。如果大众传播的内容需要由几个人进行分类和整理，那么，最终就不可避免地要提出这几个不同的人(观察者)是否能够确实得出同一结果这个问题。只要提供机会来比较一下几个不同的人独立地对同一材料所进行的整理结果，那么，这个问题就因此不仅变得更加突出和必要，而且也就没有什么太大的困难来加以回答。因此，在这个意义上，像

拉斯韦尔的战争传播研究项目这样的研究小组极其重视内容分析的可靠性也就“绝不是一件偶然的事了”;而曼海姆对德国保守主义的研究,显然也是建立在文献内容的基础上,但却是一位孤独的学者按照欧洲学派的方式进行的。因此,他也就完全没有把可靠性问题当作一个问题来系统地加以论述。

也许,在上述意义上,两种类型的研究在社会结构上的不同加强了它们之间的差别——在欧洲传统的知识社会学那里,孤独的学者会以增加几个助手来减少这种孤独感;在美国传统的大众传播研究那里,研究小组方式则以一个贯穿始终的目标而使其差异达到一致。

进一步的质疑和问题

把传播研究的这两种流派做进一步的比较可能会更富启发性。例如,个人的社会出身是怎样引导这两个领域的研究的呢?这两个学派之间的不同是因为两种研究的社会功能不同吗?是否正如曼海姆实际上所指出的那样,知识社会学家通常是**介于**各个不同的社会系统之间的边缘人,因而能够理解——假如不是妥协的话——不同群体的不同学术观点。而大众传播的研究者则通常是**处于**经济和社会系统**中**的流动的人,因而去寻找那
508 些操纵组织、寻求市场和控制大多数人民的人们所需要的资料吗?欧洲知识社会学的出现与激烈对抗的社会系统中出现的鸿沟相关,以致许多人感到没有一个可以让他们尽情施展所学的现成系统,从而他们首先不得不先去寻求这样一个有意义的社会系统吗?

但是,如此大范围的问题已超出本篇导论的限度。这里对有关大众传播研究的欧洲学派(即知识社会学)和美国学派(即大众传播和舆论社会学)的考察是要为下面三章内容打下一个

基础。

第十四章旨在对知识社会学的某些基础思想进行系统的考察和评价。大家会立即注意到，这些思想主要来自欧洲人，而且多数很少提到分析的程序问题，并且仅仅是比报告系统的经验发现略进一步而已。但是，却可以在他们的思想体系中找到社会学研究的许多重要问题的起源。

第十五章详细地介绍了卡尔·曼海姆对知识社会学的贡献，并且详细地探讨了在第十四章较为一般的论述中很少提到的几个问题。

第三编的最后一章，是论述广播和电影宣传问题的。其中，回顾了几乎全部来自研究专家们的最新研究成果。因此，它集中关注宣传研究的研究方法，而不是集中关注各种社会中宣传的功能角色这一相关问题。此章中所讨论的研究方法只与少数由市场和军事的眼前需要而产生的问题相关联，或者是否也与任何大型的社会结构所不可避免地会出现的问题相关联，这仍然有待考察。例如，社会主义社会遇到的社会激励和动机问题，诱导多数人追求应该追求的意图和目标的问题，以及促使人们采纳实现这些目的最合适的方式的问题，是否要比资本主义社会遇到的此类问题少？有人可能会进一步问，那些有时用到了这些技术性社会知识结果却大倒胃口的人，是否必然会不再需要此类知识。同样，也有人会问，对技术细节的特别关心是否并没有对那些社会学问题提出一种不成熟、不太富有成果的限制，从而使得研究对于社会学或社会都毫无意义。这些问题更容易提出而不是解答，尽管十六章的讨论至少为致力于解答这些问题的人提供了原材料。 509

第十四章
知识社会学

最近一代人已经注意到,在社会学研究领域中兴起了一门特殊的学科,这就是知识社会学(Wissenssoziologie)。由于对知识的研究实际上已经涉及诸如观念、意识形态、法律、伦理、哲学、科学、技术等所有人类文化成果,因此,“知识”这个词本身的含义显然是极其广泛的。但是,无论人们对“知识”的解释有多么迥然不同,作为一门学科的知识社会学,其学术研究方向总的来说却是保持一致的,即:知识社会学主要致力于探究知识与人类社会或人类文化中存在的其他各种要素之间的关系。这样来概括知识社会学的学术宗旨可能显得笼统和过于粗略,但如果进行过于精细的描述,将难以包罗所有在知识社会学中已经发展起来的丰富多样的有关研究成果。

显然,知识社会学致力于研究那些历史悠久的问题。正因为如此,该学科出现了它的第一个编年史家:恩斯特·格伦瓦尔德。[①] 但是,寻求现代社会理论中众多的先驱并不是我们的重

---

① 关于这一历史本文不做任何论述。恩斯特·格伦瓦尔德在《知识社会学的问题》(*Das Problem der Soziologie des Wissens*)(维也纳—莱比锡:威廉·布劳缪勒出版社,1934)中,对这方面问题至少是从所谓启蒙时代开始的早期发展进行了概括的描述。简要的概述请参见 H.奥托·达尔克:“知识社会学”(‘The Sociology of Knowledge’);H.E.巴恩斯、霍华德和 F.B.贝克尔编:《当代社会理论》(*Contemporary Social Theory*)(纽约:阿普尔顿—世纪出版公司,1940),第 64—89 页。

点。事实上，在现代理论观点中也的确很难发现以前没有被隐约表述过的。培根曾写道："人类的认识并不是孤立无源的，而是时刻不断地从人类的意愿和热情中吸取着甘液；科学来自那可以称作'科学世界的地方'。"人们还记得，仅仅在培根写出这句话的几年以前，亨利四世国王就曾说过"哈里，愿望是思想之父"。需要决定着我们每个人赖以解释世界的世界观，以至于即使是人们的感觉也毫不例外地为价值选择这种东西所左右。关于这一现象，尼采为我们写下了许多格言警句。但是知识社会学的先驱们却更加赞同怀特海的观点："接近真正的理论和把握 510
其确切的应用，正像科学史告诉我们的，是两件异常不同的事情。每一个重要的想法都已经被某个没有发现它的人所谈到了。"

社会背景

除了其历史和知识渊源外，还有一个进一步的问题，即知识社会学的当代旨趣的基础问题。众所周知，作为一门独立学科的知识社会学主要是在德国和法国发展起来的。只是在最近数十年中，美国的社会学家们才逐渐对知识社会学的问题重视起来。在该领域中，出版物的逐年增加，以及可以看作衡量该学科学术地位决定性因素的博士论文数量的迅速增加，都从某些方面表明了人们对知识社会学的兴趣在不断地提高。

对于这种发展的一个直接且明显但不充分的解释是：最近许多社会学家从国外移居到美国，是他们把这种欧洲的社会学思想移植到了美国。固然，这些学者无一例外地属于知识社会学的文化负载者。但是，和其他任何文化现象的传播相比，知识社会学学者的出现，仅仅意味着可能在这个社会中形成知识社会学的思想,而决不意味着这个社会一定会接受这种思想。美国人在思想上接受知识社会学,主要是因为知识社会学所研究的问题、概念、理论越来越与我们当代社会的形势休戚相关了,也就是说,因为我们的社会已经出现了某些与欧洲社会相同的特征,而知识社会学这门学科最初就是在具有这些特征的欧洲社会中发展起来的。

知识社会学的发展是与社会条件和文化条件的总体状况相关联的。[①] 随着社会冲突的日益增加,各个群体之间在价值观念、思维模式和思想高度上的差别也日益扩大,达到了这样一种程度:以前这些群体曾共同维护的具有明确方向的东西,到今天则由于这些群体之间出现了不可调和的差异而变得模糊不清、不可捉摸了。不仅是各种各样迥然不同的理论观点不断涌现,而且,各种理论观点的存在都对其他所有的理论观点的有效性和合法性构成挑战。这些相互冲突的观点和阐释在同一个社会中共存,导致了各个群体相互之间强烈的相互**不信任**。在社会中存在着不信任的情况下,人们不再继续探究各种信念和论断以确定或衡量谁是谁非,人们也不再寻找相关的证据来证明这些论断了,而是提出和引入了这样一个全新的问题:这些观点是怎样产生并发展的?思想被功能化了;人们开始从心理的、经济
511 的、社会的、种族的根源以及功能上对其加以解释。一般说来,当人们对某些说法产生怀疑时,以及当某些陈述明显地令人难以置信或者荒谬或者充满了偏见,以致人们不需要再来检验证明和反驳这些陈述的证据,而只是有必要去研究产生这些说法

① 参见卡尔·曼海姆:《意识形态与乌托邦》(*Ideology and Utopia*),第5—12页;索罗金:《社会和文化动力学》(*Social and Cultural Dynamics*),第2卷,第412—413页。

的根源时，这类功能化现象就会出现了。[①] 通常人们把这些异端邪说“归因于”特殊的利益、无意的动机、歪曲的反映、社会地位等因素，或者以此来“解释”这些说法。一般地看，这种功能化还意味着对对手的信誉的相互攻击；如果进行较为系统的思考，这种功能化会导致相互的意识形态分析。无论是一般地看还是进行较为系统的思考，都会严重地威胁着集体安全感。

在这种社会语境中，一批具有共同预设的关于人和文化的解释得以广泛流行。尽管它们在其他方面有很大的分歧，但对于思想观念的作用，无论是意识形态分析和知识社会学，还是精神分析、马克思主义、语义主义、传播分析、帕累托主义，以及在某种程度上包括功能分析，都具有相似的看法。一方面，它们把诸如意识形态、合理化、感情表达、歪曲理解、民间传说、繁衍派生等这些描述和观念的领域统统看作或是表达性的，或是衍生性的，或者是欺骗性的，并且这些描述和观念是在功能上与某种基础有关的。另一方面，它们都强调诸如生产关系、社会地位、基本矛盾、心理冲突、兴趣和情绪、人际关系以及遗产这些所谓先天存在的基础。它们始终坚持这样一种主题，即：正是某种基础自然而然地决定了这些观念；它们不断地强调人们的思想信仰和行为中存在着真实与虚幻、本质和现象的区别。无论其目的是什么，它们所进行的分析都自觉不自觉地含有这样一种尖

① 对于那些荒谬的陈述，人们通常不是去检验它们的有效性，而是去寻找其“根源”。弗洛伊德已经观察到了这种倾向。他举例说，假设某人坚持说地球的中心是由果酱组成的，那么“我们认识活动的结果会**导致我们的兴趣的转移；我们将不再去专注于**对地球的中心到底是否由果酱组成**这个问题本身的研究，而是竭力想去知道到底是什么人在其头脑中形成了这样的观念**”。西格蒙特·弗洛伊德：《精神分析引论新讲》（*New Introductory Lectures*）（纽约：W. W. 诺顿出版公司，1933），第 49 页。从社会角度来讲，不同社会群体具有极端不同观点这种现象，不仅会导致从**个人爱好出发**的抨击，而且也会导致“功能化的阐释”。

刻的特性，即它们要指责、蔑视、讽刺、攻击、贬低那些公开宣布的信仰或观念的本质内容。对于这一点，只要考虑一下它们在谈到有关信仰、观念和思想时所选择的术语含义便一目了然，这些术语是：弥天大谎、神话、幻觉、派生物、民间传说、合理化、意识形态、词藻堆砌、虚假的理性，等等。

这些分析图式还有一个共同的做法就是轻视某些陈述、信仰和思想体系的“**表面价值**”，要在能够提供“真实意义”的新背景下重新审视它们。不管分析者的愿望如何，只要把其内容与论者及其所生活的社会联系起来，根据其显在的内容就能看清这些陈述的实质。在这个大量的人已经开始脱离共同价值观的
512 社会，职业的捣毁偶像者、受过训练的揭露者、意识形态分析家以及他们各自的思想体系不断地涌现出来；在这个社会里，各种不同的话语世界都是与相互猜疑相关联的。意识形态分析把那种已经普遍传播开的对占统治地位的信念缺乏忠诚的现象进行系统化；而后，又把其相关性和大众性加以系统化。意识形态分析家们本身的追随者没有他们所代表的追随者多，对后者来说，他们的分析是“讲得通的”，即符合他们先前未经分析的经验。①

在这样的社会中：相互猜疑已经成了这样一种大众化的表达方式：“他能从中得到什么好处呢？”“废话”和“空话”成为习惯用语已近一个世纪之久，“揭露”成为习惯用语已达一代之久；广告和宣传已经产生了有力的影响，阻止人们接受那些具有表面

---

① **相关**（pertinence）这个概念是由知识社会学的马克思主义先驱们创造的。“共产党人的理论原则，决不是以这个或那个世界改革家所发明或发现的思想、原则为据的。**这些原理不过是**现存的阶级斗争、我们眼前的历史运动的**真实关系的一般表现**……”参见卡尔·马克思和弗里德里希·恩格斯：《共产党宣言》，载《马克思、恩格斯选集》中文版（北京：人民出版社，1972），第 1 卷，第 264 页（黑体为默顿所加。——译者注）。

价值的陈述；伪协作（pseudo-Gemeinschaft）行为作为某些人改善自己的政治和经济地位的手段已经见诸有关怎样能够赢得朋友的畅销书之中；社会关系变得越来越工具化了，以至于人们去访问他人时主要是为了试图控制、操纵和剥削他人；逐渐壮大的犬儒主义造成了人们渐渐地从重要的群体关系中脱离出来，并造成了相当程度的自我疏离状态；人们对自己的行为动机是如此的捉摸不定，以至于总是以这样一句模糊的话来表达自己的想法："我可能是有道理的，但……"；防止出现创伤性幻灭的方法可能就在于：事先就把人们的动机和能力贬得很低以减少他们对别人的完美程度的奢望从而使他们处于永久的幻灭状态——在上面这样的社会里，系统的意识形态分析和由此引申出来的知识社会学的恰当性和中肯性是具有社会基础的。这些分析图式似乎能够把陷入文化冲突的混乱状态理顺，使自己呈现在人们的面前；而正在为价值和不同观点而斗争的美国学者们，立即抓住并吸收了这些分析图式。

在这个研究领域中出现的这场"哥白尼式革命"主要表现在其假设上，即不仅是谬误、幻想或者不可靠的信念，而且连真理的发现都是受社会（历史）限制的。若是人们的注意力只集中在意识形态、幻想、神话和道德规范的社会决定因素上，知识社会学就不会出现了。显而易见，既然对象的实在性并不能说明产生谬误的原因，就需要寻找某些额外的理论因素，需要寻找某种 513
特殊的解释。但是，对于已经证实或证明了的知识，人们在很长时期以来一直认为根据事物与解释者之间的直接关系便可以恰当地说明。知识社会学的诞生是以即使是真理也受社会限制这个假设为标志的，它本身也是与其赖以出现的那个历史上的社会相联系着的。

在这样短的篇幅里，想要真正地勾勒出知识社会学的主要流派，所有的东西都不会介绍得很清楚，所有的东西都会被歪曲。阐述的多样——马克思的或舍勒的或涂尔干的；问题的不同——从范畴体系的社会决定论到具有阶级性的政治意识形态的社会决定论；范围的广泛——从精神历史的全面概括到近几十年来黑人学者的思想的社会地位；为这门学科所规定的各种界限——从全面的社会学认识论到特殊的社会结构与社会观念的经验关系；概念的丰富——观念、信念体系、实证知识、思想、真理体系、上层建筑，等等；证明方法的多样——从花言巧语的但名不见经传的非难到过分细致的历史分析和统计分析。根据上述这些情况，为了能够努力在这几页篇幅中把分析方法和经验研究介绍清楚，只好忍痛割爱，不讨论细节问题了。

为了奠定对这个领域里出现的五花八门的研究加以比较的基础，我们必须采用某种分析图式。下面的范式就是旨在达到这个目的的步骤。毫无疑问，这个范式并不是完美无缺的，而且我们希望，这个范式只是暂时的分类，一旦找到了有所改进的、更加精确的分析模型，这个范式会让位于它。但是，这个范式的确为给在该领域出现的众多发现列出一个清单奠定了基础；这一基础是要阐明矛盾的、对立的和连贯的结论；是要提出现在人们正使用着的概念工具；它是要确定该领域的学者们致力于研究的问题的性质；是要评价这些学者用来支持问题研究的证据；是要找出在现在几种解释理论中所存在的各具特色的缺陷和空白。可以根据下列范式对知识社会学中那些成熟的理论进行分类。

知识社会学的范式

1. **精神产品的存在基础在哪里？**

a. **社会基础：**社会地位、阶级、世代、职业角色、生产方式、群体结构(大学、科层制、研究院、教派、政党)、"历史情境"、利益、社会、道德规范、社会流动、权力结构、社会过程(竞争、冲突,等等)。514

b. **文化基础**:价值、社会的精神气质、舆论趋势、民族精神(Volksgeist)、时代精神(Zeitgeist)、文化类型、文化精神、世界观(Weltanschauungen),等等。

2. **什么是社会学所要分析的精神产品?**

a. **范围**:道德信念、意识形态、观念、思想范畴、哲学、宗教信仰、社会规范、实证科学、技术,等等。

b. **所分析的方面**:选择(侧重点)、抽象水平、预设(把什么当作资料以及把什么当作问题)、概念内容、证明方式、精神活动的目标,等等。

3. **精神产物与存在基础是如何相关的?**

a. **因果关系或功能关系**:决定、原因、对应、必要条件、制约、功能相互独立、互动、依赖,等等。

b. **符号关系或有机关系或意义关系**:一致、和谐、连贯、统一、适合、相容(和反义词);表达、实现、符号表达、结构联系(Strukturzusammenhang)、结构同一、内部联系、文体相似、逻辑意义整合、意义同一,等等。

c. **指称关系的模糊词汇**:对应、反映、反馈、密切相关,等等。

4. **为什么把显功能和潜功能归于这些存在所界定的精神产品?**

a. 维护权力、促进稳定、取向、剥削、模糊现存的社会关系、提供动机、引导行为、转移批评、转移敌意、提供再保证、控制自然、协调社会关系，等等。

5. **何时能获得知识获取和存在基础的归因关系**？

a. 历史主义的理论（限于特殊的社会和文化）。

b. 一般的分析理论

当然，还有其他许多范畴可以用来对知识社会学没有做出充分讨论的研究进行分类和分析。因此，关于对知识的存在性影响对于知识的认识论地位的含义这一长期性问题，从一开始就是争论的热门话题。假设知识社会学必须是关于知识的社会学理论，那么这个问题的范围是很广泛的，从“思想的产生与有效性无关”的主张到下列极端相对主义的立场：真理“仅仅”是社会基础或文化基础的一种功能，它仅仅建立在社会共识的基础上，因此任何为文化所接受了的有关真理的理论都有权要求与任何其他理论一样的有效性。

但是，上述范式完全是从我们的目的出发而建立的，用以整理该领域中出现的各种不同的方法和结论。

515 这里准备讨论的主要是马克思、舍勒、曼海姆、涂尔干和索罗金的方法。目前知识社会学中的研究工作大部分是向这几个理论中的某个方向上发展的，或者是对它们的概念加以修正应用，或者是反其道而行之。在知识社会学领域中，像实用主义这种完全属于土生土长的美国思想的研究资料，经认真考虑决定删去不讲。因为这些思想的形成并没有专门参照知识社会学的理论，而且就可见的程度而言，在知识社会学的研究中也没有具体地体现出这些思想。

存在的基础

知识社会学的所有方法所赞同的一个中心论点是这样一个主题：就思想本身不是被内在地决定的而言，以及就思想的这个或那个方面能够在非认识因素中衍生出来而言，思想是有存在基础的。但是，这仅仅是形式上的一致而已，实际上有关存在基础的性质问题的理论是纷繁不同的。

与其他方面一样，在这一方面，马克思主义是知识社会学的风暴中心。不需要涉及准确识别马克思主义这个注经式的问题——我们只要回想一下马克思的话"我只知道我自己不是马克思主义者"① ——我们主要从马克思和恩格斯的著作中就能够勾画出其理论阐述的轮廓。在马克思和恩格斯从事其活动的半个世纪中，尽管他们的理论得到了发展而产生了许多变化，但是他们始终坚定不移地坚持这样一个主题："生产关系"构成了观念的上层建筑的"真正基础"。"物质生活的生产方式制约着社会、政治和精神生活的过程。不是人们的意识决定人们的存在，相反，而是人们的存在决定着他们的意识。"② 为了使观念功能化，即把个人的观念和其社会基础联系起来，马克思把它们放到了阶级结构中进行考察。他认为，虽然其他因素并不是完全地不起作用，但阶级是主要的决定因素，正因为如此，阶级是进行理论分析的最有成效的出发点。这一点，马克思在《资本论》第一版序言中就明确地指出来了："……这里个人**只是**被当

---

① 《马克思恩格斯选集》中文版（北京：人民出版社，1972），第4卷，第474页。

② 卡尔·马克思：《〈政治经济学批判〉导言》（芝加哥：C. H. 克尔出版公司，1904），第11—12页。

作经济范畴的人格化来对待，是一定的阶级关系和利益的承担者。”[1] 在对其他变量因素进行抽象概括以及讨论作为经济角色和阶级角色的人时，马克思假设这些角色是主要的决定因素并因此带来了这样一个问题：**在任一给定条件下，这些角色对思**
516 **想和行为的确切的影响程度**。事实上，在马克思主义发展的过程中——从早期的《德意志意识形态》到晚期恩格斯的著作——关于生产关系对知识和思想形式的实际制约程度这个问题的界定是不断发展的。

但是，无论是马克思还是恩格斯都反复地并且越来越坚决地强调：某一社会阶层的意识形态并不一定是由**客观上**属于那个阶层的人所创立的。早在《共产党宣言》中，马克思和恩格斯就指出，在统治阶级趋于解体时，“正像过去贵族中有一部分人转到资产阶级方面一样，现在资产阶级中也有一部分人，特别是已经提高到从理论上认识整个历史运动这一水平的一部分资产阶级思想家，转到无产阶级方面来了”。[2]

通过分析意识形态的观点和先决条件以及确定其对问题的解释方式，就能够从社会的角度确定意识形态的性质，即它是从这个阶级或那个阶级的立场出发。不能仅仅通过确立思想者的阶级地位来机械地确定思想的性质。每种思想都是属于与之“适合”的那个阶级的，属于在特定社会历史语境中表达了其阶级处境及其阶级冲突、理想、恐惧、约束和客观可能性的那个阶级的。马克思以非常明确的方式阐述道：

---

① 《马克思恩格斯选集》，第2卷，第208页；参见马克思和恩格斯的《德意志意识形态》（纽约：国际出版社，1939），第76页；参见马克斯·韦伯：《作为科学学说的综合上层建筑》（*Gesammelte Aufsaetze zur Wissenschaftslehre*），第205页。

② 马克思和恩格斯：《共产党宣言》，载《马克思恩格斯选集》中文版，第1卷，第261页。

> 不应该狭隘地认为，似乎小资产阶级原则上只是力求实现其自私的阶级利益。相反，它相信，保证它自身获得解放的那些**特殊**条件，同时也就是惟一能使现代社会得到挽救并使阶级斗争消除的**一般**条件。同样，也不应该认为，所有的民主派代表人物都是小店主或小店主的崇拜人。按照**他们所受的教育和个人地位**来说，他们可能和小店主相隔天壤。**使他们成为小资产阶级的代表人物的是下面这样一种情况：他们的思想不能越出小资产者的生活所越不出的界限，因此他们在理论上**得出的任务和作出的决定，也就是他们的物质利益和社会地位在实际生活中引导他们得出的任务和作出的决定。一般说来，一个阶级的**政治代表和文化代表**同他们**所代表的阶级间的关系，都是这样**。①

但是，如果我们不能根据人们的客观阶级地位来推论其思
想，那么就会产生很多模糊不清的问题。同时，还出现了进一步
的问题：某些人完全接受了他们客观上所处的那个阶层的独特
的观点，而另外一些人则采取了客观上不是“他们自己”的阶层 517
的观点，其原因何在。对这个事实的经验描述是无法代替对其
进行理论解释的。

关于存在基础这个问题，马克斯·舍勒确立了与其他广泛流行的理论完全相反的、具有他自己特色的假设。②他在文化社会

---

① 卡尔·马克思：《路易·波拿巴的雾月十八日》，载《马克思恩格斯选集》中文版，第1卷，第632页（黑体为默顿所加）。

② 这种说法是建立在舍勒所作的非常详尽的讨论的基础上，参见“知识社会学的问题”，载其《科学的产生与社会》（*Die Wissensformen und die Gesellschaft*）（莱比锡：新精神出版社，1926），第1—229页。这篇文章是经过扩充而改写的，原文

学与他所谓真实因素的社会学(Realsoziologie)之间划出了一条界线。文化资料是“理想的”,属于观念和价值领地;“真实因素”则试图影响自然实在或社会实在的变迁。前者可用理想目标和意图来加以界定;后者则可以从“冲动结构”(Triebstruktur,例如,性、饥饿、权力)推导出来。他认为,所有的自由主义理论都主张真实因素——无论是种族、地理政治学、政治权力结构,还是经济生产关系——显而易见地决定着有意义的观念的领域,这是根本错误的。他也反对所有的意识形态、唯灵主义和人格主义的观点,因为它们错误地把存在条件的历史看成了精神历史的线性展开。尽管在讨论承载价值的观念指导并引导了真实因素的发展这个问题时,他的说法前后不一致,但他还是把完全自律和确定的顺序归于这些真实因素。像这样的观念最初是没有任何社会影响的。就对社会的动态影响而言,观念越“纯”,它就越软弱无能。除非观念本身开始热中于关心有关利益、冲动、情感和集体倾向以及它们与制度性结构的关系这些问题[①],否则,观念在文化发展中就不会得到实现和体现。只有如此——只是在这个有限的方面,自然主义理论(譬如,马克思主义)才是有道理可言的——它们才能发挥一定的影响。如果观念不是以真实因素的迫切发展作为自己的根基,那么它们就注定会成为结不出果实的乌托邦思想。

舍勒认为,自然主义理论的错误还在于,它假设在整个历史

载他的《试论知识社会学》(*Versuche Zu einer Soziologie des Wissens*)(慕尼黑:邓克和洪堡出版社,1924),第5—146页。对舍勒的进一步讨论请参见P.A.希尔普:“舍勒知识社会学中的形式问题”(‘The formal problems of Scheler's sociology of knowledge’),载《哲学评论》,1927年3月,第36期,第101—120页;霍华德·贝克尔和H.O.达尔克:“马克斯·舍勒的知识社会学”(‘Max Scheler's sociology of knowledge’),载《哲学和现象学研究》,第2期,第310—322页,1942年3月。

① 舍勒:《科学的产生……》,第7页,第32页。

发展过程中,**独立变量**只有一个,并且是不变的,这个假设在自然主义理论中是不言而喻的。在历史的发展进程中,并没有什么永恒不变的独立变量,而是有一定的顺序,几个主要因素在其中交替起作用——这个顺序可以概括为“三阶段法则”。在最初阶段,血缘联系和亲属联系制度构成独立变量;嗣后,政治权力构成独立变量;最后,经济因素构成独立变量。这样,存在因素中的主要影响因素就不是固定不变的了,而是存在着一种有序的可变性。因此,舍勒试图使历史决定因素的概念相对化。[1] 518
他声称,他不仅通过归纳证实了他的三阶段法则,而且以人类冲动理论推导出了他们的三阶段法则。

舍勒的**真实因素**概念——种族和亲缘关系、权力结构、生产因素、人口的数量和质量、地理和地缘政治因素——几乎没有形成有用的界定范畴。把这样一些互不相同的因素归于一个标题之下意义甚微。事实上,舍勒本人所做的经验研究和其追随者所做的经验研究并没有能够从上述因素中获取任何好处。但是,由于他提出了重要的现实因素是交替发生作用的,因此他还是沿着后来的研究所遵循的方向前进了一步,尽管这些因素的交替作用并不是按照他未能建立起来的顺序发展。

因此,曼海姆主要通过扩充马克思的存在基础的概念而从马克思那里推导出自己的理论。鉴于多重群体归属的**事实**,问题就变成了这样:这些群体归属中,究竟是哪一个在影响感觉、思维模式、给定定义等等方面具有决定性的作用。与“教条的马克思主义”不同的是,他并不认为阶级地位是惟一的、最终的决

---

① 舍勒:《科学的产生……》,第25—45页。应该指出,很久以前,马克思就坚决地反对关于独立变量转换的相似观点,这个观点是对他的《政治经济学批判》进行攻击的主要依据;参见《资本论》,第1卷,94页注。

定因素。譬如,他发现,有机团结的群体把历史看作是向实现其目标不断前进的连续运动;而缺乏社会根基的松散团结的群体却赞同强调偶然和不可估计因素的历史直觉。只有通过探索各种不同的群体形式——世代、地位群体、宗派、职业群体——以及它们各自的思想方式,才能找到与它们实际拥有的大量的观点和知识相对应的存在基础。[①]

尽管各自代表的传统不同,但是实际上这也是涂尔干所坚持的立场。涂尔干早年与莫斯研究原始分类形式时,就坚持认为,可以从群体结构和群体关系中找到思想范畴的起源,并且这些思想范畴是随着社会组织的变迁而变化着的。[②] 为了试图阐明思想范畴的社会根源,涂尔干假设,人们都更直接地、更加广
519 泛地适应他们所生活的群体,而不是去适应自然。最基本的重要经验通过社会关系进行传递,这些社会关系在思想和知识特征上打下自己的烙印。[③] 因此,在研究原始思维形式时,涂尔干把周期性的社会活动(典礼、节日、仪式)、民族结构以及群体集会的空间结构都看作是思维的存在基础的组成部分。并且,在把涂尔干的理论应用于中国古代人的思维时,格拉内把古代中

---

① 卡尔·曼海姆:《意识形态与乌托邦》,第 247—248 页。最近,曼海姆又作了许多深入的讨论,但对这个问题的阐述却没有该文这样详细。至于作者的评价,参见本书第十五章。

② 埃米尔·涂尔干和马塞尔·莫斯:"论原始分类形式"('De quelques formes primitives de classification'),《社会学年刊》(*L'Année Soliologique*),1901—1902 年,第 6 期,第 1—72 页。"……即使像有关时间和空间这样一些完全抽象的观点在其历史的某一时期也是与相应的社会组织密切相关的"。正如马塞尔·格拉内所指出的那样,该文有几页篇幅讨论了中国人的思维问题,专家们认为这部分内容开辟了汉学研究的新纪元。

③ 埃米尔·涂尔干:《宗教生活的基本形式》(*The Elementary Forms of The Religious Life*),第 443—444 页;也可参见汉斯·凯尔森:《社会与自然》(*Society and Nature*)(芝加哥大学出版社,1943),第 30 页。

国人关于时间和空间特有的概念看作是由像封建组织与集中的群体生活和分散的群体生活交替出现等这样一些主要因素决定的。[①]

索罗金的唯心主义和流溢论理论与上面提到的有关存在基础的概念完全相反,这一理论试图从各种“文化精神”中推导出知识的各个方面,而不是从社会存在的基础中去推导。这些精神是由“主要前提”构成的:因而,这种观念性的精神就把实在看作是“非物质的、永恒的存在物”;其需要主要是精神上的,只要通过“自我施加影响来减少或消除绝大部分物质需求”便可以达到完全的满足。[②] 反过来就是说,由于人们是通过感官来感知实在的,因此实在是受感知精神所限制的,而这些感知精神主要关心的是物质需要,要想最大限度地满足这些物质需要,必须通过外部世界的变化而不是通过自我调节。主要的中间精神类型是唯心主义的,它实际上是对上述各种类型的平衡。正是由这些精神,即每种文化的主要前提,推导出了真理体系和知识体系。这里,我们达到了一种属于唯心主义立场的彻头彻尾的流溢论:它虽然显得有些啰嗦,但这里还是像索罗金所说的那样,“在感知的社会和感知的文化中,建立在感觉器官证明的基础之上的真理感知体系一定要成为占支配地位的”。[③] 因为感知精神已经被定义为一种把“实在仅仅当作感觉器官表现”的东西。[④]

---

① 马塞尔·格拉内:《中国人的思维》(*La pensée chinoise*)(巴黎:书籍复兴出版社,1934),第84—104页。

② 索罗金:《社会和文化动力学》(*Social and Cultural Dynamics*),第1卷,第72—73页。

③ 同上,第2卷,第5页。

④ 同上,第1卷,第73页。

而且，发明这种理论的流溢论者回避了其他学派在分析存在条件时所提出的基本问题。因此，索罗金认为，感知“真理体系”（经验主义）之所以未能垄断整个感知文化，是因为该文化还没有达到“完美的整合”。然而，这就回避了探寻各种思想之间的差异的基础的问题，而这正是我们当代世界所关心的东西。对于索罗金试图运用社会学理论进行解释的其他知识原理和范畴，也有类似情况发生。例如，索罗金发现，在我们现有的感知文化中，“唯物主义”不如“唯心主义”那样流行，“时间论”和“永
520 恒论”的流行却几乎完全相同；“实在论”没有“唯名论”那样流行，“一元论”和“普遍论”的流行却几乎完全相同；诸如此类。既然在某种文化中存在这些差异，那么对这种文化进行全面的描述并不能提供任何根据来判明哪个群体拥护这种思想方式哪个群体赞同那种思想方式。索罗金并没有系统地研究社会和文化**之中**各种不同的存在基础；他注意到了那些“支配”的趋势并把它们归因于文化整体。① 索罗金撇开了不同的阶级和群体关于精神的**不同**观点，而把我们当代社会看作感知文化的完整例证。就他自己的前提而言，索罗金的研究主要适合于对文化进行全面描述，而不适合于分析在同一社会中不同的存在条件与思想之间的关系。

① 这种做法也有一个“例外”，这就是索罗金对牧师、宗教与感知文化中的人们之间盛行的倾向所作的比较。“牧师和宗教使贵族成为设想中占主导的、有组织的阶级，而在感知文化中有资本主义的平民阶级、知识分子、专业人员和世俗官员”。同上，第 3 卷，第 250 页；并参见他对文化在社会阶级中的分布的讨论，第 4 卷，第 221 页及以下。

知识的类型

即使是粗略地考察一下，就足以表明“知识”这个词的含义是如此广泛，以至于可以把知识看作是从大众信仰到实证科学的各种观念和各种思想方式。人们通常把知识这个词与“文化”这个词等同起来，以致人们不仅把精确科学，而且也把道德信念、认识论假设、资料预测、综合判断、政治信仰、思想范畴、末世论观点、道德规范、本体论假设以及对经验事实的观察都基本上没有例外地看作是“由存在所决定的”。[①] 显然，这里的问题是：这些各不相同的“知识”与它们各自的社会学基础的关系是否完全一样；或者，由于这些关系是因知识类型而异的，因此是否有必要把各种知识区别开来。在很大程度上，关于这个问题存在系统的含混性。

只是在其晚期著作中，恩格斯才开始认识到意识形态的上层建筑这个概念包含了许多**明显**不同的“意识形态形式”，也就是说，这些“意识形态形式”受物质基础决定的方式和程度并不是完全一样的。马克思之所以没有系统地谈论这个问题[②]，主要是因为他最初对上层建筑是由**什么**组成的以及这几种“意识形态”形式 521
是怎样与生产方式相联系的看法比较笼统。这在很大程度上成了

① 参见默顿前书，第 133—135 页；库特·H. 沃尔夫：“知识社会学：对经验态度的强调”（‘The sociology of knowledge: emphasis on an empirical attitude’），载《科学哲学》，第 10 期，第 104—123 页，1943 年；塔尔科特·帕森斯：“社会行动中观念的作用”（‘The role of ideas in social action’），载《社会学理论论文集》（*Essays in Sociological Theory*），第 6 章。

② 这点可能就是舍勒作出下列评论的依据：“有关历史的经济观点的特殊命题就是意识形态发展法则支配下的**所有**知识的发展法则的小前提。”《科学的产生……》，第21页。

需要恩格斯去加以澄清的艰巨任务。在把“意识形态”这个概括性术语加以区分之后，恩格斯赋予法律一定程度的自主性：

> 法也是如此：产生了职业律师的新分工一旦成为必要，立刻就又开辟了一个新的独立部门，这个部门虽然一般地是完全依赖于生产和贸易的，但是它们仍然具有反过来影响这两个部门的特殊能力。在现代国家中，法不仅必须适应于总的经济状况，不仅必须是它的表现，而且还必须是不因内在矛盾而自己推翻自己的**内部和谐一致**的表现。而为了达到这一点，经济关系的忠实反映便日益受到破坏。法典愈是很少把一个阶级的统治鲜明地、不加缓和地、不加歪曲地表现出来，这种现象就愈是常见：这或许已经违反了“法观念”。[①]

对于与经济压力有密切联系的法律来说，如果事实果真如此，那么对于“意识形态的上层建筑”的其他领域来说，就更是如此了。哲学、宗教、科学尤其受先前存在的知识和观念的约束，它们只是间接地和最终地受经济因素的影响。[②] 在这些领域中，不可能仅仅从对历史环境的分析就“推导”出其知识与观念的内容和发展：

> 政治、法律、哲学、宗教、文学、艺术等的发展是以经济发展为基础的。但是，它们又都互相影响并对经济基础发生影响。并不是只有经济状况才是**原因，才是积极的**，而其

---

① 恩格斯致康拉德·施米特的信，1890年10月27日，载《马克思恩格斯选集》中文版（北京：人民出版社，1972），第4卷，483页。

② 同上，第4卷，第485页。

余一切都不过是消极的结果。这是在最终要表现自己的权威的经济必然性的基础上的相互作用。[①]

但是,所谓的经济基础"最终"要表现自己的权威的说法是指意识形态各领域具有某种程度的独立发展,正如恩格斯实际上所继续指出的那样:

> 我们所研究的领域愈是远离于经济领域,愈是接近于纯粹抽象的思想领域,我们在它的发展中看到的偶然性就愈多(即"意料"之外的偏差),它的发展路径就愈是曲折。[②]

最后,还有一个关于自然科学的社会学地位的较为严格的观点。马克思在一段著名的论述中把自然科学与意识形态领域进行了明确的区分。 522

> 随着经济基础的变更,全部庞大的上层建筑也或快或慢地发生变革。在考虑这些变革时,必须时刻把下面两者区别开来:一种是生产的经济条件方面所发生的物质的、**可以用自然科学的精确性指明的**的变革;一种是人们借以意识到这个冲突并力求把它克服的那些法律的、政治的、宗教的、艺术的或哲学的,简言之,意识形态的形式。[③]

---

① 恩格斯致符·博尔吉乌斯的信,1894年1月25日,同上,第4卷,第506页。

② 同上,第4卷,第507页;参见恩格斯:《路德维希·费尔巴哈和德国古典哲学的终结》,同上,第4卷,第243—253页。"大家知道,一定时期艺术的繁盛**决不是**同社会的一般发展**成比例的**,也决不是同物质基础和组织架构成比例的。"载马克思的《〈政治经济学批判〉导言》,同上,第2卷,第112—113页。

③ 马克思:《〈政治经济学批判〉导言》,同上,第2卷,第83页(黑体为默顿所加)。

这样，在精确性方面符合标准的自然科学和政治经济学就获得了一种与意识形态完全不同的地位。自然科学的概念内容不能归于经济基础：仅仅是它的“目的”和“材料”受经济基础的限制。

> 没有工业和商业，自然科学会成为什么样子呢？甚至这个“纯粹的”自然科学也**只是**由于商业和工业，由于人们的感性活动才达到自己的目的和获得材料的。①

恩格斯还宣称，马克思的历史唯物主义观点本身的出现也是由“需要”决定的，与之同时代的英国和法国历史学家也持有相似的观点，摩尔根也曾独立地发现了同一观点。②

恩格斯进一步地强调，社会主义理论本身就是无产阶级对

① 马克思和恩格斯：《德意志意识形态》，载《马克思恩格斯全集》中文版（北京，人民出版社，1960），第3卷，第49—50页（黑体为默顿所加）。也可参见恩格斯的《社会主义从空想到科学的发展》，载《马克思恩格斯选集》中文版，第3卷，第390页。恩格斯在书中指出，科学的复兴是由于新兴中产阶级的需要。“只有”商业和工业才能提供目的这种论调是一种典型的对关系问题的极端而未加检验的阐述，在马克思主义的早期著作中尤其可见这种阐述。不能只根据它们的表面价值来对待像“决定”这样的术语。这些术语的运用显然非常不够严谨。像精神活动与物质基础之间这种关系的**真正程度**，无论是马克思还是恩格斯都没有加以研究。

② 恩格斯致符·博尔吉乌斯的信，1894年1月25日，载《马克思恩格斯选集》中文版，同上，第4卷，第507页。在整个十九世纪，人们都反复强调这样一个主题：同时出现的同一独立发现和发明这种现象“证明了”知识是受社会决定的。早在1828年，麦考利在他的一篇论德赖登的文章中就对牛顿和莱布尼兹同时独立地创立微积分作了如下评论：“的确，数学科学已经发展到了这样一种地步：即使没有牛顿和莱布尼兹这两个人，这些原理也会由其他什么人在几年中创立。”为此，他还举出其他许多例子。维多利亚女王时代的许多学者都持有与马克思和恩格斯相同的观点。在我们自己这个时代，有关同时独立地作出同一发明的主题尤其受到多萝西·托马斯、奥格本和维尔坎特的推崇。

现代阶级冲突的"反映",所以,这里至少应该认为,在不损害其有效性的条件下,"科学思想"的核心内容是为社会所决定的。①

这样,在马克思主义中,就出现了一种新的倾向,即认为自然科学和经济基础的关系是与其他领域的知识及观念和经济基础的关系是不同的。在科学中,引人注目的中心内容可能为社会所决定,而其概念工具却可能不为社会所决定。就这方面而 523
言,可以断言,社会科学常常是与自然科学明显不同的。社会科学趋向于被意识形态领域同化,后来的马克思主义者在受阶级制约的社会科学具有不可避免的阶级性这个令人怀疑的命题②,以及在只有"无产阶级的科学"才能有效地洞察社会现实的各个方面这个观点上③,就表现出了这种倾向。

曼海姆遵循马克思主义的传统,把"精确科学"和"形式知识"看作不是由存在所决定的,而把"历史、政治和社会科学以及日常生活中的思想"看作是由存在所决定的。④社会地位决定"观点",即:社会地位决定"人们认识事物的方式、人们感知事物的方式和人们形成思维的方式"。环境决定思想本身并不意味着思想是无

---

① 恩格斯:《社会主义从空想到科学的发展》,载《马克思恩格斯选集》中文版(北京:人民出版社,1972),第3卷,第404页。

② V.I.列宁:"马克思主义的三个来源和三个组成部分",载《列宁全集》中文版(北京:人民出版社,1959),第19卷,第1页。

③ 尼古拉·布哈林:《历史唯物主义》(纽约:国际出版社,1925),第11—13章;B.黑森:《处于十字路口的社会》(*Society at The Cross-Roads*)(伦敦:奈加出版社,1932),第154页;A.I.梯曼涅夫:《马克思主义和当代思想》(*Marxism and Modern Thought*)(纽约:哈考特和布雷斯出版公司,1935),第310页:"只有马克思主义、只有这种先进的革命阶级的意识形态才是科学的。"

④ 曼海姆:《意识形态与乌托邦》,第150页,第243页;曼海姆:"精神领域中竞争的意义"('Die Bedeutung der Konkurrenz im Gebiete des Geistigen'),载《六位德国社会学家谈话录》(*Verhandlungen des 6. deutschen Sozio Logentages*)(图宾根:1929),第41页。

效的;但是,这种决定却划定了研究的范围和其有效性的界限。[①]

如果说,马克思没有把上层建筑各个方面明确地区分开来,那么可以说,舍勒走向了另一个极端。他区分了多种不同的知识形式。首先,存在一种“相对的自然**世界观**”:人们把这种世界观当作一种给定了的东西来加以接受的,即不要求去辨明其真伪也无法去判明其真伪。因此可以这样说,这种世界观是群体的文化公理;是一种约瑟夫·格兰维尔在三百年前所称的“舆论风气”的东西。社会学的主要任务就是寻找这种世界观的变化规律。既然这些观点决不是必然有效的,那么就可以说,知识社会学并不是仅仅关注寻找真理的存在基础问题,而是还要关注“社会幻想、迷信和由社会所制约的错误以及欺骗形式”的存在基础问题。[②]

这种世界观只有在较长的时间跨度中才能构成有机的成长和发展。它们几乎不受理论的影响。在没有确切证据的条件下,舍勒宣称就任何基本的意义而言,只有通过种族融合或者只有通过语言和文化的“融合”才能改变这种世界观。建立在这种变化缓慢的世界观的基础之上的是更具“**人为**”特点的知识形
524 式,根据人为性的程度大小,可以将其分为七个等级:1. 神话和传说;2. 普通民间语言中所隐含的知识;3. 宗教知识(从简单的情感直觉到教会的严格教义);4. 各种基本的神秘知识;5. 哲学—形而上学的知识;6. 技术知识。[③] 在这些种类的知识中,人为性越大,它们变化得就越快。舍勒指出,非常明显的是,宗教变化要比形形色色的形而上学的变化慢得多,而后者能够保持

---

① 曼海姆:《意识形态与乌托邦》,第256页,第264页。

② 舍勒:《科学的形成……》,第 59—61 页。

③ 舍勒:《科学的形成……》,第 62 页。

不变的时间又比实证科学的结果保持不变的时间长得多,实证科学的结果时时都在发生着变化。

舍勒的这个有关比率的假设在许多方面是与阿尔弗雷德·韦伯关于文明的变迁要比文化的变迁迅速的命题,以及奥格本有关“物质”因素要比“非物质因素”变化得快的假设完全相似的。舍勒的假设除了具有上述观点中共有的局限之外,还有其他几种缺陷。舍勒没有在任何地方明确地说明他对知识种类的分类原则——所谓的“人为性”——到底指的是什么。譬如,为什么说“神秘知识”的人为性比宗教教义的人为性更大?他也完全没有详细地讨论所谓某一种类知识要比另一种类知识变化得快到底是什么意思。考虑到舍勒令人费解地把新的科学“结果”与形而上学体系等同起来,那么人们要问,怎样在相应的时期内对新康德主义哲学中发生的变化的程度和在生物学理论中发生的变化的程度进行比较?舍勒大胆地提出了知识在变化率方面分为七个等级,当然,他没有从经验上证明这个复杂的论断。由于在对远比其简单得多的假设进行检验的过程中有许多困难,因此,根本不清楚提出这样一种复杂的假设到底能得到什么好处。

然而,舍勒认为,受到社会决定的只是这种知识的某些特定的方面。舍勒在一系列假设的基础上——对于这些假设,这里不必进行讨论——接着声称:

> 毫无疑问,所有的知识、所有的思想形式、所有的直觉和认识都具有社会学的特征。尽管所有知识的**内容**甚至是其客观有效性不为**受社会利益所制约的观点**决定,对知识对象的**选择**也还是受其决定的。因而,赖以获取知识的精神过程的“形式”从社会学上讲总是而且必然是由社会结构

所共同决定着的。①

既然解释的奥妙在于寻找与我们所熟悉和理解的东西相比较而言较新的东西，既然社会是比其他任何东西都“更为人们所熟
525 知”②，那么，就可以预料到，思想方式和直觉方式以及一般为人所知的东西的分类都是受组成社会的群体的划分和类别所共同决定着(mitbedingt)。

舍勒断然否定了各种形式的社会学主义。他试图通过诉诸形而上学的二元论来避免使自己陷入极端的相对主义中。他假定有一个不同程度地渗透于**判断内容**之中的“永恒的实在”的领域，这一领域是与决定着判断**活动**的历史实在和社会实在领域完全不同的。正如曼德尔鲍姆对这种观点所进行的恰当概括：

> 对舍勒来说，这种实在领域就是一种可能性领域，而从这一领域出发，在时间和我们的利益的限定下，我们首先在此时选择某一可能性开始研究而在彼时则选择另一可能性加以研究。作为历史学家，我们的注意中心转向哪里取决于我们自己社会地决定了的价值；我们从中认识到什么则取决于那些绝对的、永恒的价值，这些绝对的、永恒的价值隐含于我们正在对之加以研究的过去的东西之中。③

---

① 舍勒：《科学的形成……》，第55页。

② 参见涂尔干的相同假定，本章前面的注释。

③ 莫里斯·曼德尔鲍姆：《历史知识问题》(*The Problem of Historical Knowledge*)(纽约：利夫莱特出版社，1938)，第150页；索罗金也假设了一个相似的“永恒的观念”领域，例如，可参见他的《社会文化的因果关系、空间、时间》(*Sociocultural Causality, Space, Time*)(杜尔罕：杜克大学出版社，1943)，第215页，处处可见。

这的确是人们许可的反相对主义。仅仅指出实在与存在之间的区别就可以通过消除相对主义的幽灵来避免它的困扰。永恒的实在这个概念会很符合形而上学玄学家们的口味;但是,对经验主义研究来说,这个概念却是完全陌生的。值得注意的是,在舍勒试图采用经验方法建立知识和社会的关系时,这些概念没有发挥任何显著的作用。

舍勒指出,不同种类的知识是受群体的特殊形式所限定的。柏拉图理念论的内容的产生需要有柏拉图式的学院这种组织形式;同样,正如特勒尔奇所指出的,之所以会出现新教教会和教派这样的组织,是因为新教所信仰的内容只能存在于这种组织中,而不能在其他种类的社会组织中存在。与此相似,社会**共同体**(Gemeinschaft)形式决定了它本身具有许多传统地界定的知识,这些知识作为确定的东西而代代相传;这些共同体形式并不关注知识的发明和扩展。就其中含有令人怀疑的东西而言,如果有人敢于试图检验这些传统地界定的知识,就会被认为是一种大逆不道的行为而加以禁止。在这样一种群体中,普遍流行的思想逻辑和思想方式不是"富有创造的"(ars inveniendi)而是"用于论证的"(ars demonstrandi);这种逻辑的方法是流行的本体论的和独断论的,而不是认识论的和批判的;其思想方式是概念实在论的思想方式,而不是像组织的**共同体**形式中的那种唯名论的思想方式;其类型体系是有机论的,而不是机械论的。[1]

涂尔干则把社会学研究扩展到对思想类型的社会起源的探讨上,他的假设是以三种设想的证据为基础的。(1)范畴和逻辑 526

---

[1] 舍勒:《科学的产生……》,第 22—23 页;比较一下弗洛里安·兹纳涅茨基对思想的"神圣学派"所作的类似描述,参见《知识人的社会角色》(*The Social Role of the Man of Knowledge*)(纽约:哥伦比亚大学出版社,1940),第 3 章。

规则不断发生文化变迁的事实“证明它们依赖于那些属于历史的因而也就属于社会的因素”。[①] (2)既然概念根植于个人所学到的语言之中(科学家们的专门术语学也是如此),并且,既然这些概念术语的一部分涉及我们作为个人永远也体验不到的东西,因此,很显然,它们是社会的产物。[②] (3)接受某种概念还是反对某种概念并不**仅仅**是由它们的客观有效性决定的,还取决于它们是否与其他普遍流行的信念相一致。[③]

然而,涂尔干并不赞同只存在相对的有效性标准这种相对主义看法。就其对自然的适用性而言,范畴的社会起源并没有使它们变成完全任意的。这些范畴是以各种不同的程度与它们的对象相适应的。但是,既然社会结构在不断地变化着(并且,随着其变化,概念工具也在不断地变化着),因此,在某一社会中特有的逻辑理论中也就不可避免地存在“主观的”因素。“如果我们要更加接近于实在,我们就必须逐渐地消除”这些主观的因素。并且,对于具有支配地位的社会条件来说,情况也是如此。随着文化之间相互接触的不断扩大,随着来自不同社会的人们之间相互交往的不断扩大,随着社会的不断扩大,这些地域性参考框架便逐渐瓦解了。“在最初据以进行分类的社会模型中的东西也不能继续存在下去了;必须根据属于它们自己的原则来对它们进行整理。因此,逻辑组织是与社会组织完全不同的,它的自主性越来越强。实际上,人类思想并不是最基本的事实;它是历史的产物……”[④] 特别需要指出的是,这些属于科学方法论上的批判主义的概念实际上具有较强的客观准确性。客观性

---

① 涂尔干:《宗教生活的基本形式》,第 12 页,第 18 页,第 439 页。

② 同上,第 433—435 页。

③ 同上,第 438 页。

④ 同上,第 444—445 页,第 437 页。

本身也被当作社会的必然。

涂尔干始终把他的令人怀疑的认识论与他对时间、空间以及其他单元的具体名称的社会根源所做的实质分析缠绕在一起。只要注意到涂尔干没有讨论这些范畴，而只是研究时间和空间的常规划分，我们就不必把这些范畴看作是遗留的东西和预知的东西而沉迷于对它的传统赞扬之中。另外，涂尔干注意到，这些方面之间的差异不应该使我们“忽视它们之间的相似，这种相似还是至关重要的”。如果涂尔干能够率先把概念体系的变化与社会组织的变化联系在一起，那么，他就不会成功地揭示出这些范畴的社会根源。 527

与涂尔干一样，格拉内赋予语言以特别重要的意义，因为语言对思想概念和思想方式具有限制作用和确定作用。他说明了汉语是如何不适合解释概念、分析观念或者是如何不适合话语性地表达学说。汉语永远难以达到形式上的精确。汉语言辞不是按一定程度的抽象和概括来确定某种概念，而是引起人们的无限联想。所以，在汉语中，没有一个词专门表示“年老的男人”。相反，却有大量的言辞“描绘年老者的不同特征”：“虚”，指那些营养不够的人；“哮”，指那些呼吸有困难的人，诸如此类。这些具体的东西诱发人们去联想这些年老者的生活方式中每一个与之相似的具体细节：应该给这些人免除兵役；应该为这些人准备好丧事用品；这些人有权利带着拐杖穿过城镇，等等。这些仅仅是由“虚”所引起的联想中的几个而已，而“虚”一般是六十至七十岁老人的准惟一性的描述。因此，汉语的言辞和语句具有完全具体和纯粹象征的特征。①

正像汉语是具体的和富有联想力的一样，中国古人的多数

---

① 格拉内：《中国人的思维》，第37—38页，第82页，以及整个第1章。

一般观念也毫无例外地是非常具体的，无法和我们的抽象观念相比。无论是时间还是空间，都没有抽象地加以看待。时间是周期循环的因而是圆形的，空间是方形的。方形的大地被分成了诸多方形；城垣、田野和营寨都应该呈方形。营寨、房屋和城池必须有一定的座向，而选择合适的座向则由风水师来决定。空间的划分和管理技术——土地测量、城镇发展、建筑、政治地理——以及人们预设的几何推论都与一系列社会规则联系在一起。尤其是在那些与定期聚会有关的地方，人们从每个细节上都注意强调和加强代表空间的象征符号。他们把正方形、异质的和等级性的特征看作只有在封建社会中才能产生的空间概念。①

尽管格拉内可能找到了时间和空间的具体名称的社会基础，但是他对拿来与西方概念进行比较的资料所做的研究并不是很清楚。他讨论了传统化的或者是仪式化的或者是神秘化的概念，并且显然把它们与我们的注重事实、技术或者是科学的概念进行了比较。但是，在范围广泛的实际做法中，中国人并没有按照“时间是圆的”和“空间是方的”这样的假设来从事**活动**。就思想和概念没有共同的标准这个意义而言，在考虑活动与思想
528 可比较的领域时，对“范畴体系”进行这样极端的分离，其结果是很令人怀疑的。尽管格拉内阐明了在**一定的背景**中概念之间的质的区别，但是他没有阐明在可比较的背景下——譬如说，在技术实践的背景下——它们之间的质的区别。尽管他的著作证实了在这两个领域之间以及在仪式主义领域中的精神活动的兴趣点的差异，还证实了观点之间的基本差异，但是却没有证实在其他领域之间还存在着不可逾越的鸿沟。因此，在列维—布吕尔关于原始观念的“预设逻辑性”的概念中表现最为突出的那种谬

① 涂尔干：《宗教生活的基本形式》，第87—95页。

误，也出现在格拉内的著作中。正如马林诺夫斯基和里弗斯已经指出的那样，在考虑可比较的思想和活动领域时，是找不到这样不可调和的差异的。[①]

索罗金也表现出同样的倾向，他把真理标准的全然不同归因于他所谓的文化类型的相异。他认为，之所以在不同的历史社会中知识精英具有不同的注意中心，是因为语言习惯的不同。在某些社会里，宗教概念和特殊形式的形而上学是注意的中心，而在另外一些社会中，经验科学却是兴趣的中心。但是，在一定的范围内，几种"真理体系"却在每一社会中共存；即使是在当今的感觉时代里，天主教会也一直没有放弃它的"观念"标准。

就索罗金采取了极端不同和极端相异的真理标准这种立场而言，他必须把他自己的研究工作置于这种语境之中。可以说，尽管要说明这点还需要进行深入的讨论，但是他一直没有解决这个问题，他为走出极端相对主义的死胡同而进行的各种努力相互之间差别颇大。因此，从一开始，他就宣称，他的理论必须以特定的方式进行检验，即"以检验科学法则的方式。首先，从本性上讲，一切这种原则都必须是逻辑的；其次，它必须能够成功地完成对'相关事实'的检验，即它必须符合于这些事实并能代表这些事实"。[②] 因此，索罗金在他自己的术语学中采用了能代表"真理的感知体系"特征的科学立场。但是，在他直接地正

---

① 参见马林诺夫斯基：《巫术、科学和宗教》(*Magic, Science and Religion*)(格伦科：自由出版社，1948)，第9页。"每个原始共同体都拥有为数很多的知识，这些知识是建立在经验的基础之上并通过推理而形成的。"也可参见埃米尔·贝努瓦—斯马里安："格拉内的《中国人的思想》"('Granet's *La Pensée Chinoise*')，载《美国社会学评论》，1936年，第1期，第487—492页。

② 索罗金：《社会和文化动力学》，第1卷，第36页；参见第2卷，第11—12页注。

视他自己的认识论立场的时候，他采用了关于真理的“整合论”的观点，这一观点试图把经验标准与逻辑标准以及“超感觉的、超理性的、无逻辑的‘直觉’活动或‘神秘经验’等同起来”。[①] 因此，他提出对这些不同的体系进行整合。为了证明“信仰的真理”——这是惟一使他背离了当今科学研究中所使用的普通标
529 准的事项——他指出作为科学发现的**来源**，“直觉”发挥了重要的作用。但是，难道这样就解决了这个问题？这里的问题不在于寻找有效结论的心理**来源**，而在于寻找**关于有效的标准和方法**。在“超感觉”的直觉与经验观察不一致时，索罗金会采用什么样的标准呢？在这种情况下，就我们根据他的著作的内容而不是根据他对自己的工作的评价所进行的判断而言，索罗金可能会接受事实而反对直觉。所有这一切都表明，索罗金是在真理的旗号下讨论那些完全不同的、不可比较的判断：正如化学家对油画的分析与对油画本身的美学评价来说既谈不上一致也谈不上不一致一样，索罗金的真理体系对于各种完全不同的判断来说也是无所谓一致和不一致的。的确，在索罗金谈到“在其合理权限范围内，每种真理体系都会使我们得到关于实在各个方面的真正认识”时[②]，他最终还是承认了这一点。但是，不管索罗金个人对直觉问题有什么样的看法，他都无法把它当作一种有效结论的**标准**（而不是来源）塞入他的社会学中。

知识与存在基础的关系

尽管知识与存在基础的关系这一问题显而易见是知识社会

① 索罗金：《社会和文化动力学》，第 4 卷，第 16 章；《社会文化的因果关系……》，第 5 章。

② 《社会文化的因果关系……》，第 230 页注 1。

学中每一理论的核心内容,但是学者们对它的处理仍然是含蓄的而不是直接的。然而,每一种在知识与社会之间所归结出的关系都被看作是有关社会学方法和社会因果关系的完整理论。当前在该领域中普遍流行的理论主要研究下列两种重要关系:因果关系或功能关系,象征关系或有机关系或意义关系。①

当然,马克思和恩格斯仅仅讨论了在经济基础与思想观念之间的那种因果关系,并把这种关系分别称为"决定关系、一致关系、反映关系、派生关系、依赖关系"等等。除此之外,还有"利益"关系和"需要"关系;当某些阶层在历史发展的特定阶段产生了(具备了)某些需要的时候,就可以认为已经形成了要求产生某些相应思想和知识的一定动力。这方面的几种理论具有一定的缺欠。在当代,这些缺欠越来越困扰着继承了马克思主义规范的人们。②

正如我们已经看到的那样,既然马克思认为思想并不仅仅
是对客观的阶级地位的"反映",那么这就重新引起了对思想的 530
决定基础的归因问题。在处理这个问题时,马克思主义者普遍采用的假设是这样一种历史理论,该历史理论是确定意识形态是否与处在社会中的某一特定阶层"从环境上来说适合"的根据:如果人们能够恰当地理解他们所处的历史环境,这就要求对

① 在欧洲社会学思想中,对这些类型的关系之间区别的讨论则是由来已久。其中,索罗金对这个问题的讨论最为详尽,《社会和文化动力学》;例如;第 1 卷,第 1—2 章。

② 参见汉斯·斯皮尔:"关于思想的社会决定论"('*The social determination of ideas*'),载《社会研究》(*Social Research*),1939 年,第 5 期,第 182—205 页;C. 赖特·米尔斯:"语言、逻辑和文化"('Language, logic and culture'),载《美国社会学评论》,1939 年,第 4 期,第 670—680 页。

人的**思想**和**感知**作出假设性的建构。[①]但是，这种对环境的理解并不一定是**真正**在特定社会阶层中广泛流行的。因而，这就带来了"虚假意识"这个进一步的问题，即：如果意识形态既不符合阶级利益又没有恰当地反映环境，那么意识形态怎样才能传播开来。

《共产党宣言》指出，对于虚假意识可部分地用经验来加以说明，这种说明依据这样一种观点：资产阶级控制着文化的内容，因此他们不断散布违背无产阶级利益的学说和准则。[②]或者，用更普通的术语来说，"统治阶级的思想在每一时代都是占统治地位的思想"。但是，这只是部分原因；顶多它可以用来说明被统治阶级的虚假意识问题。例如，它只能部分地解释马克思所指出的一个事实：甚至在某些地方，农民小业主"从其地位来看的确是属于无产阶级，但他们自己却不相信自己是无产阶级"。然而，试图用它来说明统治阶级本身的虚假意识时，就显得很不贴切了。

尽管没有明确加以阐述，但是在马克思主义理论中，自始至终贯穿着另一个有关虚假意识问题的主题。这个主题就是：意识形态观点是"真实动机"的**不直觉的、无意识的**表现，这种动机

① 参见曼海姆在《意识形态与乌托邦》中的论述，第175页及以下；格奥尔格·卢卡奇：《历史和阶级意识》(*Geschichte und Klassenbewusstsein*)(柏林：1923)，第61页及以下；阿瑟·蔡尔德："知识社会学中的归因问题"('The problem of imputation in the sociology of knowledge')，载《伦理学》(*Ethics*)，1941年，第51期，第200—214页。

② 马克思、恩格斯：《德意志意识形态》，载《马克思恩格斯全集》中文版(北京：人民出版社，1960)，第3卷，第52页。"既然他们正是作为一个阶级而进行统治，并且决定着某一历史时代的整个面貌，不言而喻，他们在这个历史时代的一切领域中也会这样做，就是说，他们还作为思维着的人，作为思想的生产者而进行统治，他们调节着自己时代的思想的生产和分配……"

反过来又可根据社会阶级的客观利益来加以解释。因此,意识形态的这种不自觉的特性得到了反复的强调:

> 意识形态由所谓的思想家有意识地、但实际上是以虚假意识完成的过程。推动他的真正动力始终是他所不知道的,否则这就不是意识形态的过程了。因此,他想像出虚假的或表面的动力。①

在描述物质基础与观念之间的关系时所使用的"对应"这一术语具有模棱两可的意义,这只能留给那些热心于辩论的人去考察了。意识形态被看作是"对社会环境的歪曲";②被看作仅仅是物 531
质条件的"反映";③还被看作是促进社会真正变革的动机,而不管它是"歪曲的"还是正确的。④当把"幻想式"的信念看作是为活动提供了动机时,正是在上述最后一点上,马克思主义才把意识形态看成在历史过程中具有一定程度的独立性。这些意识形态不再仅仅是附带现象了。它们能够享有一定程度的自主。从这点出发,又发展出了有关交互作用的因素的观点,即:尽管上层建筑是依赖于物质基础的,但是也可以把它看作具有一定程度的独立性。

---

① 恩格斯致梅林的信,1893年7月14日,载《马克思恩格斯选集》中文版,第4卷,第501页:参见马克思的《路易·波拿巴的雾月十八日》,第1卷,第629页;《政治经济学批判》,同上,第2卷,第104页。

② 马克思:《路易·波拿巴的雾月十八日》,同上,第1卷,第634页,其中指出,民主派出岳党人陷入自欺欺人。

③ 恩格斯:《社会主义从空想到科学的发展》,同上,第3卷,第426页。参见恩格斯《路德维希·费尔巴哈和德国古典哲学的终结》,同上,第4卷,第251—252页。"新教异端的不可根绝是同正在兴起的平民阶级的不可战胜相**对应**的;……在这里,加尔文教是当时资产阶级利益的真正的宗教外衣……"

④ 马克思给新兴资产阶级的"幻想"赋予动力意义,《路易·波拿巴的雾月十八日》,同上,第1卷,第606页。

恩格斯明确地承认，他们早期的论述至少在两方面是不恰当的：第一，他和马克思以前都过分地强调了经济因素，而对经济因素与上层建筑彼此之间的交互作用阐述得不够；[①]第二，他们“忽视”了形式方面的问题，即这些观念发展的方式。[②]

因而，对于观念与经济基础之间的关系，在马克思和恩格斯看来，经济结构组成了能够限制那些被证明具有社会影响力的观念的范围的框架；尽管与彼此相互冲突的阶级毫不相关的观念可能产生，但是其结果微不足道。能够表达不同社会阶层的利益或观点或这两者的观念要想得以产生和传播，经济条件是必要的，但不是充分的。经济条件对于观念并不存在严格的决定关系，而不过是一定程度的诱因(predisposition)。如果知道了经济条件的话，我们就可以预测何种观念将会在其能够产生作用的方向上施加决定性影响。“人们自己创造自己的历史，但是他们并不是随心所欲地创造，并不是在他们选定的条件下去创造，而是在全然拾得的、既定的、从过去承继下来的条件下去创造。”在创造历史时，观念和意识形态都发挥了一定的作用：只要考虑宗教是“人民的鸦片”这个观点；再进一步考虑一下马克思和恩格斯所强调的促使无产阶级自己“意识”到他们“自己的利益”的重要性。既然在整个社会结构的发展中并不存在宿命论的东西，而经济条件的发展只不过是使一定的变化路线**可能**发生或者也许发生，那么，观念体系会在下列方面发挥决定性作
532 用，即：它要选择那些“适应”权力真正平衡的东西，而不是选择那些违背现存权力格局因而也注定是不稳定的、不可靠的和不

① 恩格斯致约瑟夫·布洛赫的信，1890年9月21日，载《马克思恩格斯选集》中文版，第4卷，第477页。

② 恩格斯致梅林的信，1893年7月14日，同上，第4卷，第500页。

长久的东西。尽管从经济发展中能够派生出最终的决定力，但是，这种决定力不可能在发挥作用时达到这样确切的程度，以至于不同的观念完全不会出现。

马克思主义历史理论假定，与实际上占主流的和新兴的权力结构不相符合的观念体系**迟早**会被抛弃，而那些比较确切地反映了真正的权力组合的观念体系则受到青睐。恩格斯在他有关抽象的意识形态是"曲折过程"的隐喻中所表达的观点正是这点：意识形态可能会暂时地偏离与现存的社会生产关系保持和谐的东西，但是这种意识形态最终会返回来与之达到一致。由此，马克思主义分析意识形态时，总是必然要考察"整个"历史环境，以便能够说明在经济的强制作用下种种观念的暂时偏离和嗣后的修正情况。但是，同理，马克思主义的分析很容易出现程度过大的"灵活性"，几乎达到了这样一种程度：可以把**任何**发展都解释为暂时的偏差和偏离；"与时代不相符合"和"落后"成了一种标签，可用以解释那些与理论预测不相符合的现存观点的没落；"偶然"的概念提供了现成工具，可用以把理论从看来会威胁其有效性的事实中解救出来。[①] 一旦在理论中包括了像"落后"、"超前"、"与时代不相符合"、"偶然"、"部分地依赖"以及"最终依赖"这样的概念，这个理论也就变得是如此模糊不清和捉摸不定，以至于任何形式的资料都能完全与之相容。正如在其他几种知识社会学理论中的情形一样，这里，为了确定我们是否得到了名副其实的理论，我们必须提出这样一个关键问题：怎样才能证伪这一理论？在任何既定的历史环境下，什么样的资料会否定和证伪这一理论？除非人们能够直接回答这个问题，除非

① 参见马克斯·韦伯：《关于科学学说的论文集》(*Gesammelte Aufsaetze zur Wissenschaftslehre*)，第166—170页。

这一理论包含着能够用一定的证据加以反驳的命题，否则，这个理论依然只不过是一种可以兼容任何形式的资料的伪理论。

尽管曼海姆在探讨实质性的知识社会学的真正研究程序方面取得了长足的进步，但他还是一直没有恰当地阐明思想与社会的关系。①正如他所指出的那样，一旦对某种思想结构进行分析，就会遇到把它归因于一定的群体的问题。这不仅要求对那些普遍地运用这些术语进行思想的群体和阶层进行经验研究，而且要求解释清楚为什么正是这些群体而不是另外一些群体体现了这种思想。后一个问题涉及到了社会心理学，而曼海姆却未系统地研究过。

533 涂尔干的分析中所存在的最严重的缺点恰恰就在于他不加批判地接受了可以把思想范畴看作是对群体组织的某些特征的“反映”这种幼稚的符合理论。因此，“在澳大利亚和北美洲，**因为**营寨是圆形的，所以，在那里所存在的社会，都把空间看作是巨大的圆圈形……社会组织成了空间组织的模型，并且是空间组织的复制品”。②与之相似，时间的一般概念也是源于在社会活动（典礼、节日、仪式）中分化出来的具体时间单元。③有关等级制概念的阶级范畴和分类方式则是由社会集群和社会分层现象派生出来的。因而，这些社会范畴“被用来表达我们对这个崭新的世界的看法”。④概而言之，范畴“表示”社会秩序的不同方面。⑤涂尔干因为忽视了社会心理学的研究而使其知识社会学理论大为逊色。

在舍勒看来，观念与存在因素之间的核心关系是互动的关

---

① 曼海姆在这方面所作的工作将在下一章中进行详细讨论。

② 涂尔干：《宗教生活的基本形式》，第11—12页。

③ 同上，第10—11页。

④ 同上，第148页。

⑤ 同上，第440页。

系。观念是与存在因素交互作用的,后者作为选择性动因,用以扩大或缩小潜在的观念找到真实表现形式的程度。存在因素并不能“创造”和“决定”观念的内容;它们仅仅说明“现实性”与“潜在性”之间的差异而已;它们可以阻碍、延迟或加速潜在观念的现实化过程。在一幅使人联想到克拉克·麦克斯韦尔假想的精灵的画像中,舍勒宣称:“存在因素以一定的方式和顺序对观念之水打开或关闭闸门。”在舍勒看来,这一论述表明,像狄尔泰、特勒尔奇、马克斯·韦伯和他自己这样一些在许多方面都完全不同的理论家在这一点上却是基本上一致的:存在因素具有从独立的观念领域中进行选择的功能。[①]

舍勒还使用了“结构同一”的概念,这个概念一方面指知识或信念的共同先决条件;另一方面指社会结构、经济结构或政治结构的共同的先决条件。[②] 因此,十六世纪机械论思想是与下列事实分不开的:新的个人主义的泛滥,动力驱动机器逐渐代替了手工工具,各种共同体(Gemeinschaft)逐渐解体融入社会(Gesellschaft)之中,为商品市场服务的生产的发展,在西方社会的精神中竞争原则的形成,等等。如果现代资本主义的无限获取特性的新原则没有形成,那么就不可能出现关于科学研究是一个无限的过程、通过这个过程一系列知识为了满足时代实际应用的需要而积累起来这样的观点,并且这种科学也不可能完全从神学和哲学中分离出来。[③] 534

在讨论这种结构同一时,舍勒既不把社会—经济领域归于第一性的东西,也不把知识领域当作第一性的东西。相反,舍勒

---

① 舍勒:《科学的产生……》,第 32 页。

② 同上,第 56 页。

③ 同上,第 25 页;参见第 482—484 页。

认为无论是社会—经济领域还是知识领域都是由与普遍流行的精神气质保持密切关系的精英冲动结构所决定的，而且，他把这当作这一方面最为重要的一个命题。因此，现代技术并不仅仅是建立在观察、逻辑和数学基础之上的纯粹科学的应用。现代技术主要是人们想要控制自然界的愿望的产物，而这种愿望规定着科学思想的目标和概念结构。这种愿望在很大程度上是含蓄的，而不应把它与科学家的个人动机混为一谈。

由于提出了结构同一这个概念，舍勒实际上使这一概念近似于文化整合或文化综合(Sinnzusammenhang)的概念。它与索罗金的"有意义的文化系统"的概念相对应。"有意义的文化系统"是指"渗透于文化系统各个方面之中的基本原则和价值的同一"，它是与关于各个方面相互依赖的"因果关系系统"的概念相区别的。[①] 索罗金建立起他的文化类型之后，又考察了真理标准、本体论、形而上学、科学和技术成果等等问题，其中表现出一种明显的趋向，即试图表明这些东西与普遍流行的文化之间在意义上的整合关系。

索罗金大胆地正视了如何来确定产生这种整合关系的整合**程度**的问题，因为他尽管对我们这个感知时代的统计学家们进行了尖刻的批评，但他还是认识到了讨论整合的范围或程度这个问题必然意味着要采用某些统计手段。因此，他制定了每个时期的各种不同的著作和作者的数学指数，把这些著作和作者划归恰当的类目，然后据此来估价各种不同的思想体系的可比出现频率(和影响)。不管人们对这些文化统计的有效性和可靠性的技术性评价如何，索罗金都坦率地承认这一问题即这种整合的近似程度或范围为其他研究整合文化或文化综合的学者们

---

① 索罗金:《社会和文化动力学》,第 4 卷,第 1 章;第 1 卷,第 1 章。

所忽视了。此外，他主要把自己的经验结论直接地建立在这些统计的基础之上。[①] 这些结论再次证明，索罗金所作的探讨只 535
是陈述了在存在基础与知识之间的联系这个问题，而并没有解决这个问题。为此，举一个恰当的例子来加以说明。“经验主义”被定义为一种典型的关于真理的感知体系。最近的五个世纪里，尤其是上个世纪里，体现了“杰出的感知文化!”[②]然而，即使是在这种感知文化的发展高峰时期，索罗金的统计指数表明，在富有影响力的著作中，只有53%的著作是属于“经验主义”领域的。而在这种感知文化发展的高峰时期的早期阶段——从十六世纪晚期到十八世纪中期——经验主义的指数也一直低于理性主义的指数(理性主义也许与唯心主义有联系，而与感知文化无联系)。[③] 这些观察的对象并不能用以提出索罗金的结论是否与他的统计资料相一致的问题，即人们并不问起为什么根据这些资料便可以判定在十六世纪和十七世纪“真理的感知体系”占据主导地位这样的问题；相反，它向人们表明，即使就索罗金自己的前提而言，对历史文化的全面描述仅仅构成第一步，在此之后，还必须分析对这种文化的中心趋势的偏离情况。一旦引入了整合的**程度**这个概念，就不能再把与主导趋势不相整合的各种知识的存在仅仅看作是“聚集的”或“偶然的”。必须采用流溢论理论所没有提供的方式确定它们的**社会**基础。

---

① 不管这些统计在索罗金的经验发现中所处的基本地位如何，索罗金都对这些经验发现采取了令人难以捉摸的矛盾心理，就如同牛顿对待实验的态度一样。牛顿有一种使他的先验结论“可理解并为粗人所相信”的方法。注意索罗金证实了帕克的下列评论：他的统计仅仅是对普遍流行的感知精神的承认，并且“如果需要，就可得到”。索罗金：《社会文化的因果关系、空间、时间》，第95页注。索罗金在试图对各种完全不同的“真理体系”进行综合的时候表现出了这种矛盾心理。

② 索罗金：《社会和文化动力学》，第2卷，第51页。

③ 同上，第2卷，第30页。

“受众”或者“大众”或者兹纳涅茨基所谓的“社会圈子”的概念，可以成为区分对整个社会或文化的思想和知识所做的概括的基本概念。尽管学者们也毫不例外地使他们自己既不倾向他们的材料也不倾向整个社会，但是他们只能带着他们的特殊要求、带着他们的有效性标准去认识那个社会的特殊部分、重要的知识、相关的问题等等。学者们正是通过预测特殊的受众的这些要求和期望——能够有效地确定它们在社会结构中的位置——来组织他们自己的工作、确定他们自己的资料、把握问题的。因此，社会的分化情况越严重，这种有效的受众的范围就越大，科学注意力的焦点、概念阐述的焦点和证实知识主张的程序的焦点所具有的变化就越大。通过把这些从类型学上定义的受众与他们所处的不同的社会地位联系在一起，就有可能为社会之中思想的各种变化和冲突作出社会学(Wissenssoziologische)的说明，而这个问题必然会被流溢论理论所忽视。因此，在十七世纪的英国和法国，那些在新近建立起来的面向受众的科学社团中组织在一起的科学家就与那些仍然孤立地在传统的大学中工作的学者们迥然不同。科学家们致力于对专门的技术问题和
536 科学问题进行“明确的、严肃的、经验的”探索，而大学的学者们则完全不同，他们致力于进行思辨的、非实验的研究。找出在有效的受众中的这些变化、探寻他们关于重要的和有效的知识的不同标准①、把这些东西与他们在社会中所处的地位联系起来并考察这些方面借以限制一定的思想方式的社会心理过程，这一切构成了那种使人们从一般归因水平到可检验的经验探索水

① 李凯尔特—韦伯的“价值关系”(Wertbeziehung)的概念只不过是向这个方向迈出的第一步。进一步的任务就是把各种不同价值加以区分，并且把它们与社会中的不同群体和阶层联系起来。

平进行知识社会学研究的程序。[1]

上述内容讨论在该领域中广泛流行的理论的核心实质。由于篇幅的限制，只允许我们对从我们的范式中所挑选出来的理论的一个方面——各种精神产品的功能——进行简单的讨论。[2]

受存在制约的知识的功能

理论除了对知识提出因果解释之外，还赋予知识以社会功能，这些功能或许可以用来解释知识的持存或变迁。毫无疑问，对这些功能分析进行详细的研究无疑是大有裨益的，但是我们在这里难以对之作出详尽的考察。

马克思主义理论的最显著的特征，就是把功能看作社会中不同阶层的功能，而不把它看作是整个社会的功能。这一理论认为，无论是意识形态思想还是自然科学，情况都是如此。他们强调，在资本主义社会，科学以及相应的技术成了统治阶级的得力的控制工具。[3] 在循着同样的方向探索科学发展的经济决定

---

① 这点可能是在美国社会学界发展起来的知识社会学中最显著的不同，并且人们几乎都把它看作美国人对欧洲学派的文化移入。它主要是从C.H.米德的社会心理学中发展出来的。C.W.米尔斯、杰勒拉·德格里和其他一些人都不断地指出它与这种联系的相关性。参见兹纳涅茨基的“社会圈子”的概念，见前引书。也可参见对大众传播较为一般的领域中所进行的最初经验研究发现：保罗·F.拉扎斯费尔德和R.K.默顿的“对广播和电影宣传的研究”。

② 有关历史主义学派和反历史主义学派的评价，必须略去不讲。可以说，这种分歧显然是允许中间立场存在的。

③ 例如，马克思引用了十九世纪资本主义的辨护士尤尔的话，尤尔在谈到自动控制走锭精纺机时说：“它是恢复工人阶级秩序的一个发明……这一发明证实了我们已经阐述的理论：资本迫使科学为自己服务，从而不断迫使反叛的工人就范。”《资本论》中文版(北京：人民出版社，1975)，第1卷，第478页。

因素时，马克思主义者们通常认为，只要表明科学成果能够解决
537 某些经济需要和技术需要的问题，科学发展就令人心满意足了。但是，科学的应用能够满足需要并不是必然地证明这种需要会显著地导致某种结果。双曲函数自发现之日起经过了两个世纪之后才显示出实践意义，而圆锥曲线的研究历经两千年之后才在科学和技术中得到应用。难道我们能由此推论说，通过这些应用最终获得满足的"需要"把数学家们的注意力吸引到这些领域，或者可以推论说存在两到二十个世纪之久的追溯性影响？在阐明需要在决定科学研究课题的过程中的作用之前，必须详细地研究在需要的产生、科学家或者是指导他们进行课题选择的那些人对这种需要的认识与这种认识的结果之间的关系。[①]

涂尔干除了宣称范畴是社会的必然产物之外，还指出了它们的社会功能。但是，功能分析的目的并不是为了说明某一社会中的特殊范畴体系，而是为了说明社会共有的某种体系的存在。为达到人际间的传播和协调人们的活动的目地，必须具备一系列共同的范畴。先验论者错认为必然的和朴素的理解形式所受的限制，实际上就是"社会的权威，这种社会权威把自身转化成为某种思想方式，而这种思想方式是所有共同活动赖以进行的必不可少的条件"[②]。总之，若要保证联合的社会活动的进

---

① 比较一下B.黑森的有关著作，见前引书；R. K.默顿：《十七世纪英国的科学、技术和社会》(*Science, Technology and Society in 17th Century England*)(布鲁格斯：奥西里斯科学史专著，1938)，第7—10章；J.D.贝尔纳：《科学的社会功能》(*The Social Function of Science*)(纽约：麦克米兰出版公司，1939)；J.G.克劳瑟：《科学的社会关系》(*The Social Relations of Science*)(纽约：麦克米兰出版公司，1941)；伯纳德·巴伯：《科学和社会秩序》(*Science and Social Order*)(伊利诺伊，格伦科：自由出版社，1952)；杰拉德·德格里：《作为一种社会制度的科学》(*Science as a Social Institution*)(纽约：道布尔戴出版公司，1955)。

② 涂尔干：《宗教生活的基本形式》，第17页，第10—11页，第443页。

行，必须具备最低限度的“逻辑一致性”；而一套共同的范畴则是功能的必然。索罗金进一步发展了这个观点，他指出了不同的社会时空体系所具备的几项功能。①

进一步的问题和近来的研究

从上面的讨论可以看出，显然，该领域中还存在大量的问题，需要进一步的研究。②

舍勒指出过，从事精神活动的社会组织与在这个组织影响下发展起来的知识的特性有着显著的关系。维布伦对形成美国 538
学院生活的力量所作的尖刻的、令人印象深刻的并且通常是敏锐的说明，属于本世纪对该领域的问题所作的最早的研究之一。③ 威尔逊以更加系统的方式探讨了学术人（The academic man）中的新人补充方法和标准、地位分布和控制机制，从而为可比性研究提供了坚实的基础。④ 为了建立知识人（men of knowledge）角色的类型学，兹纳涅茨基提出了一系列的假设来说明下列关系：这些知识角色与他们所创造出来的知识类型的关系；这些知识类型与社会成员对科学家进行评价的基础的关

---

① 索罗金：《社会文化的因果关系、空间、时间》，处处可见。

② 进一步的总结参见路易斯·沃思为曼海姆的《意识形态与乌托邦》所写的序言，第28—31页；J.B.吉特勒：“科学社会学的可能性”（‘Possibilities of a sociology of science’），载《社会力量》，1940年，第18期，第350—359页。

③ 托尔斯坦·维布伦：《美国的高级学问》（*Higher Learning in America*）（纽约：休布什出版社，1918）。

④ 洛根·威尔逊：《学术人》（*The Academic Man*）；参见E.Y.哈茨霍恩：《德国大学和国家社会主义》（*The German Universities and National Socialism*）（哈佛大学出版社，1937）。

系;角色规定与对实践知识和理论知识的态度之间的关系,等等。[①] 还有许多问题需要作出研究,这些问题包括:知识分子的阶级身份的基础;知识分子与人口中支配阶层或附属阶层的疏离;知识分子回避或沉溺于研究某些含有鲜明的价值的问题,这些价值问题挑战了不利于实现文化认可目标的现行的制度安排;[②] 趋向技术主义的压力和避免危险思想的压力;作为把政策问题转化成管理的过程的知识分子的科层化;被认为适合专家和实证知识的社会生活领域,以及只需要考虑普通人智慧的社会生活领域——简言之,随着社会组织中的变化使知识分子越来越多地面对相互冲突的要求,需要更多地关注知识分子变化中的角色以及这些变化与结构的关系,更多地关注其著作的内容和影响。[③]

人们越来越认识到,社会结构并不是仅仅通过把科学家们的注意力集中在某些问题上来影响科学。除了我们已经谈到了
539 的那些研究之外,其他人还研究了社会和文化背景介入科学问题的概念措词的方式问题。在有关竞争性经济秩序的观点广泛流行之后,达尔文的选择理论就成了效仿的对象,而前者通过它

---

① 弗洛里安·兹纳涅茨基:《知识人的社会角色》。

② 冈纳·米德尔在他的论著《一个美国式的两难》(*An American Dlemma*)中,反复指出了研究美国黑人问题的美国科学家们的“隐蔽的价值观”,以及这些价值观对该领域中“科学问题”的阐释的影响。尤其参见第2卷,第1027—1064页。

③ 曼海姆提到过一本尚未出版的有关知识分子问题的学术专著;在曼海姆的著作中以及在罗伯特·米歇尔斯的论“知识分子”的条目[载《社会科学大百科全书》(*Encyclopedia of the Social Sciences*)]中,可以找到一般的文献目录。新近的文章包括C.W.米尔斯:“知识分子的社会角色”(‘The social role of intellectual’),载《政治学》(*politics*),第1卷,1944年4月;R.K.默顿:“知识分子在公共政策中的角色”,曾在美国社会学学会年会上宣读过,1943年12月4日(本书第九章);阿瑟·克斯特勒:“知识分子”(‘The Intelligentsia’),载《地平线》(*Horizon*),1944年,第9期,第162—175页。

的诸多利益自然一致的假设又被赋予了意识形态的功能。[①] 罗素关于动物学问研究的民族特色的半开玩笑的评论指出了对民族文化和概念表述之间的关系的进一步研究。[②] 所以,弗洛姆试图向人们表明,弗洛伊德的“意识自由主义”明显地反对为资本主义社会所禁忌的冲动,并且弗洛伊德本人由于他的父系中心的特征而成为社会要求人们屈从和忍受的典型代表。[③]

有人以同样的方式指出,多重因果关系的观点尤其符合那些具有相对安全感的学者的口味,这种学者忠于他赖以获得尊

---

① 凯恩斯说,“可以把适者生存原理看作是对李嘉图经济学说的最大概括”。引自塔尔科特·帕森斯的《社会行动的结构》,第 113 页;参见亚历山大·桑多的“达尔文主义起源中的社会因素”(‘Social factors in the origin of Darwinism’),《生物学评论季刊》(*Quarterley Review of Biology*),第 13 期,第 316—326 页。

② 伯特兰·罗素:《哲学》(*Philosophy*)(纽约:W. W. 诺顿出版公司,1927),第 29—30 页。罗素评论道,在心理学研究中所使用的动物“都充分地表现了观察者的自然特性。美国人所研究的动物都狂暴地四处奔跑,表现出令人难以置信的活力和精力,最终会意外地达到预期的结果。德国人所研究的动物都静坐安思,最后通过内在意识活动找到了解决办法”。在这里不要错误地认为这种戏谑之言是离题话;尽管没有进行系统的研究,但是这里反复地提到了在科学问题的选择和研究中可能出现的民族差异。参见理查德·缪勒—弗赖恩费尔斯的《科学心理学》(*Psychologie der Wissenschaft*)(莱比锡:J. A. 巴思出版社,1936),第 8 章,其中讨论了在问题选择和“思想风格”等方面的民族差异和阶级差异,这里并没有完全同意克里克的纯粹德国式要求。然而,正如马克斯·舍勒在揭露英国人的虚假“分析”时所指出的那样,这种解释可能会走向喜好争论而又毫无事实根据的极端。他断定,正如在所有其他领域一样,在科学领域里,英国人是一些不可救药的“骗子”。休谟关于自我、实体和连续性的观点,作为一种生物学意义上有用的自我欺骗,纯粹是一堆别有目的的谎话而已;英国人的那些有关工作假设的独特观点(麦克斯韦尔、开尔文)也是如此,它们只能有助于科学的进步但却不能把它们当作真理——即一种只不过能暂时地控制和整理资料的高明策略的观点。舍勒说,所有的实用主义都隐含着这种机会主义的谎话,见《天才们的争论》(*Genius des Krieges*)(莱比锡:白书出版社,1915)。

③ 埃里希·弗洛姆:“精神分析疗法的社会条件”(‘Die gesellschaftliche Bedingtheit der psychoanalytischen Therapie’),载《社会研究期刊》(*Zeitschrift fuer Sozialforschung*),1935 年,第 4 期,第 365—397 页。

严和资助的身份,他热心于调和并去寻找对所有观点都有价值的东西,他因此而更偏爱于分类学研究以便能够使他通过强调因素的多重性和问题的复杂性来避免产生立场上的偏离。[①] 强调自然或环境是人类本性的重要决定因素是同与之相反的政治取向联系在一起的。那些强调传统的人都是政治保守分子,而环境论者则普遍地属于寻求社会变革的民主分子或者激进分
540 子。[②] 但是,即使是当代美国研究社会病理学的作者中的环境论者也采用了"社会适应"的观点,这种观点含蓄地[③] 把小群体的标准作为准则,而典型地未能评估某些群体在主导性制度条件下实现其目标的可能性。对这类观点的归因要想为人们所接受,必须进行更系统的研究,但是,这些观点表明了近来的发展趋势,即寻找出学者们的观点,然后把这些观点与由他们各自的社会地位所构成的经验框架和利益框架联系起来。最近,黑人学者们在他们的著作中详细地阐述了这些归因的令人怀疑的特征,即这些归因没有以恰当的**可比**材料作为基础。宁可选择分析范畴而不是形态范畴、宁可选择环境而不是生物因素作为行为的决定因素、宁可选择特殊的资料而不是典型的资料,这些都被认为由于黑人作者们不满意种姓制度而采取的态度,但却没

---

① 刘易斯·W. 福伊尔:"历史中的经济因素"('The economic factor in history'),载《科学与社会》(*Science and Society*),1940 年,第 4 期,第 174—175 页。

② N. 帕斯托:"自然—环境争论:社会学的探讨"('The nature-nurture controversy: a sociological approach'),载《学派和社会》(*School and Society*),1943 年,第 57 期,第 373—377 页。

③ C. 赖特·米尔斯:"社会病理学家们的专业意识形态"('The professional ideology of social pathologists'),载《美国社会学杂志》,1943 年,第 49 期,第 165—190 页。

有去比较在白人作者中所出现的类似倾向的频率。[1]

那种把科学和技术的发展看作**完全**独立的并与社会结构完全无关的观点的残余正在被历史活动的真实过程所驱散。对科学研究和发明越来越明显的控制和限制已经多次地见诸文字，这一点在斯特恩的系列研究中表现得尤为突出。[2]斯特恩还探究了抵制医学中的变化的基础。[3]在德国的社会组织中所发生的基本变化提供了一次真正的经验检验，证明了科学工作的方向和范围同现行权力结构和相应的文化观的密切依赖关系。[4]
那些阐明科学和技术是怎样为社会需要和经济需要服务的研究 541
结果明确提示我们，任何关于科学或技术代表了社会结构所必须适应的基础的绝对假设都是有局限的。[5]

---

① 威廉·T. 方丹："黑人学者著作中的'社会决定'"('"Social determination" in the writings of negro scholars')，载《美国社会学杂志》，1944年，第49期，第302—315页。

② 伯恩哈德·J. 斯特恩："采用技术革新的阻力"('Resistances to the adoption of technological innovations')，载国家能源委员会的《技术发展趋势和国家政策》(*Technological Trends and National Policy*)(华盛顿：美国政府印刷局，1937)，第39—66页；"采用发明的限制因素"('Restraints upon the utilization of inventions')，载《年鉴》(*The Annals*)，第200期，第1—19页，1938年，其中还有进一步的参考资料；沃尔顿·汉密尔顿：《专利和自由企业》(*Patents and Free Enterprise*)(TNEC专著，第31号，1941)。

③ 伯恩哈德·J. 斯特恩：《医学进步中的社会因素》(*Social Factors in Medical Progress*)(纽约：哥伦比亚大学出版社，1927)；《社会和医学进步》(*Society and Medical Progress*)(普林斯顿：普林斯顿大学出版社，1941)；参见理查德·H. 施赖奥克：《现代医学的发展》(*The Development of Modern Medicine*)(费城：宾夕法尼亚大学出版社，1936)；亨利·E. 西格利斯特：《人和医学》(*Man and Medicine*)(纽约：W. W. 诺顿出版公司，1932)。

④ 哈茨霍恩：《德国大学和国家社会主义》。

⑤ 只是在战争年代表现得最为明显；参见索罗金的观察：军事权力中心趋向于成为科学和技术发展的中心(《动力学》，第 4 卷，第 249—251 页)；参见 I. B. 科恩和伯纳德·巴伯：《科学与战争》(*Science and War*)(手稿)；R. K. 默顿："科学与军事技术"('Science and military technique')，载《科学月刊》(*Scientific Monthly*)，1935 年，第 41 期，第 542—545 页；贝尔纳的有关著作，见前引书；朱利安·赫胥黎：《科学和社会需要》(*Science and Social Needs*)(纽约：哈珀和布罗斯出版公司，1935)。

更进一步地把要求进行经验研究和正在接受经验研究的那些令人生畏的问题罗列出来，将会超出本章的范围。这里只说一点：知识社会学正在迅速地向前发展，已经克服了先前把临时性的假设和不容置疑的教条混杂在一起的倾向；在知识社会学发展的早期阶段所作出的思辨认识在今天正受到日益严格的检验。尽管汤因比和索罗金关于科学史中发现事实阶段与概括综合阶段交相更替的说法也许是正确的，但是看来知识社会学已经把这两种趋势结合到了各个领域的研究中，从而会产生富有成果的联盟。总而言之，知识社会学把自己的注意力集中在那
542 些处于当代知识分子的兴趣核心的问题上。①

① 至于大量的文献记录，参见伯纳德·巴伯：《科学和社会秩序》（*Science and Social Order*），曼海姆的《意识形态与乌托邦》，哈里·E.巴恩斯、霍华德·贝克尔和弗朗西斯·B.贝克尔编：《当代社会理论》（*Contemporary Social Theory*）（纽约：D.阿普尔顿—世纪出版公司，1940）。

第十五章
卡尔·曼海姆和知识社会学

> 的确,直到最近为止,我们所使用的语言都成功地把我们谈论的几乎所有东西的真实面目掩盖了起来。
>
> I.A.理查兹

德国学者把这个学科称作 Wissenssoziologie(知识社会学)——由于在英语中找不到较简单的词汇来称呼知识社会学,因此,在本书中通常还是使用这个浮夸的、日耳曼风格的专门名词。知识社会学历史悠久,它着重研究知识的客观性问题。[①] **系统地**考察知识的获得、传播和增长过程中的社会因素是相对较晚的发展,法国社会学思想和德国社会学思想是其两大渊

---

① 至少自所谓的启蒙时代起,就出现了知识社会学的早期发展雏形。见恩斯特·格伦瓦尔德:《知识社会学问题》(*Das Problem der Soziologie der Wissens*),第1章。但是,如果有人指出,知识社会学的历史可以上溯到希腊启蒙时代,也绝不能认为这是崇古思想在作怪。事实上,在皮埃尔—马克西姆·舒尔的《论希腊思想的结构》(*Essai sur La formation de la pensée grecque*)(巴黎,1934)中,可以找到种种例证,使得人们有充分理由指出,知识社会学的历史"开端"是较为久远的,尽管这种说法显得有些武断。

源。[①] 这两条发展路线具有各自不同的理论先驱，并且在选择问题时具有明显不同的重点。法国的思想路线是指涂尔干学派。该学派的学术主要来源于民族学背景，它强调，不同的民族之间所存在的不同点不仅表现在道德结构和社会结构上，而且表现在认知取向上。其鼻祖涂尔干本人在他所写的著名的《宗教的基本形式》(巴黎，1912)中，对思想的基本范畴的社会起源进行了大胆的分析。吕西安·列维—布吕尔从涂尔干的某些观点出发，在研究原始精神时，竭力向人们表明在原始精神与文明精神之间有着不可抹杀的差别。涂尔干的其他追随者，冲破了其最初只研究无文字社会的界限，把涂尔干的概念图式应用到对文明社会中思想和知识的各种社会特征的研究上。上述情况
543 表明，法国学者对知识社会学(la sociologie du savoir)的贡献很大程度上具有自己特色的，因而独立于德国出现的类似研究。[②]

---

① 可能会有人对这个观点吹毛求疵，因为至少从弗朗西斯·培根和霍布斯的时代开始，在英国的思想中，就能够找到对社会学的后期发展很有启发意义的论点。除此之外，从皮尔斯和詹姆斯开始的实用主义运动也对有关问题进行了大量的讨论。但是，在上述两种思潮中，对目前探讨的社会学的中心论题并没有形成系统的分析研究。当然，如果打算极其详尽细致地讨论其思想渊源的话，就应该把这些与之关系并不算太紧密的发展线索包括进来。

② 但并不完全如此，因为涂尔干在《宗教社会学》(*L' Année sociologique*)(1910，1911，1941)中论及"社会学产生条件"的问题时，恰巧研究了威廉·耶路撒冷的文章"对社会学的看法"。另外，把主要的文献列举出来不能代替对涂尔干的学术规范的详细讨论。莫里斯·哈尔布瓦赫斯写了《记忆的社会作用》(*les cadres sociaux de la mémoire*)(巴黎，1925)，其中提出了这样一个命题：记忆是一种社会结构的功能。而石里克、弗兰克和维也纳小组的其他成员则强调记忆是与认识论有关的。马赛尔·格拉内在他的《中国文明》(*La civilision chinoise*)(巴黎，1929)中，尤其是在他所写的广为流传的《中国人的思维》(巴黎，1934)中，把中国人的思维方式的形成归因于其社会结构的各种特征的影响，这一点是很有特色的。许多研究西方科学起源

理论先驱

在曼海姆的上一代人中,就可以找到**知识社会学**在德国的主要理论先驱。这些前辈们的思想绝不是完全一致的。事实上,他们经常各自持有完全对立的观点,尽管他们所主要关心的问题是相同的。另外,在探讨曼海姆的学术渊源时,也不能认为他在所有的相关方面都完全继承了上述先辈中任何一位的衣钵。恰恰相反,曼海姆或在这方面或在那方面与他们所有人都存在分歧。而正是这些争论(Auseinandersetzungen)不断地使他得以阐明他自己所坚持的立场。

值得特别指出的是,在曼海姆的著作中,存在着黑格尔左派和马克思主义的痕迹。在马克思和恩格斯的著作中,以及在格奥尔格·卢卡奇的富于启发的《历史和阶级意识》一书中,我们可以找到曼海姆所使用的一些基本观点,例如,影响深远的历史主

的学者也都受到了涂尔干的影响,艾贝尔·雷伊:《希腊的科学先驱》(*La science orientale avant les Grecs*)(巴黎,1930)、《希腊科学的后继者》(*la jeunesse de la science grecque*)(巴黎,1933);莱昂·罗宾:《希腊思想中科学精神的起源》(*la pensée greque et les origines de l'espirit scientifique*)(巴黎,1928);P-M.舒尔的有关著作,以及在某种程度上,还包括阿诺德·雷蒙:《古代希腊—罗马时期的自然科学史》(*Histoirie des sciences exactes et naturelles dans l'antiquité gréco-romaine*)(巴黎,1924)。他对许多有关艺术和文学的社会学研究的影响也是显而易见的,例如对查尔斯·拉洛有关思想的影响就很为突出。关于这方面的情况,参见《法兰西百科全书》(*Encyclopédie francaise*)第16卷和第17卷中的条目"当代社会的文学和艺术('Arts et Littératures dans la société contemporaine')(巴黎,1935—1936)。法国对知识社会学作出了比较突出贡献的学者还有乔治·索列尔,他的有关著作是先于涂尔干发表的,其思想似乎从源于一种准马克思主义的遗产。参见他所写的《苏格拉底研究》(*Le procès de Socrate*)(巴黎,1889)、《对暴力行为的思考》(*Réflexions sur la violence*)(巴黎,1908)、《进步的假象》(*Les illusions du progrès*)(巴黎,1908)。

义，这种历史主义甚至把范畴本身都看作是社会结构尤其是阶级结构的功能；[1] 知识的动态观点；[2] 对理论与实践之间的辩
544 证的、能动的关系的解释；[3] 在人类从"必然王国进入自由王国"的活动中认识的作用；[4] 相互斗争的矛盾各方和对立的社会集团各方的地位；[5] 对与归因于历史决定的抽象个人不同的具体社会学的强调。[6]

新康德主义学派，尤其是所谓的西南学派或者巴登学派——用一个名称来称呼这些理论家不应因此而引起混淆，抹杀他们之间因在具体问题上存在分歧而出现的差别——同样对曼海姆的思想形成有所贡献。事实上，我们将会看到，曼海姆从他们的核心思想中所吸收的东西要比他本人看起来所认识到的更多。[7] 从狄尔泰、李凯尔特、特勒尔奇尤其是马克斯·韦伯那

---

① 参见弗里德里希·恩格斯："社会主义从空想到科学的发展"，载《马克思恩格斯选集》中文版(北京：人民出版社，1972 年)，第 3 卷，第 423 页。马克思和恩格斯：《德意志意识形态》，载《马克思恩格斯全集》中文版(北京：人民出版社，1960)，第 3 卷，第 39—41 页。

② 恩格斯：《路德维希·费尔巴哈和德国古典哲学的终结》，载《马克思恩格斯选集》中文版(北京：人民出版社，1972)，第 4 卷，第 221—222 页。

③ 马克思：《关于费尔巴哈的提纲》，载《马克思恩格斯选集》，同上，第 1 卷，第 16 页。马克思：《资本论》，同上，第 3 卷，第 926—927 页。

④ 恩格斯：《社会主义从空想到科学的发展》，载《马克思恩格斯选集》，同上，第 3 卷，第 441 页。

⑤ 马克思：《〈政治经济学批判〉导言》，载《马克思恩格斯选集》，同上，第 3 卷，第 83 页。

⑥ 马克思：《关于费尔巴哈的提纲》，载《马克思恩格斯选集》，同上，第 1 卷，第 18 页。

⑦ 曼海姆在他的关于"知识社会学问题"('Das problem einer Soziologie des Wissens')中，公开批驳了把新康德主义作为知识社会学的出发点的看法。该文载《社会科学和社会政治文献汇编》(*Archiv für Sozialwissenshaften und sozialpolitik*)，1925 年，第 599 页。但是，从我们后来的讨论中可以看到，我们坚信，曼海姆**实际上在价值相关**概念上与李凯尔特—韦伯很相近。

里，曼海姆继承了许多对他的基本思想的形成十分重要的东西：对在思想方向和思想形成中感情—意志因素的强调；二元论，曼海姆还在其知识理论中采用了二元论来阐明价值因素对精确科学的发展的作用与对人文科学（Geisteswissenschaften）发展的作用不同，尽管曼海姆曾经公开地批驳二元论，但是在他的许多论述中，都依然坚持了二元论；认识（Erkennen）与阐释（Erklären）之间的区别以及体验（Erleben）与理解（Verstehen）之间的区别；思想价值的相关性并不意味着经验判断的基本有效性。[①] 最后，从现象论学者胡塞尔、雅斯贝尔斯、海德格尔尤其是马克斯·舍勒的著作中，曼海姆吸收了一些思想：强调对“给定的”直接经验事实进行精确观察；关心对社会生活中的理所当然的现象（Selbstverständlichkeiten）进行分析；把各种不同的知识交流与各种群体结构联系起来。[②] 曼海姆多样的知识背景反映在他的折中主义和他的概念框架的不确定上。

人们必须立刻注意到，曼海姆的理论一直在不断地变化着，因此，不能勉为其难地把曼海姆的早期研究或晚期研究看作是 545

① 参见海因里希·李凯尔特：《自然科学概念的界限》（*Die Grenzen der naturwissenchaftlichen Begriffsbildung*）第 4 版（图宾根，1921），尤其见第 35—51 页，第 245—271 页；威廉·狄尔泰的《著作全集》（*Gesamme lte Schriflten*）（图宾根，1922），第 3 卷，第 68 页，第 169 页及以下；马克斯·韦伯：《关于科学的论文集》，第 146—214 页，第 403—502 页。

② 参见埃德蒙·胡塞尔：《观念：纯粹现象学的一般导言》（*Ideas：General Introduction to Pure Phenomenology*）（纽约，1931），第 187 页及以下；卡尔·雅斯贝尔斯：《关于世界观的心理学》（*Psychologie der Weltanschaullngen*）（柏林，1925），第 20 页及以下，第 142 页及以下；朱利叶斯·克拉夫特：《从胡塞尔到海德格尔》（*Von Husserl zu Heidegger*）（莱比锡，1932），尤其是第 87 页及以下；马克斯·舍勒：《知识社会学探讨》（*Versuche zu einer Soziologie des Wissens*）（慕尼黑—莱比锡，1924）；《知识和社会》（*Die Wissensformen und die Ge-sellschaft*）（莱比锡，1926）。

他的成熟观点的代表。[①] 尽管追溯一下曼海姆的思想发展过程对研究知识社会学大有裨益，但由于本书的目的不在于此，所以，我们将把他在较晚时期写的著作作为理解曼海姆目前的学

---

① 参见格伦瓦尔德前引书，第266—267页。为了使稍后的文献注释简化一些，为了把曼海姆的“早期”研究和“晚期”研究区别开来，下面将用下列字母来代表所引用的文献。人们把“知识社会学”一文看作曼海姆与他先前的立场彻底决裂的代表作，它标志着曼海姆的“新的阐述”的诞生。

A. 1923年。“历史主义”（‘Der Historismus’），载《社会科学和社会政治文献汇编》，第52期，第1—60页。

B. 1925。“知识社会学问题”（‘Das Problem einer Soziologie des Wissens’），同上，第53期，第577—652页。

C. 1926年。“精神产物的意识形态解释和社会学解释”（‘Ideologische und soziologische Interpretation der geistigen Gebilde’），载《社会学年鉴》（*Jahrbuch für Soziologie*）（卡尔斯鲁厄），第424—440页。

D. 1927年。“保守主义思想”（‘Das Konservative Denken’），载《社会科学文献汇编》，第57期，尤其是第1—2页，第68—142页。

E. 1928年。“代的问题”（‘Das problem der Generationen’），载《科隆社会学季刊》（*Kölner Vierteljahrshefte für Soziologie*），第7期，第157—185页。

F. 1929年。“精神统治的竞争意义”（‘Die Bedeutung der Konkurrenz in Gebiete des Geistiegn’），载《六位德国社会学家在苏黎世的谈话录》（*Verhandlungen des 6. deutschen Soziologentages in Zürich*）（图宾根），第35—83页。

G. 1929年。《意识形态与乌托邦》（*Ideologie und Utopie*）（波恩），由路易斯·沃思和爱德华·希尔斯译成英文，作为《意识形态与乌托邦》（纽约，1936）中的第2—4篇（第49—236页）；请参考英文版本。

H. 1931年。“知识社会学”，载《社会学词典》（*Handwörterbuch ders Sozologie*），由阿尔弗雷德·菲尔坎特编辑（斯图加特），第659—680页，翻译后作为《意识形态与乌托邦》的第五篇（第237—280页）；请参考英文版本。

I. 1934年。“德国社会学”（‘German sociology’），载《政治》（*Politica*），第12—33页。

J. 1935年。《改革时代的人与社会》（莱登）。

K. 1936年。“对问题的初步探讨”（‘Preliminary approach to the problem’），专门为《意识形态与乌托邦》一书的英文版所写，载该书第一部分，第1—48页。

L. 1940年。《重建时代的人与社会》（纽约），由爱德华·希尔斯翻译，显然已在J的基础上进行了修改和增补。

术立场的钥匙。只有当他的早期著作可能会有助于我们理解他的学术立场时,我们才参考它们。当然,这种做法绝不是说我们已经一般地认为曼海姆的晚期阐述要远比他的早期阐述精确和深刻得多,相反,仅仅是在目前这种特殊情形下,我们才这样看。

意识形态理论

曼海姆是从**意识形态**概念的分析推导出知识社会学的某些基本概念的。[①] 当人们认为对手的生活境遇决定着其主张,因而这些主张是不正确的时候,就会意识到意识形态思想的存在。因为不能认为上述歪曲是蓄意制造的,所以,意识形态是与谎言不同的。的确,由于这里强调意识形态的观点具有不知不觉的特性,因此,意识形态与谎言的区别就是显而易见的了。这就是曼海姆所说的"意识形态的特殊概念"。"意识形态的特殊概念"在三个基本方面不同于"意识形态的总体概念"。特殊概念只是 546
把对手的主张的一部分看作是意识形态的,也就是说,对这位对手来讲,这意味着他的思想还**可能**有一部分被当作是非意识形态的;而总体概念则指对手的整个思想体系都必然是意识形态的。其次,特殊概念必然涉及到心理学层次上的分析,因为特殊概念设想敌手的有效性标准是与自己的完全相同的;而总体概念却关注对之进行非逻辑层次上的分析,即在这个层次上,总体概念把某种"思维方式"的形式、内容和概念框架看作不可避免地会与生活环境联系在一起。最后,作为一种推论,特殊概念涉及到"利益心理学"(在很大程度上,与精神分析学家用"合理化"

① 与此相关的概念"乌托邦"放在后面讨论,这样可能会更为有利一些,因为"乌托邦"主要与曼海姆关于有效命题的标准的看法有关。

概念进行精神分析的意义相同)；而总体概念则只是试图在社会背景与思想体系之间建立一种“对应关系”。因此，意识形式的总体概念并不打算研究**动机**问题，而是描述思维方式与具体环境之间的对应关系。[①]从上述差别中可以得出，特殊概念是一种隐含的个人主义概念，只有通过把群体每个成员的意识形态“相加”或者通过挑选出与群体每个成员的思想一致的意识形态等，才能用特殊概念来研究群体的意识形态。然而，总体概念却试图去确立群体的整合的思想体系，而在群体成员的判断中，这种思想体系是隐含的(G，第 49—53 页)。曼海姆以其杰出的才能追溯了意识形态的概念从特殊到总体的发展，而这一发展带来了虚假意识问题，即“诸如此类的情形，像……在其所及的范围里对一切事物做出虚假描述的完全扭曲的思想是如何会产生的”(G，第 61—62 页)。

意识形态的特殊概念和总体概念最初是在马克思主义理论中出现的。马克思主义理论已经明确地把强调的重点从心理学层面转移到社会层面上来。就发展知识社会学而言，还需要更深入的一步，即完成意识形态的概念从“特殊”阐述到“一般”阐述的转变。在意识形态概念的特殊阐述中，只是把我们对手的思想全部地看作他们所处社会地位的作用；在意识形态概念的一般阐述中，所有群体的思想，包括我们自己的思想，都被看作是各自社会地位的作用。正如曼海姆简明地指出的那样，“随着意识形态的总体概念的一般阐述的出现，简单的意识形态理论就发展成了知识社会学。这个曾经是某个政党的精神武器的东

① 参见 G，第 50—51 页。与舍勒的《知识社会学探讨》第 95 页进行比较。“在通常情况下，有关每个学者或研究者的动机和主观意图问题是不值一提的：这种动机或主观意图是丰富多样的：技术任务，沽名钓誉，理想抱负，惟利是图，惟真求实，等等。”

西，整个地变成了研究社会历史和精神历史的方法。”（G，第69页）

尽管可以把意识形态理论看作是知识社会学之母，但是，如 547
果把知识社会学看作是一门认知学科而不是一门政治学科，那么，就必须否认它从意识形态理论那继承了许多东西。意识形态理论最初主要是用来批判敌手，以笼络人心，而很少去注意有效地阐述人们都很关心的主题的知识。它是一种辩论术，旨在驳倒对手的观点。很显然，它是一种反理智主义。如果需要的话，它会通过政治命令、通过纯粹的政治统治来确立真理。它只寻求赞同，而不管接受它的基础是怎样的。它更近似于修辞学而不是科学。意识形态理论的内容表明，那些没有超出知识社会学的基本认知论题的东西，必然会被公然否定。实际上，曼海姆力图消除在**知识社会学**的早期阐述中所存在的严重的相对主义因素和宣传鼓动因素。

实质性的原理

广泛地讲，可以认为知识社会学是由两个主要分支学科组成：理论与“历史—社会学的研究方法”。知识社会学的理论部分又可以分为(a)“通过对社会关系实际上影响思想的方式的描述和结构分析而进行的纯粹经验研究”；(b)“关于上述社会关系和思想的相互作用对有效性问题的影响的认识论研究”（H，第277页）。知识社会学的方法论部分主要关注为建立**世界观**的理想类型而设计程序，而在各种不同的社会层次（社会阶级，世代，教派，政党，宗派，思想流派）中流行的种种思想里则隐含着上述各种世界观的理想类型。通过这种人为的重建，就可以从社会“群体和阶层的构成”推导出具体的思想方式，而利用这种方式，相应的群体或阶层可以充分地表达自己[H，第 277 页。显然，由此可见，知识社会学的方法论部分是与其理论部分密切相关的，参见上面的(a)]。因此，我们可以把曼海姆的分类修改一下，而把知识社会学看作是包含着两大类问题的学科：包括经验方面和程序方面研究的实质性的知识社会学(Wissenssoziologie)问题；关于与知识社会学(the sociology of knowledge)认识论相关的问题。尽管绝大部分的评论家在研究曼海姆的著作时都把注意力集中在他对认识的讨论上；但是，如果能够把注意力集中到对实质性的知识社会学的研究上，看来会更富有成果，正如曼海姆自己实际上所承认的那样(H，第 275 页)。

实质性的知识社会学的范围表现在它的问题、概念、原理和验证准则上。当有迹象表明，思想并不是内在固有的或内在决定的，思想的起源、形式和内容明显地受到过非理论因素的影响时，就可以认为思想是由存在所决定的(H，第 240 页)。[用弗
548 雷德里克·杰克逊·特纳的话来说，就是："每个时代都要根据它本身时代的基本环境来重写过去的历史。"]在经验研究的基础上，可以断定，是集体目标和社会过程导致人们意识到各种不同的问题，若不是集体目标和社会过程的作用，人们会忽略和放弃这些问题。正是通过这种关系，曼海姆从社会中剧烈的垂直变迁和水平变迁中引出了知识社会学本身所特别关注的问题，因为只有与各种极端不同的思想方式进行如此接触时，参与观察者本人才能最终开始怀疑他自己所接受的思想形式的普遍有效性。同样，只有当某种世界观通常的制度性保护者——如教会、国家——被剧烈的社会变革所摧毁时，思想的多样性才会构成一种问题。像上述的社会结构变革导致人们去重新审视和探讨理所当然(Selbstverständlichkeiten)的东西，即在过去曾被认为是理所当然的东西(J，第 132 页及以下)。

曼海姆在他的其他原理中，从总的方面阐述了他竭力想确立的思想与社会结构之间的关系。他提出了一个这样的命题："即使是用以分类、收集和整理经验的范畴也是根据观察者所处的社会地位不同而不同。"(G，第130页)有机地组成一体的群体把历史看成是实现自己群体的目标的连续运动；从社会上消失了的群体和较为松散地结合在一起的群体则拥护那种强调偶然和不可估量的反历史主义的直觉论。已经完全适应了社会环境的保守主义则反对建立历史发展理论，因为保守主义认为，不管原来怎么样，社会秩序都是自然的、合理的，而不是有问题的。只有现状受到反对群体的动摇时，保守分子才转而维护能够反映他们所处的社会环境以及他们在其中所处地位的哲学理论和历史理论。而且，保守主义倾向于用形态学范畴来看待历史，它强调历史**结构**的惟一特征；而倡导变革的人们愿意采用分析研究的方法则是为了深入研究历史的各组成要素，探讨通过因果整合及功能整合来重新组织这些要素从而建立新的社会结构。第一种观点强调社会结构本身所固有的稳定性；第二种观点强调社会结构中存在的可变性和不稳定性，以及从这个结构中抽象出各组成要素来重新加以组合。在像美国这样经济不断发展、领土不断扩张的国家里，社会科学家们非常注意详细研究孤立开来的社会问题，并且设想这些单个问题的解决将会自动地达到整个社会的完美整合。这种设想只能在这种社会中产生，在那里，广泛的行为可能性和多样的行为选择性提供了一定程度的灵活性，允许人们事实上采用某些医治方法来弥补制度上
的缺陷。与此相反，在像德国这样的国家中，行为的有限范围带 549
来了社会要素相互依赖的认识，并且由此得到了有机论的观点，即：宁可是整个社会结构的转变而不愿是个别事物的改良(G，第228—229页；I，第30—33页)。

以同样的方式，曼海姆把四种思想——再洗礼派的千禧年主义、自由博爱主义、保守主义和社会主义—共产主义——与它们各自特殊的社会背景和它们各自的拥护者的集体目标联系起来。在阐述这种关系时，曼海姆指出，甚至这些群体的“历史时代感”也是受他们所处的社会地位和愿望影响的。再洗礼派的千禧年主义产生于革命的激情和被压迫阶层的“迫切愿望”，因此，它强调现在，强调现实(hic et nunc)。迅速崛起的中产阶级提出了自由博爱主义，它强调**未来不确定**的“观点”，通过不断发展的“启蒙”，在这种不确定未来的适当时候，他们的道德规范会得以实现。保守主义的时代感认为**过去**不可抗拒地导致了现存社会状况的产生，同时也毋庸置疑地证实了现存社会状况的合法性(“无论什么事物皆产生于其原因之中”，“无论什么，只要是清楚的事实就是合法的”)。最后，社会主义—共产主义观点则以比较复杂的方式把历史时期区分开来，区别开**近期未来**和**远期未来**，同时强调，**具体的现在**不仅包含着**过去**，而且也包含着**未来**的潜在趋势。通过阐述在社会地位、集体愿望和现时取向之间存在的这些关系，曼海姆把一门正在得到不断发展的研究学科提高到了新的水平。①

① 涂尔干在其早期对时间参考系进行社会学分析时，从整体上说主要关注无文字时期的资料，并且(作为结果?)没有讨论在同一社会中不同群体之间在时间取向上的差别。参见他的《宗教生活的基本形式》，第1页及以下，第440页及以下；以及涂尔干和M.莫斯合著：“原始思想形式的分类”，载《社会学年刊》，1901—1902年，第6期，第1—71页；H.于贝尔和M.莫斯合写的《宗教历史论丛》(*Mélanges d'histoire des religions*)(巴黎，1909)，参见有关“时代重建”的章节。至于最近的讨论，参见P.A.索罗金和R.K.默顿合著：“社会时间”(‘Social time’)，载《美国社会学杂志》，1937年，第42期，第615—629页；A.I.哈洛韦尔：“西方文明和无文字社会的时间取向”，载《美国人类学家》，1937年，第39期，第647—670页。索罗金在他的《社会和文化动力学》第4卷中，对这方面的问题进行了广泛的讨论。

知识的类型

大家会注意到，上述原理与实证知识的关系很小，而与政治信念、历史哲学、意识形态信仰和社会信仰的关系较大。这样，就立刻产生一个基本问题。曼海姆关于存在决定(Seinsverbundenheit)思想的命题中"思想"的范围都包括哪些？确切地说，知识社会学这门学科在名义上要致力分析的"知识"这个术语的含义包含了什么？就知识社会学的目的而言，在各种知识中存在着重要的差别吗？

曼海姆在他的任何著作中都没有专门和详细地阐述这个问 550
题。但是，他的某些个别的观察和经验研究表明，曼海姆一直为这个根本问题所困惑，同时也表明，他没有能够找到有关这个问题的任何明确的、哪怕是暂时的结论。曼海姆在这方面的失败导致了他的某些原理与专门的经验探讨之间的严重脱节。知识常常被看作是一个含义非常广泛的概念，包括从民间谚语到严谨的实证科学的所有主张和所有思想方式。因此，曼海姆在其早期的阐述中认为："历史科学、政治科学和社会科学的思维同日常生活的思想一起。"都是由存在所决定的(F，第 41 页)。此外，我们还从中了解到，社会过程渗透在"绝大部分的知识领域"里的"观点"之中。这样，"形式知识"(分析陈述？逻辑？数学？形式社会学？)的内容是不受社会环境和历史环境的影响的(G，P，第 150 页)。只有"精确科学"才能享受这种豁免权，而"文化科学"则享受不到(H，第 243 页)。另外，道德信念、认识论原理、资料预测、综合判断、政治信仰、思想范畴，末世论学说、道德规范、本体论假设和关于经验事实的观察都或多或少地被当成是由"存在决定着的"。[①] 把各种不同类型的研究都置于同一称呼之下而使它们达到一致,只能是混淆而不是澄清关于"存在决定"的机械论。不同类别的观念,承担着不同的功能,而且,如果我们坚持认为这些观念都以完全相似的方式从"本质上"为存在所决定,那么,我们就会陷入玩弄词义的舌战和无休止的争辩。曼海姆的著作中就充满了这种缺陷。譬如说,若是他注意到了在语言的指示和情感的功能之间的明显差别,那么,他就不大可能把它们不加区别地混杂在一起。正如 I.A.理查兹所指出的:"我们相信科学命题的感觉与我们相信感情表述的感觉是不同的,无论这些感情表达是政治性的,如'我们都会锋芒毕露',或者这些感情是评论性的,如'诗的发展都是永恒的',或者这些感情是想像性的。"

曼海姆在断言知识由存在决定(Seinsverbunden)时,实际上没有把明显不同的各类知识区分开来,由于曼海姆非常熟悉阿尔弗雷德·韦伯对文化知识与文明知识所作的有益的区分[②],他
551 对知识不加区分就尤其显得令人吃惊了。幸运的是,曼海姆自己的实质性的知识社会学研究所关注的几乎全是文化材料(世界观,末世学,政治信念),因此,他对知识的混淆并没有使他的

---

① 参见 E,第 162 页;F,第 41 页;K,第 22—23 页;G,第 71—72 页,第 150 页;H,第 243,260 页;等等。关于这点,请参考亚历山大·冯·谢尔丁的严厉批评,见他的《马克斯·韦伯的科学论》(*Max Weber's Wissenschaftslehre*)(图宾根,1932),第 95,99 页,注释 2。同时请注意 I.A.理查兹的有关论点:"最严格意义上的思想只是由于证据而变化;而态度和感情都因各种原因而变化。"这并不否认它们之间的相互渗透。

② 从曼海姆在 A 第 37 页和 48 页的讨论及他在其他问题上对韦伯理论的评论(G,第 159 页),可以清楚地看到这一点。关于文化知识与文明知识的区分简明而一般的讨论,参见 R.M.麦基弗:《社会》(*Society*)(纽约,1937),第 268—281 页;R.K.默顿:"文明和文化"('Civilization and culture'),载《社会学和社会研究》(*Sociology and Social Research*),1936 年,第 21 页,第 103—113 页。

经验研究破绽百出。然而,由于他使用了未经恰当区分和模糊不清的知识范畴,使得他的更为一般的原理显得令人生疑。而且,就存在决定论而言,这种缺陷不利于人们去搞清自然科学和物理科学的地位。倘若曼海姆能够系统地、明确地澄清他在这方面的立场,那么,他就很少会倾向于认为物理学完全不受非理论因素的影响,同样,他也很少会倾向于主张惟有社会科学受到非理论因素的影响。①

知识和社会的联系

由于曼海姆不能详细描述社会结构与知识之间关系的**类型或模式**,因此,他的分析也是有局限的。这种缺陷使得他的"知识的存在决定论"(Seinsverbundenheit des Wissens)这个中心论题的实质模糊不清和晦涩难懂。很显然,曼海姆已经认识到了(但是没有能解决)这个问题,因为他曾写道:

> 在这里,我们不要把"决定"看作是一种机械的因果关系:我们并不准备把"决定"的含义完全固定下来,只有经验研究能够告诉我们生活环境与思想过程之间相互关系的紧

---

① 例如,由博克瑙、黑森、贝尔纳、索罗金、默顿最近所作的经验研究,至少向人们表明了下列结论:非科学因素对于自然科学和社会科学的发展方向的决定作用是不同的,但是这种不同表现在程度上,而不是表现在类型上。关于该结论的理论阐述,参见塔尔科特·帕森斯的《社会行动的结构》,第595页及以下。另外,在我们进行深入的讨论之前,需要指出:没有任何理由去设想经验判断的有效性在某种情形下受到非科学因素的影响**必然**会比在另一种情形下所受的影响要大。

密程度，告知在什么范围里存在着这种关系的不同变化。[①]

尽管人们会同意，忽视对知识与社会结构之间关系类型的研究是不明智的，但是，实际上人们还是没有能够详细阐述这些类型，从而妨碍了人们阐述经验研究问题的可能性。在讨论这些关系时，不管研究者是否愿意，他都跳不出他的概念图式或者隐含的预先假设关于上述关系的一些概念。曼海姆自己所作的经验研究就是一个恰当的例子。因此，简单地罗列一下曼海姆在谈到社会地位与知识的关系时所使用的术语，可能会大有裨
552 益。为此，我们列出下表加以说明[黑体为我所加]：

> 把他们的集体行为……建立在可以合理论证的思想体系的基础上……是与工业社会的**需要相一致的**。(K，第 33 页)
>
> 寻求浪漫主义的这代人……[采取]了革命观点，这是与**这个**时代的**需要相一致的**。(G，第 144 页)
>
> [意识形态的特殊概念]涉及到谬误领域……这些谬误……是由一些**偶然的决定因素**不可避免地、不知不觉地造成的。(G，第 54 页)
>
> ……一个特定的观点和一组特定的概念之所以能出现，是因为它们由一定的社会**所产生**，并与之**密切相关**……(G，第 72 页)
>
> 当社会环境发生变化时，在原有的社会环境中所产生

---

① H，第 239 页，注释。翻译者沃思和希尔斯补充说："德文表达'Seinverbundenes Wissens'(知识与存在的关系)本身的意义就含有不把决定论的确切特征完全固定下来。"

的规范体系就不再与社会环境**协调一致**了。就知识而言，情形也是如此……(G，第 76 页)

……以实证主义为基础的有关科学的唯智主义概念本身植根于一定的世界观，并且是在与一定的政治利益的**密切联系**中得到发展的。(G，第 148 页)

从社会的角度来看，这种唯智主义世界观在中产阶层、资产阶级和知识分子阶级中是有基础的。这种世界观是与代表它的群体的**结构关系相一致**的，它寻求一种动态的中间过程……(G，第 199 页)

观念、思想形式和精神力量是与社会力量一起**共同**地存在和演变的。它们在社会过程某一特定时刻出现**绝不是偶然的。**(G，第 223 页)

某个群体[上升的精英]把历史看成**精英**的循环，而其他群体[如社会主义者]则把历史看成历史—社会结构的演变，这一切**绝不是偶然的**。每个群体总是从社会总体和历史总体中适应他们的群体目标的那一方面出发来看待问题。(G，第 127 页)

在这里，曼海姆在名义上使用了几种与上层建筑和下层结构之间关系类型有关的术语。这种做法，与其说是曼海姆在追求行文风格的多样化，倒不如说是他在这个根本问题上的态度显得模糊不清。他使用了“对应”(Entsprechung)这个类属术语来表达这些关系。在从特定类型的社会环境推出特定的思想形式时，他还作出了大量缺乏整体性的假设。对其中的一部分进行简单的考察还是很有必要的。

1. 有时——尽管曼海姆曾公开否认他有这种打算——他假设在社会力量与思想形式之间存在一种直接的**因果关系**。曼海姆通常用下面这样重复出现的句子来表达这个假设:从某种特定的群体地位产生出某种特定的理论,“这绝不是偶然的”(例如,参见H,第248—249页)。在这种情况下,曼海姆采用了自然科学中的“解释”(Erklärung)观点,即用一般规律来解释各种特殊情况。

2.第二个假设可以称为“利益假设”,它主张,观念和思想形式是“符合”即满足人们的利益的。实际上,这只是一种关于既得利益——经济的、政治的、宗教的利益——影响的学说的翻版。这种学说强调,人们之所以接受某种观点,是因为这种观点对接受者有利。因此,大致上可以说,对于要进行广泛的社会改
553 革和社会革命的说法,社会地位优越的集团较难接受,而社会地位低下的集团却较容易接受。接受还是拒绝可能是有意的,也可能是无意的。[①] 这个假设可以在庸俗马克思主义那里看到。由于这个假设是马克思提出的,因此,曼海姆曾对其进行过批驳。但是,在曼海姆的著作中,却时常隐约地出现这种假设。

3.第三个假设是关于“注意焦点”的假设。根据这个假设,

---

① 像这种据说是提供了确切解释的“利益理论”偶尔流行一时,这本身就是一个值得进一步研究的知识社会学问题。从下列一些推论中,可以发现“利益理论”的各种特殊形式:关于“经济人”的假定,政治学中的“密谋论”,心理学中对“理性化”和“宣传”概念的极度扩延,伏尔泰关于“教士的谎言”的观点,“宗教是人民的鸦片”的陈词滥调。当然,这些观点能不时地流行也许是因为“它们在起作用”这个事实,即从某个角度来讲,它们能解释人的行为,并且是符合某种更为宽泛的知识体系的。然而,下列情况并非与上述理论毫不相关:在所有这些理论中,当人们把活动和思想归因于某种隐秘的(尤其是不太体面的)动机时,行为就被说成是得到了解释。一旦确定出X是一位专门的律师,是一种既得利益的工具,是一个布尔什维克,是一位汉密尔顿的银行家,学者的好奇心便得到了满足。上述几种观点都基于这样一个共同的假设,即把霍布斯的利己主义观点作为行为的动机力量。如若深入了解有关密谋的困扰(“理论”)的原因和结果,参见爱德华·A.希尔斯:《秘密的痛苦》(*The Torment of Secrecy*)(伊利诺伊,格伦科:自由出版社,1956)。

为了解决特殊的问题，无论是全然实践的问题还是理论的问题，主体都要限制自己的视角。在这里，思想是由问题的阐述所引导的，而对问题的发现则又是由主体所处的社会地位决定的。大致而言，这个假设在实质性的知识社会学中得到重视，而“利益假说”则在意识形态理论中得到强调。

4. 曼海姆的另一个假设就是他有时认为，一定的社会结构只是一定的思想形式产生的先决条件。在这方面，他与舍勒是一致的，这表现在下面这句话中：“只有在一定类型的群体中……[这些思想形式]才能得以产生和得到阐述。”(H，第242—243页)曼海姆的许多分析都不得不设法确立先决条件甚至是寻找便利因素，而不是去发现必要的和充分的条件。这方面的例子是很多的。社会流动**会**导致对观点的反思、分析和综合；社会流动也同样导致对人们的预先判断的藐视、不满和认可。或者，用另一种理论来说：把两种相互冲突的观点放在一起进行比较会引起反思，正如工具主义者们的格言所概括的那样：“冲突是思想的牛虻。”但是，这种冲突也可能产生信仰主义、无意义的忧虑、怀疑主义。或者，再进一步来看，社会地位优越的阶级(“保守派”)**也许**不愿意从理论上阐述他们的环境，却几乎不能使他们忽视那些已转而研究百科全书派社会理论的没落贵族，或者那些从社会角度讲属于资产阶级但从精神上讲属于无产阶级的叛逆者，或者是附和资产阶级精神的无产阶级的叛逆者。所有这些并不是要否定已确立的相互关系，而是准备与曼海姆本人一起，指出需要对所涉及到的许多结构因素进行更加 554
周密的分析。由于曼海姆简单地参照社会与知识之间的经验关系，所以他根据先决条件所做的讨论逐渐变成存在决定论的观点。在这个过程中，曼海姆采用了一样的模式来确立先决条件与存在决定论之间的“对应”关系。在这种情况下，一旦找到了这种相互关系，通常是就此作罢，不再作进一步的分析了。

5.另一个关于社会结构与知识的关系的假设是所谓的流溢论假设或准美学假设。在这种假设中(这个观点在参考书B和F中得到了特别的强调)，黑格尔的思想并没有完全绝迹。像有关世界观的“融洽”、“相容”、“和谐”、“一致”以及“矛盾”这类术语的使用，标志着上述假设的出现。确立这些关系的准则是不言而喻的。因此，我们读到：“造型艺术的缺乏深度以及强调纯粹的线条美，是与艺术家们对直线发展和直线进化的历史时代的感受方式相适应的。”[①]然而，应该看到，在曼海姆对实质性的知识社会学的研究中，这个特殊的假设所起的作用不大。曼海姆在他的著作中所留下的这些痕迹的意义，与其说是他在其理论中宣扬一种唯心主义预设的证明，倒不如说这是他在知识、文化和社会之间的关系类型的问题上模糊不清的标志。[②]

为了更广泛地讨论曼海姆对知识社会学的实质性方面和方法论方面的研究，需要详细地探讨一下他所采取的分析程序。曼海姆试图建立一种系统性的“技术规则”，但失之于过分简单和过分笼统。评论家们如果打算冒险把已概括了的观点再概括

---

① G，第200页。曼海姆在艺术史和知识史的“风格”之间所进行的频繁比较，通常含有这种准美学假设。比较舍勒：《知识社会学探讨》，第92—93页，其中，他谈到了“艺术(和艺术之间)、哲学和科学之间在风格上相似的关系“和”十七世纪与十八世纪法国的悲剧和法国的数学物理之间的相似，莎士比亚、弥尔顿和英国物理学家之间的相似……”等等。在某种程度上，施宾格勒和索罗金发展了这一主题。

② 这只不过是确立社会与文化之间的关系类型这个较为一般的问题中的一个特殊情形。曼海姆所作的研究，尽管缺乏系统阐述，但还是取得了显著的成就，超过了马克思主义的追随者们。索罗金在《社会和文化动力学》(第1卷，第7—13页)中，详细地阐述了文化价值之间的逻辑关系。就他论述“文化整合”和忽视文化与社会组织的关系而言，索罗金倒向了唯心主义解释。参见，C.赖特·米尔斯：“语言、逻辑和文化”(‘Language, logic and culture’)，载《美国社会学评论》，1939年，第4期，第670—680页。曼海姆对此的具体批评，参见谢尔丁前引书，第102—115页。

一遍,那么他们只能遭受加倍的失败(H,第 276—278 页)。但是,应该注意到在实现这些程序的第一步——明确地确立起为"每个思想的惟一表述和记录"所共有的预设条件——所面临的困难。至少就信念而言,目前通常还不可能超前于文化价值赖 555
以存在的实际的社会环境而确定这些文化价值与那个社会是一致的还是不一致的。因此,如果在概括具体的**行为**时,提出了"和平主义"和"废奴主义"是相容还是不相容的问题,那么,答案肯定是无法确定的。在信念的抽象的文化层次上,人们完全能够得出结论:这两种价值体系或是随机的(互不相关)、相容的,或是不相容的。就教友派而言,教友派奉行这两种价值观,他们既要通过不懈的努力废除奴隶制,又不打算诉诸暴力手段。而加里森及其追随者们,最初竭力鼓吹不抵抗主义,而后又收回了他们的和平主义观点,以便进行旨在废除奴隶制的暴力战争。应该注意到,在上述情况出现之前,人们很难找到任何根据来假设废奴主义和和平主义在价值观上是冲突的。如果真是那样的话,文化分析家们早就不由自主地把这两种价值观统统看作是贴着"人道主义"标签的某种综合的价值体系的组成部分了。因此,那种旨在重建"观点的根本统一体"的抽象的文化综合,可能会导致错误的推论。抽象的、互不相容的价值观,由于分布在社会结构的不同阶层中而在实际上通常是相容的,所以不会在同一时间在同样类型的人中引起冲突。由于这些价值观分别存在于不同的话语世界中并由不同的社会角色承担着从而相互隔离,因此,它们之间的潜在冲突也就不会爆发了。如果认识不到不同社会角色中间的价值组织方式实际上会使抽象地冲突的价值观变得相容,就会导致——作为一个例子——这样的结论:天主教会既强调独身生活又希望提高出生率,这在价值观上是互不相容的。就这个例子而言,通过把这些价值观与教会组织内部的不同阶层联系在一起——把独身生活与教士联系起来，把自由生育与已婚育者联系起来——来加以考察，在很大程度上就会自然而然地避免了把提倡独身生活和希望提高出生率看成是价值冲突和无法相容的了。所以，就信仰体系而言，必须依据它们与社会组织的关系来加以考察。这一点是忠于原意(Sinngemässe Zurechnung)和忠于事实(Faktizitätszurechnung)的精髓，正如曼海姆所描述的那样(H，276—277页)。

相对主义

现在我们开始讨论曼海姆著述中引起争论最大的部分，即曼海姆在知识社会学的认识论方面的主张。对于这些主张，没有必要进行特别详细的考察，因为已经有许多评论文章发表

556 了。[①] 而且，曼海姆本人也承认，实质性的知识社会学的结果——这些结果是知识社会学领域中最为杰出的一部分成就——并没有导向他的认识论结论。

争论的焦点在曼海姆关于总体意识形态的一般概念上。人们不会忘记，对于这个问题，曼海姆宣称："所有时代中所有政党的思想，都具有意识形态的特征。"这种说法看来立刻就使人觉得它会导致一种极端的相对主义，这种极端的相对主义有着人

① 谢尔丁所作的评论是最为详尽的，参见他的前引书，第94页及以下。还可参见他对《意识形态与乌托邦》的评论，载《美国社会学评论》，1936年，第1期，第664—672页；根特·斯特恩："评所谓的意识'关系'"，载《社会科学和社会政治文献汇编》，1930年，第44期；舒尔德·霍夫斯特拉：《西方社会思想的社会特征》(*De sociale Aspecten van Kennis en Wetenschap*)(阿姆斯特丹，1937)；保罗·蒂利希："意识形态与乌托邦"，载《社会》(*Die Gesellschaft*)，1929年，第6期，第348—355页(有未公开发行的英译本，译者是詹姆斯·卢瑟·亚当斯)。

们司空见惯的恶性循环，即构成这种相对主义的命题反过来又根据事实本身否定了这种相对主义。显然，曼海姆已经认识到了其中的逻辑缺陷和精神上的虚无主义。因此，他明确地否定了“所谓通过认识活动来加深理解只不过是武断的个人评价和宣传而已”这种不负责任的观点（G，第 89 页，注释）。他同样也批驳了“今天日益流行的那种关于科学知识的简单、片面和枯燥的相对主义形式”（H，第 237 页）。那么，曼海姆是否逃出了相对主义这个死胡同呢？

我们采用一种也许过分简单化的形式，把曼海姆为避免出现相对主义的错误和寻找支持其自身理论有效性的根据而作出的努力加以分类，归于三个大标题之下：有效性的动态标准，关系论，有效性的结构保证。

1. **有效性的动态标准。**曼海姆引入了几个历史判断有效性的动态标准。“严格地说来，如果一个理论……在某一特定的现实情境中，使用了妨碍人们**适应**自己**那个历史阶段**的概念和范畴，那么，这个理论就是错误的”（G，第 85 页，加了黑体）。“……当知识未能考虑适用于某一情况的新现实，当知识根据某些不合适的范畴而试图掩盖这些现实时，就可以说，这种知识被歪曲了，是意识形态的东西。”并且，在一个注解中，曼海姆补充道：“超前于某一情境的观念同落后于某一情境的观念一样，都可能是**错误的或不适用于这一情境的。**”（G，第 86 页及注 1）但是，很明显，适应的标准是武断的，因为曼海姆并没有对适应的类型详加阐述。[①] 大量的甚至是矛盾的理论能够使人们以这种

① 马克斯·韦伯在讨论“滥用概念”时，提出了“社会适应”的概念。从那时起，这个概念一直具有很多含义，其中的绝大部分从科学上讲是毫无用处的。参见韦伯的《论科学》（*Wissenschaftslehre*），第 477 页及以下；更深入的讨论见谢尔丁前引书，第 102 页及以下。

方式或那种方式达到“适应”。社会适应更类似于规范概念，而不是存在概念。而且，确定某些范畴是“适合”还是“不适合”是以曼海姆希望摈弃有效性的标准为预设条件的。正是这种模糊和歧义使得曼海姆通过引入乌托邦的概念来推演其他的有效性标准。

“只有那些超越于现实的取向”才是乌托邦的，“这种乌托邦
557 一旦付诸行动，就竭力部分地或者全部地摧毁时代所盛行的种种事物的秩序”（G，第 173 页）。从这个意义上讲，与意识形态思想相反，乌托邦思想是真实的，而不是虚幻的。这个观点的困难马上就变得很清楚了。在特定的时间里，观察者怎样来辨别真实的乌托邦思想与歪曲的意识形态思想呢？而且，正如我们已看到的那样，既然“超前于某种情境的”观点可能是“不适宜于此种情境”，那么，人们怎样才能从无效的“超前观念”中找出有效的思想呢？尽管曼海姆意识到了这些困惑，但是，他的解决却令人怀疑。这种解决不仅使用了有效性的事后追溯标准，而且还阻止了对当代观念进行有效判断的可能性，正如从下面的论断中所能看到的那样：

> ……如果我们对过去加以考察，那么看来我们就能够找到判断哪些东西是乌托邦的比较确切的标准。这个标准就是它们是否得以实现。那些后来被证明仅仅是对过去的或者潜在的社会秩序进行歪曲表现的观念是意识形态的观念，而那些在后来的社会秩序中得以确切实现的观念相对来说是乌托邦的观念。……观念得以实现的程度形成了一种补充性的和事后追溯的标准，用以区分各种事实。只要这些事实是当前的，那么，它们就被党派之间的意见冲突所掩盖。（G，第 184 页）

正如谢尔丁指出的那样，这种事后追溯标准是以曼海姆希望摈弃的有效性标准为预设的，因为对观察者来说，除此之外如何能证明他对历史过程的解释是正确的呢？为了能够进一步阐明与此密切相关的一些问题，必须进行更加详细和周密的分析，应远远超出目前的讨论范围。然而，曼海姆在另一次试图批判极端相对主义时，明显地不再坚持这种观点了。

2.**关系论**。曼海姆在讨论某种主张的起源对其有效性的影响的问题时，概括了三种可能的立场。第一种立场否认结构根源得到证明的主张具有“绝对有效性”[原文如此]。[①] 与之相反，第二种立场则坚持认为，无论怎样，这种证明与主张的真理价值毫无关系。第三种立场是曼海姆所采取的，它介于上述两个极端之间。辨别维护某种主张者的社会地位只是意味着“怀疑”——一种可能性——怀疑该主张“仅仅代表了一部分人的想法”。这种辨别也是为了列出该主张的范围并确定其有效性的界限。与曼海姆的早期阐述相比，这种做法赋予知识社会学一个明显较为谦恭的角色。这点在曼海姆自己的总结中表现得很清楚：

> 从这个意义上讲，作为知识社会学特征的分析绝不是 558
> 与确定某种陈述的真理性毫无关系的；但是，这些分析本身没有充分地揭示出其真理性，因为仅仅对观点进行区分绝不能代替对这些互不相同的观点的直接讨论，也绝不能代

① 曼海姆始终把关于“绝对真理”的学说强加在那些反对极端相对主义立场的人身上(H，第270页，第274页)。这是毫无道理的。人们是可以接受不同的观点、不同的研究目的、不同的概念图式，并且在这些东西被证明有效之前，人们所能补充的只是各种不同的结果可加以转变或整合。

替对事实的直接检验。[①]

为了说明其关系论观点，曼海姆要澄清“观点”（Aspektstruktur）这个概念，这一概念是指“人们看待客体的方式，人们所感知的东西，以及人们通过思维对之进行解释的方法”。通过考察“所使用的概念的含义、对抗概念的现象、某些概念的缺席、范畴工具的结构、思想的主要模式、抽象的水平和预先假设的本体论”，就可以描述这些观点并把它们归因于它们的社会根源（H，第244页）。

此时，曼海姆几乎是绕了一个圈子之后，又回到了他的出发点；这样，很快地把他目前的观点与李凯尔特和韦伯的观点等同起来。为情境所决定的思想不再必然意味着意识形态的思想了，而是指在社会结构中占据着特定地位的人会以某种方式进行思想的某种“可能性”（H，第264页）。命题的有效性也不再通过**知识社会学**的分析来加以确定，而是通过直接研究对象来加以确定。还有，知识社会学的“特殊功能”仅仅是帮助我们来确定所概括的命题的有效范围。当然，曼海姆所说的特殊功能只不过是关于一种广为人知的方法论规则的新术语而已，即：无论什么在特定条件下被看作是真实的东西都不应被设想为普遍真实的，或者说不应被设想为无限制和无条件地真实的。布里奇曼和索罗金称之为“有限原则”；杜威称违反该原则的现象为“哲学的谬误”；在最通俗和广为人知的形式中，它被描述为“无根据外推的谬误”。

---

① H，第256页。在最近发表的文章里，曼海姆以相似的方式写道：“当然，情况的确是这样：与其他科学一样，对于社会科学中的真理或谬误进行检验的最高标准是在对对象的研究中获得的，知识社会学是替代不了这一点的。”（K，第4页）

曼海姆的“视角主义”(perspectivism)的观点实质上是与李凯尔特—韦伯“价值相关”(Wertbeziehung)的观点一样的(后一观点主张价值与科学问题的阐述和材料的选择有关,而与结果的有效性无关)。[①] 这两类观点都是从下列前提出发的:大量现 559
象的出现,根据某种概念图式对这些现象进行选择的必然性,与这种概念图式和这种问题的阐述相关的价值和社会结构。事实上,早在1904年,屈尔珀和沃尔斯堡学派的心理学家们已经通过实验向人们表明些些问题(Aufgaben)的特性在很大程度上决定着认识与观察的内容和形式。[②] 格式塔派心理学家们和莱温学派的心理学家们近来又发展了在这些问题直接影响下的那些发现。李凯尔特、韦伯,尤其是曼海姆,力图在这项显著的发现中注入社会因素,以此来表明文化价值和社会结构反过来又决定着那种在某些方面指导着人们进行观察的问题的阐述。因此,显然,知识社会学这一特殊的方面,与心理学的实验研究的

① 参见李凯尔特:《自然科学概念的界限》,第245—271页。“……事实本身是由**价值决定的**,而**价值联系**本身则是科学的。”参见韦伯的《论科学》,第146—214页。“在我看来,在选择、分析和描述‘客体’时,……,**不管**这种观点有多么特殊和片面,都不存在对文化生活或……‘社会现象’的绝对客观的科学性分析。”(第170页)但是,“与对事实、规范和制度之间的关系的一般意义的分析相反,事实与价值之间的关系,其文化意义的形成与提出之间的关系,以及事实的各组成部分的结构与有关其文化意义的观点之间的关系则是完全不同的东西”(第176页)。

② 参见O.屈尔珀:“对相互影响的探讨”(‘Versuche über Akstraktion’),载《实验心理学国际大会的报告》(*Bericht über den Internationalen Kongress für experimentelle Psychologie*,1904),第56—69页;C. C. 普拉特:“反省技术的现状”(‘The present status of introspsctive technique’),载《哲学杂志》,1924年4月24日,第21期,第231页:“就精确的观察和明确的报告而言,观察者只会注意到某一特定经验中那些与此时的特殊问题在决定的趋势上明显一致的方面;而该经验的其他方面则都不同程度地远离直接观察的范围,并且因此不能作为科学的描述对象。”拉尔夫·M.伊顿在他的《符号论与真理》(*Symbolism and Truth*)(剑桥,1925)第17页及下页引用了这段话。

成果结为一体了。但是,人们会注意到,这些实验并没有断言按上述方式进行的观察的有效性应该因此受到怀疑。

曼海姆早期著作中的前后矛盾现象,部分是由于他没有能明确区分谬误(无效)与视角(片面)之间的区别。**如果**提出陈述者承认并容忍了某些陈述的片面特性,那么,这些出自一定视角的陈述也许就是错误的;因而,它们只不过是具体情况某些方面的抽象表述而已。但如果其作者认为这些陈述是人们所关心的现象的极其圆满的表达,那么,这些观点就肯定是无效的了[怀特海的"错置具体性的谬误"(fallacy of misplaced concretness)]。因此,无效和纯粹的视角主义之间的界限很少像曼海姆所意指的那样明显。曼海姆现在强调必须对社会科学中的有效思想采取承认和怀疑的态度,这似乎只不过是对**价值**关系(Wertbeziehung)概念的一种重述而已,并且因此而返回可能是他最初出发点的李凯尔特—韦伯的信徒行列中。[①]

560 3. **有效性的结构保证**。迄今为止,曼海姆一直致力于在给定的观点的范围**内**为有效性寻找根据。然而,他仍然面临着评价各种不同的特殊观点之间的相对价值以及进而证实他所说的这些不同观点的"动态综合"的问题。简言之,如果想要避免出现精神专断,就必须为综合各种不同的特殊解释提供某种共同基础。在《意识形态与乌托邦》一书中,曼海姆提出了一种解决方法,这种解决方法尽管作过修改,但还是有很深的黑格尔和马克思的痕迹。正如历史最终达到了自己的目标一样,黑格尔的唯心主义历史观断言,在黑格尔的哲学体系中,"绝对精神"也达

---

① 这种解释与谢尔丁的解释之间存在非常明显的差别,谢尔丁依据韦伯的《论科学》,系统地批判了曼海姆的理论。谢尔丁把曼海姆的著作看成一个整体,常常把其早期著作和晚期著作并列看待。这里,我们认为应该把曼海姆的著作看成某种发展的体现,而在这种发展的晚期,远离韦伯的初衷又逐渐地削弱了。

到了自己的终极目标,因此,这就保证了其学说的真理性。至于马克思的理论,也有类似的说法,它认为,无产阶级是内在历史过程的现时代表者,而历史过程只为他们打开了通向获得正确的社会思想的可能性。曼海姆则从"独立于社会的知识分子"(sozialfreischwebende Intelligenz)的"无阶级立场"中,找到了社会思想的有效性的结构保证。这些试图把自己从极端相对主义中拯救出来的努力就如同吹牛大王拽着自己的胡须而想把自己从泥沼中拉出来一样。

其他人都觉得难以理解的存在关系(Seinsverbundenheit)概念,只不过是一种很有限的关于知识的观点而已,这种存在关系由于知识分子的存在而正趋于消失(D,第115—120页;F,第67页)。知识分子角色成为了掩饰隐含的相对主义的安慰性工具。知识分子是社会的观察者,他们认识社会,即使不是以超然的态度,至少也是以可靠的洞察力和综合的眼光来进行。对他们来说,正如对马克思的无产阶级一样,可以允许他们找到关于具体的历史处境的圆满思想,而且,正如对马克思来说,这种特权来自他们在社会结构中所处的独特地位。因此,曼海姆指出,知识分子能够理解这个时代的各种冲突倾向,因为他们是"不断地从各种不断变化着的社会阶层和生活环境中吸收成员的"(K,第10页;G,第139页)。在《共产党宣言》中,我们读到:"无产阶级的队伍是从人口的所有阶级中得到补充的。"* 曼海姆宣称:知识分子从结构角度讲是不受歪曲解释的束缚的,因为他们"有意识或无意识地……除了力图在取代目前竞争图式的竞争图式中获胜感兴趣外,还对其他东西颇感兴趣"。(G,第232页;"可理解的或不可理解的观念,比起依赖于社会存在的最高阶段的反

* 《马克思恩格斯选集》中文版,同前引书,第1卷,第259页。——译者注

映更多地取决于一些其他的东西。")恩格斯在他关于费尔巴哈的文章中提醒我们:"德国人的理论兴趣,现在只是在工人阶级中还没有衰退,继续存在着……在这里,没有对地位、利益的任何顾虑,没有乞求上帝庇护的念头。"* 不管事实上到底如何,很明显,就知识分子和无产阶级而言,仅仅依靠他们在社会阶层结构中的地位本身是不足以证实他们的观点的。事实上,曼海姆
561 似乎已经得出了这个结论,因为在后来的一篇文章中,他承认有必要从各种不同的观点中推导出"共同标准"和"转译"结果的公式(H,第 270 页;"对不同方面的观点不能用一个公式来转译……")。然而,就此关系而言,曼海姆并没有说只有得到结构保证的知识分子才能进行这些综合。曼海姆也没有明确地按照他的看法指出怎样才能实现"把一种观点转译成另一种观点"。一旦认定关于思想的存在决定论,那么,又由谁来判断那些相互冲突的思想的属性呢?

因此,很明显,曼海姆从知识社会学中得出的认识论结果,给他带来了许多无法解决的矛盾。毫无疑问,曼海姆沿着后来所勾画的路线对其立场所作的进一步修正形成一个稳固而完整的分析体系。至于在曼海姆看来是源于对知识社会学的恰当扩展的知识理论中的真正革命,可以说已经在过去某个时候轮廓鲜明地进入到美国人的心灵中了。正是在皮尔斯和詹姆斯创立、而后由杜威和米德加以修改的理论中,思想被看作是一种活动,看作是与经验必然相关的,看作是只有在与非认知经验的联系中才能理解的,看作是由困难和暂时的逆境所激发出来的,看作是必须不断地根据对具体事例的应用进行检验的抽象概念,

---

* 《马克思恩格斯选集》中文版,同上,第 4 卷,第 254 页。——译者注

看作是只有建立在实验基础上才会有效。[①] 在这方面，曼海姆对社会结构在引导和推动思想上的作用进行了有价值的分析。

不应误解我们在前面所进行的讨论的基调。曼海姆以其卓越的才能和杰出的洞察力为知识社会学描绘了广阔的轮廓。只要丢掉知识社会学的认识论这个包袱，通过进一步的经验研究来修改其概念和消除偶尔出现的逻辑矛盾，曼海姆所做的程序研究和实质研究的成果便可以用来澄清知识与社会结构的关系这个迄今仍然比较模糊的问题。幸运的是，曼海姆承认他的工作是永无止境的——一项对任何科学工作来说都会引起震动的工作——我们期待着通过对曼海姆所开辟的领域进行进一步探
索以获得更大的收获。 562

① 在后期的一本书里，曼海姆指出，在许多特征上，他是同意实用主义观点的(J，第170页及以下)。他还使用了操作主义的几个概念，这里不能进行考察了。作为例子，参见H，第254页，第274—275页。

第十六章
广播和电影宣传的研究*

本章介绍了对美国国内广播和电影宣传的某些研究情况。为此,我们给宣传这个词下个定义,并且,在本章的讨论中,我们将始终按照这个定义来理解宣传这个词。我们把宣传理解为影响集体在有争议的问题上的意见、信念或行为的任何和所有符号体系。这些符号可以表现为书写形式、印刷形式、谈话形式、图表形式和音乐形式。但是,一旦某个主题被看作不需要争论的问题,它也就不是属于要宣传的问题。从这个意义上讲,在我们这个社会中,像2乘以2等于4这样的观点并不用进行宣传,而像母子乱伦是有罪的这种道德信条则可进行宣传。但是,下列这些观点仍然可能作为宣传的内容:我们在战争中取得的胜利并非必然的;人头税是与民主思想背道而驰的;战争期间,给公民提供像他们所希望得到的那样多的燃料油和汽油是不明智的;某种宗教体系要比另外一种宗教体系更可要求我们忠实于它。只要给出一个有争论的问题,就可能出现宣传,而且,这种宣传看起来几乎是不可避免地要出现的。

另外,还要指出一点。在许多情况下,人们通常把宣传与谎言、欺骗和荒谬等同起来。在我们看来,宣传与真理或谬误并没

---

* 与保罗·F.拉扎斯费尔德合作。

有必然的联系。在战争年代，对美国商船的沉没进行可靠的报道是有效的宣传，可以诱导国民接受遭受损失的现实；否则，他们是很难接受这个事实的。如果我们赞同宣传和谬误是一回事，那么我们就走向虚无主义了。我们还要承认，对宣传内容不分青红皂白地加以怀疑的态度，是为了不接受剥夺，或者为了抵御那些会导致恐惧、不安、放弃信仰的事实或信念。

但是，从停止对宣传进行大规模的讨论到现在已有很长时间了；这些讨论都有引诱人们去思索的魅力，这点是经验研究所控制不了的。为了把宣传中的某些问题集中起来，我们必须转 563
而讨论宣传的特殊问题，并且找出检验我们的阐释的确定程序。这并不是说，对宣传的一般讨论必然是无效的；而只是说，那样做会超出我们所积累的知识范围。也就是说，会充满虚饰、空泛的东西。

本文也可能犯相反的错误。我们只打算介绍在第二次世界大战中由赫塔·赫尔佐格博士和本文作者所领导的哥伦比亚大学应用社会研究处所作的一些研究。这些研究的一个特征是它们关注某种宣传手段所产生的可以查明的效果。另外一个特征是它们的技术取向；这一切构成了为这种宣传的作者和制作人提供建议的基础。这种研究必须服务于目前的决策和行动。十几年前逃到萨摩亚的罗伯特·刘易斯·斯蒂文森无意之间描绘了处于政治行动框架中的研究人员所面临的那种情况：

> 这不是精致的科学，可以小心谨慎地检验事物。我们是在手枪指着我们脑袋的情况下进行着理论研究；我们所面临的是全新的环境，即我们不仅要经得起评判，而且还必须在额定时间内将其付诸行动。

因而，本文所介绍的就是“手枪指着我们脑袋的情况下”所作的研究。我们的目的就是恳求你不要扣动扳机。

宣传分析的模式

从某种意义上讲，对宣传进行详细的分析并不是最近的新发展。至少在上一代人中，就有人研究了电影、广播节目和报纸材料的影响。但是，直到最近，人们才开始对整个宣传材料的全面影响进行研究。这些研究——例如，L. L. 瑟斯通所作的研究——是根据下列观察得出相应的一般性结论的：

> 歧视黑人的电影《一个国家的诞生》，在所测验的观众中，加剧了歧视黑人的情绪。
>
> 电影《运气街》，由于某些未知的原因，增强了人们对赌博的谴责。该片把赌徒描绘成“有趣、讨人喜欢的人物”。
>
> 电影《西线无战事》，在学校儿童群体中引起显著的反战情绪，其效果要比电影《旅行的终点》强烈。

你将会注意到，像这样的研究并没有告诉我们任何引起这些影响效果的宣传的具体特性。而这正是剧本作者和制片人所关心的问题。要想使这些人从宣传研究中获益，就必须要求宣
564 传研究去发现宣传的某些特定和专门的方面的典型影响与全面影响。在特定条件下，有效宣传的特征是什么？本文中，我们将考察几个最近的研究例子，这些例子把特定的宣传特征与特定的反应形式联系在一起。

在转向宣传效果的分析方法之前，我们应该尽力消除一个常有的错觉。显然，一般说来，宣传的作者们是无法仅仅根据他

们自己的直觉或他们自己的反应来了解受众如何对他们的作品做出反应的。下面几个例子——其中,第一个例子主要是教育性的,而不是宣传性的——将表明,作者们可能会引起意想不到的反应。

某个技巧娴熟的作者,尽其可能地以最清楚的方式草拟了第二次世界大战配给票证簿的使用指南。心理学顾问帮助他完成了这个任务。训练有素的访谈员把这些指南送给家庭主妇,并观察她们的反应。在这些观察的基础上,再准备出第二个有关指南的草稿。第二个设计也通过访谈进行检验,经过修改,最后采用修改后的第三个方案。其中心目的就是使人们清楚地明白,各种不同面值的配给票,可以变零为整。

有人设想,既然大多数人都有使用邮票的经验,那么就可以在配给指南上使用相似的东西,肯定会大有裨益。他们应该早就预料到,这种简单的类推会引起像下面的这些评价:

> 我没想到你们要邮寄这些东西,
> 看起来没有地方来贴这些玩意儿。

这个关于意想不到的反应的小例子,仅仅反应了一种传播上的失误。另外一个例子是用电影说明和强调纳粹的残酷和邪恶。其中有几段情节本来用以说明纳粹根本不关心人类共有的尊严,但有时却被观众从纯技术角度加以肯定了:观众把这段情节当作表现纳粹的效率的例证了。而电影制作人所期望的感情和道德暗示却被观众忽视了。

在广播材料中,也能发现许多同样类型的意想不到的反应。作为努力加强社区成员“正确”使用卫生设施的运动的一部分,某个医学协会赞助广播了一篇有关X射线的谈话。谈话者是一位著名的放射学家，他试图劝阻他的听众们不要到无执照医生（庸医）那里去做X射线的检查和治疗。在努力达到他的劝阻效果的过程中，他一再强调“在使用和接受X射线检查时的危险性”。这个放射学家的良好愿望却引起了意想不到的忧虑。
565 一些听众——他们从来没有找庸医看过病——表达了他们新增的恐惧：

> 这使人们不敢使用X射线了。听起来使用X射线真是太危险了。医生用铅防护并戴着手套。人们从这以后不会再要求进行X射线的检查和治疗了。人们会被吓跑的。
>
> 我觉得X射线可能会引起伤害。听了广播后，我想至少X射线是令人不快的东西。

这种意想不到的反应会引起几个基本问题。我们怎样用我们借以确定什么东西可能会产生特定效果的方法，来分析电影、广播和印刷品所进行的宣传呢？达到这个目的的程序就是众所周知的**内容分析**。还有进一步的问题。我们怎样来确定真正由宣传引起的反应呢？我们怎样来估价预期反应与实际反应之间的偏差程度呢？我们能否储备丰富的经验和阐释从而使我们能够更加充分地预见到对各种不同宣传的反应，从而在发表之前通过对宣传材料的恰当的修改来减少或消除不需要的反应呢？用以回答这些问题的方法，我们称之为**反应分析**。

现在，我们开始讨论我们所要完成的主要任务：介绍一下我们在过去两年中对各种不同类型的宣传进行分析的实验。也许，通过集中讨论我们在这些研究中实际遇到的问题，我们能够搞清已经发展起来的内容分析和反应分析的一些程序。

内容分析

首先要通过仔细考察来确定宣传文献——小册子、电影或广播节目——各个不同的组成部分、各个不同的方面,或者对整个文献的各种不同的可能反应。也许,有人设想,审查宣传材料的人会知道其内容。但是,情形远不是如此。为了搞清对宣传内容的可能反应,内容分析需要采用建立在实际经验和心理学或社会学理论基础上的某些方法。单纯的印象主义是不够的。只有通过系统的程序,才能恰当地评价某个十五分钟的广播节目的内容或某部一小时的电影的内容。正像我们观察远处物体需要望远镜一样,我们观察大家在很长的时间中所经历的层出不穷的经验,也需要一些手段,小到计算某些**关键符号**的出现频率,大到确定整体宣传的**结构**或者整个宣传运动的结构。

让我们考察最简单的分析类型即符号分析的几个例子。在 566
一个有关战争士气问题的系列广播节目中,有大约 1000 个符号来表示同盟国(或者同盟国中的各组成国家,而不是美国)和轴心国(分别提到,或共同提到)。通过对十二个节目中各种符号的出现频率的考察,就可以推出几种相应类型的反应,这些反应反映了这些节目的结构,并明显地与作者们的意图相矛盾。在几乎所有的节目中,有关同盟国的符号的频率都与有关轴心国的符号的频率成正比:其中一种符号的增加或减少与另一种符号的增加或减少相一致。这就在这些关于战争士气的节目中形成了一个明显的模式。在很大程度上,对同盟国的兴趣是与它们在同轴心国的战争中的作用休戚相关的,它们之间的其他关系则几乎不提。就这个关于战争士气的系列广播节目而言,同盟国看起来像一群"患难之交的朋友":兴趣主要表现在它们是协力打败轴心国的盟国，而非与我们有着和战争不相关的和谐关系的盟国。这套节目没有把同盟国看成共同体，而只是看成炫耀军事才能和勇气的一些国家。我们崇敬俄国的死难英雄，并为他们成为希特勒的敌人而倍受鼓舞。我们赞颂英国人长期地固守英国这个要塞而阻止了纳粹的进攻。或者，我们为被占领国家的命运哀叹，但是我们对这些国家的兴趣仅限于其被敌人占领的经验。因为这些都是提到同盟国时所表现出来的基调，所以我们发现了在有关同盟国的符号与有关轴心国的符号频率之间这种可观察到的联系。应该注意到，如果不是这种符号计算引起人们的足够重视，那么，分析家们，也许还有广播节目的制作者们，就不会去考察广播系列节目中的这种潜在结构。

这套系列节目谈到敌人时还广泛地使用人格化的陈旧模式：在表示敌人的所有符号中，大约 25% 是与希特勒、墨索里尼、戈林等等联系在一起的，而在有关同盟国的符号中只有 4% 是人格化的，在有关美国的符号中只有 11% 是人格化的。这种简单地人格化的陈规老套的用法，实际上是表示敌人是一小撮坏人，同时暗示一旦消灭了这些敌人，一切就平安了。有证据表明，这种人格化对听众来说是非常愿意接受的，因为这种做法是与过分简单化了的观念相一致的；例如，类似的观点是，我们必须主要通过惩罚犯罪分子而不是采取预防措施来同犯罪现象作斗争。

我们还发现，在纪实电影中称呼敌人的术语的不同分布可以从看过这些电影的受访者的评论中反映出来。因此，如果电影的解说员把希特勒或者整个德国人民说成是一股邪恶的势
567 力，而不是纳粹，那么，这种说法也就在观众反应模式中有所反映。我们只需回忆一下人们对凡尔赛条约中战争罪条款的反应，就会认识到的这个问题具有重大的政治意义。目前的宣传

也许无意之间忽略了敌人的法西斯特征或纳粹特征，因而导致战后人们的憎恨情绪被误导。

另外一个例子是由一本关于黑人的小册子提供的。这本小册子的主题有两个：毫无疑问，黑人依然遭受着种族歧视，但是，他们还是取得了长足的进步，因为我们这个民主的社会使很多黑人能够获得个人成功并使他们能够为社区作出贡献。相反，希特勒总是公开宣扬对有色人种的蔑视，因而，若是希特勒赢得了这场战争的话，那么，黑人的所有既得利益都会被一扫而光。因此，这本小册子的内容可以分为两类：关于"黑人在民主社会中取得的利益和成就"的材料；关于"希特勒的胜利会威胁黑人的权利"的材料。全文共有 89 个段落和标题。其中 84% 是谈论黑人的既得利益，16% 是谈论纳粹主义的潜在威胁。对于这本小册子的作者来说，上述两个主题的篇幅分配显然是非常合理的。

但是，这本小册子使用了两种表述形式。一种是由某位杰出的黑人作家写的文章；另一种是一系列引人注目的带有简短解说词的图片。进一步的主题分析表明，图片说明和文章中表达两种主题的篇幅比例是完全不同的。在文章中，73% 的内容是关于希特勒的灾难威胁；27% 的内容是关于黑人在民主社会中的进步；而在图片及图片说明中，98% 的内容是关于黑人的进步，只有 2% 的内容是关于希特勒的威胁。

然而，当时的实际情况是，绝大部分人，尤其是黑人的教育水平却很低，一般说来他们更喜欢看图片及其解说，而不愿读详述的文章。他们可能看的是前者，而不是后者。在这种情况下，图片几乎完全没有涉及纳粹的胜利会给黑人带来威胁这一主题。结果，这本小册子在很大程度上没有达到其目的。人们检验了一些黑人在阅读这本小册子之前和之后的态度。绝大部分读者由于书中介绍了黑人的成就和贡献而深感自豪，并觉得自我地位得到了提高。但是，这本小册子没能达到推动黑人为了他们自己的利益而去与纳粹主义作战的特殊目的，因为读者们大都没有注意这方面的重要信息。

虽然粗略，上述两个例子还是向人们表明了关键符号的简单计数和主题分析如何使我们能够找到宣传家们因疏漏而引起
568 的错误。这两个例子也可以指导我们去访谈那些接受宣传的人们。还有许多其他类型的内容分析，可以简单地概括如下：[①]

1. **符号计数：**包括辨识和计算传播中的说明性关键符号。严格地说来，这仅仅是指那些已引起接受者注意的符号。对电影解说词中有关敌人的称呼的符号的计数就是这种分析方法的一个例子。[②]

2. **符号的一维分类：**这种方法是对前述的符号计算方法的进一步补充。从广义上说，根据所有符号在文章中的意义是肯定的（“赞同的”）还是否定的（“反对的”）把它们区分开来。因而，英国可以用＋号（胜利的，民主的，勇敢的）来描述，或者－号（战败的，充满等级制度的，背信弃义的）

① 目前，可以找到有关内容分析的全面考察的资料：伯纳德·贝雷尔森：《传播研究中的内容分析》（*Content Analysis in Communication Research*）（伊利诺伊，格伦科：自由出版社，1951）。也可参见 H.D.拉斯韦尔：“符号资料的暂时分类”（‘A provisional classification of symbol data’），载《精神病学》（*Psychiatry*），1938 年，第 1 期，第 197—204 页；道格拉斯·韦普勒斯等：《阅读对人意味着什么》（*What Reading Does to People*），附录 B（芝加哥，1940）；N.G.莱斯特和 I.德·索拉·普尔：“关于内容分析”（‘On content analysis’），载战时传播研究实验室编：《文献》（*Document*），第 26 期，1942 年 9 月。

② 作为例子，参见 H.D.拉斯韦尔：“世界大事一览”（‘The world attention survey’），载《舆论季刊》（*Public Opinion Quarterly*）1941 年，第 3 期，第 452—462 页。

来描述。这种分析是确定旨在达到特定结果的最为有效的符号分布的首要步骤。它可以用来检查那些涉及黑白对比问题的宣传经常不见效果的原因。当它用来研究敌人的宣传时,这种分析可以提供可靠的依据来判断敌人的相对稳定性或不稳定性。①

3. **项目分析**:即把宣传材料的部分或方面加以分类(例如,电影中的场次;广播节目中的歌曲;小册子中的图片)。这种方法需要以心理学中的"注意度"(attention-value)理论为基础来对重要项目和不重要项目进行选择。这些项目能够引起接受者的中心兴趣或者边缘兴趣吗?对于这些项目,不同类型的接受者会如何解释它们呢?在对电影所作的几例分析中,很有可能预测到成为观众注意中心的镜头和场景。

4. **主题分析**:对宣传材料中的明确主题和隐含主题(象征主题)进行分类。与项目分析不同,这种分析是研究一系列项目积累而成的预想意义。②

5. **结构分析**:关注于宣传中不同主题之间的相互关系。这些关系可能是**互补的**(敌人是残酷的,我们是仁慈的);**综合的**(敌人是残酷的、骗人的、侵略成性的、反宗教的);**干扰的**(即各主题致力于不同目的;例如,纳粹是强大的主题会

---

① 作为例子,参见由汉斯·斯派尔和恩斯特·克里斯在社会研究新学院从事极权主义传播的研究项目时所作的工作;没有公开发表的"这是战争"('This is War')广播系列节目的符号分析,哥伦比亚大学应用社会研究处。

② 作为例子,参见由格雷高里·贝特森对一部纳粹的宣传电影所做的研究。还可参见,西格弗里德·克拉考尔:《纳粹战争电影中的宣传》(*Propaganda in The Nazi War Film*)(纽约:现代艺术电影博物馆,1942)。

使人们产生焦虑)。①

6. **运动分析**:研究为完成一个一般性的总目标而设计的各种不同文献之间的相互关系。结构分析是研究某个单
569 一的宣传文献**内**各种关系的,运动分析则是讨论一系列这样的文献之间的关系的。它涉及到次序问题、持续时间问题、相对侧重问题、安排时间问题以及在介绍结构分析时所提到的那些关系问题。②

从上述概括中,我们可以看到内容分析的主要任务就是为寻找对宣传可能出现的反应提供线索。不过,这是不够的。我们还必须弄清楚,这些预期的反应实际上是否出现,内容分析是否真正有效。这就需要访谈接受者;有一种特殊的访谈,我们称之为"焦点访谈"。③

通常,在宣传内容分析与对读者和听众进行焦点访谈之间存在相互作用。事先所作的内容分析必然有助于引导研究者进行访谈,而在访谈中的经验又反过来提高访谈者的洞察力,从而作出更为准确的内容分析。

反应分析

初看起来,为发现对宣传的真正反应而设计的访谈似乎是一个比较简单的任务。但是,在实际中则完全不是那么简单了。应用一般的访谈技术并不足以获得必要的信息。绝大部分人都

---

① 例见克拉考尔的前书作;还可参见由应用社会研究处所作的研究。

② 例如,对于政治运动、公用事业、宣传运动、债券促销等等所进行的研究。

③ R.K.默顿、M.费斯克和P.L.肯德尔合著:《焦点采访》(*The Focused Interview*)。

发现,运用作者或制片人或者社会科学家所用的语言来表达他们对某部电影或某个广播节目的反应是一种很困难的事。

我们已经发现,可以把被访者归为两大类。如果被访者的表达能力很强,他们通常会提出他们的建议,即这部电影“应该怎样构思”或者这个广播节目“应该怎样修改”才能提高其影响效果。他们试图充当一位专职批评家或专职顾问的角色,而这恰好不是我们想要得到的。访谈的策略必须是达到这样的目的:避免在被访者中出现上述顾问式的态度,而要力图使他们汇报他们自己对该种宣传的直接反应。

对于其他那些觉得完全难以表达自己反应的访谈对象,则需要找出一些专门的访谈技术来使他们能够表达出自己的感受。整个采访要根据被检验的宣传材料来确定焦点。采访人员在谈话时不要把被访者的注意力引向宣传的某一特定方面。采访人员的任务仅仅是帮助反应者顺利地讲出他们关注的中心,和他们对那些在他们看来意义重大的项目的亲身反应。如果条件允许的话,采访人员可以适当地提示被访者,启发他们回想电影或广播节目或印刷材料在他们心目中留下的印象。只有在被访者充分地汇报了他们对宣传中感触最深的方面的反应之后, 570
采访人员才能通过核对由内容分析所推出的而不是在访问中所考虑的那些假设来充实讨论。整个采访过程由速记打字员逐字记录下来。这样可以保证我们在以后对宣传的哪个方面到底可以引起某种特定类型的反应这个问题进行深入分析。

一般地说,我们可以根据焦点采访达到下列目的的程度来判断该焦点采访是否有价值:

1. 确定宣传中那些受众反应强烈的方面。
2. 极其详尽地确定这些反应的多样性。

3. 能够使我们检验我们依据内容分析所预测的反应是否真正出现了。

4. 发现完全意想不到的反应;即发现作者和内容分析家们都没有意料到的反应。

尽管采访的上述目的并非都非常重要,但最后一条尤其具有特殊的实践意义。你可能会回想起我们前面所谈到的有关黑人的小册子和有关X射线的广播谈话这两个例子。这一切都是为了向你表明,如果没有内容分析或反应分析来提供帮助,宣传人员经常会只见树木而不见森林。我们需要进一步指出,宣传人员经常是一叶障目不见泰山。假如某位宣传人员打算传达某种思想或者制造某种既定印象,那么他就必须通过文字、图表和其他符号来达到他的目的。他的小册子、戏剧、广播节目或者剧本一旦公之于世,受众就会按照他们自己的意志去理解他的作品。有个故事中讲述一位传教士,他指着桌子并反复说"桌子",直到他的文盲听众能够重复说"桌子"这个词为止。过了一段时间后,他非常吃惊地发现,他的一些文盲听众竟把某种树也当作"桌子"了,因为桌子和这种树都是棕褐色的。另外有一些人则把狗称作"桌子",因为狗和桌子都有四条腿。简言之,每位听众都选择了某个方面来看待这个复杂的客体,而传教士原本是从这个复杂客体的整体意义上谈"桌子"这个词的。同样,考察一下宣传的效果为何经常是完全意想不到的,这会对人们大有启发。

回飞镖效应

这里所要考虑的个案是由我们先前介绍过的对卫生节目的

检验引出的。如果政府打算继续维持那些在战争期间为了保持士气所采取的教育功能和宣传功能，那么，上述的个案就会产生广泛的含义。由于美国人民已经有了接受某些政府管理措施的经验，因此，有证据可以表明，他们在战后时期更容易接受有关改善公共卫生、公共营养和公共教育活动的宣传。

在这个例子中，应该回忆一下，某位县医学协会的代表广播 571
了一篇关于X射线的谈话。他强调，为了防止X射线引起烧伤，需要采取预防措施；他指出，地方政府要通过建立给X射线操作人员发放执照的制度和检查仪器的方法来保护公民；他强调，为了能够胜任这个领域的工作，必须对有关人员进行专门的训练。显然，这位发言人试图阻止他的听众落入既无资格又不诚实的庸医之手。由于他是从职业角度来关心这个问题的，因此，很显然，他没有认识到他的听众们并没有积累像他自己所具有的那样多的经验。他忽视了把这个问题与他的听众们的经验世界有机地整合在一起。

从相关领域的研究中，人们清楚地知道，如果某些信息和态度没有同听众的经验积累情况整合起来，那么这些听众是很难吸收这些信息和态度的。如果这位医生描述了庸医们为了招揽顾客而采取的手段，如果他指出了人们是怎样看待这些庸医的，甚至如果他给出了该领域中无执照操作者的大致人数，那么，他的听众们早就会接受他的观点和态度了。由于他没有这样做，看来他就是言之无物的。

> 尽管他谈论了有执照的医生，但是他却没有表达得特别清楚。他没有说，如果某位无执照者操作了X射线仪器，将会发生什么事。

结果，听众们开始怀疑这个问题的重要性，有时甚至怀疑这个问题的真实性。这位医生仿佛谈论着一种心理学意义上的虚空，其听众则按照某种方式自己去建造这个虚空。他们被告知X射线仪器是复杂的。他们利用这个刚刚得到的信息来以他们自己的方式看待这一问题。

> 我认为这种警告是完全没有道理的。因为不可能每个人都有一台X射线仪。电器商店也许不会卖这种仪器给无执照的人。
>
> 我认为任何无执照的人都不敢用一万美元买进这样贵重的机器，因为其结果只能是在第二天被某位发现他没有执照的人抓住。

可能是打算解决这个问题，这位发言人接下来用泛泛的词语赞扬了X射线专家的优点。经过内容分析，发现在十四分钟内出现了六十三个有关权威、执照和专业化的概念。因为这篇谈话提出了它没有讲清楚的问题，因此，它导致了**回飞镖效应**的出现。听众们变得越来越不耐烦了，最终开始怀疑X射线专家本人了。

> 可以举出许多例子来说明，尽管有的人有执照，但他却不能正确地使用X射线机。
>
> 虽然你可以得到一个汽车驾驶执照，但这并不证明你就能够开车。同样的道理，那些专家能够得到操作执照，但
> 572 这并不能证明他们是胜任的。

该节目强调，对X射线专家们进行适当的训练是很有价值

的。但是,它同时错误地设想,听众们必须培养出一种思想倾向,即鉴定有执照的人是否具有胜任的技能。结果,这位发言人的所有强调,先是导致听众的不耐烦,进而导致听众的怀疑,最后导致听众的不信任。

因此,在某些情况下,人们是以与作者们所意料的相反的形式对宣传做出反应。在我们进行检验的过程中,我们发现了各种不同类型的回飞镖效应,其中有些已在上面提到。上述的“专家”回飞镖效应实际上表明了一种大家所熟悉的回飞镖效应:**它的产生是由于对接受者本身的精神状态做出了错误的心理评价**。除非宣传的内容是与接受者的心理需要相一致的,否则,宣传是不会产生预期反应的。因此,如果不想让宣传产生回飞镖效应,就必须不断更新关于人们中普遍存在的态度和感情的知识信息。只有这样,为人们所熟悉的各种民意测验和其他大量观测研究才能与详细的宣传分析联系起来。

例如,我们从舆论民意测验中了解到,大多数美国人坚信,我们有最强大的军队,我们有最大的战争资料生产力,并且我们对战胜轴心国的胜利贡献最大,尽管事实上并不完全如此。因而,在创作强调我们对同盟国的贡献的电影时,就尤其必须注意不要助长这种民族中心主义。如果我们打算表明英国人、俄国人或者中国人所做的贡献,那么在处理美国人给予他们的租借援助或其他贡献的情节时,一定要专门地和明确地指出这种援助的有限性。否则,我们会发现上面所说的回飞镖效应,即:由于忽视了观众的心理背景,而使上面提到的电影偏离了它所设想的目的。

第二种类型的回飞镖效应可能属于一种难以从根本上克服的回飞镖效应。**它的产生是由于作者陷入了一种困境,即他必须向一群心理异质的接受者进行他的宣传,也就是说,他的接受**

者在所给定的问题上具有相反的精神状态。对一部分接受者有效的材料在另一部分社会状况和心理状态完全不同的接受者中则会产生相反的效果。

让我们举一个有关的例子。一个在珍珠港事件发生不久后广播的关于士气的节目，包含了两个主题。第一个主题是强调同盟国的力量和潜力，旨在驳斥失败主义。第二个主题强调敌人的强大，旨在反对自满情绪和过于自信的倾向。问题是足够清楚的了。强调我们的强大不会让那些已经骄傲的人更加自满
573 吗？与此相关，强调敌人的强大是否会加剧那些已经充满失败情绪的人的失败主义倾向吗？[1] 从采访材料上判断，很显然，上述两种情况都出现了。

避免在受众的不同部分中出现相反的反应，并不是轻而易举的任务。“大众的精神状态”经常变化，有时甚至是此时“乐观”而彼时“极度悲观”的快速变化，这会让事情变得更为复杂。再则，应该指出，如果打算使“关于士气的宣传”在功能上适合于环境，那么，就必须连续宣传与人们中间普遍存在的感情倾向相关的知识。

第三种回飞镖效应也许比其他各种回飞镖效应都显得意义重大，因为这种回飞镖效应可以依据恰当的宣传分析而得到大幅度的削减。我们称之为**结构的回飞镖效应，它是由于同一宣传材料的各个不同主题自相矛盾地起作用而引起的**。如果宣传人员对其宣传的几个主题**分别**加以讨论而忽视这几个主题相互之间的社会联系和心理联系，那么，他就会发现他的整个宣传材料在达到其宣传目的方面是毫无效果的。为了避免出现这种情

---

[1] 事实上，不管数量有多少，还是能够找到一些实验证据表明，人们是以这种方式形成有选择性的反应的，从而进一步增强了他们现有的态度和情绪。

况，必须对这些主题之间的关系进行结构分析。

举一个假想的例子，可能有助于说明结构的回飞镖效应。这个假想的例子，在许多基本方面是与在检验过程中实际出现的例子完全一样的。在美国参加第二次世界大战之前摄制的几部电影，不同于其他的电影，主要含有两个主题。第一个主题强调纳粹的极端野蛮和残暴以及他们对我们的生活方式所构成的威胁；电影通过某些平民仅仅由于政治信念和宗教信念不同而受到粗暴的虐待这些场景来生动地说明这个主题。通过采访，发现它在观众中产生了下列这样的效果：相当一部分观众的强烈的好战情绪被鼓动了起来。

但是，非常奇怪的是，所鼓动起来的反对纳粹的好战情绪并没有必然导致在看过电影的人中表示希望美国参战的比例大于没有看过电影的人。事实上，许多情况下，与"控制群体"比较起来，在"电影群体"中希望美国介入战争的人数常常会稍有减少。这种情况是怎样产生的呢？

通常，采访材料会向人们表明，就希望美国介入战争而言，这几部电影的宣传效果明显不佳，其根源在于这样的事实：电影中的另一个主题起着相反的作用。这个起着相反作用的主题也许强调了纳粹的才能、经验和庞大，并用了纳粹战士的活动情况这样一些详细而生动的场景来举例说明。像这样的主题，有助于引起人们对美国与像纳粹这样令人生畏的军队作战而可能出现的前景感到恐惧和忧虑，尤其当时我们还没有建立起自己的军事力量。 574

因此，可能会产生这样的情况：就影响而言，引起人们恐惧的那种强调纳粹强大的主题抵消了引起人们好战情绪的那种纳粹残暴的主题。因而，好战情绪也就不会转变成希望美国参战的真正要求。对这类电影进行恰当的结构分析，揭示了电影中的某个主题会抑制同一部电影中另一个主题的影响的可能性。所以,尽管每个主题似乎都是有影响的——一个主题是打算激起美国人对纳粹的敌意,另一个主题则是使美国人了解敌人的威力——但是,鼓动人们希望我们介入战争的净效果却可能为零。

这类个案不仅说明了一种回飞镖反应,而且也表明了焦点访谈到底是怎样使我们能够补充和丰富我们在讨论开始时所介绍的那种传统的控制实验法的价值。控制实验法要求找到两组基本一致的实验对象,使其中的一组接受宣传,另一组则不接受。两组实验对象的态度和情绪要检验两次:在实验组接受宣传之前,检验一次;在实验组接受宣传之后,再检验一次。如果两组的确是基本一致的,那么,在第二次检验中两组之间在态度上呈现出的差别就是宣传的作用。但是,让我们假设,就某些态度而言,例如对上述美国是否应介入战争的态度而言,在两组实验对象的反应上没有特别显著的差别。控制实验法不会告诉我们为什么会没有变化。**控制实验法的结果只能表明宣传对于人们的某种态度的净影响,而不能表明导致这种净影响的比较复杂的原动力**。但是,正如我们已经了解的那样,某部电影没有产生影响,也许是由于这样一种情况:分别看来都具有影响的两个主题放到一起产生的反应则互相抵消了。因此,采访材料使我们能够对在实验的结果中可能表现不出来的反应进行心理学的解释。

第四种回飞镖效应也在宣传中频繁出现,因此做简单的讨论。**这种回飞镖效应的产生是由于我们所说的错置例证的谬误**(the fallacy of misplaced exemplification)**引起的**——在此应向怀特海道歉。每当宣传涉及目标受众非常熟悉的内容时,就会有这样的危险:一些接受者根据他们自己的亲身体验来否定宣传精心挑选出来的例子的代表性。我们在前面讨论过的有关黑人和战争的小册子致力于表明黑人在美国民主制度中所取得的社会进步和经济进步。这个主题绝大部分是通过杰出的黑人、改善了的住房条件以及诸如此类的情况的图片来作为例证的。黑人中40%以上的人斥责整个小册子是“不真实的”,因为在他们 575
自己的经验与观察和这些“进步的例证”之间存在着明显的差距。

应当注意的是,即使例证是真实的也不能阻止在接受者中产生回飞镖反应。读者是在以他自己的直接经验作参考系,如果其经验与宣传文本中列举的例证不一致,他就全盘否定这种宣传。由于在“事实”与“宣传”之间的这种显著差别而产生的怀疑会扩大对整个宣传文本的怀疑。

而且,这些回飞镖反应绝不局限在那些最初经验到它们的接受者中间。在与其他人议论宣传文本时,可以说这些持有怀疑的读者都会成为传播怀疑主义的源泉。他们使其他潜在的读者事先就接受了同样的怀疑态度。因此,用以消除产生这种回飞镖效应的基础的内容分析和反应分析,就显示出了特别重要的预防功能。

也许,我们的论述所涉及到的有关宣传分析的大量例子会有助于宣传的作者和制片人克服他们经常遇到的困难。那些富有创造性的作者通常难以接受下列观点:被他视为其灵感的独特表现的东西,能够通过在他看来完全是机械的检验程序而加以改进甚至是加以处理。但这是无关要旨的。我们并不是在探索创作上述宣传作品的设计家、工匠、艺术家的精神。我们显得单调的分析也不可能再现作品中具有戏剧性效果的华丽文词和动人节律。我们觉得我们是无法轻易教会他们技艺的。创造性的观念,无论是以文字、声音还是以图像表现出来,都不能人为地加以制造。[①]但是,对之进行系统分析则需要搞清楚宣传人员是否已达到了他们的目的。正如研究人员写不出令人满意的剧本一样,我们坚信宣传人员如果不使用我们已描述过的技术,他们通常也不可能估价出他们的作品的心理影响。甚至可以猜想,正是由于这种性质的问题,宣传人员不得不设法去消除他们的作品中并不希望出现的一些隐含主义。

这也许说明了为什么我们的检验能够屡次揭示出那些看来
576 应预料到的不当之处。然而,事实上,反应分析通常是不可缺少的;反应分析揭示了许多我们未提及的不足之处。这些还可以应用到对表现方式的分析上。例如,在考虑手法问题时,反应分析通常也是必不可少的:它揭示了有关由电影——与影视表现形式中的蒙太奇手法相对应的场景的迅速转换——而改编的广播节目中的许多问题。依据实验,我们确信,对于一般的广播听众来说,这种手法通常使他们感到迷惘。连续性全丧失了。听众们不知其所云。他们觉得索然无味。同样道理,历史引喻手法通常也会使人不知所云,除非对其详加解释。

再考虑一下纪实电影的真实性问题。宣传人员常常会吃惊地了解到,观众们总是经常询问是否真有可能到希特勒的山林

---

① 我们因而心悦诚服地同意奥尔德斯·赫胥黎在实质上是这一问题上的观点:"……文学家们所从事的绝大部分工作,不是通过计算,也不是应用公式,而是凭他们的审美直觉完成的。他们觉得有一些东西需要说出来,于是他们就用他们自己觉得从美学角度讲最令人满意的文学技巧把这些东西写了下来。在这之后,才有评论家[理解为:宣传分析家]的事。评论家为发现,文学家所创作的文学作品,可以归入某本烹调手册的相应章节中。在很大程度上,这个过程是不可颠倒的。如果缺乏天赋的话,你除了写烹调手册外,不可能创造出艺术杰作来。"见"作为文学家的 T. H. 赫胥黎"('T. H. Huxley as a man of letters'),载《赫胥黎纪念演讲集》,1932 年,第 28 页;也可参见雷米·德·古尔蒙:《论文化观念》(*La culture des idées*),1900 年,第 51 页。

密室中去拍摄希特勒，或者到每个会议室中去拍胖子戈林。宣传人员自己很清楚，那段影片是从某部德国电影中剪辑下来的，但观众们却不清楚。于是怀疑得以滋生并且得到蔓延。同样道理，我们在那些超出观众的接受能力的广播谈话或官员讲话的效果检验中，也发现了大量的判断错误。

我们已经反复地强调过必须获得有关宣传反应的详细证据。作为达到这个目的的辅助手段，我们经常应用一种名为节目分析仪的装置。这种装置是因为最先应用于广播节目的检验中而获得此名的。它可应用于任何按时间顺序进行的传播，诸如电影。可以简单地解释一下节目分析仪的用途。采访观众对宣传的反应，显然，必须要拖延至电影或广播节目放完为止才能开始，因为我们不希望打断观众内心体验的正常思路。那么，我们怎样来帮助观众回忆起他们对宣传材料的某些特殊方面的反应呢？如果由采访人员介绍一些特殊的场景或情节，那么采访人员会有确定注意焦点之嫌。进而，采访人员对场景的描述也会影响反应者对其经验的叙述。节目分析仪就是用来消除上述局限的。

在看一部电影或听一个广播节目时，每个观察对象每当发现他很喜欢正在播放的东西时，就按动一下他右手的绿钮，每当播放他不喜欢的东西时，就按动一下他左手上的红钮。当他觉得对目前正在播放的内容“不感兴趣”时，就不要按动任何按钮。这些反应记录在一盘与电影或广播节目同时运转的磁带上。这样，每位观众或听众**在对宣传材料产生反应的同时，**就把他们的赞同还是反对的态度记录下来。产生这些反应的原因或者详情，在这以后则由我们已提到过的焦点访谈法来加以确定。

很明显，这种程序具有两个优点。首先，由受众本身来选择宣传材料中那些意义重大而足以作为详细采访对象的部分。似 577

乎可以这样说，每位听众都通过把宣传材料的内容分成三组——对他有积极影响的项目，对他有消极影响的项目，对他没有影响的项目——来表达他自己的一般的连续反应。

其次，可以把记录在磁带上的反应积累起来，从而把接受者作为整体得出一个一般的“反应曲线”。这种反应曲线适宜于进行统计学处理，从而使我们能够确定产生赞成反应或反对反应的主要原因。总而言之，这种方法与事先的内容分析法一起，为焦点访谈提供了极其实用的指南。

技术性的宣传或事实的宣传

上述讨论也许已经达到了其主要目的。它已经提供了对宣传进行心理学分析时所需程序的某些概念。现在，让我们开始讨论我们在研究过程中所得到的一些一般结论。

我们在所进行的检验中观察到的最引人注目的反应就是大多数人所表现出的对宣传的普遍怀疑态度。宣传人员则对这种怀疑的流行起了推波助澜的作用。由于宣传随处可见，任何有关价值的陈述都可能被称为“纯粹宣传而已”而立即遭到贬低。情感的直接表达会受到怀疑。那些街头的普通人，当觉得有人试图左右他时，通常都会有下列想法：

> 我认为，要想改变一个成年人的精神实在是太愚蠢了。对我来说，别人想给我留下某种印象，结果我的反应却恰恰相反。尽管我认为，他们打算使你充满爱国主义情绪，但是，我觉得我的反应适得其反。
>
> 至于结尾——高唱《星条旗永不落》。尽管每个人都崇敬国旗，但是他们不喜欢让国旗在他们的面前晃来晃去。

这种怀疑情绪不应令你吃惊。战争时期看来有一些相对来说虚饰浮夸的东西。正如精神分析家恩斯特·克里斯在谈到敌人和我们自己时所指出的那样,“人们是在悲哀和沉默中走入战争的”。[①] 或者,参见一位被采访者在我们的测验中所说的话:

> 在目前情况下,我们再也看不到孩子们行军了,就像我们在1917年那样。我们再也不会有当时的那种情感了。

对于那些试图团结一切力量支持战争的宣传人员来说,这种缺乏奔放的集体热情的现象意味着什么呢?

我们的观察表明,这种怀疑主要是针对那些明显地试图通过感染别人的情绪来控制或蛊惑别人的宣传。试图唤起人们的激情的努力受到猜疑。但是,这还只是一种片面的怀疑主义。578
同样的接受者,他们一方面对那些试图用强烈的感情因素唤起人们爱国主义感情的宣传存有戒心,另一方面却表现出乐意接受另一种类型的宣传的影响,我们暂且称这种宣传为**技术性的宣传或事实的宣传**。

让我们还是从我们在研究过程中所作的观察入手。我们立刻就发现了有一些人对“**详细周密的事实**”深感兴趣。事实能够支配人。下面是一位被观察对象在我们的测验中所做的评论,它反映了这种态度。

---

① 非常有趣的是,恩斯特·克里斯在对另一个完全不同的宣传材料进行研究时,又独立地得出了基本相同的结论。参见他的令人深受启发的文章“战争宣传的几个问题”(‘Some problems of war propaganda’),载《心理分析季刊》,1943年,第12期,第381—399页。

许多人[原文如此]不喜欢试图挑动别人情绪的拉拉队式的爱国主义。我[原文如此]喜欢客观的东西。

从下面这个对一部强调纳粹的强大的纪实电影的评论中，可以看到，这种对专门的、几乎是技术性的信息的需求有时呈现出天真幼稚的特征：

我真的感到吃惊了。我是说我从来不相信我在文章中读到的所有东西。但是，对于那些你耳闻目睹的而且是真实的东西，你不得不信。

前面提到过的鼓舞士气的广播节目中给人印象最深刻的一段情节，详尽地描述了某个护航队的航行速度怎样不必要地由最慢的小艇来决定。这层技术信息里所隐含的是一种有效的暗示，即商船船队中的人为了共同的利益，宁可牺牲自己。这些事实中所包含的寓意——“我的牺牲肯定比不上他们的牺牲”——就能够为那些反对直接号召的宣传的人所接受。表现战斗场面和爆炸场面的电影证明是有效的，只要这些电影集中于详细描述战斗或爆炸的过程而不是强调直接宣传“信息”刺激观众。**让事实说话，而不是让宣传者说话。**

我们现在可能会问：为什么人们普遍对“事实”感兴趣？这种兴趣的功能是什么？**翔实而周密的具体事件，起到了一种样板或模式的作用，可以帮助人们认清他们生活于其中的那部分世界。这些具体事件有价值取向。**对大部分人来说，他们所经历的历史事件总的说来是令人糊涂的。前天还是敌人的国家，第二天却成了盟友。未来要么看起来是黑暗的、充满了绝望，要么看起来是光明的、充满了希望。许多人没有时间也没有能力去理解隐藏在他们身后的趋势和力量,同时又感觉到这一切与他们的生活联系得是多么密切。所有这些都加强了人们的强烈的定向需要。具体的事件起着模式的作用,使得人们能够根据它来解释和理解那些更加复杂的事件。

这方面的例子是非常多的。因此,鼓舞士气的广播节目中的一段插曲给观众留下了深刻的印象:在第一次世界大战,当时身为海军部副部长的富兰克林·德拉诺·罗斯福,在发生了一系 579
列的潜艇事故之后,立即与同潜艇的船员一起进行试航。结果证明,这样做远比直接告诉人们我们的总统的勇敢和过去的经历更令人满意和富有成效。这种做法具有整合和解释的功能。

> 他向人们表明了他不是一个胆小鬼;表明了如果别人愿意下海,他也愿意下海;表明了他是最适合当总统的人,因为他亲身经历过这件事,因为他亲手做过这件事。

因此,当电影特别地表现了英国在敦刻尔克战役之后极度地缺乏装甲部队时,类似的事实也会非常有效地整合各种不同的观点。它在采访过程中将被反复地提到。可以这样说,这样的事实有助于人们具体地、形象地了解英国人在这种力量悬殊的情况下所表现出来的智慧和勇气。在对英国人所作的直接评价会引起怀疑主义或猜疑的地方这样做被证明是有效的。**用以整合和"解释"一系列事件的事实构成了事实宣传的一个重要部分。**

关于事实的宣传,我们还要对其进行其他方面的一般性观察。我们观察到,包含期望获得的宣传意义的某类事实似乎是最为有效的。这就是"信还是不信"栏目和问答书目使用的那种**"惊心动魄的事实"**。它之所以有效,至少有三个原因。首先,它有较大的**注意价值**。惊心动魄的事实特别令人瞩目，就如同是拔“地”而起的“雕像”。其次，这种奇闻具有**传播价值**。它们很容易成为对话和闲谈的流行话题（“你知不知道……”），其宣传影响通常也就因此通过口头语言传播出去了。最后，这些具有整合功能的惊心动魄的事实具有**信任价值**。正如俗语所恰当形容的那样，它们是“冷酷的”。它们不可能引起广泛的潜藏在人们中间的怀疑。

事实的宣传还有另外一个特征，使之明显区别于那种试图通过响亮的口号和直接的倡议来说服人们的宣传。事实的宣传并不试图去告诉人们往哪里走，而是把到达那里所应该选择的道路指给大家看。它保留了个人自主意识，由**他自己**作决定。决定是自愿的，而不是强迫的。事实的宣传是通过间接迂回方法而不是通过直接命令来起作用的。它具有**指示价值**。可以这样说，事实积累起来的力量有其自己的动能。它实际上是一种带有隐含结论的三段论——这个结论要由接受者得出，而不是由宣传人员讲出来。举一个恰当的例子：最近，某个战争机构发表了一本小册子，这本小册子是面向那些现役军人的家属的，目的是劝告他们不要向别人复述海外来信的内容。小册子中并没有特别地强调言谈不谨慎会付出生命和船只的代价这个主题。
580 相反，这本小册子用大量篇幅详细地描述了敌人是如何从特务们在不同时间和不同场合所收集到的零零散散的信息来建立完整的情报的。通过检验，结果表明，这本小册子让读者自己从这些翔实的事实中得出了必然的结论，从而成功地使信件内容不外传。这种由读者自然地得出结论的方法很少能引起幻想破灭的现象，而这对于倡议式的宣传来说则是经常发生的事。措词激烈、暴风骤雨般的演讲可能在当时得到默认，而在之后会受到指责；在事实的逐步推动下形成的自主决定则不需要付出这种代价。

非常有趣的是,我们的敌人看来也发现了技术性宣传的威力。这种宣传类型与其他工具一样也可能被滥用。虚假的事实可能用以代替真正的事实。有几个研究人员对纳粹的“分级管理”的一些实际情况进行了评价。例如,据报道,在德国人侵略比利时之前,显然曾由德国军官在比利时组织了一次强行登陆行动。结果发现,他们这些人所作的侵略计划与实际上要做的事完全不一样。另外,还有一例,是关于柏林第一次发生夜间爆炸事件的。据说,纳粹分子在瑞士报纸和瑞典报纸上编造了柏林发生了大破坏的报道,并使人觉得这些报道是由英国人写的。德国的国内电台转播了这些报道,并邀请当地人士去察看现场的破坏情况,来使他们明白那些报道是不真实的。通过这种方法,许多人就不能不得出英国人在撒谎的结论。这种自我灌输的效果也许显然要比德国电台直接说英国人不诚实的效果好得多。

顺便提一下,可以这样来看,事实宣传的道理实际上与循序渐进教育法的道理差不多。采用循序渐进教育法的学校里,典型的做法是:教师不明确地告诉孩子们应该去做什么或应该去相信什么,而是创造一些环境,来引导他们自己确定那些在教师看来很恰当的行为和信念。

你自己的经验会向你表明,事实的宣传并不是一个“新”的想法。我们之所以要阐述这个观点,是因为它在我们编写鼓舞士气的广播节目时有一定的参考价值。广泛的怀疑主义和被推向犬儒主义极端的不信任是一股腐蚀性很大的力量。但是,既然它们存在,我们就必须研究清楚。如果完全把宣传局限在发发倡议的范围内,那么,就会有加强这种怀疑情绪的危险。事实的宣传可以用来消除普通认识中的犬儒主义。

我们并不认为倡议式的宣传完全过时了。如果要使宣传更
为有效,还必须在相当一部分人中确立共同的价值观和共同的
581 态度。但是,我们的观察结果可能对那些关心战后年代的建设
问题的人是大有用处的。我们不应该只是等待,否则的话,在我
们认识到社会的重新整合在某种程度上必须借助于宣传手段之
际,许多战后问题已经积压成堆难以收拾了。

最后,我们不应夸大宣传的作用。从长远的观点来看,如果
宣传是与种种事件及其背后的力量背道而驰的话,那么它就绝
不可能奏效,正像法西斯主义者已经开始发现的那样。尽管宣
传代替不了社会政策和社会行动,但是宣传可以帮助人们把政
582 策和行动根植于人民的理解之中。

第四编
科学社会学研究

导　论

本编由五篇科学社会学的论文组成。①科学社会学可视为知识社会学的一个分支，它专门研究源于并复归于可控制的实验或可控制的观察这种特殊类型的知识的社会环境。

最广义地讲，科学社会学研究的内容是科学——作为一项带来了文化和文明成果而正在进行的社会活动——与其周围的社会结构之间**动态的相互依赖关系**。正如那些认真地致力于科学社会学研究的人士所被迫认识到的，科学与社会的**相互**关系正是科学社会学所要探究的对象。然而，直到最近，人们才对这种关系的相互性给予了参差不齐的关注；以前，人们对科学作用于社会的方面关注多些，而对社会作用于科学的方面则关注很少。

可能是由于科学对社会结构的作用太显而易见了，尤其是它可以通过其技术副产品来显示这种作用，因此科学对社会结构的作用很久以来便已为人们所关心，即使不是系统地加以研究的话。人们很容易看到科学是社会变迁的一种动力，尽管这

① 关于该领域的详细说明，请参阅伯纳德·巴伯：《科学与社会秩序》(*Science and the Social Order*)(伊利诺伊，格伦科：自由出版社，1952)；以及伯纳德·巴伯与R.K.默顿合著："科学社会学的主要文献"('Brief bibliography for the sociology of science')，载《美国艺术与科学院学刊》(*Proceedings of the American Academy of Arts and Sciences*)，1952年5月，第80期，第140—154页。

些社会变迁不一定都被人们预见到、都为人们所希望。十九世纪前后,甚至自然科学家也时常走出自己的实验室,他们怀着骄傲和惊奇承认自己工作的社会后果,或者带着痛恨和羞愧否认这一点。广岛上空的爆炸只是证明了众所周知的事实:科学是有其社会影响的。

但是,如果说科学对社会的影响早已被人们所了解的话,那么各种社会结构对科学的影响还未被人们认识。到目前为止,自然科学家中极少有人注意过社会结构对科学发展的速度、兴趣中心以及内容的影响。社会科学家中关注这些问题的人也不多。很难说清为什么人们不愿意去探索社会环境对科学的影响
585 这个问题。也许是因为这样一种错误观点,即认为如果承认社会学的事实,就会危及科学的自主性。或许这种见解认为,如果承认科学是一种组织化的社会活动、承认它以社会的支持为前提、承认科学被社会支持的程度以及科学研究的类型在不同的社会结构中不同(比如说科学人才的招募就是如此),那么像“客观性”这种在科学精神中处于核心地位的价值准则就会受到威胁。这里也许存在着这样一种观点,即设想科学若是在社会的真空中发展起来的,它就会保持其自身更加清白纯正。就像今天“政治”一词意味着众多的卑鄙腐败一样,在某些自然科学家看来,“科学的社会环境”一词意味着一些与科学的特性格格不入的事物对科学的干扰。

或许这种不情愿源于另一种同样错误的观点,这种观点认为,如果承认科学与社会的种种联系则无异于是对科学家的无私动机的怀疑,似乎承认这种联系就意味着科学家首先追求的是自我地位的提高而非知识的进步。在本书的许多地方我们对这类并不陌生的错误观点进行了评论:这种错误在于误将动机分析的层面当作制度分析的层面了。正如我们在后面几章所指

出的，科学家可以受各种各样动机的支配——抱着一种无私的愿望去学习，或者希望获得经济利益，或者受主动的好奇心（或如维布伦所称，"懒惰的"好奇心）的支配，或者是因为侵略与竞争的需要，或者是出于利己主义或利他主义的目的。但是，同样的动机在不同的制度背景中会有不同的社会表现，正如在特定的制度背景中不同的动机可以采取近乎相同的社会表现一样。在某种制度环境里，利己主义会使一个科学家去推进某一门学科用于军事技术；而在另一种制度环境里，利己主义则可能使他进行显然是用于非军事目的的研究。为了讨论社会结构如何以及在多大程度上引导着科学研究的方向这个问题，我们不应该因为动机问题而去责难科学家。

然而，一些社会科学家未能充分研究和论述的历史事件却相继发生了。晚近历史的进程使这个问题变得日益困难，即使那些终日将自己关在实验室里而极少接触更广泛的世俗生活和政治社会的科学家也不再忽视这样一个事实：科学本身是多方面地依赖于社会结构的。我们从这些历史事件中选出少数几个来分析。第一个是纳粹德国的出现，它对当时德国科学的性质、地位和发展方向施加了显著的影响。但一些自然科学家只是将其视为一种例外的和病态的个案，对更为一般的情况来说并没有什么意义，而不是把它视为一种更为普遍关系的极端因而也是富有启发意义的个案，也不认为它证明了科学需要特殊形式的社会结构以贯彻其精神。然而，二战期间科学的力量的适应 586
致使更多的科学家认识到科学与社会结构之间的相互作用。最近，苏联科学的政治化再一次使人们得出了同样迟到的结论。

随着这些事件的接踵而至（以至于看起来就像一个连续的事件），许多从前把科学与社会结构之间的联系视为马克思主义社会学的虚构的人终于认识到了这种联系（例如，詹姆斯·B. 科南特在他那本写得极好的小册子《论对科学的理解》中，仍然把“科学与社会之间的内在联系”作为一个“近些年已由我们的马克思主义朋友们说得很多”的问题）。正如我们在第十四章已相当详尽地看到的，马克思和恩格斯确实论述过关于这些内在联系的一般思想，并为那种“把科学史写成就像从天上掉下来一样”的做法而感到遗憾。但不幸的是，马克思和恩格斯以后，关于科学与社会结构的关系的经验研究却极少。那些已经变得古老、陈腐的例证时常被拿出来说明技术上的需要常常会促使科学家们潜心于某些独特问题的研究。对马克思和恩格斯的早期思想的过分依从倒是表现出了对马克思和恩格斯的虔诚，但社会科学的**进步**却受到了限制。或者说，这种把过去的语录加以重新解释的做法对科学研究来说是错误的。于是就产生出了一种思维与写作的模式，这种模式也许适合于某个宗教团体，而这个宗教团体需要的是一成不变的规范，其古老的训示也必须保持原封不动。但是，这种模式却不适合于科学，也包括社会科学。在科学中，新学说的开创者会受到推崇，科学不是通过热中于重复其过去的发现得以发展的，而是通过扩展、修正甚至常常是抛弃原有的思想或发现而得以发展的。对于科学社会学，就像在其他领域一样，我们想重申一下怀特海的至理名言将是颇有裨益的：“一门难以忘怀其创立者的学科是迷途的。”

有充足的制度上的证据表明，对科学与社会结构的关系这个问题（它目前已引起了广泛的关注）的经验研究是不足的：美国没有哪个大学建立一个“科学的社会关系研究所”这样的机构。

本书的最后五章正是要探讨科学与其社会环境的这些关系。这些论文写于很长一段时期内的不同时候，它们针对两个主要问题：首先，它们把科学当作一种与当时社会的其他制度有

着各种联系的社会制度，来探寻科学与社会结构相互依赖的各 587
种方式；其次，它们试图运用整合的和非整合的观点对这种相互依赖关系进行功能分析。

第十七章将说明社会结构与科学发展相联系的形式，特别集中讨论那些政治上高度集权的社会中的这种形式。它要探讨科学的制度规范与政治独裁的制度规范之间的相悖之处。本章也要指出在我们自己这种非集权的社会里，对科学的高度评价与目前科学被用作军事目的以及用于制造新生产设备——有时它的引进会导致失业——之间的相悖之处。它提出，目前科学被人们如此利用的社会后果正在成为反对科学的理由，不管这种对科学的反对如何选错了其攻击的目标。在敌视科学的各种理由中，有一句不久前听起来还像是令人怀疑的比喻，如今听起来则毫不夸张的话："科学要对那些给人类带来破坏的工具的出现负有很大的责任，这种破坏会使我们的文明陷入永久的黑暗和混乱。"

第十八章是由一篇讨论科学与民主社会秩序的关系的论文构成的，它是对第十七章内容的补充。科学的社会制度的精神气质包括关于科学的合法性与科学的价值的普遍准则，因而它包括那些容易与自由社会的准则结为一体的准则。在这种社会里，重要的是人们的能力与业绩，而不是其所归属的地位与出身。科学精神的另一个要素是"共有性"，其特定含义是科学的制度规范将使其成果成为公共财产的一部分，它由全人类共享而非任何个人私有。我们主要探讨科学精神的这一要素与保密的需要之间的相悖之处。"共有性"要求科学知识必须做好一切准备去吸收新的知识，而保密性常常为军事部门有时也为经济部门所喜爱。这里，晚近的历史进程又一次向我们展示，这些制度分析绝非远离实际生活的学究空谈，相反，这些相悖之处正在增加并变得日益明显。因此,卡尔·T.康普顿1949年在海军武器实验室从事武器装备研究时觉得有必要提醒他的同事:“不幸得很,保密与进步往往是不相容的,在科学上情况常常是这样,无论是用于军事目的的研究还是用于其他方面的研究。科学的繁荣和科学家对科学进步的推动应是在一种自由讨论和思想自由交流的气氛下,这样,处于相同或相关领域的科学家活跃的头脑才能保持持续的相互激励。科学中任何强迫保密的做法都无
588 异于是给科学进步的车轮加上了制动器。”

第十九章贯穿着与前面各章相同的含义,即表现为新技术和生产设备的科学的经济副产品,对科学的社会地位因而也对科学未来的发展具有反作用。这篇论文在部分意义上讲也可以说是对科学的公众形象的根源的探询:科学究竟对人类做了些什么?又为人类做了些什么?一些迹象表明科学的社会声誉在很大程度上取决于其成果和其有效的技术副产品,但由于未能成功地把技术中的这些进步有组织地引入生产过程,许多工人发现他们自己正在遭受着被机器取代、技术老化、被解雇或延长失业期限的命运,这也会影响公众对科学的评价。通过引进技师这样一种需从管理部门接受指示的次要角色,工程师和工程技术专家们发现他们有可能逃脱一切与进行各种技术改进引起的社会后果有关的麻烦。

本书的最后几章是首次发表的,它们描述了科学社会学的两项经验研究。第二十章研究了作为一项社会制度的科学支持系统的社会学基础——正如十七世纪发生于英国的情况一样——它利用并试图检验马克斯·韦伯关于早期禁欲的新教主义与资本主义的关系的假设中所包含的见解,即这种禁欲的新教主义有助于激发并诱导人们的活动走向实验科学的方向。这是该假设的历史形态,其更加一般的和分析的形态认为,像其他

社会制度一样,科学想要发展就必须受到群体的价值准则的支持。因而,当我们发现甚至像科学研究这样一项理性色彩很强的活动也必须以非理性的价值准则为基础时,这里并不存在丝毫矛盾。当然这种对科学兴趣的社会学根源的研究问题的早期探导需要通过对另一些发生在其他时代和地方的事件的经验研究来加以引申、补充和修正。通过这些比较研究,必定会使我们对科学社会学的这一重要分支有更加本质的理解。

当科学的社会制度已经可靠地建立起来的时候,那么除了纯科学的因素外,究竟是什么因素决定了科学探索的兴趣中心和问题的选择呢?最后一章正是回答这个问题的,它们以十七世纪英国的情况为背景。自这篇论文首次发表以来,科学研究当中问题的选择是否要受当时实际需要(经济的和技术的)的影响这类令人误解的、无益的问题所引起的争论日趋激烈。争论
的双方中都有这样一些狂热者,他们把社会学研究的问题转化 589
成了政治口号,而在这些政治口号里,问题的答案在对这些问题的艰苦探索之前就已得出了。总之,重要的问题并不在于这种实际需要对科学的发展进程的影响是否**曾经**发生,或者是否它们**总被**证明是决定性的因素。相反重要的是一些多样化的问题,其中每一个问题都需要长期孜孜不倦的研究而非急躁的回答:在不同的时间和地点这些影响是在什么程度上发生的?在什么样的社会学条件下它们具有较大的决定作用?在什么条件下又具有较小的决定作用?这些影响是一门科学学科的早期所特有的吗?那些使问题被接纳为研究课题的各种模式对科学和社会结构产生了哪些不同的结果呢?

随着与这类问题有关的材料的积累,科学社会学的另一分支将获得实质性的进展。本书最后一章便试图提供早年英国科学发展的一个短暂时期的这类材料。 590

第十七章
科学与社会秩序[①]

大约在世纪之交的时候，马克斯·韦伯曾讲过："对科学真理的价值的信仰并非天生的，而是一定的文化的产物。"[②] 今天我们还可以再加上一句：这种信仰很容易转变为怀疑或不信。科学的持续发展只能发生在具有某种特定秩序的社会里，这种社会秩序服从一系列复杂的潜在前提和制度约束。对我们来讲无需解释的并获得了众多不言而喻的文化价值的某种平常现象，在别的时间和地点却是反常的、少见的。科学发展的连续性需要一批对科学事业既有兴趣又有才能的人的积极参与，我们确信科学的这种需要只有在特定的文化条件下才能被满足。于是，重要的问题在于考察那些推动科学飞速发展的机制，这种机制能够选择某些科学学科并予之声誉，而对另一些学科则加以拒斥或贬低。有一点将变得愈来愈明了：制度结构的变迁可以削弱、限制甚至可妨碍科学事业。[③]

---

① 此文曾于 1937 年 12 月在美国社会学学会的会议上宣读，作者要感谢里德·贝恩教授、塔尔科特·帕森斯教授、E. Y. 哈茨霍恩博士和 E. P. 哈钦森博士对本文所提的有益建议。

② 马克斯·韦伯：《科学论文集》(*Gesammelte Aufsätze zur Wissenschaftslehre*)，第 213 页；参见索罗金：《社会与文化动力学》，特别是第二部分第 2 章。

③ 参见默顿：《十七世纪英国的科学、技术和社会》，第 11 章。

敌视科学的根源

对科学的敌视至少在两组条件下会发生，尽管作为这些条件的基础的具体价值系统——人道主义的、经济的、政治的、宗教的——会有明显的不同。第一组条件包括这样的逻辑结论（尽管这些结论并不一定正确），即科学论断或科学方法对满足重要的价值颇为不利。第二组条件则主要地由非逻辑因素构成，它建立在对科学精神气质中包含的情感与其他制度中的情 591
感之间不相容的感觉的基础上。这种感觉一旦受到挑战就会为自身寻求根据而变得合理化。这两组条件在不同程度上都成为现今反科学的思潮的基础。也许还应补充一点，即这种推理和情感反应也同样涉及对科学的社会赞同。但是在这些情况下，人们认为科学有助于达到良好的目的，并且感到科学的价值与基本的文化价值相一致而不是在感情上相抵触。因此，科学在现代世界中的地位可看成两种相对立的力量的结果，一种是赞同科学的力量，另一种是反对科学的力量，它们作为两种大规模的社会活动相互抗衡。

我们将把我们的考察限制在能揭示科学的社会角色的少数显著事例当中，但这并不意味着反科学的运动只存在于局部。许多我们这里所讨论的情况也可能适合于其他时间和地点所发生的情况。①

自1933年开始发生在纳粹德国的情况表明，逻辑的和非逻辑的过程如何会合在一起而限制或削弱科学活动。在某种程度

① E.Y.哈茨霍恩的过早去世中止了一项原计划运用本章的分析方法对现代世界科学所进行的研究。

上讲，这种对科学的阻碍是政治结构变迁和国家主义信条的无意的派生物。按照种族纯正的信条，实际上所有不符合那种政治上强加的“雅利安”世系标准的人，以及没有声明赞成纳粹宗旨的人，都被排斥在大学和研究机构之外。[①] 由于这些被排斥的人当中包括相当多的著名科学家，因此这次种族主义清洗的一个间接后果便是德国科学的衰落。

种族主义包含这样一个信条，即无论是真实的还是象征的接触都会导致种族玷污[②]。如果一个纯“雅利安人”与非雅利安人合作或接受了其科学理论，那么他本人的科学研究将受到限制或排斥。还提出了一种新的种族政治范畴，以包括那些不可救药的雅利安人——“白犹太人”。这个种族中最卓越的成员是获得诺贝尔奖的物理学家维尔纳·海森堡，他曾在他的声明中坚
592 持说爱因斯坦的相对论构成了“未来研究的明显的基础”。[③]

---

① 哈茨霍恩：《德国大学与国家主义》（*The German Universities and National Socialism*），第三章关于对大学的清洗（坎伯里奇：哈佛大学出版社，1937）；参见《民族与教育》（*Volk und Werden*），1937年，第5期，第320—321页，它讨论了对博士学位的一些新要求。

② 这是德国引入种姓制度的若干阶段中的一个，正如R.M.麦基弗曾指出的：“在所有种姓制度里，种族玷污的观念都是普遍存在的。”见《社会》（*Society*），第172页。

③ 参见党卫队机关报《黑色军团》（*Schwarze Korps*），1937年7月15日，第2页。在这篇文章中，帝国物理技术研究所所长约翰内斯·斯塔克号召人们反对继续任命三位已成为非雅利安人“信徒”的大学教授。另见哈茨霍恩，前引书，第112—113页；阿尔弗雷德·罗森堡：《德国国家社会主义工人党的本质、原则与宗旨》（*Wesen, Grundsätze und Ziele der Nationalsozialistischen Deutschen Arbeiterpartei*）（慕尼黑：E.博普尔出版社，1933），第45页；J.斯塔克：“作为德国自然科学家的菲利普·伦纳德”（‘Philipp Lenard als deutscher Naturforscher’），载《国家社会主义月刊》（*Nationalsozialistishce Monatshefte*），1936年，第71期，第106—111页，这篇文章对海森堡、薛定谔、冯·劳厄和普朗克进行了谴责，因为他们没有同爱因斯坦的“犹太物理学”脱离关系。

在这些事例中，国家和种族纯正的感情明显地压倒了功利主义的理性，这样一种准则的实施导致了德国大学中自然科学和医学系比神学和法学系遭受的损失更大，正如哈茨霍恩所发现的。[①] 相反，政府在制定有关科学研究方向的政策时，最先考虑的却是功利的问题。那些能够给纳粹党和第三帝国带来直接的实际利益的科学工作就会得到最佳的扶植，科研资金也按照这样的政策进行重新分配。[②] 海德堡大学校长宣称："与其实用性比起来，任何知识的科学意义都是很次要的问题。"[③]

这种普遍的反理智主义的论调，即对理论家的轻视和对实干家的赞美[④]，会对科学在德国的地位产生长远的而非即时的影响。因为一旦这种态度固定下来，那些最有天赋的人便会试图避开这些变得不体面的智力学科。在三十年代末，这种反理

---

① 该论断所依据的资料来自哈茨霍恩的一项未发表的研究。

② 参见"科学与四年计划"（'Wissenschaft und Vierjahresplan'），载《NSD—大学教师联盟纪念集会演讲》（*Reden anlässlich der Kundgebung des NSD-Dozentenbundes*），1937年1月18日，哈茨霍恩前引书，第110页及以下；E. R. 延施：《德国大学和大学生的新形象》（*Zur Neugestaltung des deutschen Studententums und der Hochschule*）（莱比锡：J. A. 巴特出版社，1937），特别是第57页及以下。例如，在历史领域，沃特·弗兰克这位帝国新德国种族研究所所长（"该研究所是在国家社会主义革命精神的影响下创建的第一个德国科学机构"），尽管资料表明他是最不赞成研究古代历史（"甚至外国民族的古代历史"）的最时髦的人物，但他同时也指出，原先给考古学研究所的资金也必须重新分配给这个新的历史研究机构，后者"将拥有记述国家社会主义革命的荣誉"，见其《未来与国家》（*Zukunft und Nation*）（汉堡：汉萨同盟出版社，1935），特别是第30页及以下。

③ 恩斯特·克里克：《国家政治教育》（*Nationalpolitische Erziehung*）（莱比锡：阿乌内出版社，1935），第19次印刷，第8页。

④ 纳粹理论家阿尔弗雷德·博姆勒写道："今天，如果一位大学生拒绝服从政治准则，譬如拒绝参加某种劳动营或国家体育运动营，因为他为此会耽误学习时间，那么，他以此表明，他对他周围发生的一切什么也不理解。他只能在一种抽象的、无目标的学习中耽误他的时间。"《人的联盟和科学》（*Nännerbund und Wissenschaft*）（柏林：容克与杜恩豪普特出版社，1934），第153页。

论的倾向所产生的效果已经可以在德国大学的学术兴趣的分布中觉察到。[①]

593 如果由此认为纳粹政府完全否定科学和智慧,那将是误解。官方对待科学的态度很明显是矛盾的和不稳定的(由于这个原因,纳粹德国所做的任何有关科学的声明都是处于修正之中)。一方面,科学的挑战式的怀疑主义与强迫人们无条件接受的一套新的价值观念是相互抵触的。但是,新的独裁政府必须认识到——正如霍布斯所认识到的,他认为国家必定是要么获得一切,要么一无所有——科学就是力量。由于军事的、经济的和政治的原因,理论科学(更不必说它的更为可敬的同胞技术了)不可能被无危险地抛弃。经验证明,即使最深奥的研究也有其重要的用途。除非功利主义和理性被无可挽回地放弃掉,否则我们就不应该忘记是克拉克·麦克斯韦尔对以太的推测导致了赫兹的发现,正是这个发现最终导致了无线电技术的出现。实际上有一位纳粹发言人也说过:"正像我们今天的技术以昨天的科学为基础一样。今天的科学研究也是明天的技术的基础。"[②]对功利的强调要求科学必须保留一个稳固的最小兴趣以服务于国家和工业。[③] 同时,这种强调将导致纯科学的研究受到一定限制。

---

① 哈茨霍恩,前引书,第106页及以下;参见"科学与四年计划",前引著作,第25—26页,他把目前"科学生产率的喘息发作"部分地归于这样一个事实,即相当数量的、本可以接受科学训练的人都被军队招募走了。虽然这是一个对那种特殊情况的可疑的解释,但对理论科学的兴趣的长期扭曲有可能会导致科学成果的下降。

② 蒂森教授在"科学与四年计划"中所言,前引书,第12页。

③ 例如,化学因其实际的重要性而受到了高度重视,正如希特勒所讲的:"我们要继续保持这种状况,因为我们有一种狂热的意志在支持着我们自己,因为在德国我们有化学家和发明家能够满足我们的要求。"引自"科学与四年计划",前引书,第6页及各处。

对科学自主性的社会压力

对纳粹国家中科学角色的分析将揭示出下列因素和过程。作为国家社会结构的一个部分，如果想要扩展其统治的话，就要求对它有起码的忠诚。像所有其他人一样，科学家也被要求放弃对一切制度性的规范的坚持，因为在政治当局看来，这些规范与国家的规范是相冲突的。[1] 就科学家们需要拒绝政治强加给科学的合法性或强加给科学的价值标准而言，科学精神气质的规范必须被牺牲掉。于是这种政治统治的扩张便产生了一种矛盾式的忠诚。在这方面，热忱的天主教徒反对政治当权者改变社会结构、侵犯宗教传统领域的活动，与科学家的反抗活动属于同一种类型。从社会学的观点来看，科学在极权主义世界中的
地位与在所有其他制度中大体上是一样的，除非出现一种以新 594
的方式统治的国家。根本的变化在于将科学置于一种新的社会环境里，在那里，科学能时时地与对国家的忠诚进行竞争。于是，在纳粹德国，与非雅利安人合作被视为政治上不忠的表示。在自由的社会秩序里，对科学的限制不是以这种方式发生的。因为在这样的社会结构中，自主性的实质范围——这个范围的大小肯定是变化的——是通过非政治的制度取得的。

因此，极权国家与科学家之间的冲突在某种程度上来源于新政治规范与科学伦理之间的矛盾，这些政治规范不顾各种职

① 这一点由帝国科学部部长伯恩哈特·鲁斯特清楚地指出过，见《国家社会主义的德国与科学》(*Das nationalsozialistische Deutschland und die Wissenschaft*)(汉堡:汉萨同盟出版社，1936)，第1—22页，特别是第21页。

业的规范而强加于一切之上。科学精神[①] 包括这样一种功能上的必然要求:种种理论或通则必须根据其逻辑上是否一致以及与事实是否符合而得到评价。而政治上的伦理则引入了迄今为止并不恰当的种族标准或理论家的政治信条。[②]现代科学已经把个人在观察上的误差视为产生错误的潜在根源,并发展出了非个人的标准来检查这种错误。这种政治规范却主张,对某些科学家来说,由于科学之外的原因,他们除了会建立一些虚假的、错误的理论以外将**先天地**一事无成。在某些情况下,科学家不得不接受那些在科学上不够格的政治领导人对有关的**科学事务**所作的裁决。但是,这种政治上看来可取的策略却与科学的制度化规范背道而驰。然而,这些往往被极权国家当作"自由主

---

① 科学的精神气质是一种带有感情色彩的混合体,它包含一些规则、命令、惯例、信念、价值和先决条件,用来约束科学家。这一混合体的某些方面可能是方法论上所要求的,但这些规则的遵守却不仅受方法论因素的支配。就像一般的社会准则一样,这种精神气质要受到适用它的那些人的情感的支撑。对犯规行为的制裁是由内化了的禁令和由该精神气质的支持者所发动的带有感情色彩的指责来实现的。这种有效的精神气质一旦产生,憎恶、嘲笑以及其他一些厌恶态度就会几乎自动地发挥作用以稳固现存结构。这可以从当时德国科学家反对对这种精神气质内容的明显限制当中看到。这种精神气质可视为科学的"文化"成分而非"文明"成分。参见默顿:"文明与文化"('Civilization and culture'),载《社会学与社会研究》(*Sociology and Social Reserch*),1936年,第21期,第103—113页。

② 参见博姆勒前引书第145页上所说的(也可参见克里克在前引书中所说的):"不是一切可以提出科学性要求的东西都处于同样的等级层次和价值层次上;新教的和天主教的、法国的和德国的、日耳曼的和犹太的、人道主义的或者种族主义的科学首先只是些可能性,是还没有实现的或者根本不是同等级别的价值。关于科学价值的确定源于它的'当下性'、它的创造性、它形成历史力量的程度……"

义”或“世界主义”或“资产阶级”的偏见①而拒绝考虑，因为它们不会与奉行那种不容异议的政治纲领的运动同流合污。 595

从一个更广的角度看，这种冲突是制度变迁的一个阶段。科学已经获得了相当程度的自主性，并发展出了一套制度来保证科学家的忠诚。但目前其规范的自主性和其游戏规则——简言之，即它的精神气质——都受到了一种外在权威的挑战。体现在科学精神中的感情——它以理性的公正、诚实、有条理的怀疑主义、无私利性和无偏见性为特征——却被国家强加在科学研究当中的一系列新的感情所践踏。随着社会由原来那种有限的权力分属于人类活动的若干领域的结构，向另一种只存在一个统摄所有方面行为的集权结构的急剧转变，各领域的代表们就会起来反对这种转变，去维护原来那种具有多元权威的结构。虽然通常总是把科学家看作公平的、无偏见的个人——就科学家所从事的技术活动来讲这可能并不错——但我们必须记住这一点，与所有其他职业工作者一样，科学家对其生活方式投入了大量感情，这种感情是由制约着科学家行为的一套制度规范所规定的。只有建立了一套适当的防御手段去抵抗科学之外的因素所强加给它的变化，科学的社会稳定性才能得到保证。

这种保护制度的完整性和抵制对社会结构的附加限制（这种附加限制可能会与科学的自主性相冲突）的过程还表现在另一个方面。现代科学中有这样一个基本假设，即科学命题“不因

① 于是，恩斯特·克里克说：“将来，对于科学，就像一般对法律、经济、国家或公共生活一样，人们将不再幻想它具有丝毫的中立性。实际上科学的方法只不过是政治方法的一种反映罢了。”《国家政治教育》，第6页，参见博姆勒前引书，第152页；弗兰克：《未来与国家》，第10页；试与马克斯·韦伯的“偏见”即“政治不应该存在于讲堂之中”相对照。

人而异”和因群体而异。[①] 但在一个完全政治化的社会里——正如一位纳粹理论家所表述的：“政治的普遍意义得到了承认。”[②] ——这种假设是可疑的。科学发现被认为只不过是种族、阶级或国家的表达方式。[③] 当这样的信条被一般人感受到后，便会引起对科学普遍的不信任和对科学家威望的轻视，认为科学家的发现是武断的和反复无常的。这样一个威胁着科学家社会地位的反理智主义的变种会引起科学家本能的反抗。同样，在意识形态方面，极权主义也会引起与现代科学的规范假设

596 的冲突。

纯科学规范的功能

一种与科学的纯粹性有关的情感，在科学家从事科学研究训练的开始就被他吸收了。科学绝不容忍使其自身成为神学、经济或国家的侍女。这种情感还具有维护科学自主性的功能。因为假如采用一种与宗教教义、经济实用性或政治上的适当性相和谐的、非科学的标准去衡量科学的价值的话，那么科学就只有在满足这些标准时才是可接受的。换言之，如果纯科学的感

---

① H.莱维：《科学的世界》(*The Universe of Science*)(纽约：世纪出版公司，1933)，第189页。

② 博姆勒：《人的联盟与科学》，第152页。

③ 相当有趣的是，极权主义的理论家采用激进相对主义的知识社会学学说作为一种政治上的权宜之计来诋毁“自由主义的”、“资本主义的”或“非雅利安的”科学。走出这个死胡同的出路就在于安置这样一个“阿基米德支点”：领袖和其人民的一贯正确性。参见赫尔曼·戈林将军：《德国的重生》(*Germany Reborn*)(伦敦：马修斯和马罗出版社，1934)，第79页。卡尔·曼海姆“关系主义”在政治上有效的变种(例如，在《意识形态与乌托邦》中)被诸如沃特·弗兰克、克里克、鲁斯特和罗森堡之流的纳粹理论家用于宣传的目的。

情被完全消除的话,那么科学就会变成一种直接受其他制度因素摆布的附属物,它在社会中的地位也会变得愈来愈不确定。科学家百折不挠地拒绝把功利主义的规范强加于其工作的努力,主要的功能就是避免了这种危险,而这在当前是尤为显著的。也许正是出于对这种功能的默认,有一次在剑桥举行的科学家宴会上,一位科学家说了这样一段祝酒词:为纯数学干杯,并祝愿它永远不会对任何人有任何用处!

于是,提高纯科学的地位就被视为对种种入侵的规范的抵御,这些规范限制了作为一种有价值的社会活动的科学研究的潜在进步趋势,并且威胁到其稳定性和连续性。当然,科学成就的技术标准对科学来讲也具有积极的社会功能,人们由技术——最终还是由科学——所得到的不断增多的舒适与便利导致了社会对科学研究的支持。它们也同样证明了科学家的完美,因为通过这样一种人人都能够理解的方式,即通过其技术应用,那些外行难以理解和评价的抽象理论就有可能得到证明。对科学的权威性的接受在很大程度上依赖于科学力量的日常显示,如果没有这样的间接显示,那么公众对于在智力上很难理解的科学的持续的社会支持,是很难只靠信念加以维持的。

同时,这种对科学的纯粹性的强调已经造成了其他一些后果,它们威胁着而不是维护着社会对科学的尊重。人们反复强调在进行科学研究的过程中,除了知识的进步,科学家应置其他
一切于不顾[①],其注意力应该只集中于其工作的科学意义,对这 597

---

① 例如,帕雷托写道:“追求与实验的一致性本身便是一种目的。”见乔治·A.伦德伯格的典型表述:“对于一个发明了一种烈性炸药的化学家来说,无论他搞出的炸药将用来炸毁教堂还是用来开凿穿山隧道,都不影响他本人的研究。同样,对一位研究群体行为法则的社会

种工作可能产生的实际用途或一般的社会影响则不加考虑。通常为该原则——事实上它多少有些根深蒂固了①,而且正如我们已经看到的,它无论如何都有着明确的社会功能——辩护的理由是,若不遵循这个戒律,那么出现偏见和错误的可能性就会增大,这样就会妨碍科学研究的正常进行。但是,这种**方法论**的观点却忽视了这种态度的社会后果。这种态度的客观结果为反对科学提供了更进一步的基础。这种刚刚开始的对科学的反抗事实上在那些科学已经达到高级发展阶段的所有社会里都被发现了。由于科学家没有或不能够控制其成果应用的范围,于是当这些成果的应用引起权威人物或压力集团的不满时,科学家便成了受责骂甚至更激烈的反对行为的对象。对技术成果的厌恶发泄到了科学身上。因此,当新发现的气体或炸药被用作军事设备时,那些人道主义感情受到践踏的人就会对整个化学加以谴责。他们认为科学要对那些给人类带来毁坏力量的工具负很大的责任,据说这种毁坏会使我们的文明陷入永久的黑暗和混乱。举另一个显著的例子,科学以及相关技术的迅速发展,导致了一场由既得利益集团和那些认为其经济上的公平受到冒犯的人掀起的不分青红皂白的反科学运动。著名的乔赛亚·斯坦

科学家来讲,他的研究也不受这样一些因素的影响,诸如他所得到的结论如何与现存的观念相一致,或者他的发现将对社会秩序产生怎样的影响,这也不是他本人的事情。"《美国社会学的趋势》(*Trends in American Sociology*)(G. A. 伦德伯格、R. 贝恩和 N. 安德森编,纽约:哈珀出版公司,1929),第 404—405 页。比较里德·贝恩关于"作为平民的科学家"('Scientist as citizen')的评论,见《社会力量》,1933 年,第 11 期,第 412—415 页。

① 这个观点的神经病学理由可以见 E. D. 阿德里安的论文"决定人类行为的诸因素"('Factors determining human behavior')(哈佛大学三百年校庆纪念文集,坎伯里奇,1937)第 9 页:"对于区别性的行为来讲……必定存在着某些利害关系,然而如果这种利害关系太重大,那么这些行为就不再是区别性的。在强烈的情感压力下,行为将一致地趋向于几种定型的模式中的一种。"

普爵士和许多不太出名的人士曾提议对发明和发现实行暂时性中止[①] 以便使人们有一段喘息时间调整其社会和经济结构去 598
适应由“令人为难的技术富有”带来的不断变化的环境。该建议在科学团体和政府机构介入之前就在新闻界得到了广泛的传播,并且由于其不懈的坚持而得到推进。[②] 反对声同样地来自工人代表和资本家阶层。工人们担心损失他们在技能培训上的投资,这些技能在新技术的洪流面前变得过时了;资本家则反对过早地淘汰他们的机器。尽管这些建议还不会迅速转变为行动,但它们却构成了一种使反科学的一般倾向成为现实的潜在

---

① 当然,这并不构成反对科学本身的运动,况且,工人破坏机器和资本家压制发明的事在过去都已发生过。参见默顿:“工业发明速度的波动”(‘Fluctuations in the rate of industrial invention’),《经济学季刊》(*Quarterly Journal of Economics*),1935 年,第 49 期,第 464 页及以下。但是,这种运动却导致了这样一种观点,即科学由于其社会后果必须严格加以控制。乔赛亚·斯坦普爵士的建议可以在他于 1934 年 9 月 6 日在阿伯丁对英国科学促进协会的演讲中找到。类似的建议还由 M. 卡约提出过,参见约翰·斯特雷奇:《正在到来的权力之争》(*The Coming Struggle for Power*)(纽约,1935,第 183 页)。H. W. 萨姆斯在美国众议院也提出过,还有其他一些人。以现时的人道主义的、社会的和经济的标准来看,科学的某些产物是害大于利。这种评价有可能摧毁科学工作的理论基础,正如一位科学家可怜地指出的:如果一位科学工作者必须因其工作而谢罪的话,那我真是浪费了我的生命。参见《科学的挫折》(*The Frustration of Science*)(F. 索迪编,纽约:诺顿出版公司,1935),第 42 页及各处。

② 英国科学家尤其反对“把科学的成果用作战争目的”。英国科学促进协会历届年会的主席致辞以及频繁地刊登在《自然》(*Nature*)杂志上的社论和书信,表明这场运动是“崛起的一代科学工作者对其社会责任的崭新的意识”。这场运动的领袖人物有弗雷德里克·高兰·霍普金斯爵士、约翰·奥尔爵士、索迪教授、丹尼尔·霍尔爵士、朱利昂·赫胥黎博士、J. B. S. 霍尔丹、L. 霍格本教授。例如,由剑桥大学二十二位科学家签名的信,便提出一个使科学脱离战争的纲领(《自然》,1936 年,第 137 期,第 829 页)。英国这些科学家协调一致的努力与德国科学家对这些问题的冷漠态度形成了鲜明的对比(这种观察适用于原子武器发展起来之前的时期)。这种差异的根据也许得到了有益的探讨。无论怎样,尽管这场运动可能源于感情因素,但在民主制度中它可起到这样的作用,即消除敌视科学的一个根源。

基点。这些观点(即认为科学最终应对那些人们所不希望的事情负责)能否站得住脚并不很重要。W.I.托马斯的社会学定理——“如果人们设定某些情形为真,结果这些情形就成为真的。”——再一次得到了证实。

简言之,这种对科学进行重新评价的基础可以从我在别处所讲的“利益的紧迫的直接性”这个概念中得到。① 对科学的根本目的(即促进知识)的关心往往是与对直接利益范围之外的社会影响的忽视联系在一起的,但这些社会后果却对科学有着反作用以致干扰科学的初衷。这种行为就其可能是为了满足直接利益而言可能是合理的,但就其摧毁了其他价值而言却是不合理的,这些价值尽管在当时并不是至高无上的,但它们仍是关于价值的社会尺度的不可或缺的一部分。正因为科学研究不是在社会真空中进行的,所以其影响就会交织在价值和利益的其他领域。就这些影响被认为在社会上不受欢迎而言,科学担负有一定的责任。科学的本领不再被认为是一件绝对的幸事了。通过这样的透析,这种纯科学的信条和无私利性原则就为其自身
599 准备好了墓志铭。

战线可以通过对下面这个问题的回答而得到划分:一棵好树上能否长出恶果来? 那些因为知识之树长出了可咒的果实而想将其砍掉或阻碍其成长的人碰到了另一种观点,这种观点认为那些恶果是由于国家或经济上的原因而嫁接到好树上去的。认为不良的社会结构造成了科学发现的滥用,这种看法也许能够安慰个别科学家的良心,却几乎无法消除那种已被激怒了的反科学的情绪。正如科学家们进行科学研究的**动机**各不相同,有的是受一种推动知识进步的热情所支配,有的则对获得个人

① 默顿:“有目的的社会活动的不可预期的后果”,前引书。

名望有着极大的兴趣；也正如科学研究的**功能**不尽相同，有些可以为现存秩序提供完美的理论解释，有些则可提高我们控制自然的能力，因此科学的其他社会效果也一样会被认为是对社会有害的，或者也一样会导致对科学精神自身的修正。科学家存在着这样一种倾向，即设想从长远看科学的社会效果**必定**是有益的。这一信条只能起到为科学研究提供理论说明的功能，但它显然并不是对事实的表述。它包含着真理与社会效用之间的混淆，而社会效用典型地出现在科学的非逻辑的阴影中。

作为大众神秘教义的深奥科学

科学与社会秩序联系的另一有关方面很少为人们意识到。随着科学研究变得愈来愈复杂，要想检验甚至理解新的科学发现都要经过一段长期的严格训练。现代科学家必定会被看作一群难以理解的人。这导致科学家同外行人之间的隔阂越来越大。外行人会无条件地相信那些已公开发表的关于相对性、量子性或其他诸如此类深奥问题的论证。他的这种欣然赞同的做法同样反复使他确信，那些他或许已从中受益的技术成果最终是从这样的科学研究中得来的。然而，他还是对这些奇妙的理论存有疑虑。一门新科学的通俗的、常常是被歪曲了的形式总是强调那些看起来与人们的常识截然相反的理论。在公众看来，科学总是与深奥的专门术语不可分地联系在一起。对未受过教育的外行来讲，极权主义的代言人关于种族、经济或历史的科学的声明与那些关于宇宙膨胀或波动力学的声明如出一辙。在这两种情况下，外行人都无法理解这些概念或检验其在科学上是否正确，而且在这两种情况下上述概念都与人们的常识大不一致。要说的话，对一般公众而言极权主义理论家的神话似

乎比已被鉴定过的科学理论更加有理,并且更加容易理解,因为
600 它更为贴近人们的常识经验和文化偏见。因而,科学进步的后果之一就是平民百姓对这种披着科学名词外衣的新神秘教义更为适应。这通常有助于宣传的成功。从科学那里剽窃的威信变成了非科学学说的崇高威望的象征。

公众对有条理的怀疑主义的敌视

科学态度的另一个特征是有条理的怀疑主义,它常常足以构成对规范观念的冲击。[①] 科学看来对其他制度的"惬意的权力假定"[②]提出了挑战。做到这一点只需对其进行独立的详细审查即可。有条理的怀疑主义包含对那些已确立的常规、权威、既定程序以及一般说来"神圣"的领域的某些基础的潜在质疑。的确,**从逻辑上讲**,确证信仰和价值的经验起源并不意味着否定其有效性,但却会对质朴的心灵产生一种负面心理影响。制度化了的符号和价值所需要的态度是忠实、依附和遵从。作为对有关自然界和社会的一切方面的事实进行探究的科学,当它研究那些已被其他制度具体化和常常是仪式化了的观点所面对的事实时,会与其他观点陷入了心理上的而非逻辑上的冲突。大多数制度都要求无条件的信奉,但科学却把怀疑视为美德,在这

① 弗兰克·H.奈特:"经济心理学与价值问题"('Economic psychology and the value problem'),载《经济学季刊》,1925年,第39期,第372—409页。那些思想单纯的科学家由于忘记了怀疑主义主要是一个方法论准则,于是将其怀疑主义普遍地扩展到价值领域。在这里,象征性符号的社会作用被忽略了,于是这些符号被指责为"不真实"。社会效用与真理又被混淆了。

② 查尔斯·E.梅里亚姆:《政治权力》(*Political Power*)(纽约:惠特尔西出版社,1934),第82—83页。

个意义上，任何制度都有一块神圣的领域来抵抗那种运用科学的观察和逻辑方法所做的对其不敬的检验。科学制度自身也包含对某些价值的感情依附。但是，无论面对的是政治信念、宗教信仰或是经济权力的神圣领域，科学探索者都不会使自己以既定的非批判的和仪式化的方式行事。他不会去维护神圣与亵神之间、需要非批判地遵从的事物与可以客观地分析的事物之间的分裂。①

正是这一点部分地构成了反对所谓科学入侵其他领域的理由。在过去，这种反对多半来自教会，因为教会禁止对神圣的教条进行科学的检验。对《圣经》的文本的批评仍然是值得怀疑 601
的。当社会权力由教会转移到了经济制度和政治制度中时，那种有组织的宗教势力所做出的反对就变得不那么重要了，而经济制度和政治制度却随即对普遍的怀疑主义显示出公开的仇视，因为这种普遍的怀疑主义对制度稳定性的基础提出了挑战。这种对立原本就有可能存在，更不用说引入了一些使某些宗教的、经济的和国家的特殊教条无能为力的科学发现了。认为怀疑主义对**现状**构成了威胁这种看法是很不得要领的并且往往是含糊的。必须再次强调的是，科学范围内的怀疑主义与其他制度所需要的感情依附之间的冲突并非是逻辑上的必然。但是，作为一种心理上的派生物，这种冲突总是出现在科学拓展其新的研究领域并且该领域存在着制度化的态势时，或者出现在其他制度拓展其控制的地盘时。在极权社会里，制度控制的集中化是其与科学截然对立的主要根源；在其他社会结构里，科学研究的拓展则是更主要的因素。独裁制度组织并集中因而也加强

① 关于在这些条件下对神圣的一般讨论，见涂尔干：《宗教生活的基本形式》，第 37 页及以下，随处可见。

了对抗科学的因素；而在自由的社会结构里，这些因素则处于无组织的、散乱的和常常是潜在的状态。

在自由社会里，整合主要来自于一组引导人类活动的文化规范；在独裁的社会结构里，整合则主要是通过正规组织和社会控制的集中化来实现的。对这种控制的顺利接受是通过加速向国家注入新的文化价值的过程，以及通过强制性的高压宣传取代缓慢的、渗透性的灌输社会标准的过程而加以实现的。这些作用机制——正是通过这些机制整合得以实现——上的差别使自由社会的结构比起极权社会的结构可容许各种制度(包括科学制度在内)有更广泛的自决和自主。通过这种严格的组织化，专制国家加强了对各种非政治性制度的控制，以至于造成了一种不只是在程度上而且在性质上与自由国家截然不同的局面。例如，对科学的报复性行为在纳粹国家要比在美国更容易表现出来。在美国这样的国家里，利益不会被组织到要对科学实行强迫限制的程度，哪怕这种限制被认为有必要。若要达到社会稳定，就必须把那不相容的因素要么彼此隔离开来，要么使其结合为一体。但是，当社会生活中由于某一方面的庇护而存在集中化的控制时，且当这种集中化的控制试图把依附的义务强加于其价值与感情之上作为它继续存在的条件时，这种隔离实际上就不再可能。在自由的社会结构中，由于不存在这种集中化，因而它通过保证每个领域都具有一定范围的自主权的方式而容许存在必要程度的隔离，于是就会使那些暂时不一致的因素渐
602 渐能够融为一体。

结论

这篇论文的结论可简要地概括如下。在许多社会里都存在

着对科学的潜在且活跃的敌视，尽管这种敌对的程度还无法确定。科学在最近三个世纪里所获得的威望如此之高，以至于那些试图削减其范围或多少对其持否定态度的活动，往往也都是与对科学的未受破坏的完美性或“真正的科学的再生”的肯定联系在一起的。对于亲科学的情感，一些人口头上表示尊重，实际行动却常常与之不符。在一定程度上，反科学运动源于科学与其他社会制度在精神气质上的冲突。该命题的一个必然结论就是：当代对科学的反抗**在形式上**与以前的反抗是相似的，尽管其**具体**的根源有所不同。当科学知识的应用被认为会产生不良的社会效果时，当科学家的怀疑主义指向了其他制度的基本价值准则时，当政治的或宗教的或经济的权威扩张限制了科学家的自主性时，当反理智主义对科学的价值和完美性提出质疑时，当某种非科学的准则被用来判定科学研究是否合格时，冲突便会发生。

这篇论文并未提供一套方案用以指导人们的活动从而抵挡对科学的发展及其自主性的威胁，然而，它也许能给人们一些启示，即只要社会权力存在于科学之外的任何一种制度中，只要科学家自己动摇了基本的忠诚，那么科学家就会处于无力的、不确定的地位。 603

第十八章
科学与民主的社会结构

科学同任何其他涉及社会合作的活动一样,也要受变化不定的命运的支配。尽管对那些在把科学看作在事物的发展过程中即使不处于支配地位也处于显著地位这种文化背景中培养出来的人而言,这种见解似乎是难以接受的,但显而易见的是,科学并未避免受到攻击、束缚和抑制的命运。不久前,维布伦曾写道,他能够看到西方文化对于科学的信念是无限的、无疑的和举世无双的。那时对科学的反抗如此不可能,以至于只有那些谨小慎微的胆小学术人士才担心这种反抗,但现在这种反抗却迫使科学家同外行一样对其加以关注。反理智主义的局部传染有发展成流行病的危险。

科学与社会

早期对科学完整性的实际攻击使**科学家们认识到他们对社会结构的特殊类型的依赖**。科学家团体的宣言和声明都关注科学与社会的关系这一问题。一种受到抨击的制度必须重新审查其基础,重申其目标,寻求其基本理论。危机引起了自我反省。由于科学家的生活方式面临挑战,于是他们受到震撼而陷入了强烈的自我意识状态——对一种作为社会的一个完整部分、具有相应的义务和利益的自我的意识。[1] 处于攻击之下的象牙塔开始变得不稳固。经过一段持续的相对稳定时期——在此期间,知识的研究与扩散在文化价值尺度之中即使没有上升到首位,也占据了主导地位——之后,科学家便不得不向人们辩护科学研究的正当性。于是人们绕了一圈,又回到了科学在现代世界中再次萌发的起点。三个世纪之前,当科学这种制度几乎没 604
有提出多少获得社会支持的独立理由时,自然哲学家也同样把科学作为一种通向文化上有效地实现经济效用目标和颂扬上帝的手段而为科学辩护。于是科学的追求便没有了不言自明的价值。然而,随着成就源源不断地涌现,工具被转化成了目标、手段被转化成了目的。于是,科学家增强了信心,把自己看作是独立于社会之外的,把科学看作是一项存在于社会之中但并不隶属于社会的自我确证的事业。因此就要求对科学自主性的正面攻击能够把这种盲目乐观的孤立主义转变成现实地参与革命性的文化冲突。这种争论的会合便导致了对现代科学精神的澄清和重新肯定。

科学是一个易被误解、含义广泛的词,它涉及种种虽相互联系却截然不同的事项。它通常用来表示:(1)一套用以鉴别知识的特殊方法;(2)一组通过应用这些方法而积累起来的知识;(3)一套支配着被称作“科学”的活动的文化价值和惯例;或者(4)上述各项的任意组合。这里,我们所关心的是科学的文化结构的初级形式,即作为一种制度的科学的某个有限方面。因此,我们考虑的不是科学的方法,而是环绕着这些方法的惯例。固然,方法论的准则往往既是技术上的权宜之计又是道义上的强制命

[1] 因该文写于 1942 年,所以很显然,原子弹在广岛的爆炸一定使更多的科学家受到震撼,意识到了其工作的社会后果。

令，但我们关心的只是后者。这是科学社会学的一种尝试，而不是方法论的考察。同样，我们也不讨论那些重要的科学发现（假说、一致性、定律），除非它们与那些对科学的标准化了的社会情感有关。这并不是一种在博学上的冒险。

科学精神是带有感情色彩的一套用以约束科学人士的价值和规范的综合。[①] 这些规范以命令、禁止、偏爱和赞同的形式表现出来。它们借助于制度的价值而合法化。这些通过训诫和范例而得以传播开来并且通过赏罚而得以强化的规则，在不同程度上内化为科学家个人品性的一部分，铸成了科学家的科学良心；或者用现代词汇来讲，铸成了他的"超我"。虽然对科学精神
605 还未进行过系统的整理[②]，但我们可以通过分析科学家的道德共识对其进行推断，科学家的道德共识是在其通行的做法和习惯中、在众多论述科学精神的著作中，以及在对违反科学精神气质的行为的义愤中表现出来的。

我们对现代科学精神的考察仅在于有限制地引入一个较大的问题：对科学的制度结构的比较研究。尽管那些收集了足够的比较资料的详细专著还很少、很零散，但它们仍为下述临时性的假说奠定了某些基础："与科学精神相契合的民主的社会秩序能够为科学的发展提供机会。"这并不是说科学研究只能局限于

---

① 关于"精神气质"这个概念，见萨姆纳：《社会习俗》，第 36 页及以下；汉斯·斯派尔："观念的社会决定"（'The social determination of ideas'），载《社会研究》（*Social Research*），1938 年，第 5 期，第 196 页；马克斯·舍勒：《遗著》（*Schriften aus dem Nachlass*）（柏林，1933），第 1 卷，第 225—262 页。在其关于这个问题的书中，阿尔伯特·巴耶很快就抛弃了为说教而进行的描述和分析，见他的《科学的道德》（*La Morale de La Science*）（巴黎，1931）。

② 正如巴耶所指出的："（科学）道德无需理论家，但要实践者。它不表现其理想，但服务于理想；它体现在科学自身的存在中。"前引书，第 43 页。

民主社会中。[1] 许多不同的社会结构也为科学提供了一定的支持。我们只需回忆一下下列事实就够了:西蒙托学院曾得到两位梅迪奇贵族的资助;查理二世曾因授予伦敦皇家学会特许以及给格林尼治天文台以资助而在历史上引人瞩目;(法国)科学院是在科尔贝的建议下由路易十四赞助而建立的;在莱布尼兹的力劝下,腓特烈一世给柏林科学院捐赠了基金;彼得大帝创建了圣彼得堡科学院(以驳斥那种认为俄国人野蛮的观点)。但是,这些历史事实并不意味着科学与社会结构之间只有一种随机的联系。还有一个更进一步的问题,即科学成就与科学潜力之间的比率问题。固然,在各种社会结构中科学都在发展着,但究竟哪种社会结构提供了使科学得到最充分发展的制度环境呢?

科学的精神气质

科学制度的目标是扩展被确证了的知识。为达到此目标而使用的技术方法给出了知识的相关定义:经验上证实了的和逻辑上一致的预言。科学制度的规则(惯例)可以从其目标和方法中推出。技术规范和道德规范的全部结构都贯彻了这个最终目标。经验上明显、恰当、确凿和可靠这些技术规范对所支持的真

---

① 托克维尔走得更远:“未来将证明这种既珍奇又多产的(对科学的)热情在民主社会中能否像在贵族社会中那么容易地产生和成长。至于我自己,我承认我不轻易相信这一点。”见《美国的民主》(*Democracy in America*)(纽约,1898),第2章,第51页。关于该论据的另一解读:“要在民主与科学之间建立一种简单的因果关系并声称只有民主社会才能提供适合于科学发展的土壤是不可能的。尽管它们之间不会仅仅是一种偶然的巧合,然而,科学确实是在民主时期繁荣起来的。”见亨利·E.西格利斯特:“科学与民主”(‘Science and democracy’),载《科学与社会》(*Science and Society*),1938年,第2期,第291页。

实预言来讲是一个先决条件；而逻辑一致性这一技术规范对于
606 系统、有效的预言来讲是一个先决条件。科学惯例具有方法上的依据，然而它们也是有约束力的，这不仅因为它们在程序上是有效的，而且因为它们被认为是正确的和有益的。它们既是技术上的规定，同样也是道德上的规定。

四项制度性的规则——普遍性、共有性、无私利性、有条理的怀疑主义——构成了现代科学的精神气质。

普遍主义

普遍主义[①]可直接用这样的规则表示，即任何声称是真理的学说，无论其来源如何，都服从这样一条**预先确立的非个人的准则**：与观察以及先前已证实了的知识相一致。接受还是拒斥某些学说进入科学的体系，不依赖于这些学说的倡导者的个人属性和社会属性，即与其种族、国籍、宗教信仰、阶级以及个人品质本身无关。客观性排斥特殊主义。那些被科学证明的表述指的是客观的系列和相互关系，这就阻止了一切向科学强加某种特殊主义标准的做法。哈伯合成氨既不因纽伦堡法令而失效，万有引力定律也不会因反英主义者而取消。沙文主义者可以把异族科学家的名字从历史教科书中删掉，但这些科学家所建立的公式对科学和技术来讲仍是必不可少的。无论纯德国人(echt-deutsch)还是地地道道的美国人做出了多少最终的贡献，一些外国科学家在每项新技术取得进展之前总是做了辅助性的

① 关于对普遍主义在社会关系方面的基本分析，见塔尔科特·帕森斯的《社会系统》。关于“科学是完全不依赖于国界、种族和信仰的”这样一个信念的表述，见美国科学促进协会委员会决议，载《科学》，1938 年，第 87 期，第 10 页；以及“科学的进步与社会：提交给世界联合会的报告”，载《自然》，1938 年，第 141 期，第 169 页。

工作。普遍主义的律令已深深地扎根于科学具有的非个人品格之中了。

然而,科学制度只不过是一个它常常无法与之契合的、更大的社会结构的一部分。当这种更大的文化与普遍性相对立时,科学精神便处于严重的紧张状态。民族中心主义与普遍性是不相容的。特别是在发生国际冲突时期,当对于形势的主导性定义是强调忠于祖国等时,科学人士便处于科学的普遍主义与民
族中心论的特殊主义的冲突之中。[①] 科学家身处其中的情境结 607
构决定了要求他扮演的社会角色。一位科学人士可以被改造成一介武夫并按此行事。因此,1914 年九十三名德国科学家和学者——其中包括贝耶尔、布伦塔诺、埃里希、哈伯、爱德华·迈耶、奥斯特瓦尔德、普朗克、施莫勒和瓦塞曼——的宣言引发了一场

① 这个观点是于 1942 年写成的。到 1948 年,苏联政治领导人竭力强调俄罗斯民族主义并且开始坚持科学的"民族性"的观点。于是,在一篇社论中写道:"反对资产阶级的世界主义意识形态"('Against the Bourgeois ideology of cosmopolitanism'),《哲学研究》(*Voprosy filosofi*),1948 年第 2 期,正如在《当代苏联出版文摘》(*Current Digest of the Soviet Press*)(1949 年 2 月 1 日,第 1 卷,第 1 期,第 9 页)中所翻译的:"只有那些没有祖国的世界主义者才会对真正科学的财富麻木不仁,才会对科学赖以生存和发展的丰富多彩的民族形式漠不关心。这些世界主义者用一种超国家的、无阶级性的科学这种虚构的概念去代替科学真正的历史和其发展的具体道路,使科学丧失了民族的色彩,使一个民族创造性的工作丧失了生机和特色,变成了一种脱离肌体的幽灵……马克思列宁主义粉碎了世界主义关于超阶级的、非民族的、'普遍的'科学的虚构,并无可辩驳地证明了,科学,正如现代社会中的所有文化现象一样,也是有其民族形式和阶级内涵的。"这种观点混淆了两个不同的问题:第一,在任何特定的国家或社会里,文化背景可以使科学家专注于某些特定问题,可以使他们对科学前沿的某些问题比较敏感而不管其他问题,这一点早已被注意到了;但它根本不同于第二个问题:关于科学知识的某些主张所具有的有效性的标准并非民族趣味和民族文化的问题。那些为获得合法地位而竞争的学说迟早会被自然界中带有普遍性的事实所验证,这些事实只与某个学说相一致而与另一个学说不一致。最有意思的是前面所引用的那段话证明,民族中心主义和强烈的民族忠诚的倾向已渗透到了科学有效性的标准中去了。

论战，在这场论战中，德国人、法国人和英国人将其政治面目掩藏在科学家的外衣里。一些本无偏见的科学家大肆贬低“敌人”做出的贡献，指责对方的民族主义偏见、互相捧场、故意说谎、缺乏创造力、拙劣之至。[①] 然而，这种对普遍主义规范的背离实际上是以该规范的合法性为前提的，因为民族主义偏见只是用普遍主义这个标准衡量时才是卑鄙恶俗的；在另外一种制度背景下它会被视为美德——爱国主义。因此，通过对这种违反行为的蔑视，这些惯例得到了重申。

即使在逆境之下，各国的科学家们也都更直言不讳地坚持普遍主义标准。科学的国际性、非个人性、实质上的匿名性得到了重申。[②]（巴斯德说：“科学家是有国度的，科学没有国度。”）否认这些规范被看作是背信弃义的行为。

普遍主义还表现在它要求科学之门应向所有有才能之人打
608 开。其依据是这一制度的目标。除非由于缺乏才能的原因，否则对科学职业加以限制便会阻碍知识的进展。保证科学之门的自由畅通是一个功能上的要求。这里，利益与道德是一致的。于是便出现

---

① 诸如此类文件的有益汇集，见加布里埃尔·佩蒂特和莫里斯·洛伊代《德国人与科学》（*Les allemands et la science*）（巴黎，1916）。例如，费利克斯·勒·当泰克发现，埃利希和魏斯曼关于科学领域的言论显然是德国人的信口雌黄（“德国科学的虚张声势”）。皮埃尔·迪昂得出结论：德国科学的“几何学精神”窒息了其“精密精神”，《德国科学》（*La Science allemande*）（巴黎，1915）。赫尔曼·凯勒曼的《精神之战》（*Der Krieg der Geister*）（魏玛，1915）一书则是迪昂上述思想的对立面。争论持续到第一次世界大战之后的年代；见卡尔·克尔科夫：《反对德国之战》（*Der Krieg gegen die Deutsche Wissenschaft*）（哈莱，1933）。

② 参见E.格莱教授关于信念的声明（载佩蒂特和洛伊特前引书，第181页）：“……不可能有一种法国人的真理，正如不可能有一种德国人的真理、英国人的真理、意大利人的真理或者日本人的真理一样。说德国人的科学、英国人的科学或者法国人的科学，就是在表述一个与科学概念自身相矛盾的命题。”亦见格拉塞和里谢特在同书中所做的证明。

了这样的怪事:查理二世援引科学的惯例来谴责皇家学会企图将政治算术学家约翰·格朗特排斥在外的行为,他下令:“如果再发现其他像格朗特这样的商人,一定要接纳他们入会,不得再为难他们。”

这里,科学精神又可能与更大的社会环境的精神气质不一致。科学家们可能接受种姓标准并把自己置于低下的地位,而不管其能力和成就如何。但是,这会引起一种不稳定的局面。一些精心炮制的意识形态会被拿来去掩盖种姓制度与科学的制度目标的不相容。地位低下的人就会被认为天生就没有能力从事科学工作,或者,至少其贡献会被存心贬低。“从科学史上可以看出,物理学研究的奠基者,以及从伽利略、牛顿时代的伟大发现者到我们这个时代的物理学先驱者,几乎无一例外地都是雅利安人——北欧的一种优等种族。”他们觉得修饰词“几乎无一例外地”还不足以摒弃劣等民族的所有科学成就,于是该意识形态又创造了“好”科学和“坏”科学这样的概念以使自己更加能自圆其说:现实的、实用的雅利安人的科学是与教条的、刻板的非雅利安人的科学不相容的?[①] 换言之,排斥那些作为国家或教会的敌人的科学家的借口就在科学之外的属性中找到了。[②]

---

① 见约翰内斯·斯塔克的文章,载《自然》,1938年,第141期,第772页;“德国自然科学家菲利蒲·伦纳德”(‘Philipp Lenard als deutscher Naturforscher’),《国家社会主义月刊》,1936年,第7期,第106—112页。这可以和迪昂对“德国的”科学与“法国的”科学的比较相媲美。

② “我们不是把他们(马克思主义的否定者)作为科学的代表,而是作为一种把推翻一切秩序写在旗帜上的某种政治理论的党徒而加以排斥。在他们看来,一种占统治地位的无价值和无前提的科学的意识形态,对于进一步实行他们的计划来说,是一种妥善的保护。有鉴于此,我们必须更加坚决地这样做。不是我们侵犯了自由科学的尊严。”伯恩哈特·鲁斯特:《国家社会主义德国和科学》(*Das nationalsozialistische Deutschland und die Wissenschaft*)(汉堡,1936),第13页。

因此,那些鼓吹放弃普遍主义标准的人也常常感到他们不得不给科学领域中的这种价值标准以口头上的肯定。普遍主义在理论上被拐弯抹角地加以肯定,在实践上却受到了压抑。

无论在付诸实践方面做得多么不充分,普遍主义在民主的精神气质中仍是一个居支配地位的指导原则。民主化即是逐渐消除那些对具有社会价值的才能的运用和发展的种种限制。成就的非个人化标准和地位的不固定性规定了民主社会的特性。
609 只要上述这些限制继续存在下去,它们就会被视为充分民主化道路上的障碍。因此,就自由放任主义的民主(laissez-faire democracy)允许差别优势的积累对某一部分人有利,而这种差别又与其所表现出来的能力差异没有密切关系来讲,这种民主进程导致了政治权威的控制的强化。在变化的条件下,为了维护和扩大机会均等,必须引入新的专门组织形式。因此,尽管那些使民主的价值付诸实施的政治手段各不相同,但它们都坚持了普遍主义这个标准。一个社会达到了民主的程度,就会为科学的普遍主义标准的实施提供广阔的天地。

"共有主义"

在"财产共有"的非技术和延伸的意义上,"共有主义"是科学精神的第二个组成要素。科学上那些具有重大意义的发现都是社会合作的产物,并且归全社会所有。它们构成了一种公共遗产,那些曾创造了这份遗产的个人对该遗产的权利要受到严格的限制。一个用人名命名的定律或理论并不能成为其发现者和他的继承人的专有物,惯例也没有赋予他们使用和处置这个定律或理论的特权。科学的种种所有权被科学道德的基本原则削减到了极小的程度。如果这一制度还能发挥一点作用的话,那么科学家对“他的”智力“财产”的权利大体上就限于他给公共知识增长所带来的承认和尊重，于是用人名命名定律和理论——如哥白尼体系、玻义耳定律——就同时成为记忆和纪念的方式了。

由于科学制度把得到承认和尊重作为对科学家发现的惟一一项财产权予以强调，因此科学家对于科学上的优先权的关注就成为一种“正常的”反应了。穿插于现代科学史中的关于优先权的争论是由科学制度对独创性的强调所引起的。① 于是便产 610
生了一种竞争性的合作。竞争的产物被公有化了②，作者则获得了尊敬。国家介入对优先权的要求中③，一些最近成为共同财富的科学成果被贴上了国家的标签——牛顿与莱布尼兹关于

---

① 牛顿根据其艰辛的经历发表了下述看法：“（自然）哲学就像一位傲慢且好斗的女郎，以致一位男士要想与她打交道就等于要整天忙于打官司。”罗伯特·胡克就特别“好斗”，他是个社交上活跃的人，其地位的提高仅仅依赖于其科学成就。

② 尽管大的社会环境已经打上了商业主义的烙印，但像医学这种知识性专门职业还是将科学知识当作公共财产加以接受。见 R.H. 施赖奥克：“医学中的自由与冲突”（‘Freedom and interference in medicine’），载《年鉴》（*The Annals*），1938 年，第 200 期，第 45 页。“……医疗行业……常常不满于医生所取得的专利……这种正规的职业，自十七世纪专利法诞生以来就一直坚持反对私人垄断的立场。”于是便产生了这样一种含糊的局面：在知识的社会化顺利实现的地方，医疗实践的社会化却受到了阻碍。

③ 由于俄国人公开地对其祖国有一种深深崇敬，所以他们竭力强调确定科学发现的优先权的重要性。因此，“对科学上的优先权问题的任何小小疏忽、任何小小轻视都应受到谴责，因为它会使我们的敌人有利可图，这些敌人打着世界主义的幌子进行意识形态的攻击，他们叫嚷在科学上不存在优先权问题——即哪个民族为世界文化宝库究竟做出了什么贡献的问题。”还有：“俄罗斯民族有着最为丰富的历史，在这个历史当中他们创造了最丰富的文化，世界上所有其他国家都从中汲取了这一文化的精华，而且至今仍在汲取着。”（《哲学研究》，前引文章，第 10 页和第 12 页）这与十九世纪出现在西欧以及本世纪二十年代出现在纳粹德国的民族主义的某些主张很相像（参见本书 609 页注），民族主义的特殊主义很难对科学发展的进程做出公正的评价。

发明微分学的优先权的唇枪舌剑的争论就是一个例证。但是，所有这一切并不能动摇科学知识作为公共财产这样一种地位。

作为公共领域的一部分，科学的制度性观念是与成果交流的必要性相联系的。毫无保留、完全公开的交流合乎这一规则①，保密则是这一规则的对立面。扩展知识的疆域这个制度目标，以及科学家为使自己的工作得到公认的驱动力——当然，只有公开发表才能得到公认——都加剧了成果扩散的压力。一位不把自己的重要发现与科学同行进行交流的科学家——亨利·卡文迪什就是这样的人——会成为人们褒贬不一的对象。他也许会因其才智或者因其谦虚而受到人们的尊敬。但是，从制度上考虑，在分享科学财富的道德义务方面，他的谦虚实在是用错了地方。虽然阿尔道斯·赫胥黎在这个方面是个外行，但他对卡文迪什的评价却是很有启发性的："我们对他的才华的钦佩因某种非难而削弱了；我们觉得他这样的人是自私自利的、孤独怪僻的。"这些用以描述卡文迪什的形容词特别富有启发意义，因为它们意味着对确定的制度规则的违背，尽管某些抑制科学发现的做法并非别有用心，但仍应受到谴责。

科学的公开特性还反映在科学家承认自己的工作是依赖于
611 共享的文化遗产的。牛顿曾说过："如果说我看得更远一些的

---

① 参见贝尔纳的著作，他认识到："现代科学的增长是同对保密这种想法的断然拒斥相一致的。"贝尔纳引用了雷奥米尔《炼钢术》(*L'Art de convertir le forgé en acier*)一中的一段名言，例如，该书指出，科学家发表其研究成果的道德冲动显然是与科学精神气质的其他因素有关系的，例如："……有些人认为我把秘密公之于众是不可理解的，是不应该说出来的。我们的发现对我们来说至关重要，难道别人就没有权利了解吗？难道别人就不知道这些秘密吗？难道我们是这些发现的绝对主人吗？难道真有这种情况吗？我们首先属于我们自己，同时，我们也应属于整个世界，为完善科学与艺术而工作的人们应该把自己看作世界公民。"载 J. D. 贝尔纳：《科学的社会功能》(*The Social Function of Science*)，第 150—151 页。

话，那是因为我站在巨人肩上的缘故。”这句话既表达了对其受惠于公共遗产的感激之情，同时也承认了科学成就本质上具有合作性和积累性这样一个事实。[①] 科学天才们的谦恭并非仅仅因为他们有教养，而是因为他们体会到科学的进展包含着老一代和新一代科学家的合作。是卡莱尔而不是麦克斯韦尔迷恋于神话时代的历史观念。

科学精神气质中的共有主义与资本主义经济中把技术定义为“私有财产”是不相容的。那些论述“科学的失败”的流行著作反映了这种矛盾。专利宣布了技术在使用上的排他权，而且，结果常常是得不到使用。对发明的抑制实际上否定了科学生产和传播的基本原则，正如我们可以从美国法庭对美国贝尔电话公司一案所作的判决书上看到的：“发明者是那些发现了某种有价值的东西的人。这正是他的绝对财产权。他可以严守关于它的知识而不让公众知道……”[②]科学家们对这种矛盾状况做出了不同的反应。作为一种防御措施，一些科学家使其工作取得专利以确保它们能为公众使用。爱因斯坦、密立根、康普顿、兰米尔就取得过专利。[③] 一些科学家被鼓励成为新的营利企业的创

---

① 有意思的是，牛顿的这句名言至少从十二世纪开始就作为一句标准化的格言而为人们反复传诵。似乎发现和发明对现有文化基础的依赖在现代社会学家加以系统表述之前就已被人们注意到了。见 *isis*，1935 年，第 24 期，第 107—109 页；1936 年，第 25 期，第 451—452 页。

② “167 美国”(167U. S.)，224(1897)，引自 B. J. 斯特恩：“对使用发明的限制”(‘Restraints upon the utilization of inventions’)，载《年鉴》，1938 年，第 200 期，第 21 页。进一步的讨论参见斯特恩对引用文献的深入研究；还可见沃尔顿·汉密尔顿《专利与自由事业》(*Patents and Free Enterprise*)(国家临时经济委员会文献第 31 号，1941)。

③ 汉密尔顿，前引书，第 154 页；J. 罗宾：《科学著作的法律保护》(*L'oeuvre scientifique, sa protection-juridique*)(巴黎，1928)。

办人。[1] 另一些科学家则企图通过倡导社会主义来寻找解决矛盾的出路。[2] 这些建议——无论是那种要求科学发现取得经济回报的还是要求改变社会制度以使科学继续履行其职能的——反映了在知识产权观念方面的差异。

无私利性

科学与许多其他普通职业的情形一样,也把无私利性作为一种基本的制度要素包括在内。无私利性既不等同于利他主义,也不同于利己主义的私利行为。这样的等同把分析的制度
612 层次与动机层次混淆起来了。[3] 求知的激情、无拘无束的好奇心,对人类利益的无私关怀以及许多其他特殊的动机都被认为是科学家所具有的。那种对独特的动机的探寻似乎是走错了方向。**正是对一系列分布广泛的动机进行制度控制的独特模式决定了科学家的行为特征**。因为一旦制度禁止无私利的活动,顺从对科学家就有好处,否则他将受到制裁。并且,如果规范已被内化,他还要承受心理上的冲突。

事实上,在科学的编年史中事实上很少有欺骗行为,这与其他活动领域的记载相比似乎是个例外。人们常常把这种现象归因于科学家的个人品质。这似乎表明科学家都是从那些显示出

---

① 万尼瓦尔·布什:"工程研究的趋向"('Trends in engineering research'),载《Sigma Xi 季刊》(*Sigma Xi Quarterly*),1934 年,第 22 期,第 49 页。

② 贝尔纳,前引书,第 155 页及以下。

③ 塔尔科特·帕森斯:"职业与社会结构"('The professions and social structure'),载《社会力量》,1939 年,第 17 期,第 458—459 页;参见乔治·萨顿:《科学史与新人文主义》(*The History of Science and the New Humanism*)(纽约,1931),第 130 页及以下。对制度上的强制和动机之间的区分当然是马克思主义社会学的一个关键概念。

非凡道德修养的人中选拔的，但事实上并没有令人满意的证据证明情况确实如此；一个似乎更加合理的解释可以在科学自身的某些独特的性质中找到。由于要求结果具有可证实性，因而科学研究处于同行专家的严格检查之下。换言之，科学家的活动被置于严格的监察之下（毫无疑问，这种监察也许会被认为是一种不恭敬），严格到也许任何其他领域的活动都无法与之相比的程度。科学的公开性和可检查性构成了无私利要求的坚实基础。可以设想，这一要求已对科学人士的完美人格的形成做出了贡献。在科学领域中存在着竞争，而这种竞争又由于强调作为成就的标准的优先权而加剧了。在竞争的条件下，很可能产生通过非法手段超越竞争对手的动机。但是，这种动机在科学研究领域中只有极少的表现机会。狂热崇拜，拉帮结伙，繁冗而平庸的出版物——这些以及其他的手段都可用来进行自我扩张。[①] 但是，欺骗性的东西一般来讲显得无足轻重、难有效力。科学家最终有责任向其同行做出说明，这便有力地促进了无私利性规范向实践的转化。在这种情况下社会化情感和权宜之计的原则大体上是一致的，这有利于制度的稳定性。

就此而论，科学领域与其他职业领域有某些不同之处。例如，科学家并不能用与医生和律师一样的方式去面对一个不懂行的当事人。因此，利用门外汉的轻信、无知和依赖来获利的可能性明显减小了。欺诈、诡辩、不负责任的夸夸其谈（自我吹嘘）也要比“服务”行业少得多。当科学家与外行的关系达到极为重要的程度时，回避科学惯例的动机便会产生。当同行专家施加

① 见洛根·威尔逊的说明，《学者》(*The Academic Man*)，第 201 页及以下。

613 的控制结构失效时，专家权威的滥用和伪科学的炮制就会应运而生。①

科学的荣誉和它在外行眼中的高尚的道德地位也许在相当大程度上要归因于技术成就。②每一项新技术都是科学家的诚实正直的见证。从这个意义上讲，科学实现了其主张。然而，科学的权威可以用于而且也适用于私利性的服务，这恰恰是因为外行无法将该权威真正的和虚假的主张区分开来。对于那些未受过教育的外行来讲，极权主义代言人发表的关于种族、经济或历史问题的所谓科学声明，与报纸上关于宇宙膨胀或波动力学的报道没有什么两样。在这两种情况中，普通人都无法检验它们正确与否，它们都可能与常识背道而驰。如果存在着区别的话，对一般公众来讲，极权主义理论家的神话似乎比已被鉴定过的科学理论更有道理，也更容易理解，因为它更贴近于人们的常识经验和文化偏见。因此，在一定程度上，作为科学成就的后果，一般公众都易受披着科学术语外衣的新神秘主义的影响。结果，非科学的学说就会盗用科学的权威为自己增加声望。

有条理的怀疑主义

正如我们在前面一章中已经看到的，有条理的怀疑主义与科学精神的其他要素之间有着各种各样的相互联系。它既是方

① 参见R. A. 布雷迪：《德国法西斯主义的精神与结构》(*The Spirit and Structure of German Fascism*)(纽约，1937)，第2章；马丁·加德纳：《以科学的名义》(*In the Name of Science*)(纽约：普特南出版公司，1953)。

② 弗兰西斯·培根为这种大众实用主义做出了一个早期的、最简明的陈述："那些在实践上最有用的东西就是在理论上最正确的东西。"《新工具》，第2卷，第4页。

法论的戒律也是制度的戒律。在未得到相关事实前暂时悬疑，以及在验证观点时经验和逻辑标准的不一致，都让科学周期性地卷入与其他制度的冲突中。科学置疑包括潜在可能性在内的有关自然和社会的各个方面的事实，可能会陷入与其他涉及同样事实的观点的冲突，这些观点已经被其他制度具体化了，并且经常是被仪式化了。科学研究者不会去维持神圣事物和渎神事物之间的分裂，也不会去维护需要不加批判地尊重的事物与可被客观地分析的事物之间的分裂（“一位教授是一位持有不同见解的人”）。

这似乎是反对所谓科学入侵其他领域的根源。与来自经济群体和政治群体的抵制相比，来自有组织的宗教的抵制已变得
不太重要了。即使根本没有出现违背教会、经济体或国家的某 614
些信条的特定科学发现，这种抵制也会存在。认为怀疑主义威胁着现行的权力分配，这是一种颇为流行但经常含糊不清的看法。每当科学研究扩展到存在着制度化的习惯性观点的新领域中时，或者，每当其他制度扩展其控制的范围时，冲突就会加剧。在现代极权社会里，反理性主义和制度控制的集中化都会限制
科学活动的范围。 615

第十九章
机器、工人和工程师

充分估量某个人无知的程度是用知识来替代其无知的第一步。关于生产方式的变化对工人的问题、行为和前途的影响，我们确实所知甚少；要了解的东西还非常多。探讨这样庞大课题的一篇短文，充其量能大概勾画出我们未知的领域。它只可能提示现有研究发现的秩序、推广这些发现的适宜条件以及获得这些成果所必要的进一步研究的社会组织。

技术进步是不言自明的好事这一如此普遍和根深蒂固的信念，致使人们不大可能注意到这一点成立所需的**社会条件**。如果技术是有益的，那也是因为人的缘故，因为大量身处各地的人根据他们的经验做出了这样的判断。而且，这种情况是否出现，与其说取决于此种有助于提高商品生产能力的先进技术的内在特性，还不如说取决于社会结构。因为，社会结构决定哪些群体和个人将从这种增长的恩惠中获益，哪些则要承受新技术所带来的社会混乱和与人类有关的成本。我们社会中的许多人发现，逐渐采用节省劳力的技术所造成的多种社会后果远非都是有利的后果。技术性的失业、劳动力的转移、技能的荒废、职业的间断以及单位产出中劳动量的降低，这些方面的数据虽然有限，但都表明，在逐步改进生产流程的失败计划中，工人们是首当其冲的受害者。

当然，对这些问题的研究，也并非医治现行引入技术进步的方法所带来的社会脱位的万灵药；但这种研究能给出有关的事实论据——这就是说，它能为那些直接受技术改造多种后果影响的人们提供决策的基础。这个领域中所进行的社会研究一直 616
相当有限，而考虑情况为何如此将是有意义的。

首先，我们回顾在这个笼统的领域中社会研究已经取得的研究成果的秩序；然后再考虑影响工程师，尤其是那些与生产设备的设计和建造直接有关的工程师的社会角色，以及影响他们创造性劳动的社会威望的某些因素；最后，提出一些更明显的问题和进一步研究节省劳力技术之社会后果的可能性。

技术变化的社会后果

已有的研究已经发现了技术变化的某些社会影响，这里我们将提及其中的几种影响，即从工作生活的性质——对工作的社会解剖——所受到的最直接影响，到大的社会制度和结构模式所受的影响。

工作的社会解剖

新生产过程和设备不可避免地对生产工人之间的**社会关系网**产生影响，这一点已越来越清楚了。对于在工厂、矿山做工的人，在这一点上，也包括在农场做工的人，生产方法的变化带来了工作程序的变化，这种变化改变了工人们直接的社会环境。作业小组的规模和组成的改变；与同事和管理人员交往的范围、性质和频率，工人在组织中的地位，他享有的身体灵活性程度——这之中的任何一项乃至全部都可能是技术改造的间接后果。虽然社会关系局部结构中的这些转变会以各种方式影响雇员对工作的满意程度，但它们往往没有被预料到，或者被忽视了。

我们还发现，引起这样一种变化的情境也决定着这种变化对工人的影响。如果是为了应对经济萧条而引进节省劳力的技术，当工人很少有选择就业的余地时，新技术的应用就会扩大和加深局部的失业。因此，新技术的应用可能就会造成**工作的不稳定和工人的忧虑**。不难看出，这样一些情形导致有组织的工人寻求在采用新设备和新流程的计划制定中扮演重要的角色。

在这一点上，技术变化的速度虽然不是惟一重要因素，却是关键的重要因素。和行政官员一样，工人也在寻求控制他们的
617 日常生活的手段。他们认为，事先未让他们知道和同意就强加给他们的技术变化，是对他们正常生活的威胁，这和市场起伏或“华盛顿官僚们”无法预料的决策对商人的威胁是相同的。为努力维持或改善公司的竞争状况而采用节省劳力技术的公司管理部门，常常刻意而不顾事实地忽视工人与此决定之间的利害关系。我们已看到，随着预想不到的技术变化步伐的加快，一种易变、恐惧和敌视的环境会被轻而易举地创造出来。

节省劳力的技术使工人**技能强制报废**，从而给他们带来严重的心理问题和社会问题。工人的困难不仅仅在于必须学会新的工作程序。放弃已获得技能的需要以及常常伴随而来的地位降低，破坏了工人原来在熟练运用那些技能时所树立的良好自我形象。尽管对单个工人来说，通过有计划的工作再分配有时能够减少新生产方法带来的这种人的代价，但这避免不了工业职业结构的根本变化。

随着技术的进步，工作任务的不断细分创造了无数新的职业，正如罗特利斯伯格曾观察到的，这些职业“很多时候在特定的行业、工厂甚至车间外没有一个具有社会意义的职业名称。

工作任务的细分致使**职业丧失其公共认同**。比方说,除了少数几个例外,谁能在汽车厂里将尾部饰件粘贴工与散热器芯装配工区分开来?或举个更通俗的例子,谁又能区分在面包圈中加糖的师傅与将果酱注入面包圈中的师傅之间在工作技巧上的差别呢?这些深奥的专门化的东西对于外界来讲都是一样的,因而,对外界来说,必须另有地位和重要工作行为的有用标志。由于工作缺乏社会意义,工人与工作愈加脱离,而工资作为社会地位的主要标志愈来愈重要。

生产的不断专业化不可避免地导致对工作行为预见性的更大需要,因而也导致加强工作**纪律**的需要。大量限制性任务的密切配合,要求个人行动变化的范围减少到最低程度。这种倾向在工厂制度刚开始时,就通过工人们对工厂生活陌生的纪律的反抗而初露端倪,现在显得越来越显著了。实际上,这意味着在特定条件下,越来越多的纪律对工人而言成为强制性的。 618

制度和结构性影响

一种先进技术带来的政治、社会和经济副产品对整个社会结构产生多方面的影响。这种广泛的背景表明,工人对新技术所抱的态度不是由技术本身决定,而是被新技术的间接效用——新技术时常被当作**一种社会权力的工具**——决定的。技术不仅用于商品生产,而且也被用来管理工人。事实上,技术常常成为征服工人的武器。因为倘若工人不接受开出的受雇条件,就会遭到解雇。

现今,技术在管理者与工人之间的“价格战”中的策略效用,不必说成是一种威胁,而只能当作是对市场自足运行的一种观察。例如,在普林斯顿二百周年纪念大会上的一次演讲中,有人曾指出,“现在激励着管理者加强生产过程机械化和技术改进的竞争压力中，有货币工资的极大增加、鼓励性工资的失效或效能的降低、许多劳工组织的不让步和低息贷款的充足供应。现在及将来比过去任何时候都更需要工艺工程师、工具设计师和工具制造者。发明和革新将无条件地受到重视。”

一百年前，技术的这些政治含义（以及工程师的角色）是由企业家和他们的代理人简单制定的。例如，安德鲁·尤尔当时能把自动纺纱机描绘成“将会在工人阶级中恢复等级秩序的一个创造物……这个创造物证实了一种已经提出的伟大学说，即一旦资本安上科学的翅膀，那么劳动者倔强的双手也将会永远被驯服”。

在工业冲突中公开地或含蓄地使用技术作为武器，是否实际上打破了工人的“不妥协”，或者教导他们“驯良”的德行，了解这一点是会有启发的。当然，如果一种新机器或新工艺的间接功能是将工人拴在岗位上，那么，这种机器或工艺的预期效果就有可能达不到。完全可以想像，在工业领域行使赤裸裸的权力，会同在其他人类行为领域中一样，都不能产生一种稳定的社会关系结构。

正如埃利奥特·邓拉普·史密斯和罗伯特·S. 林德以及其他人曾经观察到的，生产方式的进步会扩大工人与管理人员之间的社会裂痕，从而产生一种鲜明的**工业社会分层**。由于新技术的复杂性使技术教育成为管理人员的先决条件，因而工人升迁
619 的希望就越加暗淡了。再加上由于接受高等教育的机会是有社会分层的，所以，管理人员越来越多的是从远离工人阶层的那些社会阶层中提拔的。并且，由于受过技术培训的个人是以相对较高的层次进入工业界的，因而他们没有多大必要在工作之初去体验工人的工作经验，从而他们对工人的观点往往只会有抽象的**认识**，而不是具体的**了解**。最后，随着管理程序的不断合理

化,管理人员与工人之间的关系变得越来越形式化和非个人化了。

实质性提升的机会逐渐减少;工人和管理人员之社会来源的两极分化;由于他们典型职业形式的变化和接触的非个人化,使管理人员与工人的观点相隔离——所有这些因素结合起来会对管理者与被管理者之间的紧张关系不断加剧的现实趋势起推动作用。

当然,技术对社会组织构成的冲击,并不局限在阶级结构中这些表面之下的趋势。科学在工业中的应用加深了工业结构的相互依赖性,使大型工业公司的决策受公共利益的影响。因此,至少在即将产生较大范围影响时,政府会更多地对这些决策进行调节和监督。这种"大政府"的趋势将迫使大众注意到分析家早已认识到的事实:经济行为领域与政治行为领域之间远不止是肤浅的关系,而是相当错综复杂的关系。工人与管理部门之间不仅靠集体协商和行政决策直接地打交道,而且也通过给政府施加压力而间接地打交道。步企业家和管理者之后尘,工人开始从事政治活动。

技术整合产生的对劳动纪律的日益增长的要求,大大有助于解释在我们社会中"大工会"的战略作用。"大工业"不断发现与工会打交道要比与大批未组织的工人打交道更有利也更有效。因为,工业界逐渐认识到,求助于工人自己选择的工会组织,比单纯诉诸管理机构和监督机构能更有效地维持纪律。此外,任何一个生产部门发生的故障都会给整个行业带来全面瘫痪的威胁,这种技术的脆弱性修正着权力关系的构成。所有这一切都授予工人以更大的权力和责任。

对生产技术变化的某些后果所做的这种粗略的回顾,有助于澄清这个领域的社会研究在选择问题时涉及的道德困境。那 620

种单纯注意新技术对工厂中**直接劳动境况**影响的研究主要——尽管不一定是全部——得出了这样的研究结果:它们能很快迎合使技术变化更受单个工人欢迎的需要——虽然事实上这些变化产生的后果可能对他有害。人们不能随意地把科学问题看成是一种寻求使工人适应技术变化的方法问题,却几乎不考虑技术变化给他及其同事们所带来的综合后果。资方也会利用**社会**科学来教导工人驯服的重要性。另一方面,只有通过对职业生活所受直接影响的深入研究,人们才有可能找到既改进生产方式,又可适当减轻对工人的不利后果的方法。

单纯把注意力直接放在大的**社会结构**所受到的影响上,同样有它的局限性。完全以那些现实趋势——如生产率增长速度超过或与整个就业增长速度保持同步的模式——为目标的研究,就把注意力从寻求减轻技术变化对工人的现有冲击的方法和手段上移开。不过,这类研究确实找准了社会学的中心问题:识别出那些对带来"更有保障的生计和更令人满意的生活水平"的技术进步产生不利影响的社会组织特征。

工程师的含义

然而,工程师给生产带来的新的科学应用,不仅仅影响着生产方式。它们是一些社会决定,这些决定无可避免地会影响到在机器旁工作的人的日常活动和满意程度,在更大的影响范围内,还会影响经济和社会组织的形成。

对于作为生产体系总参谋部的工程师们的主要作用,只强调他们的社会倾向和政治倾向的极端重要性:他们据以认同自己的社会阶层;由他们的经济地位和职业生涯构成的群体凝聚力;他们的参考群体;他们考虑到的自身工作给社会带来的影响类型——总之,工程师们只有通过全面考虑自己的忠诚、观点和忧虑,才能达到他们社会角色的自我认定,而这有助于他们以更加负责的态度参与社会。

但要说这就对“那些”工程师提出了社会学问题,那这种关联也太宽泛模糊,以至于没有一点意义。被称作工程师的这个庞大而多种多样的家族有广泛的亲戚关系,但他们也有许多互相区别开来的子群。在全国性工程协会成员的数百个头衔里,有军事工程师、土木工程师、机械工程师、化学工程师、电气工程师和冶金工程师等等。但是,不管他们的专业是什么,只要他们与设 621
计、建造或设备操作和生产工艺有关,那么,他们就面临着在我们社会中他们的地位所具有的社会和政治意义的问题。

要求对这些含义作充分认识的初步努力遇到若干障碍,其中主要的似乎是:(1)科学劳动的显著专门化和分工;(2)制约着工程师社会视野的职业准则的应用;(3)工程师与工业官僚机构的结合。

专业化

强化的分工已成为逃避社会责任的极好借口。随着专业一再细分,每个专家集团都发现,假定在复杂的责任传递过程中没有人最后负责,就越来越有可能为他们的工作所带来的社会后果“推卸责任”,各位专家为产生了社会混乱而担心受怕时,只要确信自己是尽了最大能力来完成任务的,也就很容易把他们的责任推卸掉。当然,这些后果不是哪一个专家集团单独造成的,工程师也不比别的集团责任更大。更确切地说,在我们的经济结构和社会结构里,任何一项技术贡献都交织在累积形式的后果之中,其中有些后果谁也不曾希望它发生,但对它的发生又都有责任。

职业伦理

与科学家不同，工程师们部分地由于职责的专门化而被逐步灌输了一种有限责任的伦理观念。那些忙于从事在未知领域中寻求新知识这种独特工作的科学家，一直否认他们有义务关注这种知识被拿来应用的方式。（历史创造它自己的符号。需要用一颗原子弹去震撼科学家，让他们放弃这种他们顽固坚持的教条。）

既然技术的社会后果和心理后果并非来自工程师的特殊领域这一点完全弄清楚了，那么，从许多方面看，坚持认为工程师有义务考虑这些后果就不合理了。然而，改进生产过程终归是工程师的“工作”（请注意，确定某种角色的界限从而确定其社会责任是多么有效），但是，考虑这些改进所带来的细枝末节的社会后果，却“不是他的事情”。职业准则使工程师的注意力集中
622 在技术革新的一系列后果中的第一个环节，而转移了他们——既作为专家又作为公民——对后果链中接着发生的环节，例如给工资水平和就业机会带来的后果的注意。“但我们不得不公正地考虑各种后果”——约翰·杜威用更一般的形式提出这个问题。“目光只盯着希望出现的某种单一结果或后果，而且抱有这种想法，即可以不对其他所有不希望出现或不合需要的后果有所觉察，那是任性的愚蠢。”

科层地位

工程师和技术人员在工业科层机构中的大量任职，进一步决定了他们的社会观点。进入科层机构的许多工程师是以专家身份担任副职，有着固定的职权范围，并且与更大的社会系统是

严重脱节的。在这种地位上，他们是被看作技术辅助人员而得到酬劳的。因此，考虑采用高效设备和流程给人和社会所带来的后果，或者决定什么时候和怎样采用这些技术和设备，就不在他们的职能范围之内。这些是行政管理人员关心的事情。

在商业和工业组织中，将这些事情委派给管理人员的理由，很少像罗特利斯伯格在下面这段话中表述的那样清楚且具有启发性：“……物理学家、化学家、机械工程师、民用工程师和化学工程师，对他们自己所特有的现象都有一套实用的思考方法和简单的处理方法。他们的判断在这个领域里看起来是有道理的，但越出这个领域就很有疑问了。他们中有些人十分清楚地认识到这种局限性。他们不想和人的因素纠缠在一起；他们只想设计出最好的工具和最好的机器以实现确定的技术目标。至于这种工具或机器被采用后，是否会造成某些雇员被解雇，公正地说，完全不是他们作为工程师的事情。……对任何一个工业组织中的管理者来说，这些人都是无价之宝。”

马克斯·韦伯、托尔斯坦·维布伦以及其他人已指出过这种危险，这种为了支持管理者而找借口放弃社会责任的职业观点，会由工程师传播到特定经济企业范围之外去。这种观点的传播以及由此而养成的处理人类问题的无能，使工程师和技术人员在政治组织、经济机构和社会政策领域中，逐步变成一种被动和依赖的角色。他们的公民自我有逐渐被职业自我淹没掉的危险。

由于技术专家如此专注于“他们自己的”狭窄任务，技术对 623
社会结构的全面冲击就由于疏忽而无人过问。

社会研究的需要

只要一种先进技术的社会后果不能被预料和考虑到，工程师就可能继续公开否认与这些后果有任何直接关系。社会科学家在解决这个问题上已经失败;在这个意义上,没有一个知识基础可供最关心社会的技术人员依其社会责任去行事。只有具备社会研究技能的人创造出充分的科学知识,那些靠工程技能工作的人才能把他们的眼界从单个工商企业扩展到更大的社会系统。

正如多少个世纪以来人们一直忽视土壤流失问题,这部分是因为他们没有意识到它已构成一个重要问题,人们至今还在忽视引入急剧的技术变化的现有方法所带来的社会侵蚀。对这个领域的研究需求十分有限。较之为香水和其他日用品设计诱人的包装,或为美国烟草制造商设计竞争广告,对当今技术时代这些至为关键问题所进行的充分细致调查,我们所投入的研究人力和时间要少得多。这样估计看来是恰当的。

不需要等待出现新的研究方法后再去开始一项与问题规模相当的庞大社会研究计划。社会研究的方法一直在稳步前进,而且通过学术实践无疑将进一步得到发展。不过,这种方案的实际发展是由研究队伍的组织、研究的赞助和研究的方向所决定的。

研究队伍的组织

由各种专业群体所进行的没有联系、互不协调的研究已被证明是不合适的。这个领域的问题需要工程师、经济学家、心理学家和社会学家相互补充的技能和知识。一旦找到了联合研究的焦点,就可由几个专业群体的代表共同努力开始设计联合研究的方案了。他们之间开始可能缺乏共同语言,但是,正如田纳西河流域管理局提供的经验所表明的,工程师与社会科学家之间能够逐渐形成协作格局。科学劳动的分工在各个学科之间筑

起的隔墙只不过是一种权宜的划分。一旦认识到了这一点，我 624
们就能打破这些隔墙。

研究的赞助

在工业界，有限的社会研究大部分都是为了迎合管理部门的需要。因而，选定作为研究焦点的问题——如大量的劳力更新和有限制的劳力输出——主要是由管理部门指定的；赞助通常是由管理部门提供的；工作场所中试验性改造的范围和性质要由管理部门通过；而且，定期报告主要提交给管理部门。不管理由说得多么好听，或看起来多么不言自明，我们都应当注意到，这**就是**工业界社会研究的典型景象，而且这种景象制约着研究更有效地深入下去。

当然，这些议论并非对符合管理部门需要的研究的有效性和有用性予以责难。从管理部门不断赞助这种研究的事实出发，我们仅能得出结论说，这种研究在问题限定的范围内是非常有用和有效的。但是，为整个商业和工业界中某一阶层服务的智囊团，可能会及时发现自己所关注的问题并非工商业整体中其他部分所面临的主要问题。例如，可能会有这样的情况发生，那些设计出来通过长时间耐心会谈或管理者的适当行为降低工人的焦虑的方法，却不在那些被工人视为与自身利益休戚相关的研究之列。他们也许更关心能有研究者去揭示决定采用技术变化的各种方案会给他们自己或别人带来的种种后果。

这提醒我们，社会研究本身是在社会背景下进行的。社会科学家如果认识不到参与性观察、座谈访问、社会关系分析等方法在工厂中为工人和管理人员提供了一种比技术变化还要大的革新，那么，实际上他会对自己的研究成果也将信将疑的。仅仅是因为这种革新与大多数人的一般经验相去甚远，也能够预料到它所受到的抵制。那些已在工人和管理人员中间从事社会研究的人们不必被告知什么混杂的怀疑、不信任、难于逗笑甚至公开敌视,这些他们一开始就都遇到过了。由于人们对这类调查不熟悉,加上这种调查又表现出对紧张领域和私人事务明显的好奇心,因而易于遭到某种程度的抵制。

如果研究是由管理部门资助的,并且研究的问题主要与管
625 理部门有关,那这种研究会遭到工人更强烈的抵制。在某些有组织的工人中,用与二十年代对待科学管理研究相当的怀疑和不信任来看待工业界的社会研究的初步尝试,就并不奇怪了。因为,如果工人有理由认为研究方案是反对工人组织的一个新学术把戏,或是用象征性报酬科学地代替物质报酬,那么,就会产生问题,而不是探明问题。

因此,工业中的社会研究不管其资金来源何处,都必须在管理部门和工人的共同赞助下进行。除非工人们知道自己将从中获益,否则在一个主要依靠经验方法的领域引入科学方法,就不会得到多数工人的配合。

研究的方向

这些研究小组的首要任务将是找出需要引起注意的具体问题。正是他们进行研究的这一事实将表明,他们并没有被这样的念头——技术的突飞猛进不管怎样应用,都必然带来共同的益处——迷住心窍。他们被期望去考虑危险的思想。他们不会坚持任何超越研究之外的文化的和制度的公理。他们关注的焦点应放在适于充分发挥生产潜力的制度结构上,这种生产潜力是不平衡但持续进步的技术所具有的,伴随着这些进步有得有失。

最近十年,社会研究者开始反对只关心技术进步的经济后

果的早期倾向。研究的关注点转移到工人的思想感情和职业中的社会关系上面来了。然而，这种新的强调也有缺陷。受技术变化影响的不仅有工人的感情。受技术变化影响的也不止他们的社会关系和他们的地位——他们的收入、他们的就业机会以及他们的经济利益也受其影响。即使对工业中人际关系的新研究再恰当不过，它也必须与对节省劳力技术的经济含义的持续研究紧密配合起来。

事实上，研究也不可能局限于对“工人”的研究。把工人当作一个独立成分从工业整体中分出来，就破坏了在工业界实际建立的社会关系结构。常受偏见、玄想、片面失真、对同事或管理者的非理性厌恶等支配的，大概不止是工人。其实，可以看 626
到，管理部门的行为和决定明显地受到同种心理模式的影响，而且可以看到，这些模式与经济利益的明确意识一样，都大大有助于作出采用节省劳力技术的决定。

由于缺乏工人和管理部门联合发起，并以技术在我们社会中的作用问题为共同目标的研究，只好代之以现存模式的零碎研究，这些零碎研究针对的是所研究的那些特定群体的利益的特殊问题。当然，这种替代研究可能在某些人看来更为可取。但是，几个利益集团就这个领域中的社会研究的发起和方向找不到达成一致的基础，也是完全有可能的。不过，这却符合其间接目的。在管理部门和工人联合赞助下由技术人员和社会科学家进行的研究，如果由于这些原因而遭抵制的话，那就正是工业关系已经达到某种状态的明显病征。 627

第二十章
清教主义、虔信派和科学

阿尔弗雷德·韦伯在给一本文化社会学论著所写的序中,把社会、文化和文明过程区分开来。① 由于韦伯的兴趣主要是区分这些社会学现象的范畴,因而他在很大程度上忽视了这些现象之间特殊的内在相互联系,而这却是社会学家的一个基本研究领域。本文所要研究的,正是某些文化要素与文明要素之间的这种相互作用,特别是参照了十七世纪的英国。

清教的精神气质

本文的第一部分对与十七世纪后半叶科学兴趣的显著增长相关的清教的价值体系进行了粗略概述,第二部分提供了与新教徒和其他宗教信徒对自然科学所作的不同贡献有关的经验材

---

① 阿尔弗雷德·韦伯:"文化社会学原理:社会过程、文明过程和文化运动"('Prinzipielles zur Kultursoziologie: Gesellschaftsprozess, Zivilisationsprozess und Kulturbewegung'),载《有关社会科学和社会政治的文献》(*Archiv für sozialwissenschaft und Sozialpolitik*),1920 年,第 47 期,第 1—49 页。类似的分类见 R.M.麦基弗,《社会:它的结构和变迁》(*Society: Its Structure and Changes*),第 7 章;以及莫里斯·金斯伯格在他的《社会学》(*Sociology*)中对这些研究所作的讨论(金斯伯格:《社会学》,1934 年,伦敦,第 45—52 页)。

料。

这项研究的主题是，作为禁欲的新教价值态度的理想类型，清教伦理将十七世纪英国人的兴趣导引成为有助于科学成长的重要**成分**。当时，根深蒂固的宗教**势力**①在其教义中要求系统 628
理性和经验的自然研究要颂扬上帝的功绩和挽救腐朽的世界。

通过考察当时科学家们的态度，可以确定清教伦理的价值观在何种程度上激发了科学兴趣。当然，很有可能的是，我们在研究科学家公开宣称的动机时，只论及了合理化和来源问题，而没有对实际动机作出准确的陈述。在这种情况下，虽然它们可能只涉及孤立的特殊情况，我们的研究也并非毫无价值，因为这些可想像的合理化本身就是被当作社会认可的动机的证据[韦伯的理解方法(Erkenntnismitteln)]。正如肯尼思·伯克所言，“动机一词是由此确定的，即我们的一般取向是为了目的、手段、幸福生活这类事情的。”

罗伯特·波义耳是力图明确把科学在社会生活中的地位与其他文化价值标准联系起来的科学家之一，这一点在他的《经验自然哲学的用处》(*Usefulness of Experimental Natural Philosophy*)一书中表现得尤为明显。作过同样努力的有约翰·雷，他在自然史方面所作的工作是开创性的，并被哈勒誉为人类历史上最伟大的植物学家；弗朗西斯·威鲁比在动物学中的地位或可与

① “并非只当作(当然在重要情况下)知识手段的神学纲要的理论，而是把建立在宗教心理与实用的关系上的实际行为驱动力也考虑进来(在宗教‘经济伦理’下)。”马克斯·韦伯：《宗教社会学全集》(*Gesammelte Aufsätze zur Religionssoziologie*)(图宾根，1920)，第1卷，第238页。正如韦伯公正地指出的，人们坦率地承认宗教是决定宗教伦理的要素**之一**，但确定构成这种伦理的**全部**要素，乃是我们当前必须完成的任务，也是我们的目的所要求完成的任务。这个问题虽有待深入研究，但超出了本文的范围。

雷在植物学中的地位相提并论;约翰·威尔金斯是后来纳入皇家学会的“无形学院”的领导人物之一;还有奥特雷德、沃利斯以及其他人。如果需要更多的证据,我们可以看看皇家学会这个科学团体,它诞生于十七世纪中叶,在激发和刺激科学进步方面,它比任何其他直接力量都要大得多。在这一点上,我们特别有幸掌握着一份当时的报告。这份报告是在该学会成员们的不断指导下写成的,因而可能能反映出他们对于这个协会的动机和目的的看法。这就是被广泛阅读的、托马斯·斯普拉特写的《伦敦皇家学会史》(*History of the Royal-Society of London*),此书经威尔金斯和皇家学会的其他代表人物审阅之后,于 1667 年出版。[①]

甚至只要对这些著作粗略地考察一下,就足以揭示出一个显著的事实:新教伦理的某些要素已渗透到科学探索的领域,并在科学家对待他们的工作的态度上留下了不可磨灭的痕迹。对科学产生原因的探讨,与清教关于同一主题的学说有一一对应
629 的关联。在那个时代,像宗教这样的统治力量,没有大概也不可能被划分和界定。因此,在波义耳为科学所做的受到人们高度赞扬的辩护中,仍然认为对自然所做的研究是为了增加上帝的

① 参见 C. L. 索尼克森:《托马斯·斯普拉特生平和著作》(*The Life and Works of Thomas Sprat*)(哈佛大学,未发表的博士论文,1931),第 131 页及以下。该文用丰富的事实证据表明,这部皇家学会史反映了皇家学会的代表性观点。更有趣的是,斯普拉特书中有关皇家学会的目标的论述,与波义耳对一般科学家的动机和目的的概括,在各方面都有明显的相似之处。这种相似就是包含着这些态度的精神气质占主导地位的证明。

光荣和人类的利益。[①] 这是以永恒的韵律重复着的基调。而精神与物质的并置则是这个基调的特征。这种文化牢固地建立在功利主义规范的基础之上,而这种规范构成了衡量各种活动是否令人满意的标尺。将行动的意义指定为颂扬上帝,是空泛的和含糊的,但功利主义的规范倒很容易被运用。

在该世纪早期,这种基调已回荡在弗兰西斯·培根这位“学术团体的忠实使徒”的雄辩声中。他本人作为没有做出什么科学发现的科学倡导者,并不能理解吉尔伯特、开普勒和伽利略这些同时代人的重要性,却天真地相信这种“把所有才智和理解置于几乎同一层次”的科学方法的可能性;他是一个激进的经验主义者,认为数学对科学毫无用途。但在对科学作出肯定性社会评价和抛弃陈腐的经院哲学方面,他却是一位取得了高度成功的主要倡导者。培根是一位“有学问、能言善辩、笃信宗教、充满清教热忱的妇人”之子,并承认自己受到母亲看法的影响,因而当他在《广学论》中谈及科学活动的真正目的是“颂扬造物主和改善人类状况”时,并不出乎人们的预料。许多官方和私人文件相当清楚地表明,培根的学说构成了规范皇家学会的基本原则,因此,皇家学会的章程中表达出同样的观点,也就不足为奇了。

波义耳的遗嘱中也反映出这种态度,他这样祝愿学会会员:“祝愿他们在其值得称赞的努力之中,获得可喜的成功,能够发现作为上帝杰作的真实世界;祝愿他们以及所有自然真理的研

① 罗伯特·波义耳:《对经验自然哲学用处的一些思考》(*Some Considerations touching the Usefulness of Experimental Natural Philosophy*)(牛津,1664),第22页及以下;也可参见S.J.里加德编:《十七世纪科学家通信集》(*Correspondence of Scientific Men of the Seventeenth Century*)(牛津,1841)第三十四封信即威廉·奥特雷德的信;或见埃德温·兰克斯特编:《约翰·雷通信集》(*Correspondence of John Ray*)中雷的信(伦敦,1848),第389页、第395页、第402页等各处。

究者们,热忱地用自己的成就去颂扬那伟大的自然创造者,并使其造福于人类的安乐。”[①] 约翰·威尔金斯宣称,关于自然的实验研究,是促使人们崇拜上帝的一种最有效的手段。[②] 弗朗西
630 斯·威鲁比由于过分谦虚而认为自己的著作不值得出版,是雷一再说这些著作的发表就是对上帝的一种颂扬,才说服了他同意出版自己的著作。[③] 而雷本人的《上帝的智慧》一书,是为那些通过研究上帝的杰作去颂扬上帝的人而歌功颂德的,此书由于受到高度欢迎,以致在大约二十年里就出了五个版本。[④]

对一个受宗教势力影响相对很少,并注意到在今天科学和宗教如果不是对立,也几乎是完全割裂开的现代人来说,那些曾反复被人们吟诵的虔诚言辞,充其量不过是一些习惯用语,而绝不是内心深处的动机信念。在他看来,这些语录看上去好像是在**无中生有**(qui nimium probat nihil probat)。但是,这样一种解释只有当他不把自己的价值观转化到十七世纪的价值观框架里去才有可能。像波义耳这样的人,他花了数目相当可观的金钱请人把《圣经》译成数种外国文字,我们确信,他不仅仅是口头敷衍。正如G. N. 克拉克恰当注意到的这种关联:

> 确定宗教在多大程度上成为十七世纪所有以宗教语言表达之事物的真实成分……总是有困难。将所有神学术语打折扣,并把它们仅仅当作是共同的形式,也没有使困难得

---

① 引自吉尔伯特这位萨勒姆大主教《在尊敬的罗伯特·波义耳葬礼上的演讲》(*A Sermon preached at the Funeral of the Hon. Robert Boyle*)(伦敦,1692),第25页。

② 《自然宗教的原理和义务》(*Principles and Duties of Natural Religion*)(伦敦,1710年第6版),第236页及各处。

③ 《纪念约翰·雷》(*Memorials of John Ray*),第14页。

④ 《上帝的智慧》(*Wisdom of God*)(伦敦,1691),第126—129页,及各处。

到解决。相反，常常有必要提醒我们自己，这些词语很少不带着它们的意义而被使用，而且使用这些词语一般都含有一种强烈的感情。[①]

清教精神气质的第二个主导信念是把社会福利，即多数人的幸福，作为一个必须牢记在心的目标。这里我们又一次看到，那个时代的科学家采纳了一个受当时普遍的价值标准规定的目标。科学应当受到鼓励和培育，因为它能够靠技术发明实现对自然界的统治。我们从那位资深的皇家学会史家那里获知，皇家学会“无意止步于某种特殊利益，而要深入到一切卓越发明的根本”。[②] 而且，那些不带有直接收益的实验也不应该受到责备，因为正如高贵的培根所宣称的那样，有启发的实验终将引出一系列有益于人类生活状况的发明来。他继续说道，科学的这种改善人类物质条件的力量，除了它本身纯粹世俗的价值以外，在耶稣基督的救世福音看来，还是一种善的力量。

另外，贯穿清教的原则之中，也存在着与科学的性质、目标和结果之间的一一对应的关联。这是当时科学拥护者们的论点。清教只不过是明确表达了那个时代的基本价值观。斯普拉特问道，倘若清教要求一个人在他的事业中坚持系统的、有条理的劳动和不懈的努力，那么，还有什么能比得上**实验艺术**这种“靠个人的不断劳作，甚至靠最大集体前仆后继的力量都难以完结”的事业，更活跃、更勤奋、更有系统性呢？[③] 在其中最需要的 631
就是坚持不懈的勤奋，因为即使那些最远离观察而隐藏着的自

① G. N. 克拉克：《十七世纪》（*The Seventeenth Century*）（牛津，1929），第 323 页。

② 托马斯·斯普拉特：《皇家学会史》，第 78—79 页。

③ 同上，第 341—342 页。

然财富,也可以依靠刻苦和耐心而加以发掘。[①]

清教徒不就是因为闲适招致邪恶之念(或干扰个人对天职的追求)而回避它吗?“在一个被如此有用和有成效的事物[自然哲学]所占据的脑子里,哪里还容得下那些低贱渺小的事物呢?”[②] 戏剧和剧本不是有害的、引起肉欲的(因而对更严肃的追求起着颠覆作用的)吗?[③] 那么,这时候就是“使实验开始的最合适的时机,实验给我们以来源于知识深处的智慧、震撼阴霾和驱散(戏剧所带来的涣散精神的)迷雾”。[④] 最后,在世间积极行动的生活不是比修道院的禁欲生活更可取吗?这样就认识到这一事实:对自然哲学的研究“之所以适合我们,并不在于它揭开隐匿的秘密:它使我们能为世人服务”。[⑤] 简言之,科学体现两种被高度赞赏的价值观:功利主义和经验主义。

从某种意义上说,清教信条与作为职业的科学的性质之间这种明显巧合是一种诡辩。这是一种明确的企图,要把科学家作为虔诚的普通信徒纳入流行的社会价值标准的框架之中。因为等级地位和个人权威在当时比在今天重要得多,所以这种企

---

① 雷:《上帝的智慧》,第125页。

② 斯普拉特,前引书,第344—345页。

③ 理查德·巴克斯特:《基督教指南》(*Christian Directory*)(伦敦,1825;第1版于1664年),第1卷,第152页;第2卷,第167页。参见教友会卫道者罗伯特·巴克利的著作。他特地建议把“几何和数学实验”作为无邪的娱乐而去追求,以替代有害的戏剧。《为真正的基督教上帝辩护》(*An Apology for the True Christian Divinity*)(费城,1805;初稿于1675年),第554—555页。

④ 斯普拉特,前引书,第362页。

⑤ 同上,第365—366页。斯普拉特敏锐地指出,由宗教顾忌引起的修道院禁欲主义,是经院哲学家们缺乏经验主义的部分原因。“当哲学属于他们的宗教的一部分时,他们必须提出何等悲哀的哲学才使他们自己最大程度地脱离与世人的交流?而当时他们还远不能发现自然的奥秘,因而他们难得有机会去饱览自然的公共作品。”同上,第19页。

图是为了使科学得到宗教和社会的认可。然而,这并非完整的解释。斯普拉特、威尔金斯、波义耳以及雷所作的辩护,决不仅仅是表现出机会主义的顺从,而是对科学通往上帝之路的真挚的证明。宗教改革已把拯救个人的重担从教会的肩上转移到个人身上,而恰恰是这种"为自己的灵魂负责的千钧压身之感",说明了这种强烈的宗教兴趣。假使科学不被证明为一种合法的和 632
可取的职业,那它就别想得到那些觉得自己"永在上帝心中"的人物的关注。那些辩解所诉诸的正是这种强烈的感情。

清教精神气质中对理性能力的抬高——部分基于理性概念是抑制情感的工具的观点——不可避免地导致对那些始终需要运用严格推理的活动的同情态度。不过,我们要再次强调指出,与中世纪的理性主义相反,此时理性已被看作从属和辅助经验主义的。斯普拉特敏锐地指出了科学在这方面的显著特性。[①]可能正是在这一点上,清教和科学的气质最为一致,因为,清教伦理所宣称的**理性主义**和**经验主义**二者的结合,构成了近代科学精神的实质。清教充满了新柏拉图主义的理性主义,这在很大程度上来自作了适当修正的奥古斯丁教义。当然,它并没有就此止步。与成功处理世间实际生活事务的指定必要性结合在一起的是对经验主义的强调。这种必要性来源于加尔文主义的命定说,以及通过成功的世俗活动表达对**必然性的敬意**。这两种思潮,被一种有内在一贯性的价值观体系的必然逻辑融汇在一起,并与当时的其他价值观相互联系,来为人们接受自然科学中所出现的类似结合辅平道路。

---

① 斯普拉特,前引书,第361页。巴克斯特以清教徒代表身份谴责"狂热"侵入了宗教。理性"应保持它驾驭和支配你们的思想的权威"(《指南》,第2卷,第199页)。以类似的精神,那些在威尔金斯住所为皇家学会奠定基础的人"都不屈不挠地武装起来反对各种宗教狂热的妖术"。斯普拉特,前引书,第53页。

经验主义和理性主义被奉为正统,甚至可以说达到至高无上的地位。很可能清教精神气质对科学方法并无直接影响,而只不过是科学史内部的一种平行发展而已,不过,很明显,通过对某些思想行为模式的心理强制,这种价值体系使得建立在经验基础上的科学值得赞许,而不像在中世纪时期那样受到压制,或充其量也只是得到默认。这对某些天才转向科学领域肯定产生了影响,否则这些天才就会转向其他受尊重的职业。今日之科学如果不是彻底地,也是在很大程度上同宗教支持分离了,这个事实作为世俗化过程的一个例子,本身就是饶有趣味的。

这种世俗化的端倪早在中世纪晚期就依稀可察,并在清教
633 精神气质中得以充分显露。正是在清教价值体系中,理性和经验第一次被明确认为是确定宗教真理的独立手段。巴克斯特说,未经质疑和未经“理性权衡”过的信仰并非信仰,而只是一种梦想、一种幻想或一种意见。实际上,这给科学以一种最终可以限制神学势力的力量。

因此,一旦这些过程被清楚地认识到,那么,路德特别地(梅兰克森较为温和地)憎恶哥白尼的宇宙学说,加尔文拒不接受当时许多科学发现,而源于这些重要人物的宗教伦理却鼓励对自然科学的追求①,就不会让人感到迷惑不解或相互矛盾了。只

① 按照这种分析看来,我们惊讶地注意到**据说是**马克斯·韦伯提出的一种说法,即宗教改革者们对科学的反对,是不能把新教同科学兴趣联系在一起的充分依据。参见《经济史》(*Wirtschaftsgeschichte*)(慕尼黑,1924),第 314 页。这种说法特别出乎意料,因为它完全不符合韦伯在他的其他著作中就这一点所作的论述。参见《宗教社会学》(*Religionssoziologie*),第 1 卷,第 141,第 564 页;《科学作为职业》(*Wissenschaft als Beruf*)(慕尼黑,1921),第 19—20 页。对此所做的可能解释是,第一种说法并非韦伯的观点,因为《经济史》是他的两个学生根据课堂笔记整理而成的,他们也许忽略了对此作必要的区分。韦伯不大可能犯这种简单错误, 以至于把

要神学家们的看法实际上还支配着具有破坏性的宗教伦理——加尔文在日内瓦的权威直到十八世纪初期还起着这种作用——那么,科学的发展就会受到巨大的阻碍。但是,随着这种敌对影响有所松动,随着一种来源其内却与之迥然有别的伦理的发展,科学获得了新的生命,正如当初日内瓦的实际情况那样。

新教伦理中对自然科学的承认最有直接影响的因素可能是认为对自然的研究能使我们更充分地欣赏上帝的杰作,从而引导我们去赞美上帝在其创造物中表现出的能力、智慧和仁慈。虽然中世纪的思想中并非没有这种观点,但由此推出的结果却迥然不同。例如,维拉诺瓦的阿那尔都斯在研究"神圣工作室"的作品时,就严格遵循中世纪根据**表格**(其中所有组合都被根据逻辑法则排列出来)确定现象特性的思想。然而,十七世纪对经验主义的重视,则导致人们主要通过观察去探索自然。[①]对同一教义的本质解释中的这种差异,只能根据渗透着两种文化的不同价值标准来理解。

对于巴罗、波义耳或威尔金斯、雷或格鲁之类的人来说,科学终于找到了它存在的全部理由:赞颂上帝。例如,波义耳 634
就说:[②]

改革者们对科学发现的反对,同新教伦理未预见到的结果混为一谈,特别是因为他在《宗教社会学》一书中明确告诫说要对此加以区别。与韦伯的假设同样有洞察力但含糊不清的简单论述,参见奥古斯特·孔德:《实证哲学教程》(*Cours de philosophie positive*)(巴黎,1864),第4卷,第127—130页。

① 沃尔特·帕格尔:"十七世纪医学生物学中的宗教动机"('Religious motives in the medical biology of the seventeeth century'),载《医学史学会公报》(*Bulletin of the Institute of History of Medicine*),1935年,第3期,第214—215页。

② 《经验自然哲学的用处》,第53页;亦参见雷:《上帝的智慧》,第132页;威尔金斯:《自然宗教》(*Natural Religion*),第236页及以下;艾萨克·巴罗:《小著作》(*Opuscula*),第4卷,第88页;又参见尼赫迈亚·格鲁:《宇宙学的神殿》(*Cosmologia sacra*)(伦敦,1701),他指出上帝是"最初的目的",因而,"我们**必须**要研究他的作品"。

……要尽我们所能使上帝之爱获得应有的尊敬，因而除了信仰的行动，还应该用理性的行动去颂扬和感谢上帝，在我们通常所具有的关于上帝之威力和智慧的一般的、混乱的和懒散的观念，跟关于这些特质的独特的、理性的和动人的概念之间，一定存在着巨大的差异，后者是通过对各种创造物的仔细考察而形成的，并在这些创造物中最容易认识到，它们也正是为此目的而被创造出来的。

雷根据这一观念得出逻辑结论，因为，倘若自然界是上帝威力的表现，那么，自然界中就没有任何东西过于卑贱而不能作为科学的对象。[①]大至宇宙，小至昆虫，都体现了“上帝的理性，就像金色的矿脉一样，贯穿蛮荒自然的劣等矿藏”。

到此为止，我们所讨论的主要是通过清教价值观对科学的可直接感知的鼓励。虽然这有重要的影响，但还有另一种关系可能具有更重要的意义，尽管它很微妙并难于领悟。它与一组大部分是隐含的假设的确立有关，就是这些假设使得人们易于接受十七世纪以及其后几个世纪里的科学气质特性。这并非仅仅因为新教暗含了**自由探究**，或者贬低了修道院禁欲主义。这些都是重要原因，但绝不是全部原因。

有一点已变得越来越明显了，那就是，每个时代都有一套依赖一组通常含而不露且极少受到当时科学家质疑的假设的科学

---

① 雷:《上帝的智慧》，第130页及以下；马克斯·韦伯引用斯瓦默达姆的话，“这是我向你们证明，上帝之意就在一只虱子的解剖学中”。《科学作为职业》，第19页。

体系。① 这种**基本**假设在近代科学中“便是对于**万物之秩序**，尤其是自然界之秩序，存在的一种普遍的、本能的信念”。② 这种信念或者说信仰(至少从休谟以后就必须把它当作信仰)，绝对“不受这种对前后一贯之合理性的要求的影响”。在伽利略、牛顿及其后继者们的科学思想体系中，实验的检验是真理的最高准绳。不过，如果没有那个先定的前提，即认定自然界构成一种可以理解的秩序，比方说，如果提出一些合适的问题，自然界将 635
会作出回答，那么，实验这个概念本身就会被一笔勾销了。因而这个前提是决定性的和绝对的。③ 正如怀特海教授很清楚地表明的，这种“对于科学可能性的信仰，产生于近代科学理论发展之前，是从中世纪神学中无意识地导出的”。然而，虽然这个信念是近代科学的前提条件，它却不足以引出近代科学的发展。所需要的是对以经验和理性方式去寻求这种自然秩序的永恒兴趣，亦即一种对现世及所发生的事物的**积极主动**的兴趣，再加上一种特定的精神框架。随着新教的出现，宗教提供了这种兴趣：新教实际上强加给人们高度关注世俗活动的义务，并且强调在世俗活动中要以经验和理性作为行动和信念的基础。

甚至作为最终和全能权威的《圣经》，也要服从个人根据这些基础所作出的阐释。在这个体系中的研究方法和理智态度的

---

① A. E. 希思，载 W. J. 格林斯特里特编：《艾萨克·牛顿纪念文集》(*Isaac Newton: A Memorial Volume*)(伦敦，1927)，第 133 页；亦参见 E. A. 伯特：《近代物理学的形而上学基础》(*The Metaphysical Foundations of Modern Physical Science*)(伦敦，1925)。

② 参见 A. N. 怀特海：《科学与近代世界》(*Science and the Modern World*)(纽约，1931)，第 5 页及以下。

③ 参见 E. A. 伯特，载《艾萨克·牛顿纪念文集》，第 139 页。对这一科学信仰所作的经典解释，见牛顿：“哲学中的推理规则”，载他的《原理》(伦敦，1729)，第 2 卷，第 160 页及以下。

相似性绝不仅有偶然的意义。这种宗教的观点必定形成一种看待感觉现象世界的态度，而且它极有助于人们欣然接受科学中的同样态度，而且确实也为后者作了准备。这种深层的而非表面的相似性，可从以下对加尔文神学所作的评论中看出：①

> 那些观念的变化具有客观性，而且形成了一个客观的教义体系。它直接取得了自然科学的特征；它清楚易辨而且易于表述，因为所有属于外部世界的事物，一定比发生在内心深处的东西来得清晰。

对于永恒规律的信念，在命定说中表现得同在科学研究中一样明显："永恒规律是存在的，我们必须加以承认。"② 赫尔曼·韦伯还清楚地表明了这一概念同科学假设之间的相似性：③

> 当人们把感性事实当作自然科学的事实时，就切中了命定说的要害，只有那个最高原则除外，它认为每一自然科学的表象复合，都是对上帝的最深刻的赞颂。

文化环境中渗透着这种对待自然现象的态度，这种态度源
636 于科学和宗教二者，而且推进了新科学特有观念的不断普及。

这项研究还剩下一个最重要的部分有待完成。指出新教伦

---

① 赫尔曼·韦伯：《加尔文的神学》（*Die Theologie Calvins*）（柏林，1930），第23页。

② 同上，第31页。关于上帝先知的教义在加强对自然规律的信念方面的重要作用，巴克尔作过评论，见他的《英国文明史》（*History of Civilization in England*）（纽约，1925），第482页。

③ 同上，第31页。

理引发的文化态度有利于科学,并没有充分证实我们的假说;同样,指明许多杰出的科学家有意识地表述的动机也来源于这种伦理,也不能充分地证实。更进一步说,指出作为近代科学特性的那种思想方式,亦即经验主义和理性主义的结合,以及对一个基本公设(可理解的自然秩序)的合理性的信仰,同新教所包含的价值观具有一种绝非偶然的一致性,这仍不能得到充分证实。所有这些事实仅仅提供了难以驳斥的证据,说明我们所论证的联系具有一定的可能性。对此假说的最重要检验,应该从假设**所推出来**的结果与相关的实际数据的对比中去寻找。如果新教伦理含有一组在许多方面有利于科学和技术的态度,那么我们当可发现其信徒趋于这些事业领域的倾向,要比我们根据他们在总人口中的比例所预期的更大一些。此外,如果真如人们经常所说的那样①,这些伦理教义所留下的影响,在它们的神学基础大部分遭到摈弃之后仍持续很久,那么,即使在十七世纪以后,新教和科学的这种联系仍应该在某种程度上继续存在。因此,下面一章将专门用于讨论对假说的进一步检验。

清教对科学的刺激

在皇家学会建立的初期,就可看到科学与学会之间的密切联系。皇家学会本身就是由先前人们对于科学的兴趣所促成,

① 正如特勒尔奇所说:"今日之世人一点也不比以前任何世代的人们更需要靠逻辑一致性过日子;精神力量可以施加支配性影响,即使是在它们公然遭到摒弃的地方。"《新教教会对现代世界形成的重要性》(*Die Bedeutung des Protestantismus für die Entstehung der modernen Welt*)(慕尼黑,1911),第22页;亦参见乔治亚·哈克尼斯:《约翰·加尔文:其人及其伦理观》(*John Calvin: The Man and His Ethics*)(纽约,1931),第7页及以下。

其成员们后来的活动则对科学的进一步发展起了明显的推动作用。这一团体的创立可以追溯到1645年及以后由科学爱好者召集的不定期会议。其领导人有约翰·威尔金斯、约翰·沃利斯，后来则是罗伯特·波义耳和威廉·配第爵士。对所有这些人，宗教势力似乎都产生了独特的强大影响。

后来成为英国圣公会主教的威尔金斯，是在其外祖父约翰·多德家中长大的。多德是一位卓越的非国教神学家，“他对威尔
637 金斯的早期教育，使得威尔金斯对清教的原则怀有强烈的偏好”。[①] 威尔金斯作为沃德姆学院院长，其影响是深远的；在他的影响下涌现了沃德、鲁克、雷恩、斯普拉特和沃尔特·波普（他的异父兄弟）等人，这些人都成为皇家学会的首批会员。[②] 牛顿的许多重要数学概念显然得益于约翰·沃利斯的著作《无限算术》，而沃利斯是一位具有强烈清教倾向的牧师。我们已经提到，波义耳是一位虔诚的教徒，据他说，他之所以没有成为牧师只是因为“内心缺少神的感召”。[③]

曾在皇家学会创建过程中起过突出作用的德国艺术鉴赏家泰奥多尔·哈克就是一位坚定的加尔文教徒。德尼·帕潘是一位

---

① 《纪念约翰·雷》，第18—19页；P. A. W. 亨德森：《约翰·威尔金斯的生活和时代》（*The Life and Times of John Wilkins*）（伦敦，1910），第36页。而且，在威尔金斯取得牧师职位之后，就成为塞和西尔子爵的私人秘书，成了一位坚定而活跃的新教徒。

② 亨德森，前引书，第72—73页。

③ 《国民传记辞典》（*Dictionary of National Biography*），第2卷，第1028页。这个原因是新教伦理直接起作用的一个例子，也同样影响了萨缪尔·莫兰爵士从牧师转而成为数学家。巴克斯特举这个例子来说明，只有那些感到“内心神召”的人才应担当神职，而其他人通过从事世俗活动能更好地为社会服务。有关莫兰的情况参见J.O.哈利韦尔—菲利普斯：《说明英国科学进步的文学作品》（*Letters Illustrative of the Progress of Science in England*）（伦敦，1841）一书中的“萨缪尔·莫兰爵士自传”，见第116页及以下。

法国的加尔文教徒，他被迫逃离祖国以躲避迫害，在滞留英国期间，他曾在科学技术方面作出显著的贡献。托马斯·西登汉有时被人称为“英国的希波克拉底”，是一位虔诚的清教徒，他曾经随克伦威尔参加作战。威廉·配第爵士则是一位自由主义者，也是克伦威尔的追随者，他的著作明显表现出清教对他产生的影响。至于被惠更斯描绘成皇家学会“灵魂”的罗伯特·莫雷爵士，则可以说“宗教是他生活的主要动力，他每天在庭院与帐篷中花费大量的时间做祈祷”。[①]

很难说皇家学会核心小组的主要人物都是神职人员或笃信宗教之士只是偶然情况。虽然像理查森博士那样，坚持认为学会是由清教神职人员占压倒多数的一小群学者发起的，也并不准确。[②] 然而，皇家学会的主要创始人深受清教观念的影响，显然是真实的。

多萝西·斯廷森院长在她新近发表的论文中，也独立地得出了同样的结论。[③] 她指出，在 1645 年组成“无形学院”的十个人 638
中，只有斯卡伯勒一人显然不是清教徒。约有两位倾向不明，尽管梅雷曾经受过清教训练。其他成员都是明确的清教徒。而且，在皇家学会 1663 年的那份首批成员的名单上，在其教会倾向可考的 68 名会员中，有 42 位肯定是清教徒。考虑到清教徒在全国的总人口中占相对少数，而在皇家学会的首批会员总数中则占 62%，这一事实因此也就更加引人注目。斯廷森由此作

---

① 《国民传记辞典》，第 13 卷，第 1299 页。

② C. F. 理查森：《英国的传教士和传教》（*English Preachers and Preaching*）（纽约，1928），第 177 页。

③ 多萝西·斯廷森：“十七世纪英国的清教和新哲学”（‘Puritanism and the new philosophy in seventeenth-century England’），载《医学史学会公报》，1935 年，第 3 期，第 321—334 页。

出结论:"实验科学十七世纪在英国获得如此迅速传播,依我看至少部分地是由于受到了温和派清教徒的促进。"

清教对科学教育的影响

这种关系并非只在皇家学会成员范围内得到了证实。清教徒对功利主义和经验主义的强调,同样表现在由他们引进和扶植的教育形式中。他们像批评教会形式主义那样批评了学校中"形式语法灌输"。

在这些一致寻求把现实主义的、功利主义的和经验主义的新型教育引进英国的清教徒中,塞缪尔·哈特里布是很杰出的。他形成了英国和欧洲急于把科学的学术研究推广开来的各位新型教育家之间的联系。弥尔顿论述教育的小册子就是写给哈特里布的,威廉·配第爵士也将自己的"关于某些特殊学术部门(即科学、技术和手工艺)发展的忠告"献给哈特里布。哈特里布还在传播夸美纽斯的教育思想方面发挥了作用,并最终促使他来到英国。

波希米亚的宗教改革家约翰·阿莫斯·夸美纽斯是十七世纪最有影响的教育家之一。他所倡导的教育体系的基础就是功利主义和经验主义的规范:那些只会导致强调研究科学技术、研究**现实**的价值观。[①] 他在其最有影响的著作《大教学论》中,将自己的观点概括如下:[②]

---

① 威廉·狄尔泰:"教育学:发展史和体系基线"('Pädagogik: Geschichte und Grundlinien des Systems'),载《威廉·狄尔泰全集》(*Gesammelte Schriften*)(莱比锡和柏林,1934),第 163 页及以下。

② J.A. 夸美纽斯:《大教学论》(*The Great Didactic*),M. W. 基廷译(伦敦,1896),第 292 页,第 337 页;亦见第 195 页,第 302 页,第 329 页,第 341 页。

> 如果教师在向学生传授某种知识的同时，也向他们表明该知识在日常生活中的实际应用，学生学起来就容易得多。在向学生传授语文、辩论术、算术、几何和物理学等学科时，必须小心地遵循这一原则。 639
>
> ……科学的真理性和必然性更多地依赖于感觉的证实而非其他任何东西。因为事物自身是直接作用于感觉的，而它们与理解力的作用只是间接的、通过感觉的……因而，科学中必然性是与它对感觉知觉的依赖程度成正比地提高的。

夸美纽斯在与他持同样观点的英国清教徒教育家，如哈特里布、约翰·杜雷、威尔金斯和哈克等人中觅到了知音。[①]应哈特里布之邀，夸美纽斯来到英国，表达了将培根的“所罗门宫”转变为现实的决心。正如夸美纽斯本人所指出的：“没有什么东西比伟大的伏若拉姆*的计划付诸实施更加确定了，根据这一计划，要在世界某处开设一所综合性的学院，学院的目的之一就是促进科学的发展。”[②] 但是，这个目标却因爱尔兰叛乱所带来的社会动乱而受挫。然而，清教徒推进科学的计划并非徒劳无功。克伦威尔“为各门科学的目的”，创建了在中世纪与十九世纪之间成立的惟一一所新型英国大学——达拉谟大学。[③] 在清教影

---

① 罗伯特·F.扬：《夸美纽斯在英国》(*Comenius in England*)(牛津，1932)，第5—9页。

* 伏若拉姆男爵是弗兰西斯·培根的封号。——译者注

② 《大教学论》(*Opera Didactica Omnia*)(阿姆斯特丹，1657)，第2册，前言。

③ F. H.海沃德：《不为人知的克伦威尔》(*The Unknown Cromwell*)(伦敦，1934)，第206—230页，第315页。

响的全盛时期,剑桥大学的科学研究也有可观的增长。[①]

与此相似,哈特里布的朋友、清教徒海采基亚·伍德沃德也主要强调现实主义(重事物不重言词)和科学教育。[②] 为了在比以往大得多的范围内开展新型的科学研究,清教徒创建了好几所反国教学院(Dissenting Academics)。这些就是在英国各地坚持开放的一些大学学院。其中最早的学院之一就是莫顿研究院,那里公开宣称以科学研究为重点。后来,查尔斯·莫顿奔赴新英格兰,被选为哈佛学院院长,在那里"他引进了他在英国讲授过的科学体系"。[③] 在另一个有影响的清教教育中心北安普顿学院,力学、流体静力学、物理学、解剖学和天文学在课程设置中占据重要地位。这些课程的学习主要是在实验与观察的辅助下完成的。

但是,也许只有通过对清教学院与大学进行比较,才能正确评价清教徒对科学技术的高度重视。各大学即使在它们引入了科学学科之后,依然进行必不可少的经典教育;真正的文化学习如
640 果不是完全无用的,至少在效果上是完全非功利性的。与此相反,学院则认为真正的文科教育,应是"接触生活"的,因而应尽可能多地包括一些功利性科目在内。正如帕克博士所指出的:[④]

> ……两种教育制度之间的差距并不表现为学院引入了"现代的"学科及方法,而在于清教徒所采用的与大学完全

---

① 詹姆斯·B.马林杰:《十七世纪剑桥大学的特征》(*Cambridge Characteristics in the Seventeenth Century*)(伦敦,1867),第180—181页及各处。

② 艾琳·帕克:《英国的反国教学院》(*Dissenting Academies in England*)(剑桥,1914),第24页。

③ 同上,第62页。

④ 同上,第133—134页。

不同的体制。激励着新教徒的精神在法国曾经感动过拉米斯，在德国打动了夸美纽斯；而在英国则推动了培根，后来又促进了哈特里布及其学派。

对英国的清教学院和欧洲大陆上新教教育的发展进行比较，是有相当根据的。法国的新教学院比天主教学院更重视科学与实用学科。①在天主教徒接管了许多新教学院之后，对科学的学习就明显减少了。② 此外，正如我们以后将会看到的，即使在法国这个天主教占统治地位的国家，大多数的科学工作也是由新教徒进行的。在从法国流亡到其他国家的新教徒中，有相当多重要的科学家和发明家。③

清教与科学的价值整合

当然，某个人**在名义上**是天主教徒还是新教徒，与他们对科学的态度并无关系。只有当他真正接受了该教义的信条和含意时，他的宗教取向才显示出其重要性。例如，只有当帕斯卡完全皈依了詹森教派的教诲之后，他才体会到“科学的空虚”。因为詹森教派特别主张，人们应该认识到，徒劳地热爱科学（尽管似乎是由于人们的天真），实际上是一个“引导人们离开对永恒真

---

① P. D.布尔谢耐：《对法国16至17世纪新教学院的研究》（*Etude sur les académies protestantes en France au XVIe et au XVIIe siècle*）（巴黎，1882），第445页及以下。

② M.尼古拉斯：“蒙托邦和尼姆的新教学院”（‘Les académies protestantes de Montauban et de Nimes’），载《法国新教社团史公报》（*Bulletin de la société de l'histoire du protestanisme français*），1858年，第4期，第35—48页。

③ D.C.A.阿格纽：《法国的新教流亡者》（*Protestant Exiles from France*）（爱丁堡，1866），第210页及以下。

理的沉思而满足于有限的知识”的圈套。[1] 一旦帕斯卡完全皈依于这种信念，他就下决心“终止自己一度为之献身的一切科学641 研究”。[2] 正是对这两种信条的基本价值观的坚决认可，说明了天主教徒和新教徒对科学所作贡献的差别。

新教与科学相同的紧密联系在新大陆也很显著。住在新英格兰的皇家学会通信会员和正式会员“都接受了加尔文派思想的训练”。[3] 哈佛大学的奠基者出身于这种加尔文主义文化，而非文艺复兴时代，亦非十七世纪的科学运动，并且他们的思想更易纳入后一种思路，而非前一种。[4] 莫里森教授也注意到了清教徒对科学的这种特别爱好，他指出：“在新英格兰，清教牧师不仅不反对哥白尼学说，而且在赞助和促进新天文学以及其他科学发现方面起了最主要的推波助澜作用。”[5] 有一点是重要的，这就是，马萨诸塞的小约翰·温思罗普，后来的皇家学会会员，于1641年来到伦敦而且很可能与哈特里布、杜雷和夸美纽斯一起待过一段时间。他显然曾建议夸美纽斯到新英格兰去建一所科

---

① 埃米尔·布特鲁：《帕斯卡》（*Pascal*），E. M. 克里克译（曼彻斯特，1902），第16页。

② 同上，第17页；参见雅克·舍瓦利耶：《帕斯卡》（*Pascal*）（纽约，1930），第143页；亦见O. W. 赖特译帕斯卡的《沉思录》（Pensées）（波士顿，1884），第224页，第27条。“**科学的空虚性**。关于外部事物的科学不能减轻我在苦恼时对伦理学的无知，但道德科学却总是能减轻我对外部科学的无知”。

③ 斯廷森，前引书，第332页。

④ 波特·G. 佩林：“早期哈佛大学技术的可能源泉”（‘Possible sources of technologia at early Harvard’），载《新英格兰季刊》（*New England Quarterly*），1934年，第7期，第724页。

⑤ 萨缪尔·莫里森：“天文学在殖民地时期的哈佛大学”（‘Astronomy at colonial Harvard’），载《新英格兰季刊》，1934年，第7期，第3—24页；亦见克利福德·K. 希普顿：“为清教申辩”（‘A plea for Puritanism’），载《美国历史评论》，1935年，第40期，第463—464页。

学学院。[1] 数年以后,英克里斯·马瑟(1684—1701 年间的哈佛学院院长)在波士顿创建了一个"哲学学会"。[2]

哈佛学院教育计划中的科学内容在很大程度上来自新教徒彼得·拉米斯。[3] 拉米斯曾经拟订过一套教学计划,这套计划与天主教大学的教学计划形成鲜明对照,它极为重视科学学科。[4] 他的思想在欧洲大陆的新教大学、在剑桥大学(其清教和科学的成分远甚于牛津大学)[5]及后来在哈佛大学都受到欢迎,但在各种天主教学院受到猛烈抨击。[6] 人们之所以乐于接受拉米斯的观点,在很大程度上可能是因为宗教改革的功利主义和"现实主义"精神。 642

虔信派与科学的价值整合

帕克博士注意到,也许可以将英国的清教学院"与德国的虔信派学校作一个比较:德国的虔信派学校在弗兰克及其追随者

---

① R.F.扬:《夸美纽斯在英国》,第 7—8 页。

② 同上,第 95 页。

③ 佩林,前引文,第 723—724 页。

④ 特奥巴尔德·齐格勒:《教育学史》(*Geschichte der Pädagogik*)(慕尼黑,1895),第1卷,第108页。齐格勒指出,虽然同时期的法国天主教学院只将六分之一的课时用于科学,但拉米斯却在自己的教学计划中把足足一半的课时用于科学科目。

⑤ 戴维·马森确切地将剑桥称为清教徒的母校,马森列举了二十位卓越的新英格兰清教牧师,发现其中有十七位是剑桥校友,而只有三位出身牛津。参见他的《弥尔顿传记》(*Life of Milton*)(伦敦,1875),第 2 卷,第 563 页;亦参见斯廷森在前引书第 332 页的引文;还可参见查尔斯·E. 马利特的《牛津大学历史》(*A History of the University of Oxford*)(伦敦,1924),第 2 卷,第 147 页。

⑥ 海因里希·施赖伯:《通往弗赖堡的阿尔伯特—路德维希大学的历史》(*Geschichte der Albert-Ludwigs-Universität zu Freibury*)(弗赖堡,1857—1868),第 2 卷,第 135 页。例如,在弗赖堡的耶稣大学,只有在批驳拉米斯时才会提到他,而且"在学生手里见不到他的著作"。

的努力下，为实科中学(Realschulen)开辟了道路。因此，正如虔信派信徒在德国贯彻了夸美纽斯的工作一样，新教徒无疑也会将夸美纽斯在英国的追随者如哈特里布、弥尔顿和配第等人的理论付诸实践"。[①] 作这种比较的意义是深远的，因为正如我们曾多次观察到的，清教与虔信派的价值观和原则几乎是相同的。科顿·马瑟已经发现了这两个新教运动之间的密切相似性，他指出："美国清教在很大程度上是与弗里德里希派虔信派相一致的"，因此，应将二者看成实际上是等同的。[②] 虔信派除去它具有更高的"热情"外，几乎可以被称作清教在欧洲大陆的对应物。因此，如果我们对清教与科学技术兴趣之间的关系所作的假设是正确的，那么，虔信派与科学同样也具有这种关系。而且事实很明显就是如此。

德国及其他地方的虔信派信徒与"新型教育"——对科学技术科目的研究，对现实的研究——结成了密切的联盟。[③] 这两个运动具有共同的现实主义和实用的观点，而且都对亚里士多德派哲学家的思辨深恶痛绝。虔信派教育观的基础，也就是激励清教徒的那种根深蒂固的功利主义和经验主义的价值观。[④]

---

① 帕克，前引书，第135页。

② 库洛·弗兰克："科顿·马瑟和奥古斯特·赫尔曼·弗兰克"('Cotton Mather und August Hermann Francke')，载《哈佛研究与札记》(*Harvard Studies and Notes*)，1896年，第5期，第63页。亦见马克斯·韦伯对此所作的有说服力论述，见《新教伦理》(*Protestant Ethic*)，第132—135页。

③ 弗里德里希·保尔森：《德国教育的历史和现状》(*German Education: Past and Present*)，T.洛伦茨译(伦敦，1908)，第104页及以下。

④ 阿尔弗雷德·霍伊鲍姆：《十七世纪中期以来的德国教育史》(*Geschichte des deutschen Bildungswesens seit der Mitte des siebzehnten Jahrhunderts*)(柏林，1905)，第1卷，第90页。"(虔信派)教育的目的在于使学生在公共福利事业中能有实际用途。功利主义要素的强大影响……抑制了宗教要素的扩张性影响，而且把它们的意义牢固地渗透到不久的将来。"

正是基于这些观点，虔信派领袖奥古斯特·赫尔曼·弗兰克和夸美纽斯及他们的追随者都很重视新科学。

弗兰克反复提到让学生掌握实用科学知识的迫切性。[①] 弗兰克及其同事克里斯蒂安·托马休斯都反对由克里斯蒂安·魏斯 643
所发起的强化教育运动；这场运动主要涉及雄辩术和经典科目的基本训练，而弗兰克及其同事所寻求的却是"引进被忽视了的、更适合于其目标的现代学科，如生物学、物理学、天文学等学科的学习"。[②]

虔信派在哪里对教育训练施加了影响，随后哪里就会大规模地引进科学和技术学科[③]。弗兰克和托马休斯为哈莱大学奠定了基础，这是第一所开始实行全面科学训练的德国大学。[④]该校的著名教授，如弗里德里希·霍夫曼、恩斯特·斯塔尔（化学教授，因其影响深远的燃素说而知名）、萨缪尔·斯特利克，当然，也包括弗兰克，都与虔信派运动有着极为密切的关系。他们的共同特点是，寻求发展科学教育并将科学与实际应用相结合。

表现出这种注重的不只是哈莱大学，其他虔信派大学莫不如此。通过弗兰克门徒格尔的努力，已经处于哈莱大学的虔信派影响之下的柯尼斯堡大学很早就采纳了十七世纪现代意义上

---

① 弗兰克说，当在田野中散步时，"除了揭示出一些有用的、令人鼓舞的事物外：物理学还暗示出上帝的威力和杰作"。"……学生经过校监的允许，利用空余时间可以在自然陈列馆里熟悉自然科学现象、矿物、采矿，并不时做一些实验。"霍伊鲍姆引用，前引书，第1卷，第89页，第94页。

② 同上，第1卷，第136页。

③ 同上，第1卷，第176页及以下。

④ 科佩尔·S.平森：《作为德国民族主义兴起因素之一的虔信派》（*Pietism as a Factor in the Rise of German Nationalism*）（纽约，1934），第18页；亦参见霍伊鲍姆，前引书，第1卷，第118页，"哈莱是德国的第一所大学，它具有独特的学术风格和民族特征……"

的自然和物理科学。[1] 哈莱的另一分支哥廷根大学,也主要因为取得了影响科学教育的重大进步而知名。[2] 海德堡的加尔文派大学同样因创立大规模的科学研究而变得很著名。[3] 最后,在当时因其对科学的兴趣而最为引人注目的阿尔特道夫大学,是一所受虔信派影响的新教大学。[4] 霍伊鲍姆在概括这些发展时断言,科学技术教育发展的基本过程发生在新教大学,或者更确切些说,是发生在虔信派大学中。[5]

科学后备军的宗教信仰

根据我们的假说已预见到的虔信派与科学的这种联系,并
644 不局限于大学校园之内。虔信派信徒对科学技术的这种偏爱,同样明显地表现在中学教育中。哈莱的师范学院引入了数学和自然科学课程;各学科都以直观教学和实际应用为重点。[6] 约翰·乔治·莱布、约翰·伯恩哈特·冯·罗尔和约翰·彼得·路德维希(哈莱大学校长)都曾受到弗兰克和虔信派的直接影响,他们倡导开设制造业、物理学、数学及经济学方面的学校,以研究"如何

---

① 霍伊鲍姆,前引书,第1卷,第153页。

② 保尔森,前引书,第120—121页。

③ 霍伊鲍姆,前引书,第1卷,第60页。

④ S.根特:"纽伦堡的阿尔特道夫大学的数学研究和自然科学"('Die mathematischen Studien und Naturwissenschaften an der nürnburgischen Universität Altdorf'),载《纽伦堡历史协会会报》(*Mitteilungen des Vereins für Geschichte der Stadt Nürnberg*),第3期,第9页。

⑤ 霍伊鲍姆,前引书,第1卷,第241页;亦见保尔森,前引书,第122页;J.D.米凯利斯:《对德国新教大学的分类》(*Raisonnement über die protestantischen Universitäten in Deutschland*)(法兰克福,1768),第1卷,第36节。

⑥ 保尔森,前引书,第127页。

才能不断改进制造业，使之处于优势”。[①] 他们希望这些建议的结果最好是出现所谓物理—力学学院和职业学校。

经济—数学实科学校完全是虔信教义的产物，这一事实十分重要，它使我们的假说更有分量。这种学校以数学、自然科学和经济学的研究为中心，具有公开的功利主义和现实主义性质。它的蓝图是弗兰克制订的。[②]而且，实际组织起第一所实科学校的约翰·米利尤斯·海克尔曾是弗兰克的学生，也是一位虔信派信徒。[③] 这所学校的校长和共同创办人，如塞姆勒、希尔伯施拉格和海恩等人，都是虔信派信徒，且都是弗兰克以前的学生。[④]

所获得的一切证据都说明相同的情况。新教徒在以科学和技术训练为重点的学校的学生总数中所占的比重无一例外地逐渐增加[⑤]，而天主教徒则将兴趣集中于经典及神学的训练。例

---

① 霍伊鲍姆，前引书，第 1 卷，第 184 页。

② 阿尔弗雷德·霍伊鲍姆：“克里斯托夫·塞姆拉的六年制学校及其与 A. H. 弗兰克的关系”（‘Christoph Semlers Realschule und seine Beziehung zu A. H. Francke’），载《语言学和教育学新年鉴》（*Neue Jahrbücher für Philologie und pädagogik*），1893 年，第 2 期，第 65—77 页。也参见齐格勒：《教育学史》，第 1 卷，第 197 页。他说到：“……在以实践为指导的实科学校跟以实践为指导的虔信派信仰之间不乏一种内在的联系，只不过它是对虔信派的宗教和神学完全片面的理解：在实际有用性和公益性的精神之下弥漫着理性主义，正是以这种精神，实科学校在弗兰克在哈莱的时期被建立起来了。”

③ 保尔森，前引书，第 133 页。

④ 基于这一事实和其他事实，齐格勒开始追求虔信派与科学研究之间的紧密“因果关系”，见《教育学史》，第 1 卷，第 196 页及以下。

⑤ 中学的特点是在课程上以经典学科为重点。实科学校与中学有别，它重视科学并以现代语言代替了古典语言。实科中学则是上述两类学校折中的产物，经典性教育较少而更重视科学和数学。高级实科学校和高级平民学校均属实科学校：前者学制为九年，后者为六年。参见保尔森：《德国教育》，第 46 页及各处。

645 如,在普鲁士发现了如下分布情况:①

因学生的宗教信仰差异而造成的中学入学差别

(普鲁士,1875—1876 年)

宗教信仰	初级中学	中学	实科学校	高级实科学校	高级平民学校	总计	总人口
新教徒	49.1	69.7	79.8	75.8	80.7	73.1	64.9
天主教徒	39.1	20.2	11.4	6.7	14.2	17.3	33.6
犹太教徒	11.2	10.1	8.8	17.5	5.1	9.6	1.3

新教徒选择科学和技术研究的显著倾向,与我们的假说的含义是一致的。其他研究者在其他场合也注意到了类似的倾向,由此可见,这种分布具有典型意义。② 根据瑞士巴塞尔—斯塔特州的有关数据,上述分布不像是由两种教徒城乡分布的差

① 阿尔文:彼得西利:"有关普鲁士高等学校的统计"('Zur Statistik der höheren Lehranstalten in Preussen'),载《普鲁士统计局杂志》(*Zeitschrift des Königlich Preussischen Statistischen Bureaus*),1877 年,第 17 期,第 109 页。

② 爱德华·博雷尔:《宗教与职业》(*Religion und Beruf*)(巴塞尔,1930),第 93 页及以下,他指出了新教徒在巴塞尔技术职位中占据非同寻常的高比例;尤利乌斯·沃尔夫在"德国国家天主教和经济"('Die deutschen Katholiken in Staat und Wirtschaft')(载《社会科学杂志》(*Zeitschrift für Sozialwissenschaft*)1913 年第 14 期第 199 页中指出,"新教主义的'适应自然'对于自然科学和其他知识活动(除宗教信仰外)是极有价值的……"1860 年,Ad. 弗兰茨已经注意到同样的事实,参见他的"关于人们自然生命的宗教分歧的意义",载《国家经济学和统计年鉴》(*Jahrbücher für Nationalökonomie und Statistik*),1868 年,第 11 期,第 51 页。亦参见另外一次有关柏林的类似统计结果,巴克尔(前引书,第 482 页)注意到"加尔文主义有利于科学"。亦见韦伯:《新教伦理》,第 38 页,第 189 页;以及特勒尔奇:《社会教育……》(*Social Teachings*),第 2 卷,第 894 页。

别所致。众所周知,城市人口对科学和技术所起的作用要比乡村人口所起的作用大。而在 1910 年及以后的时期(即爱德华·博雷尔所研究的时期),得出了与以上在普鲁士调查的相同结果:新教徒构成该州总人口的 63.4%,占巴塞尔市区人口的 57.1%,却占乡村人口的 84.7%。[①]

马丁·奥芬巴赫对这个问题进行了仔细研究,他分析了巴登、巴伐利亚、符腾堡、普鲁士、阿尔萨斯—洛林和匈牙利等地人民的宗教信仰与教育兴趣分布的关系。这些不同地方的统计结果在实质上都是相同的:新教徒,相对于他们在整体人口中的比例,在各类中学中要占高得多的比例。在那些主要传授科学技术的学校里,这种差别尤其显著。例如,1885—1895 年间,巴登的平均数字如下:[②] 646

	新教徒(%)	天主教徒(%)	犹太教徒(%)
中学	43	46	9.5
实科中学	69	31	9
高级实科中学	52	41	7
实科学校	49	40	11
高级平民学校	51	37	12

① 参见"巴塞尔—斯塔特州的人口"('Die Bevölkerung des Kantons Basel-Stadt'),载《巴塞尔市统计局通报》(*Mitteilungen des Statistischen Amtes des Kantons Basel-Stadt*),1932 年,第 48—49 页;以及 1910 年和 1921 年的同一刊物。

② 马丁·奥芬巴赫:《教派与社会阶层》(*Konfession und sozial Schichtung*)(图宾根,1900),第 16 页。原文的轻微错误在此也不免再次出现。

五种学校平均	48	42	10
在总人口中的比例(1895年)	37	61.5	1.5

实科学校课程设置的基本特点是以科学和数学为重点;与此相反,中学相对来说比较轻视这类学科。尽管如此,我们也应该注意到,中学还是为科学和学术职业做了准备。但是,总的说来,新教徒和天主教徒在中学里的人数反映了他们不同的态度和志趣。中学里天主教徒的人数相对较多,是因为这些学校也为神学做准备;而新教徒则通常将中学训练当作从事其他学术职业的预科。因而,在1891—1894年这三个学年里,巴登中学的533名天主教徒毕业生中有226名后来学了神学,占42%以上;而在375名新教徒毕业生中,只有53名转向神学,占14%,剩下的86%都转向了其他学术职业。①

与此相似,尽管天主教的辩护士汉斯·罗斯特希望证实这样的论点,即"天主教会在任何时候都是科学的热心朋友",但在他自己的数据面前也不得不承认,天主教徒不愿意进实科学校,他们表现出"对这些实科学校的漠不关心和厌恶反感"。他接着解释其中的缘故:"这些高级实科学校和实科高中不给人以学习神学的权利:而神学在天主教徒看来是进行更高一级学习的动力。"②

① H.格姆斯:《德意志帝国中学毕业生统计》(*Statistik der Gymnasialabiturienten im deutschen Reich*)(柏林,1895),第14—20页。

② 汉斯·罗斯特:《德国天主教徒的经济文化状况》(*Die wirtschaftliche und kulturelle Lage der deutschen Katholiken*)(科隆,1911),第167页及以下。

于是,统计数字显示出与天主教徒相反的新教徒对从事科学及技术研究的显著倾向。这一点还可从符腾堡地区1872—1879年和1883—1898年间的平均数字所给出的如下统计结果中看出:[①] 647

	新教徒(%)	天主教徒(%)	犹太教徒(%)
中学	68.2	28.2	3.4
文科中学	73.2	22.3	3.9
实科学校	79.7	14.8	4.2
总人口(1880年)	69.1	30.0	0.7

新教的这些兴趣中心并非只在教育中显示出来。各种研究已发现,在杰出科学家中新教徒占压倒多数。[②] 如果说前面的数据只给我们寻求的那种联系提供了微小的可能性,那么,坎多

① 奥芬巴赫,前引书,第18页。这些数据得到了路德维希·克龙对1869—1893年间的德国所作的研究的确证;《宗教信条与高等学习》(*Glaubenbekenntins und höheres Studium*)(海德堡,1900)。恩斯特·恩格尔也发现在普鲁士、波森、勃兰登堡、波美拉尼亚、萨克森、威斯特伐利亚以及在莱茵省,福音派新教徒学生较多地进入讲授自然科学及技术课程最多的那些学校。参见他的"历史文献和课程统计"('Beiträge zur Geschichte und Statistik der Unterrichts'),载《普鲁士皇家统计局杂志》(*Zeitschrift des königlich Preussischen statistischen Bureaus*),1869年,第9期,第99—116页、第153—212页。

② 例如,哈夫洛克·埃利斯的《对英国天才人物的研究》(*Studies of British Genius*)(第66页及以下)发现,在他的科学家名单上,有21位杰出科学家是来自新教的苏格兰,而只有一位是来自天主教的爱尔兰。阿尔弗雷德·奥丁发现,在他列举的著作家名单中,新教徒是在科学技术方面表现突出,而不是在被称为文学的方面。参见他的《伟人的起源》(*Genèse des grands hommes*)(巴黎,1895),第1卷,第477页及以下;第2卷,第20—21页。

勒的名著《科学和学术的历史》就把这种可能性大大地增加了。坎多勒发现，在1666—1883年间的欧洲（除法国外），尽管天主教徒和新教徒的人数分别为1.07亿和6800万，但在被巴黎科学院授予外籍通信院士的科学家名单上，却只有18位天主教徒，而新教徒则占80人！[①] 但是，正如坎多勒本人所指出的，这项比较还不是无可置疑的，因为它忽略了法国科学家，而法国科学家可能是天主教徒。为了纠正这一误差，他考察了伦敦皇家学会两个时期（1829年和1869年）的国外会员名单，因为这两年中的法籍科学家人数多于其他时期。在前一时期，新教徒科学家和天主教徒科学家（学会的外籍会员）在总数上大体相等；而在1869年，新教徒的数目实际上超过了天主教徒。但是，除了大不列颠和爱尔兰王国以外，欧洲有13950万天主教徒，而新教徒只有4400万。[②]换句话说，尽管在总人口中天主教徒是新教徒的三倍还多，但新教科学家实际上多于天主教科学家。

然而，还有一些资料比这些基于不同人口的资料更为重要，在这些人口中可能经济、政治制度及其他非宗教因素的影响超过了宗教的实际影响。对那些密切相关的群体做比较可以在很大程度上排除这些“无关”因素，但结果却是相同的。因此，在巴黎科学院的外籍通信院士名单上，见不到任何一位来自爱尔兰或英国的天主教徒，虽然天主教徒在三个王国总人口中所占的
648 比重超过五分之一。与此相同，天主教的奥地利也没有通信院士；而且总的来说，与新教德国相比，天主教的德国同样造就不

① 阿方斯·德·坎多勒：《科学和学术的历史》（*Histoire des sciences et des savants*）（日内瓦—巴塞尔，1885），第329页。

② 同上，第330页；参见J.法卡奥鲁：《社会选择》（*Soziale Auslese*）（克劳森贝格，1933），第138—139页。“信仰对科学发展有巨大的影响。新教徒在卓越人物中到处都占很大比例。”

出著名的科学家。最后,在瑞士,这两种宗教在很大程度上是以州来划分的,或者在某些州中混在一起;新教徒与天主教徒之比为三比二。而在瑞士的 14 名通信院士中,竟连一位天主教徒也没有!在伦敦皇家学会和柏林皇家科学院的名单上,瑞士、英国和爱尔兰会员中,这两种宗教的差别同样存在。[①]

提供了上述材料之后,就完成了对我们的假说所进行的经验性验证。总的来说,新教与科学技术兴趣和成就的联系是明显的,甚至在尽可能排除宗教之外的影响后也是如此。这种联系很大程度上可根据体现在这两个体系中的规范来理解。新教徒正面评价赤裸裸的功利主义、现世的利益、彻底的经验主义、自由研究的权利乃至责任以及对权威毫不隐讳的个人质疑,而所有这些都是与近代科学中同样的价值观相一致的。然而,比这一切更为重要的是一种积极苦干的动力,这种动力迫使原来本可能会被抑制的对自然的研究进行下去。因此,不仅在十七世纪的英国,而且在其他时代和其他地方,这两个领域都结合得很好,并在本质上是相互支持的。

书目提要

马克斯·韦伯关于禁欲的新教在推动近代资本主义发展中所起作用的假说,已经引出了大量有关这个主题的学术性和争辩性著作。例如,三十年代中期,阿明托里·范法尼可以从数百种出版物中替他的《天主教、新教和资本主义》(*Catholicism, Protestantism and Capitalism*)(纽约:席德与沃德出版公司,1935)一书寻找证据。韦伯本人虽未就禁欲的新教与科学发展

① 坎多勒,前引书,第 330 页及以下。

之间的关系作类似的研究，但他在结束他那篇经典性论文时，描述了“下一步的任务之一是”找出“前面的概述中刚刚触及到的，禁欲的理性主义……对哲学和科学经验主义的发展，以及对……技术发展的重要意义”（《新教伦理》，第 182—183 页）。本书前一章首次发表于 1936 年，可以认为是遵循韦伯的旨意，扩展他已揭示出的研究线索的努力。

这一章引用的著作和论文，曾得到其他著作和论文的补充，
649 这些著作和论文与把清教、虔信派和科学联系起来的假说的这部分或那部分有关。许多著作已十分明确地阐明了清教所包含的学说和价值观的多样性和差别；这些著作中，我发现有下列一些对我帮助最大：约翰·托马斯·麦克尼尔的《加尔文教派的历史和特征》（*The History and Character of Calvinism*）（纽约：牛津大学出版社，1954），此书表明加尔文教派曾是英国清教的核心，并追溯了它给英国社会和思想带来的种种后果；威廉·哈勒的《清教的兴起》（*The Rise of Puritanism*）（纽约：哥伦比亚大学出版社，1939），此书用丰富而有说服力的资料详尽地描述了清教徒如何利用出版物和讲坛作宣传，为议会叛乱、平等派的激进主义、许多教派的分裂、早期资产阶级的伦理和实验科学铺垫道路的；查尔斯·H. 乔治发表在《近代史杂志》（*The Journal of Modern History*）上的论文“对英国清教的一种社会解释”（‘A social interpretation of English Puritanism’）（《近代史杂志》，1953 年，第 25 期，第 327—342 页），此文试图确认清教的主要成分和类型；G. R. 克拉格的《从清教到理性的时代》（*From Puritanism to the Age of Reason*）（剑桥大学出版社，1950）是“对 1660—1700 年间圣公会内部宗教思想变化的研究”。

以上这些，以及类似的著作都反复表明，清教和大多数宗教—社会信条一样，也并非是完全一致的。实际上，所有对此问

题作过深入研究的学者都一致认为,组成禁欲新教的众多教派中的大多数都提供了一种鼓励科学工作的价值取向(亦参见让·佩尔森尼尔在"近代科学的新教源泉"('L'origine Protestante de la science moderne')中的评论,载《利赫诺斯》(*Lychnos*, 1946—1947 年,第 246—248 页)。但目标是基本一致的。有人得出结论说,在清教徒中,对科学兴趣推动最大的是那些激进的宗派主义者;例如,参见乔治·罗森的"左翼清教与科学"('Left-wing Puritanism and science')(《医学学会学报》,1944 年,第 15 期,第 375—380 页)。生物化学家和科学家史家李约瑟在其论文集《时间:不断更新的河流》(*Time: The Refreshing River*)(纽约:麦克米伦出版公司,1943 年,第 84—103 页)中,对掘地派、平等派的平民分支与实验科学中新的和不断增长的兴趣之间的密切联系作了评论。另外一些人则坚持认为,对科学兴趣最具促进作用的价值观倾向多见于罗伯特·波义耳这样的**温和派**清教徒中。参见詹姆斯·B. 科南特的"清教共和政体期间学术的进展"('The advancement of learning during the Puritan Commonwealth')《马萨诸塞历史学会会议公报》(*Proceedings of the Massachusetts Historical Society* (1942 年,第 66 期,第 3—31 页);他在《论理解科学》(*On Understanding Science*)(纽黑文:耶鲁大学出版社,1947 年,第 60—62 页)一书中,对此作了虽不详尽但能被普遍理解的论述。荷兰著名科学史家 R. 胡伊卡斯声称,他为波义耳的科学倾向和宗教倾向所写的传记,证实了该书前一章中得出的主要研究成果。参见 R. 胡伊卡斯:"*Robert Boyle: enn studie over Natuurwetenschap en Christendom*"(罗斯杜宁:克雷维格特出版社,1943),其第 3—4 章分析说,波义耳深信,自然哲学的研究是一种以宗教为基础的道义责任(波义耳的 650
这些信念尤其在他 1690 年发表的《信仰基督教的学者通过醉心

于经验哲学表明他愿成为一个善良的基督徒而不是厌恶成为一个基督徒》一书中得到发展),要求理解上帝杰作的是经验主义而不是理性;容忍而不是迫害才是恰当适应甚至与最狂热教派之关系的方针。

支持两个对立假设——一个认为科学兴趣主要是由激进的清教徒促成,另一个则认为主要由温和的清教徒促成——的证据还不足以得出可靠的结论。对各种清教徒派别所作的细致区分当然有助于更严谨地详细说明我们的假说,但手头掌握的证据还不足以允许我们有把握地说,这些证据中哪一些更能说明究竟是哪种因素促进了当时科学的进步。

最近的一系列研究,为说明贵格会(作为清教派别之一)的精神气质在哪些方面有助于形成一种独特的科学兴趣,提供了实质性的事实证据。F. B. 托尔斯在《礼拜堂和会计室》(*Meeting House and Counting House*)一书中,用与本书前一章所用的术语差不多的言辞表明,贵格会信徒的显著科学兴趣来自他们的宗教精神气质(查佩尔希尔:北卡罗莱纳大学出版社,1948年,第205—213页)。阿瑟·雷斯特里克在《科学和工业界的贵格会信徒——对十七世纪和十八世纪期间贵格会信徒对科学和工业所作贡献的说明》(*Quakers in Science and Industry, Being an Account of the Quaker Contributions to Science and Industry During the 17th and the 18th Centuries*)一书中,未加多少分析,有时甚至带有倾向性地强调这样两个**事实**:皇家学会中贵格会会员占很大比例;贵格会会员著有丰富的科学著作(伦敦:班尼斯戴尔出版社,1950)。但是,正如胡伊卡斯教授正确指出的,这些未加分析的事实本身并不表明贵格会信徒对科学活动的大量参与,是由于他们的宗教伦理;这些事实倒更可能反映了富裕的英国人——包括高比例的大量贵格会信徒在内——将兴趣转向自然哲学问题的广泛倾向[R.胡伊卡斯,载《国际科学史文献》(*Archives Internationales d'Histoire des Sciences*),1951 年 1 月]。然而,布鲁克·欣德尔在一篇简洁而富有启发性的论文中进一步表明,宗教伦理在某些殖民地的贵格会信徒中间确实起了这种作用;参见他的“殖民地费城的贵格会背景与科学”('Quaker background and science in colonial Philadelphia')《爱希斯》(*Isis* 1955 年,第 46 期,第 243—250 页);以及他的卓越专著《1735—1789 年间革命美国的科学研究》(*The Pursuit of Science in Revolutionary America, 1735—1789*)(查佩尔希尔:北卡罗莱纳大学出版社,1956)。

大家也许还记得,本书前一章的主要假设之一认为,由伟大的宗教改革领袖们所系统阐明的宗教伦理的**无意的和几乎完全未预料到的结果**,逐渐发展成一套有利于科学探求的价值观体系[见本书第 580 页;参见 F.S.梅森的论文:“科学革命与新教 651
改革。(Ⅰ)加尔文和塞维脱斯与新天文学和血液循环理论的关系;(Ⅱ)路德教与医学化学和德国自然哲学的关系”('The scientific revolution and the protestant reformation'),载《科学编年史》(*Annals of Science*),1953 年,第 9 期,第 64—87 页,第 154—175 页]。这种伦理无疑在一定程度上是随着社会、文化和经济关系的变迁而历史地形成的,但也在某种程度上是宗教观念和宗教价值标准自身的内在发展(正如卫斯理——比其他新教领导人——更明确地理解到的)。这只不过又一次说明,禁欲的新教主义在推动科学发展方面所起的作用并非始终确定不变的。在十六世纪和十七世纪初还只是暧昧不明的东西,到了十七世纪末和十八世纪变得对大多数人而言都明确可见了。新近的几项研究证实了这种解释。

保罗·H.科克的《伊丽莎白时代英国的科学与宗教》(*Sci-*

ence and Religion in Elizabethan England)(加利福尼亚,圣马力诺:享廷顿图书馆 ,1953),通过对原始资料和当今研究成果的周密考察证实,自从人们把科学与宗教冲突的根源认定为科学与宗教这两种社会组织之间只可能存在(历史上也**只**存在)冲突**这一种**关系的时候起,学者们之间就有了很大的分歧。可是,这本专著表明,在当时的宗教学说划定的范围内,伊丽莎白时期英国的科学拥有充分的发展余地。这不只是宗教**容忍**科学的问题。科克未能从 1610 年以前的时期中找到使人信服的证据,以“赞成或反对”这一假说,即清教“比英国当时的其他宗教为科学……提供了更为肥沃的土壤”(第 17 页)。从这个早先时期所得到的证据来作出确切的结论是不适合的。但是,他继续说道,“我们可以站在二十世纪的高度看到,清教徒对尘世的专注最终对科学起了推动作用,并比他们对来世的向往对科学所起的抑制作用要大,大概也要比英国圣公会的学说和实践所能起的作用要大(虽然还不能肯定地说)。不过,这种推动所产生的影响是随着清教的发展逐渐显现出来的。伊丽莎白时代来得太早了,以致它不能提供确切的证据来区分和评估清教徒和圣公会教徒各自对科学所作的贡献”(第 19 页)。然而,从宗教精神气质的内在动力来看,科克对以后各代清教徒“专注尘世”与“向往来世”之间所作的对比,更多是表面上的而不是实质性的。因为,正如韦伯详细表明的,“专注尘世”最初是由清教的“向往来世”的价值观产生出来的,它要求人们此生积极而坚持不懈地努力,由此才消除了原有的价值倾向(此过程是韦伯称为“矢的悖论”的一个例子)。与这些价值观保持明显一致所产生的潜在后
652 果却在本质上与产生这些后果的价值观远远背离了。

到了十八世纪,这个变化过程已经导致了曾被巴西尔·威利描述为“科学与宗教的神圣联盟”〔巴西尔·威利:《十八世纪的背

景》(*The Eighteenth Century Background*)(纽约:哥伦比亚大学出版社,1941)〕。正如十七世纪的罗伯特·波义耳,十八世纪的科学家和一神教鼓吹者约瑟夫·普里斯特利将这一联盟符号化和现实化。

在十八世纪末到十九世纪中叶的英国,科学与宗教之间的联系已由查尔斯·C. 吉利斯皮在他的专著《创世与地质学:对1790—1850间英国的科学思想、自然神学和社会主张之间关系的研究》(*Genesis and Geology: a Study in the Relations of Scientific Thought, Natural Theology and Social Opinion in Great Britain, 1790—1850*)中作了艰苦的考察(坎布里奇:哈佛大学出版社,1951)。吉利斯皮不大关心宗教在补充科学家队伍和科学家的动机中所起的作用,而更关心地质学的研究成果被认为与宗教学说保持一致的依据,他追溯了科学与宗教实际上逐渐趋于文化整合的过程。

当我在1936年写成构成本章的那篇论文时,我几乎完全依赖艾琳·帕克在1914年对反国教学院在推进十八世纪的科学教育方面的作用所作的开创性研究。* 尼古拉斯·汉斯在其著名研究《十八世纪教育中的新趋势》(*New Trends in Education in the Eighteenth Century*)中引用了帕克的研究成果,虽然没有从根本上改变这些成果,但对其作了丰富发展,有的地方甚至作了修改(伦敦:鲁特利奇和基根·保罗出版公司,1951)。汉斯的部分研究基于对那个世纪的3500名学术精英的社会出身、所受的正规教育和后来所从事的职业所作的统计分析。其基本资料是

---

* 如果有人问我为什么不用后来的论据充足的、M. 麦克拉切兰的书《检验法案下的英国教育》(*English Education under the Test Acts*)(1931),那我只好用"无害的单调乏味的工作"的另一种说法"无知,小姐,纯粹的无知"来回答。不过,应补充说明的是,麦克拉切兰基本上同意艾琳·帕克的主要结论。

从《国民传记辞典》中的个人传记中系统收集来的。这本《辞典》几乎是历史社会学取之不竭的资料宝库。* 在这里，我们只能
653 概括他的许多有关研究成果中的少数几个。例如，他发现反国教的学校或学院产生了大约10%的精英，正如汉斯所观察到的，"这个比例远远超出了他们在十八世纪英国总人口中所占的比例"(第20页)。不过，他也注意到了我们曾经注意过的情况，即这个时期有助于近代教育产生(尤其是科学教育)的并非只有宗教动机；而是宗教动机与"学术的"和"功利的"动机的结合。因此，"清教徒把科学作为以启示为基础的基督教信仰的额外支持而加以推进，自然神论者则视科学为所有对上帝的信仰的基础"(第12页)。这三类动机往往彼此增援："教会中的许多反国

---

* 历史社会学中的研究才刚开始挖掘收集到的个人传记和其他历史资料中的丰富矿藏。虽然对这些资料所作的统计分析，不能代替对历史资料的详尽定性分析，但它们为新的研究成果的取得，而且往往为修正已有假定，提供了一个**系统的**基础。至少，这曾是我对《国民传记辞典》中构成十七世纪英国精英的那些人的大约6000份个人传记进行统计分析和对被列入达姆斯塔特的《自然科学史和技术史手册》(*Handbuch zur Geschichte der Naturwissenschaften und der Technik*)一书中的重要发现和发明清单进行统计分析时的个人体验；以及对十七世纪最后三十多年中发表在《哲学学报》(*Philosophical Transactions*)上的大约2000篇文章(参见默顿：《十七世纪英国的科学、技术和社会》，1938年，第2—3章)所作的统计分析中的经验。这种统计分析的最广泛用途是在P.A.索罗金的《社会和文化动力学》(纽约：美国图书出版公司，1937)中发现的。当然，准备这种统计概要有其危险；常规化的汇编不受资料的历史语境的知识限制而能导致没有事实根据的结论。对这些机会的讨论，见P.A.索罗金和R.K.默顿的"阿拉伯学术发展的过程：方法研究"('The Course of Arabian intellectual development: a study in method')，载《爱希斯》，1935年第22期，第516—524页；默顿，前引书，第367页及以下和第398页及以下；关于程序问题的更全面的评论，见伯纳德·贝雷尔森：《目录分析》(*Content Analysis*)(格伦科：自由出版社，1951)。对历史上的商业精英的社会起源的许多新近的研究提供了这种可利用的资料，见威廉·米勒、C.W.米尔斯和苏珊娜·凯勒的研究：《社会分层》(*Social Stratification*)(由伯纳德·巴伯写了指导性的概述，纽约：哈考特和布雷斯出版公司，1957)。

教者和许多清教徒一样，表示了教育改革的宗教动机。关于通过科学扩展信念(propagatio fidei per scientia)的思想在反国教者中间找到了许多信徒。学术的、功利的理由在被反国教学院全心全意地接受以前，早已被世俗团体和教师充分运用了。"(第54页)

正是在最后这个方面里，汉斯发现有必要对艾琳·帕克所提出的观点(我的论文采纳了这种观点)提出异议，他认为她把推动十八世纪近代教育发展的全部作用归于反国教院。基于充分的证据，他所作的这种修正看来是完全有道理的。此外，它有助于澄清一个一直很棘手而且没有得到解决的问题(至少该问题的一位研究者能够这么说)。这便是一个熟知的事实：加尔文主义非国教信徒的某些极端方式一直对科学进步有害而不是有利。正如汉斯现在指出的，"虽然加文教派的规范基本上是进步的，但它容易退化到狭隘的、不宽容的教条主义"(第55页)。例如，浸礼会教徒完全"不愿从悔罪中获得新知，只是到了那个世纪末才在推进改革中联合了其他异议教徒(尤其是长老派和独立派信徒)"(第55页)。简言之，不信奉国教的某一派，还是按字面意思遵循着加尔文主义的某些约束性原则，而且正是该派表明了长期以来存在于新教原教旨主义派别中的对科学的敌视。可以形象地说，"加尔文教派蕴含了近代自由教育的种子，但它需要适当的环境才能发芽和生长"(第57页)。而且，正如 654
我们已经看到的，当时的英国逐渐提供了这种社会和文化条件。

佩里·米勒对于在新英格兰特定条件下这些关系的杰出研究，补充了这些关于英国的清教与科学之间变化着的关系的研究〔佩里·米勒：《新英格兰精神：十七世纪》(*The New England Mind: The Seventeenth Century*)，再版：《新英格兰精神：从殖民地到省》(*The New England Mind: From Colony to Province*)

(坎布里奇:哈佛大学出版社,1954)〕。这部内容翔实的著作,以其对功利主义的注重,揭示了殖民地神权政治领袖对科学的杰出接受能力,以及继而发生的宗教世俗化过程。对佩里·米勒提出的解释与本书前一章提出的解释所作的简洁而富于启发性的比较,参见利奥·马克斯的文章,载《爱希斯》,1956 年,第 47 期,第 80—81 页。

正如我们已从阿方斯·德·坎多勒收集的资料中所看到的(见本书第 648—649 页),禁欲的新教与科学兴趣之间的联系,在某种程度上明显贯穿于整个十九世纪。坎多勒的资料后来又被检验过,得出了相同的结论。见伊西多·索纳:"禁欲的新教与科学技术的发展"('Ascetic Protestantism and the development of science and technology'),载《美国社会学杂志》,1952 年,第 58 期,第 25—33 页,尤其是第 31—32 页。索纳曾经还分析了由 P. A. 索罗金为反驳这个假说而提出的资料,结果发现它实际上与假说是相符合的(同上,第 28—30 页)。至于索罗金的批判,见他的《社会和文化动力学》,第 2 卷,第 150—152 页。

S. 利利曾在"科学史的社会方面"('Social aspects of the history of science',载《国际科学史文献》,1949 年,第 28 期,第 376—443 页,尤其是第 333 页及以下)一文中对坎多勒的资料作了彻底的考察,并指出,这些资料有其用处,但也有其局限性。他注意到,新教与科学的相互关系可能是虚构的,因为"平均算起来,商业和工业阶层(这些阶层对科学有较大兴趣)往往信仰新教,而农民和更封建的地主则往往信仰天主教"。我们已注意到了这种局限性(本书第 592 页),并将新教徒和天主教徒对来自相同领域的各种科学课题的兴趣作了相应的比较(本书第 592 页,第 594 页)。利利还批评坎多勒的著作由于把"1666 年到 1868 年这个时期不加区分地混为一谈",所以未能说明这些关系的历史变化。稍晚和更世俗化的这一时期，人们很有可能不像早期那样更多地是用教义和价值信念的方式表达宗教隶属关系；纯粹只是名义上的信徒则越来越多。我们已经看到，这个批评是切中要害的。但是，当利利作进一步的考察时，已有的进一步论据还是证实了禁欲的新教与科学之间的潜在联系，尽管这种联系也许会被其他相互依存的社会和经济变迁遮掩起来或突出出来。

在美国，这种联系一直持续到现在，R.H.克纳普和H.B.古 655
德里奇最近对1880年至1940年间美国科学家的社会出身所作的一项透彻研究表明了这一事实〔纳普和古德里奇：《美国科学家的出身》(*Origins of American Scientists*)，芝加哥：芝加哥大学出版社，1952)〕。他们把关于这点的证据归纳如下："我们的资料表明，天主教[学术]机构在产生科学家[而不是别的专家，如律师]方面明显差一些；而另一方面，还表明了这一事实，我们一些最多产的小型科研机构与新教派别有着密切联系，并且主要是为新教徒服务。此外，莱曼和维舍提供的关于'明星'科学家[即那些被认为成绩显赫而列入《美国科学家》中的人]的资料，虽然有限，却很清楚地表明，在这个群体中天主教徒占的比例极低——实际上，在这个群体中，有些新教派别的信徒在比例上是天主教徒的几百倍还多。这些统计数据加上别的一些证据，就十分清楚地表明，这些科学家是非常不平衡地来自于美国新教徒世系。"(第274页)

信奉天主教的科学家也表述过很相似的印象，但没有系统的证明资料。"库珀神父说他'虽不情愿，但又不得不替这样一个论点辩护，即在美国科学界和学术界，只有5%甚至3%的领袖人物是天主教徒，而在总人口中，天主教徒却占20%！'"见J.M.库珀："天主教徒与科学研究"('Catholics and scientific research'),载《公共福利》(*Commonweal*)1945 年,第 42 期,第 147—149 页;伯纳德·巴伯在《科学与社会秩序》(*Science and the Social Order*)一书第 136 页,也引用了这段话。巴伯还引用了圣母玛丽亚大学洛本德实验室主任詹姆斯 A. 雷尼尔斯和约瑟夫 P. 菲茨帕特里克所作的类似观察(同上,第 271 页)。

前面对最近有关这个主题的文献回顾相当一致地证实了关于禁欲的新教与科学之间明显的促进关系的假说。它们之中的任一项研究所提供的资料明显是很不严格的。但是,这毕竟是与社会制度之间关系的历史变迁有关的明证。如果我们不仅仅是考虑到这项或那项研究,而是考虑到以来源不同的各种资料为依据的这一系列研究,那么,我们就有一定的把握说,前面的研究所假定的经验关系的确是存在的。

当然,粗略的经验关系还仅仅是问题的开始,而不是问题的终结。正如韦伯在他那篇受人赞誉的论文——《新教伦理》中早就注意到的,"只要看一看任何一个多种宗教混杂的国家的职业统计数字,就经常会发现这样一种多次引起天主教报刊和文献以及德国的天主教会议讨论的情况,即:商业巨头和资本拥有
656 者,以及高级技术工人,甚至近代企业中受过高级技术和商业训练的全体职员,绝大多数都是新教徒"(第 35 页)。对科学家的宗教组成进行比较的统计数字不是现成的,而是必须把现在的和过去的片断费力地拼凑起来。这样做带来的偶然性不能使经验结果本身有任何更多的意义(虽然它可以使我对那些从事艰苦创业的勤奋劳作者投以敬佩的目光)。因为,正如我们在考察经验概括的地位时所看到的(见本书第四章),这仅仅提出了分析和解释表面一致性的问题,而前述文章所专门讨论的正是这个问题。

本文所作解释的主要部分大概毋需再重复了。不过,最近

的一项批评性研究倒为考察这种解释的某些经验成分和理论成分——它们明显被忽视了——提供了机会。詹姆斯·W.卡罗尔在他的批评文章"默顿有关英国科学的论点"('Merton's thesis on English science')(载《美国经济学和社会学杂志》,1954 年,第 13 期,第 427—432 页)中,提出了我的论述在他看来有疏忽的几处地方。他认为我忽略了或者是没有恰当认识到普遍包含在新教中尤其是清教中的信仰多样性。如果这种指责是正确的,那它就显然是有功绩的。然而,应该看到,提出此假设的那一章,一开头就注意到了"十七世纪英国的新教各派别的神学学说的多样性",继而考虑到加尔文主义所派生出的许多教派之中共同的价值观、信仰和兴趣(默顿:《十七世纪英国的科学、技术和社会》,第 4 章,第 415 页及以下)。而且,从这篇书目提要中应该看到,已有的学术成果已更全面地证实了由禁欲的加尔文主义派生出来的清教派别之间的相似性,而不仅仅是差异。

卡罗尔继续说到,清教规范与科学规范之间密切联系的证据,仅仅提供了这二者之间的经验相似性(或者是被描述成孔德所说的"命题相关")。但这忽视了已被证实的事实,即英国科学家一再援引这些清教的价值观,并明确地将其付诸实践(参见前引书,第 5 章)。

在卡罗尔的第二个意见——即我的研究没有为区别这些科学家的"合理化"与"动机"提供基础——之中,包含了科学家确实表达了清教价值观的意思。这里涉及一个理论问题,这个问题如此具有普遍意义而又被广泛误解,以至于重复早期对其研究时说过的话是恰当的。"我们现时关于'合理化'和'衍生物'的讨论倾向于掩盖某些基本问题。是的,用来说明行为的'理由'通常并没有令人满意地解释这种行为。还有一种可以接受 657
的假设认为,意识形态极少单独**引起**行为,反之,意识形态和行为二者都是共同的思想感情和价值观产生反作用的产物。不过有两个理由使我对这些观念不能置之不理。它们提供了作为行为动机的基本价值观的线索。这些标杆是不能被忽视的。具有更大重要性的是观念在将行为导向**特定**方向过程中所起的作用。**正是占主导地位的观念体系,决定着在与基本观念同样吻合的可供取舍的行为方式之间作出的选择**。"(同上,第450页)

至于区分理由表述是随口说说的应酬话,还是表明了其基本取向,这里的检验方式与其他地方一样,应从与这些理由相一致的行为中去找,即使有利自身的现世报答的指望很少或根本就没有时也应这样。作为最清楚不过和得到很好证实的例子,罗伯特·波义耳可以在此代表他的科学同事中的其他清教徒,他们在其私人生活中,和在作为科学家的生活中一样,都以不同程度表达了他们的宗教感情。"那些竭力阻拦人们去勤奋地探索自然的人的确选择了一条要去战胜上帝的道路(虽然我承认这一事实,但却出乎意料)……"(罗伯特·波义耳:《对经验自然哲学用处的一些思虑》,牛津,1664年,第2版,第27页)。当波义耳在说这话时,看来他不大可能是"仅仅在寻找借口"。因为,就是这个在二十一岁时就写下了宗教方面论文的波义耳,尽管不喜欢语言研究,却学习希伯来语、希腊语、闪族语* 和古叙利亚语,以便能读《圣经》的早期版本,来表达他对基督教《圣经》的崇拜;还曾经向罗伯特·桑德森提供津贴,让他能继续写作关于诡辩术的书;他也曾经花了大量的钱去印刷印第安语、爱尔兰语和威尔士语**的《圣经》,而且好像这还不够,他还花了大笔钱去印刷土耳其语的《新约全书》以及《福音书》和《使徒行传》的马来语译本;他曾把自己及自己的财产

---

* 古代巴比伦的迦勒底人用的闪族语。——译者注

** 即威尔士人所说的凯尔特语。——译者注

投入到基督教在这些地区的传播事业中；他曾为印刷伯内特的《宗教改革史》（*History of the Reformation*）一书提供了大量资助；他曾在《基督教学者》（*Christian Virtuoso*）发表过他的宗教信仰声明；最后，在他的遗嘱中，提供了“波义耳讲座”基金，其目的是捍卫基督教，反对怀疑论者（这是 A.M. 克拉克给《国民传记辞典》写的波义耳传提供的简单记载）。虽然波义耳在清教徒科学家中间是最虔诚的一位，他在他们中间也是最杰出的，正如威尔金斯、威鲁比和雷及其他人所证明的。已有的文字和行为的历史记录都可 658
使我们这样说，看来像波义耳这样的科学家都不只是在“寻找借口”。

卡罗尔最后的批评，如果是专门有意而非随意提出的，那就暴露出他不顾及普通的和于己不利的历史事实达到了某种令人忧郁的程度。他观察到，在表明皇家学会的第一批成员绝大多数都是新教徒时，所考察的论文没有讨论这种可能性，即作为皇家学会的前身的“无形学院”本身就是广泛的新教改革运动的组成部分，而致使知名的天主教徒不能成为其成员。不言而喻，人们会设想皇家学会的第一批会员是由**新教徒**组成的这一点在当时和 1660 年那个时期是会起某种作用的，尽管后来查理二世与路易十四的天主教做了政治交易，天主教徒还是很难获得建立一个在王权保护下的学会的特权。当然，让人寻味的事实不是皇家学会成员绝大多数是**清教徒**，而是这些成员绝大多数是**清教徒**。至于不准公开身份的天主教徒获得学术职位这一意见，显然有必要回忆起这一事实：1673 年的检验法案，尽管后来在一些特定情况下偶尔废除过，是禁止非国教徒，不只是天主教徒和犹太教徒，进入大学的。不过，虽然这一法案一直到十九世纪仍然有效，但非国教徒一直在科学家中占据着较大的比例。

对最近积累的资料所作的这个简单考察表明，不管这与宗教改革领袖们的初衷相背多远,禁欲的新教徒还是产生了一种对从事科学事业的显著偏好。鉴于其他历史力量强大的反作用有可能改变过这种对待科学的早期倾向,那么,禁欲的新教与科学之间的联系一直存留至今这一事实就值得注意了。对禁欲的新教的价值观的虔信也许已经失去其普遍性,然而,对科学的这种倾向,却在剥去了神学外衣的情况下明显地保存下来。如同任何假说,尤其是历史社会学中的假说一样,我们的假说也是暂时的,是要随着搜集到更多的资料而被检验的。但是,现有的证据表明,我们的论据是有根有据的,并对科学与其他社会机制之间的普遍联系问题有确定的含义。

这些含义中的第一个(至少在这个例子中)是,科学与宗教之间发生的联系是间接的和无意的。因为,正如我们反复重申过的,宗教改革家并不热心于科学。路德充其量也不过是保持中立;最坏则是怀有敌意。在他的《法理概要》(*Institutes*)和《〈创世纪〉注解》(*Commentarie upon Genesis*))中,加尔文内心
659 是充满矛盾的,虽然他认为实用知识具有某些效能,但又认为这些效能远不及神启知识的效能大。不过,源自加尔文的宗教伦理助长了一种引起探究自然科学的精神状态和价值取向。

其次,看来一旦这种价值取向建立起来,它便逐渐形成某种程度的功能自主性,以致这种对科学的偏好在抽掉了它起初的神学依托之后还能长久地存留下来。

第三,这种取向模式——甚至现在还能靠统计来发现——可能是不知不觉的,并且还未被许多拥有这种取向的人所意识到。

第四,也就是最后一个含义是,科学制度与宗教制度之间的非常明显的相互作用——如十九世纪这二者之间的所谓冲突——可能掩盖着这两种制度之间不那么明显的、间接的但也
660 许是更重要的关系。

第二十一章
十七世纪英国的科学与经济

社会经济发展与科学发展之间相互影响是没什么疑问的。不过，用一般的非分析术语来论述社会经济对科学的影响，就显然要产生问题了。科学社会学家们特别关切相关影响的**类型**（促进的和阻碍的）、这些类型被证明在不同的社会结构中有效的**程度**以及发挥作用的**过程**。但是，如果不澄清所用的概念工具，这些问题就根本无从回答。那些拒绝接受对科学史作出神话或英雄式解释的社会学家，都一再陷入了一种庸俗的唯物主义，这种庸俗唯物主义企图在社会发展与科学发展之间找出简单的相似之处。这种误入歧途的努力总是导致一种严重偏颇和站不住脚的讨论。

问题的提出

首先，我们注意到三个常见的错误假设。第一个也是其中最迷惑人的假设是，把科学家的个人动机等同于他们的研究的结构性决定因素；第二个假设是认为社会经济因素有助于详尽地说明科学活动的全部复杂性；第三个假设是，在任何一种重要意义上都缺乏社会需要的地方，“社会需要”所受到的非难。

克拉克最近对黑森文章的批评[①] 可以用来说明由对科学家行为动机和结构性决定因素之间关系的不严格概念化所带来的混乱。克拉克倾向于把社会经济因素在科学中所起的作用局
661 限在科学家的功利主义动机这个限度内,并相应地将“无私的求知欲、系统地运用思维且不带任何实用目的的冲动”与不受社会经济因素影响的科学活动等同起来。[②] 因此,为了说明牛顿的无私(在这个词的意义上),克拉克引用了一件家喻户晓的逸事,其大意是说“曾从牛顿手里借过一本欧几里德《几何原本》”的一位朋友“问牛顿,研究这本书能‘给生活带来什么效用或好处’。这是有关牛顿放声大笑的惟一记载”。[③] 姑且承认这件逸事是真实的,它与所谈问题的关联也是微不足道的,除非假定人们总能**意识到**约束他们行为的社会力量,并假定他们的行为只有依据他们的自觉动机才能被理解。

存在多种多样的动机,从个人上升欲到完全“无私的求知欲”,这与十七世纪英国科学的主旨主要是由当时的社会结构所决定的这一显而易见的事实并不矛盾。牛顿自己的动机没有改变这样一个事实,即被他很好利用了的天文观测结果是弗拉姆斯蒂德在格林尼治天文台中取得的[④],而这个天文台是查理二

① G.N.克拉克:《牛顿时代的科学和社会福利》(*Science and Social Welfare in the Age of Newton*)(牛津,1937)。参见B.黑森:“牛顿《原理》的社会经济根基”(‘The social and economic roots of Newton’s *principia*’),载《科学面临抉择》(*Science at the Cross Roads*)(伦敦,1931)。

② 同上,第86页及整个第3章。

③ 同上,第91页。原文收在《朴茨茅斯选集》(*Portsmouth Collection*),此处稍做修改。

④ 参见牛顿与弗拉姆斯蒂德之间的通信,这些通信在L.T.莫尔:《艾萨克·牛顿》(*Isaac Newton*)(纽约,1934)第11章中被广泛引用。

世为了皇家海军的目的而命令建造的。[①] 也不能否认像哈雷、胡克、雷恩、惠更斯和波义耳这些注重实际的科学家对牛顿的工作所产生的显著影响。甚至就动机问题而论，克拉克的论点也是值得争论的，因为十七世纪英国的许多科学家明确关心他们在纯科学中取得的研究成果的实际应用。在整个科学中的这一点或那一点上有过值得记载的杰出功绩的**这个时代的每位英国科学家**，至少其某些科学研究是明确地与直接的实际问题相关 662
的。[②] 这并不是一种无端或粗率的概括。但是不管什么情况，只根据动机来分析都是严重错误的，而且容易模糊社会经济影响科学的方式问题。[③]

重要的是要将科学家个人的态度与他们的研究所起的社会作用区别开来。显然，有些科学家之所以相当倾心于自己的研究课题，只是因为课题本身的缘故，因而他们往往很少顾及到这

---

① 第一位皇家天文学家弗拉姆斯蒂德认为，直接导致格林尼治天文台建立的，正是改进航海术方面的兴趣(顺便说一句，科尔贝认为巴黎天文台也是为同样的目标而建筑的)。一位名叫勒·西厄·德·圣·彼埃尔的法国人，他访问了英国并提出了在海上确定经度的"改良"方法。而弗拉姆斯蒂德则在一份报告中指出这个方案并不实用，因为"月象表与星表不同"。这份报告被呈递给查理二世，"陛下对于说表中固定的星位是错误的感到吃惊，有些激动地说，'他必须命人重新观测、检查并修正星位表，以为朕之水手所用'"。因此，查理二世决定建立格林尼治天文台以进行更精确的观测；并任命弗拉姆斯蒂德为皇家天文官。参见弗兰西斯·贝利：《R. J. 弗拉姆斯蒂德自述著作》(*An Account of the Rev'd John Flamsteed, Compiled from His own Manuscripts*)(伦敦，1935)，第 37 页。弗拉姆斯蒂德的年薪的确只有一百英镑。他有权给自己装备所有需要的仪器——费用自付。

② 支持此观点的事实可从我的《十七世纪英国的科学、技术和社会》(布鲁格斯，1938)中找到。

③ 对这个问题的系统论述，参见李约瑟："从胚胎学史看科学发展的限制因素"('Limiting factors in the advancement of science as observed in the history of embrology')，载《耶鲁大学生物学和医学杂志》(*Yale Journal of Biology and Medicine*)，1935 年，第 8 期，第 1—18 页。

种研究的实际意义。我们也不必认为**所有**单个的研究都与技术工作直接相联系。科学与社会需要之间的关系表现为两个方面:直接的方面,是指人们经过深思熟虑而有目的地为了功利主义的目的而进行某些科学研究;间接的方面,是指某些问题和材料的解决引起了科学家们的注意,虽然他们并不一定认识到了产生这些问题和材料的紧迫实际需要。

桑巴特曾概括说,十七世纪的技术与当时的科学几乎是完全相分离的①,从列奥纳多·达·芬奇时代开始,直到十八世纪为止,科学家和发明家所走的是两条各自不同的道路;有了这种科学与社会需要的联系,人们就会对桑巴特的上述概括提出质疑。固然,科学与技术的联盟不是在所有社会结构中都同样牢固,但是,从科学家将其理论知识转向实际应用的许多例子来看,桑巴特(和其他人)的断言——十七世纪的技术基本上是经验技术——似乎是有点言过其实了。只需举出几个人物就足以说明这一点:雷恩、胡克、牛顿、波义耳、哈雷和弗拉姆斯蒂德都既专注理论,又从事实践。更重要的是,差不多所有科学家都一致相信自己的不懈努力一定能够产生实用的结果。正是这种信念,而不是对这种信念的怀疑,影响着科学家对问题的选择。桑巴特的论点中的真理成分就在于这样的事实:这些科学家并不关心推动供工厂利用的工业机械的发展——因为这不足以引起他们的兴趣——他们所关心的是能为商业、采矿业和军事技术理

① 见沃纳·桑巴特:《近代资本主义》(*Der moderne Kapitalismus*)(慕尼黑,1921),第1卷,第466—467页。用奥尔登伯格(一度是皇家学会的秘书)的话来说,自然哲学家们寻求"自然与工艺的结合,由此可为人类生活的价值带来一个幸福的结局"。《哲学学报》,1665年,第1期,第109页。

论提供帮助的革新。[①] 663

在这个背景之中，克拉克对黑森的批评只是否定了经济因素是科学发展的惟一决定因素的观点。我和黑森都十分同意这一判断。正如黑森本人所表明的（前引书，第177页），关于经济是惟一决定因素的初期观点，在他的分析中不像在马克思和恩格斯的著作中那样是内在地固有的。

还剩下第三个问题——确定社会需要的问题，这个问题用特定的经验术语能更好地解决。对那种公认的见解，即认为需求促成相应的发明并引导科学兴趣的方向的见解，需要仔细地重新阐述。特殊的紧急情况经常使科学的注意力集中在某些领域，但同样真实的情况是，那个时代的大多数人类需要始终未能得到满足。在技术领域里，需要毫不例外地如此普遍，以至于这说明不了什么问题。实际上，每项发明都满足一种社会需要，或者是为实现这种满足而所做的尝试。还必须认识到，某些需要之所以在所观察的社会里不存在，恰恰是因为该社会的文化结构和社会结构。[②] 只有当上述目标实际上成为文化的组成部分时，只有当它实际上被社会的一些成员作为目标而体验到时，我们才可以严格地说，社会需要将科学技术兴趣引向某个方向。此外，经济需要不仅可通过技术得到满足，而且可通过社会组织的变迁得到满足。但是，假如十七世纪逐渐建立起来了一种通过技术发明满足某类社会需要的常规程序（模式）；假如技术和

---

① 弗兰茨·博克瑙曾经描述了这种必要的区别："自然科学在十七世纪不是为**工业生产**服务的，尽管自培根时代以来它一直企图这样。"《从封建世界观走向资产阶级世界观的过程》（*Der Uebergang vom feudalen zum bürgerlichen Weltbild*）（巴黎，1934），第3页（黑体为我所加）。

② 对需要所作的透彻讨论，参见兰斯洛特·霍格本给他自己编的《政治算术》（*Political Arithmetic*）一书所写的导言（纽约，1938）。

科学知识的必要积累为发明提供了基本储备;假使(在这种情况下)有了**不断膨胀**的资本主义经济;那么,我们才可以说需要是发明之母(孕育者),而且是科学进步的祖父母。

运输与科学

十七世纪英国资本主义企业的急速增长,加剧了对更适用的运输及交通工具的兴趣。圣海伦纳、牙买加和北美洲只是英国殖民大扩张的开始。这一点,加上水上运输相对便宜,导致商船数量显著增多。[①] 英国煤产量的40%以上是靠水运。同样,国内贸易的发展也促进了对陆运及河运工具进行改进的需要。
664 在整个十七世纪,修筑公路和运河的计划都非常普遍。

对外贸易扩展到世界范围。现有最可靠的(虽然有缺陷)统计数字证实了这些发展。在1613年至1700年间,进出口总额增长了近300%。[②] 惠勒在十七世纪初期写到,在大约六十年间,航行于泰晤士河上的运载能力超过120吨的轮船还不到4艘。[③] 到伊丽莎白去世时,英国单载400吨的轮船也只有4艘。[④] 在共和政体时期,轮船,特别是大吨位的轮船数量迅速增加。这部分是因为受到荷兰战争的刺激。在1649年至1659年

---

① 配第引人注目地、甚至是夸大其词地指出了陆运与水运之间的差别。"运送同样的货物时,水运环绕地球的费用大约只是从切斯特到伦敦的陆运费用的两倍。"《哲学学报》,1684年,第14期,第666页。

② 实际数字见E.利普森:《英国经济史》(*The Economic History of Enlgand*)(伦敦,1931),第11期,第189页。

③ 约翰·惠勒:《商业论文》(*Treatise of Commerce*)(米德尔伯格,1601),第23页。

④ 威廉·蒙森爵士:《海军系统》(*Naval Tracts*)(伦敦,1703),第294页。

这十年里，净吨位超过 40000 吨的轮船造了 98 艘。[①] 亚当·安德森注意到，1688 年英国商船的总吨位比 1666 年增加了一倍；[②] 斯普拉特也指出，在随后的二十年里，轮船吨位翻了一番多。[③] 1695 年由萨缪尔·佩皮斯提交的有关皇家海军情况的官方报告，也指出了十七世纪海军引人注目的发展。1607 年，皇家海军 50 吨级以上的舰船仅有 40 艘；总吨位约为 23600 吨，人员总数为 7800 人。到 1695 年，相应的数字分别为舰船 200 多艘，总吨位超过 112400 吨，人员 45000 多人。

正如桑巴特指出的，造船速度加快和船只规模加大的实际原因是军事上的需要。桑巴特收集的比较统计数字证实，虽然这一时期内商船有显著增加，但还是赶不上皇家海军增加的速度。[④] 军事上的迫切需要常常加快造船和造船技术改进的速度。

> 军事上的兴趣从三个方面促进了造船业：需要更多、更大的船只，最重要的是，需要在更短的时间内造出。即使下个世纪仍能用手工造船方法满足商业海运的需要，但却不能适应战舰日益增长的需要；首先在战舰本身的建造上，后来则推广到各种船只的建造上，包括商船都汇入了发展的

---

① 不包含 17 艘吨位不明的船只。摘自 M. 奥本海默：《皇家海军和商船的管理史》(*A History of the Administration of the Royal Navy and of Merchant Shipping*)(伦敦，1896)，第 330—337 页。

② 亚当·安德森：《商业的起源》(*Origin of Commerce*)(都柏林，1790)，第 3 卷，第 111 页。

③ 托马斯·斯普拉特：《伦敦皇家学会史》(伦敦，1667)，第 404 页。

④ 沃纳·桑巴特：《战争与资本主义》(*Krieg und Kapitalismus*)(慕尼黑，1913)，第 179 页及以下。

洪流之中……[①]

665 虽然桑巴特倾向于夸大军事需要对更有效的造船方法的促进作用,但是很明显,这种因素与对大型商船队的日益增长的需要一起加速了这种发展。无论如何,可资利用的统计资料表明,从十六世纪后期开始,商业船队和海军舰队都有了显著的增长。[②]

这些发展伴随着人们对许多技术问题的更加重视。首先,到达遥远目的地——印度、北美洲、非洲、俄国——的商业航行的增加,再次提出了对一种能在海上精确而便利地确定位置、测定经度和纬度的方法的需要。[③] 科学家们深切地关心这些问题的可能解决方法。[④] 通过这个方向上的研究,使数学和天文学获得了长足的进步。

由纳皮尔发明并由亨利·布里格斯、阿德里安·伏拉克（在荷兰）、爱德蒙·冈特和亨利·格利布兰德所发展的对数，不仅

---

① 沃纳·桑巴特:《战争与资本主义》,第 191 页。

② “我们的研究明确表明,英国商业和航运业在十六世纪末和十七世纪前半叶得到了很大发展。如果说英国航海业从 1580 年到 1640 年间增加了 4 倍甚至 5 倍,那也不是什么夸张。”A. O. 约翰逊:“1651 年 10 月 9 日英国航运法”(‘L’acte de navigation anglais du 9 octobre 1651’),载《近代史杂志》(*Revue d’histoire moderne*),1934 年,第 9 期,第 13 页。

③ 黑森,前引书,第 157—158 页。

④ 班布里奇博士在皇家学会宣读的论文中表明:“在几乎所有的算学问题中,没有什么比研究子午线或经线的差异更能训练数学的才能,更有助于获得天文学的才能了。”摘自《伦敦皇家学会史》(伦敦,1757),第 4 卷,第 311 页。正如奥尔登伯格在《哲学学报》第 9 卷前言中所指出的,学会的目标之一是“实用数学在我们的所有商业中心和港口的传播:使大河通航;帮助渔业和航海业;发明增肥贫瘠土地肥力和开垦荒地的方法;增加 Linnen 贸易;生产 Latton(原文如此)、盐和我们自己的硝酸钾”。

对天文学家，而且对航海家都有所帮助。[1]亚当·安德森曾经
评论说:“对于正在航行的航海家来说,对数在计算航线、距离、
经度和纬度等数据时,有着巨大和特别的实用价值。”[2] 这也许
反映了常人对这一成就所持的态度。皇家学会天才的编年史作
者斯普拉特断言，航海方面的进步是皇家学会的主要成就之 666
一。[3]性情暴躁的皇家学会“试验掌管者”胡克，在他那个时
代是一位杰出的科学家，又是一位最多产的发明家，他就此
写道：

> 首先,人们真诚地希望,在世界上任何地方所进行过的有关磁针变化的一切观察,连同观察时的一切值得注意的情况,一切旨在辨别确切的子午线的天文观测或其他可能发现的方法,都可以进行交流……不过,根据收集到的数目可观的这类现象,天文学也许可应用于磁石对地球体的这种影响,而且如果它能(它事实上也许能)用来指导海员或其他人去发现位置的经度,可应用于收集到的观察资料和一门好的航海术,那么,一旦他们(皇家学会)发现足够数目

---

① 发表在他的著作《奇妙的对数定律说明》(*Mirifici logarithmorum canonis descriptio*)(爱丁堡,1614)。重要的是,布里格斯这位第一个使纳皮尔的著作被人接受并在1616年建议对数系统以10为底的人物,曾经撰写过数篇航海学方面的著作。与此相似,格利布兰德也许是发现磁偏角缓慢变化从而更正了吉尔伯特磁偏角“恒定于一个特定方位”这一错误结论的第一位英国人。参见他的著作:《关于磁针变化的数学论文》(*Discourse Mathematical on the Variation of the Magneticall Needle*)(伦敦,1635)。

② 前引书,第2卷,第346页。安德森还注意到,亨利·萨维尔爵士“(于1630年)出色地在牛津大学设立了两个教授讲席。一个是几何学讲席;另一个是天文学讲席……众所周知,这两个数学分支于航海和商业都有巨大裨益”。同上,第1卷,第177页。

③ 斯普拉特,前引书,第150页。

的观察，就会尽力去做这项工作……①

在皇家学会开始于格雷沙姆学院聚会之后不久写就的一首谣曲反映出人们对这种兴趣的普遍赞赏，下面就是谣曲的节录：

学院要将整个世界丈量，
此事实在最最荒唐；
但是因此发现了经度，
却使航海神怡心旷；
水手们能够轻而易举，
把每一艘船驶向对跖地。②

无论是皇家学会的正式聚会，还是在咖啡馆和私人寓所内的非正式碰头，这个科学家群体都在无休止地探讨着同帝国利益直接相关的技术问题。最近发表的胡克日记披露了皇家学会、国王和感兴趣的贵族们要他致力于研究“有用的东西”而对

---

① 罗伯特·胡克：《论文集》(*Papers*)，藏大英博物馆，斯隆手稿，第 1039 集，第 112 页。亦见胡克：《有关太阳镜及其他一些仪器的说明》(*A Description of Helioscopes, and, some Other Instruments*)(伦敦，1676)，跋。

② 威廉·格兰维尔：《赞扬每周三在格雷沙姆学院聚会的一群哲学家和智者)(*In praise of the choice company of Philosophers and Witts, who meet on Wednesdays, weekly, at Gresham College*)。参见多萝西·斯廷森：“有关格雷沙姆学的谣曲”，载《爱希斯》，1932 年，第 18 期，第 103—117 页。斯廷森认为，谣曲的作者可能是约瑟夫·格兰维尔。

他施加的种种压力。[①] 他经常跑到钱吉胡同的加拉韦斯或乔纳森斯咖啡馆去,与克里斯托弗·雷恩和他们的其他朋友“谈论天体运动”超过一壶茶的时间。而在附近的桌子上,庸俗的投机买卖吸引着证券经纪人和彩票兜售者的注意力。在加拉韦斯咖啡馆考虑的问题经常成为皇家学会特别研究的对象。简言之,经常见到的情形并非一群“经济人”联合起来或者各自为战地谋求改善各自的经济地位,而是一批好奇的研究者通力合作去探询自然的奥秘。经济需求的要求提出了新问题,并使老问题再次凸显出来,从而开辟了新的研究途径,并对这些问题的解决施加持久的压力。这一点已证明是相当有效的,因为科学家的成就感并非仅限于科学标准方面。科学家也免不了有希望得到社会喝彩的欲望,而做出可获效用的应用性发现就能产生远远超出学术界的影响。科学上的成就带来了很少人不想有的与显贵交往的特权,在某种程度上,它成为一条社会地位变迁的渠道。格朗特的例子是众所知的。出身于弗雷什沃特地方的穷苦牧师之家的胡克,发现自己成为了贵族的朋友,并能自夸经常与国王在一起聊天。普通人对于不同种类的科学研究所作的反应是幼稚可笑的,查理二世的例子就可以说明这一点:“称量空气”这项大气压方面的基础性研究工作在目光短浅的查世二世看来没有任何价值,不过只是幼稚的消遣和愚蠢的娱乐;但他对于在海上确

667

---

① H.W.罗宾逊和 W.亚当斯编:《罗伯特·胡克日记》(*The Diary of Robert Hooke*)(伦敦,1935)。例如,注意以下记载:“在弗朗西爵士的教区洛多威尔附近,有关经度。获准 3000 英镑,且 600 英镑以上来自政府”,第 160 页。“与雷恩爵士一起到加拉韦斯,碰到克拉克和塞格尼奥,讨论了有关怀表和经度表的问题……得到彻底的(测量?)解决。新漏壶船声学新理论”,第 221 页。“到 J.威廉森处。他友好地邀我去他的住处。告诉我……试验,他劝我孜孜不倦地研究有用的东西,制作王室气压计……”第 337 页。

定经度这项有直接功用的研究，却“极为亲切地表示满意”。这种态度导致相当部分的科学研究进入了尽早产出成果的领域。①

一个个案：经度问题

或许最能说明实用性考虑使科学兴趣集中于特定领域的，正是这个热门的确定经度的问题。毫无疑问，当时的天文学家都深刻地意识到发现一种确定经度（尤其在海上）的满意方法之重要性。他们一再显示出这种突出的兴趣。鲁克、雷恩、胡克、惠更斯、亨利·邦德、爱尔维修、威廉·莫林诺克斯、尼古劳斯·默卡托、莱布尼兹、牛顿、弗拉姆斯蒂德、哈雷、拉·海尔、G.D.卡西
668 尼、波莱利——实际上，当时最主要的天文学家和学者都反复证明了这一事实。

人们提出的确定经度的各种方法，导致了下述这些研究：

1.对月亮与太阳及某一恒星之间距离的计算（先后在十六世纪和十七世纪后期得到广泛利用）。

2.对木星卫星蚀的观察（先由伽利略在1610年进行；以后又由鲁克、哈雷、G.D.卡西尼、弗拉姆斯蒂德和其他人所从事）。

3.对月亮穿越子午圈的观察。十七世纪的普遍潮流。

---

① 在这方面，参见亚当·安德森对皇家学会的评论：“……仅仅在天文学和地理学上的改进，已经足以提高学会的声誉，足以显示出即使在商业领域内，学会也具有巨大的作用，更不用说学会在其他技艺和科学领域的众多巨大改进了，而其中的一些改进与商业、航海、制造业、采矿业、农业等等也有关系。”《商业的起源》，第2卷，第609页。

4. 摆钟及其他航海时计在海上的应用(得助于惠更斯、胡克、梅西、苏利及其他人)。

正当迪顿为一种在海上确定经度的精确方法申请奖励时，牛顿清楚地概括出了这些方法步骤，以及由此引出的科学问题。[①]《哲学学报》的第1卷上发表过一篇描述摆钟在海上应用的论文，这篇文章表明了英国科学家在这一问题上的浓厚兴趣。[②] 正如斯普拉特所指出的，皇家学会对经度问题曾给予"特别的关注"。胡克试图对摆钟做一番改进，他说："这些(试验)的成功，促使我考虑为确定经度而对它做进一步改进，而且……很快使我采用弹簧代替重力使物体在各种位置都能振动……"[③] 于是，在胡克和惠更斯谁先成功地造出卷带式平衡弹簧的航海天文钟的问题上，爆发了一场众人皆知的冲突。不管这个领先

① 威廉·惠斯顿：《经度的发现》(*Longitude Discovered*)(伦敦，1738)，"历史的前言"。

② 梅杰·霍姆斯："摆钟在海上测量经度成功的纪事"('A narrative concerning the Success of Pendulum Watches at Sea for the Longitude')，载《哲学学报》，1665年，第1期，第52—58页。

③ 理查德·沃勒：《罗伯特·胡克遗著》(*The Posthumous Works of Robert Hooks*)(伦敦，1705)，导言。伽利略似乎曾在1641年描绘过一种摆钟；惠更斯1656年的发明也是独立地完成的。惠更斯继而发明了一种带弹簧装置的钟表。参见惠更斯对其发明的描述，载《哲学学报》，第11期，第272页；重印自《萨万杂志》(*Journal des Sçavans*)，1675年2月25日。这引发了胡克与奥尔登伯格之间那场众人皆知的辩论(奥尔登伯格为惠更斯进行实际制造的领先权辩护)。有趣的是，当皇家学会的会议上宣读了惠更斯有关其"新式怀表"的通信后，胡克当场指出"他拥有一项发明，可将经度的精度确定到时间上的1分钟或天空中的15弧分；如果对此付出应有的佣金，他就将完成这项发明并交付使用"。就此，詹姆斯·谢恩爵士应允"要么总共付他1000镑，要么逐年付给150镑。胡克先生声明他选择后者，委员会要求他拟出相应的论文，并将其发明交付使用。"参见伯奇，前引书，第3卷，第191页。关于这件事的进一步细节，见沃勒，前引书，导言。

669 权问题最终如何解决,但这两位如此卓越的科学家以及另外一些学者把自己的注意力集中到这个课题上,这件事本身就意味深长。这些同时作出的发明是两种力量共同作用的结果:其一是内在的科学力量,它提供了解决现有问题所需要的理论素材;其二是非科学的因素(主要是经济因素),它的作用是把科学兴趣引向这一一般性问题。有限范围里的实际可能性导致各自独立但完全相同的发明。

确定经度的问题不断地激发着其他方面的科学研究。巴黎皇家科学院(是在富有远见的科尔贝提议下创建的)的波莱利在《萨万杂志》和《哲学学报》上都发表文章,解释了他制造望远镜的大镜片的方法。甚至向不能自行制造望远镜的人广为赠送望远镜,以便使他们能够“观测几乎每天都发生的木星卫星蚀,并提供一种全球适用的确定经度的方法”。而且,“一旦用这种方法精确地测知了海洋、海岬、海角以及各个岛屿的经度,无疑将会对航海业有极大帮助和相应的价值”。①

恰恰是对木星卫星蚀的上述观测及其得到承认的实际用途,清楚地说明了功利主义因素在促进科学发展中的作用。因为我们可以在丰富的证据基础上说,古奥瓦尼·多梅尼科·卡西尼的天文学发现,主要是功利兴趣的结果。卡西尼发表在《学报》上的几乎所有论文都强调采用伽利略首创的、通过观测木星

① 《哲学学报》,1676 年,第 11 期,第 691—692 页。

卫星来确定经度的方法所具有的价值。① 如果说，正是从这种 670
兴趣出发他才发现了木星的自转、土星的双环，以及土卫三、土卫四、土卫五、土卫六和土卫八，这种说法是一点也不过分的②，因为，正如他所指出的，这种天文观测因其实际应用而受到“刺

---

① 参见伦纳德·奥尔斯基：《伽利略及其时代》(*Galileo und seine Zeit*)(哈利，1927)，第 274 页和第 438 页，以及“关于地理位置的信件”这一章。尽管这种方法在理论上是可行的，但其精密性却不足以进行实际应用。卡西尼曾有一篇论文讨论他所发现的木星上非同寻常的固定斑点，并确定该行星的自转周期，他观察到“旅行者……可以借此(自转)来确定地球上最遥远地点的经度”。《哲学学报》，1672 年，第 7 期，第 4042 页。在论述不同纬度地区自转时间的不均一性时，他表明这个事实对于更精密确定经度具有重要意义。同上刊，1676 年，第 6 期，第 683 页。他在宣布土卫三和土卫四的发现时，是这样开始的：“自望远镜发明以来，本世纪完成的一系列迷人的天象发现，以及由此可能导致的在完善自然知识方面的巨大作用，加上商业和人类社会所必需的技艺，激励着天文学家更加严格地去检查是否还有什么重要的事件迄今尚不为人所知。”译自《萨万杂志》，1685 年 4 月 22 日；重印于《哲学学报》，1696 年，第 16 期，第 79 页。在介绍卡西尼的木卫一星蚀时间表时，就显示出观测这些卫星蚀无疑会使人们轻而易举地使用便携式望远镜来确定经度。“只要能在海上观测到这些卫星，借助于本书(*Recueuil d'observations faites en plusieurs Voiages pour perfectionner l'Astronomie &, la Geographie*)给出的卡西尼先生的星表，海上的航船很容易确定自己所处的子午圈；这种卫星蚀所显示的精确度极高，超过了我们借助观测月亮所能期望的精确度，尽管看上去月亮向我们提供了惟一适用于海员的方法。然而，在海员们能够利用这种确定经度的方法之前，首先必需正确地确定整个大洋沿岸的海岸线，这样才能保证这种根据卫星定位的方法是最恰当的：在海图完成之后，或是发明了某种可在甲板上操纵的短筒望远镜，从而使人们有可能在海上观测这种卫星蚀之后……这个问题就会被揭示出来。”《哲学学报》，1694 年，第 17 期，第 237—238 页。这段引文的后一部分明确而清晰地说明了实际需要“产生”科学技术研究的方式。值得注意的事实是，哈雷受托于海军部“继续延长英吉利海峡两侧附近的子午线，以便合理规定西岸的范围”，并观察“英吉利海峡的潮汐经过……”参见他于 1701 年 6 月 11 日给伯切特的信，载《埃德蒙·哈雷的通信与论文集》(*Correspondence and Papers of Edmond Halley*)，E. F. 麦克派克编(牛津，1932)，第 117—118 页。

② 土卫三和土卫四发现于 1684 年；土卫五发现于 1672 年；土卫六与土卫八发现于 1671 年。

激”。皇家学会最初组织者之一劳伦斯·鲁克经常注意这些观测的“航海价值”。[①] 弗拉姆斯蒂德也经常指出观测木星卫星的价值，因为木卫蚀“已经受到重视，而且肯定是一种比已知的任何方法都方便得多的确定经度的手段”。[②]

牛顿对同样的问题也深感兴趣。早年，他曾致函即将到欧洲大陆旅行的朋友弗兰西斯·阿斯顿，特别建议阿斯顿“把摆钟对于确定经度是否有用通知他本人”，这封信现在已众所周知。哈雷和胡克都曾致函牛顿，建议他把某些方面的研究继续下去，因为那对航海有用。我们有理由相信这些通信最终促使牛顿完
671 成了他的《原理》。[③]

1694 年，牛顿写了一封著名的信给纳撒尼尔·霍斯，在信中他提出了一个适用于公立基督学校里初学航海的学生的新数学

---

① 见“鲁克先生关于木星蚀观察的报告”，重印于斯普拉特《皇家学会史》第 183—190 页。鲁克从 1652 年到 1657 年间是格雷沙姆学院天文学教授，从 1657 年到 1662 年去世，为该院几何学教授。

② 《哲学学报》，1683 年，第 12 期，第 322 页。弗拉姆斯蒂德在论述同一问题的其他论文中直接地阐述了这一观点。见《哲学学报》，1685 年，第 15 期，第 1215 页；第 16 期(1686)，第 199 页；第 13 期(1683)，第 405—407 页。顺便提请注意，莱布尼兹发明了一种“主要是为确定经度而设计的”便携钟。见他在《哲学学报》1675 年第 10 期第 285—288 页上的论文。

③ 当 G. N. 克拉克写到“可资表明牛顿在他最富创造性的高峰时期，是被对技术的兴趣所驱使的那部分证据，是他写给弗兰西斯·阿斯顿的信……”(前引书，第 67 页)时，克拉克完全忽略了这类证据。参见胡克于 1680 年 1 月 6 日写给牛顿的信，信中写道：“……根据这样的两个原理(其中的一个是有关引力与距离的平方成反比的假设)来找出曲线的适当性将对人类大有益处，因为利用星空发现经度是它的一个必然结果。”此信转引自 W. W. 劳斯·鲍尔：《关于牛顿〈原理〉的一篇论文》(*An Essay on Newton's Principa*)(伦敦，1893)，第 147 页。此外，哈雷在他于 1687 年 7 月 5 日给牛顿的信中写道：“我希望……你能致力于完善月球运动理论，这将在航海方面起巨大的作用；我也希望你致力于完善你的深刻而敏锐的思考。”出处同上，第 174 页。

课程大纲，而且还批评了现行的教程。他指出："有关经度、振幅、方位角的差异和磁针变化的发现也被忽视，而这些发现对远距离航行(例如到东印度群岛的航行)来说是十分有用的，一个海员如果不懂得这些知识就是无知。"①1699 年 8 月，牛顿将他的六分仪的一种改进型公布于世(1731 年，哈德利独立地发明了这种六分仪)，把这种仪器与日月观测结合起来，就能实现在海上测定经度。在《原理》第一版中，他已经提出了他的月球运动理论的初步纲要。而且，正是牛顿的推荐，才使得有关奖励海上确定经度方法之设计者的 1714 年提案得以通过。② 在以上这些活动过程中，牛顿证明自己不仅注重他的大部分科学工作的实际应用，而且也关注着同代人的科学工作的实际应用。

牛顿的月球运动理论就是科学专注于此的最高产物。正如休厄尔所指出的：

> 天文学的进展也许是开展这项工作的一个充分的动机；但是，以强烈的冲动不断促进这项研究的还有其他原

① 牛顿致霍斯的信发表于 J. 埃德勒斯顿的《艾萨克·牛顿爵士与科茨教授的通信》(*Correspondence of Sir Isaac Newton and Professor Cotes*)(伦敦，1850)，第 279—299 页。考察一下牛顿认为一位受到良好训练的海员所应进行的科学准备就会发现，其中包括了当时最引人注目的物理研究的一小部分重要内容。包含这些内容的清单中，牛顿所列举的不仅涉及了他自己在科学生涯中主要感兴趣的那些学科和问题，而且也举出了他的同事们感兴趣的问题。这进一步表明了牛顿对于他在《原理》一书中所做出的大部分精巧讨论的实用意义并非毫无觉察；例如，他的潮汐理论、射弹轨迹确定、月球运动理论，以及在流体静力学和流体动力学方面做的工作。

② 埃德勒斯顿，前引书，第 76 页。其他政府也设立了类似的奖励，由此也能测知解决这一问题的重要意义。荷兰人曾谋求说服伽利略发挥自己的才智来解决这个问题；西班牙的腓力三世于 1716 年设立一笔奖金；摄政者奥尔良公爵也设有一项金额为 10 万法郎的奖金征求一种实用的方法。

> 因。一套完备的月球运动理论(如果这种理论可以达到完备的话)将能导致一种在地表任何地方确定经度的方法;因而证实一种自称依据充分的理论,就与一个对于航海家和地理学家来说具有直接的用途,且其价值得到广泛承认的客观目标相符合了。[①]

672 哈雷曾经断言,形形色色的确定经度的方法都有其欠缺,而且指出,"在月球运动理论得到充分完善之前,要想在海上确定能满足航海事业需要的经度,几乎是不可能的"。正是哈雷一直在推动牛顿继续进行他的工作。[②] 弗拉姆斯蒂德和哈雷(从1691年到1739年)都致力于对月球表进行修正,使之能够满足"以必需的精确度达到确定经度这个伟大的目标"。皇家学会之所以提倡对月食进行观测,也是为了达到这同一目标。[③]

另一个格外引人注目的研究领域,是指南针以及整个磁学,因为其研究可能具有实际用途。因此,斯普拉特就特地将雷恩所进行的此类研究与当时的需要联系起来,他指出:"为了航海业,他[雷恩]仔细地做了许多磁学试验。"[④] 而雷恩本人在就任格雷沙姆天文学讲座教授的演讲中,也定下了相同的基调。人们对磁场变化进行了不懈的研究,因为这种研究将会被证明对航海家有巨大的实用价值,航海家可以据此确定经度:"而以前的辛劳对于这门技艺几乎没有留下任何值得夸耀的东西。"[⑤]

---

① 威廉·休厄尔:《归纳科学的历史》(*History of the Inductive Science*)(纽约,1858),第1卷,第434页。

② 《埃德蒙·哈雷通信和论文集》,第212页。

③ 《哲学学报》,1693年,第17期,第453—454页。

④ 《皇家学会史》,第315—316页。

⑤ 克里斯托弗·雷恩:《起源》(*Parentalia*)(伦敦,1750),第206页。

拉·海尔发现,在漫长的海上航行中,最令人烦恼的事情莫过于
磁针的变化,他说:“这迫使我寻找不依赖观察发现海上磁针变
化的方法。”[①] 亨利·邦德、爱尔维修和默卡特也都因为想要解
决经度问题而对磁现象的研究产生兴趣。[②] 哈雷在他那篇公布
他的四磁极理论和无磁偏角的磁力线周期运动理论的著名论文
中,再三强调研究磁针变化的实用目的,因为,这种研究“在航海
术方面有重大意义,忽视这种研究,无异于将人类所获得的一个
崇高的发明变得毫无用处”。他争辩说,这种巨大的实用性,似
乎充分激励了“所有哲学界和数学界的领袖严肃地考虑这几种
现象……”他提出自己的新假说,是为了唤起他那个时代的自然
哲学家,“更自觉地投身于这种有用的思考之中”。[③] 显然,当时
人们在这个领域的勤奋工作还没有达到哈雷的标准。正是为了
丰富这种有用的思考,哈雷才被授予了海军代理船长的职衔和 673
帕拉摩尖尾船的指挥权。他曾带此船作过三次航行。结果,哈
雷绘制出了第一张等磁偏线地图。

这就使我们发现,确定经度的方法之重大价值突出了许多科学问题。即便按各种可能达到这个目标的途径进行的科学研究并不完全受预想结果的实际效用的支配,在这个领域里不断进行的努力中,也仍有一部分是明显出于这种考虑。在上述分析中,即使粗略地确定实用考虑在多大程度上把科学家的注意力集中到某些问题上也是不可能的。我们能够明确指出的全部

① 《哲学学报》,1687 年,第 16 期,第 344—350 页。

② 见《哲学学报》,1668 年,第 3 期,第 790 页;1670 年,第 5 期,第 2059 页;1674 年,第 8 期,第 6065 页。

③ “一种关于磁针变化的理论”(‘A theory of the variation of the magnetical compass),载《哲学学报》,1683 年,第 13 期,第 208—221 页。亦见他为这些文章所写的补遗,同上刊,1693 年,第 17 期,第 563—578 页。

内容,无非就是存在于当时科学家广泛研究的课题与由经济发展提出并强调的问题之间的某种联系。结论是,导致特定领域内的研究的,正是这种经济上的需要,或者更恰当地说,是经济需要带来的技术需要;这一点常常有科学家本人的坦率言辞为证。确定经度的问题,是一个吸引许多科学家的注意力,并促进天文学、地理学、数学、力学和钟表发明取得长足进步的问题。

航海术与科学

这个时期的另一个航海问题是确定潮汐的时间。正如弗拉姆斯蒂德在他的第一张潮汐表后所附的一条注释中表明的,历表上积累的误差已约达两小时,因而,皇家海军和其他航海者普遍盼望着能从科学上对此加以校正。① 因此,他一次次制订出一些潮汐表,其中不仅有适用于英国港口的,也有些适用于法国和荷兰的海港。皇家学会创建伊始就有志于创立一种潮汐理论,这项工作就是这种兴趣的继续。《学报》第一卷上就发表过几篇论文,提交了对不同港口的潮汐时间的观察报告。波义耳、萨缪尔·科尔普莱斯、约瑟夫·奇尔德利、哈雷、亨利·波尔,尤其是约翰·沃利斯,都在这个课题上作过贡献。

牛顿为了寻找证实万有引力定律的进一步依据而开始从事这一课题的研究。正如汤普森所评论的:“牛顿的潮汐理论无论就其睿智还是航海方面的重要性来说,都是非同寻常的。”他的理论说明了潮汐最显著的几个方面:春潮与最低潮之间、早潮与

---

① 《哲学学报》,1683 年,第 13 期,第 10—15 页;后面的表见该刊 1684 年,第 14 期,第 458 页和第 821 页;1685 年,第 15 期,第 1226 页;1686 年,第 16 期,第 232 页和第 428 页。

晚潮之间的差异；月亮和太阳的赤纬及视差效应；以及特定地点
的特殊潮汐。他采用了科尔普莱斯、哈雷以及其他人的观测结 674
果来验证自己的计算结果。[①]哈雷一向寻求把理论与实践结合起来，他毫不迟疑地向海军上将勋爵报告说，这些研究“对所有的航行都有普遍用途”。[②] 然而，只有到了欧勒、贝努利、达朗贝尔和后来的拉普拉斯、卢伯克、艾里等人的工作完成之后，这种方法的精确性才达到足以为实际目的服务的地步。这里，人们再一次把科学兴趣——在这个实例中，是关于引力理论这一深奥课题的研究——与经济需要联系起来。

航海事业方面另一个引起人们极大注意的问题是森林资源的枯竭导致使用尚未干透的木材建造船只。木材变得相对稀缺，一方面是因为它被用作燃料，另一方面是因为它在海战和重建伦敦城过程中被迅速消耗。虽然煤炭还不能用于生铁行业，但在青铜和黄铜铸造业、酿酒业、染料业及铁器业等工业行业使用煤炭，还是使得燃料问题得到了部分的解决。木材的耗竭严重危及造船业，以致皇家海军的长官们恳请皇家学会提出有关“改良和种植树木的建议”。伊夫林、哥达德、梅莱特、温思罗普、恩特和威鲁比用他们的植物学知识解决了这一问题，他们各自的论文都汇编于伊夫林的名著《森林志》(*Sylva*)一书之中。因而，皇家学会把“植树”作为“主要活动”之一这一事实并非与这种实际的紧迫需要无关。不仅如此，斯普拉特说，学会成员还“花费许多时间考察船的构造，风帆的式样，龙骨的形状和木材的种类，冷杉的种植，沥青、柏油和滑车的改进”。[③] 这不仅导致

① 《数学原理》(*Principia Mathematica*)(伦敦，1713)，第 3 卷，第 24，36，37 页。

② 《通信集》，第 116 页。

③ 斯普拉特，前引书，第 150 页。

了造林学和相关的植物学研究，而且导致了力学、流体静力学和流体动力学的研究。正如牛顿在给霍斯的信中所提到的：确定绳索和木材的应力，风力和潮汐力，以及液体对浸于其中的各种形状的浮体阻力；所有这些问题的解决，对航海家来说都有巨大的实用价值。

此外，如果我们把该世纪之初沃尔特·雷利爵士在其《对海军的考察》一文中列举的对军舰的要求与学会所进行的研究的类型做一番比较，所有的主要问题都已成为科学研究的对象这一点就变得很明显了。雷利列举了一艘战舰的六种符合需要的性能：坚固的构造、速度、结实的木料、在各种天气条件下都能开火放炮、在大风中能够轻易地停泊，以及能够停泊稳定。当时的
675 科学家们试图发明满足所有这些要求的方法。在许多情况下，这促使他们去解决“纯科学”中衍生出来的问题，希望用这种深入的知识来达到这些目标。因此，哥达德、配第和雷恩为改进现行的工艺而研究了造船的方法。胡克受命于皇家学会去试验“不同年龄、生长于不同地区、不同季节砍伐的同种树木”的阻力，以确定“最结实的木料”。[1] 胡克不时地与波义耳合作进行一系列试验，以“检验木材的强度”以及扭缠了的和未扭缠的绳索的强度。在胡克发现以他的名字命名的定律（物体的延展与应力成正比）时，这些试验正在进行当中。

为了发现提高船速的方法，必须研究物体在黏性介质中的运动，这是流体动力学的基本课题之一。[2] 因此，莫雷、哥达德、布龙克尔、波义耳、雷恩和配第都非常注重这个问题。[3] 在这个

---

① 伯奇，前引书，第 1 卷，第 460 页。

② 参见黑森，前引书，第 158—159 页。

③ 兰斯多恩侯爵编：《配第—索思韦尔通信集》（*The Petty-Southwell Correspondence*）（伦敦，1928），第 117 页；伯奇，前引书，第 1 卷，第 87 页。

实例中，给定的技术课题与相应的“纯科学性”研究之间的关系是很明确的。当时配第就写道：“双底船带给我们的收益与我们预计的大致相符”，而且他还进行过流体动力学试验以求确定“泳动体”的速率。斯普拉特在描述皇家学会的仪器时指出了一种普遍的联系：

> 确定几种形状各异的泳动体的速率的仪器[有]好几种，以不同的力量移动，试验哪种形状最不容易倾覆，以便创立一种普遍适用的有关轮船形状的真正理论。①

克里斯托弗·雷恩曾被牛顿称为“我们时代最伟大的几何学家”之一，他也研究过流体动力学定律，主要是因为这些定律可能有助于改善船只的航行特性。② 而且，牛顿在提出他流体介
质的阻力有赖于在流体介质中运动的物体的形状的理论之后，676
补充说：“我认为这个命题可能在造船中有用。”③

① 斯普拉特，前引书，第 250 页。见胡克给波义耳的信，载波义耳：《著作》，第 5 卷，第 537 页。

② “在各种航海问题中有一个问题很值得研究，即：启帆(特别是逆风航行)时哪种机械力是可以减小的；他(雷恩)表明这种帆是楔形的；他还证明，施加于一个倾斜平面上的瞬时力，将导致该平面相对原动力而发生运动。他还制造出一种仪器，可以机械地复制同一效应，并表明在各方来风时都能扬帆航行的原因。

“他还表明了划桨的几何力学，是以一个活动的或移动的支点为中枢的矢动学。为此目的，他制造出仪器以确定物体的膨胀是否朝向流体介质中运动障碍物，何种程度的膨胀将引起何种程度的障碍；他还研究了作为有关扯帆、航行、划桨、滑行以及船体结构的几体学基础的必要原理。”斯普拉特，前引书，第 316 页。我们又一次看到直接的技术目的怎样导致对从科学中衍生出来的问题的研究。

③ 《数学原理》，第 2 卷，第 7 节，第 34 页，附注。在我看来，在这方面牛顿的话至今还被人们注意。他说：“何况我认为这些造船方面的建议将肯定不会是无用的。”

皇家学会对水下装置一直保持兴趣，包括从钟形潜水器一直到胡克所建议的设备齐全、可以与泰晤士河上赛艇的速度媲美的潜水艇在内。一个与潜水有关的委员会考察过铅制的“潜水箱”和哈雷的“潜水钟”。后者在泰晤士河上做了试验，并且为了方便旁观者而不是潜水员，试验是在某一次星期例会所设置的吊桶中进行的。威尔金斯对于潜水航行的可能性和优越性极为重视，认为它无疑会在战争中发挥作用，能避免变幻莫测的潮汐的影响，并有可能被用来重新发现沉没的宝物。[①] 胡克所进行的许多有关呼吸的实验都与这种努力所提出的技术问题有关。

威尔金斯向皇家学会介绍了“伞状锢锚”；这一装置是为“在风暴中停住一艘船”而设计的。雷恩提出了“在甲板上使用火炮的简便方法”，而哈雷指出，英国“应成为海上的主人，海军力量应超过她所有的邻国”，并描述了使一艘船在恶劣天气下携带火炮的方法。[②] 配第渴望“按新的原理对船运作改进”，他建造了几种自行设计的“双底船”，学会对此十分满意。不幸的是，他雄心勃勃地制造出来的天使圣米歇尔号却遭到了惨重的失败，这使他得出结论说，命运和国王都与他作对。

皇家学会定期就防止船只被“寄生物侵蚀”的办法进行讨论；这个问题对皇家海军和私人船主来说都是很伤脑筋的。牛

---

① 约翰·威尔金斯：《数学之魔力》（*Mathematical Magick*）（伦敦，1707 年第 5 版），第 5 章。早在 1551 年，塔塔利亚就曾经提出过一种将沉船浮上水面的非常有效的方法。至少自 1631 年以来，对“潜水机械”颁发了好几项专利。安德森说，在这些机械“和好运气的帮助下”，威廉·菲普斯爵士共 8 次“捞起了”近 20 万英镑的财宝，来自一艘驶离西印度群岛时沉没的西班牙货船。见《商业的起源》，第 3 卷，第 73 页。胡克、哈雷及另一些人对这一成功作出了反应，他们提出了新的从深处打捞宝物的设计。

② 雷恩：《起源》，第 240 页；《埃德蒙·哈雷书信论文集》，第 165 页。

顿曾对这个恼人的问题明显感兴趣，他要求阿斯顿确定“荷兰人是否拥有使其船只免遭各种虫蚀的技术”。不过，这些讨论都没有取得明显的进展。

因而，一般来说，十七世纪的科学家，从不屈不挠的学者配第到无与伦比的牛顿，都明确地把他们的注意力集中在航海问题所带来的紧迫技术课题及由此派生出来的科学研究之上。界定后一个范畴是困难的。确实，许多科学研究可以追溯到技术 677
需要，但同样明确的是，其中的有些研究是先前的科学进展的逻辑发展。然而，按照科学家自己谈到的他们工作的实际意义来看，实际问题对他们的工作起了明显的作用无可怀疑。即使是“最纯粹的”学科——数学——在牛顿看来，如果不是设计用来解决物理问题，那也是毫无意义的。[①]

陆地运输也引起了人们某种程度的注意，虽然不及海运那样为人们注目，这可能是由于后者的经济意义更大的缘故。不断增长的内地运输需要很大改善。笛福指出，这种改善是对“尼格斯(Negoce)的巨大帮助并促进了普遍的联系，没有这些联系，我们的岛内贸易就无法开展”。[②] 可能携带数千镑布匹的旅行商人把商业扩展到全英国[③]，他们需要得到改进的工具。亚当·安德森说，由于“我们商业的普遍增长使二轮和四轮运货马车数量大大增加”，1662 年国王命令所有公路都拓宽到 8 码(无疑有些乐观了)。明显的是，当时的科学家也寻求克服技术上的困

---

① E. A. 伯特：《现代物理学的形而上学基础》(*The Metaphysical Foundations of Modern Physical Science*)，第 210 页。

② 丹尼尔·笛福：《关于几个研究计划的文集》(*Essays upon Several Projects*)，(伦敦，1702)，第 73 页及以下。

③ 丹尼尔·笛福：《大不列颠游记》(*Tour of Great Britain*)(伦敦，1727)，第 3 卷，第 119—120 页。

难。配第以他对经济事务的关注，还设计了好几种车辆，保证其“通过崎岖、险峭和曲折的道路”。[①] 雷恩致力于完善马车，使之“便捷、结实、轻便”，他与胡克一样，还发明了一种“路程计”，以自动记录马车行驶过的路程。[②] 威尔金斯可能是受到斯特芬半个世纪前的发明的启发，描述了一种“帆车，可以不用马而靠风在陆地上行驶，正如船在海上行驶一样”。[③] 同样地，根据胡克本人的提议，学会委托他进行“陆车的研究，以便迅速地传送情报”。[④] 这些努力表明，科学家们致力于为商业企业提供技术上的支持；这些特殊的例子正是要使市场的扩张成为可能，而这是
678 新生的资本主义的基本要求。

经济影响的程度

在某种意义上，前面的讨论仅仅为说明我们一直在探索的联系提供了资料。我们还必须确定社会经济的影响起作用的程度。伯奇的《皇家学会史》中记录的学会备忘录为这种研究提供了一个基础。一个可行的、虽然在许多方面是不充分的程序包括：在这些会议上讨论过的研究工作的分类和列表，并考察提出各种问题的背景。这应该为确定外部因素起作用的**大约**程度提供某些根据。

---

① 《配第—索思韦尔通信集》，第 41 页，第 51 页，第 125 页。（配第写道）“我认为这种车辆可以在切斯特与伦敦之间运送精巧的货物，费用每磅不超过三便士。”配第很诚实地承认“这一器械不能避免倾覆”，但他又安慰人地补充说“一旦它倾覆（如遇到一堆燧石），我认为驭手不会受到伤害”。

② 《起源》，第 199 页，第 217 页，第 240 页。

③ 威尔金斯，前引书，第 2 卷，第 2 章。

④ 伯奇，前引书，第 1 卷，第 379 页，第 385 页；胡克：《日记》，第 418 页。在三年时间内，皇家学会约召开了 15 次会议来讨论这个问题。

我们只考察了1661年、1662年、1686年和1687年四年的会议。没有理由认为这些会议不代表整个时期的“典型”会议。所用的分类法是经验的，而不是逻辑的方法。当研究者明确表示出某种这样的联系，或者有关这项研究的直接讨论提供了证据表明对这种联系的高度评价时，这类研究就被列为与社会经济有“直接联系”的项目。那些与当时的实际需要有某种明确的联系，通常表现在其背景中，但研究者们并没有如此肯定地把它们联系起来的研究，被归为与社会经济需要有“间接联系”的项目。没有证据表明这类联系的研究被归类为“纯科学”。许多项目被归入这个范畴之中，这些项目与实际需要(在现今观察者看来)有许多可以想见的联系，但在十七世纪，这种联系还不能被明确地看出来。因此，气象学领域的研究可以很容易地联系到预报天气的实际愿望，但是在这些研究还没有明显地与特定的实际问题相联系时，它们被归类为纯科学。同样，解剖学和生理学中的许多工作无疑具有医学和外科的价值，但人们在对这些项目进行分类时也采用了同样的标准。由此可见，如果说这种分类中有某种偏差的话，那么或许就是过高地估计了“纯科学”的范围。

被讨论的每项研究都被“算作”列表中的一个“单位”。显然，这个程序仅仅对科学研究中的选题所受到的外部影响的程度提供了一种近似估计，但是既然更精确的估计不可能作出，那么也只好暂时满足于这种粗略估计。下表中归纳出的结果，仅仅意味着揭示这些外部影响的相对程度，对这些外部影响，我们

679 已在大量具体实例中作了探索。[①]

社会经济需要对伦敦皇家学会会员选择科学问题影响的大约程度

(1661—1662 年和 1686—1687 年)

	四年合计					
	数量			百分比		
纯科学	333			41.3		
与社会经济需要相联系的研究	473			58.7		
海上运输		129			16.0	
直接相关			69			8.6
间接相关			60			7.4
采矿		166			20.6	
直接相关			25			3.1
间接相关			141			17.5
军事技术		87			10.8	
直接相关			58			7.2
间接相关			29			3.6

① 关于采用的程序的更完备讨论和对范畴更详尽仔细的分类,参见我的《十七世纪英国的科学、技术和社会》,第 10 章附录 A 提供了对归纳到不同领域的项目所作的说明。

纺织工业		26			3.2	
一般技术与农业		65			8.1	
总计	806			100.0		

从表中可以看出,在四年里所进行的各种研究中,不到一半(41.3%)是致力于“纯科学”的。如果我们在这个数字上再加上只与实际需有有间接联系的项目,那么,差不多有 70% 的研究没有明显的实用源头。因为这些数字只是粗略的近似,结果可以总结为:从 40% 到 70% 属于纯科学这一类;相应地,从 30% 到 60% 则受到实际需要的影响。

再者,如果只考虑与实际需要有直接联系的研究,那么,看来海上运输是最引人注目的。这与这种印象是一致的,当时的科学家都对英国的岛国地位所带来的问题——既有军事性的又有商业性的——很有了解,并迫切地想去解决它们。[①] 几乎具有同样重要性的是军事上的苛刻要求的影响。在那个世纪里,不仅交战状态保持了近五十年之久,而且爆发了英国历史上两次伟大的革命。军事性的问题对当时的文化(包括当时的科学发展)留下了印记。

同样,正如我们可从内夫以及其他经济史家的研究中所看到的,采矿业在十七世纪的英国取得了如此显著的发展,以致它对科学分析课题的选择有十分明显的影响。在这个实例中,较

① 例如,参见埃德蒙·哈雷的评论:“一个岛屿或任何国家的居民,如果要保卫一个岛屿,必须控制海洋,拥有超过任何可能来进犯之邻国的海军力量,这是我认为不需要进一步论证的问题。”见他在皇家学会上宣读的论文,此文重印于《埃德蒙·哈雷书信论文集》,第 164—165 页。

680 大部分的科学研究，如果把它们与技术研究区分开，是在矿物学和冶金学领域，其目的是发现新的、有用的矿石，以及从矿石中提炼金属的新方法。

指出下述这一点是有意思的：在本总结所考察的后来年代中，纯科学领域中的研究的比例不断增加。对此，不难找到一种猜测性解释。皇家学会的会员有可能在开始时期急于获得实际成果，以便（向国王和普通公众）证明他们的活动的正当；因此开始时他们就专注于实际问题。许多问题最初是因为它们的实用重要性而被建议研究的，而在后来研究时却不再意识到它们的实际意义了。基于在这个意义上采取的标准（可能有偏差），后来的研究有些将被武断地归类到纯科学。

根据本项研究所提供的论据，似乎有理由断言，十七世纪英国科学家研究的问题的范围，的确受到当时社会经济结构的
681 影响。

文献注释

下列编辑和出版单位允许我在本书中重印了有关文章，对此，我谨向他们深表谢意：

《美国社会学评论》(*American Sociological Review*)的编辑

"经验研究对社会理论发展的影响"，1948年，第13卷。

《美国社会学杂志》(*American Journal of Sociology*)的编辑

"社会学理论"，1945年，第50卷。

哈珀与兄弟出版公司(Harper and Brothers)

"社会结构和失范"，摘自《家庭：功能和命运》(*The Family: Its Function and Destiny*)，鲁斯·N.安森(编辑)，1949年。

"影响模式：地方社区中人际影响和传播行为的研究"，摘自《传播研究，1948—1949年》(*Communications Research 1948—1949*)，保罗·F.拉扎斯费尔德和弗兰克·斯坦顿(编辑)，1949年。

《社会力量》(*Social Forces*)的编辑。

"科层结构与人格"，1940年，第18卷。"知识分子在公共科层制中的角色"，1945年，第23卷。

《安条克评论》(*Antioch Review*)的编辑

“自证预言”,1948 年夏季刊。

哲学文库(*Philosophical Library*)

“知识社会学”,摘自 G.格维奇和 W.E.穆尔合编:《二十世纪社会学》(*Twentieth Century Sociology*),1945 年。

《开明宗教杂志》(*Journal of Liberal Religion*)的编辑

“卡尔·曼海姆和知识社会学”,1941 年,第 2 卷。

纽约科学院(*New York Academy of Sciences*)

“广播宣传和电影宣传的研究”,摘自《纽约科学院学报》(*Transactions of the New York Academy of Sciences*),1943 年,第 2 辑,第 6 卷。

《科学哲学》(*Philosophy of Science*)的编辑,

“科学和社会秩序”,1938 年,第 5 卷。

《法律和政治社会学杂志》(*Jounal of Legal and Political Sociology*)的编辑

683 “民主秩序中的科学和技术”,1942 年,第 1 卷。

《科学》(*Science*)的编辑

“机器、工人和工程师”,1947 年,第 105 卷。

《社会学评论》(*Sociological Review*)的编辑

"清教、虔信派与科学",1936 年,第 28 卷。

《科学和社会》(*Science and Society*)的编辑

"十七世纪英国的科学和经济",1939 年,第 3 卷。

兰登书屋(Random House)

允许我引用《W. H. 奥登诗集》(*Collected Poetry of W. H. Auden*),1945 年。 684

人名索引

（条目后的数字为原书页码，见本书边码）

主题索引

(条目后的数字为原书页码,见本书边码)

译后记

《社会理论和社会结构》是美国著名社会学家罗伯特·K.默顿最重要的代表作,也是社会学的一部经典著作。

我们十分高兴的是,该书在有了法、意、俄、日、波兰、捷克、希伯莱、西班牙、匈牙利、葡萄牙等文的译本之后,中译本终于与广大中国读者见面。

默顿是二十世纪美国社会学最有影响的代表人物之一,他的学术活动、思想和理论横跨了美国社会学发展的各个关键时期。不仅如此,默顿的影响已远远超出了社会学领域,他曾是美国七十年代前后知识分子中最有影响的人物之一。例如,美国《公众利益》季刊 1972 年秋季第 29 卷上的一篇调查文章把默顿列为近七十位最有名气的美国知识分子之一[参见托马斯·戴伊:《谁掌管美国——卡特年代》(第 2 版),第 170 页,梅士等译,世界知识出版社,1980 年]。

《社会理论和社会结构》一书是默顿结构功能主义的最好总结,也是作者本人长达半个世纪的学术生涯的生动体现。该书是由多篇论文和不同时期的著作汇编而成的,初版于 1949 年,修订版于 1957 年,1968 年作者在补充了许多内容之后增订再版。我们的译文是根据美国纽约自由出版社 1968 年增订版译出的。

本书中文版的问世，我们首先感谢苏国勋先生。没有苏先生的发起、鼓励和指导，本书中文版不会与广大中文读者见面。在翻译期间，沈原先生在组织工作方面，李秋零在拉丁文、德文的译述方面，侯一麟先生在法文译述方面，郇志强先生在译稿誊清方面，都给予我们很大帮助。在此，我代表译者们向他们致以谢忱。最后，我们还要感谢作者本人。在翻译之际，默顿先生及时地给我们寄来了原版书、照片和一些解决疑难的信件以及中文版序言。我们愿借此机会，向这位远在大洋彼岸的年过八旬的社会学大师致意！

本书的译、校者名单如下：目录、序言、致谢、第一编第一至五章：唐少杰译，蒋和明校；第二编导论、第六章：冯寿东译，蒋和明校；第七章：刘永军译，李淑静校；第八至九章：李守京译，李淑静校；第十章：李传全译，唐少杰校；第十一章：袁坡、刘敬鲁译，唐少杰校；第十二章：赵艳萍译，唐少杰校；第十三章：李丽伟译，唐少杰校；第三编导论、第十四至十六章：姜肇国译，唐少杰校；第四编导论、第十七至第十八章：黄静静、刘求实译(王瑞芝老师对德文部分的翻译给予了帮助)，唐少杰校；第十九至二十一章：曹尚伟译，蒋和明校；文献注释，索引：姜肇国、张玲霞译，蒋和明校。本书中文稿自1987年底至1988年初开始，最初，蒋和明先生主持全书翻译工作并为此付出了巨大劳动，后来，因他赴美深造，改由唐少杰负责全书翻译工作，由唐少杰通阅全部译稿，并做了文字校订和统一工作。最后，译林出版社约请北京大学社会学系齐心先生对全部译文作了大量的校订、补漏和部分重译的工作。

为了方便进一步查阅和研究，我们把本书英文原版页码以边码的方式标在正文页旁。我们还把书中引用的著作、杂志、论文等原文标题附出，在第二次以及之后出现相同的标题时则略去原文。另外，在引文出处若有相应的中文版译著，我们也尽量标明。

总之，谨请各界读者对我们的译文不吝批评、指正。

唐少杰
1992年初春一稿
2005年初春二稿
北京清华园

人文与社会译丛

第一批书目

1.《政治自由主义》(增订版),[美]J. 罗尔斯著,万俊人译 118.00 元
2.《文化的解释》,[美]C. 格尔茨著,韩莉译 89.00 元
3.《技术与时间:1. 爱比米修斯的过失》,[法]B. 斯蒂格勒著,裴程译 62.00 元
4.《依附性积累与不发达》,[德]A. G. 弗兰克著,高铦等译 13.60 元
5.《身处欧美的波兰农民》,[美]F. 兹纳涅茨基、W. I. 托马斯著,张友云译 9.20 元
6.《现代性的后果》,[英]A. 吉登斯著,田禾译 45.00 元
7.《消费文化与后现代主义》,[英]M. 费瑟斯通著,刘精明译 14.20 元
8.《英国工人阶级的形成》(上、下册),[英]E. P. 汤普森著,钱乘旦等译 168.00 元
9.《知识人的社会角色》,[美]F. 兹纳涅茨基著,郏斌祥译 49.00 元

第二批书目

10.《文化生产:媒体与都市艺术》,[美]D. 克兰著,赵国新译 49.00 元
11.《现代社会中的法律》,[美]R. M. 昂格尔著,吴玉章等译 39.00 元
12.《后形而上学思想》,[德]J. 哈贝马斯著,曹卫东等译 58.00 元
13.《自由主义与正义的局限》,[美]M. 桑德尔著,万俊人等译 30.00 元

14.《临床医学的诞生》,[法]M. 福柯著,刘北成译　55.00 元
15.《农民的道义经济学》,[美]J. C. 斯科特著,程立显等译　42.00 元
16.《俄国思想家》,[英]I. 伯林著,彭淮栋译　35.00 元
17.《自我的根源:现代认同的形成》,[加]C. 泰勒著,韩震等译　128.00 元
18.《霍布斯的政治哲学》,[美]L. 施特劳斯著,申彤译　49.00 元
19.《现代性与大屠杀》,[英]Z. 鲍曼著,杨渝东等译　59.00 元

第三批书目

20.《新功能主义及其后》,[美]J. C. 亚历山大著,彭牧等译　15.80 元
21.《自由史论》,[英]J. 阿克顿著,胡传胜等译　89.00 元
22.《伯林谈话录》,[伊朗]R. 贾汉贝格鲁等著,杨祯钦译　48.00 元
23.《阶级斗争》,[法]R. 阿隆著,周以光译　13.50 元
24.《正义诸领域:为多元主义与平等一辩》,[美]M. 沃尔泽著,褚松燕等译　24.80 元
25.《大萧条的孩子们》,[美]G. H. 埃尔德著,田禾等译　27.30 元
26.《黑格尔》,[加]C. 泰勒著,张国清等译　135.00 元
27.《反潮流》,[英]I. 伯林著,冯克利译　48.00 元
28.《统治阶级》,[意]G. 莫斯卡著,贾鹤鹏译　98.00 元
29.《现代性的哲学话语》,[德]J. 哈贝马斯著,曹卫东等译　78.00 元

第四批书目

30.《自由论》(修订版),[英]I. 伯林著,胡传胜译　69.00 元
31.《保守主义》,[德]K. 曼海姆著,李朝晖、牟建君译　58.00 元
32.《科学的反革命》(修订版),[英]F. 哈耶克著,冯克利译　58.00 元

33.《实践感》,[法]P. 布迪厄著,蒋梓骅译 75.00 元
34.《风险社会:新的现代性之路》,[德]U. 贝克著,张文杰等译 58.00 元
35.《社会行动的结构》,[美]T. 帕森斯著,彭刚等译 80.00 元
36.《个体的社会》,[德]N. 埃利亚斯著,翟三江、陆兴华译 15.30 元
37.《传统的发明》,[英]E. 霍布斯鲍姆等著,顾杭、庞冠群译 68.00 元
38.《关于马基雅维里的思考》,[美]L. 施特劳斯著,申彤译 78.00 元
39.《追寻美德》,[美]A. 麦金太尔著,宋继杰译 68.00 元

第五批书目

40.《现实感》,[英]I. 伯林著,潘荣荣、林茂、魏钊凌译 78.00 元
41.《启蒙的时代》,[英]I. 伯林著,孙尚扬、杨深译 35.00 元
42.《元史学》,[美]H. 怀特著,陈新译 89.00 元
43.《意识形态与现代文化》,[英]J. B. 汤普森著,高铦等译 68.00 元
44.《美国大城市的死与生》,[加]J. 雅各布斯著,金衡山译 78.00 元
45.《社会理论和社会结构》,[美]R. K. 默顿著,唐少杰等译 128.00 元
46.《黑皮肤,白面具》,[法]F. 法农著,万冰译 58.00 元
47.《德国的历史观》,[美]G. 伊格尔斯著,彭刚、顾杭译 58.00 元
48.《全世界受苦的人》,[法]F. 法农著,万冰译 17.80 元
49.《知识分子的鸦片》,[法]R. 阿隆著,吕一民、顾杭译 59.00 元

第六批书目

50.《驯化君主》,[美]H. C. 曼斯菲尔德著,冯克利译 68.00 元
51.《黑格尔导读》,[法]A. 科耶夫著,姜志辉译 98.00 元
52.《象征交换与死亡》,[法]J. 波德里亚著,车槿山译 68.00 元
53.《自由及其背叛》,[英]I. 伯林著,赵国新译 48.00 元

54.《启蒙的三个批评者》,[英]I. 伯林著,马寅卯、郑想译 48.00 元
55.《运动中的力量》,[美]S. 塔罗著,吴庆宏译 23.50 元
56.《斗争的动力》,[美]D. 麦克亚当、S. 塔罗、C. 蒂利著,李义中等译 31.50 元
57.《善的脆弱性》,[美]M. 纳斯鲍姆著,徐向东、陆萌译 55.00 元
58.《弱者的武器》,[美]J. C. 斯科特著,郑广怀等译 82.00 元
59.《图绘》,[美]S. 弗里德曼著,陈丽译 49.00 元

第七批书目

60.《现代悲剧》,[英]R. 威廉斯著,丁尔苏译 45.00 元
61.《论革命》,[美]H. 阿伦特著,陈周旺译 59.00 元
62.《美国精神的封闭》,[美]A. 布卢姆著,战旭英译,冯克利校 68.00 元
63.《浪漫主义的根源》,[英]I. 伯林著,吕梁等译 49.00 元
64.《扭曲的人性之材》,[英]I. 伯林著,岳秀坤译 22.00 元
65.《民族主义思想与殖民地世界》,[美]P. 查特吉著,范慕尤、杨曦译 18.00 元
66.《现代性社会学》,[法]D. 马尔图切利著,姜志辉译 32.00 元
67.《社会政治理论的重构》,[美]R. J. 伯恩斯坦著,黄瑞祺译 72.00 元
68.《以色列与启示》,[美]E. 沃格林著,霍伟岸、叶颖译 128.00 元
69.《城邦的世界》,[美]E. 沃格林著,陈周旺译 85.00 元
70.《历史主义的兴起》,[德]F. 梅尼克著,陆月宏译 48.00 元

第八批书目

71.《环境与历史》,[英]W. 贝纳特、P. 科茨著,包茂红译 25.00 元
72.《人类与自然世界》,[英]K. 托马斯著,宋丽丽译 35.00 元

73.《卢梭问题》,[德]E. 卡西勒著,王春华译 39.00 元
74.《男性气概》,[美]H. C. 曼斯菲尔德著,刘玮译 28.00 元
75.《战争与和平的权利》,[美]R. 塔克著,罗炯等译 25.00 元
76.《谁统治美国》,[美]W. 多姆霍夫著,吕鹏、闻翔译 35.00 元
77.《健康与社会》,[法]M. 德吕勒著,王鲲译 35.00 元
78.《读柏拉图》,[德]T. A. 斯勒扎克著,程炜译 68.00 元
79.《苏联的心灵》,[英]I. 伯林著,潘永强、刘北成译 59.00 元
80.《个人印象》,[英]I. 伯林著,覃学岚译 88.00 元

第九批书目

81.《技术与时间:2. 迷失方向》,[法]B. 斯蒂格勒著,赵和平、印螺译 59.00 元
82.《抗争政治》,[美]C. 蒂利、S. 塔罗著,李义中译 28.00 元
83.《亚当·斯密的政治学》,[英]D. 温奇著,褚平译 21.00 元
84.《怀旧的未来》,[美]S. 博伊姆著,杨德友译 85.00 元
85.《妇女在经济发展中的角色》,[丹]E. 博斯拉普著,陈慧平译 30.00 元
86.《风景与认同》,[美]W. J. 达比著,张箭飞、赵红英译 68.00 元
87.《过去与未来之间》,[美]H. 阿伦特著,王寅丽、张立立译 58.00 元
88.《大西洋的跨越》,[美]D. T. 罗杰斯著,吴万伟译 108.00 元
89.《资本主义的新精神》,[法]L. 博尔坦斯基、E. 希亚佩洛著,高铦译 58.00 元
90.《比较的幽灵》,[美]B. 安德森著,甘会斌译 79.00 元

第十批书目

91.《灾异手记》,[美]E. 科尔伯特著,何恬译 25.00 元

92.《技术与时间:3. 电影的时间与存在之痛的问题》,
[法]B. 斯蒂格勒著,方尔平译 65.00 元
93.《马克思主义与历史学》,[英]S. H. 里格比著,吴英译 78.00 元
94.《学做工》,[英]P. 威利斯著,秘舒、凌旻华译 68.00 元
95.《哲学与治术:1572—1651》,[美]R. 塔克著,韩潮译 45.00 元
96.《认同伦理学》,[美]K. A. 阿皮亚著,张容南译 45.00 元
97.《风景与记忆》,[英]S. 沙玛著,胡淑陈、冯樨译 78.00 元
98.《马基雅维里时刻》,[英]J. G. A. 波考克著,冯克利、傅乾译 108.00 元
99.《未完的对话》,[英]I. 伯林、[波]B. P. -塞古尔斯卡著,
杨德友译 65.00 元
100.《后殖民理性批判》,[印]G. C. 斯皮瓦克著,严蓓雯译 79.00 元

第十一批书目

101.《现代社会想象》,[加]C. 泰勒著,林曼红译 45.00 元
102.《柏拉图与亚里士多德》,[美]E. 沃格林著,刘曙辉译 78.00 元
103.《论个体主义》,[法]L. 迪蒙著,桂裕芳译 30.00 元
104.《根本恶》,[美]R. J. 伯恩斯坦著,王钦、朱康译 78.00 元
105.《这受难的国度》,[美]D. G. 福斯特著,孙宏哲、张聚国译 39.00 元
106.《公民的激情》,[美]S. 克劳斯著,谭安奎译 49.00 元
107.《美国生活中的同化》,[美]M. M. 戈登著,马戎译 58.00 元
108.《风景与权力》,[美]W. J. T. 米切尔著,杨丽、万信琼译 78.00 元
109.《第二人称观点》,[美]S. 达沃尔著,章晟译 69.00 元
110.《性的起源》,[英] F. 达伯霍瓦拉著,杨朗译 85.00 元

第十二批书目

111.《希腊民主的问题》,[法]J. 罗米伊著,高煜译 48.00元
112.《论人权》,[英]J. 格里芬著,徐向东、刘明译 75.00元
113.《柏拉图的伦理学》,[英]T. 埃尔文著,陈玮、刘玮译 118.00元
114.《自由主义与荣誉》,[美]S. 克劳斯著,林垚译 62.00元
115.《法国大革命的文化起源》,[法]R. 夏蒂埃著,洪庆明译 38.00元
116.《对知识的恐惧》,[美]P. 博格西昂著,刘鹏博译 38.00元
117.《修辞术的诞生》,[英]R. 沃迪著,何博超译 48.00元
118.《历史表现中的真理、意义和指称》,[荷]F. 安克斯密特著,周建漳译 58.00元
119.《天下时代》,[美]E. 沃格林著,叶颖译 78.00元
120.《求索秩序》,[美]E. 沃格林著,徐志跃译 48.00元

第十三批书目

121.《美德伦理学》,[新西兰]R. 赫斯特豪斯著,李义天译 68.00元
122.《同情的启蒙》,[美]M. 弗雷泽著,胡靖译 48.00元
123.《图绘暹罗》,[美]T. 威尼差恭著,袁剑译 58.00元
124.《道德的演化》,[新西兰]R. 乔伊斯著,刘鹏博、黄素珍译 65.00元
125.《大屠杀与集体记忆》,[美]P. 诺维克著,王志华译 78.00元
126.《帝国之眼》,[美]M. L. 普拉特著,方杰、方宸译 68.00元
127.《帝国之河》,[美]D. 沃斯特著,侯深译 76.00元
128.《从道德到美德》,[美]M. 斯洛特著,周亮译 58.00元
129.《源自动机的道德》,[美]M. 斯洛特著,韩辰锴译 58.00元
130.《理解海德格尔:范式的转变》,[美]T. 希恩著,邓定译 89.00元

第十四批书目

131.《城邦与灵魂:费拉里〈理想国〉论集》,[美]G. R. F. 费拉里著,刘玮编译 58.00元

132.《人民主权与德国宪法危机》,[美]P. C. 考威尔著,曹晗蓉、虞维华译 58.00元

133.《16和17世纪英格兰大众信仰研究》,[英]K. 托马斯著,芮传明、梅剑华译 168.00元

134.《民族认同》,[英]A. D. 史密斯著,王娟译 55.00元

135.《世俗主义之乐:我们当下如何生活》,[英]G. 莱文编,赵元译 58.00元

136.《国王或人民》,[美]R. 本迪克斯著,褚平译(即出)

137.《自由意志、能动性与生命的意义》,[美] D. 佩里布姆著,张可译 68.00元

138.《自由与多元论:以赛亚·伯林思想研究》,[英]G. 克劳德著,应奇等译 58.00元

139.《暴力:思无所限》,[美]R. J. 伯恩斯坦著,李元来译 59.00元

140.《中心与边缘:宏观社会学论集》,[美]E. 希尔斯著,甘会斌、余昕译 88.00元

第十五批书目

141.《自足的世俗社会》,[美]P. 朱克曼著,杨靖译 58.00元

142.《历史与记忆》,[英]G. 丘比特著,王晨凤译 59.00元

143.《媒体、国家与民族》,[英]P. 施莱辛格著,林玮译 68.00元

144.《道德错误论:历史、批判、辩护》,

[瑞典]J. 奥尔松著,周奕李译 58.00 元

145.《废墟上的未来:联合国教科文组织、世界遗产与和平之梦》,[澳]L. 梅斯克尔著,王丹阳、胡牧译 88.00 元

146.《为历史而战》,[法]L. 费弗尔著,高煜译 98.00 元

147.《语言动物:人类语言能力概览》,[加]C. 泰勒著,赵清丽译(即出)

148.《我们中的我:承认理论研究》,[德]A. 霍耐特著,张曦、孙逸凡译 62.00 元

149.《人文学科与公共生活》,[美]P. 布鲁克斯、H. 杰维特编,余婉卉译 52.00 元

150.《美国生活中的反智主义》,[美]R. 霍夫施塔特著,何博超译 68.00 元

第十六批书目

151.《关怀伦理与移情》,[美]M. 斯洛特著,韩玉胜译 48.00 元

152.《形象与象征》,[罗]M. 伊利亚德著,沈珂译 48.00 元

153.《艾希曼审判》,[美]D. 利普斯塔特著,刘颖洁译 49.00 元

154.《现代主义观念论:黑格尔式变奏》,[美]R. B. 皮平著,郭东辉译(即出)

155.《文化绝望的政治:日耳曼意识形态崛起研究》,[美]F. R. 斯特恩著,杨靖译 98.00 元

156.《作为文化现实的未来:全球现状论集》,[印]A. 阿帕杜拉伊著,周云水、马建福译(即出)

157.《一种思想及其时代:以赛亚·伯林政治思想的发展》,[美]J. L. 彻尼斯著,寿天艺、宋文佳译(即出)

158.《人类的领土性:理论与历史》,[美]R. B. 萨克著,袁剑译(即出)

159.《理想的暴政:多元社会中的正义》,[美]G. 高斯著,范震亚译(即出)

160.《荒原:一部历史》,[美]V. D. 帕尔马著,梅雪芹译(即出)